陳姿伶.

功能性訓練手冊
Functional Training Handbook

原　著：Craig Liebenson

總校閱：林瀛洲・林正常

編　譯：林正常・王淑華・周峻忠
　　　　蔡明憲・蔡政霖

Dear Tzu-Ung,
your patients
in Taiwan
are lucky!
e 2DC.

Wolters Kluwer

Philadelphia・Baltimore・New York・London
Buenos Aires・Hong Kong・Sydney・Tokyo

藝軒圖書出版社

國家圖書館出版品預行編目(CIP)資料

功能性訓練手冊／Craig Liebenson 原著；林正常等編譯
 --第一版--新北市：藝軒，2017.07
　　面；　　公分
　　譯自：Functional Training Handbook
　　ISBN 978-986-394-023-4（平裝）

 1. 運動訓練 2.運動傷害

528.923　　　　　　　　　　　　　　　　106010844

CoPublished by arrangement with Wolters Kluwer, Inc., USA

新聞局出版事業登記證局版台業字第一六八七號

功能性訓練手冊

原著者：Craig Liebenson
編譯者：林正常・王淑華・周峻忠・蔡明憲・蔡政霖
發行所：藝軒圖書出版社
發行人：彭　賽　蓮
總公司：藝軒圖書文具有限公司
　　　　新北市 23144 新店區寶高路 7 巷 3 號 2 樓
　　　　電話：(02) 2918-2288
　　　　傳真：(02) 2917-2266
　　　　網址：www.yihsient.com.tw
　　　　E-mail：yihsient@yihsient.com.tw
　　　　劃撥帳號：01062928
　　　　帳戶：藝軒圖書文具有限公司
　　台北聯絡處
　　　　電話：(02) 2918-2288
　　　　傳真：(02) 2917-2266
　　台中聯絡處
　　　　電話：(04) 2206-8119
　　　　傳真：(04) 2206-8120
　　高雄聯絡處
　　　　電話：(07) 226-7696
　　　　傳真：(07) 226-7692
本公司常年法律顧問／魏千峰、邱錦添律師

二〇一七年七月第一版　　ISBN 978-986-394-023-4
※本書如有缺頁、破損或裝訂錯誤，請寄回本公司更換。
　讀者訂購諮詢專線：(02) 2918-2288

當第一次翻閱這本工具書時，深深被其內容及各單元題目所吸引，心裡感到非常興奮，這是一本專業且實務的好書，介紹關於如何有效預防運動傷害與提升運動表現的書籍。

本書裡撰寫了很多目前一般民眾、運動員、傷害防護員、物理治療師及教練所關心的主題及熱門議題，例如時下流行的跑步運動傷害的預防策略，國內競技水平較高的棒球、網球、羽毛球等過頭運動專項之運動傷害預防與處理策略，並深入討論從該運動之要如何有效預防傷害、受傷時急性期處理、慢性期處理、進入各治療期的評量、運動員回場前應具備何種運動能力評量方式，減少運動員在未復原情況下，過早回場造成身體結構更大的傷害。

本書還有很多新穎、有用及重要的課程主題，內容涵蓋人體動作發展的原理與原則、運動周期訓練的介紹與各周期的訓練考量、動態神經肌肉穩定術的運用、季前運動預防之執行策略、女性運動愛好者及運動員預防膝關節損傷的策略、受傷後是否該採取手術治療或保守療法、肌肉適能強化在運動傷害預防所扮演的角色、打通從復健訓練至提升運動表現之障礙與盲點、動作模式缺損之功能性評估、動作分析與矯治運動等課程單元。

不僅如此；在競技運動的專項功能訓練課程中，也針對不同的運動專項特殊性提供最佳功能訓練計劃與建議，例如棒球、籃球、自由車、美式足球、高爾夫球、曲棍球、綜合格鬥、溜冰、足球、游泳、網球、奧林匹克舉重甚至舞蹈等皆提供適當設計及規劃的訓練動作與處方，並以實例方法介紹肌力與體能訓練計劃時各訓練之執行細節。

期待這本好書能儘快中文化出版，讓一般民眾、運動員、體適能教練、傷害防護員、物理治療師、教練甚至醫師們能有一本專業與實務好書，可以參考與閱讀，在此樂於推薦此好書。

林晉利

106 年 6 月 1 日

總校閱序

這是一本很難翻譯的書，因為它橫跨了復健醫學、運動醫學、運動訓練、生物力學、運動生理學等諸多領域。看這本書的內容，當初總編也是邀集各領域相關的傑出人仕來撰寫各章節，因此內容相當豐富也非常具有可看性。所以我們在翻譯這本書的時候更是要戰戰兢兢，希望能把原書最精確的意思傳達給讀者。

對一個復健科醫師而言，看到書名「功能」兩個字時，眼睛馬上為之一亮，因為復健科的最高指導原則就是著眼於如何恢復病人的「功能」。再看到「訓練」兩個字的時候，對一個從事運動醫學的醫師而言，又更加深了想要徹底探究全貌的念頭！當初恩師林正常教授邀請我協助擔任校閱的工作，我一看書名就不假思索的答應了，完全沒有想到校閱翻譯書籍是這麼耗神的工作。不過在仔細拜讀書本的內容之後，發現這真是一本不可多得的好書！其實校閱完畢後，真正收穫最大的是自己，感覺是過去自己20年來的臨床經驗有人幫你整理之後集結成冊。雖然這本書不像其他運動傷害的書籍介紹很多傷害的診斷及治療方式，但是它卻更接近我心目中理想的運動醫學教科書：「強調功能診斷，功能補強！」。

我想這是一本適合從事運動醫學的醫師、物理治療師、防護員、體能訓練師及教練閱讀的書籍，不同專業的人員在書中不同章節不同角落都可以得到不同啟發！而獲利最大的則是運動選手及喜愛從事運動的民眾。正如我一開始所提的，這是一本很難翻譯的書，如果有任何謬誤還望不吝指正！

長庚體系運動醫學 總召集人

林瀛洲 醫師

祈搭橋工程美夢成眞

「功能性訓練手冊 (Functional Training Handbook)」著眼於運動員傷害預防與運動功能極致發揮的訓練策略與方法，聚焦與執行無痛的功能障礙的篩檢方法，終極目標是提升優秀運動員的運動表現。本書主編 Liebenson 集結了美國、冰島、加拿大、挪威、捷克、澳大利亞、日本等 51 位各界精英，擔任不同章篇作者，期待它能幫助運動教練提升運動訓練的觀念與水平。

本書前面 7 章，比較針對運動員傷害預防、治療與復健有興趣的醫界人士；第 8-21 章，則針對運動教練，運動項目包括棒球、籃球、自由車、舞蹈、美式足球、高爾夫、曲棍球、綜合格鬥運動、舉重、滑雪、足球、游泳、划水、網球等。其中，綜合格鬥項目，適合於拳擊、柔道、跆拳道、空手道、武術等項目；第 22-29 章，針對所有運動項目的教練；第 30-33 章以及第 34-35 章，則又共同針對醫界人士與運動教練撰寫。跑步相關的內容（第 23 章與第 30 章）所有運動教練都將有用，因為幾乎所有運動員都不乏跑步訓練。

本書多數篇幅，可說是運動教練訓練的瑰寶，因為這些內容，針對運動專項，一一提供功能性訓練的動作，介紹直接關係於運動表現的訓練動作，光學訓練動作，就保證可以獲益良多。

雖然過去翻譯過數本運動生理學與運動訓練法專書，這本書由於它的跨領域，讓我吃足了苦頭。有幸得到包括體育大學運保系畢業的林信甫博士、陽明大學物理治療系畢業的廖裕宏博士，尤其在最後階段，獲得曾經參加過書中相關講習會、熟悉功能篩檢實務，陽明大學物理治療系蘇宥名小姐的幫忙。

感謝長庚運動醫學團隊召集人林瀛洲醫師擔任總校閱，提供寶貴建議與內容修訂。感謝榮獲國際奧會「傑出青年選手」獎項，才華出眾的王淑華博士（翻譯第 8-21 章），周竣忠博士（翻譯第 7 章）、蔡政霖博士（翻譯第 30-35 章），以及文化大學博士班蔡明憲的協助（翻譯第 22-29 章）。對於台灣運動保健協會理事長、數十項國內外運動、健身、訓練協會檢定官，國立體育大學運動保健學系林晉利教授的熱情寫序推薦本書，銘感五內。

為減少讀者閱讀本書的困難，在書後增列縮寫名詞與全文對照表。期待本書原著「為復健與運動表現搭橋」的初衷以及許多參加本書工作，包括國內外學者的辛勞，能透過本書的發行，以及往後的訊息傳遞，甚至未來有可能舉辦的功能篩檢相關研習會，幫助更多的國內運動員與教練，進一步減少運動傷害，提升競技運動實力。

林正常
2017.6.7

序言
FOREWORD

這是透過運動表現，積極追求健康令人振奮的一本書。我們已經進展到幾乎任何時代都不曾有過的時間點。首先，了解到需要與科學，以及研究到進一步能確定與了解運動相關的系統，甚至進一步深入到次系統。接著，透過不同訓練教育、市場認知、應用的生涯管道、結果之資料以及各個領域專家們的領導得到分享。努力去確定哪一個生涯訓練最具爆發力，然後通過停滯而獨立，直到下一代，質問：「這不是要幫助人們獲得最好的健康與運動表現嗎？」「同時，這些所有的系統不是在我們每一個人身上合作得好好的嗎？」

功能性訓練手冊 (Functional Training Handbook; FTH) 是一本突破性的書本，經由運動表現，搭建起術後復健 (rehab) 與術前復健 (prehab) 橋樑，作為下一代照護與了解的基礎。FTH 涵蓋不同的族群，從發展的幼兒學習基礎動作及至頂尖運動員、「週末勇士」乃至老年人。當你看到這麼多傑出的作者們，有兩件事情衝擊你。首先，這是一個國際知名專門從業人員組成的跨領域訓練團隊，最重要的是，他們不只研究，也利用這些方法於最嚴格的與可測量的環境，從手術後貫穿到職業運動。第二件事情，你將會發覺功能性訓練手冊的主編 Craig Liebenson 博士，能夠帶領他的團隊，組織他們廣泛的知識，以綜合與功能性的方式，考量到讀者的利益。這一本書展現我們追求更加美好的各個領域協同的能量。

在你閱讀本書前，請先拋開你的任何過去的念頭。讀讀每一章作者的背景，讓你以他們的觀點閱讀他們的章節。試圖了解他們如何看問題，以及如何幫忙解決它。我希望你把這一本書當作應用的工作手冊。在每一章之後，花時間摘錄 3 個可以應用在你的情況與客戶的重點。這可能發生在每一章的末尾，或在開始時在某個頁上或在書後的結語中。如果你這樣做，你將可能了解，不論你的教育背景或實務的訓練，將了解這些資訊正符合你的許多信念。如果你從書本中所得的重點，只是多餘的不同訓練的人或實務者的共識，人們將會爭論我們只是向前踩了一大步，提升了大眾的健康與照護。

在 EXOS，我們的任務是改善我們的生活。以世界級的夥伴、設施、科技，以及分布在 6 大洲的專家，在必要之時，我們正邁向人類表現背後的知識。這是我們的責任，它曾經給了我們機會去學習，同時許多特別的人與職業，找時間，肩並肩地工作，為本書安排時間表。他們的行動值得歡呼。做為領導者，他們顯示了我們如何必須為了我們的客戶與此一領域的利益，一起工作。不讓自我與政治消耗能量，我們必須為我們的每一個客戶，整合與應用我們的知識與技能。

功能性訓練手冊提供我們有關傷害預防與不同運動與現代運動員發展方法，賽季外系統以及復健的考量等有用的文獻回顧。我代表所有將會從本書而受益的人，對主編 Dr. Craig Liebenson，呈獻最深的謝意，也感謝所有展現熱情，對於本書有所貢獻的人。我期待見證團隊合作成果，每一個人透過現在與未來的表現，提昇生活層次。

Mark Verstegen
會長 & 創辦人
EXOS

功能性訓練與復健是各層級運動常描述的兩件事。「功能本質」，簡單地說，比現有常見的用法更加全面。

功能性訓練比身體部位局部或高度運動專項的方法，是個更加完整的選項。

真的嗎？—我們誠實地說—這種說法並不太難看穿內幕；然而，建立系統的分法，以達到功能的健康需要的，需要的不只是共識，共識後的行動 (action) 不難追蹤、測量、修正與改善。沒有行動的共識，結果跟沒共識一般。

「功能的（套用在你的情況）」的廣泛使用，可能意味著常用的復健與訓練方法，在兩方面有所不足。

第一：常用的復健方法在解決或管理障礙動作形態方面不很完全。

第二：常用的訓練方法有它的副作用，可能引起或讓障礙留存在基本的動作形態之中。

功能性的方法並不低估身體獨立部位能深入評估、治療與訓練的方法。同時，它也不針對活動與運動專業或傑出運動表現的方法。功能性的方法它卻是最有用與最有效率的切入點。稱它——一般性身體準備 (general physical preparedness) 或一個沒有併發症狀的適應性 (adaptability)。

膝肌力與恢復功能障礙肢的復健，可以顯示功能的動作形態並沒有恢復。肌力障礙確實已經獲得解決，但是步行的效率並沒有恢復。同樣地，特殊化可以遷就一般功能的動作形態，即使一般功能的基礎，是效果評估的開始點。你可能發現這種陳述的例外，但是一般不會有更好的法則—功能性適應是特殊運動表現最肥沃的土壤。能夠靠近功能性的基礎，可能可以是身體耐用性的大利益，但是我們需要更聰明一點地能夠加以證實。

我們獻身於行醫、教學以及出版，來守護功能，一起為這理念共同努力，即使我們可能依循稍微不同的工作路徑。然而，我們將能非常接近到共同的目標。我們相信，基本的功能性動作能夠提供更進一步身體負荷與複雜的動作任務。如果基本的功能性動作對於體重有功能性障礙，那負重與複雜的工作任務，勢將無法執行得有效果與效率。功能障礙的認定印證了包括解剖構造、基本的活動性、運動控制與基本的發展的顯著動作形態的單獨介入。

簡言之，如果功能性動作形態要能夠被接受，我們必須對基礎的身體能量施加負荷，以更複雜的動作，改善每一個人在他們特殊的環境的能力表現。如果功能性動作形態是不能被接受的，我們就必須思考問題所在，在煩惱過多身體能量之前採取行動。

設計功能性的方法，需要調和科學與藝術。真正的功能性方法，需要結合現代最好的證據，以及教練直覺、正確的教練方法以及治療過程。沒有工程師會急著鋪地基，以求建造更好的建築物；他們必須先有支撐的支柱，再蓋房子。

如果我們無法清楚的指認與定義動作的功能障礙，我們怎麼能夠做到功能性的方法呢？我個人的功能性之旅，開始得相當早。在開始功能性之旅前，我曾做了決定。我相信呈現在我面前的功能性的資料與計畫，或我負責任地以專業的方式對功能性所涵蓋的理論與構想加以檢驗。我開始觀察發展的／基礎的動作形態，嘗試找出運動的策略與處理方法，以求恢復他們的效能與效率。我也觀察產生不對稱、危害活動性或不良運動控制的訓練方法。換句話說，沒有好的地基，專注在較佳的屋頂，你如何能看到其他能夠與此平行的建築呢？

最後，我們必須經常對照地圖、指北針以及時鐘，檢核我們的路線—套用現代用語，必須依靠 GPS，以它做為效果與效率的指標。功能性訓練手冊提供給你許多動作形態、功能恢復以及維持表現情境的觀念。確定你有評量標準，同時你有時間應用你所讀到的。本書所呈

現的，你的觀察將會非常有價值，因為它們都是來自於經驗的技術，有些沒有實務經驗時，可能較沒有效果。我相信，我們也都同意，隨著時間的經過，在真實的場景，會有一些意見，請提供意見，所有的意見我們都讚賞與尊重。我博學的導師們─自我的父親開始，串聯成我應該堅持的，直到我能完成為止。我給你同樣的建議。Craig Liebenson 與其他作者們，提供你實務與反應才會有的機會。

此一序言，從專業與個人兩方面，感謝 Craig 提供更好的功能性模式。我的 Movement 歡迎你。

Gray Cook, P. T.

自序
PREFACE

出版**功能性訓練手冊** (Functional Training Handbook) 的靈感來自於復健與訓練復興的需求。我們了解臨床師、訓練員、運動教練重疊的角色與交互依賴（參閱第 3 章）。矯正運動與功能性訓練逐漸地變成流行語。本書的目標分辨什麼是功能性訓練的功能，而不僅是流行。網路與社會媒體即時專家以擴音器錯誤地散播，本書希望提供給你聽到，專家們多年來想說的訊息。

讓我們先從什麼是功能性訓練做不到的開始。它不是模仿訓練動作形態，乃至運動演練的運動專項訓練。它也不是在不穩定表面，刺激現實世界的不可預測性。

什麼是功能性訓練呢？它是有目的或目標的訓練。因有明確的目標，它本質上是客戶、運動員或病患為中心導向的。為什麼呢？因為功能性訓練是設計來幫助人們安全有效率地成就目標。

如果我們想到，或想定義功能，回答會是「看情形」。什麼是功能性的？它決定於個人的年齡、運動項目、傷害史、復健的階段與目標等等。太多的看情形，變成虎頭蛇尾。但是假設每一個人都需要同樣的測驗或運動，就像是在一個世界裡，所有人的身體需求都是同樣的。事實上，我們所有人都是獨特的，所以，什麼是功能的，真的是要「看情形」。

一個老人，有高的跌倒風險；所以，平衡評估與訓練，將是功能上的首選。停經後的女性有高的骨質疏鬆危險；所以，脊椎姿勢會是關鍵。年輕女子或足球、籃球與排球運動的女運動員，經常突然啟動，急停，改變方向，有高的非接觸性前十字韌帶損傷危險率，所以，一些易患的因素，應做篩檢並加以解決。下背痛相當普及，經常因不當著地與舉重物習慣、小腿肢段活動度不足，或不良的核心運動控制而引起；所以，評估與矯正這些功能性的缺陷，當然是重要的。個人特性是真的，沒有任何例外。

顯然地，族群中都是異質，功能需求都不盡相同。籃球運動員的功能性訓練可能須很多額狀面的穩定與爆發性操練（參閱第 9 與 26 章）。至於舉重運動員，可能聚焦於矢狀面的控制（參閱 28 章）。同時，綜合武術運動員的訓練，應強調發力率的訓練。還有一些很明顯的，在其他運動，如棒球、足球、短距離衝刺、舉重等也是一樣。相反的，耐力方面如馬拉松運動員、鐵人運動員，或三項運動員，則應該聚焦於跑步經濟性之特質（參閱第 34 章）。

功能性訓練手冊目標在縮小復健、訓練與教練法的間隙。復健專家學習成功的幫助運動員恢復活動，返回運動場。訓練員學習如何提升一般大眾的體能，而肌力與體能訓練人員能幫助運動員準備他們激烈運動的嚴峻要求。如果訓練員能夠以高質量的動作形態，成功的培養能量（肌力、耐力與爆發力），技術教練就能專注於衝刺、踢、投擲與打擊技術生物力學的最佳化。最重要的是總教練從事巨觀的，而非微觀的，整體運動員與隊伍的表現。一旦教練能激勵隊中的每一位運動員，最大化他們的潛能，就能發展出最有效率的運動員。

或許本書最重要的部分是它一再地強調耐久性 (durability)。如果訓練是功能性的，它將盡可能地激烈，但又不至於過於激烈。因此，殘餘適應將會發生，結果會最快最安全地發展運動員，終其一生，無論是季外或甚至在季中得到效果的維持（參閱 34 章）。這個過程，通常有結果導向的方法來做引導（參閱第 5 章），稱為臨床的查核過程 (clinical audit process; CAP)。經常被稱為評估－矯正－再評估的步驟。關鍵如著名的捷克神經學家 Karel Lewit 博士所說的「方法應服務目標 (the methods should serve the goals)」。

CAP 包括嚴謹的評估（參閱第 6 與第 22 章），以發掘弱連結 (weak link)。這是無痛的功能障礙，在動力鏈中最限制功能的地方。另

外一種說法，它是動力鏈上，生物力學超負荷的源頭。這一旦查出，可以設計一個計畫來「再設定」功能，讓無痛的功能障礙得到修復（參閱第 7 章），活動能力能夠最有效率地獲得改善（參閱 35 章）。功能性訓練手冊將臨床師與訓練員從「規範的囚犯 (prisoners of protocols)」獲得釋放。結果或成效，將經常勝過盲目追隨、以輸出爲本的步驟 (output-based approach)（「沒有痛苦就沒有收穫」）。如此，我希望此書能夠讓復健、體能與運動員發展專家，不至於像一個工匠，而是眞正的藝術家。

像一個行家學習常規，你就能突破它們，成爲一個藝術家。

—*Pablo Picasso*

本書貢獻者
CONTRIBUTORS

Venu Akuthota, MD
Professor and Vice Chair
Department of Physical Medicine & Rehabilitation
University of Colorado
Denver, Colorado
Director
Spine Center
Spine/Sports
University of Colorado Hospital
Aurora, Colorado

Árni Árnason, PT, PhD
Associate Professor
Department of Physiotherapy & Research
   Centre of Movement Science
School of Health Sciences
University of Iceland
Sports Physiotherapist
Gáski Physiotherapy
Reykjavik, Iceland

Michael Boyle, ATC
Strength and Conditioning Coach
Mike Boyle Strength & Conditioning
Woburn, Massachusetts

Jason Brown, DC
Clinical Director
Brown Integrated Chiropractic
Schodack, New York

Tim Brown, DC
Sports Chiropractic Specialist
Founding Medical Director, Association of
   Volleyball Professionals
Co-Medical Director, Association of
   Surfing Professionals
Founder/Creator of Intelliskin (http://intelliskin.net/)

Stéphane Cazeault, BSc
Director of Strength and Conditioning
Poliquin Group
East Greenwich, Rhode Island

Ken Crenshaw, BS
Head Athletic Trainer
Arizona Diamondbacks
Phoenix, Arizona

Eric Cressey, MA, CSCS
President
Cressey Performance
Hudson, Massachusetts

Jeff Cubos, MSc, DC, FRCCSS(C)
Back On Track Chiropractic & Sport Injury Clinic
Chiropractic Sports Specialist
Spruce Grove, Alberta, Canada

Todd S. Ellenbecker, DPT, MS, SCS, OCS, CSCS
Clinic Director
Physiotherapy Associates
Scottsdale Sports Clinic
National Director of Clinical Research
Physiotherapy Associates
Director of Sports Medicine
Association of Tennis Professionals (ATP) World Tour
Scottsdale, Arizona

Sue Falsone, PT, MS, SCS, ATC, CSCS, COMT
Vice President
Performance Physical Therapy & Team Sports
Athletes' Performance
Phoenix, Arizona
Head Athletic Trainer and Physical Therapist
Los Angeles Dodgers
Los Angeles, California

Michael Fredericson, MD
Professor
Orthopaedic Surgery
Stanford University
Stanford, California
Director
PM&R Sports Medicine Service
Stanford Hospital & Clinics
Redwood City, California

James W. George, DC
Instructor, Chiropractic Science
College of Chiropractic
Logan University
Chesterfield, Missouri

John Gray, RKin, MSc, CSCS
Registered Kinesiologist
Strength and Conditioning Consultant
Movement First, Inc.
Toronto, Ontario, Canada

Cameron Harrison, MD
Department of Physical Medicine & Rehabilitation
University of Colorado School of Medicine
Aurora, Colorado

Ståle Hauge, DC
Chiropractor
Sandefjord Kiropraktikk
Tjodalyng, Norway

Timothy E. Hewett, PhD
Associate Professor
Department of Pediatrics
Cincinnati Children's Hospital
Cincinnati, Ohio

Arthur D. Horne, MEd
Director of Sports Performance
Sports Performance
Northeastern University
Boston, Massachusetts

W. Ben Kibler, MD
Medical Director
Shoulder Center of Kentucky
Lexington Clinic
Lexington, Kentucky

Kyle B. Kiesel, PT, PhD, ATC
Associate Professor
Department of Physical Therapy
University of Evansville
Physical Therapist
ProRehab
Evansville, Indiana

Alena Kobesova, MD, PhD
Lecturer
Department of Rehabilitation and
    Sports Medicine
University Hospital Motol
Second Medical Faculty
Charles University
Medical Doctor
Rehabilitation and Sport Medicine
University Hospital Motol
Prague, Czech Republic

Pavel Kolar, PaedDr, PhD
Professor and Chief
Department of Rehabilitation and Sports Medicine
University Hospital Motol
Second Medical Faculty, Charles University
Head of Clinic
Rehabilitation and Sport Medicine
University Hospital Motol
Prague, Czech Republic

Mark Kovacs, PhD, FACSM, CSCS*D, CTPS
Director
Gatorade Sport Science Institute
Barrington, Illinois
Executive Director
International Tennis Performance Association
Atlanta, Georgia

Robert Lardner, PT
Owner
Lardner Physical Therapy
Chicago, Illinois

Brett J. Lemire, DC, CSCS
Clinic Director
Universal Chiropractic Spine & Sport
Elk Grove, California

Craig Liebenson, DC
L.A. Sports and Spine
Los Angeles, California

Jonathan A. Mackoff, DC
Mackoff Chiropractic & Rehabilitation
Chicago, Illinois

Stuart McGill, PhD
Professor
Department of Kinesiology
Faculty of Applied Health Sciences
University of Waterloo
Waterloo, Ontario, Canada

Gregory D. Myer, PhD, FACSM, CSCS*D
Director, Research and The Human
  Performance Laboratory
Division of Sports Medicine
Cincinnati Children's Hospital Medical Center
Departments of Pediatrics and Orthopaedic Surgery
College of Medicine, University of Cincinnati
Cincinnati, Ohio

Roy Page, MS, DC
L.A. Sports and Spine
Los Angeles, California

Brijesh Patel, MA
Head Strength and Conditioning Coach
Department of Athletics
Qinnipiac University
Hamden, Connecticut

Phillip J. Plisky, PT, DSc, OCS, ATC, CSCS
Assistant Professor and Sports Residency
  Program Director
Doctor of Physical Therapy Program
University of Evansville
Physical Therapist
ProRehab
Evansville, Indiana

Christopher J. Prosser, BSc, BAppSc (Chiro), CSSP
Sports Chiropractor
Global Sport and Spine
Mermaid Beach, Queensland, Australia

Joseph Przytula, ATC, CSCS, CMT
Supervisor of Physical Education,
  Health and Safety
Department of Physical Education
Elizabeth Public Schools
Elizabeth, New Jersey

Neil Rampe, MEd, ATC, CSCS, LMT
Major League Manual and Performance Therapist
Arizona Diamondbacks
Phoenix, Arizona

Michael M. Reinold, PT, DPT, SCS, ATC, CSCS
Champion Physical Therapy and Performance
Boston, Massachusetts

E. Paul Roetert, PhD
Chief Executive Officer
American Alliance for Health, Physical Education,
  Recreation and Dance
Reston, Virginia

Greg Rose, DC
Titleist Performance Institute
Oceanside, California

Koichi Sato, MS, ATC
Director of Sports Performance/Assistant
  Athletic Trainer
Minnesota Timberwolves
Minneapolis, Minnesota

Aaron Sciascia, MS, ATC, PES
Coordinator
Shoulder Center of Kentucky
Lexington Clinic
Lexington, Kentucky

Nathan J. Sermersheim, DC
Spine Center of Ft. Wayne
Fort Wayne, Indiana

Nathan Shaw, ATC, CSCS, RSCC
Major League Strength and Conditioning Coach
Sports Medicine
Arizona Diamondbacks
Phoenix, Arizona

Yohei Shimokochi, PhD, ATC
Associate Professor
Department of Health and Sport Management
Osaka University of Health and Sport Sciences
Osaka, Japan

Charles D. Simpson II, DPT, CSCS
Minor League Physical Therapist
Boston Red Sox
Boston, Massachusetts

Clayton D. Skaggs, DC
Medical Director
Central Institute for Human Performance
St. Louis, Missouri

Adam Sebastian Tenforde, MD
Resident Physician
Division of Physical Medicine and Rehabilitation
Department of Orthopaedics
Stanford University
Stanford, California

Petra Valouchova, DPT, PhD
Lecturer
Department of Rehabilitation and Sports Medicine
University Hospital Motol
Second Medical Faculty
Charles University
Prague, Czech Republic

Ryan Van Matre, DC, MS
Indy Spine and Rehab
Indianapolis, Indiana

Chad Waterbury, MS
Santa Monica, California

Charlie Weingroff, DPT, ATC, CSCS
Physical Therapist, Strength and Conditioning
    Coach, Athletic Trainer
Jackson, New Jersey

Pamela E. Wilson, DC
Wilson Center
Red Bank, New Jersey

謝誌
ACKNOWLEDGEMENTS

個人很榮幸地能夠從我的「脊骨神經醫學」本行，進到更爲廣泛的軟組織損傷與運動員發展的研究領域。作爲一個脊骨神經醫學專家，我被誘導進到另外的治療運動系統，專注在骨骼肌肉健康領域中的關節失能角色。我要感謝在 1980 年代，對我從功能轉到結構之投入有重要影響的人—Drs. Leonard Faye、Scott Haldeman 與 Raymond Sandoz 等。

就在這同時，我學習了更新的脊骨神經醫學，我接觸了軟組織失能在疼痛與動作所扮演的角色。我從脊骨神經醫學專家 Richard Hamilton 學習了 Nimmo method，然後一個關鍵轉折點，是我碰到了骨療／物理療法的 Leon Chaitow，教我除了肌肉之外，還要注意潛在關聯的肌膜 (fascia) 上。最後，我幸運地從 Dr. Janet Travell 那裏學習了肌筋膜觸痛點的持續性因素。

兩樣—關節與軟組織失能—到位後，下一步，我知識的進展，來自於葡萄牙兩位神經學家 Pr. Vladimir Janda 與 Dr. Karel Lewit 所領導的偉大團隊，這一團隊成功地定位了運動系統關鍵功能性病理學的骨骼肌疼痛問題—錯誤的動作模式 (faulty movement patterns)。在 1985 年以後，他們引導了我，朝著「對於新的想法敞開心胸，有時候就能知道過去所想、所相信的，竟然是錯誤的」思考方向。

隨著對於運動系統復健的進展，其他的教師繼續追隨的 Robin McKenzie, P.T.，歡迎我進入 International McKenzie Institute，指引我疼痛標記如何可以當經驗方法，不但可以更正確的指出一個病人的預後 (prognosis)，也能更有效率地發現每一病患的動作偏差；Dennis Morgan, D.C., P.T.，不但有 P. N. F 訓練，也是許多斯堪地納維亞手療與運動先驅的學生。他教了我許多他指稱穩定訓練 (Stabilization Training) 的基本原則，在那個時候，只有 San Francisco 區域才有指導的。

1990 年代，在臨床上，對於穩定訓練，只限於我的長期同事 Pr. Stuart McGill，在科學的審查而已。他不只強調利用運動以最小的關節負荷挑戰肌肉，也同時強調諸如髖關節鉸鏈 (hip hinge) 的脊柱減負荷 (sparing) 策略。幾年內，一位在葡萄牙的手療醫學校的新領導者，Pavel Kolar, P. T., Ph.D.，他以 Vojta 的方法，來照顧腦性麻痺的小孩，並迅速擴展應用發展動作形態，幫助骨骼肌肉疼痛的運動員與非運動員，改善對直立姿勢有遲緩的運動計畫。

妙的是，在 1990 年晚期，當臨床復健世界，在挑戰他改善動作形態品質的原理與方法的同時，開始發生了肌力與體能訓練領域，開始出現了相同的趨勢。Mark Verstegen, Mike Boyle 等人領導，很快地擴及臨床師，如 Gray Cook, P.T., Sue Falsone, A.T.C., P.T. 與我本人，當再生的中心。臨床師與運動傷害防護員搭起疼痛與運動表現間的橋樑。這種跨領域的匯集結果，呈現出許多本書的內容。

有不少的夥伴，幫我蹦出許多構想，醫師如 Jason Brown, Jeff Cubos, Neil Osborne, Stale Hauge, Phillip Snell；物理治療師 Robert Lardner, Charlie Weingroff, Clare Frank, Jiri Cumpelik；運動教練如 Ken Crenshaw, Koichi Sato；以及運動傷害防護員如 Chad Waterbury 與 Patrick Ward，只是其中的一部份，都幫助了培育逐漸被接受新浮現的跨領域訓練。

本書的出版有很長時間的醞釀。主任編輯 Dave Murphy 以極大的耐心管理這出版工作，因爲我延宕了書的出版，同時，我嘗試吸收與測試快速推進的領域變化。我要感謝本書編輯 Martha Cushman 協助對於我寫作文字的修繕。特別還要感謝給我出版機會的 Lippincott Williams & Wilkins 公司，結合了這麼多不同領域的專家學者，來完成這本功能性訓練手冊 (Functional Training Handbook)。

我期望見到這一整合多重領域的你與讀者們，能夠應用功能性訓練裡的原理，幫助病人、客戶與運動員，能夠更活躍的，更長久地，更快恢復，更強壯，同時改善運動表現。

目次
CONTENTS

Craig Liebenson
譯者：林正常

功能的方法
The Functional Approach

對於不同人，訓練有它不同的意義。傳統上，對於一個健康的人或是一位運動員，可能專注於肌力、柔軟度與心血管的訓練。通常，這些訓練需要有個人健身教練或肌力與體能訓練的教練來監督。本書中，訓練的目的，則在於促進運動員的發展 [1, 2]。從運動員永續發展的角度，訓練不單指肌力、柔軟度與心血管的訓練，也著重在所謂的 ABC，也就是敏捷性 (agility)、平衡 (balance) 與協調性 (coordination)，以作爲增強動作能力 (movement literacy) 的基礎 [3]。

諷刺地，當增強動作能力成爲運動員發展目標的同時，訓練不只變得更加功能性，也開始與臨床的復健相重疊。因爲，它專注於制式的運動模式（推、拉、蹲與弓步），運動員使用在所有的運動上，因此更加地功能性。而不再是特殊關節的獨立動作（即二頭肌彎曲／屈肘：大腿後肌彎曲／屈膝）。一位健美運動員可能偏好單一肌肉的發達，但是單一動作不會是運動員的主要目標。有一個重要的運動科學原則，也就是所謂的針對要求產生特殊適應原則 (Specific Adaptation to Imposed Demands; SAID)，說明了單一肌肉或關節訓練的限制。針對要求產生特殊適應原則就是訓練的效果僅發生在所訓練的特殊動作上 [4, 5]。因此，反覆訓練單一動作的效益，不見得會轉移到任何功能性工作效益上。而如果針對基本的動作技巧或動作能力加以訓練時，就會對運動表現以及運動傷害預防，有較高的轉移效果 [6–12]。

傳統上，肌肉骨骼失能的臨床復健，也都著重在反覆、單一運動的處方。譬如：肩膀的

復健，可能包括不同舉臂角度，旋轉肌的阻抗性的肩內、外旋轉 [13]。這種方法，在過去 20 年來，包含更加強調動作控制與功能性活動 [14–16]。例如，一位棒球投手旋轉肌肌腱炎或關節唇功能不全的復健，可能包括肩胛胸廓的穩定、閉鎖鏈運動、核心穩定，與單腿後鏈訓練 (single leg posterior chain training) [17–19]。復健與訓練的領域更加強調運動控制，同時減少對單獨肌肉和關節的重視有相類似之處 [20, 21]。

強調訓練功能性動作形態，而不僅僅針對單一獨立的肌肉或關節的重要過程，即是所謂的皮質可塑性 (cortical plasticity)。中樞神經系統一再重複的動作，會形成一新的印跡 (engram)。對於疼痛或損傷引起的不良習慣與適應，會減損動作效率。經過適當的訓練，身體的「軟體」會針對這「病毒」而更新。目標是密封或隔離往高品質功能性動作形態的突觸路徑。皮層可塑性透過細胞內神經膠質結構的改變，結合神經元與突觸間連結周圍髓鞘的神經適應 (neural adaptation) 而發生 [22–24]。

如果我們只依 SAID 原理而只訓練單獨動作，對於功能性技術將不會有所改善 [25]。健美家只專注於獨立動作可能改變我們的硬體，發達單一肌肉，但是它將不能促進動作品質或效率—我們的「軟體」，更可能因爲誘發或保存肌肉的失衡或錯誤動作形態而敗壞它 [26–28]。所以，現代訓練與復健都獲得同樣的結論：如果我們要成就在戰況激烈下，更清晰分辨率的動作計畫，我們必需專注功能性整合動作形態的訓練，而不是單獨訓練單一肌肉或關節 [20, 21, 29–36]。

如果目標是指任何修復錯誤的動作形態，是否這意味著我們應該忽略單一的關節或肌肉呢？當然不，經常因為一個關節（肩峰鎖骨關節障礙限制手臂內收）、肌肉（梨狀肌過緊，限制髖關節鉸鏈動作）或肌膜（即前胸壁過緊，限制手臂抬高過頭）的特殊失能，如果能夠矯正，就將幫助改善運動表現。我們的概念如何，影響我們所做的。就如著名的葡萄牙神經學家 Karel Lewit 所言，「我們的方法應該為我們的目標服務」。目標是在大腦皮質下的基礎增進功能性動作形式。伸展繃緊的肌肉，處理低活動度的關節，或放鬆限制的肌膜可能可以達到目的，但是我們要避免「成為我們方法的奴隸」。譬如，我們可以訓練某一個別肌肉，幫助它成為動作形態的一部份。

單單肢段的處理，欠缺對於全貌的了解，將讓患者或運動員淪為缺乏遠見的訓練員或復健專家的犧牲者。當動作形態的功能性評估，符合運動員發展、改善運動目標，或傷害預防，我們就能好好選擇我們的方法，來服務運動員的目標。

復健和肌力與體能訓練領域都有許多亮點。那些理念與實務，雖不至於受批判或質疑，儘管含有不正確的意見，而本書將試圖揭露一些迷失，提出科學基礎解釋的替代方法。

參考文獻 (REFERENCES)

1. Gambetta V. Athletic Development: The Art & Science of Functional Sports Conditioning. Champaign, IL: Human Kinetics; 2007.
2. Boyle M. Advances in Functional Training. Aptos, CA: On Target Publications; 2010.
3. Balyi I, Hamilton A. Long-Term Athlete Development: Trainability in Childhood and Adolescence. Windows of Opportunity. Optimal Trainability. Victoria: National Coaching Institute British Columbia & Advanced Training and Performance Ltd.; 2004.
4. Sale D, MacDougall D. Specificity in strength training: a review for the coach and athlete. Can J Sport Sci 1981;6:87.
5. Enoka RM. Neuromechanical Basis of Kinesiology. 2nd ed. Champaign, IL: Human Kinetics; 1994.
6. Emery CA, Meeuwisse WH. The effectiveness of a neuromuscular prevention strategy to reduce injuries in youth soccer: a cluster-randomised controlled trial. Br J Sports Med 2010;44:555–562.
7. Myer GM, Faigenbaum AD, Ford KR, et al. When to initiate integrative neuromuscular training to reduce sports-related injuries and enhance health in youth? Am Coll Sports Med 2011;10:157–166.
8. Myer GD, Ford KR, Palumbo JP, et al. Neuromuscular training improves performance and lower-extremity biomechanics in female athletes. J Strength Cond Res 2005;19:51–60.
9. Hewett TE, Myer GD, Ford KR. Reducing knee and anterior cruciate ligament injuries among female athletes: a systematic review of neuromuscular training interventions. J Knee Surg 2005;18:82–88.
10. Hewett TE, Myer GD, Ford KR. Prevention of anterior cruciate ligament injuries. Curr Womens Health Rep 2001;3:218–224.
11. Arnason A, Sigurdsoon SB, Gudmonnson A, et al. Physical fitness, injuries, and team performance in soccer. Med Sci Sports Exerc 2004;2:278–285.
12. Ekstrand J, Gillquist J, Moller M, et al. Incidence of soccer injuries and their relation to training and team success. Am J Sports Med 1983;11:63–67.
13. Jobe FW, Bradley JP, Tibone JE. The diagnosis and non-operative treatment of shoulder injuries in athletes. Clin Sports Med 1989;8:419–438.
14. Kibler WB, McMullen J, Uhl TL. Shoulder rehabilitation strategies, guidelines, and practice. Op Tech Sports Med 2000;8:258–267.
15. Uhl TL, Carver TJ, Mattacola CG, et al. Shoulder musculature activation during upper extremity weight-bearing exercise. J Orthop Sports Phys Ther 2003;33:109–117.
16. Wilk KE, Arrigo C. Current concepts in the rehabilitation of the athletic shoulder. J Orthop Sports Phys Ther 1993;18:365–378.
17. Cools AM, Dewitte V, Lanszweert F, et al. Rehabilitation of scapular muscle balance: which exercises to prescribe? Am J Sports Med 2007;10:1744–1751.
18. Kibler WB, Sciascia AD. Current concepts: scapular dyskinesis. Br J Sports Med 2010;44:300–305.
19. Reinold MM, Escamilla RF, Wilk KE. Current concepts in the scientific and clinical rationale behind exercises for glenohumeral and scapulothoracic musculature. J Orthop Sports Phys Ther 2009;2:105–117.
20. McGill SM. Low Back Disorders: The Scientific Foundation for Prevention and Rehabilitation Champaign, IL: Human Kinetics; 2002.
21. Liebenson C. Functional-Stability Training in Rehabilitation of the Spine: A Practitioner's Manual 2nd ed. Philadelphia, PA: Lippincott Williams & Wilkins; 2007.
22. Fields RD. Myelination: an overlooked mechanism of synaptic plasticity? Neuroscientist 2005;6:528–531.
23. Markham J, Greenough WT. Experience-driven brain plasticity: beyond the synapse. Neuron Glia Biol 2004;4:351–363.
24. Yakovlev PI, Lecours A-R. The myelogenetic cycles of regional maturation of the brain. In: Minkowski A, ed. Regional Development of the Brain in Early Life. Oxford, UK: Blackwell Scientific; 1967:3–70.
25. Rutherford OM. Muscular coordination and strength training, implications for injury rehabilitation. Sports Med 1988;5:196–202.
26. Babyar SR. Excessive scapular motion in individuals recovering from painful and stiff shoulders: causes and treatment strategies. Phys Ther 1996;76:226–238.
27. Ludewig PM, Hoff MS, Osowski EE, et al. Relative balance of serratus anterior and upper trapezius muscle activity during push-up exercises. Am J Sports Med 2004;2:484–493.
28. Smith M, Sparkes V, Busse M, et al. Upper and lower trapezius muscle activity in subjects with subacromial impingement symptoms: is there imbalance and can taping change it? Phys Ther Sport 2008;2:45–50.

29. Cook G. Movement: Functional Movement Systems. Aptos, CA: On Target Publications; 2010.

30. Hewett TE, Stroupe AL, Nance TA, et al. Plyometric training in female athletes. Decreased impact forces and increased hamstring torques. Am J Sports Med 1996;24:765–773.

31. Janda V, Frank C, Liebenson C. Evaluation of muscle imbalance. In: Liebenson C, ed. Rehabilitation of the Spine: A Practitioner's Manual. 2nd ed. Philadelphia, PA: Lippincott Williams & Wilkins; 2007;10:203-225.

32. McGill SM, McDermott A, Fenwick CMJ. Comparison of different strongman events: trunk muscle activation and lumbar spine motion, load, and stiffness. J Strength Cond Res 2009;4:1148–1161.

33. McGill SM, Karpowicz A, Fenwick CMJ, et al. Exercises for the torso performed in a standing posture: spine and hip motion and motor patterns and spine load. J Strength Cond Res 2009;2:455–464.

34. Myer GM, Faigenbaum AD, Ford KR, et al. When to initiate integrative neuromuscular training to reduce sports-related injuries and enhance health in youth? Am Coll Sports Med 2011;10:157–166.

35. Zazulak BT, Hewett TE, Reeves NP, et al. Deficits in neuro muscular control of the trunk predict knee injury risk: a prospective biomechanical-epidemiologic study. Am J Sports Med 2007;35:1123–1130.

36. Zazulak BT, Hewet TE, Reeves NP, et al. The effects of core proprioception on knee injury: a prospective biomechanical-epidemiological study. Am J Sports Med 2007;35:368–372.

Árni Árnason
譯者：林正常

骨骼肌肉適能在運動傷害預防的角色
The Role of Musculoskeletal Fitness in Injury Prevention in Sport

生物力學負荷與傷害
(BIOMECHANICAL LOAD AND INJURIES)

和運動員共事，考慮他們在該運動項目的優點與缺點，同時瞭解哪一個運動員有傷害的風險，是很重要的。高品質的訓練與傷害預防是相關的，兩者都應該是運動項目高度專一性的。訓練主要的目標應該是改善運動員在該運動項目的體適能、技能與技術，以及降低傷害之風險。傷害通常發生在生物力學負荷高於潛在結構的容忍程度，也就是生物力學負荷過高或對於某生力學負荷的容忍度降低之時[1]。

通常，一旦單一次負荷對於牽涉結構過高無法吸收，導致急性傷害，或當某一相關結構的負荷太高，持續時間過久，就將釀成過度使用的傷害。過度的生物力學負荷，譬如足球運動員追著球跑步時，發生在外側腳踝扭傷的典型傷害機轉。在發生傷害的霎那，體重支撐在單腳上，運動員遭受對手直接從側面壓倒過來，力量加在腳踝之內側，或小腿之上時。此時，因為足球鞋固定於地面，整個體重支撐在這一支腳之上，鞋子與地面沒有任何滑動餘地。此時，足發生外轉 (supination) 或內翻 (inversion) 動作，力量迫使運動員將體重強加在外轉或內翻的足部。經常足踝側邊會發生傷害，最普遍的是韌帶扭傷或甚至骨折[2]。另一個過度生物力學負荷釀成傷害的例子，是在滑水時，大腿後肌拉傷的傷害機轉。如果滑板尖端向下插入水中，在跳躍時，或在拖行時，滑板插入浪中。這種情況，滑板突然減速。此時，膝關節伸展，軀幹又被拖繩拉向前方。結果，滑水者被迫屈臀，軀幹被拖繩往前方強拉，最後釀成強屈臀，緊接著過度的負荷，加在大腿後肌，引起扭傷或斷裂[3]。

對於生物力學容忍能力的下降有許多因素。首先，如果運動員的訓練狀態未能滿足他們運動項目的需求，換句話說，訓練方法或者訓練負荷、強度以及進程，都很重要，而且，都需要有該項運動的特殊針對性。青少年時期的訓練品質，尤其重要，諸如肌力、柔軟度、爆發力與肌耐力訓練，都從青少年維持運動專項的特殊訓練樣貌。另外，因為受傷的緣故，如果在傷後，運動員開始高強度訓練或比賽過早時，受傷的組織結構，無法忍受生物力學需求時，經常導致傷害的復發。

傷害機轉與危險因子
(INJURY MECHANISMS AND RISK FACTORS)

急性運動傷害，經常是一個特殊傷害機轉，加上影響運動員的危險因子的綜合的結果。而慢性運動傷害，損傷緩慢呈現，沒有明顯的開始發生時刻，傷害機轉沒有像急性運動傷害般的明顯。不同危險因素的影響可能相當多樣性，有許多的方面，譬如，運動的種類、比賽的層級、運動員的身體與心理能力、環境、運動規則、其他的危險因素以及傷害的機轉等。同時，不同危險因子經常都彼此交互作用，影響傷害的發生與嚴重性。譬如，年齡增加也經常是某些運動種類的傷害之危險因子。年長的運動員通常較年輕的運動員參與運動時間更久，有更多的舊傷。此外，他們也大部分存在著與年齡相關的退化性變化，他們的訓練量與強度，可能不如更年輕的運動員，以致於身體的表現下降，在訓練或比賽的後半段，增加疲勞風險。所有的這些因素，可能與年齡增加，提高危險程度相關。

傷害的危險因素可能有幾種分類方式。它們通常可以分爲內在或個人有關的危險因素，這些因素，與運動員本身的因素相關。而外在的，或環境相關的危險因素，與運動員的環境相關之因素 [4, 5]，可分爲可以修正的與不可以修正的危險因素兩類。有一些危險因素可以修正，諸如肌力的失衡 (strength imbalance) 或功能性的不穩定 (functional instability)，其他無法修正的危險因素，如年齡的增加或人種特徵 [6]。其他危險因子的分類法，使用參與運動的項目、體能、心理因素、環境因素與不能改變的因素等等之分類法（表 2.1）。危險因素可能因運動員與運動種類的不同而異，但是，它們共同作用，結合運動員所暴露的傷害機轉。

運動相關的危險因子
(Risk Factors Related to Participation in Sport)

參加運動本身在訓練或比賽時，就有一些危險因素存在，相關的危險因素，如參加層級、教練方法、比賽位置、高危險時段、運動員是否注意、規則、犯規動作以及舊傷等，都可能包含一些傷害風險。

訓練及比賽 (Training versus Competition)

通常，比賽時的傷害發生率高於訓練時 [7]。原因可能比賽比訓練時，更加激烈，經常更加侵略性，更高的速度，更長的時間。結果導致更加疲勞，以及對運動員更高的生物力學負荷，而許多團隊運動，常有運動員互相衝撞的情形。

參與層級 (Level of Participation)

許多研究結果顯示較高水準活動的傷害發生率高於較低水準的活動 [8, 9]。這可能因爲較高水準的運動員之較高的訓練負荷，導致較大的生物力學負荷 [8, 9]。然而，也有研究指出不同水準的活動之傷害發生率並沒有顯著差異 [11]，或甚至有研究，發現較低水準活動的傷害發生率較高 [12, 13]。可能因爲低層級活動的運動員，身體能力不夠好，訓練的時間少，技術較差或團隊戰術導致於對於生物力學的忍受力較差所致。其他因素，諸如訓練情況不佳，以及心理因素，也都很重要 [10–12]。

教練法相關的因素 (Coaching-Related Factors)

活動暴露時間，有可能是不同運動種類發生傷

表 2.1	運動傷害的潛在危險因子 [a]

運動項目方面
訓練與比賽
參加水準
教練相關因素
- 上場的時間
- 教練水準
- 熱身運動

比賽位置（團隊運動）
年度間的高危險期
運動員的注意力與控球
規則與犯規
舊傷復發

體能水準
訓練的特殊性
關節的不穩定
- 力學的不穩定
- 功能的不穩定

肌力與肌力比
柔軟度
有氧耐力
疲勞
高跳、爆發力與速度
體重與身體質量指數

其他危險因素
心理因素
場上的壓力
競賽的心理
採取危險行為
環境因素
場地條件
天候條件
設備
不可改變因素
年齡
遺傳因素
人種
性別

[a] 這些因素與參與運動項目、體能、心理因素、環境與不能改變的成分相關聯。

害的危險因素。足球運動員的研究結果顯示，相較於平均訓練的一組，較多與較少的組別運動員，有較低的急性傷害發生率，訓練量平均的一組，發生率最高 [14, 15]。研究也顯示，高訓練比賽率與低傷害發生率有相關關係 [14]。不意外地，訓練與比賽時間較少的足球員，傷害發

生率較低，因為他們較少暴露的關係。不過，訓練時間多於平均的球員，可能身體情況較好，增加他們對於生物力學負荷的忍受能力。他們也可能有較佳的技術，較能預測或知覺周遭，比較能夠掌握比賽狀態與對手，對於擒抱 (tackle) 或衝撞有較好的準備。這些特質讓他們成為較好的球員，也發生較少的傷害。有這些特質的球員，常受教練指派上場比賽。

教練品質 (Quality of coaching) 也是一個重要因素，低品質的教練法，被認為可能是傷害的危險因子 [14]。相關之研究很少，不過，教練的教育與經驗，以及他們與醫學團隊合作之有無，也很重要 [16]。運動專項訓練，應該要讓運動員在比賽中對於生物力學負荷有較佳的準備。提升專項體能與發展出增加疲勞的抵抗力為運動專項訓練的重要一環 [17]。訓練強度與技巧訓練是運動員準備應付比賽中不同情況重要的部分。

訓練或比賽前的**熱身** (Warm-up)，讓運動員對增加的生物力學負荷做好準備，無論是增進運動表現和降低傷害風險都是相當重要的。熱身增加血流量，增加對於活動肌群的氧氣輸送，降低肌肉黏滯性，增加彈性性能，同時促進細胞代謝。熱身也降低結締組織僵硬度，增加關節活動範圍，也加快神經衝動的傳導速度 [18–20]。幾個研究，包括最近的隨機實驗，顯示有結構的熱身，能降低傷害發生率 [21]。幾個傷害預防計畫，都將結構性的熱身運動作為計畫的一部分 [22–24]。

比賽位置 (Playing Position)

團隊運動中，比賽位置可能影響傷害發生率。足球的研究結果就顯示這種差異性 [25,26]。不同的比賽位置，運動員需要有不同的素質，譬如，跑步速度、跳躍能力、耐力、抗疲勞能力與旋轉能力。因此，不同位置運動員的訓練，應該針對他們的個別需求。

年度之高危險時間 (High-Risk Periods during the Year)

在傷害的危險因子研究中，一些研究發現了一年當中，有某些時候呈現較高危險率 [27]。

較高危險的時間，如季前期，訓練量與強度在這個時候經常都比前面的時期高。其他因素，如改變比賽場所與氣候狀況，都可能有所關連。其他，尤其在季前期的後段，訓練可能更加激烈，也有許多訓練。比賽期開始後，經常提高傷害率，可能因為高節奏，更多比賽，尤其在北半球國家，有一些運動，從人造草坪移到自然草地。在比賽季之末，一些隊伍可能因為球員疲憊而增加傷害率 [28]。

注意與控球 (Player's Attention and Ball Control)

一些常有衝撞動作的運動項目，如足球、澳式足球與其他足球，有必要特別注意。從足球賽影片之分析，可以看出許多的決鬥 (duels) 時之傷害，經常在球員專注於空中的球，球員企圖頂球之時，或球員截獲球時，企圖控球之霎那。這些時候，球員往往盯著球，忽略了對手正也跟他搶球。更有甚者，球員經常沒有知覺對手的存在 [29]。

規則與犯規 (Rules and Foul Play)

接觸性的運動，規則可以降低傷害率，以排球為例為了預防傷害進行了規則的改變，可以降低傷害率 [30]。一些運動，修訂規則以求降低傷害發生率，譬如，足球運動從背後鏟球就給紅牌。犯規也會增加傷害率。足球的研究顯示犯規造成 16-28% 的受傷事件 [12, 25, 27, 31]。因此，公平競爭是許多預防計畫所強調的。

舊傷 (Previous Injuries)

過去發生的肌肉拉傷或韌帶扭傷，是眾所周知，同類型與同部位新傷發生的危險因子。一個以澳洲男性菁英足球運動員的研究結果顯示，以前發生過腹股溝與大腿後肌拉傷的球員，發生同類型同部位的新傷害，為沒有這種傷害病史的球員的 2-11 倍之多 [15, 32]。研究也顯示，以前發生過足踝與膝關節扭傷的球員，發生新足踝與膝韌帶扭傷的傷害發生率，是沒有傷害病史球員的 5 倍。原因可能在於過早回復高強度的訓練或比賽 [16, 33] 傷後結構改變，或在肌肉或肌腱上組織長疤痕 [34, 35]。組織的變化，可能降低肌力，或肌腱降低吸震或生物力學負

荷的能力，最終，容易再發生傷害。至於韌帶扭傷，研究指出神經肌控制，肌力以及力學穩定度在受傷之後，都可能降低[33, 36-38]。所有的這些因子，獨立地或綜合地降低結構對於生物力學負荷的耐受能力，也將增加新韌帶扭傷的危險性[39, 40]。

體能相關的危險因子
(Risk Factors Related to Physical Fitness)

運動員體能相關的危險因子對於傷害預防也相當重要，因為它們可藉專項訓練而改善。

訓練的特殊性 (Training Specificity)

為承受某特殊運動項目所需的生物力學負荷，訓練就需因運動而異。換句話說，訓練必須呼應比賽的狀況與負荷。訓練的方法應該改善運動員在他們特殊運動形態中，應付不同比賽情境的能力[17]。

關節不穩 (Joint Instability)

關節不穩可以分成兩類：力學的與功能的。力學的不穩是韌帶或關節囊被拉時，該關節產生非生理學的動作。功能的不穩，指扭傷復發或無力感[36]。

力學的不穩 (Mechanical instability)，可能是以前韌帶扭傷、韌帶或關節囊伸展造成的或一般性的關節鬆弛[14, 15, 38]。力學不穩與新傷害的可能關係相當有爭議。一些研究指出踝與膝的力學不穩可能是踝或膝扭傷的潛在危險因子[13, 16, 33, 40]，其他研究則看不出其間的相關性[15, 41]。因此，力學不穩對於傷害發生率的效果，很難定論。測驗使用的方法不同，大部分研究未使用多變量分析方法，因此，不同危險因子間的交互作用無法看出。

功能的不穩 (Functional instability) 也可能是先前傷害的結果，是舊傷復發的危險因子[15, 42]。踝關節功能的不穩，與足的旋前肌(pronator muscles) 無力有關[43]，和功能穩定的踝相比較，腓骨肌有較長的反應時間[37]。一些研究顯示運動員有較高的穩定測量值（更功能不穩）比那些更穩定的踝有更高的踝關節扭傷的發生率[39, 44]。當旋後 (supination) 負荷加在足部時，較長的旋前肌的反應時間，讓足在肌肉反應之前，旋後增加。這增加生物力學負荷，經常超出這些肌肉所可以吸收的，導致側踝扭傷。

肌力與肌力比 (Muscle Strength and Strength Ratios)

許多學者們都認定肌力減退可能是傷害的危險因子。一些研究顯示大腿後肌肌力下降或大腿後肌 / 股四頭肌肌力比下降是大腿後肌發生肌肉拉傷的危險因子[45]。同樣的，研究發現低踝外內翻 (eversion-to-inversion) 肌力比與隨後踝關節扭傷有某程度的相關[41]。不過，其他一些研究卻無法證實降低肌力與傷害的任何相關[46, 47]。低離心大腿後肌肌力或離心的大腿後肌對向心股四頭肌肌力比，被認為是大腿後肌拉傷的可能危險因子。快速跑步時所發生的大腿後肌拉傷，都發生在蹬足 (foot strike) 前霎那，大腿後肌離心作功之時或蹬足之後，大腿後肌從離心轉移到向心作功之時。這可由大腿後肌在擺動後期 (swing phase) 時，及蹬足後之瞬間，肌電圖活性最大得到印證[48, 49]。譬如，澳式足球員抓到球身體稍微前傾快速跑步時，同時也將增加的生物力學負荷加諸於大腿後肌上，同時改變跑步的距離。這種動作與增加的大腿後肌的拉傷之危險率相關[17]。大腿後肌肌疲勞時降低反應時間，可能與肌力下降交互作用，影響到高速度跑步時候的傷害率。

柔軟度 (Flexibility)

許多人相信肌肉鬆緊度 (muscle tightness) 與肌肉拉傷的危險因子相關，不過，很少證據支持這種想法。測量肌肉鬆緊度的方法多樣，讓比較困難。迄自目前，大部分文獻發現短肌肉與肌肉扭傷沒有相關[16, 50, 51]。不過，也有研究發現足球員短臀內收肌與內收扭傷或過度使用傷害有關[15, 33]，也發現短大腿後肌與肌肉扭傷的一些相關[52]。有趣的是雖然降低柔軟度普遍被認為會增加運動的傷害發生率，卻很少的研究顯示有此相關。理由是，目前為止，大部分出版的研究指出危險因子與傷害的相關程度為強到中度相關。研究太少，無法證實危險因子與傷害的發生之中度到小幅相關[53]，這顯示

需要較大的多變量分析研究來一起考量許多可能的因素。要加以比較，測量柔軟度的方法也很重要。

有氧體能 (Aerobic Fitness)

一般認為有氧耐力有助於增進運動員表現，有助於從事許多運動強度更強的比賽[54-56]。大家也討論到是否低有氧耐力會導致比賽後段的疲勞[55]，也可能降低肌肉的保護效果以及改變力作用於肌肉、肌鍵、韌帶與骨頭的分布[57, 58]。雖然許多研究測量過足球運動員的最大攝氧量[15, 56]，沒有研究顯示最大攝氧量與傷害危險有明確的相關。不過，軍隊徵召的研究發現一般性傷害與諸如較慢跑步速度、較低攝氧峰值與較少俯地挺身的關聯[58, 59]。雖然有氧耐力被認為可以增加運動員的表現，它在運動傷害預防的重要性卻仍沒有定論。

疲勞 (Fatigue)

主要在足球方面的研究，顯示肌肉拉傷，在比賽與訓練的後半段，以及比賽的下半場有較高的發生率[27, 47, 60]。研究也顯示在比賽之後段發生中等至大的傷害多於小傷害[47]。肌肉疲勞常用來解釋在比賽後段發生較高傷害危險率的理由。這可以用運動模式的研究來支持，顯示疲勞的肌肉比不疲勞的肌肉，較無法吸收力[61]。有可能，因為吸震能力的下降，影響肌肉的一些力學特質，降低對於生物力學負荷的承受能力，最終，讓疲勞的肌肉比非疲勞的肌肉，更加容易受傷害。

高跳、爆發力與速度 (Jumping Height, Power, and Speed)

研究發現運動員的跳高與跑步速度有相關[62]。爆發力更大的運動員在跳躍、踢、奔跑與變換方向時，可能比爆發力較弱的運動員，有更大的力強加於他們的肌肉、肌腱與關節，增加生物力學負荷落在這些結構上。一些研究檢測各種運動員的腿爆發力或跳躍運動能力[15, 63]，但是很少或沒有證據顯示腿爆發力與傷害率的相關。

體重與身體質量指數 (Body Mass and Body Mass Index)

體重與身體質量指數增加落在關節、韌帶與肌肉上的負荷。這將進一步地增加跑步、跳躍或轉身時的生物力學負荷。在某些運動項目，增加體重將會增加過度使用傷害或退化性關節炎的危險，因為有更多的負荷加諸於下肢關節，以及肌腱和其他運動結構上。

其他潛在危險因子 (Other Potential Risk Factors)

有其他傷害潛在危險因子被提出，它們可能會與前面提到的危險因子交互作用，讓傷害危險因子變得更加複雜。

心理因素 (Psychological Factors)

一些研究指出某些心理因素與傷害發生率存有相關。一些因素，譬如在足球、美式足球以及其他運動中，發現生活壓力、戰鬥的心態以及危險行為，與傷害的發生率之相關[64-66]。

環境因素 (Environmental Factors)

場地與天候狀況會影響訓練與比賽時的傷害發生率。不同場地的品質不同，戶外運動項目，天候條件，如下雨、下雪、蒸氣、乾燥氣候與溫度等，都會改變比賽場地的品質。有兩種跟場地有關的危險因子，就是場地硬度（吸收衝擊能量的能力）與鞋面摩擦力（地面與鞋子間立足點或抓地力）[67-69]。硬的場地增加衝擊力，可能因為較大的單一衝擊或反覆非最大的衝擊力量，而導致組織的過度負荷[67]。研究發現在硬場地活動會增加比賽速度，這會增加奔跑、轉體與變速或在強力撞擊時的傷害危險[68, 70]。每一個運動項目，適合的地面－鞋面摩擦力是很重要的。一些因素，譬如運動場表面、材料與鞋面結構，長度與夾板組成以及天氣情況，可能會影響鞋面－地面摩擦力。有一些需要滑、切或旋轉的運動，鞋子與地面太大的轉移或旋轉摩擦力，會增加生物力學負荷，在踝與膝，增加韌帶扭傷的危險率或甚至骨折[69]。鞋子－表面摩擦力太差，會降低運動員加速與減速或快速轉彎的能力，增加滑倒的危險。在這種情況下，容易發生腹股溝拉傷。一些設備，如鞋子、護腿、牙套、頭盔、貼布與背帶，必須能夠滿足各運動與活動地面的需求，也要適合運動員本身使用。設備不適當，將會增加傷害的危險。

無法改變的因素 (Unchangeable Factors)

一些下面傷害的危險因子是沒有辦法改變的。

年齡 (Age)

研究顯示青少年運動員與年輕運動員的傷害率隨年齡而增加 [9, 71]。足球運動最老的中學運動員經常有成年運動員同樣高的傷害發生率 [9, 27]。大部分成年運動員的研究也發現隨著年齡的增加，傷害率也跟著增加 [15, 47]。這些發現有幾個理由，不完全跟年齡有關。年紀較大的運動員，經常有較長的運動經歷，增加過去傷害的次數。也有退化性的變化，影響到肌力、柔軟度、關節穩定度以及弱化的疤痕組織。年紀較大的運動員，也可能比年輕運動員有較差的疲勞抵抗力。所有的這些因素，增加老運動員傷害的機率，因此，雖然年齡無法改變，一些與年齡增加有關的因子，也可能加以修正，來降低傷害率。

遺傳因素 (Genetic factors)

一些潛在危險因子可能可以分類為遺傳的，如解剖排列、身高、基礎結構與結締組織軟骨與骨骼的強度，以及肌纖維型的基本比率。這些因素會影響抵抗生物力學負荷的耐受能力，讓運動員更容易受傷。種族也是遺傳的因子。研究指出黑人足球員與原住民後裔的澳式足球運動員，比白種人，更容易發生大腿後肌拉傷 [32, 60]。理由可能是這些運動員比白人運動員，跑得較快，在大腿後肌上，產生較高的生物力學負荷。向心與離心肌肉動作，也可能較快，因而可能增加大腿後肌拉傷的危險率。

性別 (Gender)

大部分研究指出女性運動員比男性運動員有較高的膝傷害發生率 [47]。在足球方面，女性運動員前十字韌帶的損傷率是男性運動員的 2-8 倍 [72, 73]。而這些傷害女運動員的發生年齡比男性運動員輕 [74]。可能的原因包括：(1) 解剖學因素，如較寬的骨盆，較大的 Q-角，膝蓋更多的外翻 (valgus)，同時較小的髁間窩 (intercondylar notch) 以及關節較鬆弛等 [47, 75]。(2) 荷爾蒙也被認為是傷害的危險因子。雌激素被認為是女性比男性更多前十字韌帶撕裂傷原因 [76]。不過，對於在月經週期危險率最高的研究結果並不一致 [77, 78]。(3) 訓練相關與神經肌肉因子，也被認為是女性增加膝傷害的可能原因。這些因子

都是可以修正的，譬如，肌力不足，改變股四頭肌與大腿後肌徵召模式，可以影響到膝關節的功能穩定性，跳躍、著地與切入動作的模式與技術 [47, 79-82]。臀外展肌以及外旋肌力與徵召模式，可能是髖關節控制外旋與內旋相當重要的。在膝關節於跳躍、著地與切入動作時，減少外翻也是很重要的。其他危險因子，如高鞋子－地面摩擦力，身體質量指數增加，疲勞增加，不同傷害機轉與遺傳，可能會與這些危險因子或情境交互作用，影響傷害發生率。

危險因素之總結 (Summary of Risk Factors)

生物力學負荷太高造成相關的結構無法吸收，就會發生傷害。一個單一負荷如果高於結構的容忍度，就發生急性運動傷害。如果總負荷超過一段時間，就發生過度使用的傷害。運動員對於生物力學負荷的容忍性可能因為許多稱為內在的或個人相關危險因子而降低。外在或環境相關的危險因子可能影響運動員，與內在危險因子結合，讓運動員更容易受傷。危險因子可以分與運動參與有關的，運動員的體能、心理因素、環境因素與無法改變的因素等。不同危險因子的效果，依許多因子，如運動種類、比賽水準、運動員的身體與心理表現，環境、運動規則、其他危險因子，以及傷害機轉而異。不同危險因子與傷害機轉的交互作用，相當複雜，一些因子可能促進或降低其他因子的效果。

傷害的預防 (PREVENTION OF INJURIES)

傷害預防的重要性 (Importance of Injury Prevention)

如前所述，各種運動項目的傷害是相當頻繁的，不過傷害率、型態與位置各種運動都不盡相同 [7, 83]。傷害對於運動員的影響是多樣的。

傷害的嚴重性、運動員的表現與對健康的影響 (Severity of Injuries, Athletes' Performance, and Health Consequences)

運動傷害的嚴重性通常用不能參加比賽或訓練的時間來估計。尤其是中度、重度或復發傷害，傷害會影響運動員的表現。大部分運動上的傷害，經過適當的復健之後，運動員都可

以跟傷害前一樣水準地繼續參與運動。然而，一些傷害可能限制運動員，無法同樣水準地參與，或甚至必須中止他們的運動。一些傷害如嚴重的膝傷害後，可能影響健康，譬如，在生命的晚期，發生退化性關節炎 [84, 85]。一項英國職業足球員的問卷調查，顯示幾乎有一半的運動員是因為運動傷害而退休的 [86]。

對於受傷運動員與其家庭的**心理影響** (psychological effects) 也值得關注。一些運動員傷後，尤其當他們全心全力的訓練之後，如果錯失重要比賽，有幾年會顯得沮喪。可能運動員很難接受他們的隊友或對手能夠改善身體的運動表現與技巧，自己卻必須減少或甚至因為運動傷害而停止訓練。

社會的影響 (Sociological effects) 也應該考慮。研究結果顯示，參與運動的青少年，會比其他同年齡者，較少抽菸或喝酒。運動參與通常也會促進健康的生活 [87, 88]。年輕運動員發生嚴重運動傷害，如前十字韌帶的傷害，而無法參與運動一段時間，也可能增加不良影響的機率。因此，了解受傷青少運動員在隊伍中的角色，維持與該團體聯繫，是很重要的。

團隊的表現 (Team Performance)

關鍵運動員的受傷，會影響整隊的成績表現，特別是同時有一個以上的運動員受傷的情況時。當一個團隊的運動員人數很少時，狀況更為嚴重。足球運動員的研究發現在球季後段，進入決賽隊伍的球隊，是那些較少傷害天數的隊伍 [89]。

傷害的代價 (Cost of Injuries)

傷害的代價是很高的。運動傷害後的醫療與復健，以及喪失競賽與工作天的損失，每一年的花費必須由運動員、家庭、隊伍或保險公司等來支付 [90, 91]。

什麼時候開始傷害預防呢？ (When Should Injury Prevention Start?)

如前面提到的，傷害預防非常重要。近幾年來，有關不同運動項目的傷害危險因子、它們的交互作用以及潛在變數的知識逐漸增加。這些知識，可以作為傷害預防措施的重要基礎，降低傷害發生率與嚴重性以及傷害的危險因子。

傷害的預防需要及早開始。小孩學習預防措施應當做為運動訓練的一部分，必須包括在訓練裡。如果預防措施很早開始，就容易追蹤到青少年以至於成人運動。運動員也可以體驗到預防措施成為訓練的一部分。傷害預防需要從青春期前就要開始的一個例子，是膝傷害的預防，因為青春期時，或青春期後，尤其是女運動員的動作形態就會改變。這種改變將增加嚴重膝傷的危險性。這時候的預防，需改善如跳躍、著地、切入、加速以及減速，諸如平衡與協調的神經肌訓練，以及肌力訓練、功能性運動以及教導一般及專項運動技巧等。這個觀念的相關知識以及訓練的重要性，必須讓運動員以及他們的家長知道，以增加這一方面的了解，並鼓勵他們參與預防訓練計畫。

運動中傷害的預防 (PREVENTION OF INJURIES IN SPORT)

欲預防傷害，必須要知道該項運動的典型危險因子與傷害機轉，也必須知道交互作用與潛在變數。近幾年來，許多研究增加對於各不同種類運動之危險因子與傷害機轉的知識。這些知識是改善預防策略、運動與計畫，降低發生率與傷害嚴重性的重要基礎。不過，有必要更大的多因子研究來探討許多潛在危險因子與不同傷害狀況的相關。能這樣，就能建構出不同運動種類之各類傷害，更強更有力的預防架構。

發展預防計畫時必須考量到不同運動項目的生物力學負荷。每一個人必須知道某特殊運動對運動員身體素質的需求，如專項動作、跑步、跳躍能力、規則以及訓練與比賽的負荷，也要知道典型的危險因子與傷害機轉。即使同樣的運動項目，年齡、性別、層級、比賽時間、比賽位置、教練素質、天候狀況以及運動場地等的需求就可能不一樣。所有這些因子必須考量對於運動員的生物力學負荷。預防計畫的焦點應該增加運動員對於一般傷害與專項傷害之生物力學負荷的忍受能力。預防計畫的目標應該減少運動員對於傷害的弱點，以降低傷

害危險率。這需要確實符合特殊計畫的效果之探討。訓練計畫不能太耗費時間，如果太費時間，有可能不能完成。教練與運動員也要知道不同運動計畫對於運動表現的效益 [92]。效益的例子，如增加肌力 [93-95]，增加核心穩定度與技術 [96, 97]，以及增加神經肌控制如平衡與協調 [98-100]。傷害預防計畫應是訓練的自然部分，當作例行工作，由教練、物理治療師或運動傷害防護員來推動。

預防計畫通常根據許多影響危險因子，譬如改善平衡、協調性、肌力、敏捷性與技術、關節位置之知覺、動作或危險的比賽情況 [23, 101-103]。因為大部分計畫是多面向的，很難知道計畫的哪一項對於傷害預防最有效，也不知道它們如何影響，因為它們通常是個別地檢測的 [5]。

幾個研究嘗試探討一些運動或計畫在降低不同運動項目各種傷害的發生率。一些計畫著眼於傷害發生率的降低 [21, 23]，而其他的計畫聚焦於特殊運動種類或位置 [94, 103]。大部分的這些計畫針對特殊運動：譬如，足球 [22, 24, 104]、澳式足球 [17]、橄欖球 [105]、歐式手球 [21, 101]、排球 [30] 與高山滑雪 [106]。

傷害預防的焦點可以分成兩大類：降低傷害率的一般傷害預防，與傷害的特殊形態與位置。

一般傷害預防 (General Injury Prevention)

一般傷害預防的目標應在於降低一群運動員或一個隊伍的傷害發生率。這種傷害預防應該包括在例行訓練之中。這種訓練的內容，包括足夠的熱身、一般平衡、協調性、肌力、速度、爆發力、耐力、柔軟度與技術等。考量年齡、性別、層級、運動類別等適當的訓練負荷與強度，是非常重要的。在適當的場地上訓練或比賽，同時，鼓勵運動員公平競爭，也很重要。大部分的一般傷害預防計畫可降低傷害發生率 [21-24]，但有研究也顯示較小或沒有顯著效果 [107, 108]，可能因為這些預防計畫順應性較低

(compliance) 的關係。

特殊傷害的預防 (Specific Injury Prevention)

特殊傷害預防的目標，應在於降低特殊形態與部位的傷害發生率。針對一組人或者是一個隊，譬如，降低前十字韌帶損傷或膝傷害。針對個人篩選，以鑑定某些運動員在特殊或特殊種類或傷害位置。傷害預防措施針對那些發現有危險的個人，譬如：踝扭傷 [30, 109, 110]、膝傷害 [103]、前十字韌帶損傷 [101, 111]、大腿後肌拉傷 [17, 94] 與腹股溝拉傷 [104]。尤其是對於高風險的運動項目，研究結果顯示對於特殊運動項目的預防措施是有效的。至於特殊的預防，焦點通常是在於運動技巧或傷害位置的下列特殊因子。

改善專項運動技巧與教練品質 (Improving Sport-Specific Skills and Quality of Coaching)

改善運動員專項運動技術是運動傷害預防的重要區塊。這一方面的訓練對於預防譬如前十字韌帶的傷害 [101, 111] 與大腿後肌拉傷是有效的 [17]。方法應該改善專項運動技術以及每一個教練需要了解的一些事情。對於提升教練基礎與特殊訓練，以及他們的成績與傷害預防，教練品質是非常重要的。訓練負荷與強度應該適合於運動員的年齡、性別、訓練狀態等。教練必須知道什麼時期的訓練可能引起過度的疲勞反應，會引起高度危險而會導致急性或過度使用傷害。教育所有運動項目之年輕運動員適當的專項運動技巧是傷害預防的重要手段。重要的例子諸如籃球、手球與足球，教導與矯正他們在切入、跳躍與著地時的技巧。

神經肌肉的訓練 (Neuromuscular Training)

神經末梢與神經傳導路徑受損可能釀成軟部組織的傷害，進而阻礙從韌帶與關節囊的本體感受器神經衝動的傳輸。這會影響協調與關節位置感覺，也會改變反射。例如，有關肌肉回復位置關節的反應，使其重返生理學範圍。這種障礙導致平衡與功能的不穩，即關節鬆弛的感覺 [112]。受傷之後的復健過程中，恢復神

經肌肉控制能力以預防舊傷復發的神經肌肉訓練是相當重要的 [42]。研究結果顯示這種訓練對於降低踝關節扭傷的復發是有效的 [30, 110, 113]，也是膝關節前十字韌帶預防計畫有效的一環 [101, 111, 114]。神經肌肉訓練也可以作為復健與預防措施，增加核心穩定度與肩、肘與腕之功能穩定度 [112]。這種訓練包括難度循序漸進的平衡訓練，與專項運動動作的訓練。

肌肉不平衡的矯正 (Correction of Muscle Imbalance)

腿兩側肌力不平衡以及大腿前後肌肉的不平衡（H/Q 比），與離心肌力的下降是傷害的可能危險因子。肌力訓練是許多復健計畫的一個重要部分。最近，大家增加了對於離心肌力的重視，經證實對大腿後肌拉傷有預防效果 [94]。如前所示，很少證據支持柔軟度差是肌肉拉傷的危險因子，不過肌肉短或肌肉長度不平衡可能會因為影響姿勢與動作形態而容易受傷。譬如，肩帶，短而強的前牽引肌 (protractor muscles) 與長而弱的後縮肌 (retraction)。這種結合可能增加肩的前突 (protraction)，影響肩關節的活動的形態與穩定，可能增加投擲運動員，如手球投擲運動員或棒球投手的夾擊 (impingement) 風險。因此，評估運動員姿勢了解有沒有這種情況是很重要的。如有這種姿勢，訓練時，應該使用運動來矯正，或使用平衡的肌肉與柔軟度運動來避免這種情況。

外部支撐 (External support)

可以使用貼布與護套作為外部的支撐。足踝護套證實它能降低踝關節扭傷的復發，不過，無法證實它對於沒有傷害過的足踝，也有預防傷害的效果 [115]。受傷過後的運動員在運動當中建議使用貼紮與護具，以預防復發，直到正常踝關節功能完全恢復為止 [116]。不同貼紮方法有不同的支撐功能，一個人可以根據確切的位置與支撐之需求而調整貼紮方法。護套也經常派上用場。它較容易使用，也不需像貼紮般需要做皮膚之固定。不過，一些運動員感覺護套會大幅限制足踝的活動，或認為它比貼紮更不穩定。

許多運動項目使用頭盔與面罩來降低頭部傷害的風險，有些項目的運動，甚至在比賽規則中明文規定。譬如，美式足球、冰上曲棍球、高山滑雪與單板滑雪以及各種賽車運動。研究顯示頭盔可以在一些運動項目裡，有效地預防頭部與臉部的傷害，但是對於降低撞傷危險率效果有限 [117, 118]。其他的外在支撐，如護腿，在足球中有效地提供小腿的傷害預防效果 [33]。不過，最近的研究顯示護腿對小腿的保護效果，因型式與材質而異 [119, 120]。

規則與公平競爭 (Rules and Fair Play)

規則禁止犯規，保護運動員，因此，可以預防一些嚴重的傷害。足球也曾經為了避免犯規而改變規則，譬如，球員從後面爭球裁判會亮出紅牌。一些研究也指稱在足球運動中，滑入鏟球的嚴格規則能預防一些踝與腿的傷害 [2]。又如排球運動員，足踝的傷害，經常是球員在攔網與扣球時，踩入對方地面而發生 [121]。其他研究，作者們發現，技術訓練與規則改變，讓球員不能在攻擊或攔網之後，在網下踩過中線，降低踝關節傷害的機率 [30]。因此，規則對於運動員傷害有保護功效，規則改變也是保護運動員避免傷害相當重要的。此外，經常鼓勵運動員榮譽地公平競爭也是極其重要的。

傷害預防結語 (Summary of Injury Prevention)

在許多運動中，傷害是相當普遍的。雖然大部分的運動傷害，在適當的復健就能痊癒，但是，一些傷害卻限制運動員的運動參與，甚至逼使運動員離開他們的運動。傷害也會影響運動員的體能，發生一些心理或社會效果，乃至影響隊伍的成績表現。此外，傷害對於運動員、他們的家庭與運動俱樂部以及保險公司的花費是很高的。因此，運動傷害的預防是重要不過的。傷害預防應是運動訓練的一環，而且，從年幼時期就要開始啟動，在小孩時期就要學習傷害防範，是運動訓練自然的一個部分。傷害預防分一般預防與特殊預防兩類。一般預防專注於降低傷害，而特殊預防針對特殊的傷害預防。傷害預防與專項技術訓練高度相關，這是運動員、教練、物理治療師或運動傷害防護員都應認識清楚的。

參考文獻 (REFERENCE)

1. Verrall G, Árnason Á, Bennell K. Preventing hamstring injuries. In: Bahr R, Engebretsen L, eds. Handbook of Sports Medicine and Science, Sports Injury Prevention. West Sussex, UK: Wiley-Blackwell; 2009:72–90.

2. Andersen TE, Floerenes TW, Arnason A, et al. Video analysis of the mechanisms for ankle injuries in football. Am J Sports Med 2004;32:69S-79S.

3. Sallay PI, Friedman RL, Coogan PG, et al. Hamstring muscle injuries among water skiers. Functional outcome and prevention. Am J Sports Med 1996;24:130–136.

4. Meeuwisse WH. Assessing causation in sport injury: a multifactorial model. Clin J Sport Med 1994;4:166–170.

5. Bahr R, Krosshaug T. Understanding injury mechanisms: a key component of preventing injuries in sport. Br J Sports Med 2005;39:324–329.

6. Meeuwisse W, Bahr R. A systematic approach to sports injury prevention. In: Bahr R, Engebretsen L, eds. Handbook of Sports Medicine and Science, Sports Injury Prevention. West Sussex, UK: Wiley-Blackwell; 2009:7–16.

7. Hootman JM, Dick R, Agel J. Epidemiology of collegiate injuries for 15 sports: summary and recommendations for injury prevention initiatives. J Athl Train 2007;42:311–319.

8. Nielsen AB, Yde J. Epidemiology and traumatology of injuries in soccer. Am J Sports Med 1989;17:803–807.

9. Inklaar H, Bol E, Schmikli SL, et al. Injuries in male soccer players: team risk analysis. Int J Sports Med 1996;17:229–234.

10. Ekstrand J, Tropp H. The incidence of ankle sprains in soccer. Foot Ankle 1990;11:41–44.

11. Poulsen TD, Freund KG, Madsen F, et al. Injuries in high-skilled and low-skilled soccer: a prospective study. Br J Sports Med 1991;25:151–153.

12. Peterson L, Junge A, Chomiak J, et al. Incidence of football injuries and complaints in different age groups and skill-level groups. Am J Sports Med 2000;28:S51–S57.

13. Chomiak J, Junge A, Peterson L, et al. Severe injuries in football players. Influencing factors. Am J Sports Med 2000;28:S58–S68.

14. Ekstrand J, Gillquist J, Moller M, et al. Incidence of soccer injuries and their relation to training and team success. Am J Sports Med 1983;11:63–67.

15. Arnason A, Sigurdsson SB, Gudmundsson A, et al. Risk factors for injuries in football. Am J Sports Med 2004;32:5S–16S.

16. Arnason A, Gudmundsson A, Dahl HA, et al. Soccer injuries in Iceland. Scand J Med Sci Sports 1996;6:40–45.

17. Verrall GM, Slavotinek JP, Barnes PG. The effect of sports specific training on reducing the incidence of hamstring injuries in professional Australian Rules football players. Br J Sports Med 2005;39:363–368.

18. Green JP, Grenier SG, McGill SM. Low-back stiffness is altered with warm-up and bench rest: implications for athletes. Med Sci Sports Exerc 2002;34:1076–1081.

19. Rosenbaum D, Hennig EM. The influence of stretching and warm-up exercises on Achilles tendon reflex activity. J Sports Sci 1995;13:481–490.

20. Stewart IB, Sleivert GG. The effect of warm-up intensity on range of motion and anaerobic performance. J Orthop Sports Phys Ther 1998;27:154–161.

21. Olsen OE, Myklebust G, Engebretsen L, et al. Exercises to prevent lower limb injuries in youth sports: cluster randomised controlled trial. BMJ 2005;330:449.

22. Ekstrand J, Gillquist J, Liljedahl SO. Prevention of soccer injuries. Supervision by doctor and physiotherapist. Am J Sports Med 1983;11:116–120.

23. Junge A, Rosch D, Peterson L, et al. Prevention of soccer injuries: a prospective intervention study in youth amateur players. Am J Sports Med 2002;30:652–659.

24. Soligard T, Myklebust G, Steffen K, et al. Comprehensive warm-up programme to prevent injuries in young female footballers: cluster randomised controlled trial. BMJ 2008;337:a2469.

25. Hawkins RD, Fuller CW. Risk assessment in professional football: an examination of accidents and incidents in the 1994 World Cup finals. Br J Sports Med 1996;30:165–170.

26. Boden BP, Kirkendall DT, Garrett WE Jr. Concussion incidence in elite college soccer players. Am J Sports Med 1998;26:238–241.

27. Hawkins RD, Fuller CW. A prospective epidemiological study of injuries in four English professional football clubs. Br J Sports Med 1999;33:196–203.

28. Bahr R. Principles of injury prevention. In: Brukner P, Khan K, eds. Clinical Sports Medicine. 3rd ed. North Ryde, NSW: McGraw-Hill; 2006:78–101.

29. Arnason A, Tenga A, Engebretsen L, et al. A prospective video-based analysis of injury situations in elite male football: football incident analysis. Am J Sports Med 2004;32:1459–1465.

30. Bahr R, Lian O, Bahr IA. A twofold reduction in the incidence of acute ankle sprains in volleyball after the introduction of an injury prevention program: a prospective cohort study. Scand J Med Sci Sports 1997;7:172–177.

31. Junge A, Chomiak J, Dvorak J. Incidence of football injuries in youth players. Comparison of players from two European regions. Am J Sports Med 2000;28:S47–S50.

32. Verrall GM, Slavotinek JP, Barnes PG, et al. Clinical risk factors for hamstring muscle strain injury: a prospective study with correlation of injury by magnetic resonance imaging. Br J Sports Med 2001;35:435–439.

33. Ekstrand J, Gillquist J. The avoidability of soccer injuries. Int J Sports Med 1983;4:124–128.

34. Noonan TJ, Garrett WE Jr. Injuries at the myotendinous junction. Clin Sports Med 1992;11:783–806.

35. Jarvinen TA, Kaariainen M, Jarvinen M, et al. Muscle strain injuries. Curr Opin Rheumatol 2000;12:155–161.

36. Tropp H, Odenrick P, Gillquist J. Stabilometry recordings in functional and mechanical instability of the ankle joint. Int J Sports Med 1985;6:180–182.

37. Konradsen L, Ravn JB. Prolonged peroneal reaction time in ankle instability. Int J Sports Med 1991;12:290–292.

38. Brynhildsen J, Ekstrand J, Jeppsson A, et al. Previous injuries and persisting symptoms in female soccer players. Int J Sports Med 1990;11:489–492.

39. Tropp H, Ekstrand J, Gillquist J. Stabilometry in functional instability of the ankle and its value in predicting injury. Med Sci Sports Exerc 1984;16:64–66.

40. Beynnon BD, Renstrom PA, Alosa DM, et al. Ankle ligament injury risk factors: a prospective study of college athletes. J Orthop Res 2001;19:213–220.

41. Baumhauer JF, Alosa DM, Renstrom AF, et al. A prospective study of ankle injury risk factors. Am J Sports Med 1995;23:564–570.

42. Zech A, Hubscher M, Vogt L, et al. Neuromuscular training for rehabilitation of sports injuries: a systematic review. Med Sci Sports Exerc 2009;41:1831-41.

43. Tropp H. Pronator muscle weakness in functional instability of the ankle joint. Int J Sports Med 1986;7:291–294.

44. McGuine TA, Greene JJ, Best T, et al. Balance as a predictor of ankle injuries in high school basketball players. Clin J Sport Med 2000;10:239–244.

45. Orchard J, Marsden J, Lord S, et al. Preseason hamstring muscle weakness associated with hamstring muscle injury in Australian footballers. Am J Sports Med 1997;25:81–85.

46. Bennell K, Wajswelner H, Lew P, et al. Isokinetic strength testing does not predict hamstring injury in Australian Rules footballers. Br J Sports Med 1998;32:309–314.

47. Ostenberg A, Roos H. Injury risk factors in female European football. A prospective study of 123 players during one season. Scand J Med Sci Sports 2000;10:279–285.

48. Jonhagen S, Ericson MO, Nemeth G, et al. Amplitude and timing of electromyographic activity during sprinting. Scand J Med Sci Sports 1996;6:15–21.

49. Yu B, Queen RM, Abbey AN, et al. Hamstring muscle kinematics and activation during overground sprinting. J Biomech 2008;41:3121–3126.

50. Watson AW. Sports injuries related to flexibility, posture, acceleration, clinical defects, and previous injury, in high-level players of body contact sports. Int J Sports Med 2001;22:222–225.

51. Soderman K, Alfredson H, Pietila T, et al. Risk factors for leg injuries in female soccer players: a prospective investigation during one out-door season. Knee Surg Sports Traumatol Arthrosc 2001;9:313–321.

52. Witvrouw E, Danneels L, Asselman P, et al. Muscle flexibility as a risk factor for developing muscle injuries in male professional soccer players. A prospective study. Am J Sports Med 2003;31:41–46.

53. Bahr R, Holme I. Risk factors for sports injuries—a methodological approach. Br J Sports Med 2003;37:384–392.

54. Bangsbo J, Lindquist F. Comparison of various exercise tests with endurance performance during soccer in professional players. Int J Sports Med 1992;13:125–132.

55. Wisloff U, Helgerud J, Hoff J. Strength and endurance of elite soccer players. Med Sci Sports Exerc 1998;30:462–467.

56. Helgerud J, Engen LC, Wisloff U, et al. Aerobic endurance training improves soccer performance. Med Sci Sports Exerc 2001;33:1925–1931.

57. Murphy DF, Connolly DA, Beynnon BD. Risk factors for lower extremity injury: a review of the literature. Br J Sports Med 2003;37:13–29.

58. Knapik JJ, Sharp MA, Canham-Chervak M, et al. Risk factors for training-related injuries among men and women in basic combat training. Med Sci Sports Exerc 2001;33:946–954.

59. Jones BH, Bovee MW, Harris JM 3rd, Cowan DN. Intrinsic risk factors for exercise-related injuries among male and female army trainees. Am J Sports Med 1993;21:705–710.

60. Woods C, Hawkins RD, Maltby S, et al. The Football Association Medical Research Programme: an audit of injuries in professional football—analysis of hamstring injuries. Br J Sports Med 2004;38:36–41.

61. Mair SD, Seaber AV, Glisson RR, et al. The role of fatigue in susceptibility to acute muscle strain injury. Am J Sports Med 1996;24:137–143.

62. Kale M, Asci A, Bayrak C, et al. Relationships among jumping performances and sprint parameters during maximum speed phase in sprinters. J Strength Cond Res 2009;23:2272–2279.

63. Rosch D, Hodgson R, Peterson TL, et al. Assessment and evaluation of football performance. Am J Sports Med 2000;28:S29–S39.

64. Dvorak J, Junge A, Chomiak J, et al. Risk factor analysis for injuries in football players. Possibilities for a prevention program. Am J Sports Med 2000;28:S69–S74.

65. Junge A. The influence of psychological factors on sports injuries. Review of the literature. Am J Sports Med 2000;28:S10–S15.

66. Andersen MB, Williams JM. Athletic injury, psychosocial factors and perceptual changes during stress. J Sports Sci 1999;17:735–741.

67. Ekstrand J, Nigg BM. Surface-related injuries in soccer. Sports Med 1989;8:56–62.

68. Orchard J. Is there a relationship between ground and climatic conditions and injuries in football? Sports Med 2002;32:419–432.

69. Olsen OE, Myklebust G, Engebretsen L, et al. Relationship between floor type and risk of ACL injury in team handball. Scand J Med Sci Sports 2003;13:299–304.

70. Norton K, Schwerdt S, Lange K. Evidence for the aetiology of injuries in Australian football. Br J Sports Med 2001;35:418–423.

71. Schmidt-Olsen S, Jorgensen U, Kaalund S, et al. Injuries among young soccer players. Am J Sports Med 1991;19:273–275.

72. Huston LJ, Greenfield ML, Wojtys EM. Anterior cruciate ligament injuries in the female athlete. Potential risk factors. Clin Orthop Relat Res 2000;372:50–63.

73. Bjordal JM, Arnly F, Hannestad B, et al. Epidemiology of anterior cruciate ligament injuries in soccer. Am J Sports Med 1997;25:341–345.

74. Roos H, Ornell M, Gardsell P, et al. Soccer after anterior cruciate ligament injury—an incompatible combination? A national survey of incidence and risk factors and a 7-year follow-up of 310 players. Acta Orthop Scand 1995;66:107–112.

75. LaPrade RF, Burnett QM 2nd. Femoral intercondylar notch stenosis and correlation to anterior cruciate ligament injuries. A prospective study. Am J Sports Med 1994;22:198–202; discussion 3.

76. Griffin LY, Albohm MJ, Arendt EA, et al. Understanding and preventing noncontact anterior cruciate ligament injuries: a review of the Hunt Valley II meeting, January 2005. Am J Sports Med 2006;34:1512–1532.

77. Beynnon BD, Johnson RJ, Braun S, et al. The relationship between menstrual cycle phase and anterior cruciate ligament injury: a case-control study of recreational alpine skiers. Am J Sports Med 2006;34:757–764.

78. Slauterbeck JR, Fuzie SF, Smith MP, et al. The menstrual cycle, sex hormones, and anterior cruciate ligament injury. J Athl Train 2002;37:275–278.

79. Hewett TE, Myer GD, Ford KR. Anterior cruciate ligament injuries in female athletes: part 1, mechanisms and risk factors. Am J Sports Med 2006;34:299–311.

80. Hewett TE, Myer GD, Ford KR, et al. Preparticipation physical examination using a box drop vertical jump test in young athletes: the effects of puberty and sex. Clin J Sport Med 2006;16:298–304.

81. Griffin LY, Agel J, Albohm MJ, et al. Noncontact anterior cruciate ligament injuries: risk factors and prevention strategies. J Am Acad Orthop Surg 2000;8:141–150.

82. Soderman K, Pietila T, Alfredson H, et al. Anterior cruciate ligament injuries in young females playing soccer at senior levels. Scand J Med Sci Sports 2002;12:65–68.

83. Junge A, Langevoort G, Pipe A, et al. Injuries in team sport tournaments during the 2004 Olympic Games. Am J Sports Med 2006;34:565–576.

84. Lohmander LS, Ostenberg A, Englund M, et al. High prevalence of knee osteoarthritis, pain, and functional limitations in female soccer players twelve years after anterior cruciate ligament injury. Arthritis Rheum 2004;50:3145–3152.

85. von Porat A, Roos EM, Roos H. High prevalence of osteoarthritis 14 years after an anterior cruciate ligament tear in male soccer players: a study of radiographic and patient relevant outcomes. Ann Rheum Dis 2004;63:269–273.

86. Drawer S, Fuller CW. Propensity for osteoarthritis and lower limb joint pain in retired professional soccer players. Br J Sports Med 2001;35:402–408.

87. Thorlindsson T, Vilhjalmsson R, Valgeirsson G. Sport participation and perceived health status: a study of adolescents. Soc Sci Med 1990;31:551–556.

88. Pastor Y, Balaguer I, Pons D, et al. Testing direct and indirect effects of sports participation on perceived health in Spanish adolescents between 15 and 18 years of age. J Adolesc 2003;26:717–730.

89. Arnason A, Sigurdsson SB, Gudmundsson A, et al. Physical fitness, injuries, and team performance in soccer. Med Sci Sports Exerc 2004;36:278–285.

90. Dvorak J, Junge A. Football injuries and physical symptoms. A review of the literature. Am J Sports Med 2000;28:S3–S9.

91. Drawer S, Fuller CW. Evaluating the level of injury in English professional football using a risk based assessment process. Br J Sports Med 2002;36:446–451.

92. Steffen K, Bakka HM, Myklebust G, et al. Performance aspects of an injury prevention program: a ten-week intervention in adolescent female football players. Scand J Med Sci Sports 2008;18:596–604.

93. Askling C, Karlsson J, Thorstensson A. Hamstring injury occurrence in elite soccer players after preseason strength training with eccentric overload. Scand J Med Sci Sports 2003;13:244–250.

94. Arnason A, Andersen TE, Holme I, et al. Prevention of hamstring strains in elite soccer: an intervention study. Scand J Med Sci Sports 2008;18:40–48.

95. Mjolsnes R, Arnason A, Osthagen T, et al. A 10-week randomized trial comparing eccentric vs. concentric hamstring strength training in well-trained soccer players. Scand J Med Sci Sports 2004;14:311–317.

96. Holm I, Fosdahl MA, Friis A, et al. Effect of neuromuscular training on proprioception, balance, muscle strength, and lower limb function in female team handball players. Clin J Sport Med 2004;14:88–94.

97. Leetun DT, Ireland ML, Willson JD, et al. Core stability measures as risk factors for lower extremity injury in athletes. Med Sci Sports Exerc 2004;36:926–934.

98. Hewett TE, Myer GD, Ford KR. Decrease in neuromuscular control about the knee with maturation in female athletes. J Bone Joint Surg Am 2004;86-A:1601–1608.

99. Myer GD, Ford KR, McLean SG, et al. The effects of plyometric versus dynamic stabilization and balance training on lower extremity biomechanics. Am J Sports Med 2006;34:445–455.

100. Myer GD, Ford KR, Palumbo JP, et al. Neuromuscular training improves performance and lower-extremity biomechanics in female athletes. J Strength Cond Res 2005;19:51–60.

101. Myklebust G, Engebretsen L, Braekken IH, et al. Prevention of anterior cruciate ligament injuries in female team handball players: a prospective intervention study over three seasons. Clin J Sport Med 2003;13:71–78.

102. Wedderkopp N, Kaltoft M, Lundgaard B, et al. Prevention of injuries in young female players in European team handball. A prospective intervention study. Scand J Med Sci Sports 1999;9:41–47.

103. Hewett TE, Lindenfeld TN, Riccobene JV, et al. The effect of neuromuscular training on the incidence of knee injury in female athletes. A prospective study. Am J Sports Med 1999;27:699–706.

104. Holmich P, Larsen K, Krogsgaard K, et al. Exercise program for prevention of groin pain in football players: a cluster-randomized trial. Scand J Med Sci Sports 2010;20:814-21.

105. Brooks JH, Fuller CW, Kemp SP, et al. Incidence, risk, and prevention of hamstring muscle injuries in professional rugby union. Am J Sports Med 2006;34:1297–1306.

106. Ettlinger CF, Johnson RJ, Shealy JE. A method to help reduce the risk of serious knee sprains incurred in alpine skiing. Am J Sports Med 1995;23:531–537.

107. Engebretsen AH, Myklebust G, Holme I, et al. Prevention of injuries among male soccer players: a prospective, randomized intervention study targeting players with previous injuries or reduced function. Am J Sports Med 2008;36:1052–1060.

108. Steffen K, Myklebust G, Olsen OE, et al. Preventing injuries in female youth football—a cluster-randomized controlled trial. Scand J Med Sci Sports 2008;18:605–614.

109. McGuine TA, Keene JS. The effect of a balance training program on the risk of ankle sprains in high school athletes. Am J Sports Med 2006;34:1103–1111.

110. Verhagen E, van der Beek A, Twisk J, et al. The effect of a proprioceptive balance board training program for the prevention of ankle sprains: a prospective controlled trial. Am J Sports Med 2004;32:1385–1393.

111. Mandelbaum BR, Silvers HJ, Watanabe DS, et al. Effectiveness of a neuromuscular and proprioceptive training program in preventing anterior cruciate ligament injuries in female athletes: 2-year follow-up. Am J Sports Med 2005;33:1003–1010.

112. Kinch M, Lambart A. Principles of Rehabilitation. In: Brukner P, Khan K, eds. Clinical Sports Medicine. 3rd ed. North Ryde, NSW: McGraw-Hill; 2006:174–197.

113. Tropp H, Askling C, Gillquist J. Prevention of ankle sprains. Am J Sports Med 1985;13:259–262.

114. Hewett TE, Ford KR, Myer GD. Anterior cruciate ligament injuries in female athletes: part 2, a meta-analysis of neuromuscular interventions aimed at injury prevention. Am J Sports Med 2006;34:490–498.

115. Surve I, Schwellnus MP, Noakes T, et al. A fivefold reduction in the incidence of recurrent ankle sprains in soccer players using the Sport-Stirrup orthosis. Am J Sports Med 1994;22:601–606.

116. Hansen KJ, Bahr R. Rehabilitation of Ankle Injuries. In: Bahr R, Mæhlum S, eds. Clinical Guide to Sports Injuries. Champaign, IL: Human Kinetics; 2004:419–422.

117. Benson BW, Hamilton GM, Meeuwisse WH, et al. Is protective equipment useful in preventing concussion? A systematic review of the literature. Br J Sports Med 2009;43(Suppl 1):i56–i67.

118. McIntosh AS, McCrory P. Preventing head and neck injury. Br J Sports Med 2005;39:314–318.

119. Bir CA, Cassatta SJ, Janda DH. An analysis and comparison of soccer shin guards. Clin J Sport Med 1995;5:95–99.

120. Francisco AC, Nightingale RW, Guilak F, et al. Comparison of soccer shin guards in preventing tibia fracture. Am J Sports Med 2000;28:227–233.

121. Bahr R, Bahr IA. Incidence of acute volleyball injuries: a prospective cohort study of injury mechanisms and risk factors. Scand J Med Sci Sports 1997;7:166–171.

CHAPTER 3

Sue Falsone
譯者：林正常

搭建復健與表現的橋樑
Bridging the Gap from Rehabilitation to Performance

前言 (INTRODUCTION)

傳統上，復健聚焦於獨立關節病理學的評估，然後針對相關組織加以處理。譬如，如果某人肩膀疼痛，就評估肩膀。處理就在減少肩部發生組織的疼痛，藉著局部儀器治療或手法治療，同時做些運動，讓肩膀變得強壯。一旦肩膀感覺好些了，就不再做物理治療，在家做運動計畫。這麼做，沒什麼不對，但事情並沒有做對。這種模式處理疼痛源，發現與處理疼痛的原因。欠缺對於評估與治療在整個動力鏈的認知，是傷害復健與讓運動員恢復到運動場的主要差異。讓運動員恢復到運動場上，需要很多全面性的方法，評估傷害組織，評估動力鏈的關聯以及運動學序列，還有恢復運動場所需要的處方技巧，譬如比受傷之前更大、更快、更強與更有效率的動作之訓練。這就是所謂的復建與表現橋樑的建構。

在今日，健康照護的模式，專家經常分兩類。首先，身體方面的，健康照護者通常分散在不同的地方，或甚至跨越到不同的城市。一旦人不在一起，相互的連結就必須要很強。如果健康照護者只與病患的關係照護人有更好的連結，與其他提供者有鉅細靡遺的管理，自我膨脹，保護優先，保護牆於是建起。這創造出自我中心 (self-centered model) 的模式哲學。不過，我們所要提供的應該是運動員中心模式 (athlete-centered model)。

什麼是運動員中心模式呢？
(WHAT IS AN ATHLETE-CENTERED MODEL?)

運動員中心模式將運動員擺在復建計畫的中心，所有人員共同合作，保證運動員達到他們的目標。健康提供者共同工作，將病患的福祉擺到第一。每一個人（醫師、手療師、物理治療師、運動傷害防護員、按摩治療師等等）以專業參與，提供專業幫助運動員達到他們的目標。患者在接受治療時他的成績表現水準（圖 3.1）決定於誰是「領導」。如果患者是手術後，醫師可能是領導，要求預防措施，以及傷病手術後的禁忌。在做復健過程中，運動員要改善動作效率時，運動傷害防護員或物理治療師可能變成領導。而當患者開始使用不同負荷與速度，訓練不同動作，他的運動表現教練，可能變成領導。最後，當運動員開始從事該項運動的技術與戰術方面的訓練，技術教練可能成爲領導角色，幫助這一位運動員回到該運動專項技術與位置方面。每一個人作一些事情，將運動員的利益優先考量。沒有任何一個人，可以獨自完成從手術室到技術與戰術的所有的工作。許多運動員參與這一過程，某人在某一時間比其他人角色更重。在運動員中心模式，每一個人都參與其中。往往，不同人角色大一些或小一些，但每一個人都參與，每一個人都做了些特別的東西。每一個健康照護人員，比賽教練或技術教練，必須合作在一起，貢獻自己的專業，讓運動員回復到運動場上參與比賽。考慮讓一位運動員回復到比賽場地與一位病患回復到高品質的生活，除了受傷的肢體之外，牽涉到許多事情（圖 3.2）。這種復健模式，光做復健工作，是不可以接受的。理想上，運動員不只復健了回復到運動場，也變得更強、更加健康。

運動員的目標有三：(1) 延長運動壽命；(2) 增加比賽的產能，與 (3) 教育傷害與治療的知

圖 3.1 連續標尺說明所有的健康照護人員、運動表現教練、技術教練如何一起合作為運動員的最佳利益考量。

識，工作策略，達到他們各自的目標。

我們如何成功的搭建橋樑呢？
(HOW DO WE SUCCESSFULLY BRIDGE THE GAP?)

要搭建復健與運動表現的橋樑，需要健康照護人員（包括 MD 醫師、LMT 按摩物理師、PT 物理治療師、AT 運動傷害防護人員與 DC 整脊師）瞭解運動員訓練相關事項。欲搭建橋

樑需要成績表現專家、動作教練、肌力訓練教練、技術教練等了解組織癒合過程相關知識。所有這些人都同時合作，考量運動員的最佳利益，才能搭建起這座橋樑。

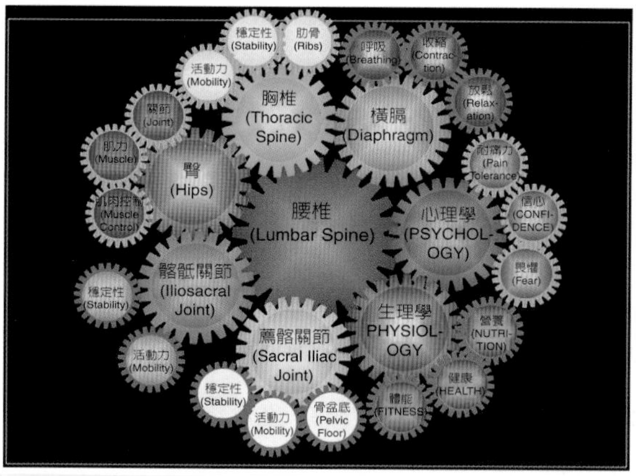

評估 (EVALUATION)

功能性解剖的應用
(Functional Anatomy Implications)

過去幾年以來[1-3]，核心訓練受到廣泛的重視。各不同背景的臨床人員應該同意核心肌力是降低傷害發生率與運動表現的重要性。臨床人員應該也知道傷害預防與最佳運動表現相關的，不單單是腹部肌力而已。力量從下肢至上肢的有效率轉移，需要肩部、軀幹與臀部的活動度、穩定度與肌力結合，反之亦同[4-7]。這三個區域的整合是人類所有動作的基礎。已有相當多關於肩部、脊柱與骨盆有關肌肉組織與功能的研究[8-10]。也有無數的復健與改善表現方法被提出，但是真正協力運作決定於彼此間無縫的整合[11,12]。

復健人員與肌力訓練員需要改變過去單獨專注於核心，而需要更整合性地觀察樑柱肌力 (pillar strength)。樑柱肌力指肩部、軀幹與臀部

圖 3.2 許多因素可以影響訓練與比賽成績表現。如果其中一個因素不靈，就會影響整個系統單位。因素間通力合作，維持一定的關係。

的完全整合。這需要這些各別部位的活動度、穩定度與肌力，才能產生爆發力與身體間的力量轉移[13]。討論到肩部、軀幹與臀部時，有關它們之間的關係，有一些必須加以認識的。討論到樑柱，必須知道的是有大約 63 個關節與 71 塊以上的肌肉（決定於如何計算脊柱內與骨盆底肌肉）。所有這些依賴肌膜吊索 (fascial slings) 做矢狀、冠狀與橫向平面的連結[4]。這一大量的活動的結構，創造出運動計畫的精密系統，執行許多力量聯耦，同時產生各種整個動力鏈之無縫動作。

動作評估 (Movement Assessment)

受傷之後，運動員要回復到運動場，首先必須思考當初爲什麼會受傷呢？因爲過度力量或差的位置，經常是組織過度負荷導致創傷的或非創傷的傷害的理由。我們必須指出疼痛的原因，如果我們希望疼痛來源能夠有所改善。在靜態姿勢與動態的動作時，身體遵循最少阻力的路徑。爲減少支持這些結構之力氣，人們會吊起他們的韌帶，休息他們的關節。運動中，運動員變成更大的補償者，專注於最終目標，而不再於達到目標的路徑上。要搭建復健與運動表現橋樑幾乎是指出錯誤的姿勢，以及導致組織傷害的代償性動作型式，以及教導身體如何更有效率功能的動作。動作效率是運動員動作的基石。運動員的動作包括直線動作、多方向動作、跳躍、著地，與動作與動作間的轉換。

大部分的運動員不需要強壯。他們只需要專項肌力，需要專項肌力來支撐每天、與每一賽季都需要的動作形式。我們不一定需要將重量訓練室視爲他們唯一改善與支持運動場上動作的基礎。傳統的肌力訓練與復健都專注於增加個人的肌力。運動員需要的是爆發：在一定時間內作更多的功，或作一定的功而花費更少時間的能力。許多時候，運動員只需要爲純肌力而訓練肌力。譬如：一些人準備參加國家美式足球聯盟的臥推測驗，加上健力或奧運舉重。但是，真正運動員的動作是爆發力的常數。單純肌力訓練將不足以改善運動員的動作。

因此，動作可以分爲：上半身推的動作可以跟身體水平方向相同（仰臥推舉），或垂直於身體（軍事推舉）。上身拉的動作，可以水平的拉（划船）或垂直於身體（引體向上）。下半身推的動作（蹲舉）可以單腿與雙腿。下半身拉的動作，可以臀部主導（羅馬尼亞硬舉）或膝主導（大腿後肌彎舉），可以單腳或兩腳實施。最後，旋轉的動作可強調穩定（穩定切與舉）或強調推的旋轉划船 (rotational row)。最後，計畫進行一陣子，所有的這些動作可以根據準備運動員回復到運動場的需要而安排。結合這些訓練的動作與運動員的動作（直線動作、多方向動作、跳躍、著地與轉移動作等），你就將有讓運動員回復到運動場的全面性動作。如果要將之寫在紙上，這將會非常複雜，但是本書的例子，將動作形式與運動項目劃分開來呈現。近端肢體（肩、軀幹與臀）的活動度、穩定度與肌力的適當地交互影響，能夠讓遠端的肢體更有效率地活動。當輪軸 (hub) 運作正常時，輪心維持在原地。如果輪軸壞了，輪心就將跟著出狀況。

收縮的連續標尺 (CONTRACTILE CONTINUUM)

設定運動處方時，許多復健專家都會輕易開立出 3 組 10 個運動的處方。3 組 10 反覆是非常自然的設計，給運動員訓練神經肌肉控制，加強其神經肌肉控制，對增加萎縮的肌肉或肢體的肌力。復健的專家必須知道運動員的功能不在於 3 組 10 運動的世界。運動員常做出不同強度、不同速度的運動，而無法預測。他們經常必須克服的不只是他們產生的力量，也要克服別人家給他們的力量，做出超越他們肌力、速度與動作範圍的限制。所以，治療必須提供不同的速度、強度、訓練量與外部阻力，以讓運動員準備回復到運動場上。一位臨床醫師的介入需要遵循收縮的連續標尺（圖 3.3）。

收縮的連續標尺可以用來描述運動員在比賽或訓練時使用的肌力型態。從連續標尺的右側開始，我們看到極限肌力。所謂極限肌力是激素影響下戰鬥或逃避 (flight or fight) 下的反

圖3.3 用來描述運動員在比賽或訓練時使用的不同型態的肌力的連續標尺。

應。例如，一位祖母使盡全力試圖舉起一輛轎車，以救出車底孩童的力氣。這種無法想像的肌力無法訓練，只用在身體遭遇緊急或比賽時之場合。離心肌力是肌肉拉長動作下所產生的肌力，比向心動作產生更大的力。最大的肌力是一個人所能移動相對於個人體重的力量（相對肌力）或不考慮體重的力量（絕對肌力）。啟動肌力是克服慣性的力量。爆發肌力是快速移動身體的能力。阻抗動作依有計畫的方法利用外部阻力（啞鈴、鐵片或他人之人體重量），而反應肌力是未曾規劃下產生的肌力。反應肌力是對於他人動作產生反應的肌力，自由動作是自我控制的運動計畫。協助的動作經常指超越速度的訓練，人被推拉超出他們通常產生的動作能力。最後，改變的狀態，包括重力影響如水作為媒介。如此，不同速度與強度動作的收縮連續標尺讓運動員安全地回復活動，準備參加比賽。在運動員復健過程，此一收縮連續標尺必須使用於復健的運動員身上。

我們如何最大化運動表現呢？
(HOW DO WE MAXIMIZE PERFORMANCE PROGRESSIONS?)

相當明顯，這就是復健與運動表現，以及搭建兩者之間橋樑的藝術。我們的專長雖是科學的，但是計畫對於運動員恢復到運動場上卻是治療藝術，也是教練藝術。

流程與進展 (Flow and Progressions)

流程不是絕對的。一次訓練或一個訓練階段，一種型態的訓練（如穩定），不能因為其他訓練（如爆發力）而中斷。在每一天或任何訓練階段裡，許多種類的訓練動作、收縮與階段同時存在。通常，一次訓練或訓練階段，可能是矯正運動、肌力、爆發力、動作技術以及運動技術等。不過，請記住，很少這樣劃分。沒有一個人，沒有一位在肌力或爆發力進展之前，會有完美的關節動作學 (arthrokinematics) 或肌肉激發型式。沒有一位在從事他們的運動之前，會有最大的爆發力潛能。什麼情況下無效率的動作會增加受傷的顧慮呢？至目前為止，這都是相當困難回答的問題。這是過去健康人員與運動表現相關人員一直爭論的問題，未來也必將持續爭議的問題。記住，一些簡單的原則，可以讓臨床人員，安全而效率，以最少失敗的風險服務運動員。

完全恢復關節功能 (Clear and Restore Joint Function)

這不單在於疼痛來源，疼痛潛在的原因也要注意。一個關節的骨骼運動學需要確實恢復與維持適當的動作型態。

漸進的組織負荷 (Progressive Tissue Loading)

人們會以為這是一位運動員，他們可以比一般人更早在復健過程中，更早接受更高水準的復健訓練。運動員有可能比一般人進步得更

快，但是他們仍需要慢慢進步，按部就班，不能跳躍。一個運動員不漸進地給組織施加負荷，組織就會被刺激，長期刺激會誘發疼痛和傷害。漸進地給予組織負荷，也必要跟每一個復健中的運動員說明。如果沒能遵守，運動員將在某天感覺很好，隔天就會產生不適。臨床人員有一追逐曾經變化症狀的傾向，放棄正式的計畫或進展過程。漸進施加負荷可以讓組織適應所施加的負荷，讓運動員以自己的步調，不論快或慢，進行復健過程。

發力率的發展 (Rate of Force Development)

漸進讓運動員以不同的速度學習如何快速發展力量，讓運動員恢復參加運動所必要的動作型態 [14]。維持同樣訓練動作，但是要改變動作的進行速度，就能搭建起復健與成績表現的橋樑。

先學會練再進步 (Mastery, Then Progression)

挑戰運動員與挫折運動員有一很好的界線。運動員一方面必須挑戰他們的組織與技術水準，但是要讓他們最終精通，產生成就感。於是乎，再創新目標，再度向前行。這在個人治療時期與治療過後發生。在進步之前能夠精通技術，可以滿足心理上比賽需求，以及目標的達成，培養出療癒環境。

質重於量 (Quality over Quantity)

一句老諺語說：「你無法讓老狗學會新花招」是非常正確的。學習新技術比改善舊技術容易。因為，你學習新技術時，你創造新的神經路徑與運動計畫 [14]，而再度學習老技術，在創造新神經路徑之前，你必須先破壞老的神經路徑。這是比較費時間的。在復健過程，如果患者以錯誤的方式執行運動，將會增強較差的運動計畫，產生沒效率的動作。一旦疲勞，動作效率就會變差，此時最好停下運動。這也同樣是教練藝術。每一運動看起來都不完美。臨床人員必須決定，什麼時候允許運動員照做，什麼時候認定過分挑戰而另外挑選。需要強調運動的品質與效率的動作型式。強迫的運動型式不能存在。考量復健與成績表現時，高品質的動作型態應該最為優先。

健康照護人員如何搭建橋樑呢？
(SO HOW DOES A HEALTH CARE PROFESSIONAL TRULY BRIDGE THE GAP?)

問題很簡單；但是要做不容易。不論我們對於運動員的服務能量有多少，在復健、成績或技術的改進與進步，我們對於運動員的動作需要了解。我們要能夠拆解動作型式，同時教導我們的運動員。教練的藝術需要時間，改善熱情以及願意去找尋最好的口語、技巧或神經肌肉線索，以產生所尋找的反應。簡單的數次數、紀錄訓練內容或讓一個人感覺更好，不再被認為是好的復健，或好的肌力與體能訓練。運動員越來越大、越快與越強。他們一旦受傷，他們的主要目標是要參加比賽，而不只是對傷害要進行復健。當運動員重返比賽，他們要準備好面對競賽環境，沒有保留任何餘地。這需要專業的工作，相當的對身體、解剖、組織生理、骨骼動作學、生物力學、肌力訓練、動作技術與運動技術的知識。沒有一個人是所有這些領域的專家。健康照護人員、教練人員與運動教練必須一起合作，才能真正地為運動員服務。當每一個人都加入團隊，一個以運動員為中心模式，運動員終將受益。究竟什麼時候復健要結束，運動表現的訓練要開始呢？沒有一個人能夠回答這一問題。這是為什麼需要一個照護的標尺的理由。運動員需要比受傷前更快、更有效率地回到運動場上。搭建復健與運動表現訓練的橋樑需要透過彼此學習通力合作來達成的。大家為我們的患者在一個團隊中溝通。以運動員為中心的模式，別無選擇。我們的運動員，值得一個針對他們的最佳利益，有效率地、有能力及有道德的團隊，來協助他們重回運動場。

參考文獻 (REFERENCES)

1. Leetun DT, Ireland ML, Willson JD, et al. Core stability measures as risk factors for lower extremity injury in athletes. *Med Sci Sports Exerc.* 2004;36(6):926–934.
2. Liemon WP, Baumgartner TA, Gagnon LH. Measuring core stability. J Strength Cond Res 2005;19(3):583–586.
3. Sherry M, Best T, Heiderscheit B. Editorial: the core: where are we and where are we going? Clin J Sports Med 2005;15(1):1–2.
4. Myers TW. Anatomy Trains: Myofascial Meridians for Manual and Movement Therapists. New York, NY: Churchill Livingstone; 2008.
5. Sahrmann SA. Diagnosis and Treatment of Movement Impairment Syndromes. St. Louis, MO: Mosby; 2002.

6. Wight J, Richards J, Hall S. Influence of pelvis rotation styles on baseball pitching mechanics. Sports Biomech 2004;3(1)67–83.

7. Young JL, Herring SA, Press JM, et al. The influence of the spine on the shoulder in the throwing athlete. J Back Musculoskeletal Rehabil 1996;7:5–17.

8. Matsuo T, Fleisig GS, Zheng N, et al. Influence of shoulder abduction and lateral trunk tilt on peak elbow varus torque for college baseball pitchers during simulated pitching. J Appl Biomech 2006;22:93–102.

9. Wright J, Richards J, Hall S. Influence of pelvis rotation style on baseball pitching mechanics. Sports Biomech 2004;3(1):67–84.

10. Kibler WB. Biomechanical analysis of the shoulder during tennis activities. Clin Sports Med 1995;14(1):79–85.

11. Hong D, Cheung TK, Roberts EM. A three-dimensional, six-segment chain analysis of forceful overarm throwing. J Electromyogr Kinesiol 2001;11:95–112.

12. McMullen J, Uhl T. A kinetic chain approach for shoulder rehabilitation. J Athletic Train 2000;35(3):329–337.

13. Verstegen M. Core Performance. Emmaus, PA: Rodale; 2004.

14. Bawa P. Neural control of motor output: can training change it? Exerc Sport Sci Rev 2002;30(2):59–63.

Alena Kobesova, Petra Valouchova, and Pavel Kola

譯者：林正常

動態的神經肌肉穩定：
以發展肌動學模式為基礎的運動訓練
Dynamic Neuromuscular Stabilization:
Exercises Based on Developmental Kinesiology Models

前言 (INTRODUCTION)

　　筋骨疼痛，尤其是下背痛的原因，經常用解剖與生物力學觀點與外力（如負荷）對脊椎的影響來評估。患者自己肌力的影響，則常被忽視。肌肉的穩定功能對於姿勢擁有重要與決定性的角色，這又與中樞神經系統 (CNS) 的控制品質息息相關。Kolar 對於動態的神經肌穩定 (dynamic neuromuscular stabilization; DNS) 的切入方法，著重於動作系統的神經生理學原理的解釋，它是一新的而獨特的切入方法。DNS 包含在出生後的第一年就擁有的發展肌動學原理；這些原理從「神經發展 (neurodevelopmental)」典範，顯示理想的姿勢、呼吸型式與功能性關節軸心化 (functional joint centration) [1]。DNS 提出一組重要的功能性測驗，以評估脊椎與關節穩定肌群的功能性穩定品質，幫助我們掌握失能的「關鍵鏈結 (key link)」。處理的方法，根據個體發育的綜合性姿勢－運動模式 (postural-locomotor patterns) [2, 3]。處理的主要目標是優化肌肉作用在脊椎的每一肢段與/或其他關節內部力量的分配。DNS 處理的觀念，需要患者的教育與參與，以強化所有穩定肌群間的最好協調。

脊柱、胸腔與骨盆綜合穩定系統的個體發育與成熟 (POSTURAL ONTOGENESIS AND MATURATION OF THE INTEGRATED STABILIZING SYSTEM OF THE SPINE, CHEST, AND PELVIS)

　　姿勢的個體發育 (ontogenesis) 決定了身體姿勢與相關人類動作的成熟 [1-3]。姿勢的肌肉功能確保所有可能位置是經由關節形態來決定的，並且對於骨骼與關節形態有極強的形成之影響力。姿勢的肌肉功能決定於遺傳，在中樞神經系統成熟過程中自動地發生。在嬰兒時期（圖 4.1 與 4.2），骨骼與關節在形態上都未成熟。譬如：足弓形狀未完全定型 [4, 5]，胸腔如桶子之形狀，下肢的後角位於脊柱的較前位置，肋骨似乎比成年人更加水平 [6]，脊椎維持後凸，而脊柱的前凸曲線尚未發展出 [7-9]。隨著 CNS 成熟時，有目的的肌肉功能增加。受 CNS 控制的肌肉接著作用於生長板，影響骨頭與關節的形狀。每一個關節位置決定於穩定肌的功能，與局部和遠端肌肉的協調，確保所有的關節在所有可能位置上之「功能軸心化 (functional centration)」。在產後階段的早期，關節功能的協調品質相當重要，它不只影響局部位置，也影響區域與全體解剖與生物力學變項。

　　個體發育來源顯示神經生理學與生物力學原理的密切關係，它們是診斷與治療運動系統失調的重要方向。在中樞神經系統損傷與肌肉協調受影響時，此種關聯是非常明顯的。肌肉協調一旦受到干擾，接著會改變關節位置，形態學的發展，最終影響到姿勢（圖 4.3）[10, 11]。姿勢功能與運動形態不只是成熟階段的指標，也可顯示中樞神經系統的發展究竟是生理的，抑或是病理的 [1-3, 12, 13]。姿勢與個人早期的發展息息相關。出生後第一年垂直化 (verticalization) 的品質，深深地影響這一個人往後生命過程身體姿勢的品質。早期姿勢的個體發育，前凸與後凸的脊椎曲線，乃至胸腔與骨盆姿勢，都在這個時候形成。此一過程，對應到出生 4.5 個月時脊椎、骨盆與胸腔在矢狀面的穩定（圖 4.4 與 4.5）。這隨後有了四肢相位 (phasic) 的

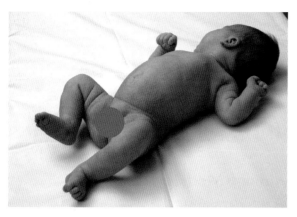

圖 4.1　嬰兒典型的仰臥姿勢。頭與身體的不對稱，顯示頭的偏好（嬰兒偏好頭旋轉至側邊）。姿勢的不成熟與形態學（解剖的）不成熟有關；不發達的胸較短，像桶子。腹背面胸直徑大於胸寬，下邊肋骨的後角相對於脊椎位置較前。

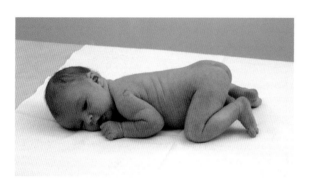

圖 4.2　嬰兒的俯臥姿勢，同於仰臥姿勢頭部偏好不對稱。沒有平衡，因為負重區域還未形成，嬰兒無法以任何肢段抵抗重力。整個脊椎維持後凸，骨盆傾前。

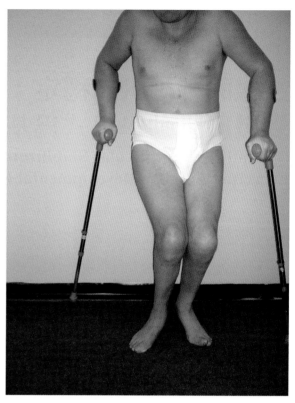

圖 4.3　腦性麻痺（痙攣型雙邊麻痺）對姿勢的影響。注意由於中樞神經系統損傷，危及肌肉功能，髖、膝與足在結構上未成型。

運動功能的發展，包括前踏（或伸出、抓握）功能，以及支撐（或抬起）功能 [1-3, 12]。這肢體運動功能的發展有兩個形態。其一是同側形態 (Ipsilateral pattern)，同一側的腳與臂作為支撐功能（與／或抬起），而其他側的腳與臂履行相位的功能，也就是踏前與抓握功能（圖 4.6）。同側形態從仰臥姿發展出，接著整合成翻轉、斜坐與其他的形態。相反的，對側形態 (contralateral pattern)，譬如，如果右手臂執行支撐功能，在這時候，左腳也將執行支撐的功能。左手臂有抓握功能，右腳有前踏功能（圖 4.7）。對側形態由俯臥姿發展出，其後整合出爬行或步態運動模式。在矢狀面完全穩定後，

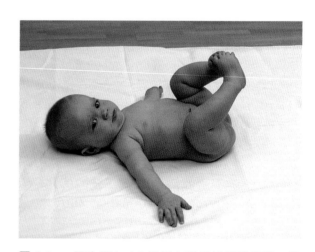

圖 4.4　一個生理上 4.5 個月大嬰兒的仰臥姿勢。胸腔、骨盆與脊椎在矢狀面的穩定已臻完全，在作用肌與拮抗肌的聯合作用下，能夠維持（詳見圖 4.12）。仰臥時承重區域包括項線、肩胛、骶骨與臀肌上段。因為在矢狀面已經建立了脊椎的穩定，嬰兒可以將骨盆舉起，達到胸腰連接部的距離。

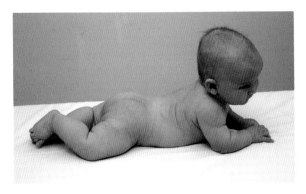

圖 4.5 一個生理學 4.5 個月大嬰兒的俯臥姿。承重區域包括內側髁、雙邊髂前上棘及恥骨聯合。此姿勢讓嬰兒能夠支持肢段（如頭或腿）抵抗重心，離開支撐面。抬起頭時，脊椎在中－胸段可以豎直。上胸段在功能上屬於頸椎。

圖 4.7 四肢的對側運動模式與功能。左臂前伸（抓握）時，左足（膝關節內側髁）提供支撐；右腳前踏時，右臂提供支撐（肘關節內上髁）。請再注意腿的交互位置－左支撐足蹠屈與內翻時，右前踏足背屈、外翻。

在生理學上相當於 4.5 個月時，四肢同時發展同側與對側運動形態。

前踏功能對應於開放動力鏈活動，肌肉拉的方向是近端的，一般包括股骨頭或肱骨頭分別於穩定髖臼 (acetabulum) 或肩臼 (glenoid fossa) 的動作。支撐側的原理則相反，四肢的作業是封閉式動力鏈。肌肉活動的方向是遠端的（支撐，即載重區域），一般包括分別通過穩定的肱骨或股骨小窩 (fasso) 的動作（圖 4.8 與 4.9）。

所有感覺系統，包括視覺[14-16]、聽覺[17]、前庭[18, 19]、本體感覺與外感受信息[20]，整合出整體穩定的形態，以及前踏／支撐的肢體功能。此外，顏面部系統參與這些複雜的運動形態[2, 3, 12, 21]。譬如：投擲時，運動員自動地呈現肢體的交互位置，眼睛與舌頭向著前踏（投擲）手臂（眼睛在手臂動作之前），進一步幫助投擲動作的表現。圖 4.10 顯示所有臉部的肌肉都參與動作，以強化最大肌力與運動表現。如果運動員被要求看著相反的方向，或將舌頭逆著前踏的手臂動作的方向，將顯著地影響到運動表現。這原理可以應用在運動員的訓練上。

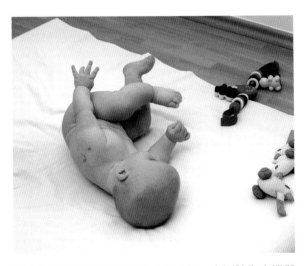

圖 4.6 四肢的同側運動模式與功能。右側肢作支撐與承載體重時左臂伸前（如抓握功能），左腿向前擺動（如前踏功能）。注意對側肢的「交互」位置，譬如右（支撐）腳蹠屈與反轉 (inversion) 時，左（前踏）腳背屈與外翻。左臂旋外時，右臂旋前。

活化穩定肌群是屬於自動化的，且在潛意識下（前饋機轉）進行著，在每一個有目的的動作之前（圖 4.11）[22]。任何有目的的動作影響整體姿勢，此姿勢接著再影響相位的（動態的）動作。脊椎的整合穩定系統包括深層頸部屈肌與頸椎與上胸區域的脊伸肌群的良好平衡活動。下胸與腰部區域的穩定，決定於橫膈、

圖 4.8　本例為同側形式，左側肢有前踏功能。肌活動的方向是近端的；當肱骨頭與股骨循穩定腔旋轉時，肩盂腔與髖臼相對地穩固，當穩定之基底。換句話說，遠端肢段（肢）移動抵抗固定的近端穩定面（肩胛骨、骨盆）。相反的支撐或載重的右臂與腿也是如此的。肌肉拉的方向是遠端的；繞著肩盂腔與髖臼運動時，肱骨與股骨相對地固定。換句話說，近端的肩胛骨與骨盆移動以對抗相對固定的遠端肢體。

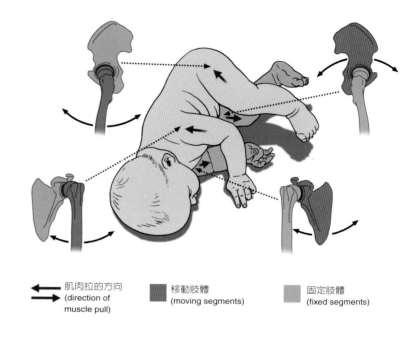

肌肉拉的方向
(direction of
muscle pull)

移動肢體
(moving segments)

固定肢體
(fixed segments)

骨盆與各部分的腹壁與脊柱伸肌群間的活動比率。橫膈、骨盆與腹壁調節腹內壓，腹內壓則提供前腰骨盆姿勢的穩定（圖 4.12）[23-28]。在新生兒階段，橫膈只有充當呼吸肌的功能。在 4-6 週時，開始有姿勢的活動。嬰兒開始抵抗重力，抬頭（俯臥時）與抬腿（仰臥時），橫膈開始進行呼吸肌與姿勢肌的雙重功能。橫膈的雙重功能對於所有的動作都很重要，對於各類運動表現甚至更加重要[29, 30]。遇病理情況，

因為橫膈姿勢之功能不足，橫膈與腹肌活動間不正常的徵召與時間性[31]，可以觀察到非典型的最初胸部姿勢（atypical initial chest position：由於上段與下段胸穩定肌肌群不平衡的活動，上穩定肌群居多），以及表層脊伸展肌群的過度活動。DNS 診斷比較患者的穩定形態與健康嬰兒的發展穩定形態。譬如，我們比較患者仰臥姿勢握腿於桌面上（圖 4.13）以及俯臥（圖 4.14）軀幹伸展時矢狀面穩定測驗，與 4.5 月大的嬰兒的生理學形態。DNS 治療系統針對整合的脊椎穩定系統，使用特殊的功能性運動，以改善脊椎與關節的穩定。不過，主要的目標是大腦，它需要適當的刺激與訓練，直到能夠喚起穩定肌群協同活動，以能達到自動化地啟動最佳運動形態。最後的策略是在治療介入中，「訓練大腦」維持中樞控制、關節穩定以及恢復理想的動作品質。藉由將患者以原始的發展姿勢（參閱「運動範例」部分），活化 / 刺激穩定肌群來呈現效果。當訓練有所進展，變成更有挑戰性時，理想的動作形態在患者自主（皮質）控制下，只需要臨床人員更少的協助。最後，經過反覆的運動，中樞控制建立起自動化模式，變成每天動作的基礎部分。在動作中，整合穩定的理想形態，不但減少過度負荷引起受傷的危險率以及次發性疼痛症候群，也能改善運動表現。

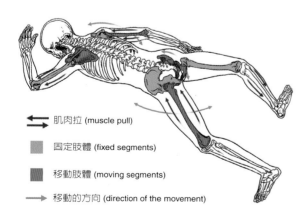

肌肉拉 (muscle pull)

固定肢體 (fixed segments)

移動肢體 (moving segments)

移動的方向 (direction of the movement)

圖 4.9　此對側形式，左臂與右腿有支撐功能，右臂與左腿有前踏功能。

圖 4.10　標槍選手的四肢交互功能。注意在整體姿勢中顏面系統的綜合。在投擲動作之前，眼與舌轉動至與投擲臂相同的方向。

傷害與／或疼痛症候群的因素：運動功能障礙（異常的運動形態）
[MOTOR DYSFUNCTION (ABNORMAL MOTOR PATTERNS) AS AN ETIOLOGICAL FACTOR IN INJURIES AND/OR PAIN SYNDROMES]

　　肌肉訓練時，肌肉的解剖是需要考量的決定因素。為個別肌肉而設計的特殊運動種類，建立在肌肉附著點的知識上。大部分的體能訓練器械與椅凳，都根據肌肉的解剖學而設計。訓練肌肉時，或分析肌力不足時，或了解肌肉對於關節、骨頭與軟組織的影響時，肌肉解剖與神經生物力學以及肌肉在生物力學鏈之整合，都需要列入考量。中樞神經系統的控制以及它相關的規劃，對於這些肌肉鏈的適當整合也是關鍵角色 [32-34]。在靜態的（坐與躺）與動態的情況，每一個動作肢段都需要有主動肌 (agonists) 與拮抗肌 (antagonists) 的協調活動來得到穩定。換句話說，需要共同活化協調，也需要被訓練。另一個重要的觀點，是訓練肌肉拉的兩個方向，也就是訓練肌肉在前踏（開放式動力鏈）與支撐（封閉式動力鏈）的功能。肌力訓練最常發生的錯誤是只有訓練一種肌肉活動方向，譬如，老是訓練胸肌開放式動力鏈的方向（圖 4.15），而不訓練閉鎖式動力鏈（圖 4.16）。簡單地說，訓練肌肉的兩種鏈，即開放式動力鏈與閉鎖式動力鏈是很重要的。

　　穩定或姿勢功能經常要擺在任何相位的（目的的）動作之前 [22]。病理或功能障礙經常發生在它的相位功能（或解剖功能）夠強，而姿勢（穩定功能）功能過弱，而導致姿勢的不穩定。不良的穩定形態很容易地建立在 CNS 裡，因為穩定是一個自動的，也是潛意識的功能。不正常的穩定，隨後會整合在任何動作中，尤其在競技活動（需要肌力、速度與反覆耐力）中，影響到動作定型的質量，導致過度負荷，降低運動表現，增加傷害的危險率。由於不良穩定形態引起的定型反覆過度負荷，是經常發生動作干擾與疼痛症候群的主要原因。「練習不至於完美，它只讓它常存」這一句話對於生理學與病理學的形態，都是真實的。不好的訓練方法（或復健所做的訓練）將固定與增強不好的定型（圖 4.17）。

　　姿勢的不穩無法單由徒手的肌肉測驗來評估。必須使用功能性姿勢測驗。Kolar 的 DNS 方法，解釋與展示脊椎與關節動態穩定適當徵召關係的重要性，同時，使用一系列系統的動態測驗。本節呈現的範例，是最重要的測驗。

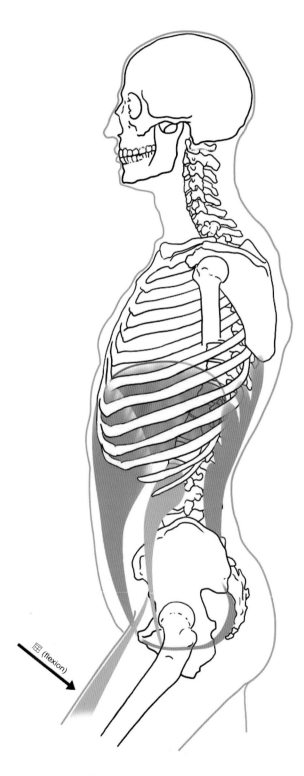

屈 (flexion)

圖 4.11 「前饋的穩定機制 (feed-forward stabilization mechanism)」在任何相位的或動態的動作（如屈髖）之前，穩定肌群必須先啓動，換句話說，在動態的髖關節屈曲時，在屈髖肌群（明亮部分）活化之前，先有穩定軀幹的肌群（暗的區域—橫膈、骨盆底、所有腹壁部分以及脊伸肌群）的整合功能。

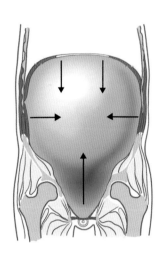

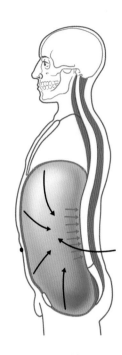

圖 4.12 在進行穩定時，頸椎與上胸區域先被深層屈頸肌與脊伸肌群良好平衡活動所穩定住。下胸與腰肢段，依賴腹內壓的調節，提供前腰骨盆姿勢的穩定，而後面的穩定主要仰賴內脊伸肌群。

運動的基本原則
(BASIC PRINCIPLES FOR EXERCISES)

所有運動的前提是理想的初始姿勢
(Ideal Initial Posture as a Prerequisite for All Exercises)

　　任何動作的品質與效率仰賴許多因素。其中的一個關鍵性因素是執行運動時的初始姿勢 (initial body position)。所有動態的活動，從簡單的功能性作業，乃至富技巧的運動員技術，適當的穩定是非常重要的 [35]。在 DNS 法，初始身體姿勢與矢狀面穩定形態密切關聯。從發展的角度，理想的姿勢，可以從生理學上 4.5 個月的嬰兒展現出，這時候矢狀面的穩定已經發展完成（參閱圖 4.4 與 4.5）。理想的肌肉協調在這姿勢可以最大化，能提供動作生物力學的最大利益與肌肉表現（肌力與爆發力）。初始姿勢也可能顯著地影響活動的執行（運動技術），影響到訓練與運動表現。

基礎的動態神經肌肉穩定測驗
(Basic Dynamic Neuromuscular Stabilization Tests for Stabilization)

脊椎 (Supine)

　　患者仰臥於桌面上髖與膝屈曲 90°。當你

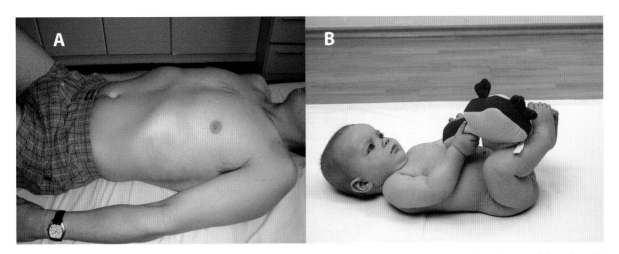

圖 4.13 患者不正常脊椎穩定形態 (A) 與 4.5 個月大健康嬰兒的比較 (B)。比較：(1) 頭位置與頸肌群的活化：嬰兒頭支撐在項線上，活化了深層頸屈肌群。患者有過度的淺層肌群（胸鎖乳突肌、斜角肌）的活化而伸出頸部。(2) 胸的位置。注意形狀的不同。嬰兒的胸部是向尾、中立的，由下肋骨良好穩定著。患者的胸是更為顱向的，下肋骨外張，像「吸氣時的位置」。(3) 背—嬰兒整個背附著在桌面（因有足夠的內腹壓力調節），患者的背，在胸腰連結處伸展著。(4) 腹壁—嬰兒呈比率的活化與呈現輪廓，患者在側背段腹壁鼓起。

逐漸移開腿的支撐時，要患者維持這個姿勢，並觀察患者穩定的形態（圖 4.18A）。將此姿勢與生理 4.5 歲的小孩姿勢相比較（圖 4.18B）。觀察下列事項：

頭：中立位置，項線是自然載重區域。如果支撐區域在上枕骨，經常與顱頸連結的過度伸展，短頸伸肌群過度活動相關（圖 4.18C）。

頸：此一姿勢不需要表層頸肌的活動。表層肌（胸鎖乳突肌 [SCM]、斜角肌、

上斜方肌、胸肌）應該放鬆。

肩：應該放鬆，不應抬高或凸出。抬高經常與上胸穩定肌群（胸鎖乳突肌 [SCM]、斜角肌、上斜方肌、胸肌）的過度活動相關（參閱圖 4.18C）。

胸：在中立位置，上胸穩定肌（胸鎖乳突肌、斜角肌、上斜方肌、胸肌）與下胸穩定肌（腹斜肌鏈、橫膈、腹橫肌、腹直肌）應該有很好的平衡活動。最常見的病理是胸處於頭蓋方向

圖 4.14 患者俯臥姿穩定與 4.5 個月健康嬰兒的比較 (B)。(A) 軀幹伸展測驗—肩胛外轉肌（彎曲的箭頭）過度活化（表層椎旁肌在胸腰連接（厚的水平箭頭）與腰骶部）。豎脊肌高度活化以代償深層穩定肌群的不足。骨盆前傾（寬的斜箭頭指向內），側背的腹壁段（細箭頭）鼓起，顯示不佳或弱的姿勢功能。(C) 肩胛回縮，頸胸連結處過伸展，同時，骨盆前傾。患者的承重區域在臍之位置：比較嬰兒的支撐區域，在恥骨聯合 (symphysis) 位置。相較於患者的前傾，嬰兒的骨盆屬於中立位置。

圖 4.15 「典型的」胸肌訓練是開放式動力鏈。注意不良的基礎穩定形態，下肋骨張開，腹壁空洞化。

圖 4.17 不良矢狀面穩定之肩胛骨回縮與頭前拉。此運動在不穩表面很有挑戰性，如加上負荷，會增加病理學的形態。

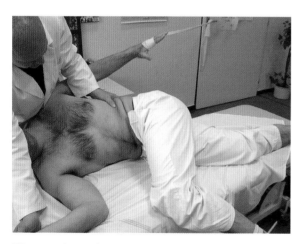

圖 4.16 交互形態的肌力訓練。左胸肌以開放動力鏈方式活化（對抗阻力），右邊以閉鎖動力鏈方式訓練：運動員內轉右前臂抵抗治療師的阻抗，承重區域由三角肌移至肘部。肱骨為中心旋轉身體（關節窩）。軀幹抵抗重力抬起，同時，抵抗治療師的阻力，轉向右支撐手臂。治療師的左手協助維持胸部在中立位置，同時抵抗軀幹的動作。

之位置（吸氣位置），由於上穩定肌群過度緊張（參閱圖 4.18C）。對胸之下與側壁進行觸診，試著彈壓胸部（圖 4.19）。胸壁需有彈性。如果胸腔過於僵硬，可在進一步訓練之前，進行軟組織鬆動。下肋骨後角處於脊椎後方時，下肋骨後角應該接觸桌面（圖 4.18A, B）。如果這些角小於理想位置，常出現弓背（圖 4.18C）與下肋骨外張的情形。

腹壁（所有部分活化比率測試）：觸診後、側部位（經常不足）、腹直肌上部（經常過於活動）與腹股溝上之腹壁（經常不足）。腹直肌分離 (Diastasis) 是異常矢狀面穩定的跡象。

圖 4.18 仰臥，腿懸空於桌上（90°/90° 位置，即髖與膝皆直角）。(A) 成人之生理學形態。(B) 4.5 個月大嬰兒的理想模式。(C) 一個成人的病理學形態，頭後傾，頸過伸（支撐於枕骨，而非項線），胸鎖乳突肌過度活動，肩前突，吸氣的胸位置，因在胸腰連結處減少負重，腰椎呈弓狀，腹直肌分離 (diastasis recti) 與骨盆前傾。穩定不足。

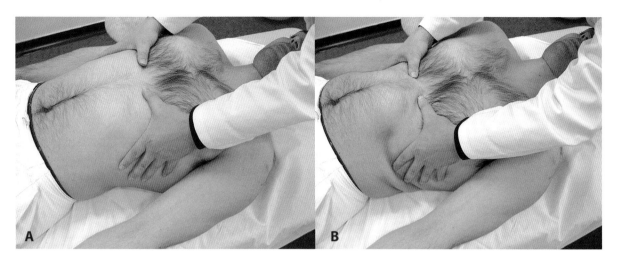

圖 4.19 (A) 胸腔經常維持在「吸氣的」位置，即使被動地，也不易讓胸部維持中立位置。(B) 可能的話，胸部置於中立位置（胸部拉向尾部，不往桌面壓），開展胸部。胸腔需有彈性，能對稱地彈回。健康者在安靜時以及整個姿勢活動的過程中都能夠維持此姿勢呼吸。

胸腰 (T/L) 連結：這是承重區域，應該接觸桌面（比較圖 4.18A-C）。

俯臥 (Prone)

患者呈俯臥姿，像一個健康的 4.5 歲的嬰兒（圖 4.20）。要求患者稍微抬頭。觀察下面：

頭：中立位置，抬離桌面數公分高。

頸：抬頭時，伸展肩膀必須從中胸段 (T3/4/5) 開始。頭後傾（顱頸連接過度伸展）與 / 或中或下頸段過度伸展，因為 CT 連結經常固定或彎曲是不正常伸展型式的訊號。此不佳的動作形態，經常與深層頸屈肌群（參閱圖 4.20C 與圖 4.23A）聯合啓動不足有關。此姿勢與健康 4.5 歲嬰兒（圖 4.20B）相比較，注意整個脊椎包括頸椎的完美且逐步的延展。

臂：內上髁是承重區域。肩必須放鬆，患者不應將它們舉起。

肩胛骨：由於上與下肩胛穩定肌的平衡，以及肩胛內收肌與外展肌的平衡，肩胛連在肋骨上，必須固定成「向尾的」位置（圖 4.20C）。另一常有的異常肩胛下角的翹起。適當的肩胛穩定有賴於適當的內側髁之支撐。

胸椎：觀察脊椎的延展。抬頭時，觸診中胸椎（圖 4.21）。正常情況下，你將可以感覺到 T3/4/5/6 肢段間的動作。

圖 4.20 俯臥測驗。(A) 成人的生理形態。(B) 4.5 個月健康嬰兒的理想模式。(C) 成人的病理形態：頸過度伸展，頸胸連結處後凸，肩胛回縮與外轉，支撐區域在臍，而非髂前上棘之前上或恥骨聯合，同時骨盆前傾。

圖 4.21　頸伸展測驗時觸診中胸肢段。頸伸展動作形態應該從中胸脊椎「開始」。

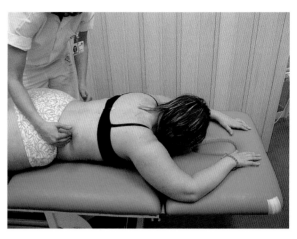

圖 4.22　頸與軀幹伸展測驗，腹壁的側背部觸診。此動作中，必須有對稱的活化。胸腰連結的表層伸肌常取代活化不足的側背腹肌群（參閱圖 4.14A）。

腹壁（各部分的比率性活動）：觸診側背區；在你的手指下，應有稍微活動（圖 4.22）。側壁的鼓起是矢狀面穩定不足的表徵。

骨盆（中立位置時穩定）：前傾或後傾都是異常。請患者伸展軀幹，觸診骶骨（圖 4.23A）。骶骨在動作中必須穩定住，同時維持固定。如它向腹側傾，腹內壓與骨盆內壓的調節常有障礙（參閱圖 4.23B）。恥骨聯合與髂前上棘之前上 (ASIS) 是自然的載重區域（參閱圖 4.20A, B）。

腿：頸與軀幹稍伸展時，觀察與／或觸診大腿後肌與小腿三頭肌。軀幹伸展的前階段，這些必須相當地放鬆。

站立 (Standing)

正常站姿需要很少的肌肉活動。任何過度的等長性活動（尤其是淺層肌群），都屬異常的姿勢之訊號，表示能量不足，可能引起關節肢段過度負荷。站立時，注意觀察或觸診肌肉張力的分布。

在矢狀面上（需幾乎水平或平行於骨盆軸），胸部必須處在骨盆與橫膈（連接胸骨部與肋膈角）軸線之上面（圖 4.24A 與 4.25B）。在此理想位置，橫膈可能與骨盆底相對抗，尤其在身體活動時，與腹壁協調，形成往腹腔內容物的壓力，幫助從前面穩定下胸與腰肢段。

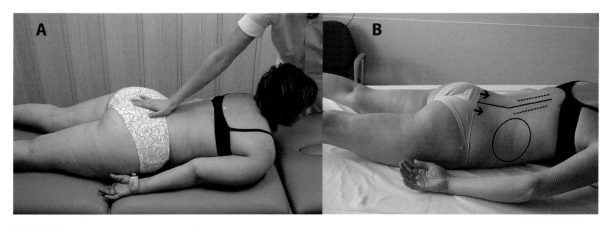

圖 4.23　(A) 觸診薦骨的軀幹伸展測驗。測驗時，骨盆須維持中立姿勢。如果診斷者感覺到患者的薦骨往他的手之頭蓋方向倚靠著，就顯示姿勢的骨盆不穩定。(B) 抬腿時形態異常：臀大肌、大腿後肌與小腿肌過度活動，以幫助伸展時穩定軀幹，同時，替代腹內與骨盆內壓調節的不足。箭頭表示骨盆前傾，虛線代表過度活化的椎旁肌，橢圓區代表過低活動區。

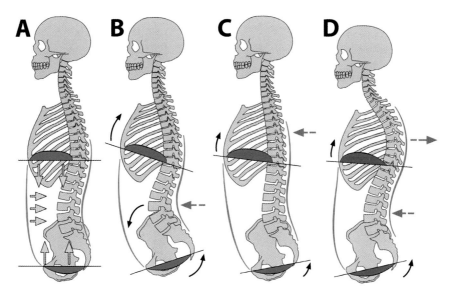

圖 4.24 (A) 橫膈與骨盆的生理位置。它們的軸是水平且相互平行的。(B)「開剪綜合症 (open scissors syndrome)」─橫膈與骨盆的斜軸。(C) 胸前拉的位置。(D) 胸排列在骨盆的後面。黃色箭頭表示正確的肌肉活動與從上（橫膈）、從下（骨盆）、從前面與側面（腹壁）而來增加的腹內壓。黑色箭頭顯示動作─胸與骨盆的不正常姿勢的動作，有病理的狀況。虛線箭頭是胸與腰椎因為病理關係而有異常的改變。

以下是最常見的病理狀態：

胸位在骨盆前面成往前拉之胸部位置（參閱圖 4.24C 與 4.25A），對淺層椎旁肌群不斷產生等長性活動。

此外，胸排列在骨盆之後（參閱圖 4.24D 與 4.25C），形成固定的胸部後凸，在中胸段

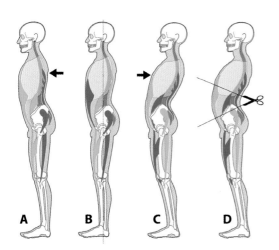

圖 4.25 (A) 前拉的胸姿。(B) 理想的站姿。(C) 胸排列在骨盆之後。(D)「開剪綜合症」。箭頭顯示病理情況時，異常的胸腔位置。

缺少肢段的活動，圓肩，縮短的胸大肌（圖 4.26D, C）。

注意「開剪綜合症 (open scissors syndrome)」（圖 4.24B 與 4.25D），它是最常見的姿勢病理，斜的橫膈，它的前面附著點，比後面附著點（肋膈部）更往頭蓋方向，同時，因前骨盆傾斜，在矢狀面出現斜骨盆軸。這通常與腰過度前凸與表層椎旁肌群過度活化有關。此綜合症也常有肩胛回縮現象。

觀察肌張力分布與腹壁輪廓。站立時它必須非常放鬆。尤其是女性，可以觀察到「沙漏綜合症 (hourglass syndrome)」。因為美觀的原因，縮小腹壁，影響到穩定性與呼吸形態（圖 4.26B, C）。

呼吸形態 (Respiratory Pattern)

在功能上，姿勢與呼吸是相互依賴，形成一個功能單位的[26-30, 34, 36]。一方有障礙，會影響另外一方，反之亦然。訓練理想姿勢，也應該同時訓練理想呼吸形態。生理學脊椎穩定與呼吸的關鍵前提，是胸的姿勢與動力學。在

圖 4.26 (A) 腹壁的生理學輪廓。(B 與 C) 沙漏綜合症。A 與 B 的虛線表示橫膈。細而彎曲的箭頭是腹壁不正常的活動，細而向上指的箭頭是病理情況臍的向顱的活動，粗的箭頭顯示腹壁在病理時變得狹窄。

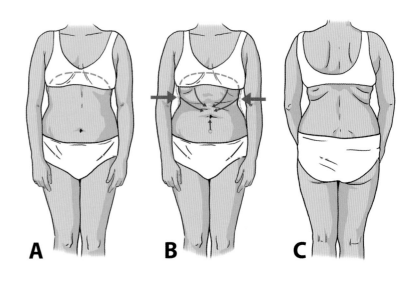

正常情況下，胸椎是垂直的（同時拉長的），但胸在吸氣與呼氣時，仍維持向尾部的（圖 4.19B）。規律潮氣量呼吸時，輔助呼吸肌不應該啓動[1, 33, 34]。吸氣時，橫膈下落變平時，下胸圈在各個方向等比率地擴張（圖 4.27A）。鎖骨應稍微向上傾斜 (25º–29º)；如果是水平位置，可能是縮短的（過度活動）輔助呼吸肌的訊號。在病理情況，橫膈無法適當的攤平；它維持一點斜軸。在胸骨可以觀察到過多的向頭顱或向尾的動作（圖 4.27B）。

嬰兒在 4-6 週時，俯臥時試著抵抗重心抬頭，或仰臥時抬腿，橫膈開始發展出雙重功能，即姿勢與呼吸功能。在生理學上，每一個姿勢活動（呼吸與閉氣時），橫膈下落並擺平。它在下肋的接觸位置，由腹肌來穩定，中心腱索被向尾地拉向下肋（圖 4.28B）。有功能障礙時，在姿勢活動時，橫膈無法適當地下降；肌肉活動方向相反，被拉向中心腱索（圖 4.28A），臨床上，導致「沙漏綜合症」（圖 4.26B, C 與 4.28A）。

呼吸定型測驗
(Testing the Stereotype of Respiration)

仰臥 (supine)

患者鉤臥位 (hook-lying position) 或將腿抬在桌上（屈髖與膝 90º），小腿支撐於桌面。

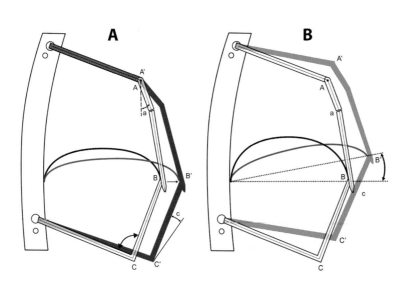

圖 4.27 (A) 健康的呼吸形態。橫膈的軸幾乎是水平的。吸氣時，胸骨移前，橫膈向尾方移動。下胸比率地擴張（擴大肋間空間）。(B) 病理的呼吸形態；橫膈的軸是斜向位置。吸氣時整個胸移向頭側，呼氣時移向尾側。下胸最少或沒有擴張（減少肋間空間）。下胸腔鎖著，淺的吸氣，接著給附屬呼吸輔助肌增加負荷。

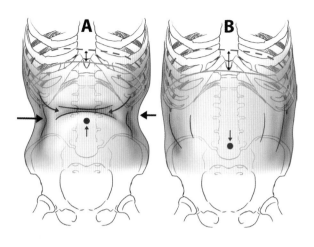

圖 4.28 (A)「沙漏綜合症」橫膈病理的活動。橫膈拉平不足，肌肉活動的方向是向著中心腱索，呈現下胸的僵硬，以及腹壁向臍的不成比率的活化。向上指的箭頭是臍向頭方向的病理位置。虛線曲線是腹壁病理的向中心之活化。向內指的箭頭顯示橫膈不正常的向中心腱索的狀態。粗的黑箭頭顯示腹壁病理的窄化。(B) 橫膈活動的生理學姿勢：橫膈向尾運動，它連結腹肌固定與穩定於下肋；當下胸擴張時，肋間空間變寬，所有腹壁均衡的活化。中間的箭頭顯示正確的橫膈往下肋（中心腱索下降）。中央紅色箭頭顯示正確的臍之中立位置。(A) 與 (B) 兩端箭頭顯示橫膈的移動（生理學情況 B 大於異常情況之 A）。

觀察潮氣呼吸形態。注意和 / 或觸診附屬呼吸肌。肌肉必須放鬆。在呼吸時，鎖骨不應有頭向與尾向的移動。觸診胸骨；每次吸氣時，不應有頭向的移動，胸骨在吸氣與呼氣時，在橫斷面上，正常地維持向尾位置。

觸診胸兩側之下肋空間；每次吸氣時，空間必須擴增或變寬。

觸診兩側腹壁之側背面部位；每次吸氣時，這些區域必須擴張。觸診腹股溝上面之腹壁，每次吸氣時，也應該擴張。

用手抓住胸（胸骨）往尾之方向（參閱圖4.19B），請他吸一口氣，胸骨（與你的手）不應被往頭的方向拖拉。

坐姿 (sitting)

同理應用在仰臥姿勢。

患者坐姿，面向臨床人員，臂與腿放鬆（圖 4.29）。觸診腹股溝上面，請患者深呼吸，就像要「用呼吸推你的手指頭」一般。吸氣時，腹肌應該向腹側、尾側與兩側面擴張。

臨床人員在坐著的患者的後面。觸診後面兩側下肋之空間，請患者做一次深呼吸（圖 4.30）。你將可以感覺到下胸（腹面與側面），同時與對稱地擴張，以及肋間空間的變寬。胸與軀幹，不應有任何頭顱方向的運動。

臨床人員站在坐著的患者的後面。觸診下肋骨下方側背面腹壁（參閱圖 4.30）。請患者吸氣而後呼氣。在完全呼氣之後，請患者頂著你的手指。這是橫膈的姿勢功能測驗。臨床人員應可感覺到對稱與強有力來自腹壁的擴張力量頂著你的手指。擴張是勻稱的來自於所有方向。如果測驗時，人面向鏡子，可以看到下胸往腹方以及腹壁擴張。腹壁的窟窿是橫膈異常的定形與反常的動作（參閱圖 4.26B 與 4.28A）。

圖 4.29 觸診腹股溝上方（箭頭）：請患者呼吸，或用呼吸抵擋你的手指。兩種情況，你將感覺強大的對稱動作（側面、前面與尾向），臍則是相對穩定的（即如圖所示，不像病理情況地往頭方向與往內方向拉），患者應維持放鬆。

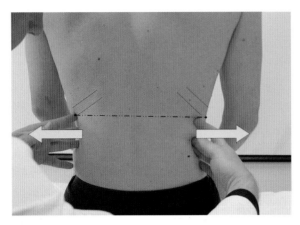

圖 4.30 橫膈測試。觸診下肋骨空間與下肋骨下方。請患者向你的手指呼吸，同時在閉氣時（單純橫膈的姿勢活動），推你的手指（箭頭：橫膈的吸氣活動）。在此兩種情況，你應可感覺強有力對稱的運動。在測驗中，不應有任何伴隨胸椎屈曲移動的聯動 (synkinesis) 或提肩動作。

如何訓練最佳的呼吸
(How to Train Optimal Breathing)

以仰臥屈膝足部放在桌子或地板的姿勢開始訓練。將手放在患者下胸腔，指導患者如何將胸腔下落（圖 4.19B）。用手將患者的胸腔下壓（脊椎應接觸桌面，不能前屈）。吸氣時，患者下胸壁朝向你的手擴張，頸與肩的肌肉盡量放鬆。呼氣時，胸部被動地放鬆，沒有任何腹肌的收縮。如果呼氣時，腹肌難於放鬆，請他將手放在腹部，以回饋來監控過度的張力。

運動複雜性的漸進
(Progression in Exercise Complexity)

上述所有的方法可做為任何運動處方時的任何開始姿勢（躺、坐、站、爬、斜躺等）。不論運動的姿勢如何，在矢狀面穩定的品質與形態，需要生理的情況下產生適當的肌肉協調與平衡。

我們建議從基礎的訓練，也就是最容易的姿勢開始（發展年齡 4.5 個月，俯臥與仰臥），以重啟深層肌內核心穩定的肌肉協調（參閱圖 4.18A 與 4.20A）。任何基礎的位置可以先用阻力與/或加上肢體的動作（參閱圖 4.16）。施力與動作的量可依患者穩定核心－脊椎、軀幹、骨盆的能力，不應有任何代償性

的動作。相同的原理也可應用於更高、更進階或更挑戰性的姿勢。訓練時，發展的姿勢有三種選擇：1. 特殊發展的姿勢本身的訓練；2. 轉接階段的訓練，從一個姿勢轉接到下一個（如從仰臥到側臥，從斜坐到爬行）；3. 只針對運動階段的特殊肢段加以訓練（如開始轉彎過程）。

運動的動態神經肌肉穩定原理
(Dynamic Neuromuscular Stabilization Principles for Exercise)

患者的位置距離地面或桌面越近的運動越容易。譬如：訓練脊椎適當的呼吸形態（或任何動作，如投擲）仰臥時比爬行位置時容易。

位置越高人越不穩定；因此，運動更具挑戰性。因此，運動的進展應由更低更穩定的，進展到更高更不穩定的。

對於任何運動，一定要選擇人可以適當維持矢狀面穩定與適當呼吸的。如果運動無法穩定形態與呼吸，運動可能會增加病理的狀態（圖 4.17）。

為進一步挑戰穩定的生理學形態，可以加入動態肢體動作的阻力（如槓鈴）。阻力必須適當，讓人能夠維持適當的穩定。如果觀察到異常的穩定形態或呼吸，就須降低阻力（圖 4.17）。

承重區域加上負荷，可以幫助穩定。

支撐的肢段軸心置中。

為增加運動的挑戰性，降低支撐的肢段數目（如：熊姿時，要求抬起一隻腳或一隻手臂，或對側的二肢）（圖 4.42C, D）。

以不同的姿勢來訓練（如：網球運動員用仰臥、斜坐或三肢支撐姿勢擊球）

為訓練身體知覺，請受訓練者專注於運動。

運動例 (SAMPLE EXERCISES)

基本的運動 (Basic Exercises)

仰臥位 (Supine Position)（4.5 月）

此一姿勢相當於一個 4.5 個月大的嬰兒

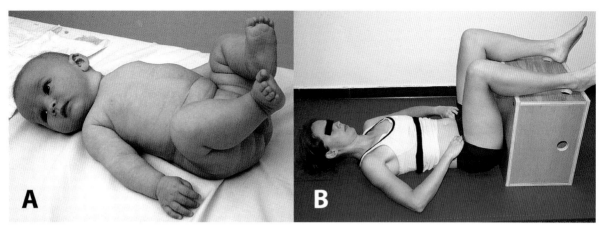

圖 4.31 (A) 一個 4.5 個月大的嬰兒已經可以在桌面上控制雙腿以穩定核心。(B) 基本的仰臥運動，腿部受支撐的 4.5 個月發展的姿勢。

仰臥與抬腿，高於桌面，屈髖與膝 90°（圖 4.31A）。這是可以進一步到更高級姿勢與動作的基礎姿勢（參閱圖 4.31B）。所有軀幹肌肉（腹肌、背肌、橫膈與骨盆底）為了綜合脊椎穩定良好協調，是任何動作的基本先決條件。

開始姿勢 (Initial Position)

仰臥姿勢，頭、胸、脊椎與骨盆都在中立位置（圖 4.31B）；頭支撐在項線上，頸是中立的，整個脊椎維持接觸在桌（床面）上，無任何過度伸展。胸與骨盆軸平行，與地面垂直。肩與臀放鬆。髖關節與膝關節屈成 90°。一開始在小腿有支撐，逐漸移除腿的支撐（圖 4.32）。

運動 (Exercise Performance)

幾次規律呼吸後，將胸往髖方向放鬆。一次正常呼吸後，將吸氣導入骨盆（骨盆底）。使用你的雙手，以確定你的吸氣能夠到達到腹股溝，同時在吸氣與自主活動時，增加該區域的肌張力。維持吸氣與呼氣，反覆此一活動。逐漸地，抬一腿，而後抬另一腿離開支撐。反覆 3-5 次，直到整個身體都協調、放鬆。你可以交互移動伸展雙腿，以增加挑戰性。

錯誤運動 (Exercise Errors)

包括肩抬高（肩前突），頭與頸過度伸展，胸與肋抬高，肚臍下拉，過度使力與閉氣。

圖 4.32 腿無支撐之基本仰臥運動。注意整個運動中髖部軸心置中（髖屈 90° 同時微外轉）。支撐或承重的位置在臀肌的上端。如果背部變成弓狀伸展，或受測對象無法維持臀與膝姿勢時，運動就需要中止。

仰臥姿使用彈力帶的變化
(Modification in Supine Position with Thera-Band)（圖 4.33）

開始姿勢 (Initial Position)

姿勢跟基本仰臥一樣。彈力帶纏於小腿（膝下），從前面交叉到後面，繞到大腿前面（膝上）。帶子以手抓著（包裹兩次），不受控制的一邊在拇指與食指之間。肘屈成 90 度（圖 4.33A）。

運動 (Exercise Performance)

維持基本仰臥位置，頭、脊椎、軀幹與骨盆在中立位置。吸氣進到腹股溝區域上方。從事肩外旋轉時手心向上（圖 4.33B）。

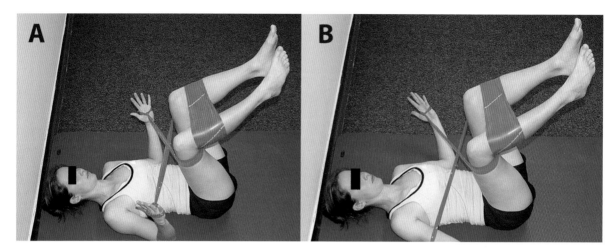

圖 4.33 仰臥姿使用彈力帶的變化。(A) 開始姿勢；(B) 運動，手臂旋前與外轉以抵抗阻力帶。

錯誤運動 (Exercise Errors)

包括閉氣，脊椎伸展與臀與膝關節向內旋轉。

俯臥姿勢 (Prone Position)（4.5 個月）

一個健康 4.5 個月大的嬰兒，能夠將手肘置於肩前，將它自己支撐在內側踝上。豎起胸椎與上胸椎將頭抬起（圖 4.34A）。此一動作只有在軀幹後面與前面的肌肉等比率的共同活化（圖 4.12），肩胛帶肌與前鋸肌良好協調，橫膈讓肩胛維持在中立「向尾」位置，才能做到。

開始姿勢 (Initial Position)

俯臥肘在肩前耳朵上方的位置，頭由前額支撐著（圖 4.34B）。

運動 (Exercise Performance)

肩膀向尾展開（不縮回）。軀幹支撐於恥骨聯合 (symphysis) 或 ASIS。頸椎與上胸椎豎立微抬頭；動作應該由肩胛骨間之中胸椎發起（圖 4.34C）。

錯誤運動 (Exercise Errors)

包括頸過度伸展（圖 4.35A），肩抬起與／或前突，肩胛回縮（圖 4.35B），胸／腰連結過度伸展或腰椎與骨盆前傾（圖 4.23B）。

俯臥姿的變化 (Modification in Prone Position)

開始姿勢 (Initial Position)

肘與前額支撐於床邊，下軀幹與骨盆趴在健身球上，腳接觸地面（圖 4.36A）。

運動 (Exercise Performance)

微下壓肩部，肘往床面壓，頭微抬離床，骨盆微壓健身球（參閱圖 4.36B）。

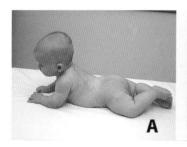

圖 4.34 (A) 理想 4.5 個月俯臥姿。(B) 4.5 個月發展出的基本的俯臥運動。開始姿勢。(C) 運動：抬頭，胸與上胸脊椎豎起；動作應由中胸肢段（肩胛中間 [箭頭]）發起。

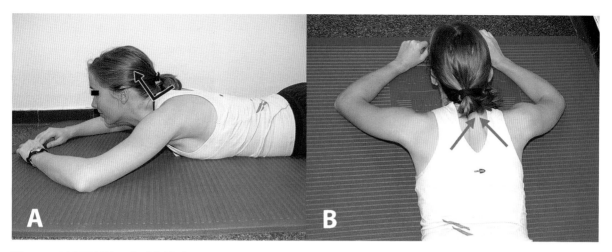

圖 4.35 不良頭部伸展的動作模式。**(A)** 頸過度伸展，頸胸連結處後凸（箭頭），**(B)** 肩胛回縮（箭頭）。

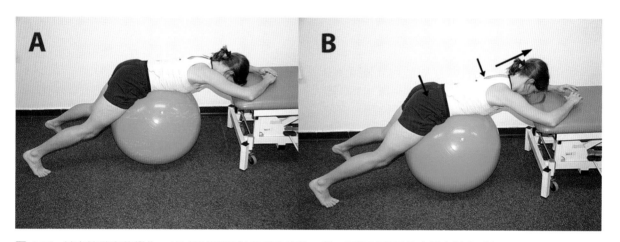

圖 4.36 基本俯臥姿的變化。**(A)** 開始姿勢肘支撐在床的一端，下軀幹與骨盆支撐在健身球上。**(B)** 運動時，由中胸脊椎處開始伸展，頭抬離床邊，骨盆微壓健身球（箭頭）。

錯誤運動 (Exercise Errors)

　　抬肩，下胸與腰椎過度伸展，骨盆後傾腰椎屈曲。

側坐姿 (Side Sitting Position)（7 個月）

　　此運動訓練支撐肩的穩定功能，以及肩帶肌群與軀幹下部功能的相互作用。

開始姿勢 (Initial Position)

　　這相當於 7 個月大的健康嬰兒的側坐姿，前臂用來支撐（圖 4.37）。運動時，前額與臀部的一側支撐（肘位於肩之下方）。上面的

圖 4.37 健康 7 個月大嬰兒以前臂做支撐的側坐。這是從仰臥或側臥至爬行姿勢的轉接快照。

圖 4.38 (A) 上面腿支撐在膝內側髁之側坐姿勢。(B) 上面的手臂抬高軀幹旋轉，上面的腿仍支撐在膝內側髁。(C) 抬起骨盆成側坐姿勢：支撐由臀轉至下面腿之膝外側髁（箭頭）。

腿支撐在下面腿的膝內側（圖 4.38A），或足上（圖 4.39A）。包括頸與頭，整個脊椎是直的。

運動 (Exercise Performance)

底下的肩往下拉離頭部。上面的手臂抬高至肩的上方，整個軀幹往前旋轉（圖 4.38B與 4.39B）。支撐由臀轉移到膝（圖 4.38C 與4.39C）。如果身體肢段能夠有良好協調，維持適當姿勢的話，反覆 3-5 次。

錯誤運動 (Exercise Errors)

底下的肩抬高並且伸出，以及 / 或脊椎不直（過度伸展或下垂）。

變化：手支撐的側坐姿
(Modification: Side Sitting Position with Hand Support)

開始姿勢 (Initial Position)

此相當於 8 個月健康嬰兒的側坐姿勢（圖4.40A）。支撐手放在骨盆與支撐臀之線上。下面腿的髖關節與膝關節半屈，上面的腿支撐於

下面腿膝前之足部。脊椎是直的（圖 4.40B）。

運動 (Exercise Performance)

將下面手臂的肩壓低，抬高另一手臂。從支撐位置抬起骨盆，體重落在下面腿的膝部以及上面腿的足部。旋轉軀幹成爬行姿勢，動作繼續往前進方向（參閱圖 4.40C, D）。

錯誤運動 (Exercise Errors)

包括抬肩，伸展或屈曲脊椎，承重的肘過度伸展，以及 / 或支撐手承受不成比率的重量（過多的重量於小魚際，過少落於魚際）。

進階運動：更高姿勢（發展的）的位置
[Advanced Exercises: Higher Postural (Developmental) Positions]

爬行姿勢 (Quadruped Position)

在嬰兒 9 個月大時，四肢著地是爬行的最初姿勢（圖 4.41A）。當四肢穩定在封閉式動力鏈時，此一運動對訓練脊椎是很重要的。四腳姿勢在訓練運動員起動肩、髖與軀幹穩定肌

圖 4.39 (A) 側坐姿上面腿支撐於足部。(B) 軀幹旋轉手前伸出（上由腿支撐於足部）。(C) 抬起側坐姿勢的骨盆，支撐由臀移至下面一腿膝關節外側髁。支撐側的箭頭顯示肩胛固定於尾向以及外展的姿勢。注意肩胛穩定的形態－下面的（支撐）肩胛骨呈向尾的附著於肋骨上，它的內側邊緣平行於脊椎（不抬起或翹起）。

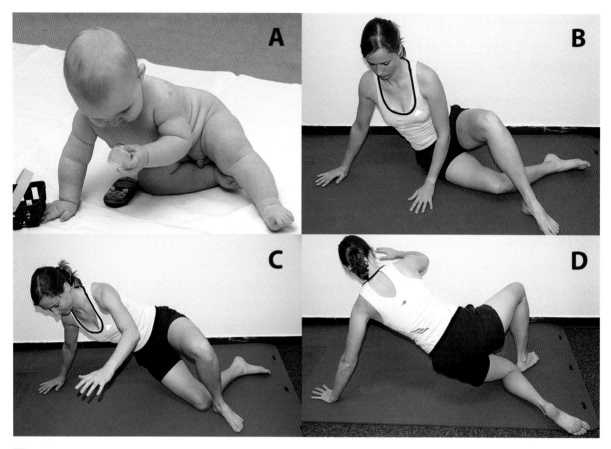

圖 4.40 側坐姿手支撐。(A) 健康 8 個月大嬰兒的斜坐姿勢。(B) 運動的開始姿勢。(C) 運動—抬起骨盆加負荷於下面腿的膝關節（正視圖）。(D) 運動—肩帶穩定。肩胛骨不應展翅翹起（後面觀）。

圖 4.41 爬行運動。(A) 一個 9 個月大嬰兒的爬行姿勢。(B) 爬行運動—開始姿勢。運動—移動軀幹，向前與向後。

群（腹肌、背肌、橫膈、骨盆底肌），挺起腰桿的能力是很重要的。

開始姿勢 (Initial Position)

　　為了能夠做好爬與爬行的姿勢，身體肢段需有適當的排列：肩帶處在一個負重且完全軸心化的位置，以手做一個很好的支撐，重量的支撐必須勻稱的分布在所有的掌指關節（魚際與小魚際均等）。髖關節微外旋轉，在支撐膝的上面，小腿與腳集中於一點。整個脊椎與軀幹是直的（參閱圖 4.41B）。

運動 (Exercise Performance)

用右手與左膝（與小腿支撐），維持數秒。相反邊同做。確認身體的排列正確的情況下，反覆 3-5 次。將軀幹移動向前、向後 3-5 次。肩遠離耳朵，專注於拉長脊椎（圖 4.41C）。

錯誤運動 (Exercise Errors)

提肩或肩前突，軀幹下垂，脊椎伸展（前凸），肘過度伸展，以及 / 或手載重的力量不均勻。

熊姿 ("Bear" Position)

熊姿是 10-12 個月大嬰兒的自然變化的姿勢（圖 4.42A）。嬰兒用熊姿從跪姿轉成蹲姿，以及站起。此一運動有助於肩膀之穩定，以及軀幹與骨盆肌間的交互協調。

開始姿勢 (Initial Position)

手與腳支撐身體。手上的負重魚際與小魚際平均，肩擺在手的上面，腳支撐在前腳，或在整個腳掌上（進階），膝關節與髖關節微屈，骨盆位置高於頭。脊椎拉長沒任何屈曲或過度伸展（圖 4.42B）。

運動 (Exercise Performance)

右手與左腳撐在地面，同時，盡量維持脊椎的伸直。相反側同做。反覆數次。右手與左腳撐地，緩慢抬對側手與腳，一直維持整個脊椎的伸直與胸的中立姿勢（圖 4.42C, D）。

錯誤運動 (Exercise Errors)

包括手重量分配不均，過多重量落在小魚際，前臂旋後，提肩與前突，軀幹下垂，脊椎後凸或伸展（前凸），肩內旋而膝轉內（膝外

圖 4.42 熊姿運動。(A) 一個 12 月大嬰兒的熊姿。(B) 熊姿運動─開始姿勢。(C) 運動─抬一腿，維持脊椎伸直，以及骨盆高度。(D) 運動─維持脊椎伸直與肩的高度，抬起一隻手。

翻），腳承重不均內側負荷過重，骨盆下落至抬高腿的一側。

蹲 (Squat)

蹲是 12 個月大嬰兒的過渡或遊玩姿勢（圖 4.43A）。此運動用來訓練軀幹與髖關節肌群的協調（理想的橫膈與骨盆底肌肉的協調訓練）。精確的身體肢段排列與強調的動作是非常重要的。

開始姿勢 (Initial Position)

站立，兩腳張開與肩同寬。脊椎、胸與骨盆在中立位置（圖 4.43B, C）。

運動 (Exercise Performance)

緩慢做動作，脊椎正直，膝在大腳趾之上（膝不能移前）。逐漸降低髖關節至膝蓋的高度，手臂放鬆在體側或稍微擺前。放鬆維持此姿勢幾次呼吸之久，將氣體吸到胸之更低與更側面，以及送到骨盆底（如同「吹脹骨盆 (inflating the pelvis)」）（圖 4.43B, C）。

錯誤運動 (Exercise Errors)

包括髖關節內轉而膝外翻，骨盆前傾，脊椎後凸（或前凸），吸氣的胸姿，以及提肩或前突。

動態的神經肌肉穩定運動轉換成運動技術
(Dynamic Neuromuscular Stabilization Exercise Modifications for Sports Techniques)

投擲 (Throwing)

兩手支撐俯臥在健身球上
(Prone exercise on Gym ball with bilateral Hand Support)

開始姿勢 (Initial Position)

俯臥在球體上，前滾，手伸前，大腿或膝靠在球上。頭、脊椎與骨盆維持在水平面（圖 4.44A）。此一姿勢訓練投擲動作所應具有的基本核心與肩胛穩定。

運動 (Exercise Performance)

用手盡量前移身體；脊椎伸直，肩胛附著在肋骨上，胸部中立姿勢，所有時間都平行於骨盆（圖 4.44B）。反覆做幾次前滾與後滾動作，確定你的兩手在整個運動中，等量的支撐體重，防止手的小魚際承受過多的重量。

錯誤運動 (Exercise Errors)

包括胸與軀幹下垂，提肩，骨盆掉下至前傾位置，頸部過度伸展。

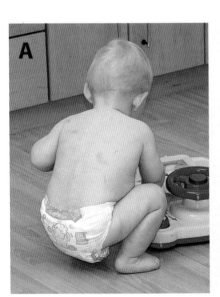

圖 4.43 蹲的運動。(A) 12 個月健康嬰兒的蹲姿 (B) 蹲的運動—維持直背，呼吸導入胸部更低與更側面（側面圖）。(C) 蹲的運動（後面觀）—避免肩胛回縮，含胸姿勢，與骨盆前傾。

圖 4.44 兩手支撐俯臥在健身球上。開始時,手撐於地板,腳支撐在球上方。**(A)** 肩置於手上 **(B)** 運動─在手固定的狀況下身體前移,身體維持水平。

側坐手撐(參閱側坐姿勢,圖 4.40)也可用來訓練投擲動作所應具備的最佳的肌肉協調。

站姿彈力帶的運動(前臂與膝靠牆) (Exercise with thera-band in a Standing Position)

開始動作 (Initial Position)

站於牆邊,肘與前臂靠牆。前腳微屈膝,微壓牆,後腳膝伸直,整支腳支撐體重─內外側平均(圖 4.45A)。

運動 (Exercise Performance)

自由的手拉彈力帶(固定於身後),各個抬肩的角度往前拉,拉到各個平面(參閱圖 4.45B-D)。

錯誤運動 (Exercise Errors)

包括提肩、肩胛前突,脊椎過度伸展,或脊柱後凸,提胸或「吸氣的胸姿」,支撐腳的膝與髖關節外翻。

踢 (Kicking)

腿未支撐交互伸展的基本仰臥運動(參閱仰臥姿圖 4.32)

前弓與單腳站 (Lunge and one-leg stance)

開始姿勢 (Initial Position)

站穩兩腳─兩腳處於很好的軸心化位置,骨盆、軀幹與整個脊椎呈中立位置。

運動 (Exercise Performance)

右腳前弓,左手臂前擺,向後擺右臂至水

平位置(參閱圖 4.46A)。身體重量前移至右腳,同時伸膝。以此姿勢,左腿擺前,至髖關節與膝關節 90°,左臂後擺,右臂前擺(參閱圖 4.46B)。每一邊反覆數次。

錯誤運動 (Exercise Errors)

包括過度伸展脊椎,吸氣的或前含胸的姿勢,弓步腳之膝與髖關節「塌陷」,支撐腳的膝移動超過腳大拇趾(膝應該在腳大拇趾的上方),擺臂時提肩等。

跳躍 (Jumping, Taking Off)

下列敘述過的技術可以用來訓練跳躍與起跳所需的穩定協調:弓步與單腳站(圖 4.46)

蹲 (參閱蹲,圖 4.43)。

踏步與起跳的弓步 (Lunge on the step and taking off)

開始姿勢 (Initial Position)

右腳弓步(或非起跳時之慣用腳)踏上與左膝同高之平台。膝置於踝上方(圖 4.47A)。

運動 (Exercise Performance)

右腳負重,左腳腳跟離地,重量只支撐在左腳大拇趾上,前弓腳兩邊的承重量相同。當體重在前弓腳時,兩手臂擺前上(參閱圖 4.47B)。緩慢重複此動作 5-8 次,焦點在弓步腳比率的負荷,膝關節軸心化以及軀幹適當的擺置。彈力帶可以纏繞骨盆處,固定在身後,提供弓步動作阻力,讓運動更具挑戰性。

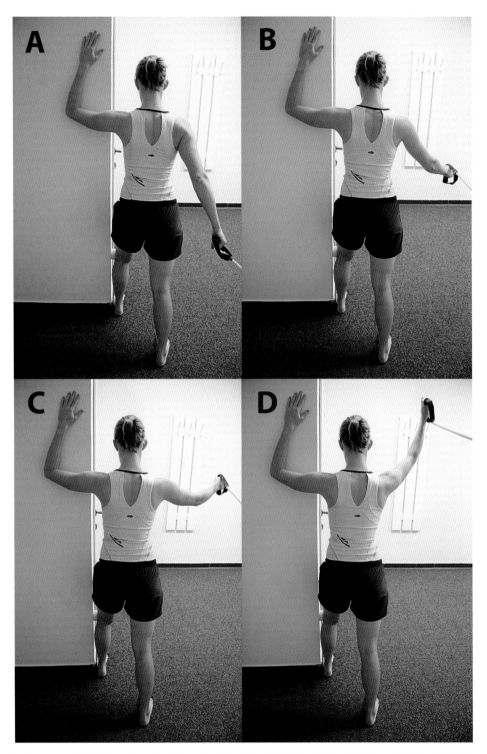

圖 4.45 一隻前臂與膝抵在牆面的彈力帶運動。循身體平面拉彈力帶。(B) 肩外展將彈力帶往前拉。(C–D) 將彈力帶拉向前、向上。

圖 **4.46** 弓步—單腿站立。**(A)** 前弓步時反側臂前擺；**(B)** 此運動的第二階段：變化手臂位置時弓步變成單腳站立。

圖 **4.47** 弓步上階。**(A)** 開始姿勢；**(B)** 運動—支撐由前伸腿變成弓步腿。左足—提踵，擺臂向前時弓步足支撐體重。

錯誤運動 *(Exercise Errors)*

　　包括前腳膝與髖關節之「內陷」，弓步腳未能在內外側同樣支撐負荷，非弓步腳的髖關節下陷，脊椎過度伸展或屈曲。

增強式運動 (Plyometric Exercise)

開始運動 *(Initial Position)*

　　站上 30 公分高的台子。另一 10-15 公分高台階，放置於第一台子前約 50 公分處（圖 4.48A）。

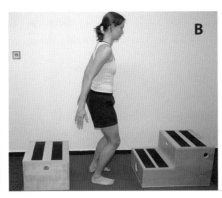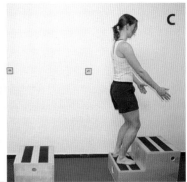

圖 4.48 增強式運動。(A) 開始姿勢；(B) 運動─從台階上跳下，脊椎、髖、膝與足有很好的關節軸心化。(C) 增強式運動最後姿勢─立即跳至第二台階。

運動 (Exercise Performance)

兩腳跳下台階之中間，然後立即跳上第二台階（圖 4.48B, C）。

錯誤動作 (Exercise Errors)

包括提胸，骨盆前傾與脊椎屈曲或過度伸展。

射擊：曲棍球、高爾夫 (Shooting：Hockey, Golf)

熊姿運動（參閱「熊」姿，圖 4.42）(Bear exercise)

彈力帶的蹲與扭 (Squat and twist with thera-band)

開始姿勢 (Initial Position)

站立，兩腳分開，足與膝指向外側，膝微屈。脊椎伸直。彈力帶綁於一側，另一端綁在置於胸前的兩手（圖 4.49A）。

運動 (Exercise Performance)

扭轉軀幹拉動彈力帶，維持骨盆不動（骨盆不應旋轉）。外側腳與內側腳支持同樣體重

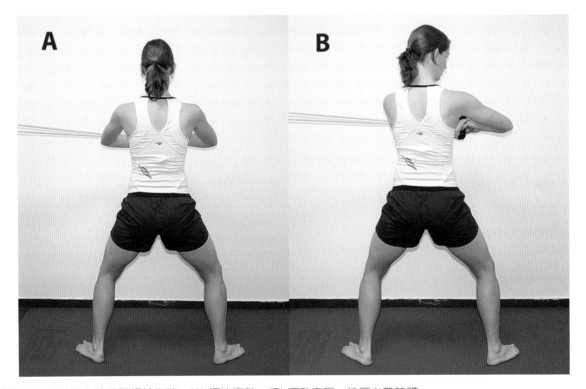

圖 4.49 抵抗阻力時下蹲軀幹旋轉。(A) 初始姿勢；(B) 運動表現，拉彈力帶轉體。

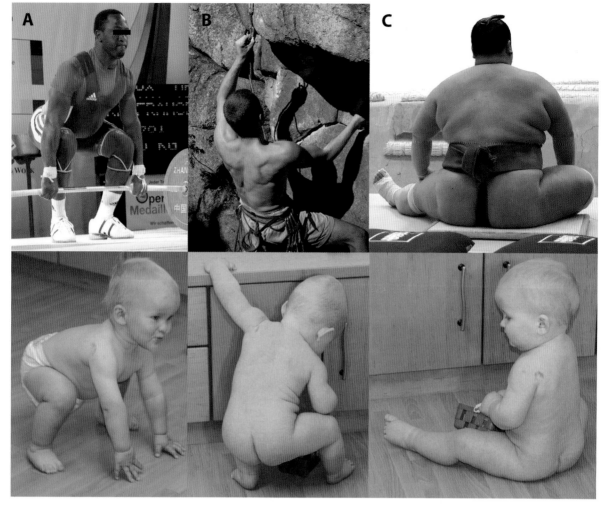

圖 4.50　比較一運動員與一健康嬰兒的平衡品質。(A) 注意，舉重運動員與嬰兒髖、膝與足的位置與穩定形態相同。同時胸與肩膀都屬中立位置。(B) 注意，肩胛骨的穩定形態（向尾／中立的肩胛位置），攀岩者與嬰兒外側與背側腹肌的啟動形態一樣。不像圖 4.14A 之病理形態般外側腹壁往外凸。(C) 注意 9 個月大的嬰兒與相撲選手坐姿時整個脊椎是正直的理想姿勢。所有 6 個姿勢，都需要有理想的前面與後側之肌肉組織（包括骨盆與橫膈）。

（參閱圖 4.49B）。只要能維持適當身體肢段之排列，緩慢重複數次。

錯誤運動 *(Exercise Errors)*

　　腳離地，旋轉骨盆，提肩。

結語 (CONCLUSION)

　　上述所有運動，必須要結合本章前兩節的 DNS 原理。除了傷害預防，運動員在訓練時了解發展的原理及功能性關節軸心化，就可以改善運動表現（圖 4.50）。那些有不當的身體影像以及因為疼痛與保護形態，解剖異常等，

而影響到功能中心定位的人，有較高的傷害風險，連帶的，他們的最大速度、肌力、品質的運動表現也會受影響。在治療運動員與運動訓練兩方面，使用 DNS 最終極目的，就是如同生理學發展所呈現的，穩定軀幹，所有關節能夠有理想的中心，以從事順暢的與效率的動作。

謝誌 (ACKNOWLEDGMENTS)

　　作者們感謝物理治療醫師 Clare Frank 與 Vanda Andelova 兩人，對於本章編輯的協助，以及物理治療師 Lucie Oplova 對照片方面的幫忙。

參考文獻 (REFERENCES)

1. Kolar P. Facilitation of agonist-antagonist co-activation by reflex stimulation methods. In: Liebenson C, ed. Rehabilitation of the Spine—A Practitioner's Manual. 2nd ed. Philadelphia, PA: Lippincott Williams & Wilkins; 2006:531–565.
2. Vojta V. Die zerebralen Bewegungsstörungen im Säuglingsalter: Frühdiagnose und Frühtherapie (Broschiert). Stuttgart: Thieme; 2008.
3. Vojta V, Peters A. Das Vojta—Princip. Berlin: Springer Verlag; 2001.
4. Forriol Campos F, Maiques JP, Dankloff C, et al. Foot morphology development with age. Gegenbaurs Morphol Jahrb 1990;136(6):669–676.
5. Volpon JB. Footprint analysis during growth period. J Pediatr Orthop 1994;14(1):83–85.
6. Openshaw P, Edwards S, Helms P. Changes in rib cage geometry during childhood. Thorax 1984;39(8):624–627.
7. Abitbol MM. Evolution of the lumbosacral angle. Am J Phys Anthropol 1987;72(3):361–372.
8. Lord MJ, Ogden JA, Ganey TM. Postnatal development of the thoracic spine. Spine 1995;20(15):1692–1698.
9. Kasai T, Ikata T, Katoh S, et al. Growth of the cervical spine with special reference to its lordosis and mobility. Spine 1996;21(18):2067–2073.
10. Koman LA, Smith BP, Shilt JS. Cerebral palsy. Lancet 2004;363(9421):1619–1631.
11. DeLuca PA. The musculoskeletal management of children with cerebral palsy. Pediatr Clin North Am 1996;43(5):1135–1150.
12. Orth H. Das Kind in der Vojta-Therapie. München: Elsevier GmbH, Urban & Fischer Verlag; 2005.
13. Zafeiriou DI. Primitive reflexes and postural reactions in the neurodevelopmental examination. Pediatr Neurol 2004;31(1):1–8.
14. Fisk JD, Goodale MA. The organization of eye and limb movements during unrestricted reaching to targets in contralateral and ipsilateral visual space. Exp Brain Res 1985;60(1):159–178.
15. Henriques DY, Medendorp WP, Gielen CC, et al. Geometric computations underlying eye-hand coordination: orientations of the two eyes and the head. Exp Brain Res 2003;152(1):70–78.
16. Gribble PL, Everling S, Ford K, et al. Hand-eye coordination for rapid pointing movements. Arm movement direction and distance are specified prior to saccade onset. Exp Brain Res 2002;145(3):372–382.
17. Kluenter HD, Lang-Roth R, Guntinas-Lichius O. Static and dynamic postural control before and after cochlear implantation in adult patients. Eur Arch Otorhinolaryngol 2009;266(10):1521–1525.
18. Blouin J, Guillaud E, Bresciani JP, et al. Insights into the control of arm movement during body motion as revealed by EMG analyses. Brain Res 2010;1309:40–52.
19. Bresciani JP, Gauthier GM, Vercher JL. On the nature of the vestibular control of arm-reaching movements during whole-body rotations. Exp Brain Res 2005;164(4):431–441.
20. Metcalfe JS, McDowell K, Chang TY, et al. Development of somatosensory-motor integration: an event-related analysis of infant posture in the first year of independent walking. Dev Psychobiol 2005;46(1):19–35.
21. Hixon TJ, Mead J, Goldman MD. Dynamics of the chest wall during speech production: function of the thorax, rib cage, diaphragm, and abdomen. J Speech Hear Res 1976;19(2):297–356.
22. Hodges P. Lumbopelvic stability: a functional model of biomechanics and motor control. In: Richardson C, ed. Therapeutic Exercise for Lumbopelvic Stabilization. Edinburgh: Churchill Livingstone; 2004:13–28.
23. Hodges PW, Eriksson AE, Shirley D, et al. Intra-abdominal pressure increases stiffness of the lumbar spine. J Biomech 2005;38(9):1873–1880.
24. Essendrop M, Andersen TB, Schibye B. Increase in spinal stability obtained at levels of intra-abdominal pressure and back muscle activity realistic to work situations. Appl Ergon 2002;33(5):471–476.
25. Cholewicki J, Juluru K, Radebold A, et al. Lumbar spine stability can be augmented with an abdominal belt and/or increased intra-abdominal pressure. Eur Spine J 1999;8(5):388–395.
26. Hodges PW, Gandevia SC. Changes in intra-abdominal pressure during postural and respiratory activation of the human diaphragm. J Appl Physiol 2000;89(3):967–976.
27. Hodges PW, Sapsford R, Pengel LH. Postural and respiratory functions of the pelvic floor muscles. Neurourol Urodyn 2007;26(3):362–371.
28. Kolar P, Neuwirth J, Sanda J, et al. Analysis of diaphragm movement, during tidal breathing and during its activation while breath holding, using MRI synchronized with spirometry. Physiol Res 2009;58:383–392.
29. Hodges PW, Gandevia SC. Activation of the human diaphragm during a repetitive postural task. J Physiol 2000;522:165–175.
30. Hodges PW, Heijnen I, Gandevia SC. Postural activity of the diaphragm is reduced in humans when respiratory demand increases. J Physiol 2001;537(Pt 3):999–1008.
31. Enoka, ME. Neuromechanics of Human Movement. 3rd ed. Champaign, IL: Human Kinetics; 2002.
32. Lewit K, Kolar P. Chain reactions related to the cervical spine. In: Murphy DR, ed. Cervical Spine Syndromes. New York: McGraw-Hill; 1999:515–530.
33. Lewit K. Manipulative Therapy. Edinburgh: Churchill Livingstone; 2010.
34. Smith CE, Nyland J, Caudill P, et al. Dynamic trunk stabilization: a conceptual back injury prevention program for volleyball athletes. J Orthop Sports Phys Ther 2008;38:703–720.
35. Gandevia SC, Butler JE, Hodges PW, et al. Balancing acts: respiratory sensations, motor control and human posture. Clin Exp Pharmacol Physiol 2002;29(1-2):118–121.
36. Kolar P. The sensorimotor nature of postural functions. Its fundamental role in rehabilitation on the motor system. J Orthop Med 1999;21(2):40–45.

臨床審核過程與確定關鍵鏈結
The Clinical Audit Process and Determining the Key Link

前言 (INTRODUCTION)

病患照護或運動發展的主要目標包括降低活動的不耐（即走、坐、彎），減少疼痛、提升體能與預防傷害等。改善功能需要評估病患或運動員的功能狀態與動作形態，尤其確定「關鍵鏈結」或功能的病理。不能錯過一般錯誤動作形態的功能障礙：

- 腰椎椎間盤突出患者的提或蹲的能力[1]。
- 髕骨股骨疼痛症候群患者或為降低前十字韌帶損傷的單腿蹲[2]。
- 旋轉肌群症候群患者的肩胛肱骨韻律 (scapulohumeral rhythm)[3]。
- 肩痛或頭痛病患的顱頸椎屈曲[4]。

但是這只是臨床的假設。每一個病患都是獨特的，你的病人可能是獨特的一位。要最後確定，需要經驗的過程，包括檢測、修正與再檢測。這稱為臨床審核過程 (clinical audit process; CAP)（圖 5.1）[5-11]。使用 CAP 就是以「期內 (within-session)」的改善，來預估「期間 (between-session)」的改善。如果病人處理後審核結果，力學敏感度 (mechanical sensitivity; MS) 有改善，病人將會有 3.5 倍的機會能夠有期間的改善（表 5.2）[12]。

CAP 幫助肌肉骨骼疼痛專家們決定他們能為病人做些什麼（儀器治療、手法治療或運動），病人能為他們自己做什麼（運動），以及患者的預後[12,14-16]。因為疼痛會再發，因此需要有一些自行照護的運動，降低患者的 MS[17]。如果病患只歸因成功的結果在於手法治療（或其他的被動治療），那只達成依賴性功能而非獨立性功能[18-21]。為改善病患自我照護計畫的動機，建議在被動照護之前，實施主動照護。當病人知道在自我照護之後，他的 MS 較少，他們將主動的要去做運動。

根據 Cook[13]，使用再評估過程對於系統性治療計畫是很重要的（表 5.3）。

治療試驗：臨床的審核過程 (THERAPEUTIC TRIAL: THE CLINICAL AUDIT PROCESS)

治療試驗始於主動的動作評估，以找出當事人所發生疼痛的動作（圖 5.1）。此種評估是主動而非是被動的動作，包括活動範圍、骨科（即 Kemp's）或功能性（即蹲）測驗。此導致疼痛的動作稱為病人的 MS。這是治療試驗的獨立變項。如果病人沒有疼痛，而只是要預防照護，增進體適能（即增加活動度、耐力）或運動表現，臨床的審核過程就在尋找無痛失能的動作而非 MS。

有兩個臨床狀況 MS 無法發現。首先，患者有姿勢性疼痛。此狀況，疼痛是典型的斷斷續續地，而長時間靜態負荷（坐、站、躺）時惡化[20]。有一個姿勢性的敏感性，但是它需要長時間靜態負荷來引出任何敏感度。處方是符合人體工學的建議／訓練與短暫休息。這種情況，典型的功能性評估時間軸線就沒有 MS。

第二種是因為**中樞致敏** (central sensitization; CS)。這種情況，疼痛是持續不斷，加上任何力學負荷不會變壞，也不會變好。這是一種 MS，沒有特別的動作會增加或減少疼痛。疼痛是不變的，所有的動作都同樣地受影響。病人有 CS 時，有比較低的疼痛閾值，以至於痛覺超敏 (allodynia)—對諸如輕壓力的無害刺激疼痛（表 5.4）[22-24]。CS 患者是超敏感的，甚至無法承受仰躺。單單壓力就足以引起疼痛的知覺。

CS 是中樞性的疼痛，不見得有周邊損傷、發炎或刺激，因為它是反應神經可塑性的大腦皮質處理功能障礙[22,25]。這些體感的變化

表 5.1	臨床審查過程

1. **評估**：確定力學的敏感性與無痛的功能障礙。
2. **處理 / 訓練**：從無痛的功能障礙轉換至正常的動作形態。
3. **再評估**：再評估力學的敏感性與無痛的功能障礙。

表 5.2	力學的敏感性 (Mechanical Sensitivity)

定義：再現或增加患者最主要症狀的動作或姿勢

症狀：

- 根據 Gray Cook 在功能性動作系統中的「標記 (Marker)」測驗 [13]。
- 在特定功能性動作評估 [13] 的功能性無痛測驗 [13]。
- 陽性的骨科測驗。
- 病態誘發試驗 (provocative test)
- 其他徵象

表 5.3	Cook 的評估系統階級 [13]

- 設定動作路徑的基準
  - 進行功能動作篩檢
- 找出與觀察動作問題
  - 優先：發現疼痛的「標記」，與 / 或無痛的功能障礙動作
- 針對問題使用矯正方法
  - 針對最基本的「無痛動作功能障礙優先」
- 再回到基準線
  - 再評估

與運動控制（即撤屈）的失能有關 [23,24]。據 Nachemson [26]，脊柱背根的神經細胞可以被高過敏化，即使很小的周邊輸入，也會傳輸疼痛的情況。CS 患者的預後是可能不好的。治療主要在於運動控制的訓練，以改善運動控制與改變認知－行為的疼痛預期 [27, 28]。

「如果你要你的身體感覺更好，你得感覺你的身體活動得更好」Diane Jacobs, P.T.

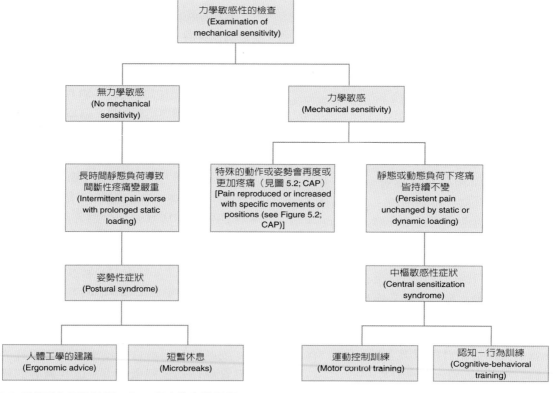

圖 5.1 動態動作評估法則。CAP 臨床的審核過程。

表 5.4	中樞敏感性 (Central Sensitization) 的特徵

- 持續疼痛而未顯現特殊的力學敏感性；換言之，所有動作與姿勢都是敏感的。
- 對輕觸的反應—痛覺超敏 (allodynia)

如果患者不是因為姿勢或中樞處理因素產生的疼痛，很有可能疼痛是因為力學的關係造成的。**力學的疼痛** (mechanical pain) 是一些動作複製患者的 MS，而其他動作則不會。一旦確立了之後，患者的疼痛變成力學的，CAP 可以從一個治療的運動開始以重新設置最顯著的無疼痛失能。對於治療試驗，有三種可能的反應（圖 5.2）：1. MS 減少，2. MS 不變，3. MS 變差。

力學敏感性下降 (Mechanical Sensitivity Decreases)

如果患者在重新設置一個關鍵的無痛功能障礙之後 MS 下降，就可以找出能夠做到「期內 (within-session)」改善的治療方式。這能夠預期對於病患的活動不耐會有「期間 (between-session)」的改善效果。而如果在治療後復診時發現 MS 已經下降，就可以改成自我照護 (self-

care)。這類患者就可確定是**力學** (mechanical) 的疼痛，會有不錯的預後。

> #### 快速通道護理 (Fast-Track Care)
>
> 找出患者降低 MS 的運動，只是開始，經常不是結束。我們希望能夠找到最困難做、最具功能性相關的運動，讓患者能夠好好的來實施。諸如此類的功能性的方法，隨時間的經過，不斷地改變，因為我們要不斷地修正，找出究竟什麼程度才是「最佳能量」之所在。

自我照護所給予的運動，基本上屬於患者的功能性訓練之範圍 (functional training range; FTR)—無疼痛且適合於目標作業之所需[29]。CAP 是擴展患者 FTR 的關鍵。患者 FTR 的運動，應滿足下列基準[9]：

- 無疼痛（或症狀集中的）。
- 合適的（運動控制良好）。
- 在治療後回診顯示 MS 降低（理想地）。

力學的敏感度不變 (Mechanical Sensitivity Does Not Change)

如果患者的力學敏感度不變，就要試著再找其他的治療試驗，找出不同的運動、手法治

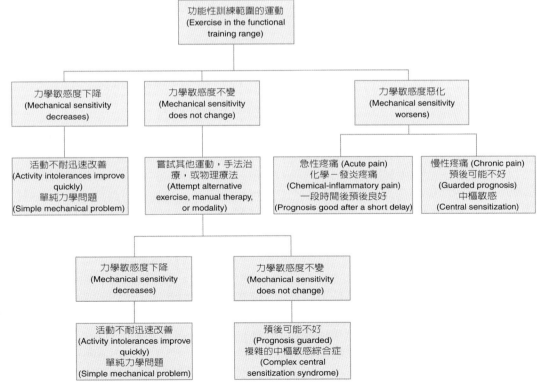

圖 5.2 對治療的反應—臨床的審核過程。

療或儀器治療，以降低患者的 MS。如果無法找到能夠改變患者 MS 的程序，而患者有慢性疼痛，患者似乎有了 **CS**（參閱前述內容）。

力學敏感度變差 (Mechanical Sensitivity Worsens)

如果患者的 MS 變差，患者有劇痛的話，表示疼痛源持續產生刺激同時產生**化學** (chemical) 成分（如發炎）。這種情況，最先處理是暫時「讓痛苦成為指引」，採用抗發炎策略（相對地休息、冰敷、魚油、非類固醇抗消炎藥）。如果在短暫的時間之後，患者迅速復原，預後很好。如果 MS 變差，患者有慢性、復發性疼痛，疼痛根源的敏感應是中樞來源的（參閱前述內容）。

所有保守處理都一樣嗎？
(Are All Conservative Treatments the Same?)

- 對連續 181 位坐骨神經痛患者給了他們主動的一般 (generic) 運動或症狀導向的運動 (symptom-guided exercise)。
- 大部分罹患坐骨神經痛 1-3 個月的人中，有 18% 的人症狀持續 3-6 個月。
- 65% 的患者有多於 3 處陽性的神經根壓迫跡象，曾經是手術的對象。
- 所有人都接受過手術前保守治療。
- 在 8 週治療之後，74% 的人接受症狀導向運動的人，回到工作場所，比較下，接受一般運動的人則為 60%。
- 患坐骨神經痛 3-6 個月的人，他們的復原和症狀更短的人一樣好。

結語 (Conclusions)

1. 保守療法無效的人，也不見得要做脊椎手術。
2. 症狀導向的運動比一般的運動更加有效。

Albert HB, Mannice C. The efficacy of systematic active conservative treatment for patients with severe sciatica. Spine 2012;37:531–542.

患者的分類 (PATIENT CATEGORIES)

幸運地，大部分疼痛的患者是屬於**力學性**的，預後能快速恢復。這種患者，通常 CAP 就能在第一天發現自我照護的運動。力學性疼痛患者中，與姿勢有關的，如果組織能夠從長時間靜態性超負荷中來分攤，將會只有很小的進展。有拉傷的或受傷的組織患者，通常疼痛有

表 5.5	患者的分類
力學的	
靜態的超負荷—姿勢的	
病史只有出現過敏感	
處置：姿勢的／人體工學器材	
預後：好	
動態的超負荷	
檢查時出現力學的敏感	
處置：針對最相關的無痛功能障礙的組織做運動	
預期有期內的改善	
預後：絕佳	
化學的	
檢查時出現力學性敏感	
處置：相對的休息與組織的消炎	
預期沒有期內的改善	
預後：絕佳，經過一段時間的延遲	
敏感的（中樞的）	
所有的動作都疼痛	
處理：運動控制與認知的行為訓練	
預期無期內的改善	
預後：不佳	

化學或發炎的成分。這種患者有很好的預後，不過，恢復需要時間，通常在最先幾天沒有自我照護運動。最後一組的患者是 CS 有長期的疼痛，影響所有的活動。他們的預後不是很好。表 5.5 總結了每一個臨床的分類特徵。

總結 (SUMMARY)

McKenzie[30] 總結病人導向的 CAP 目標：「如果你採用某姿勢或做某動作讓你的背疼痛，然後如果我們完全了解問題所在，我們就可以找出其他的動作與其他姿勢，透過採用與練習，來反轉這個過程。你把它弄傷—由你把它治好」。

世界衛生組織對於失能者健康照護的目標之修正指南，說明要讓患者能夠回到參與，並能獨立功能地參加他們的活動[21, 31-35]。使用來評估是否達到目標的特殊成果是患者在家中、休閒活動或職業活動的不耐受性（如：坐、站、走、彎）[36-38]。CAP 讓臨床醫師裁定期內什麼處理是最有效的，尤其是什麼自我照護可以讓患者恢復他們的功能。

不像大部分處方的或甚至依循證據的方法，CAP 是眞正地以患者爲中心的導向。而某一照護處方可能對大多數人有效，只有 CAP 的照護可以處理特殊個案。患者對於某一治療試驗的反應，被用來作爲自我照護的處方。概括而論，所推薦的處理方式是透過經驗證實來降低患者的 MS。多數場合，發現患者關鍵鏈結的線索，是找出最有相關的無痛的功能障礙，然後探索不同的「再設定」，直到無痛功能障礙回到正常爲止。用此方法恢復的功能通常會導致較少的疼痛。因此，CAP 允許臨床醫師避免「頭痛醫頭，腳痛醫腳 (chasing the pain)」，它聚焦於發現與矯正問題的根源。

參考文獻 (REFERENCES)

1. Cholewicki J, Silfies SP, Shah RA, et al. Delayed trunk muscle reflex responses increase the risk of low back injuries. Spine 2005;30(23):2614–2620.

2. Hewett TE, Myer GD, Ford KR, et al. Biomechanical measures of neuromuscular control and valgus loading of the knee predict anterior cruciate ligament injury risk in female athletes: a prospective study. Am J Sports Med 2005;33(4):492–501.

3. Kibler WB, McMullen J. Scapular dyskinesis and its relation to shoulder pain. J Am Acad Orthop Surg 2003;11:142–151.

4. Jull G, Kristjansson E, Dalll'Alba P. Impairment in the cervical flexors: a comparison of whiplash and insidious onset neck pain patients. Man Ther 2004;9:89–94.

5. Liebenson CS. Advice for the clinician and patient: functional training part one: new advances. J Bodywork Movement Ther 2002;6(4):248–253.

6. Liebenson CS. Advice for the clinician and patient: spinal stabilization—an update. Part 2—functional assessment. J Bodywork Movement Ther 2004;8(3):199–213.

7. Liebenson CS. Advice for the clinician and patient: spinal stabilization—an update. Part 3—training. J Bodywork Movement Ther 2004;8(4):278–287.

8. Liebenson CS. The importance of the functional examination in patient-centered care for back patients. Kiropraktoren 2005:4–8.

9. Liebenson CS. Rehabilitation of the Spine, Second Edition: A Practitioner's Manual. Baltimore, MD: Lippincott Williams and Wilkins; 2007.

10. Liebenson CS. A modern approach to abdominal training—part III: putting it together. J Bodywork Movement Ther 2008;12:31–36.

11. Liebenson C. The role of reassessment: the clinical audit process. Dyn Chiropractic 2010;28(14).

12. Hahne A, Keating JL, Wilson S. Do within-session changes in pain intensity and range of motion predict between-session changes in patients with low back pain. Aust J Physiother 2004;50:17–23.

13. Cook G, Burton L, Kiesel K, Rose G, Bryant MF. Movement: Functional Movement Systems: Screening, Assessment, Corrective Strategies, Aptos, CA: On Target Publications; 2010.

14. Tuttle N. Do changes within a manual therapy session predict between session changes for patients with cervical spine pain. Aust J Physiother 2005;20:324–330.

15. Tuttle N. Is it reasonable to use an individual patient's progress after treatment as a guide to ongoing clinical reasoning? J Manipulative Physiol Ther 2009;32:396–403.

16. Long A, Donelson R, Fung T. Does it matter which exercise? Spine 2004;29:2593–2602.

17. Croft PR, Macfarlane GJ, Papageorgiou AC, Thomas E, Silman AJ. Outcome of low back pain in general practice: a prospective study. BMJ 1998;316:1356–1359.

18. Harding V, Williams AC de C. Extending physiotherapy skills using a psychological approach: cognitive-behavioural management of chronic pain. Physiotherapy 1995;81:681–687.

19. Harding VR, Simmonds MJ, Watson PJ. Physical therapy for chronic pain. Pain—Clin Updates, Int Assoc Study Pain 1998;6:1–4.

20. McKenzie R, May S. The Lumbar Spine Mechanical Diagnosis & Therapy. Vols 1 and 2. Waikanae, New Zealand: Spinal Publications; 2003.

21. World Health Organization. International Classification of Human Functioning, Disability and Health: ICF. Geneva: WHO; 2001.

22. Cohen ML, Champion GD, Sheaterh-Reid R. Comments on Gracely et al. Painful neuropathy: altered central processing maintained dynamically by peripheral input. (Pain 1992;51:175–194) Pain 1993;54:365–366.

23. Desmeules JA, Cedraschi C, Rapiti E, et al. Neurophysiologic evidence for a central sensitization in patients with fibromyalgia. Arthritis Rheum 2003;48:1420–1429.

24. Juottonen K, Gockel M, Silén T, Hurri H, Hari R, Forss N. Altered central sensorimotor processing in patients with complex regional pain syndrome. Pain 2002;98:315–323.

25. Coderre TJ, Katz J, Vaccarino AL, Melzak R. Contribution of central neuroplasticity to pathological pain: review of clinical and experimental evidence. Pain 1993;52:259–285.

26. Nachemson AL. Newest knowledge of low back pain. Clin Orthop Relat Res 1992;279:8–20.

27. Moore JE, Von Korff M, Cherkin D, et al. A randomized trial of a cognitive-behavioral program for enhancing back pain self-care in a primary care setting. Pain 2000;88:145–153.

28. Vlaeyen JWS, De Jong J, Geilen M, Heuts PHTG, Van Breukelen G. Graded exposure in the treatment of pain-related fear: a replicated single case experimental design in four patients with chronic low back pain. Behav Res Ther 2001;39:151–166.

29. Morgan D. Concepts in functional training and postural stabilization for the low-back-injured. Top Acute Care Trauma Rehabil 1988;2:8–17.

30. McKenzie R. The McKenzie Institute International Pamphlet; 1998.

31. Victorian WorkAuthority—Clinical Framework. http://www.workcover.vic.gov.au/dir090/vwa/home.nsf/pages/chiropractors

32. Abenheim L, Rossignol M, Valat JP, et al. The role of activity in the therapeutic management of back pain: report of the International Paris Task Force on Back Pain. Spine 2000;25:1S–33S.

33. Rundell SD, Davenport TE, Wagner T. Physical therapist management of acute and chronic low back pain using the World Health Organization's International Classification of Functioning, Disability, and Health. Phys Ther 2009;89:82–90.

34. Waddell G, Aylward M. Models of Sickness and Disability. London: Royal Society of Medicine Press; 2010.

35. Waddell G, Burton K. Concepts of rehabilitation for the management of low back pain. Best Pract Res Clin Rheumatol 2005;19:655–670.

36. Liebenson CS. Improving activity tolerance in pain patients: a cognitive-behavioral approach to reactivation. Top Clin Chiropr 2000;7(4):6–14.

37. Liebenson CS, Yeomans S. Outcomes assessment in musculo-skeletal medicine. J Manual Ther 1997;2;67–75.

38. Agency for Health Care Policy and Research (AHCPR). Acute Low-Back Problems in Adults. Clinical Practice Guideline Number 14. Washington, DC: US Government Printing; 1994.

錯誤動作形態的功能性評估
Functional Evaluation of Faulty Movement Patterns

前言 (INTRODUCTION)

神經肌肉骨骼狀況對於社會有廣泛影響，而其處理效果卻相當有限，顯然地，我們需要一些新的方法來面對。我們只需要看看下背失能原因或非接觸性前十字韌帶 (ACL) 損傷頻率的迅速增加，就可知道新方法的重要性。問題是人類是為移動而設計的。但是，現今我們不是動得太少（久坐；sedentarism），就是動得太多（過度使用）或動得不對（錯誤的動作形態）。坐式生活型態不只是危害西方社會，在發展中國家也如病毒般地擴展。「週末勇士」的體適能只考慮更多組數、反覆數與更重的負荷之趨勢，而不考慮到動作的品質，導致過度使用產生的非衝擊性相關的肌肉骨骼的疼痛 (musculoskeletal pain; MSP)。動作能力與素質基礎不足，常見於基本的運動計畫，諸如直立姿勢、蹲、步態、平衡與呼吸等錯誤的動作形態。本章將討論一個新的功能評估典範。

功能的評估包括病史與功能的檢查。病史必須針對病人或運動員現在的活動、目標、症狀與他們關注之所在，以及他們過去的活動與傷害。這種檢查有兩個目的：(1) 確定出疼痛的動作或組織，與 (2) 確定無痛功能障礙之錯誤動作形態。了解反覆進行就會導致組織過度使用與傷害的錯誤形態，是發展成功矯正策略的關鍵。除動作能力的評估之外，臨床評估可以找出個人活動需求與他們功能能力間的落差 [1]。此落差可看作運動控制的欠缺，導致個人正常穩定的錯誤。如此之缺損，不但會容易受傷，也會影響表現的潛能。

Janda 指出「評估所花的時間，將節省治療的時間」[2]。傳統的骨科評估聚焦於透過動作誘發 (provocative) 測試，確定有症狀的位置與疼痛的源頭。不幸的，骨科的方法經常就此結束。相反的，功能性的評估進一步地要確定

生物力學超負荷 (biomechanical overload) 之所在。為確定受害者與罪魁禍首，有必要釐清疼痛的位置與它的來源（表 6.1）。治療常針對疼痛位置，其實，它只是功能障礙的受害者，而疼痛的來源，才是真正的罪魁禍首，卻常不被重視。功能性評估觀察更深層，避免一般慣常應用的短視的方法 (myopic approach)。

功能性評估可以達到兩個主要目標：(1) 再確認病患他們沒有顯著的或不詳的病理學與 (2) 以個別化的治療或訓練減少疼痛的動作，並恢復功能。證據顯示這種實證式的方法，可以得到預期的治療期間的改善 [3-5]。患者或運動員為中心的方法，與傳統、遵循古法的方法，形成鮮明的對比，它以特殊的診斷或單獨發現衰弱的肌肉或受限制的活動能力 (mobility) 作為基礎。

找尋疼痛的生物力學源頭，而不是症狀的位置，是建立在所謂的**區域交互依賴** *(regional interdependence)* 的概念 [6-10]。這是某一解剖區域的功能障礙會導致另一區域，通常是遠端區域的疼痛或功能障礙的理論。譬如，腳踝扭傷導致同側臀大肌代償性活化延遲。這種延遲，持續到扭傷痊癒之後一段時間，這是在復健中，必須要解決的無痛功能障礙 [11]。

> 「雖然受傷之後、組織痊癒了，肌肉也學習了。它們容易地發展出比傷害來得久的持續肌肉緊繃。」
> Janet Travell [12]

功能性評估是傳統的醫學 - 骨科肌肉骨骼疼痛評估所「欠缺的環節 (missing link)」。Janda, Cook 與其他人指稱，功能性動作形態的評估將成為患有肌肉骨骼疼痛的「黃金標準 (gold standard)」 [13, 14]。過頭蹲舉 (overhead squat) 與單腳蹲舉 (single leg squat) 是兩個好例子（參閱圖 6.18 與 6.20）。過頭蹲舉是可

表 6.1	區分疼痛的位置與來源

位置
　疼痛的來源（組織）
　　肢段的
　　單獨的
　來源
　　反覆的勞累
　　能力不足（即「弱連結」）
　　錯誤動作形態
　　中樞敏感

表 6.2	警訊徵象與症狀

年齡少於 20 歲或多於 50 歲
外傷
最近的感染
過去癌症病史、長期使用類固醇、人類免疫缺陷病毒、
　藥物濫用
四週適當的保守治療無效
晚上疼痛
休息時疼痛
與攝食無關的體重降低
虛弱
無法治療的屈曲限制
發燒
下肢運動能力差
括約肌不適
尾骶部麻痛

Source: Waddell G. The Back Pain Revolution. 2nd ed. Edinburgh: Churchill Livingstone; 2004.

貴的，因爲它篩檢出矢狀面活動度與穩定度。尤其踝、臀以及胸椎的活動度，以及足、膝、腰與骨盆、肩、頸的穩定度。它也篩檢下背傷害的一般機轉－在腰椎全屈時顯現出下背最後負荷的一般傷害機轉。單腳蹲是大部分人的重要測試，因爲它可了解一個人的單腳支撐的活動，如走路與跑步的控制能力。它也顯示出下肢（膝以下）肌肉骨骼動力鏈額面的問題，以及不佳的核心控制與後鏈（身體背面）肌力/協調性。單腳蹲的不良控制曾經被認爲是非接觸性 ACL 傷害的可預防機轉。

評估結構病理的限制
(THE LIMITATIONS OF EVALUATING STRUCTURAL PATHOLOGY)

在運動員參與體能活動之前，通常會有醫學評估，包括一般健康、過去傷病史以及最近的傷病等。任何可疑的發現，將進一步地評估以排除潛在的嚴重疾病之警訊，諸如創傷、發炎、骨折與神經學疾病。凡是有疼痛的人，通常會使用一些攝影術，包括 X-光、電腦斷層 (CT) 或磁共振成像 (MRI) 等。不過，如果完整的醫學病史結合了身體檢查適當地完成之後，遺漏掉的嚴重的傷病似乎就會相當少。下背痛病人的警訊，其從病史與檢查所得到的徵象和症狀，顯示需要進一步做影像檢查、實驗室檢查或進一步醫學的轉診者，如表 6.2 所示[15]。另一個爲何一般的攝影對於 MSP 不做的理由是它檢測僞陽性的機會非常的高。無症狀個體結構的影像檢查結果通常與疼痛及功能的相關很低。沒有需要治療以及進一步的診斷研究，僞陽性結果，也會導致病患接受無情地、更多受威脅與失能的標籤，這些與不良的治療效果與長期存在有關[16, 17]。

脊柱 (Spine)

有適當的症狀的腰椎間盤突出的患者有結構的證據的比率超過 90%[18-21]。遺憾地，即使經過先進的攝影技術，如脊髓造影 (myelography)、電腦斷層或 MRI 技術，在沒有症狀的人中，同樣會有 28-50% 的陽性結果（圖 6.1）[18-23]。相同的，頸部，在無症狀的人中，診斷的攝影技術，有僞陽性的機率也高達 75%[24, 25]。因此，攝影測驗有高的靈敏度 (sensitivity)（很少僞陰性率），但是對於有症狀的椎間盤問題，它卻有很低的特異性 (specificity)（高僞陽性率）。

另外，無症狀的人，出現結構的病理學，也無法高度的預測未來的問題[26, 27]。Borenstein 等人以 MRI 檢測 67 位無症狀的人，有 31% 的人，顯示不正常的椎間盤或椎管[26]。MRI 的檢查結果，無法預測未來的下背痛 (low back pain; LBP)。下背痛最久的人，不是那些解剖最不正常的人。Carragee 等人研究了椎間盤造影後，指出有疼痛的椎間盤檢查，無法預測往後 4 年的 LBP 發生率[27]。不過，椎間盤造影 (discograms) 對於無症狀的患者之椎間盤撕裂傷，有高的靈敏度，對於未來的 LBP 與失去工作能力，是有高的預測能力的心理測量檔案 (psychometric profiles)。

圖 6.1 不同攝像方法對於椎間盤突出之偽陽性率。影像顯示椎間盤異常在沒有症狀的患者隨年齡增加而增加。（CT：電腦斷層；DJD：退化性關節症；MRI：核磁共振造影）。From Bigos S, Müller G. Primary care approach to acute and chronic back problems: Definitions and care. In: Loeser JD, ed. Bonica's Management of Pain, 3rd ed. Philadelphia: Lippincott Williams & Wilkins, 2001.

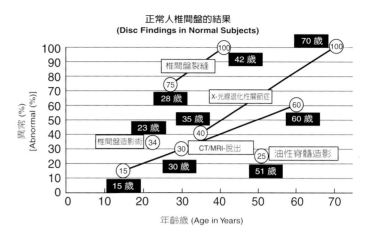

正常人椎間盤的結果
(Disc Findings in Normal Subjects)

更多的造影中心確是好事嗎？

史丹佛大學的研究顯示[28]，更多的造影中心 ⇒ 更多的 MRI 檢查 ⇒ 更多的開刀手術。

四肢 (Extremities)

像脊柱一樣，無症狀的個人，四肢的 MRI 也顯示高水準的結構性病理。Fredericson 等人提到：無症狀的傑出運動員顯現 MRI 在肩（游泳與排球）、腕（體操）的變化，同於在接受醫學治療，或有時候甚至需要手術的人的異常狀態[29]。

96 位無症狀的人進行肩部 MRI 檢查，以確定發現的盛行率是否同於肩關節旋轉肌群 / 袖 (rotator cuff) 的斷裂者[30]。所有年齡層肩關節旋轉肌群 / 袖撕裂的整體盛行率為 34%，有 14 位是全厚度撕裂 (15%)，19 位部分厚度撕裂 (20%)。此類撕裂隨年齡的增加而增加，與正常的、無痛的功能性活動相當。

有研究收集了無症狀的傑出需要抬高手臂 (overhead) 運動的運動員慣用肩與非慣用肩[31]。進行了 5 年的追蹤問卷，以確定在一開始 MRI 不正常的，出現真正的臨床偽陽性發現或演變成有症狀的肩膀。20 個裡面有 8 個 (40%) 慣用手肩膀有發現肩關節旋轉肌群 / 袖部分或全部厚度撕裂，相較下，非慣用手肩膀就完全沒有發現 (0%)。25 人中有 5 人的慣用手肩膀有 MRI 出現 Bennett's 損傷，相較於非慣用手的

肩部，為 0%。受調查的運動員，沒有一位在 5 年後的研究期間內，有任何主觀的症狀或需要從事肩部相關的任何評估或處理。因此，單單 MRI 不能作為這類病人開刀介入的基礎。

膝沒有症狀的人，做 MRI，也有同樣高的偽陽性率。即使沒有症狀，30 歲開始之後，半月板開始退化，隨年齡增加逐漸顯著[32]。De Smet 等人指出對於內側半月板撕裂偽陽性 MRI 診斷率相較於縱向撕裂，比其他種撕裂更加普遍，也比上面或半月板關節囊連接處的 MR 異常普遍。縱向撕裂的自發性痊癒增加了部分偽陽性 MR 診斷[33]。

結語 (Summary)

使用高靈敏度、沒特異性之高偽陽性率之測驗，對於無症狀的人或那些有症狀而不需要作診斷性造影的人的不幸結果，是這些患者可能有巧合的發現，而被歸類為病理的[15]。肌肉骨骼系統畢竟不是很脆弱的，它比大家所想像的，有更大的適應潛能。適合做診斷性造影的患者，是有病史或檢查有創傷、感染或骨折或後來病人有神經根或局部的抱怨，對於保守治療沒有反應，以及可能需要侵入性處理，譬如硬膜外類固醇注射或其他侵入性處理的人。

定型的動作形態
(STEREOTYPICAL MOVEMENT PATTERNS)

肌肉骨骼功能的評估通常包括單獨障礙諸如單一肌肉或關節活動範圍或肌力。但是，身

表 6.3	肌肉骨骼功能的評估

單一障礙
單一關節活動範圍
　肱二頭肌屈曲 / 肘屈肌力
　大腿後肌屈曲 / 膝屈肌力
整合功能的動作形態
　推（水平 / 垂直）
　拉（水平 / 垂直）
　蹲（雙 / 單腳）
　弓步（三切面）

表 6.5	功能的動作評估的首選測驗

頸椎的活動範圍
上肢活動範圍
軀幹活動範圍
單腳平衡
過頭全蹲 (overhead squat)

體在活動中，是作爲一個整合的系統，如屈、舉、走、伸、握、推與拉等（表 6.3）。因此，它的動作評估是重要的，然而卻知道的很少。Janda 整理出核心的重要動作形態的評估，如表 6.4 [13]。最近，Gray Cook 開創一功能性動作篩選 (functional movement screen; FMS) 也可以用來找出基本的動作形態的缺陷，這些缺陷是一個人肌肉骨骼問題的上流源頭。此外，Cook 提出選擇功能性的動作評估方法 (SFMA) 利用規則系統，優先地找出缺陷源頭（表 6.5）。

一句名言：大腦不想單一肌肉，想的是動作形態 (movement patterns)。

功能能力包括特殊的相關作業功能範圍內穩定性的建立。如果一個關節不穩定，就會提高傷害的危險率。穩定的關節是相關肌肉能夠承受不同形式的壓力。一關節如果穩定，主動

表 6.4	Janda 的動作形態

1. 髖關節外展
2. 髖關節伸展
3. 軀幹屈曲
4. 手臂外展
5. 頭 / 頸屈曲
6. 俯地挺身

Source: Janda V, Frank C, Liebenson C. Evaluation of muscle imbalance. In: Liebenson C, ed. Rehabilitation of the Spine: A Practitioner's Manual. Philadelphia, PA: Lippincott Williams & Wilkins; 2007.

肌－拮抗肌共同運作，有助於維持功能的關節中心定位以應付預期的以及非預期的挑戰 [34-36]。一個人要有適當的動作能力（肌間協調）以及足夠的動作能力以應付他所面臨的特殊活動需求。穩定性是源自於適當的敏捷性、平衡與協調性，也有足夠能力應付大負荷及耐力抗疲勞的挑戰等，及執行有技巧的動作，所需要的能力。譬如：跳躍後著地膝往內側歪斜，以及彎腰舉物而不是下蹲舉物，都是不技巧的動作，將容易誘發傷害，也會影響表現。需要有能力來避免這些普通的傷害機轉，尤其在疲勞出現時，更需要這種能力。不佳的動作形態可藉相關關節在動作中的偏離中心定位來看出。它們也可以藉某些姿勢徵兆來預測。人體運動系統的許多最常見的錯誤動作形態將在以下說明 [13]。

顱頸 (Cervicocranial; C0-C1)

頭前傾姿勢可能與深層頸屈肌（頸長肌 / 頭長肌）的缺陷有關（圖 6.2）。典型動作形態錯誤包括不良的點頭之動作控制或 C0-C1 屈曲，尤其是下巴伸出（圖 6.3）。這曾經被發現與創傷或慢性頭痛與頸痛有關 [37-40]。

肩胛肱骨 (Scapulohumeral)

聳肩或圓肩一般是因爲肩帶舉肌的過度使用與臀壓肌抑制造成肌肉不平衡所致（圖 6.4）。圓肩姿勢是導致聳肩的連鎖反應首要的原因。典型的動作形式之錯誤是手臂外展前段出現肩帶聳起（圖 6.5）[13, 41-43]。這發生於手臂外展前 45º 時的所謂「設置階段 (setting phase)」。過度或過早聳肩與上斜方肌過度使用與下斜方肌與前鋸肌機能下降有關 [44]。相反的，這也常見於肩關節夾擊症候群 [45]。

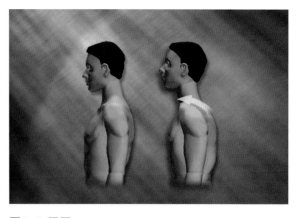

圖 6.4 圓肩。

圖 6.2 頭部前移姿勢。

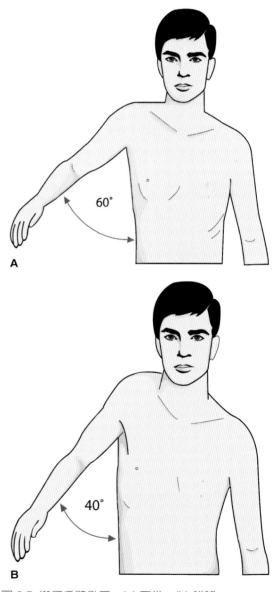

A

B

圖 6.5 聳肩手臂外展：(a) 正常；(b) 錯誤。

圖 6.3 下巴前推。From Pavlu D, Petak-Kruerger S, Janda V. Brugger methods for postural correction. In: Liebenson C, ed. Rehabilitation of the Spine: A Practitioner's Manual. 2nd ed. Philadelphia, PA: Lippincott Williams & Wilkins; 2006.

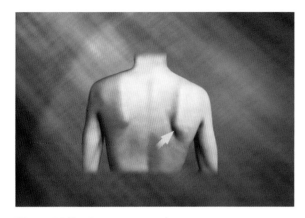

圖 6.6 翼狀肩胛 (Winging scapula)。

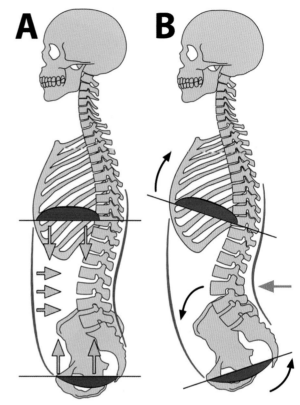

圖 6.7 水平橫隔 (Horizontal diaphragm) (A) 水平的；
(B) 向上傾斜。

另一相關問題發生在肩胛胸廓關節內側下緣由於前鋸肌抑制而突出（圖 6.6）[13,42, 43]。Kibler 與 McMullen 稱此為肩胛運動障礙 (scapular dyskinesia)，常見於過頭運動之運動員的肩膀問題（參閱第 32 章）[46]。

前肋骨 (Anterior Rib Cage)

姿勢與呼吸對於前肋骨都有相當大的影響。前肋骨最理想的是放鬆的懸吊在脊柱上。不過，由於現代人的不活動生活方式（如久坐），胸椎脊柱後凸 (kyphosis) 地固定著。如此，抑制了正常的膈肌呼吸，導致代償性的上胸呼吸，導致肋骨上提，在吸氣時亦復如此。如此容易變成有害影響的皮質下運動計畫，誠如 Lewit 所言：呼吸是最普通的錯誤動作形態[47]。

胸部呼吸容易讓胸部固定在吸氣的位置。這導致肋骨前傾姿勢，大斜度或往上傾斜的姿勢（圖 6.7）[48]。結合上胸後凸地固定，錯誤的呼吸與前－內肋骨上提，導致 Janda 的下交叉症候群 (lower crossed syndrome)，或 Kolar 所稱在胸腰與腰骨盆接合處的「張開的剪刀 (open scissors)」（圖 6.8）。正常胸椎姿勢與橫膈功能，下前肋骨應該要與橫膈膜形成更水平的位置。

腰骨盆接合處 (Lumbopelvic Junction)

腰椎正常的姿勢應該有一點前突。自然腰椎曲線的喪失，被認為與不良的臀活動度有關聯[49]。正常臀伸展活動度的喪失，被認為與失能的下背痛有關聯[7]。其他的研究也證實了此一關聯性[50, 51]。典型的活動形式錯誤包括在坐、彎或抬起（圖 6.9）時「中立」腰椎前突的

不良姿勢控制。這被認為與下背疼痛或傷害有關聯[52]。一天裡的某一時間，例如在早上由於椎間盤含水程度的不同，而有高度的危險[53]。患者可以善加利用此一知識，因為避免早上的屈曲，曾經被認為是急性的下背痛的成功處理方式[54]。

脊柱的不穩定可能導致軀幹重心喪失平衡，無法維持在支撐基底（足）之上方[55, 56]。穩定度與活動度相互呼應。經常因為關節僵硬或肌肉繃緊，改變了動作形態，而造成不穩定。譬如：髖關節後柔軟度／活動度降低，在深蹲時，將無法避免終角度範圍的腰椎屈曲。軀幹將前傾，體重可能會移到腳趾球上方。脊椎的作用肌與拮抗肌在嘗試維持「中立的 (neutral)」脊柱姿勢時，將會有很多的協同收縮[57-59]。

膝 (Knee)

膝關節有往內側崩，出現過度外翻姿勢的傾向（圖 6.10）。這與髖關節外展肌如臀中肌

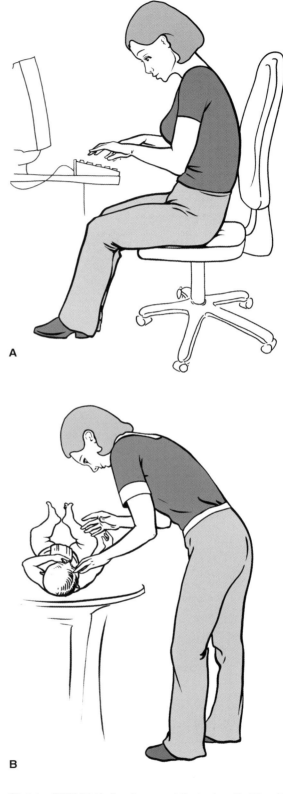

圖 6.8 「張開的剪刀 (open scissors)」。

A

B

圖 6.9 腰骶屈曲 (lumbosacral flexion)。坐 (A)，彎 (B)，與抬 (C)。From Liebenson C, ed. Rehabilitation of the Spine: A Practitioner's Manual. 2nd ed. Philadelphia, PA: Lippincott Williams & Wilkins; 2006.

C

圖 6.9 （續）

表 6.6	Janda 的臀外展動作型態評估可以得到的資訊
什麼是主動肌、拮抗肌、協同肌、穩定肌的關係？	臀中肌抑制、外展肌繃緊、QL 與 TFL 取代、核心不佳
什麼是典型的錯誤動作形態？	短外展肌 > 髖外展活動度受限制、髂脛束繃緊 > 代償性屈髖、QL 過度活化 ➔ 代償性髖上移
哪一關節活動度較差？	髖外展
哪一肌肉比較緊呢？	內縮肌、TFL、QL
哪一肌肉比較抑制性？	臀中肌、核心
哪一部位反覆地過勞呢？	髖、膝、薦髂關節

QL：腰方肌 (quadratus lumborum)；TFL：闊筋膜張肌 (tensor fascia latae)

的機能不全有關。典型的動作形式錯誤，包括跳躍著地或單腳蹲時的膝內崩。這錯誤形式被認為與前十字韌帶損傷及髖股問題的發生有所關聯[60-64]。

在著地時，與男性比較，女性使用不同的肌肉活動形式（即降低臀大肌，增加股直肌的活動）[65]。降低臀部肌肉活動，增加股四頭肌活動，似乎會增加女運動員非接觸性 ACL 損傷的受傷機率。股四頭肌之主導，包括股四頭肌對大腿後肌為優先的活化[60]，或較強股四頭肌與較弱的大腿後肌之肌力不平衡，與 ACL 傷害有關[66]。每一個動作形式，都有不同的發現，提供給我們無價的有關於緊繃的肌肉、受抑制的肌肉或關節的功能障礙之臨床資訊（表 6.6）。髖關節外展是更能說明錯誤動作形式的例子之一（圖 6.11）。

對每一個因為重複的壓力 (strain) 產生的疼痛源頭，都有動力鏈中生物力學超負荷來源的動作形式的錯誤存在（表 6.7）。

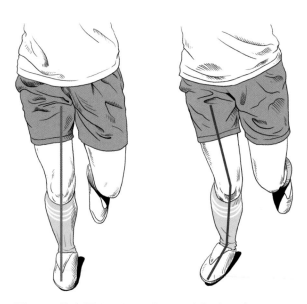

圖 6.10 膝內塌 (Medial collapse of the knee)。

圖 6.11 髖關節外展 (Hip abduction)。From Liebenson C, ed. Rehabilitation of the Spine: A Practitioner's Manual. 2nd ed. Philadelphia, PA: Lippincott Williams & Wilkins; 2006.

表 6.7	生物力學超負荷關鍵來源與疼痛關節的相關	
疼痛關節	錯誤姿勢	錯誤動作形式
足弓 / 足跟	往前拉姿勢 Forward drawn posture	前傾
膝	外翻膝 Valgus knee	單腳蹲，蹲
髖	骨盆不平 Pelvic unleveling	髖關節外展，單腳蹲
腰椎間盤	彎腰駝背，前胸壁吸氣位置 Slump, inspiratory position of anterior chest wall	蹲，前支撐，IAP
腰椎小關節	下交叉綜合症 Lower crossed syndrome	髖關節伸展，IAP
顱頸	頭前傾 Head forward	頸部前屈，IAP
盂肱	圓 / 聳肩 Rounded/shrugged shoulder	肩胛－肱骨韻律，抬臂測驗，牆天使 (wall angel)
上肋	垮下 Slump	呼吸
顳顎關節	下巴突出 Chin protrusion	嘴巴張開 (Mouth opening)

IAP：腹內壓測驗 (intra-abdominal pressure test)

僵硬與肌肉不平衡的角色
(THE ROLE OF STIFFNESS AND MUSCLE IMBALANCES)

我們評估一下動力鏈就會明顯的知道某些區域會比較需要穩定度，其他區域需要比較大的活動度。過於僵硬是胸椎、髖關節與踝關節的典型問題，而顱頸、肩胛肱骨、腰椎與膝關節比較會有不穩的傾向。比較有特徵的區域是胸椎，如果過於僵硬就會在別處動力鏈中有生物力學超負荷的情形。中段胸椎有後突的傾向（參閱圖 6.9a）。坐式生活姿勢與不當的訓練方法過於強調胸部推的訓練，背部欠缺拉的訓練，可能是罪魁禍首。經常這後凸 (kyphosis) 是其他病理學原因，如 C0-C1 與肩胛肱骨上述錯誤動作模式以及其他錯誤像是過頭蹲舉或呼吸 [40, 47, 67-71]。

胸椎姿勢曾經被認為對於肩膀的生物力學有所影響 [72]。與胸部直立姿勢比較，一個人懶散外展手臂的姿勢，肌力差 16.2%。懶散姿勢的肩外展的關節活動範圍 (ROM) 低 23.6º。肩胛骨運動學 (scpaular kinematics) 受胸椎姿勢的影響。譬如：含胸時，肩胛往後傾的幅度（肩胛骨後部和往尾部的運動）較低。研究結果顯示，與無症狀的人比較，肩膀夾擊患者在肩膀抬高時肩胛骨會有降低的往後傾幅度 [73]（圖 6.4）。這讓關節囊前部過度伸展，也讓後關節囊拉緊。Harryman 等人曾經指出後關節囊拉緊導致肱骨頭的前上移動，最終導致肩峰下夾擊 (subacromial impingement) [74]。

Bullock 等人發現直坐姿勢可增加夾擊症患者的主動的肩屈的活動範圍 [75]。研究發現，含胸時肩屈曲活動範圍 109.7º，直立姿勢為 127.3º。

研究也顯示病人將需要固定脊柱後凸或拉緊後肩關節囊來獲得肩胛胸廓關節的適當控制 [76-78]。Boyles 曾經指出 T4-8 手法治療可以成功地治療肩關節夾擊症候群 [79]。同樣的，不同的研究者，分別指出胸椎手法治療 (thoracic spine manipulation) 可以有效地處理頸部疼痛 [80, 81]。

我們回顧一下，可以知道身體的每一個區域，有一獨特的傾向於繃緊或不穩，這有助於我們的臨床規劃 [82]。Janda 是「某些肌肉傾向於繃緊，而其他的肌群傾向於抑制，這可以預期將影響動作形態」這一現象的提倡者（表 6.8）[13, 83]。這些觀察解釋經典的 Janda 症候群－上交叉、下交叉與分層（或層化）（圖 6.12-6.14）。

這一發現可能來自於以下的事實，諸如中風或脊髓損傷時，某些肌肉麻痺與痙攣狀況，其他一組肌肉處於僵直的狀態 [83]。這是要維持生存，健康族群的人也有類似傾向，祇是程度較不明顯。事實上，現代社會中，因為久坐生活方式，導致肌肉的不平衡。如果是遵循獨立肌群訓練哲學，不是訓練動作形態的體能訓練，更可能加強錯誤的動作形態，造成代償性的肌肉不平衡。今天，我們了解這是 "joint-by-joint approach"（表 6.9；圖 6.15）[84]。我們容易地可以看出 Janda 的「層級症候群 (layer syndrome)」與 Boyle 的「逐一關節的切入方法 (joint-by-joint approach)」的相似性。

表 6.8	Janda 的可預測的肌肉不平衡		
易於過緊或過度亢奮的	**易於抑制的**	**錯誤動作形態**
腓腸－比目魚肌	腳掌－跖方肌	前傾，蹲
大腿內收肌	髖外展肌－臀中肌	髖關節外展，單腳平衡或蹲
髖部屈肌	髖關節伸肌－臀大肌	髖關節伸展；單腳或雙腳蹲
胸腰豎脊肌	腹壁	棒式（前或側），髖關節伸展
肩胛帶舉肌（上斜方肌與提肩胛肌）	下與中斜方肌，背闊肌	肩胛－肱骨韻律，側棒式
胸肌	前鋸肌	俯臥撐，過頭深蹲
胸鎖乳突肌	頸深部屈肌	頭／頸 屈曲，捲起

評估 (ASSESSMENT)

　　所有的醫療人員都面臨到要從何處開始解決問題。運動系統是由力學的連結以執行特定工作的功能。中樞神經系統執行控制，體感輸入，而肌肉輸出，建構起具爆發能力的生命機器的架構。我們訓練運動系統時，傷害威脅無時不在。其挑戰是找出疼痛的標記，力學敏感性 (mechanical sensitivities; MS)，無痛的功能障礙或不正常運動控制的跡象（參閱第 5 章）。然後，我們訓練我們的患者或運動員增加功能，以消除無痛的功能障礙。簡單地說，「你頂多跟你最弱的連結一樣強」。

　　伸展或強化單一肢段，可能有正面的結果，只是常無法充分改善表現，也可能無法增進耐久力。運動系統訓練的藝術包括找出力學的連結系統以及它的神經控制，同時發現限制運動表現的功能障礙，甚至預估傷害的可能

弱 (Weak)
深頸屈肌
(deep neck flexor)

緊 (Tight)
上斜方肌與提肩胛肌 (upper trapezius and levator scapula)

緊 (Tight)
大胸肌
(pectorals)

弱 (Weak)
下斜方肌與前鋸肌
(lower trapezius and serratus anterior)

豎脊肌
(Erector Spinae)

腹肌 (Abdominals)

臀大肌
(Gluteus Maximus)

髂腰肌 (Iliopsoas)

緊 (Tight)

弱或受抑制
(Weak or Inhibited)

弱或受抑制
(Weak or inhibited)

緊 (Tight)

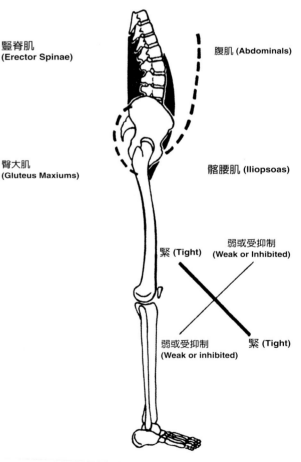

圖 6.12　上交叉。From Liebenson C, ed. Rehabilitation of the Spine: A Practitioner's Manual. 2nd ed. Philadelphia, PA: Lippincott Williams & Wilkins; 2006.

圖 6.13　下交叉。From Liebenson C, ed. Rehabilitation of the Spine: A Practitioner's Manual. 2nd ed. Philadelphia, PA: Lippincott Williams & Wilkins; 2006.

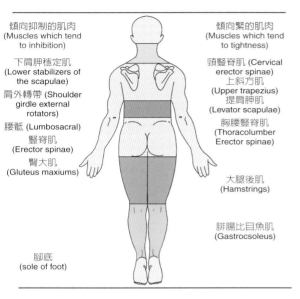

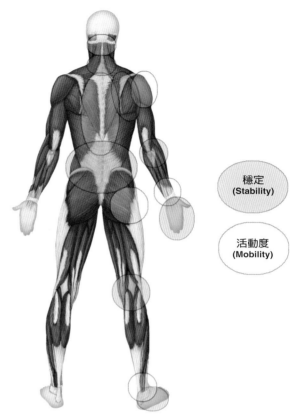

圖 6.14 層級徵候群（改變區域的過於虛弱與過於發達）。

圖 6.15 逐一關節法。

性。這是一個功能性與整體性的切入方法，知悉運動系統的區域相互依存。我們嘗試找尋對於身體有害的力學負荷。受限姿勢的歷史或反覆活動的歷史必須找出。同時，檢查身體如何移動，應該設法了解哪個連結系統，即使簡單的動作以適當的運動控制也無法處理，或何時可以保證基本水準的能力可以恢復，何時能力在負荷、反覆或速度之下遭受崩解。

　　站在復健世界的觀點，Lewit 提供了對於功能評估有價值的見解：許多醫師他們的方法包括只治療功能以及伴隨的反射的變化，只想到方法，而不是臨床的對象，換句話說，對於擾亂的功能，似乎非常地難以捉摸。不過，只針對症狀的位置或疼痛，如果麻煩在於受擾亂的功能，它是要失敗的…。從業者可能感到困惑，為何動作鏈形式，基於經驗觀察，再加上有系統的臨床檢查，卻還是有受干擾的功能 [47]。

　　身體必須要看成一個聯動系統，在鏈上的某一個連結物，都可能甚至會影響到遠端的連結物。Kibler 等人談到功能動力鏈的切入方法 (functional kinetic chain approach)，它將可幫助我們了解距下關節過度旋前 (subtalar joint hyperpronation) 不但會影響足、踝，也會影響到膝、腰椎，或甚至肩部的穩定性（表 6.10）[85]。動力鏈的方法強調不同身體部位間不同連結的相互依存 [10]。誠如 Herring 著名的話：即使傷害的跡象與症狀已經消除，這些功能的缺陷依舊存在…剩下的功能的缺陷仍會發展出適應的形態 (adaptive patterns) [86]。

　　功能性訓練專注於生物力學的超負荷，而不只是哪裡弱或那裡繃緊。運動員經常在一連

表 6.9	逐一關節法
需要活動度（繃緊）	需要穩定度（不穩）
踝	足
髖	膝
胸	腰骨盆
	頸椎
	肩

表 6.10	動力鏈
主訴	
疼痛產生者（痛的組織位置）	
生物力學超負荷來源	
功能的適應	

串的運動之後，來喬定一個問題。譬如：膝有問題，就訴之一些伸展操或肌力訓練，但是治療結果並沒有反應，因為問題來自於動力鏈的其他連結！如果距下關節過度旋前是膝內崩踏的原因，對於膝局部的處理方法，都將沒有幫助。所以，訓練計畫開始前，功能性評估應該要能夠找出動力鏈的生物力學超負荷關鍵鏈結的源頭。

> Lewit 指出「在我逐一檢查前，我不會治療患者。我要知道哪一個是相關鏈。我從了解一般樣貌開始，而不是一個單一損傷」[47]。換句話說，大處著眼，小處著手。

　　異常的運動控制的篩選檢驗是找尋張力增加或脆弱來源最快的方式。這也可以讓臨床醫生了解補償的形態與透過經驗的試驗找出「關鍵鏈結」。一旦我們找出錯誤的動作形態後，對於我們的運動員的功能障礙就能有通盤的了解。譬如：如果下背敏感，在作 Janda 髖關節伸展測驗時，髖關節伸展幅度受限制，而腰椎的過度動作發生在過度伸展與旋轉，就能清楚的看出治療的目標[87]。不是伸展或作下背的手法治療，訓練將會聚焦於動力鏈關鍵的功能失調連結。髖關節的僵硬將可用髖關節的活動法，與 / 或腰肌的伸展。脊椎的不穩，將可以使用支撐訓練，在扭或伸，如推、拉、蹲與平衡伸出訓練等。

> **實踐為基礎的問題 (Practice-Based Problem)**
>
> 因為障礙（功能障礙）是如此的普遍，醫療提供者如何能夠避免聚焦於巧合的功能病理呢？誠如 Lewit 所言，「治療運動的目標在於錯誤的運動形態或經過診斷出的定型，考慮的是與患者問題相關者。」不過，「治療的運動經常很費時，所以，時間不該浪費……我們不該企圖教導患者理想的運動形態，而是該矯正引起麻煩的錯誤所在。」[47]

　　許多的功能失調（障礙）都是續發性的，卻都應該設法改善，但是他們不應該以特殊的介入為目標。譬如，繃緊的上斜方肌，經常是典型的錯誤的人體工學以及僵硬的上胸後凸（駝背）所導致的。斜方肌繃緊是功能的適應，不是生物力學超負荷的原因。訓練必須針對人體工學與胸椎後凸。

華麗 7 － 功能篩檢
(THE MAGNIFICENT 7-A FUNCTIONAL SCREEN)

　　本節將討論如何做一次功能篩選，以發掘功能障礙，同時，找出治療與訓練的「關鍵鏈結」。有許多功能測驗（參閱脊柱的復健：Rehabilitation of the Spine DVD 與第 34、35 章），能夠有一套篩選檢測，找出主要的功能障礙，然後進一步地作針對性的評估或抽絲剝繭地闡明哪種處理方案可能最為有效[14]。對於沒有症狀的人的篩選，通常是偵測疾病，不過，也可以使用便宜的檢查，導引出進一步的評定。華麗 7 (Magnificent 7; Mag 7) 是一個範例，它是實用與有價值的篩檢方法，可以用來針對有症狀與無症狀的人，達到這兩目標。華麗 7 用來找出關鍵的 MS 或 AMC 之跡象，包括一些與人體基本功能有關的評估的測驗。如果鳥瞰基本的功能，它們是測驗**呼吸 (breathing)**、**直立姿勢 (upright posture)** 與**步態 (gait)**。它也具備挑戰所有三向平面（矢狀、額面與橫斷面）的動作，同時做問題的分級以及針對涉及的功能與平面所提出的解決方案。為擬定未來的問題，華麗 7 包括了幾個通常傷害機轉，包括彎腰時的腰骶屈曲（蹲的測驗）與膝關節的外翻（單腿蹲測驗）。呼吸的評估也很重要，因為沒有呼吸人就活不了。Lewit 指稱，它是「最重要的動作形式」[47]。協調的呼吸，與腹部功能與核心穩定直接相關。橫膈與腹肌有交互關係。此外，骨盆底與深層脊內肌它們形成天花板、底板並在腰椎周圍與腹部圍成圈，幫忙調節腹內壓 (intra-abdominal pressure; IAP)。錯誤的呼吸通常變成胸式呼吸，造成呼吸的附屬肌肉，諸如斜方肌與斜角肌過度活動。雖不常見，但是更多的功能障礙是異常呼吸形態 (paradoxical breathing)。

　　測驗：呼吸，腹內壓 (IAP)。

　　直立雙足姿勢是人類的特徵。諸如語言與較大的大腦，直立姿勢或矢狀面的控制，早在 20 萬年前就已存在了。它是牢固在我們的神經系統中，在我們 4.5 歲時就已告成熟。然而，我們的現代化以及坐式生活方式，這種運動計畫已經損壞成衰退、懶散模樣，容易頭痛、頸痛、肩關節夾擊症候群與下背痛等。

測驗：牆天使 (Wall Angel)，蹲。

因為人類是為移動而設計的，我們最定形的功能是步態。約有 85% 的正常步態為單腳站立。所以，Janda 就建議人類的基本姿勢的評估，應該非單腳站立莫屬[87]。單腳站立需要額面的與橫向的運動控制，以及顯著的足與踝的本體感覺需求。它的評估彰顯前旋肌的功能障礙，膝外翻問題以及骨盆側方的穩定度等之功能障礙。

測驗：單腿蹲，單腿平衡。

為了診斷背鏈功能與橫向穩定度，單腿橋式是一簡單的篩選測驗。許多的傷害，如運動型疝氣、腰椎間盤突出症狀以及腹部拉傷發生在棒球、曲棍球、網球等高度扭轉壓力的運動員。橫向的控制也相當重要[88]，尤其，抗旋轉勁度，因為今天的運動員都比幾十年以前更大、更強與更快速，但是他們不見得擁有足夠的運動控制來應付增多的馬力[1, 82, 84]。

測驗：單腿橋 (1 Leg Bridge)

評分 (Grading a Test)

這篩選檢查測驗的評分相當重要，Cook 為此發展出了標準化的評分方案（表 6.11）。此一方案，疼痛以下列方式來區分不舒服的程度。伸展的感覺以不舒服程度，而其他的感覺以疼痛程度感。根據 Cook 的方法，遇有疑問時，評定為較低分數[14]。任何測驗的成績為 0 時，需要詳細的臨床評估，而這 MS 或標誌測試，可以用來當做臨床上進步的基準 (benchmark)。任何測驗得分 1 或 2/3 無痛的不對稱（無痛的功能障礙）需要穩定度或活動度功能性的矯正。目標是最快到達均衡的 14，而不是 21[14]。Lewit 認為「目標不在於教出完美的動作形式，而在於矯正造成問題的關鍵錯誤。」[47] 我們在檢視 Mag 7 的結果時，應該記住這一點。

表 6.11	Cook's 評分法—功能動作篩選 *

0 － 疼痛

1 － 無法做動作

2 － 代償地做動作（不完美）

3 － 無代償的做動作（完美）

* 每一測驗，注意對稱或不對稱。

Source: Cook G, Burton L, Kiesel K, Rose G, Bryant MF. Movement: Functional Movement Systems: Screening, Assessment, Corrective Strategies. Aptos, CA: On Target Publications; 2010.

評估習慣性動作形態的重要性 (Importance of Assessing Habitual Movement Patterns)

在各種檢查與評估，取得有效的與可信的資訊相當重要。在 FMS 與 SFMA，一個特色是強調評估功能形態，而不是單一的損傷。Cook 指出，SFMA 設計的特點是使用非常簡單的基本動作去揭露自然的反應同時讓患者作出反應[14]。有一問題是功能性評估給受試對象多少提示呢？詳細地說，我們傾向於評估能力，而不是習慣。

> 根據 Janda，「在動作形態測驗中，需要減少語言的提示，要以個人習慣的方式來執行動作。如果溝通得『太具引導性』，測驗將變成是這一位受試對象學習正確作運動的能力，而不能看出他們如何習慣地作該動作。」[13]

Frost 等人最近完成一個大樣本的消防員 FMS 研究。為了避免「訓練應付測驗」同時保證可以測到他們的習慣性動作形態，使用了很少的提示，「除了標準的口語指導外，不給任何特殊提示，受試對象對於測驗目的也不被告知，不清楚給分標準以及他們的篩選結果。消防隊員接受評估，觀察他們如何選擇去執行，而不是給了最少的回饋或教導的情況下，他們如何做動作。不給他們說明一般篩選的目的的理由，是要保證每一個人的作業表現盡可能的自然」[89]。

了解獨立障礙，功能動作形態（即能勝任），肌力／耐力／爆發力（即能力），獨立障礙（即能力）與表現的相關，是傷害預防、復健與運動員表現的聖杯。Moreside 與 McGill 發現訓練造成的髖關節活動範圍的增加－受試對象 6 週被動與主動伸展訓練的變化－對於受試對象實際從事一系列之習慣性篩選動作的執行沒有影響。顯然地，改善 ROM 障礙，不會自動地導致個人使用新得到的活動範圍在他們的正常的活動中（如走路、彎腰、蹲）。重要的信息是動作的形態必須在活動能力訓練後再訓練，才能保證學會使用他們新擁有的活動範圍[90]。未來的復健與訓練，與建立一個人習慣地做動作與矯正的方法以改善能力表現間之連結有關。這反過來，成為運動員發展的跳板（參閱 34 章）。在動作形式評估中，目標是成就最

表 6.12	華麗 7 (The Magnificent 7)

1. 活動範圍 Range of motion
2. T4 活動度篩檢：牆天使 (The T4 mobility screen; wall angel)
3. 過頭蹲舉 Overhead squat
4. 單腿平衡 Single leg balance
5. 單腿蹲舉 Single leg squat
6. 單腿橋形 Single leg bridge
7. 呼吸 / 核心 Breathing/core

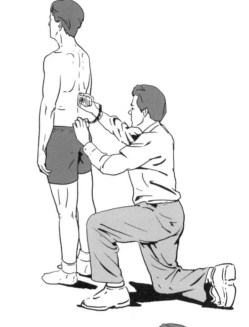

真實的形式，可能作爲窗口，進一步評估中樞神經系統。

必須注意的是盡量減少提供動作的線索，下一節將解釋 Mag 7 的特殊表現（表 6.12 與附錄）。須了解的是這是未加負荷的檢視，而當反覆、負荷或快速度做出來時，壞運動形態經常會出現，原本好的動作形態經常會惡化。在任何人有好的負荷與速度之前，這些變項必須加以測量。

活動範圍 (Range of Motion) [70]

首先篩檢軀幹的 ROM，或如果有某個關節疼痛，就評估該關節的 ROM（如肩，髖等）（圖 6.16）。參閱附錄（以腰椎爲例）之評分。

T4 活動度篩檢：牆天使
(T4 Mobility Screen: Wall Angel Position) [70]

開始時，人背靠牆，兩腳分開與肩同寬，站於牆前（圖 6.17）。確定：

* 手臂外旋 / 旋後至肩之高度
* 臀部靠牆
* 頭的後部靠牆，夾下巴，水平凝視
* 肘靠牆
* 所有 5 指靠牆

然後，試著

* 擺平手腕，維持所有手指與肘靠牆。
* 脊椎平貼牆（肋骨緊縮，骨盆不後傾）

參閱附錄之評分。

過頭深蹲 (Overhead Squat) [14]

相撲姿勢的蹲發生在出生後一年，需要胸椎的直立姿勢以及關鍵區域諸如中胸椎與

圖 6.16 腰椎活動範圍。

後髖關節囊的活動度。在抬東西的動作中如果做得不適當時，它會是椎間盤病變導致下背痛首要因素。蹲與所謂「運動員姿勢 (athletic posture)」與許多運動（如網球、籃球與高爾夫）的準備姿勢 (ready position) 密切相關。然而，很多人會說「我不能蹲」。大部分訓練員與復健專家知道，這是指這一個人不知道如何正確地蹲。最後，通過無負荷的蹲的測驗，不表示這一個人就能施加負荷。加上負荷是重要的能力表現，所以，如果篩檢在確定一個人能

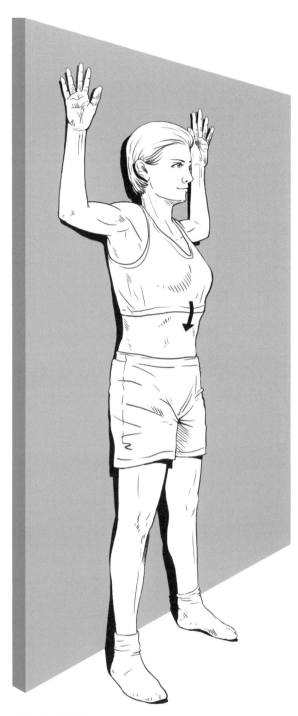

圖 6.17 牆天使。

夠「承受槓重」，脊椎加上負荷的狀況，必須也要評估。

讓一個人（圖 6.18）：

- 兩腳分開如肩寬站著
- 舉手臂過頭
- 緩慢蹲下直到臀部低於膝

或者，另外使用一支木棍：

- 持一木棍在頭頂上，肘 90º
- 舉棍過頭

評分方法請參閱附錄。

因爲上述理由，蹲的測驗是所有篩檢測驗中最重要的一個。但是，因爲一個人髖關節解剖上的差異，某些「蘇格蘭臀」的人，無法跟其他人蹲得一樣深[1]。只要一個人能夠在不喪失「中立 (neutral)」腰椎姿勢，蹲到安全的深度，也能維持住功能訓練範圍，他們就具備增加反覆數、負荷與／或速度的資格。因爲這一理由，在 Mag 7 對於蹲評分爲 1，不應該認定是一個增加挑戰的絕對禁忌。重要的是找出一個人能夠維持「中立前凸」與 a) 前進到該範圍，以及 b) 在該範圍內增加反覆數、負荷與／或速度。因爲每一個人都是獨特的個體，具備特殊勝任的能力，準備好接受功能訓練的程度，不屬黑與白絕然的問題。臨床狀況、過去活動的需求、解剖（即髖關節與椎間盤）等所有因素都要列入考量。要確定深蹲的解剖完整性有 2 個測驗。一個是大於或等於 90º 的髖關節屈曲之仰臥觸診髖關節的活動度。第二個是 4 足動物搖擺動作以觀察甚麼時候腰椎開始屈曲。臀寬可以看出解剖學的線索，了解兩腳在蹲的時候擺置的距離[1]。

單腿平衡測試 (Single Leg Balance Test) [91-93]

- 患者單腳站，直視前方（雙手胸前交叉）。患者可自選喜歡的腳單腳站立（圖 6.19）。
- 先開雙眼 (EO)，使用下列說明：
  - 單腳站立，眼看正前方，注視你前方牆上的一個小點。
  - 現在閉眼 (EC)，維持平衡。
  - 眼睛看你前方的小點。

患者每腳試做 5 次，最多 2 次開眼，3 次閉眼。如需省時間，1 次開眼，2 次閉眼。

- 維持平衡超過 30 秒後停止測驗。
- 有下列情況時，計時停止。
  - 跳起
  - 腳移動
  - 任何一支手伸出或接觸任何東西時。

計分法參閱附錄。

圖 6.18 過頭蹲：(A) 開始姿勢；(B) 手舉過頭，(C) 完成姿勢，(D) 加上棍子。

A　　　　　　　　　　　**B**

圖 6.19 單腿平衡：(A) 開眼；(B) 閉眼。

單腿蹲測驗 (Single Leg Squat Test)[60, 70]

　　單腿蹲需要平衡、肌力以及額面穩定。它顯示四頭肌主導的常見代償性功能障礙。單腿蹲對於膝傷是一個挑戰性測驗，因為可觀察到是否有膝外翻[60, 61]。此一測驗比單腿平衡更具挑戰性，也更敏感性。不過，通過無負荷單腿蹲測驗，不表示這一個人，就能接受加速或改變方向的挑戰。一個人要夠資格「重返運動 (return to sport)」需要有加速，諸如單腿箱上落地或單腿跳 (hop) 或橫切時加上方向變換或快跑時之減速等能力。稍加變化，它是一個很好的後鏈運動 (posterior chain exercise)，（如單腿硬舉或箱上蹲舉 (box squat)）。所有運動員需學習以單腿訓練，即使他們是上肢爆發力為主（如投球）的運動員。

　　讓患者（圖 6.20）：

- 屈膝約 30º，蹲。
- 或試著不加負荷地屈單腿，另一伸直的腿從台上（8 英吋或 20 公分高）垂直下落，直到腳跟輕輕觸地。這是一般樓梯一階的高度。

計分法參閱附錄。

單腿橋 (Single Leg Bridge)

　　讓患者（圖 6.21）：

- 仰臥屈膝（約 90º）
- 腳跟推起，使骨盆抬至中立位置（身體呈直線）
- 開始兩腿交互伸膝（3 次）
- 進步到兩大腿平行之單腿橋（3 次）
- 按右或左支撐腿計分。

呼吸 / 核心 (Respiration/Core)[47,67,68,70,94-96]

　　以下列步驟：

- 觀察直立（坐或站）、臥或仰臥三屈 (triple flexion) 無支撐姿勢的一般呼吸。
- 最初，避免提示呼吸（最好在患者不知道正在接受呼吸測驗）。
- 最後，實施三屈位置。
  - 必要時支撐頭部，以保證臉部水平線位置（即避免頸顱過伸展）
  - 支撐雙腿。

A　　　　　　　　　　　　**B**

圖 6.20 單腿蹲：(A) 開始位置；(B) 完成位置。

- 提醒受試對象主動的支持肋骨向尾部下壓姿勢。
- 在要求受試對象將腿抬起後，撤回腿之支撐。
- 吸氣與呼氣時注意觀察肋骨。

- 計分法參閱附錄。一些情況之圖示：吸氣時的直立或俯臥姿勢，肋骨或鎖骨移向頭部方向（圖 6.22 與圖 6.23）：1 分
  - 反常呼吸：吸氣時腹部向內（圖 6.24 與圖 6.25）：1 分
  - 在提示三屈測試時：前下肋骨往頭的方向活動（圖 6.26）：1 分
  - 沒有補償動作（顯著的水平形式）（圖 6.27）與往足部方向的前下肋骨動作（圖 6.28）：3 分

作功能篩檢之後
(After Performing a Functional Screen)

　　實施功能篩檢後，很重要的是要做臨床的分類（表 6.13）。解釋功能篩檢結果時，經常都先針對發生疼痛的測驗。這稱為「標記」或 MS。沒有這種形式的訓練發生，但須在訓練或治療後再評估進步情形。標記測試必須與其

圖 6.21 單腿橋。

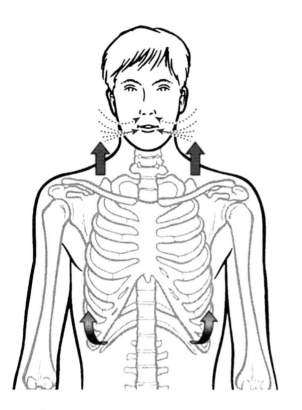

圖 6.22　抬起肋骨的錯誤呼吸：直立。From Liebenson C, ed. Rehabilitation of the Spine: A Practitioner's Manual. 2nd ed. Philadelphia, PA: Lippincott Williams & Wilkins; 2006.

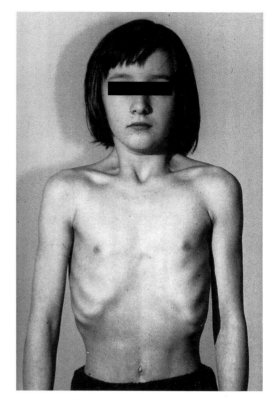

圖 6.24　反 常 的 呼 吸 — 直 立。From Liebenson C, ed. Rehabilitation of the Spine: A Practitioner's Manual. 2nd ed. Philadelphia, PA: Lippincott Williams & Wilkins; 2006.

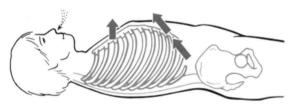

圖 6.23　抬起肋骨的錯誤呼吸形式：躺著。

他任何無痛的功能障礙測試有所區別，也稱為 AMC（得 1 分的測試）。無痛的功能障礙應該按個人的功能訓練範圍的運動來「重新設定 (re-set)」。「無痛的範圍表示目前做的運動是適合的。」

　　你可以因下列理由優先做矢狀（牆天使、過頭蹲、呼吸 /IAP）、額面（單腿平衡或蹲）或橫面（單腿橋）的功能障礙：

- 矢狀：坐式生活的人由於長時間坐著過度脊柱後凸
- 額面：跑者、足球員或籃球員的單腿壓力
- 橫面：高爾夫或網球、曲棍球、棒球員之反覆扭轉壓力

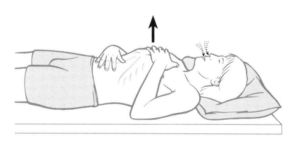

圖 6.25　反常的呼吸—躺著（吸氣時，肚子向內而不是向外）。

圖 6.26　三屈 (triple flexion) 姿勢提示後肋骨往頭方向移動。

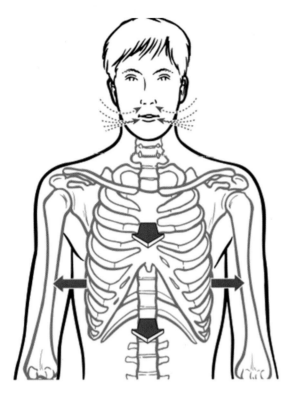

圖 6.27 正常的呼吸。

圖 6.28 前下肋骨往尾方向移動之姿勢。

表 6.13	臨床分類

至少一項測驗得 0：患者

至少一個測驗得 1 或任何不對稱：有危險個體

≥ 14 所有對稱的 2 與 3：強健個體

在正常化任何基本的 AMC 後，使用疼痛測試再評估 MS，看看是否有改善（表 6.14）。如果有所改善，就可從動作能力的基本，進到改善動作能量的目標。最好的做法是區分主要的活動度或穩定度問題（表 6.15）。

表 6.14	矯正訓練的進展

確定疼痛的測驗

在所有三平面基本的測驗中找出無痛的功能障礙並矯正之

再評估疼痛的測驗

如果疼痛測驗有改善，開始重新設立動作能力來建立動作能力

表 6.15	活動度或穩定度？

活動度：主動與被動測試結果為陽性

　主動的俯臥髖關節伸展與修正的 Thomas 測驗結果都為陽性

穩定度：只有主動測試結果為陽性（被動測試正常或超過正的活動範圍）

　主動的俯臥髖關節伸展測試結果為陽性，修正的 Thomas 測驗結果為陰性

其他功能測試 (ADDITIONAL FUNCTIONAL TESTS)

對於體能很好的人，功能性篩檢可能無法完全找出「弱的連結」。他們經常需要其他測試，評估更多的動作，諸如增加負荷或速度，才能降低活動時的風險或建立運動員發展的目標，以期改善運動表現。以下說明的是一些其他檢測，幫助彌補功能性篩檢捕捉資訊的不足。功能性測試是不斷發展的藝術與科學，以下所介紹的無法包含所有專家提出的每一測驗。這些是作者的概觀，包括過去實務應用發現有用的，以及一些有證據基礎的來源。讀者必須能夠開關胸襟，探索更多測驗，如 FMS 與 SFMA 的測驗，箱下跳測驗、步態分析、動態神經肌穩定度評估、McGill 的負荷檢測（即拉繩、負荷蹲舉、跳箱等等）[1, 13, 14, 60]。

> AMC 的篩檢應該包含負荷與速度變項，以觀察一個人是否可以接受更高的挑戰或「回到運動場上」
> Ikeda DM, McGill SM. Can altering motions, postures, and loads provide immediate low back pain relief. Spine 2012;37:e1469–1475.

基礎的測試應該能夠評估表 6.16 所提之面向（也參閱表 6.17）。

表 6.16　功能測驗面向

面向	成分	測驗例
基礎的動作形態	直立姿勢、呼吸、單腿站	單腿站平衡、呼吸、牆天使
功能動作形態	肩關節韻律、蹲、弓步、水平與垂直推／拉	Vele、過頭蹲、單腿蹲、兩腳前後直線弓步、髖關節外展、主動直腿上舉、坐姿髖關節屈曲、手臂外展、俯臥撐起後身體下落、頸屈、C0-C1 屈曲
身體能力	活動範圍、肌力、耐力、心肺耐力	活動範圍、體側面與前面臂支撐耐力、軀幹屈曲耐力、登階測驗、跑步機測驗、推拉舉等最大反覆測驗
運動表現	敏捷性、爆發力、速度	3 錐測驗、5-10-5、60 碼衝刺、垂直跳、立定跳遠、藥球胸前擲遠、反覆奔跑測驗

表 6.17　其他異常運動控制的篩檢測試

Vele 前傾

弓步測驗

Y 平衡測驗

Janda 髖關節外展

主動直腿上舉

坐姿髖關節屈曲

Janda 髖關節伸展

側棒式耐力（能量測驗）

前棒式耐力（能量測驗）

軀幹屈肌耐力（能量測驗）

穩定性承載試驗

腹內壓測驗

舉臂測驗

俯地挺身

臂外展

頭／頸屈曲

C0-C1 屈曲

張嘴

Vele's 前傾 (Vele's Forward Lean)

目的 (Purpose)

- 評估足部橫弓的穩定性與前傾時矢狀面的穩定性

程序 (Procedure)（圖 6.29）

- 受試者赤腳。
- 不屈腰，身體前傾。

失敗的跡象 (Signs of Failure)

- 檢核延遲、未能控制與不對稱。
- 檢核是否無法從足跟往前傾或維持身體的棒式姿勢。

直線弓步測驗 (Inline Lunge Test) [14]

目的 (Purpose)

- 評估下肢疼痛與／或下背痛。評估矢狀面、額面與橫向平面的控制。

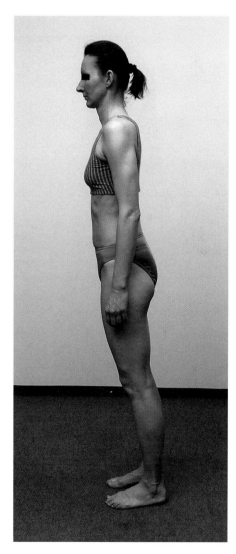

圖 6.29　Vele's 前傾。From Liebenson C, ed. Rehabilitation of the Spine: A Practitioner's Manual. 2nd ed. Philadelphia, PA: Lippincott Williams & Wilkins; 2006.

程序 (Procedure)（圖 6.30）

- 手置身體側面
- 一大步踏出，前腳的足跟在後腳前 1-2 英吋。
- 前後步成一直線
- 維持平衡 2-3 秒
- 然後，往後起身成站立姿勢

分數 (Score)

　　檢視偏移或運動控制：

- 髖股剪切（膝過腳尖）
- 過度內翻
- 軀幹屈曲
- 平衡

　　如果陽性，治療方式可能包括弓步（有提示或反應的訓練）、腰肌伸展與前髖關節囊鬆動，或額面與橫向平面穩定度。

B

A

圖 6.30　弓步 (A–C)。

C

Y 平衡測驗 (Y Balance Test) [97-101]

目的 (Purpose)

- 評估單腳動態平衡。Lower quarter-Y 平衡測驗源自於星狀平衡測驗 (star excursion balance test)。
- Upper quarter-Y 平衡測驗：同時考驗活動度、肌力與平衡控制。

程序與失敗的徵兆

Janda's 髖關節外展動作形態 (Hip Abduction Movement Pattern) [13, 47, 102]

目的 (Purpose)

- 評估額面穩定

程序 (Procedure)（參閱圖 6.13）

- 下肢屈髖與膝關節，側躺。
- 骨盆垂直於桌面
- 直腿緩慢抬起
- 腿外展 20°-30° 做抵抗的肌力測試

失敗的徵兆 (Signs of Failure)

- 成功 / 失敗的基準：最初 20° 有下列情形時，即算失敗：
  - 髖關節屈曲—有闊筋膜張肌參與
  - 髖關節外旋—有梨狀肌參與
  - 骨盆往頭側移位（從啓動時刻即開始）—有腰方肌參與
  - 骨盆旋轉—參與的形式顯示股中間肌群衰弱。
  - 外展的 ROM 下降—外展肌繃緊
  - 肌力等級 _ /5

主動直腿上舉 (Active Straight Leg Raise) [70,103-106]

目的 (Purpose)

- 評估仰臥髖關節屈曲時的核心穩定

程序 (Procedure)（圖 6.31）

- 仰臥：患者直腿抬高離桌面 20 cm
- 患者可以將手放在腰部下面，以觸診是否失去壓力，以及軀幹的旋轉。

失敗的徵兆 (Signs of Failure)

- 注意是否有：
  - 薦髂關節疼痛
  - 軀幹顯著地往抬高的腿方向旋轉
  - 增加脊柱前凸
  - 改善對主動支撐的反應
- 如果測驗結果爲陰性，施加阻力，評估肌力 _ /5

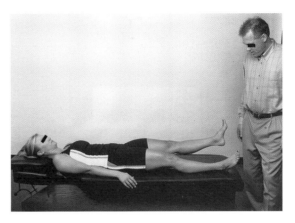

圖 6.31　主動直腿上舉。From Liebenson C, ed. Rehabilitation of the Spine: A Practitioner's Manual. 2nd ed. Philadelphia, PA: Lippincott Williams & Wilkins; 2006.

坐姿髖關節屈曲測驗 (Seated Hip Flexion Test) [96]

目的 (Purpose)

- 評估坐姿髖關節屈曲時額面與矢狀面的脊柱穩定

程序 (Procedure)（圖 6.32）

- 評估者站在患者後面
- 受測者的雙腳不應接觸地面
- 手置於大腿上，掌心向上
- 要求受測者一邊膝蓋抬高（約 3-4 吋或 10 cm）
- 觀察胸椎與軀幹
- 可從前面反覆觀察
- 當受測者膝蓋抬高時，評估者可以稍從上面加壓

失敗的徵兆 (Signs of Failure)

- 肩不平
- 背彎、側彎與 / 或軀幹旋轉

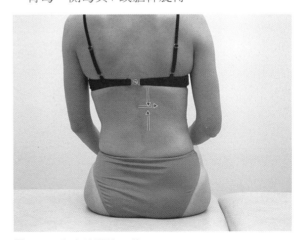

圖 6.32　坐姿髖關節屈曲。From Liebenson C, ed. Rehabilitation of the Spine: A Practitioner's Manual. 2nd ed. Philadelphia, PA: Lippincott Williams & Wilkins; 2006.

- 骨盆腔扭矩 / 旋轉
- 椎旁肌過度活化 / 軀幹伸展
- 髖關節拉起
- 臍部偏離
- 以股內旋穩定腿部
- 施加阻力時臀屈肌肌力不均衡（可給 _ /5）
- 側腹肌無力

Janda's 髖伸展動作形態
(Janda's Hip Extension Movement Pattern) [13, 47, 70, 107, 108]

目的 (Purpose)

- 評估伸髖時的協調

程序 (Procedure)（圖 6.33）

- 俯臥
- 向上抬腿
- 施加阻抗肌力測試（腿之髖關節約伸展 10°）
- 注意：患者可將雙手放置於骨盆下，以手觸診壓力的流失與軀幹旋轉。

失敗的徵兆 (Signs of Failure)

- 通過 / 失敗的基準：如果開始時即算失敗
  - 骨盆前傾，腰過度伸展或髖關節在抬腿時，最初之 10° 軀幹往抬腿之腿的方向旋轉
  - 臀大肌延遲啟動
  - 膝關節屈曲－大腿後肌介入
- 給肌力分數 _ /5

側棒式耐力 (Side Plank Endurance) [109,110]

目的 (Purpose)

- 檢查耐力缺陷或脊椎側面穩定肌群的不平衡

程序 (Procedure)（圖 6.34）

- 每側都做測驗
- 骨盆抬離地面至與脊椎成　直線
- 只有一腳與前臂 / 手接觸地面
- 評估者計時維持姿勢的能力

失敗的徵兆 (Signs of Failure)

- 記錄至失敗的時間
  - 當骨盆開始下落，要他再度抬起
  - 第二次骨盆從最高點落下時，記錄為失敗時間。
- 常模資料 [109]
  - 少於 45 秒為功能障礙（平均數減標準差）
  - 兩側差異大於 5% 時為功能障礙。

前棒式耐力 (Front Plank Endurance) [110]

目的 (Purpose)

- 檢查脊椎前穩定肌群維持前棒式時的耐力缺陷
- 如果肩膀疼痛無法測驗時作為側棒式耐力測驗的替代測驗

程序 (Procedure)（圖 6.35）

- 測驗前臂，足趾與前臂成 V 姿勢
- 抬高軀幹直到水平位置
- 計時，記錄維持水平的時間

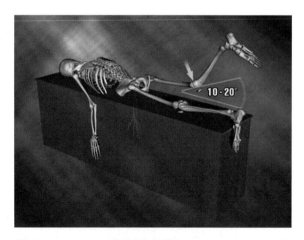

圖 6.33 Janda's 髖關節伸展。From Liebenson C, ed. Rehabilitation of the Spine: A Practitioner's Manual. 2nd ed. Philadelphia, PA: Lippincott Williams & Wilkins; 2006.

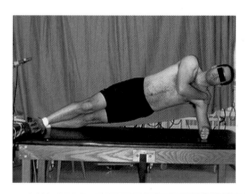

圖 6.34 側棒式耐力。From Liebenson C, ed. Rehabilitation of the Spine: A Practitioner's Manual. 2nd ed. Philadelphia, PA: Lippincott Williams & Wilkins; 2006.

圖 6.35　前棒式耐力。

失敗的徵兆 (Signs of Failure)

- 記錄至失敗的時間
  - 軀幹開始下落時，請其再度抬起。
  - 第二次軀幹從最高點落下的時間記錄為失敗的時間
- 常模資料 [109]：少於 55 秒為功能障礙（平均數減標準差）

軀幹屈肌耐力 (Trunk Flexor Endurance) [109,110]

目的 (Purpose)

- 軀幹維持 50º 時腹壁肌力維持能力

程序 (Procedure)（圖 6.36）

- 躺在 50º 的三角楔子上
- 足部由測試者壓住
- 三角楔子後移 4 英寸，受試者必須維持脊椎線條
- 記錄維持時間

失敗的徵兆 (Signs of Failure)

- 記錄至失敗的時間（軀幹倒向三角楔子）。姿勢失去時提醒患者，可以提醒 2 次。
- 此種耐力通常長於側橋耐力時間，但是弱於軀幹伸肌群耐力時間。
- 少於 50 秒為功能障礙 [109]。

穩定性承載試驗 (Stability Shear Test) [82]

目的 (Purpose)

- 甄選出能透過穩定性運動獲得改善的患者

程序 (Procedure)（圖 6.37）

A

B

圖 6.36　軀幹屈肌耐力。(A) 開始時姿勢；(B) 測驗姿勢。

- 受試者俯臥髖部置於桌緣，腳懸空。
- 臨床師由後往前施壓。
- 如果疼痛，請受試者將腿抬起，再測試其敏感度。

解釋 (Interpretation)

- 如果由後往前施壓因腿伸直而減少疼痛，可以實施穩定性訓練，因為肌肉活動會降低疼痛。
- 如果患者抬腿時並沒有改善，並不表示不能做穩定性訓練，患者將會變得更複雜，進度遲緩。

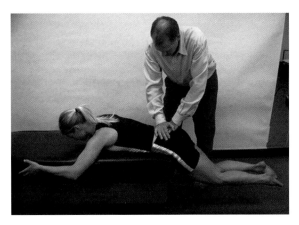

圖 6.37　穩定承載。From Liebenson C, ed. Rehabilitation of the Spine: A Practitioner's Manual. 2nd ed. Philadelphia, PA: Lippincott Williams & Wilkins; 2006.

腹內壓測驗 (Intra-abdominal Pressure Test)[96]

目的 (Purpose)

- 評估承受負荷的深層穩定系統 (deep stabilization system; DSS) 的能力。DSS 指承受負荷活動時,橫膈、骨盆床、腹壁與脊內肌的協調活動。

程序 (Procedure)(圖 6.38)

- 受測者仰臥(另一姿勢是坐姿)
- 髖 / 膝 90°/90°
- 評估者支撐雙腿
- 被動地將胸部往足部之尾端移動
- 支撐胸腰段
- 請受測者主動支撐此一姿勢
- 然後,緩慢地移開腿的支撐

失敗的徵兆 (Signs of Failure)

- 受測者無法維持尾端姿勢。
- 受測者在胸腰段無法維持(避免過度伸展)－將出現胸腰的過度伸展。
- 側背腹壁甚少或沒活動。

舉臂測驗 (Arm Lifting Test)[96]

目的 (Purpose)

- 評估深層穩定系統在舉臂過頭時的協調

程序 (Procedure)(圖 6.39)

- 仰臥(或站立)
- 標準是仰臥姿－以放鬆椎旁肌肉
- 受試者緩慢舉起雙臂

失敗的徵兆 (Signs of Failure)

- 胸部往頭之方向抬起(無法維持呼氣時的肋骨位置)
- 增加前凸

俯地挺身 (Push-Up) [13, 43, 70, 111]

目的 (Purpose)

- 評估閉鎖式動力鏈中肩胛胸廓的穩定

程序 (Procedure)(圖 6.40)

- 腳趾或膝著地之俯地挺身姿勢
- 緩慢下落,然後推起軀幹

失敗的徵兆 (Signs of Failure)

- 肩胛縮回
- 肩胛揚起
- 聳肩

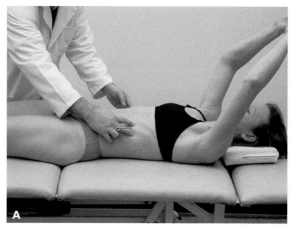

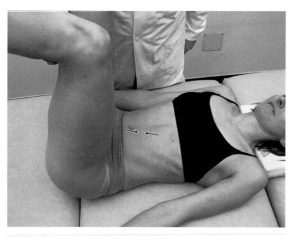

圖 6.38　腹內壓測驗－正常。From Liebenson C, ed. Rehabilitation of the Spine: A Practitioner's Manual. 2nd ed. Philadelphia, PA: Lippincott Williams & Wilkins; 2006.

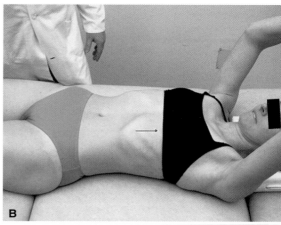

圖 6.39　舉臂測驗:(A) 正確;(B) 不正確。From Liebenson C, ed. Rehabilitation of the Spine: A Practitioner's Manual. 2nd ed. Philadelphia, PA: Lippincott Williams & Wilkins; 2006.

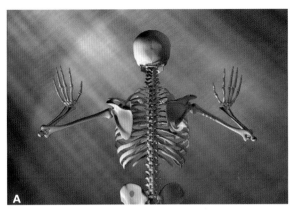

圖 6.40 俯地挺身 (A) 揚起；(B) 縮回。

臂外展 – 肩胛肱骨韻律
[Arm Abduction (Scapulohumeral Rhythm)] [13, 41, 43, 44, 47, 70]

目的 (Purpose)

- 找出手臂外展時的異常動作。

程序 (Procedure) （參閱圖 6.5）

- 臂於體側，屈肘 90°，手腕中立位置。
- 緩慢抬起手臂（外展）。

失敗的徵兆 (Signs of Failure)

- 在「設定時」，開始的 60°，肩不應抬起。

圖 6.41 Janda's 屈頸協調測驗 (Janda's neck flexion coordination test)。From Liebenson C, ed. Rehabilitation of the Spine: A Practitioner's Manual. 2nd ed. Philadelphia, PA: Lippincott Williams & Wilkins; 2006.

Janda's 頸屈曲協調測驗
(Neck Flexion Coordination Test) [13, 37, 40, 70]

目的 (Purpose)

- 評估頭 / 頸屈曲時的協調

程序 (Procedure) （圖 6.41）

- 緩慢抬頭將頭移向胸部

失敗的徵兆 (Signs of Failure)

- 下巴突出
- 胸鎖乳突肌過度活動
- 顫抖

顱頸屈曲測試 (Cervicocranial Flexion) [37, 38]

目的 (Purpose)

- 找出等長顱頸屈曲耐力測試時的運動控制能力的缺陷。

程序 (Procedure) （圖 6.42）

- 患者做出點頭的動作。如果患者無法做出動作，示範給他看，直到他能夠做出來動作。
- 打氣到 20 mmHg。
- 以此下巴點頭動作，患者增加壓力到 22 mmHg，並維持 10 秒鐘。
- 患者試著增加壓力，由 24、26、28 以至 30 mmHg，並於增加新壓力時維持 10 秒鐘，而後稍事休息。

失敗的徵兆 (Signs of Failure)

- 有下列情況時即為陽性：
  - 表層頸肌過度活動
  - 無法維持在一定的壓力測試水準
  - 無法達到更高的壓力水準 (26-30 mmHg)

張口測驗 (Mouth Opening Test) [112]

目的 (Purpose)

- 評估張顎時的協調，尤其是咀嚼肌後縮的能力。

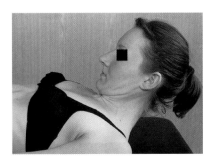
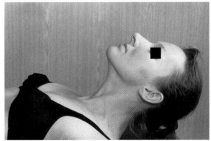

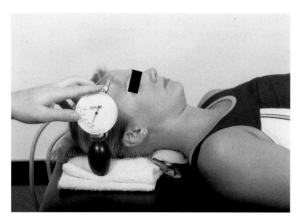

圖 6.42 顱頸屈曲 (Cervicocranial flexion)。From Lieb-enson C, ed. Rehabilitation of the Spine: A Practitioner's Manual. 2nd ed. Philadelphia, PA: Lippincott Williams & Wilkins; 2006.

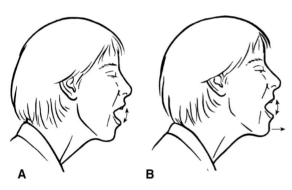

圖 6.43 張口測驗 (mouth opening test) (A, B)。
From Liebenson C, ed. Rehabilitation of the Spine: A Practitioner's Manual. 2nd ed. Philadelphia, PA: Lippincott Williams & Wilkins; 2006.

程序 (Procedure)（圖 6.43）

- 讓患者完全地張開嘴巴

失敗的徵兆（通過／失敗基準）
[Sings of Failure (Pass/Fail Criteria)]

- 下巴突出
- 降低活動範圍 (ROM)（少於 3 指關節垂直間隙）
- 頭伸展

結論 (CONCLUSIONS)

　　能夠找出錯誤動作模式或無痛的失能，以加速疼痛處理、復健與運動員發展是相當重要的。檢查箇中問題是建立動作能力基礎的第一步。這反過來，能夠作為建立運動員所需要的運動能力的跳板。有許多方法可以恢復功能，

但是沒有評估與再評估，健康照護提供人員與運動專家將無法知道他們是否成功了。事實上，一個黃金標準結果或目標，必須能夠建立，以證實所增進的功能是相關的，而不僅僅是巧合造成的。疼痛管理的目標是降低活動的不耐與 MS。而復健，在於改善 AMC（無痛的功能障礙）。至於運動員的發展，在於改善運動競賽的獨立的變項，諸如敏捷性、速度與爆發力。作運動控制評估，改善功能，最後審核相關結果，是提供運動員或患者為導向的照護、合乎邏輯的方式。

參考文獻 (REFERENCES)

1. McGill SM. Ultimate Back Fitness and Performance. 4th ed. Waterloo, Canada: Backfitpro Inc.; 2009. ISBN 0-9736018-0-4. www.backfitpro.com
2. Janda V. Evaluation and Treatment of Faulty Movement Patterns. Los Angeles College of Chiropractic Visiting Scholar's Symposia; 1988.
3. Hahne A, Keating JL, Wilson S. Do within-session changes in pain intensity and range of motion predict between-session changes in patients with low back pain. Aust J Physiother 2004;50:17–23.
4. Tuttle N. Do changes within a manual therapy session predict between session changes for patients with cervical spine pain. Aust J Physiother 2005;20:324–330.
5. Tuttle N. Is it reasonable to use an individual patient's progress after treatment as a guide to ongoing clinical reasoning? J Manipulative Physiol Ther 2009;32:396–403.
6. Mascal CL, Landel R, Powers C. Management of patellofemoral pain targeting hip, pelvis, and trunk muscle function: 2 case reports. J Orthop Sports Phys Ther 2003;33:647–660.
7. McGill S, Grenier S, Bluhm M, et al. Previous history of LBP with work loss is related to lingering deficits in biomechanical, physiological, personal, psychosocial and motor control characteristics. Ergonomics 2003;46:731–746.
8. Powers CM. The influence of abnormal hip mechanics on knee injury: a biomechanical perspective. J Orthop Sports Phys Ther 2010;40:42–51.
9. Sciascia AD, Kibler WB. Conducting the "non-shoulder" shoulder examination. J Musculoskel Med 2006;23(8):582–598.
10. Wainner RS, Whitman JM, Cleland JA, Flynn TW. Regional interdependence: a musculoskeletal examination model whose time has come. J Orthop Sports Phys Ther 2007;37(11):658–660.
11. Bullock-Saxton JE, Janda V, Bullock MI. The influence of **ankle** sprain injury on muscle activation during hip extension Int J Sports Med 1994;15:330–334.
12. Travell J. Basic Principles of Myofascial Pain. DC Dental Society; 1985.
13. Janda V, Frank C, Liebenson C. Evaluation of muscle imbalance. In: Liebenson C, ed. Rehabilitation of the Spine: A Practitioner's Manual. Philadelphia, PA: Lippincott Williams & Wilkins; 2007:203–225.

14. Cook G, Burton L, Kiesel K, Rose G, Bryant MF. Movement: Functional Movement Systems: Screening, Assessment, Corrective Strategies. Aptos, CA: On Target Publications; 2010.

15. Waddell G. The Back Pain Revolution. 2nd ed. Edinburgh: Churchill Livingstone; 2004.

16. Bogduk, N. What's in a name? The labeling of back pain. Med J Aust 2000;173:400–401.

17. Kendrick D, Fielding K, Bentler E, et al. Radiography of the lumbar spine in primary care patients with low back pain: randomized controlled trial. BMJ 2001;322:400–405.

18. Boden SD, Davis DO, Dina TS, et al. Abnormal magnetic-resonance scans of the lumbar spine in asymptomatic subjects. J Bone Joint Surg [Am] 1990;72:403.

19. Hitselberger WE, Witten RM. Abnormal myelograms in asymptomatic patients. J Neurosurg 1968;28:204.

20. Bell GR, Rothman RH, Booth RE. A study of computer-assisted tomography. Spine 1984;9:548.

21. Wiesel SE, Tsourmans N, Feffer HL, et al. A study of computer-assisted tomography. I. The incidence of positive CAT scans in an asymptomatic group of patients. Spine 1984;9:549.

22. Brandt-Zawadzki MN, Jensen MC, Obuchowski N, et al. Interobserver and intraobserver variability in interpretation of lumbar disc abnormalities: a comparison of two nomenclatures. Spine 1995;20:1257–1263.

23. Jensel MC, Brant-Zawadzki MN, Obuchowki N, et al. Magnetic resonance imaging of the lumbar spine in people without back pain. N Engl J Med 1994;2:69.

24. Boden SD, McCowin PR, Davis DO, et al. Abnormal magnetic-resonance scans of the cervical spine in asymptomatic subjects. J Bone Joint Surg 1990;72A:1178–1184.

25. Teresi LM, Lufkin RB, Reicher MA, et al. Asymptomatic degenerative disk disease and spondylosis of the cervical spine: MR imaging. Radiology 1987;164:83–88.

26. Borenstein DG, O'Mara JW, Boden SD, et al. The value of magnetic resonance imaging of the lumbar spine to predict low-back pain in asymptomatic subjects. J Bone Joint Surg 2001;83-A:1306–1311.

27. Carragee EJ, Barcohana B, Alamin T, et al. Prospective controlled study of the development of lower back pain in previously asymptomatic subjects undergoing experimental discography. Spine 2004;29:1112–1117.

28. Baras JD, Baker LC, Health A. Magnetic resonance imaging and low back pain care for Medicare patients. Millwood 2009;28(6):w1133–w1140.

29. Fredericson M, Ho C, Waite B, et al. Magnetic resonance imaging abnormalities in the shoulder and wrist joints of asymptomatic elite athletes. PMR 2009;1(2):107–116.

30. Sher JS, Uribe JW, Posada A, et al. Abnormal findings on magnetic resonance images of asymptomatic shoulders. Bone Joint Surg Am 1995;77(1):10–15.

31. Connor PM, Banks DM, Tyson AB, et al. Magnetic resonance imaging of the asymptomatic shoulder of overhead athletes: a 5-year follow-up study. Am J Sports Med 2003;31(5):724–727.

32. Guten GN, Kohn HS, Zoltan DJ. False positive MRI of the knee: a literature review study. WMJ 2002;101(1):35–38.

33. De Smet AA, Nathan DH, Graf BK, et al. Clinical and MRI findings associated with false-positive knee MR diagnoses of medial meniscal tears. AJR Am J Roentgenol 2008;191(1):93–99.

34. Cholewicki J, McGill SM. Mechanical stability of the in vivo lumbar spine: implications for injury and chronic low back pain, Clin Biomech 1996;11(1):1–15.

35. Cholewicki J, Panjabi MM, Khachatryan A. Stabilizing function of the trunk flexor-extensor muscles around a neutral spine posture. Spine 1997;22:2207–2212.

36. Stokes IAF, Gardner-Morse M, Henry SM, Badger GJ. Decrease in trunk muscular response to perturbation with preactivation of lumbar spinal musculature. Spine 2000;25:1957–1964.

37. Jull G, Kristjansson E, Dall'Alba P. Impairment in the cervical flexors: a comparison of whiplash and insidious onset neck pain patients. Man Ther 2004;9:89–94.

38. Hodges P, Jull G. Spinal segmental stabilization training. In: Liebenson C, ed. Rehabilitation of the Spine: A Practitioner's Manual. Philadelphia, PA: Lippincott Williams & Wilkins; 2007:585–611.

39. Trelealvan J, Jull G, Sterling M. Dizziness and unsteadiness following whiplash injury: characteristic features and relationship with cervical joint position error. J Rehabil Med 2003;35:36–43.

40. Liebenson CS. Advice for the clinician and patient: functional reactivation for neck pain patients. J Bodywork Movement Ther 2002;6(1):59–68.

41. Babyar SR. Excessive scapular motion in individuals recovering from painful and stiff shoulders: causes and treatment strategies. Phys Ther 1996;76:226–238.

42. Liebenson C. Self-management of shoulder disorders—part 1. J Bodywork Movement Ther 2005;9:189–197.

43. Liebenson C. Shoulder disorders—part 2. J Bodywork Movement Ther 2005;9:283–292.

44. McQuade KJ, Dawson JD, Smidt GL. Scapulothoracic muscle fatigue associated with alterations in scapulohumeral rhythm kinematics during maximum resistive shoulder elevation. J Orthop Sports Phys Ther 1998;28:74.

45. Smith M, Sparkes V, Busse M, Enright S. Upper and lower trapezius muscle activity in subjects with subacromial impingement symptoms: is there imbalance and can taping change it? Phys Ther Sport 2008;10(2):45–50.

46. Kibler WB, McMullen J. Scapular dyskinesis and its relation to shoulder pain. J Am Acad Orthop Surg 2003;11:142–151.

47. Lewit K. Manipulative Therapy in Rehabilitation of the Motor System. 2nd ed. London: Butterworths; 1991.

48. Kolar P, Sulc J, Kyncl M, et al. Postural function of the diaphragm in persons with and without chronic low back pain. J Orthop Sports Phys Ther 2012;42(4):352–362.

49. Cholewicki J, McGill SM. Mechanical stability of the in vivo lumbar spine: implications for injury and chronic low back pain. Clin Biomech 1996;11(1):1–15.

50. Kujala UM, Taimela S, Salminen JJ, Oksanen A. Baseline arthropometry, flexibility and strength characteristics and future low-back-pain in adolescent athletes and nonathletes. A prospective, one-year, follow-up study. Scand J Med Sci Sports 1994;4:200–205.

51. Van Dillen LR, Sahrmann SA, Norton BJ, et al. The effect of active limb movements on symptoms in patients with low back pain. J Orthop Sports Phys Ther 2001;31:402–413.

52. Cholewicki J, Simons APD, Radebold A. Effects of external trunk loads on lumbar spine stability. J Biomech 2000;33(11):1377–1385.

53. Adams MA, Dolan P, Hutton WC. Diurnal variations in the stresses on the lumbar spine. Spine 1987;12:130.

54. Snook SH, Webster BS, McGorry RW, Fogleman MT, McCann KB. The reduction of chronic nonspecific low back pain through the control of early morning lumbar flexion. Spine 1998;23:2601–2607.

55. Reeves NP, Narendra KS, Cholewicki J. Spine stability: the six blind men and the elephant. Clin Biomech 2007;22(3):266–274.

56. Reeves NP, Cholewicki J. Expanding our view of the spine system. Eur Spine J 2010;19(2):331–332.

57. Cholewicki J, Panjabi MM, Khachatryan A. Stabilizing function of the trunk flexor-extensor muscles around a neutral spine posture. Spine 1997;22:2207–2212.

58. Panjabi MM. The stabilizing system of the spine. Part 1. Function, dysfunction, adaptation, and enhancement. J Spinal Disord 1992;5:383–389.

59. Cholewicki J, Silfies SP, Shah RA, et al. Delayed trunk muscle reflex responses increase the risk of low back injuries. Spine 2005;30(23):2614–2620.

60. Hewett TE, Myer GD, Ford KR, et al. Biomechanical measures of neuromuscular control and valgus loading of the knee predict anterior cruciate ligament injury risk in female athletes: a prospective study. Am J Sports Med 2005;33(4):492–501.

61. Hewett TE, Myer GD, Ford KR. Anterior cruciate ligament injuries in female athletes: part 1, mechanisms and risk factors. Am J Sports Med 2006;34:299–311.

62. McLean SG, Walker K, Ford KR, et al. Evaluation of a two dimensional analysis method as a screening and evaluation tool for anterior cruciate ligament injury. Br J Sports Med 2005;39(6):355–362.

63. Powers CM. The influence of altered lower-extremity kinematics on patellofemoral joint dysfunction: a theoretical perspective. J Orthop Sports Phys Ther 2003;33:639–646.

64. Myer GD, Ford KR, Barber Foss KD, et al. The incidence and potential pathomechanics of patellofemoral pain in female athletes. Clin Biomech 2010;25:700–707.

65. Zazulak BT, Ponce PL, Straub SJ, et al. Gender comparison of hip muscle activity during single-leg landing. J Orthop Sports Phys Ther 2005;35(5):292–299.

66. Baratta R, Solomonow M, Zhou BH, et al. Plyometric training in female athletes. Decreased impact forces and increased hamstring torques. Am J Sports Med 1988;16(2):113–122.

67. Lewit K. Relation of faulty respiration to posture, with clinical implications. JAOA 1980;79:75–79.

68. Liebenson CS. Advice for the clinician and patient: mid-thoracic dysfunction (Part One): overview and assessment. J Bodywork Movement Ther 2001;5:2.

69. Liebenson CS. Advice for the clinician and patient: mid-thoracic dysfunction (Part Three): clinical issues. J Bodywork Movement Ther 2001;5:4.

70. Liebenson C, Skaggs C, Fonda S, Deily S. Integrated approach to the cervical spine. In: Liebenson C, ed. Rehabilitation of the Spine: A Practitioner's Manual. Philadelphia, PA: Lippincott Williams & Wilkins; 2007:852–886.

71. Janda V. Some aspects of extracranial causes of facial pain. J Prosthet Dent 1986;56:484–487.

72. Kebaetse M, McClure P, Pratt NA. Thoracic position effect on shoulder range of motion, strength, and three-dimensional scapular kinematics. Arch Phys Med Rehabil 1998;80:945–950.

73. Lukasiewicz AC, McClure P, Michener L, et al. Comparison of 3-dimensional scapular position and orientation between subjects with and without shoulder impingement. J Orthop Sports Phys Ther 1999;29:574–586.

74. Harryman DT II, Sidles JA, Clark JM, et al. Translation of the humeral head on the glenoid with passive glenohumeral motion. J Bone Joint Surg 1990;72A:1334–1343.

75. Bullock MP, Foster NE, Wright CC. Shoulder impingement: the effect of sitting posture on shoulder pain and range of motion. Man Ther 2005;10:28–37.

76. Godges JJ, Matson-Bell M, Shah D, Thorpe D. The immediate effects of soft tissue mobilization with PNF on shoulder external rotation and overhead reach. J Orthop Sports Phys Ther 2003;33:713–718.

77. Tyler TF, Nicholas SJ, Ory T, Gleim G. Quantification of posterior capsule tightness and motion loss in patients with shoulder impingement. Am J Sports Med 2000;28:668–673.

78. Young JL, Herring SA, Press JM, et al. The influence of the spine on the shoulder in the throwing athlete. J Back Musculoskel Rehab 1996;7:5–17.

79. Boyles RE, Ritland RM, Miracle BM, et al. The short-term effects of thoracic thrust manipulation on patients with shoulder impingement syndrome. Man Ther 2009;14:375–380.

80. Cleland JA, Childs JD, Fritz JM, Whitman JM, Eberhart SL. Development of a clinical prediction rule for guiding treatment of a subgroup of patients with neck pain: use of thoracic spine manipulation, exercise, and patient education. Phys Ther 2007;87:9–23.

81. Herman M, Thomas T, Tai-Hing L. The effectiveness of thoracic manipulation on patients with chronic mechanical neck pain—a randomized controlled trial. Man Ther 2011;16:141–147.

82. McGill SM. Low Back Disorders: The Scientific Foundation for Prevention and Rehabilitation. Champaign, IL: Human Kinetics; 2002.

83. Janda V. Muscles, central nervous motor regulation and back problem. In: Korr IM, ed. The Neurobiologic Mechanisms of Manipulative Therapy. New York, NY: Plenum Press; 1978:27–41.

84. Boyle M. Advances in Functional Training. Aptos, CA: On Target Publications; 2010.

85. Kibler WB, Herring SA, Press JM. Functional Rehabilitation of Sports and Musculoskeletal Injuries. Gaithersburg, MD: Aspen; 1998.

86. Herring SA. Rehabilitation of muscle injuries. Med Sci Sports Exerc 1990;22:453–456.

87. Janda V. On the concept of postural muscles and posture in man. Aust J Physiother 1983;29:83–84.

88. Gray G. Lower Extremity Functional Profile. Adrian, MI: Wynn Marketing; 1995.

89. Frost DM, Beach TAC, Callaghan JP, McGill SM. Using a movement screen to evaluate the effectiveness of training. J Strength Cond Res 2011:1620–1630.

90. Moreside JM, McGill S M. Improvements in hip flexibility and/or core stability does not transfer to function. Phys Ther Journal of Strength & Conditioning Research. 2013;27(10):2635–2643.

91. Maribo T, Iverson E, Andresen N, Stengaard-Pedersen K, Schiottz-Christensen B. Intra-observer and interobserver reliability of one leg stand test as a measure of postural balance in low back pain patients. Int Musc Med 2009;31:172–177.

92. Bohannon RW, Larkin PA, Cook AC, Gear J, Singer J. Decrease in timed balance test scores with aging. Phys Ther 1984;64:1067–1070.

93. Byl N, Sinnot PL. Variations in balance and body sway in middle-aged adults: subjects with healthy backs compared with subjects with low-back dysfunction. Spine 1991;16:325–330.

94. Travell J, Simons D. Myofascial Pain and Dysfunction, The Trigger Point Manual: The Upper Extremities. Baltimore, MD: Williams & Wilkins; 1983.

95. Chaitow L, Delany JW. Clinical Application of Neuromuscular Techniques. Volume 1: The Upper Body. London: Harcourt Publishers; 2000.

96. Kolár P. Facilitation of agonist-antagonist co-activation by reflex stimulation methods. In: Liebenson C, ed. Rehabilitation of the Spine: A Practitioner's Manual. 2nd ed. Philadelphia, PA: Lippincott; 2007:532–565.

97. Plisky PJ, Rauh MJ, Kaminski TW, Underwood FB. Star Excursion Balance Test predicts lower extremity injury in high school basketball players. J Orthop Sports Phys Ther 2006;36(12):911–919.

98. Lehr ME, Plisky PJ, Kiesel KB, Butler RJ, Fink M, Underwood FB. Field expedient screening and an injury risk algorithm predicts non-contact[Q71] lower extremity injury in collegiate athletes. Sports Health. (in review).

99. Gribble PA, Hertel J, Plisky PJ. Using the star excursion balance test to assess dynamic postural control deficits and outcomes in lower extremity injury. J Athl Train (in press).

100. Gorman PP, Plisky PJ, Butler RJ, et al. Upper quarter Y balance test: reliability and performance comparison between genders in active adults. J Strength Cond Res 2012;26(11):3043–3048.

101. Plisky PJ, Gorman P, Kiesel K, Butler R, Underwood F, Elkins B. The reliability of an instrumented device for measuring components of the Star Excursion Balance Test. NAJSPT 2009;4(2):92–99.

102. Nelson-Wong E, Flynn T, Callaghan JP. Development of active hip abduction as a screening test of identifying occupational low back pain. J Orthop Sports Phys Ther 2009;39:649–657.

103. Mens JM, Vleeming A, Snijders CJ, et al. Reliability and validity of the active straight leg raise test in posterior pelvic pain since pregnancy. Spine 2001;26:1167–1171.

104. Liebenson C, Karpowicz A, Brown S, et al. The active straight leg raise test and lumbar spine stability. Phys Med Rehabil 2009;1(6):530–535.

105. O'Sullivan PB, Beales DJ, Beetham JA, et al. Altered motor control strategies in subjects with sacroiliac joint pain during the active straight-leg-raise test. Spine 2002;27:E1–E8.

106. Pool-Goudzwaard A, Vleeming A, Stoeckart C, Snijders CJ, Mens MA. Insufficient lumbopelvic stability: a clinical, anatomical and biomechanical approach to "a-specific" low back pain. Man Ther 1998;3:12–20.

107. Hu Y, Wong YL, Lu WW, Kawchuk GN. Creation of an asymmetrical gradient of back muscle activity and spinal stiffness during asymmetrical hip extension. Clin Biomech 2009;24:799–806.

108. Vogt L, Banzer W. Dynamic testing of the motorial stereotype in prone hip extension from the neutral position. Clin Biomech 1997;12:122–127.

109. McGill S, Childs A, Liebenson C. Endurance times for low back stabilization exercises: clinical targets for testing and training from a normative database. Arch Phys Med Rehabil 1999;80:941–944.

110. McGill SM, Belore M, Crosby I, Russell C. Clinical tools to quantify torso flexion endurance: normative data from student and firefighter populations. Occup Ergon 2010;9:55–61.

111. Uhl TL, Carver TJ, Mattacola CG, Mair SD, Nitz AJ. Shoulder musculature activation during upper extremity weight-bearing exercise. J Orthop Sports Phys Ther 2003;33:109–117.

112. Liebenson CS, Skaggs C. The role of chiropractic treatment in whiplash injury. In: Malanga G, Nadler S, eds. Whiplash. Philadelphia, PA: Hanley and Belfus; 2002:313–338.

華麗 7
The Magnificent 7

姓名 _____   日期 _____

1. 主要患處的關節活動範圍

ROM		通過 (3) ☐
		疼痛 (0)
		>50% 喪失 = 1
__/65		屈曲 (2)
__/30		伸展 (2)
__/25		左彎 (2) － 無滑順凸面
__/25		右彎 (2) － 無滑順凸面
		活動度過高 (2)
A S		總分 (0-3)

2. 牆天使

左	右	通過 (3) ☐
		疼痛 (0)
		頭不靠牆眼睛水平 -FHP (1)
		五指全不碰牆 (1)
		↓肩外旋（腕距牆大於 1 公分）
		背平無前肋動作 (1)
		腕不平對牆 (2)
		T/L 脊椎前凸距牆大於 1 公分 (2)
A S		總分 (0-3)

3. 過頭蹲

左	右	通過 (3) ☐
		疼痛 (0)
		手臂無法垂直地伸 OH (1)
		大腿無法超過水平 (1)
		大腿水平前 L/S 屈曲 (1)
		大腿水平前提腳跟 (1)
		大腿水平時 L/S 屈曲 (2)
		下巴突出 / 頸不內收 (2)
		膝外翻 (2)
		膝超腳趾 Anterior Patellar Shear (2)
		過度內翻 Hyperpronation (2)
A S		總分 (0-3)

4. 單腳平衡

左	右	通過 (3) ☐
		疼痛 (0)
		兩腿皆小於 10 秒 EO (1)
		兩腿皆小於 5 秒 EO (1)
		兩腿皆小於 30 秒 EC (2)
		過度內翻 Hyperpronation
		骨盆側移大於 1" (2)
		臀中肌無力 Trendelenburg sign (2)
		EC 最佳時間
A S		總分 (0-3)

5. 單腳蹲

左	右	通過 (3) ☐
		疼痛 (0)
		無法全蹲至屈膝 30 度 (1)
		膝外翻 (medial to Gr Toe) (1)
		L/S 屈曲 (2)
		膝超腳趾 Anterior Patellar Shear (2)
		臀中肌無力 Trendelenburg sign (2)
		過度內翻 Hyperpronation (2)
A S		總分 (0-3)

6. 單腳橋（踢 & 上 / 下）

左	右	通過 (3) ☐
		疼痛 (0) － 下降 / 上升
		骨盆掉落或旋轉 (1)
		無法維持完全伸臀 (2)
		兩大腿無法維持平行 (2)
A S		總分 (0-3)

7. 呼吸 /IAP		
	通過 (3) ☐	
	疼痛 (0)	
	反常呼吸，吸氣時腹部內縮。(1) 直立 / 垂直測驗時肋骨↑ (1)	
	IAP- 提示的 3 屈↑前－下胸腔 (1)	
	吸氣時胸式呼吸為主 (2)	
	下肋不往兩側擴大 (2)	
	IAP- 未提示的 3 屈↑前－下胸腔 (2)	
		總分 (0-3)

評分法（取自 **G Cook (14)**）

0 疼痛

1 無法做

2 有代償地做

3 無代償地做

FHP = 頭前姿勢

OH = 過頭 (overhead)

L/S = 腰薦

EO = 開眼 (eyes open)

EC = 閉眼 (eyes closed)

A = 不對稱

S = 對稱

☐ 總分（最高 **21** 分）

運動系統訓練的基礎
Fundamentals of Training the Locomotor System

訓練的目標 (THE AIM OF TRAINING)

訓練的目標在增進運動能力發展及耐用性（像是傷害的預防），如此才能增進運動表現（見第 34 章）。而運動員應著重在整體整合性的發展而絕非是單一面向，Vern Gambetta，一位十分著名的教練曾說過：「運動表現應涵蓋所有面向，像是爆發力、速度、敏捷性、耐力以及柔軟度等，都需要去發展」[1]。而一位教練則藉由讓運動員在平時的準備中，具備適應的能力，並建立面對競賽的能力（見第 35 章）。

> 訓練的目標在於「產生生物適應性以增進在特殊需求下的表現」McArdle 與 Katch [2]。

運動員在平時訓練與練習中，若能避免傷害或是能快速地恢復，則能讓技能增進更為快速，並提升到較高的層級，但反過來，「容易受傷」的運動員，不僅無法經常地練習，也無法去發展較高層級所需要的技能。所謂的舊傷是最容易導致未來傷害的產生，因此，適當的復健，對運動員的永續性發展，是一相當重要的因素[3]。而訓練的挑戰，即在於訓練強度與恢復間的合理平衡，如此，讓運動員可以成長，並避免那些不利的因素。

當外界需求高於自身能力時，是容易導致受傷或疼痛的。而要增進運動員的永續能力之關鍵，即在於提升功能性的完整或潛力，功能性能力必須超過生理上的需求或是運動時的壓力（圖 7.1），而這方面多出來的能力就會提供額外的穩定空間並可預防萬一，因此能降低受傷的風險。功能性能力的概念就是建立在移動能力的基礎（見第 6 章）。

運動員的發展對團隊的成功與否是關鍵的，研究已經明確提出了在平均跳躍高度（下蹲跳與站立跳）與團隊成功間的關聯性[4]，以及下肢爆發力與身體組成（體脂率）間的負相關[4]。

考量到運動員發展與增加永續能力時，應把基礎的敏捷性、平衡還有協調性都整合納入，並進一步發展融入運動員所需的特質中，像是體姿、移動能力、肌力、耐力、爆發力還有速度。所謂最強壯的人並非必然是最佳運動員，而強壯並不一定能避免傷害[5, 6]。Verstegen 說過：你的強壯並不一定是充滿爆發力的（因為肌力並不全然能快速地啟動），但你的爆發力一定是要由肌肉與肌群所發展出肌力所構成[7]。

著手建立運動能力的先決要素即在傷害的預防，當安全能被確保時，自然而然能專注於訓練。而運動員為了增進運動能力，則往往必須要在能力承受的邊緣進行挑戰（圖 7.2 與 7.3），而這樣的訓練則將會提升運動員的發展以及增加永續能力，但一體兩面的，這樣則是有受傷的風險。有技巧的專家將會教導運動員如何有效地採用適當的模式、強度與持續時間來進行訓練，而所謂的「no pain no gain」，其實大部分是錯的。當艱辛訓練時，汗水與疼痛是幫助運動能力增進的伴隨品，但關節的疼痛必須與肌肉疼痛區分開來，舉例來說，膝關節疼痛，特別是內側關節或是外側關節，應視為股四頭肌或是臀大肌使用過度所造成的警訊。

> 「傷害預防的目標策略即在確保組織適應與外界刺激間能保持平衡，並且適應能理想地超過累積的傷害。」McGill [8]。

臨床復健的課題
(LESSONS FROM CLINICAL REHABILITATION)

運動系統的復健是一種系統性的方法來重建功能，而加速傷後恢復的目標即在於預防傷

害復發，並增進運動表現。功能性復健的一部分則是爲運動員的疼痛管理與運動發展間建立起持續照護的連結。

> **照護過程 (Continuum of Care)**
>
> - 疼痛管理／恢復，包含診斷分流（骨科／神經科）
> - 復健
> - 運動能力發展
> - 技能／表現

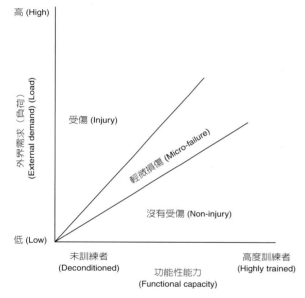

圖 7.1 外界需求與功能性能力間的關係。資料來源：Liebenson C, ed. Rehabilitation of the Spine: A Practitioner's Manual. 2nd ed. Philadelphia, PA: Lippincott Williams & Wilkins; 2006.

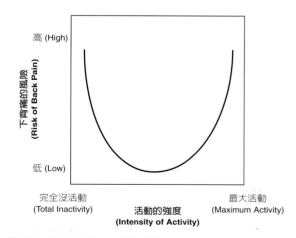

圖 7.2 過多或過少。資料來源：Liebenson C, ed. Rehabilitation of the Spine: A Practitioner's Manual. 2nd ed. Philadelphia, PA: Lippincott Williams & Wilkins; 2006.

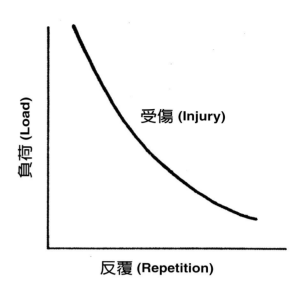

圖 7.3 過多負荷或過多反覆。資料來源：Liebenson C, ed. Rehabilitation of the Spine: A Practitioner's Manual. 2nd ed. Philadelphia, PA: Lippincott Williams & Wilkins; 2006.

「太多、太快 (Too Much, Too Soon)」

中年的週末運動員以及抱負過高的年輕運動員，通常會無法區分「疼痛與受傷」，他們經常訓練過猛，往往忽視了潛在傷害的疼痛感覺，相反地，會付出太多的心神，放在訓練刺激上。堅忍不拔哲學 (stoicism)，讓許多人忽略了訓練中「停止的重要」[9]，最終導致了膨脹－崩潰週期 (boom–bust cycle)（圖 7.4）[10]。所謂的「盡其所能」方式，導致了未完成工作前，會一直持續下去，但不幸地，傷痛就會經常性的復發[11]。

> 現在有許多受到歡迎的運動，例如 CrossFit、P90X 以及 Insanity workouts 等，前期通常可以感受到快速的收穫，但通常會陷入了膨脹－崩潰週期。而這其實是有風險的，因為收穫與受傷之間存在著模糊的界線。

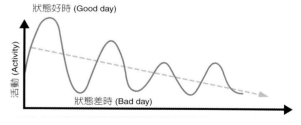

圖 7.4 膨脹－崩潰週期 (boom–bust cycle)。修改自：J Bodywork Movement Ther 2011:1–18. Liebenson, C. Musculoskeletal Myths. J Bodywork Movement Ther 2012;16:165–182.

配速 (Pacing)

就像復健一樣，訓練的最佳策略就是漸進、有計畫的以及定期監控。根據 McGill 所說的，傷害通常是長期慢慢累積過多的負荷所造成的，進而逐漸降低組織的耐受性（圖 7.5）[8]。因此，訓練策略的關鍵就是配速。在經歷一段時間的訓練後，必須有適當的休息，以再調整疲勞忍受閾值（圖 7.6）[8]。而諷刺地，透過長時間的靜態壓力，如長期靜坐，導致組織微損傷也可能再調整耐疲勞閾值（圖 7.7）。

配速就像是認知－行為間的內容，好比是「還有多少能量」或是「逐漸地增加」[12-14]。「還有多少能量」包含了活動量逐漸的增加，以及以逐步的方式來檢視剩餘能量而非是疼痛（圖 7.8）。此外，一段時間的休息與恢復，必須要納入訓練計畫中，並持續監控以確保充足的適應，特別是當運動選手處於競賽期或是有受傷情形時。

確定訓練時的準備

現代可用來監控訓練的方式包含測量力量輸出（類似功率顯示計）、監控心率變異性、透過 **Tendo unit** 來評估負荷重量下的速度 [15, 16] 或是定時調降強度。當教練、防護員或醫師看到上述這些指標出現下降的情形時，則可視為過度訓練的警訊或是生理上出現了異常。接下來則將尋找其他方法來評估運動員在訓練時是否已準備妥當的方法。

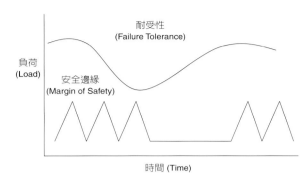

圖 7.6 透過配速來恢復疲勞耐受性。修改自：McGill S. Lower Back Disorders: Evidence-Based Prevention and Rehabilitation. Champaign, IL: Human Kinetics; 2002.

圖 7.7 長時間持續性壓力所導致的耐受性變差。修改自：McGill S. Lower Back Disorders: Evidence-Based Prevention and Rehabilitation. Champaign, IL: Human Kinetics; 2002.

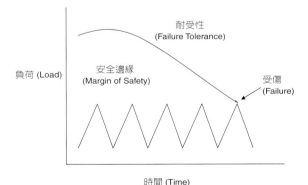

圖 7.5 反覆性壓力導致耐受性降低。修改自：McGill S. Lower Back Disorders: Evidence-Based Prevention and Rehabilitation. Champaign, IL: Human Kinetics; 2002.

圖 7.8 經配速的活動。

量與質 (Quantity versus Quality)

傳統的復健治療以及體能訓練都會有類似的用語「3 組 10 下」，反而會去忽略了特殊需求這部分。針對要求產生適應 (SAID; Specific Adaptation to Imposed Demands)，就是在要求之處，產生運動系統適應的特殊性。此外，傳統的健身習慣會針對肌肥大強調各別肌群的獨立訓練，但就目前生理學所了解到的說法「大腦思考的是動作而非是單獨肌群」。Janda 是首位去說明，重要的並非是你舉的多重，而是你在動作過程中的技巧或是品質如何[17, 18]。變大並不盡然是好的，就像在健身房中看到最強的運動員，放到運動場上則很少是最佳的運動員（圖 7.9）。因此，對運動員來說，動作的品質是必須的，而非數量。或者如 Cook 所說的：不要在功能障礙之上加強肌力 (Don't build strength on top of dysfunction)[19]。

太少、太晚 (Too Little, Too Late)

在急性受傷後有一句著名的諺語「讓疼痛成為你的指引 (Let pain be your guide)」，這是非常合理的，特別是有組織損傷（像是韌帶或肌腱）、骨折或是類似的症狀。不幸地，很多

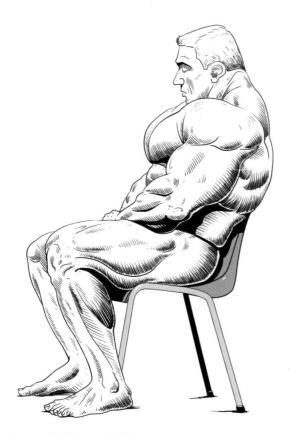

圖 7.9 「越大不一定越好」。

運動員還是忍著疼痛，即便是做一些受控制的活動。而這樣的方式通常會讓恢復期延長，導致有更多的疤痕組織，同時肌肉萎縮。然而，當腫脹消退，動態的活動是需要的，如此可防止損傷組織有較差的恢復與癒合。

此外，對重複受傷的部位以及有長期疼痛的患者，在恢復活動上應該要採用漸進的模式。如果一個人總是「疼痛就等於有了傷害 (Hurt equals harm)」之後馬上停止運動，而這種「傾向於中斷」往往導致運動生涯的提早中止。在類似的案例中，疼痛就並非是好的指引，因為適當的活動可能是難受的。使疼痛成為指引是會導致活性降低和功能失調。

在訓練病患或運動員時，牢記住，「你所受傷的部位會讓你更加有感受」[20]。大腦中對特殊組織的代表區，就會變得更專注或敏感，因此，當運動員處於長期受傷時，這將會是非常重要的，因為他們所經歷的將有可能被他們的知覺所影響。

> 請記住，疼痛 (hurt) 並不等同傷害 (harm)，但有慢性疼痛的人總是這麼認為。

在臨床的情境中應盡量最小化「標籤」是非常重要的。病人感覺症狀的組織部位才是重要關鍵。然而，疼痛越是持續，就越有可能讓疼痛被放大，或傳輸錯誤。慢性疼痛會降低疼痛閾值，因此痛覺敏感 (allodynia)（對無毒的刺激也會有疼痛反應）就會發生。這是因神經膠質細胞在功能與結構的改變所調節引起的，進而放大並改變了傷害訊息[21-23]。Melzack 已說明了中樞神經系統（CNS）接受到威脅時，這些神經訊息是如何被轉錄[24]，一個相當有名的案例，就是截肢患者，感受到被截肢部位仍有疼痛的感覺（圖 7.10）。而對於幻肢痛或反射性交感神經失養症的新治療方式，就是由中樞神經系統的向下調節著手，稱為鏡盒治療 (mirror box therapy)（圖 7.11）。

在神經方面的疼痛所引起的位置是在大腦，而非是在該受傷部位，這是因為脊髓的背角神經疼痛指標產生了物理上的變化，所導致異常性疼痛和痛覺過敏（放大的痛覺反應），使得大腦的感受區被激活，但這並非是對應部位的實際疼痛[25]。

因此，配速 (pacing) 對那些想要盡其可能的人，以及一旦落入了傷後的休養，就想中斷訓練的人一樣重要，而如果沒有充足的調整，

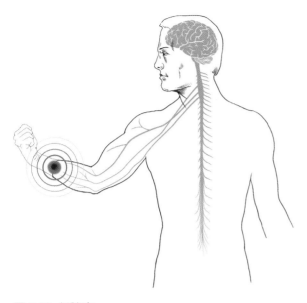

圖 **7.10** 幻肢痛。

圖 **7.12** 拮抗肌協同脊椎的穩定度。

磅）的負荷，而根據 Panjabi [26]「龐大提起負荷重量的能力，依賴脊椎周邊的肌肉之良好協調而來」。因此當脊椎在面臨負荷而須維持穩定時，就須藉由拮抗肌群及韌帶的共同作用來完成（圖 7.12），而不論是深層或表層肌肉皆會交互協調並參與協助（圖 7.13）。而這種協同收縮可增加脊椎的擠壓負荷 (compressive load)，高達 12-18%（約 440 牛頓），但更重要的是，更可增加脊椎的穩定度達 36-64%（約 2,925 牛頓）[27]。而在許多的日常性活動中[28]，脊椎沒有肌肉的協助是無法維持穩定的，即便是維持直立的姿勢[29]！而這些肌肉間的相互協調的時間對維持穩定來說是必須的，這絕非是單一肌肉所能達成。

在滑鐵盧大學，McGill [8] 曾針對肌肉活化與脊椎負荷做過相當多的測試（圖 7.14）。
- 日常生活的活動 (ADLs) － 2,000 牛頓
- 美國職業安全衛生研究所限制－ 6,400 牛頓
- 急性 / 亞急性下背痛－ 3,000 牛頓

　　仰臥起坐 (sit-up) 是一種用來了解脊椎負荷重要性的活動[8]，傳統的仰臥起坐包含了 3,350 牛頓的力量（圖 7.15）。臨床上在處理下背痛的患者時，應該嘗試圓柱面活化腹壁，並可能降低下背的負荷。**麥基爾捲腹** (McGill curl-up) 是一種極佳的替代活動，僅對下背造成 2,000 牛頓的負荷，且也能對肌肉的活化有相當的功

圖 **7.11** 鏡盒治療。

就很難再有最佳的表現了。因此採用配速或漸進的訓練方式，是要考量到自身的狀態，適當地在適應後增加訓練負荷，同時最大限度地減少舊傷復發或新受傷的風險。

身體是如何抵抗損傷呢？
(How Does the Body Resist Injury?)

　　在復健的過程中，如何讓身體能在之後持續運動才是主要目標，而非只是加強肌力。若脊椎沒有肌肉的協助，僅能承受 90 牛頓（20

圖 7.13　肌肉間的協調。(A) 深層肌肉（橫膈、腹橫肌、多裂肌、旋轉肌、骨盆底）。(B) 表層（橫膈、腹外斜肌、腹直肌、腰方肌、豎脊肌、骨盆底）。資料來源：Liebenson C, ed. Rehabilitation of the Spine: A Practitioner's Manual. 2nd ed. Philadelphia, PA: Lippincott Williams & Wilkins; 2006.

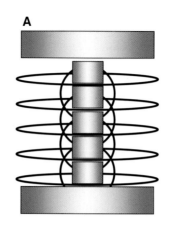
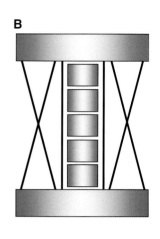

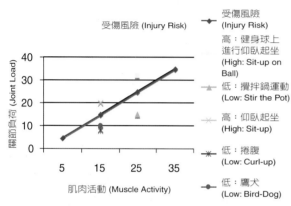

圖 7.14　受傷風險：肌肉負荷與關節負荷間的比例。

圖 7.15　仰臥起坐。

圖 7.16　捲腹。

效（圖 7.16）。如今社會在下背痛的盛行率高達 85%，或許這種合理地使用脊椎負荷的方式應被推廣，而大家也應避免一些潛在導致下背痛的活動以及不必要的訓練負荷。

在健身球上進行**仰臥起坐** (sit-up with the ball) 是更加受到推薦的，但因為背部肌群會承受較多負荷，所以對下背痛的患者來說並非是如此的建議。相反地，「**攪拌鍋** (stir the pot)」這個運動可提供腹部相當程度的挑戰，並且大幅減少脊椎的負荷（圖 7.17）。此外，因為這項運動本身的功能性，具有「固定點」可產生堅固且穩定的基底，並對上下肢的杵臼關節產生不同面向的拮抗力，如此可對脊椎產生良好的訓練。而一旦有穩定的支撐時，核心就相對具有較多的彈性並可增進爆發力的表現。

軀幹伸展也是一個很好用來說明脊椎負荷的範例[8]，像是**趴姿超人** (prone superman) 可能會產生 4,300 牛頓的負荷（圖 7.18），而四足跪姿對脊椎伸肌的訓練就是一個更好的選擇。**鷹犬** (bird-dog) 對脊椎會產生 3,000 牛頓的負荷，而**趴姿腿伸展** (quadruped leg raise) 所產生的負荷僅約 2,000 牛頓至 2,300 牛頓（圖 7.19）。

另外在健身房內時常看見的運動，**腿部推蹬機器** (leg press machine)，其實是具有潛在危險性的（圖 7.20A），因為容易讓腰椎後凸，而增加壓力在椎間盤上，另一種可用來降低背部負荷的動作選擇，就是進行單腳推伸（圖 7.20B）。其實大可忘了腿部推伸的這種刻板的運動方式，反而以站立深蹲的方式，不僅可加強平衡與運動控制，而且對功能性表現與運動能力具有轉移增進之效。

深蹲 (squats) 這個動作在學習掌握前，通常都會讓自身承擔過多的重量（圖 7.21 與 7.22），如果下蹲太深時，就會牽涉到腿後肌群的柔軟度或腳踝的活動性，使得脊椎的位置

圖 7.17 攪拌鍋運動 (Stir the Pot)。

圖 7.18 趴姿超人 (prone superman)。

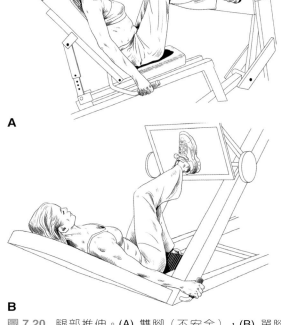

A

B

圖 7.20 腿部推伸。(A) 雙腳（不安全），(B) 單腳（安全）。

圖 7.19 鷹犬 (bird-dog)。

圖 **7.21** 腰椎拱起－錯誤姿勢。

圖 **7.22** 臀部絞鏈 (Hip hinge) －正確姿勢。

圖 **7.23** 有暗榫校準的臀部絞鏈動作 (Hip hinge with dowel cueing)。(A) 不正確，(B) 正確。

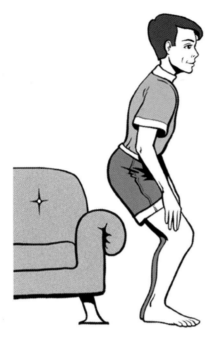

圖 **7.24** 箱上（坐椅扶手）深蹲。

後凸，不過有許多修正方式可以讓深蹲進行時更爲安全，加強或是學習「**臀部絞鏈 (Hip hinge)**」就是其中一種方式（圖 7.23），可更加有效地使用髖關節。透過扶手的使用，或是箱上深蹲也都是對深蹲動作的執行上具有幫助（圖 7.24）。

單腿深蹲 (single leg squats) 是一種具有挑戰性的例子，特別是對膝蓋（圖 7.25），當動作錯誤時對膝蓋的負擔更大。**後腳抬高分腿蹲**又稱保加利亞分腿蹲 (rear foot elevated split squats) 是一種修正動作，也可作爲雙腿深蹲進階到單腿深蹲的轉換動作，不僅可幫助膝蓋有較佳的穩定度表現（圖 7.26），更可降低困難度。

關鍵鏈結在動力錬功能正常化的角色
(THE ROLE OF「KEY LINKS」IN NORMALIZING FUNCTION IN THE KINETIC CHAIN)

肌肉骨骼的問題常會被人以比較窄化的觀點來觀察。像疼痛與它的來源通常會被認爲是相同的，因此容易讓診斷時產生錯誤。而在臨床復健上，透過檢查，並尋找生物力學負荷的來源是非常重要的[30]。身體應被視爲一個相互依存的動力鏈[31]，舉例來說，髖部損傷可能容易使膝蓋或背部受傷（圖 7.27），而胸伸展活

A　　　　　　　　　　　　　　　　**B**

圖 **7.25** 單腳蹲。(A) 開始 (B) 結束。

A   **B**

圖 **7.26** 後腳抬高分腿蹲。**(A)** 開始，**(B)** 結束。

動度降低，可能容易導致肩部或頸部疼痛（圖
7.28）。根據 Cook，「疼痛與功能異常，不論
其源由，都將會影響動作控制，這就是為何我
們最初都專注在最功能異常但無疼痛的患者」
[19]。從訓練的內容來看，核心方面受到影響可
能會導致能量傳遞的漏洞，導致下肢向上肢所
傳遞的力量減少，反之亦然。

　　功能性訓練的目標是確認並改善不佳的運
動形態，其中含蓋了復健與訓練的概念。記住
一點，持續能力比能力更加重要。當動力鏈在
傳遞力量的環節上，有受到影響時，可能導致
力量釋放的減少，進而降低運動表現以及導致
受傷。在功能異常的動作形態中，透過相關的
關節，肌肉或筋膜來進行改善，則有可能來增
進運動表現。而在胸椎和髖關節的活動度，以
及臀部外側 / 骨盆與核心的穩定度缺乏，對運
動系統的影響，則是相當值得重視的。

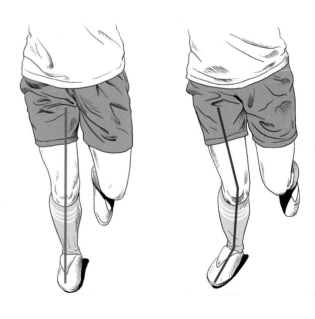

圖 **7.27** 單腳深蹲功能異常。

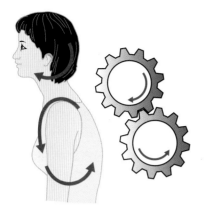

圖 7.28 胸椎伸展功能異常。

胸椎的影響 (Thoracic Spine Influences)

肩關節 (On the Shoulder)

胸椎的手法治療，已被證實對肩關節夾擊症候群是有幫助的 [32-34]，而這在有對照的實驗設計中，也被證實具有效果 [35]。

頸關節 (On the Neck)

研究證實，在頸部疼痛的患者身上，胸椎的活動度下降和頸部疼痛間具有顯著的相關 [36]，Cleland 等人 [37, 38] 則提出，透過胸椎的手法治療，對患有頸部疼痛的患者，是一種相當成功的治療模式。

髖關節的影響 (Hip Influences)

下背 (On the Lower Back)

髖關節外側不穩定和髖關節後側活動性受限，都是會影響它們的上面區域與下面區域的功能性問題。舉例來說，主動的髖關節外展測驗可以預測在長時間站立時發展出腰痛的風險 [39]。

- Whitman 等人 [40] 發現髖關節的治療對腰椎狹窄症 (spinal stenosis) 是一種相當成功的治療方式。
- Cibulka 等人 [41] 指出單側髖關節在關節活動範圍的受限，與骶髂關節疼痛症候群是有相關的。
- Frost [42] 指出為增加臀大肌活化而設計的彈力帶訓練，可以增加更多臀大肌的活化，同時減少脊椎的負荷。

膝關節 (On the Knee)

Cliborne 等人發現髖部功能異常，與關節炎導致的膝蓋疼痛有關聯，而透過髖關節的運動則能改善此情形。而髖關節屈曲肌力的改進，並透過增加髂脛束以及髂腰肌柔軟度，對患有髖股關節疼痛綜合症的患者是一種極佳的改善方式 [44]。

核心的影響 (Core Influences)

頸關節 (On the Knee)

運動員若對核心的神經肌控制的能力下降時，對突如其來的力量釋放以及軀幹的復位能力下降，是會增加膝關節受傷的風險 [45, 46]。尤其，軀幹的本體感覺若是受損，軀幹控制變差時，對膝關節的受傷來說則是可以預期的 [45, 46]。

大腿後肌 (On the Hamstring)

運動員發生了急性大腿後肌拉傷時，在復健計畫中涵蓋了漸進式的敏捷性和軀幹穩定的訓練，比起強調單一的大腿後肌伸展與肌力加強計畫，更加有效，而且對急性拉傷恢復期的縮短以及傷害預防上也是有益處的 [47]。

問題 (Problems)

任何運動員在經歷疼痛時，應該尋求臨床上的診斷。然而，為了回到受傷前的狀態，運動員本身必須了解到在關鍵區域能維持穩定性的價值。舉例來說，就髖關節而言，運動員在進行單腿訓練時應避免膝關節內側的塌陷；而對於腰椎，運動員應避免在活動範圍的終端加上軀幹屈曲運動或是旋轉的動作；而就肩關節來說，運動員應該避免聳肩或向前含胸的動作；在頭或頸部，運動員應避免頭部向前或下巴突出的姿勢；以及在所有姿勢下必須避免胸式呼吸 (breathing apically)。

臨床醫生和防護員應協助他們的運動員建立「錯誤的穩定範圍」，以允許錯誤的發生，誠如 Cook 與 Janda 所說的，重點並非在於能舉起多重的重量或多少下，而是在於動作的品質 [5, 19]。

功能性訓練 (FUNCTIONAL TRAINING)

為了符合增進肌力的需求，肌肉往往必須接受最大或接近最大閾值的訓練（見第 34 章）。而在傳統的健身房訓練內容中，為了達成最大肌力的發展，往往採用單一肌肉的訓練，並都讓身體處在極度穩定的姿勢上進行（像是坐著或躺著），而這也都被普遍認為力量訓練時，效果最好的運動僅發生在一個平面上，且都僅限於單一關節。

相反地，功能性訓練整合了相當多的肌群，並讓身體處在一較差的穩定性，但卻有更多功能性的姿勢，通常會讓動作的進行涵蓋多個關節。如果目標是為了改善在日常生活、工作、運動或休閒娛樂時使用的運動形態，那麼在動作中併入多關節的訓練，則會是較適當的。回想一下，大腦思考的是動作，而非肌肉。為達到最佳的訓練效果，這是全關重要的。

請記住，功能性訓練並不是在生活中進行特殊的動作模仿（見「神經適應」一節）。如果目標是為了增進運動中的持續性和爆發力，那麼平時用來增加這些屬性的訓練就是功能性的。例如，透過「想像在空中飛舞」將對跳遠的表現有所助益，而這是屬於功能性的訓練。或是，透過硬舉訓練可對在美式足球賽後的下背痛有所幫助，而這也是屬於功能性的訓練。

> Cook 提出，「功能性訓練並非是運動的特殊性訓練，它的目的是讓個體在功能性上有所增進」[19]。

諷刺的是，在世界上最強的男子比賽 (World's Strongest Man Competition) 中，肌肉很少發揮出該有的最大能力。根據 McGill 等人提到，「像這一類比賽的訓練，已經有牽涉到運動員專項的肌力需求，然而，因每個關節的三軸關節力矩必須保持平衡以符合工作需求，在這種條件要求之下，許多所謂的「功能性」訓練方法，包括各種肌群在動員時的先天限制」[48]。

在一個相關的研究中，McGill 等人提出，「這種需要力矩平衡以及功能性「導向」的力量需求，是由特定肌群所串聯發展出來的」[49]。而在所謂的功能性運動中，要每個單一肌群都發展出 100% 的最大自主收縮 (MVC) 是不可能的，因為這牽扯到三軸的平衡，而這也與核心肌群在「維持平衡穩定時有關」。即便是外在工作需求是相當激烈的，而肌肉的動員程度仍是有其限度存在。McGill 更進一步提到，「這種限制就是功能性訓練與單一肌群訓練不同的地方，單一肌群訓練時，各種器械有它的限制，卻允許單一肌肉活化到非常高的水準」[49]。

一般來說，在發展跳躍的爆發力時，都會被教導應在 80-95% 的最大肌力，1 到 3 或 5 組的最大反覆 (RMs) 下進行[50-54]。Sotiropoulous 等人[55]證實，以低到中等強度進行半深蹲的動態熱身，在下蹲跳時可增進最大速度。根據 Siff 與 Verkhoshansky[56]，在非最大負荷下的運動，可以讓神經系統有所準備以應付爆發性的活動。

壺鈴 (kettlebell) 是一種新穎的訓練模式，過程中可以涵蓋更多的功能性訓練，因為在訓練時，有著重量分佈以及力矩的特質。Lake 與 Lauder 近來提出，透過壺鈴訓練可有效地增進最大肌力以及爆發肌力（垂直跳）[57]。

腿部的增強式訓練，特別是額狀面的跳躍爆發力，曾被提出與大學棒球選手的投擲速度有關[58]。在大學棒球及壘球選手過頭的藥球投擲中，爆發力與投擲速度間也具有相當的關聯性[59]。表 7.1 列出了一些直立的「功能性訓練」運動。

有些類型的運動是大多數的人不推薦用來在躺椅或椅子進行，而這並非是器材的限制，而因為這些運動多數含有多關節以及多面向。在操作時須維持平衡需求的挑戰，因此需要有相當多的肌群來維持穩定。但因有敏捷、平衡以及協調的要素涵蓋其中，所以在每次的訓練時，都會有很費力的感覺，哪怕是僅用了些許的阻力。

> 倍耐力輪胎廣告的一句經典，「無法控制的爆發力是沒用的 (Power is nothing without control)」。

當在動態運動的過程中，身體重心可以維持在身體的基底上，就可以讓平衡能力達到最大化。一旦當關鍵的關節是功能性的中心點時，作用肌與拮抗肌之間的長度與張力關係，就可以讓穩定性與爆發力最大程度地發揮。

表 7.1　直立的「功能性訓練」運動範例
核心抗旋轉 (pallof press)
跪姿或站姿過頭三頭肌下壓 (cable push)
伐木 (chops) 或提拉 (lifts)
投擲藥球
擺動壺鈴
農夫行走 (farmers walk)
單臂提行走 (suitcase) 或上舉行走 (waiter carries)
平衡延伸 (balance reach)
敏捷訓練
增強式訓練

正面：在進行艱困的直立工作訓練時，自動地對個人產生穩定性的要求。

負面：所創造出穩定性的需求會限制肌肉在最大自主收縮時的表現。

注意：限制肌肉在最大自主收縮時的範圍，並不是代表著功能性訓練有其弱點，而是更多地顯示肌肉的收縮與協調較有效率。

大腦皮質的可塑性 (CORTICAL PLASTICITY)

當一個人正持續經歷疼痛時，防衛是可預期的反應，但卻是具有潛在害處的。Janet Travell 說過，「在受傷後，傷口會癒合，但肌肉卻會去學習，並會發展出防禦受傷的習慣」[60]。相同地，在運動醫學的用語中，Stanley Herring 提到，「受傷的症狀會好轉，但功能性的缺陷仍會持續下去…隨後會發展出適應性的形式」[61]。清楚地，如果防禦的動作一旦經過計畫且持續保有，即便是疼痛已經消失了，那這種不對的運動形態仍會被保有。誠如 Aristotle 說過，「練習無法達到完美，但卻使動作能持續 (Practice doesn't make perfect, it makes permanent.)」。

在踝關節扭傷患者中，即便傷癒了，在受傷側的臀大肌活化上，會有一個明顯延遲的情形出現。Bullock-Saxton、Janda 與 Bullock [62]。

功能性訓練涵蓋了全身運動控制以及特別的注意力，以達成最理想的動作質量。當在進行訓練時，保有這種理想動作的模式，將可提升較多的動作效率，以及在對側和上／下半身運動之間的聯繫上，能有適當的能量傳輸，讓正向的動作學習有理想的傳達。透過這種功能性訓練相關的動作模式，並在安全控制之下，將可對未來能力發展，提供一良好的提升平台。

要進行動作技巧性訓練的最佳時間點即是在青春期之前。因為根據訓練的不同，神經髓鞘和雄性激素都會受到影響[63]。然而，適當的訓練計畫安排，在各種年齡層以及各層級的個人與運動員，都是有益的。

意象訓練 (Visualization)

在 1992 年時，有兩位科學家，Yue 與 Cole，透過實驗證實，心理 (mind) 的力量，勝過肌肉的力量[64]。該實驗中包含 2 組，第一組針對他們的小拇指進行肌力訓練，每週進行 5 次，共進行 4 週；另一組則透過意象的方式進行相同頻率與時間訓練。結果在真實訓練組中，肌力增進了 30%，而單純透過意象做肌力訓練的一組，肌力增進了 22%。

神經生理學的研究推測，透過心智訓練 (mental practice)，是有可能不透過實際的肌力訓練增進肌力[64, 65]。Yue 對神經指令對最大自主收縮能力的效果提出，「從大腦下達肌肉進行最大自主收縮的指令是固定的嗎？」若答案為是的話，就只能透過增加肌肉量以及肌肉協調性來增進肌力。若答案為否的話，那麼就可以透過訓練，增加大腦對神經肌系統下達的神經指令，或只針對神經系統，來增進肌力表現。

心智訓練也同樣被證明能有效地增加小拇指在外展的肌力表現[66]。而這些受過心智訓練的人在大腦皮質電位，確實是有明顯的增加，而導致能對自主收縮肌力有直接的提升。心智訓練也被證實對腳踝背屈肌肉的肌力提升，具有幫助，而這對走路是有直接的助益[67]。而單側肢段經過訓練後，在對側肢段的肌力也會跟著提升，即便是對側肢段沒有進行訓練[68]。沒有障礙的一般人進行心智訓練，可讓力量的產生有所增加，這樣的結果類似於身體上的訓練。

這些發現其實不太會令人感到驚訝，因為就像是在阻力訓練的初始階段一樣，肌力的提升並非來自於肌肉結構的變化，而肌肥大的結果就是可以動員更多的收縮單位，但這卻是需要花費數週的時間才能達成[69, 70]。在訓練開始階段的肌力提升主要是因為神經適應所導致的[69, 71]。而神經適應的可能機制則包含更多的神經單位活化[72]、協調性增加[73]以及拮抗肌的收縮減少[74]。

先前研究已提出，神經肌肉活動可使大腦運動皮質去發展運動基格 (motor schema)[75]或指導所控制的肌肉運動的神經節[76]。從認知上來進一步解釋，研究人員提出，心智訓練是透過提高動作的準備和預期 (anticipation)，而不是運動的執行[77]。這方面的論點，是源自於經過心智訓練之後，由正子斷層掃描發現前額皮層內側的活性增加，小腦的活性呈現下降所發現的[77]。

髓鞘形成 (Myelination)

Coyle 在他的書中 (The Talent Code) 提到，技能是學習而來的，並非是天生的[78]，而這代表

的就是透過練習讓一切變成可能。若學生本身充滿動機，並有合適的老師，而這樣就如 Maslow 所說的，人的潛力會是無限的[79]。新神經路徑髓鞘的形成是才能背後重要的神經科學。

- 讓不熟悉的運動形態轉變為熟悉的運動形態。
- 透過最辛苦與最功能相關的動作，一個人就能有好的表現。
- 「過程中我們學習讓一切變成自動化，並就這樣變成潛意識的一部分」[78]。

> 「重複，直到讓它變成自動表現，這點的重要性是不能被低估的」Wooden[80]。

髓鞘形成是一個被低估的機制，而這其中代表著神經系統是具有可塑性。一個研究報告指出，透過大量的鋼琴演奏練習，可增加髓鞘形成，孩童階段長時間練習鋼琴，可增加大腦內囊後肢段的髓鞘形成，以及額葉的纖維束比例，這些區域分別對不同的手指動作進行感覺 - 運動的指令，同時並整合了聽覺區以及大腦皮質來協調雙手運動。在青春期，從顳枕葉皮質區大腦半球間的纖維發現髓鞘的增加，而這分別涵蓋了聽覺和視覺處理區域，到成年後，在弓狀束 (arcuate fasciculus) 發現了髓鞘形成的增加，而這個區域是用來連結顳區與額葉區的。因此。不斷透過練習，是會對神經結構產生影響的[81]。

嚴格來說，透過活動練習，髓鞘形成並不能認為是發展的事件[82]，初步的研究結果推測，透過活動練習所造成的髓鞘形成並不受限於視覺系統或是出生後的初期發展[83]。

在動作學習時，大腦中各區域的神經活性會根據動作技能所需完成的程度，而有所變化[84-86]。最近的一項人類參與的研究顯示，針對運動技能進行身體訓練與心智訓練後，對於表現產生同樣的效果，也在主要運動皮質產生相同的適應形態[86]。

而神經系統在這方面的可塑性，與突觸周圍的膠質細胞對突觸的功能與調節也是有關，現在值得更進一步的探討，就是髓鞘神經膠質（許旺細胞以及寡突細胞）的可能性角色[22, 23, 87]。就像是教練或訓練員設計出了訓練課表，而這樣的訓練影響運動員的動作記憶，透過大腦中特定區域來處理這些動作計畫的準備與執行，並讓它加速完成[88]。

考量到在突觸與功能可塑性上要產生改變的困難性，髓鞘形成似乎就相對快速[89]。透過活動所增進的髓鞘形成機制，則是會依照其功能性以及環境經驗而調節髓鞘的形成[90]。

> 「知識不是技巧，知識搭配上萬次的練習才是技巧」Suzuki[90]。

目標應該是訓練神經系統，而非是訓練肌肉。無論是在運動或在臨床上，我們現在知道了，人的心靈 (mind) 是可以被改變的。

用來提升一個新動作學習的步驟

激發 (Fire)
接通 (Wire)
封存 (Seal)

神經適應 (NEURAL ADAPTATION)

與 SAID 的原則一致，運動系統將針對其要求的形態而有特別的適應。訓練效果包含速度[91, 92]以及位置（像是關節角度）特殊性[93, 94]。證據顯示，訓練會導致距離與速度上特殊的改變[93-95]。舉例來說，長距離的跑者會增進心肺耐力，而非是速度，相同的，規律的阻力訓練在高阻力低反覆的模式下，會導致肌力或爆發力的提升，但對耐力僅有些許幫助。

在肌肉延長的狀況下負載收縮使其作「負」功，並無法達成讓肌肉產生向心收縮的訓練效果。另一個例子，像是在某個動作關節活動範圍中，僅針對小範圍的關節活動作訓練，這樣的訓練並無法在全關節活動範圍的運動時產生訓練效益。因此，運動員的訓練計畫在設計時，應針對肌肉的特殊性適應、關節活動範圍以及工作需求來做設計。

雖然離心性的訓練並不太會直接的增進向心收縮肌力，但對爆發力的表現仍是相當重要的。在動態動作過程中，從瞬間的等長階段會緊接著離心收縮，接著再進行向心收縮，因此運動員訓練過程中，離心收縮的訓練也是相當重要的。而增進對離心性負荷的處理，則是可以提升動力鏈的轉換過程，以產生較大的向心（爆發性）收縮。根據 Dietz 與 Peterson，「增進運動表現的關鍵即在於用較少的時間來產生較多的力氣，而一旦運動員可以吸收更多離心

性的力量時，相對地，就可以達成以較少的時間來發展出較大的向心收縮[96]」。發力率發展 (Rate of Force (ROF) Development) 的概念，會在第 28 與 34 章中討論到。

對於運動訓練的神經適應，一般都很容易就輕忽了。事實上，單純從神經這個層級來作加強就可以獲得肌力的提升了[71]。當運動員的運動能力和功能性表現都得到提高，例如發力率，那麼教練就可以預期到在之後的訓練課表中，可讓運動員達到怎樣的適應結果（見第 34 章）。在神經生理發生改變之後，形態學也接著改變（如肌纖維的大小）。而透過運動單位招募頻率或是神經元同步性的檢測可得到確認。Enoka 提到，「雖然單一肌肉可產生的最大力量是藉由橫斷面積所決定，但在肌力與肌肉大小間的關係，是低相關的，神經的改變在形態的變化之前發生」[71]。

而越貼近實際環境需求的練習活動（像是對神經肌肉收縮、全身協調性以及速度），從中則可獲得更多的進步，這被稱為轉移的訓練效果。因此，如果訓練計畫沒有針對個體的特定功能需求，那麼目標就無法實現。

關於訓練上的爭議

在訓練中並非是要去提倡運動的「模仿秀」，訓練最重要的用意即在於讓功能異常獲得改善。「訓練的目的不是去教何為完美的模式，而應該是針對關鍵性的錯誤來進行糾正」Lewit[98]。

為了要有神經適應的發生，必須要在能力的極限上進行訓練，這就是所謂的閾值。根據 McArdle 與 Katch，「必須要有一適當的壓力下，系統才能產生適應，而一旦低於這個水準，僅會有些許的或完全沒有改變」。此外，「運動強度也是如此，只有在運動強度處於或接近現有的最大能力時，才能引起系統的適應，進而增進運動表現」[2]。

長期的運動員發展和參與
(LONG-TERM ATHLETIC DEVELOPMENT AND PARTICIPATION)

北美地區已有越來越多的坐式生活型態者（見第 34 章）。美國人每天約走 5,000 步、西澳洲或瑞士約接近 10,000 步，而日本人約是 7,000 步[99]。研究顯示，阿米西（Amish，美國的原始部落）男性每日約走 18,000 步，而阿米希女性每日約走 14,000 步，而這代表著現今的生活形態會影響著我們的活動量[100]，而近來的研究顯示，42% 的男孩與 21% 的女孩，身體活動量是不足的[101]，正因如此，孩童肥胖與糖尿病的情形持續升高。

提早的專門化訓練 (Early Specialization)

許多人通常會有一個「越多越好」的觀念，而年輕的運動員在小時候，應廣泛地參與各種有組織的運動[102]。雖然提早專門化訓練（致力於某一項運動）可能讓他們在年紀小時就有較多的成功[103-105]，但事實上，提早的專門化訓練，以及訓練與比賽的比率過低，則是會增加受傷的風險[106]以及產生過度使用的傷害，例如應力性骨折和生長板受傷。但考量到往後的大學獎學金以及職業合約，家長與年輕運動員應記得，應確認在有健全的發展之下，再去做運動項目的選擇。

其實就目前的觀察來看，在一些運動項目，例如棒球、舉重等，並沒有任何一個世界冠軍是低於 18 歲的，但像有一些較特別的項目，提早專門化訓練是需要的，像是體操或是花式溜冰。然而，即便是這些項目，也應當避免過度訓練的產生。

適當的訓練年齡
(Chronological versus Biological Age-Appropriate Training)

有適當的技能訓練是必須的，因為歲月年齡與生物年齡間並不是相當的。在身材方面成熟度的差異，大約 7 歲是顯而易見的[107]。在青少年時期鼓勵參加各種運動的原因是為了促進基本動作技能 (fundamental movement skills, FMS)，以及透過不同項目的運動策略學習，來增加有益的心智發展[108]。而先前的研究已證實了，青春期前期是發展 FMS 的理想時機[63, 109, 110]，而事實上，FMS 的發展應在「快速生長高峰 (peak height velocity)」之前[111]。因此，若孩童的發育較早出現時，就應該早點開始這種協調性的訓練，而訓練過程中，必須同時包含挑戰以及樂趣，不要太難也不要太容易，特別是青春期之前。如此才能讓孩童保有能量以及維持動機[112, 113]。

適合性別的訓練 (Gender-Appropriate Training)

不論是女孩或是女性，相較於同年齡的男孩或男性，在體能特質上都是不同的。比如在青春期，男孩在垂直跳增加的幅度大於女孩[114, 115]，以及在髖關節外展肌力也是如此[116, 117]。

Ford 指出，青春期女孩在著地時通常會有一種不正常的跳躍落地的生物力學傾向，而這會隨著時間累積而變嚴重[118, 119]。而女性學童及大學運動員，都比男性有較高的膝關節受傷的風險（例如，非接觸式前十字韌帶受傷）[120, 121]。在女性青春期後有許多種類的危險因子已經被證實，但透過神經肌肉訓練的搭配，則是可以增進這些生物力學上的表現，並降低受傷的因子[122-125]，而且運動員所需的要素（平衡、敏捷和垂直跳高度）也都是有所增進的[126]。

神經肌肉訓練與肌力訓練
(Neuromuscular Training versus Strength Training)

神經肌肉整合訓練對傷害預防來說，是必須的。運動員的下肢承受的地面反作用力，通常是自身體重的 5-7 倍[127-129]，而神經肌肉整合訓練則是可以降低年輕運動員受傷機率達 15-50%[130]。神經肌肉整合訓練的訓練計畫，應涵蓋肌力與爆發力訓練（改良後的上膊、提拉、推撐）以及增強式訓練（像是單腳或雙腳的深蹲跳），而這些訓練方式包含了阻力以及動作控制的元素，並證實可降低運動相關傷害的發生率[123, 131, 132]，包括足球與美式足球[131, 133-135]。

肌力的發展可降低運動中發生傷害的風險[134]，先前研究證實，重量訓練可加快傷後復出時間，雖然對青少年選手在骨骼發育成熟前，進行重量訓練是否安全仍存在著爭議[136-138]，有些人提出應要具備充足的準備，以及阻力訓練應該有的技巧後再來進行，但有些人則建議「越早越好」[112, 139, 140]。

監控的品質以及技巧水準會直接影響到受傷與否[141]，不論是在學校或娛樂場所，未受過訓練的年輕運動員容易高估自身能力進而提升了本身受傷的風險[141-144]。在沒有監控下進行舉重運動、阻力訓練或是增強式訓練，是應該要避免的，因為會有較多的受傷風險[144-146]。三分之二的青春前期運動員（8-13 歲）在進行重量訓練時容易因「舉」與「放」的過程，造成手與腳的受傷，因此，若無監控下，應避免進行這一類的訓練[144]。

其他造成青少年運動受傷的因素包含：運動強度、運動量、頻率、比賽或是沒有充足的恢復[147-149]。而適當的傷害預防計畫應包含適當的監控與訓練，並同時涵蓋阻力訓練與基本動作訓練，採用漸進的方式，隨著時間做訓練量與訓練強度的調整（即所謂週期化訓練）。在沒有計畫下訓練，特別是年輕運動員，容易導致災難的產生，因此在一個長期的規劃中，應涵蓋著「學習做訓練 (learning to train) 階段」以

及「訓練做比賽 (training to compete) 階段」。

專業的監控人員應辨別出過度訓練的訊號以及徵兆，包含：持續 1-2 天的肌肉痠痛、表現下降、經常性上呼吸道感染、睡眠或食慾改變、自信心不足、情緒波動等[111, 149, 150]。另外也包括心率變異性的改變，或是上舉的速度或重量下降。而青少年運動的訓練週期課表中應涵蓋較少的激烈訓練[151]。此外，在新的訓練期開始之前，應事先準備並檢視過，以確定是否有哪些基本動作訓練是應具備的[111, 116, 128, 141]。

老人的阻力訓練
(Resistance Training in the Elderly)

隨著老化的到來，肌力與肌肉量的降低是不可避免的結果。到 60 歲時，肌肉量每 10 年約減少 3-6%[152]。然而，近來的研究推測，隨著老化而導致的肌肉減少，也就是肌少症 (sarcopenia)，是可以透過增加身體活動量來預防的[153, 154]。在相當年長的老人身上（90 多歲），阻力訓練已被證實是一種安全的運動模式，而且可以顯著增加肌力並提升功能性移動能力[155]。醫療保健專業人士和公衛領域往往都僅專注年齡導致的骨密度下降，容易忽略了肌肉方面的改變。

在肌力訓練領域中，1RM (one repetition maximum) 是一種最被公認且接受的測試[156]，這種測試對密集從事阻力訓練的人來說，是一相當有價值的評估，而對患有心臟病的人以及老年人也都適用[157]。研究證據顯示，年長者以 80% 的 1RM 的強度進行訓練，在肌力與功能性表現均有所增進[158, 159]。而對老年人來說，阻力訓練可降低安靜時的血壓，而對不論是否患有高風險心臟疾病的年長者來說，證據顯示阻力訓練是相當安全的[160-162]。

根據 DiFabio[157]，在年長者進行 1RM 測試前，有些事先準備是必需的：

- 確認關節活動範圍內並無疼痛感，測量時不能超過安全無痛的範圍。
- 避免努責現象。
- 動作測驗必需在慢速受控制的情況下進行。

復健以及訓練的角色
(THE ROLE OF REHABILITATION AND TRAINING)

當運動員面臨受傷風險或運動表現降低時，復健與訓練應針對運動員所面臨到的缺陷，給予運動能力與功能性的協助。而過往功能性檢測應確定出個人的活動需求，實際上，

表 7.2	正常化故障的運動形態
活動僵化的部位	
加強虛弱的部位	
從自動化的基礎上，重新訓練功能性運動形態	

需求什麼往往也就是造成問題的原因。如果這種需求是造成運動受限或活動困難的，我們稱之為活動不耐。而對病患或運動員來說，功能性的檢測應該能明確指出功能性缺陷之處為何。然而能力與要求間的差距，則往往是造成受傷的風險（見表 7.1）或影響運動表現的因素。所以復健或訓練的用意即在減少這部分的差異。一旦本身能力大於要求，就會有所謂「容許犯錯的空間」[163]。而建立功能性能力的過程其實是簡單的，就是正常化會引起反覆過勞之錯誤運動形態（表 7.2）。

在面對疼痛管理與運動的發展，可參考下列步驟：

- 再確認及恢復：診斷分類、減少威脅、緩和治療（手法治療、藥物、儀器治療）、降低發炎、符合人體工學的建議（省力策略）
- 復健：功能性運動模式評估、動作控制訓練（穩定性）、活動性訓練、心肺訓練
- 重建：功能性評估、耐力、肌力、敏捷性、速度與爆發力訓練

訓練方法 (Training Methods)

確保訓練是安全、效率且效益是相當重要的。為了達到這幾點，必須要確保是沒有疼痛的功能障礙（FMS 分數為 1），如此才能明確動力鏈中生物力學超負荷的來源。

表 7.3	運動的型態
感覺－運動	
呼吸	
核心穩定 / 動作控制	
胸椎活動度	
髖關節活動度	
橋式	
深蹲 / 弓箭步	
功能性前伸	
肩胛胸廓關節促進	
動態神經肌肉促進	
推 / 拉（水平面與垂直面）	

表 7.4	復健的工具
平衡板 / 墊	
海綿滾筒	
健身球	
藥球	
彈力帶 / 拉力繩	
彈力管	
啞鈴	
壺鈴	
槓鈴	

有許多不同的運動可以整合至訓練中（表 7.3），另外有許多低技巧性的工具（表 7.4）以及課表（表 7.5）可納入復健與訓練中使用。訓練應考量到功能性訓練範圍 (functional training range, FTR)，而這點如 Morgan 所解釋的，「在這個範圍應該是不會感到疼痛，並且能讓動作的進行很順利」，因此訓練的目標應在擴大 FTR，直到本身的能力大於外界的需求，才能會有「容許犯錯的空間」。而在期內 (within-session)（見第 5 章）擴大 FTR，對往後所需提升的訓練適應，也是關鍵的（見第 34 章）。

為了使訓練過程有效率，在遵從性與動機的要求是相當高的，如此才能合理地預期到結果。避免過度強調內在線索，應該強調外在線索，透過目標或動作導向的言語暗示，而不是解釋肌肉收縮或關節的位置，例如現在要做一個臀部拱橋的動作時，「讓你的腳後跟靠近地面」就是一個很好的提示，而非是「讓你的臀部肌群收縮」。如 Janda 所說的，「盡量減少自覺意識階段並且去發覺外在事物，自然就會又快又好的完成了」[5]。

表 7.5	進度
從穩定到不穩定	
從單關節到多關節	
從單一到整合	
從單一平面到三平面	
從未負重到負重	
從發育未成熟到成熟（較高發展的水準）	
從被動模式到主動協助	
從主動協助到主動無協助	
從主動無協助到主動阻力	

> 「最好由問題本身來做修正，而不需要任何言語或視覺回饋的」Cook [19]。

> 「首先，正確的操作，接著再反覆操作」Cook [19]。

結論 (CONCLUSIONS)

在復健與訓練這兩個領域中，我們強調了運動控制，同時並減少單一肌群與關節的使用，這一個新模式的重點是增加活動以及持續運動參與的意願。而病患與運動員都是在尋求活動不耐的降低、增進運動表現、重回運動場上表現以及傷害的預防或復發。

在復健、肌力與體能訓練這兩個領域中，仍有許多圭臬不容挑戰似的，然而，這些過往的成功仍是有些許缺陷存在，就像是低品質的運動、低品質的訓練方式，都是必須被評估、改進並再評估。儘管這樣的信念或做法被一些人認為是批評或質疑，本書仍將試圖拆穿一些神話，同時提出了替代方案，並以科學為基礎來進行解釋。

參考文獻 (REFERENCES)

1. Gambetta V. Athletic Development: The Art & Science of Functional Sports Conditioning. Champaign, IL: Human Kinetics; 2007.
2. McArdle WD, Katch FI, Katch VL. Exercise Physiology, Energy, Nutrition and Human Performance, Chapter 20. 3rd ed. Philadelphia, PA: Lea Febiger; 1991:384–417.
3. Arnason A, Sigurdsson SB, Gudmondsson A, Holme I, Engebretsen L, Bahn R. Risk factors for injuries in soccer. Am J Sports Med 2004;32(1s):5s–16s.
4. Arnason A, Sigurdsoon SB, Gudmonnson A, et al. Physical fitness, injuries, and team performance in soccer. Med Sci Sports Exerc 2004;36(2):278–285.
5. Janda V, Frank C, Liebenson C. Evaluation of muscle imbalance. In: Liebenson C, ed. Rehabilitation of the Spine: A Practitioner's Manual. Philadelphia, PA: Lippincott Williams & Wilkins; 2007:203–225.
6. Biering-Sorensen F. Physical measurements as risk indicators for low back trouble over a one year period. Spine 1984;9:106–119.
7. Verstegen M, Williams P. Core Performance: The Revolutionary Workout Program to Transform your Body and your Life. United States: Rodale; 2004.
8. McGill SM. Low Back Disorders: The Scientific Foundation for Prevention and Rehabilitation. Champaign, IL: Human Kinetics; 2002.
9. Hasenbring M. Attentional control of pain and the process of chronification. In: Sandkuhler J, Bromm B, Gebhart GF, eds. Progress in Brain Research. Volume 129. Amsterdam: Elsevier; 2000:525–534.
10. Butler D, Moseley L. Explain Pain. Adelaide, Australia: Noigroup Publications; 2003.
11. Vlaeyen JWS, Morley S. Active despite pain: the putative role of stop-rules and current mood. Pain 2004;110:512–516.
12. Harding V, Williams AC de C. Extending physiotherapy skills using a psychological approach: cognitive-behavioural management of chronic pain. Physiotherapy 1995;81:681–687.
13. Harding VR, Simmonds MJ, Watson PJ. Physical therapy for chronic pain. Pain—Clin Updates, Int Assoc Study Pain 1998;6:1–4.
14. Linton SJ. Cognitive-Behavioral Therapy in the Early Treatment and Prevention of Chronic Pain: A Therapist's Manual for Groups. Orebro; 2000.
15. Jamieson J. The Ultimate Guide to HRV Training. Seattle, WA: Performance Sports Inc.; 2012:20p.
16. Dietz C, Peterson B. A Systematic Approach to Elite Speed and Explosive Strength Performance: Bye Dietz Sports Enterprise. Hudson, WI; 2012.
17. Janda V. Muscles, central nervous motor regulation and back problem. In: Korr IM, ed. The Neurobiologic Mechanisms of Manipulative Therapy. New York, NY: Plenum Press; 1978:27–41.
18. Janda V. On the concept of postural muscles and posture in man. Aust J Physiother 1983;29:83–84.
19. Cook G. Movement: Functional Movement Systems. Aptos, CA: On Target Publications; 2010.
20. Fisher DD, Worchester TK, Lair J. I Know You Hurt, But There's Nothing to Bandage. Beaverton, OR: Touchstone Press; 1978.
21. Gosselin RD, Suter MR, Ji RR, Decosterd I. Glial cells and chronic pain. Neuroscientist 2010;16(5):519–531.
22. Watkins LR, Maier SF. Beyond neurons: evidence that immune and glial cells contribute to pathological pain states. Physiol Rev 2002;82:981–1011.
23. Watkins LR, Milligan ED, Maier SF. Immune and glial involvement in physiological and pathological exaggerated pain states. In: Dostrovsky JO, Carr DB, Kolzenburg M, eds. Progress in Pain Research and Management. Seattle, WA: IASP Press; 2003:369–386.
24. Melzack R. Pain and the neuromatrix in the brain. J Dental Educ 2001;65:1378–1382.
25. Blankenburg F, Ruff CC, Deichmann R, Rees G, Driver J. The cutaneous rabbit illusion affects human primary sensory cortex somatotopically. PLoS Biol 2006;4:e69.
26. Panjabi MM. The stabilizing system of the spine. Part 1. Function, dysfunction, adaptation, and enhancement. J Spinal Disord 1992;5:383–389.
27. Granata KP, Marras WS. Cost-benefit of muscle cocontraction in protecting against spinal instability. Spine 2000;25:1398–1404.
28. Marras WS, Mirka GA. Muscle activities during asymmetric trunk angular accelerations. J Orthop Res 1990;8:824–832.
29. Gardner-Morse MG, Stokes IAF. The effects of abdominal muscle coactivation on lumbar spine stability. Spine 1998;23:86–92.

30. Kibler WB. Shoulder rehabilitation: principles and practice. Med Sci Sports Exerc 1998;30(4 Suppl):S40–S50.

31. Wainner RS, Whitman JM, Cleland JA, Flynn TW. Regional interdependence: a musculoskeletal examination model whose time has come. J Orthop Sports Phys Ther 2007;37(11):658–660.

32. Bang MD, Deyle GD. Comparison of supervised exercise with and without manual physical therapy for patients with shoulder impingement syndrome. J Orthop Sports Phys Ther 2000;30:126–137.

33. Bergman GJ, Winters JC, Groenier KH, et al. Manipulative therapy in addition to usual medical care for patients with shoulder dysfunction and pain: a randomized, controlled trial. Ann Intern Med 2004;141:432–439.

34. Muth S, Barbe MF, Lauer R, McClure PW. The effects of thoracic spine manipulation in subjects with signs of rotator cuff tendinopathy. J Orthop Sports Phys Ther 2012;42(12):1005–1016.

35. Boyles RE, Ritland RM, Miracle BM, et al. The short-term effects of thoracic thrust manipulation on patients with shoulder impingement syndrome. Man Ther 2009;14: 375–380.

36. Norlander S, Nordgren B. Clinical symptoms related to musculoskeletal neck-shoulder pain and mobility in the cervico-thoracic spine. Scand J Rehabil Med 1998;30: 243–251.

37. Cleland JA, Childs JD, McRae M, et al. Immediate effects of thoracic manipulation in patients with neck pain: a random- ized clinical trial. Man Ther 2005;10:127–135.

38. Cleland JA, Childs JD, Fritz JM, Whitman JM, Eberhart SL. Development of a clinical prediction rule for guiding treatment of a subgroup of patients with neck pain: use of thoracic spine manipulation, exercise, and patient educa- tion. Phys Ther 2007;87:9–23.

39. Nelson-Wong E, Flynn T, Callaghan JP. Development of active hip abduction as a screening test of identifying occupational low back pain. J Orthop Sports Phys Ther 2009;39:649–657.

40. Whitman JM, Flynn TW, Childs JD, et al. A compari- son between two physical therapy treatment programs for patients with lumbar spinal stenosis: a randomized clinical trial. Spine 2006;31:2541–2549.

41. Cibulka MT, Sinacore DR, Cromer GS, et al. Unilateral hip rotation range of motion asymmetry in patients with sacro- iliac joint regional pain. Spine 1998;23:1009–1015.

42. Frost DM, Beach T, Fenwick C, et al. Is there a low-back cost to hip-centric exercise? Quantifying the lumbar spine compression and shear forces during movements used to overload the hips. J Sports Sci 2012;30:859–870.

43. Cliborne AV, Wainner RS, Rhon DI, et al. Clinical hip tests and a functional squat test in patients with knee osteoar- thritis: reliability, prevalence of positive test findings, and short-term response to hip mobilization. J Orthop Sports Phys Ther 2004;34:676–685.

44. Tyler TF, Nicholas SJ, Mullaney MJ, et al. The role of hip muscle function in the treatment of patellofemoral pain syn- drome. Am J Sports Med 2006;34:630–635.

45. Zazulak BT, Hewett TE, Reeves NP, et al. Deficits in neuro muscular control of the trunk predict knee injury risk: a pro- spective biomechanical-epidemiologic study. Am J Sports Med 2007;35:1123–1130.

46. Zazulak BT, Hewett TE, Reeves NP, et al. The effects of core proprioception on knee injury: a prospective biomechanical- epidemiological study. Am J Sports Med 2007;35:368–373.

47. Sherry MA, Best TM. A comparison of 2 rehabilitation pro- grams in the treatment of acute hamstring strains. J Orthop Sports Phys Ther 2004;34(3):116–125.

48. McGill SM, McDermott A, Fenwick CMJ. Comparison of different strongman events: trunk muscle activation and lumbar spine motion, load, and stiffness. J Strength Cond Res 2009;23(4):1148–1161.

49. McGill SM, Karpowicz A, Fenwick CMJ, Brown SHM. Exercises for the torso performed in a standing posture: spine and hip motion and motor patterns and spine load. J Strength Cond Res 2009;23(2):455–464.

50. Clark RA, Bryant AL, Reaburn P. The acute effects of a single set of contrast preloading on a loaded countermovement jump training session. J Strength Cond Res 2006;20:162–166.

51. Comyns TM, Harrison AJ, Hennesey LK, Jensen R. The optimal complex training rest interval for athletes from anaerobic sports. J Strength Cond Res 2006;20:471–476.

52. Deutsch M, Lloyd R. Effect of order of exercise on perfor- mance during a complex training session in rugby players. J Sports Sci 2008;26(8):803–809.

53. Kilduff LP, Bevan HR, Kingsley MIC, et al. Postactivation potentiation in professional rugby players: optimal recovery. J Strength Cond Res 2007;21:1134–1138.

54. Weber KR, Brown LE, Coburn JW, Zinder SM. Acute effects of heavy-load squats on consecutive squat jump per- formance. J Strength Cond Res 2008;22(3):726–730.

55. Sotiropoulous K, Smilios I, Christou M, et al. Effect of warm-up on vertical jump performance and muscle electri- cal activity using half-squats at low and moderate intensity. J Sports Sci Med 2012;9:326–331.

56. Siff MC, Verkhoshansky YV. Supertraining: A Textbook on the Biomechanics and Physiology of Strength Conditioning for all Sport. Pittsburgh, PA: Sports Support Syndicate; 1996.

57. Lake JP, Lauder MA. Kettlebell swing training improves maximal and explosive strength. J Strength Cond Res 2012;26(8):2228–2233.

58. Lehman G, Drinkwater EJ, Behm DG. Correlations of throwing velocity to the results of lower body field tests in male college baseball players. J Strength Cond Res 2013;27(4):902–908.

59. Green CM. The Relationship between Core Stability and Throwing Velocity in Collegiate Baseball and Softball Players. Thesis; 2005.

60. Travell JG. Basic Principles of Myofascial Pain. November 1, 1984. (Presented at the Palm Springs Seminars, Inc., Novem- ber 2–6, 1984 and to the DC Dental Society, April 16, 1985).

61. Herring SA. Rehabilitation of muscle injuries. Med Sci Sports Exerc 1990;22:453–456.

62. Bullock-Saxton JE, Janda V, Bullock MI. The Influence of Ankle Sprain Injury on Muscle Activation During Hip Extension. Int J Sports Med 1994;15:330–334.

63. Kraemer WJ, Fleck SJ, Callister R, et al. Training responses of plasma beta-endorphin, adrenocorticotropin, and corti- sol. Med Sci Sports Exerc 1989;21:146Y53.

64. Yue GH, Cole KJ. Strength increases from the motor program: comparison of training with maximal volun- tary and imagined muscle contractions. J Neurophysiol 1992;67:1114–1123.

65. Smith M, Sparkes V, Busse M, Enright, S. Upper and lower trapezius muscle activity in subjects with subacromial impingement symptoms: is there imbalance and can taping change it? Phys Ther Sport 2009;10(2):45–50.

66. Ranganathan VK, Siemionow V, Liu JZ, Sahgal V, Yue GH. From mental power to muscle power – gaining strength by using the mind. Neuropsychologia 2004;42(7):944–956.

67. Sidaway B, Trzaska A. Can mental practice increase ankle dorsiflexion torque? Phys Ther 2005;85(10):1053–1060.

68. Houston ME, Froese EA, Valeriote SP, Green HJ, Ranney DA. Muscle performance, morphology and metabolic capacity during strength training and detraining: a one-leg model. Eur J Appl Physiol 1983;51:25–35.

69. Sale D, MacDougall D. Specificity in strength training: a review for the coach and athlete. Can J Sport Sci 1981;6:87.

70. Moritani T, deVries HA. Neural factors versus hypertrophy in the time course of muscle strength gain. Am J Phys Med 1979;58:115–130.

71. Enoka RM. Neuromechanical Basis of Kinesiology. Champaign, IL: Human Kinetics Books; 1988.

72. Belanger AY, McComas AJ. Extent of motor unit activation during effort. J Appl Physiol 1981;51:1131–1135.

73. Rutherford OM, Jones DA. The role of learning and coordination in strength training. Eur J Appl Physiol Occup Physiol 1986;55:100–105.

74. Carolan B, Cafarelli E. Adaptations in coactivation after isometric resistance training. J Appl Physiol 1992;73: 911–917.

75. Hale BD. The effects of internal and external imagery on muscular and ocular concomitants. J Sports Psychol 1982;4:379–387.

76. MacKay DG. The problem with rehearsal or mental practice. J Mot Behav 1981;13:274–285.

77. Jackson PL, Lafleur MF, Malouin F, et al. Functional cerebral reorganization following motor sequence learning through mental practice with motor imagery. Neuroimage 2003;20:1171–1180.

78. Coyle D. The Talent Code. New York, NY: BantamDell; 2009.

79. Maslow A. Toward a Psychology. New York, NY: Van Nostrand; 1962.

80. Nater S, Gillimore R. You Haven't Taught Until They Have Learned: John Wooden's Teaching Principles and Practices. Fitness Information Technology: West Virginia University, Fitness Info Tech; 2010.

81. Yakovlev PI, Lecours A-R. The myelogenetic cycles of regional maturation of the brain. In: Minkowski A, ed. Regional Development of the Brain in Early Life. Oxford, UK: Blackwell Scientific; 1967:3–70.

82. Fields RD. Myelination: an overlooked mechanism of synaptic plasticity? Neuroscientist 2005;11(6):528–531.

83. Markham J, Greenough WT. Experience-driven brain plasticity: beyond the synapse. Neuron Glia Biol 2004;1(4): 351–363. doi:10.1017/S1740925X05000219.

84. Karni A, Meyer G, Jezzard P, Adams MM, Turner R, Ungerleider LG. Functional MRI evidence for adult motor cortex plasticity during motor skill learning. Nature 1995;337: 155–158.

85. Pascual-Leone A, Grafman J, Hallett M. Modulation of cortical motor output maps during development of implicit and explicit knowledge. Science 1994;263:1287–1289.

86. Pascual-Leone A, Nguyet D, Cohen LG, Brasil-Neto JP, Cammarota A, Hallett M. Modulation of muscle responses evoked by transcranial magnetic stimulation during the acquisition of new fine motor skills. J Neurophysiol 1995;74:1037–1045.

87. Brown J, Cooper-Kuhn CM, Kempermann G, Van Praag H, Winkler J, Gage FH. Enriched environment and physical activity stimulate hippocampal but not olfactory bulb neurogenesis. Eur J Neurosci 2003;17:2042–2046.

88. Wymbs NF, Grafton ST. Neural substrates of practice structure that support future off-line learning. J Neurophysiol 2009;102(4):2462–2476.

89. Ishibashi T, Dakin KA, Stevens B, et al. Astrocytes promote myelination in response to electrical impulses. Neuron 2006;49(6):823–832.

90. Suzuki S. Knowledge Plus Ten Thousand Times is Skill. 2011. www.musicinpractice.com/2011/knowledge-plus-ten-thousand-times-is-skill.

91. Moffried MT, Whipple RH. Specificity of speed exercise. Phys Ther 1970;50:1693.

92. Caizzo VJ, Perine, JJ, Edgerton VR. Training-induced alterations of the in vivo force-velocity relationship of human muscle. J Appl Physiol 1981;51:750.

93. Bender JA, Kaplan HM. The multiple angle testing method for the evaluation of muscle strength. J Bone Joint Surg [Am] 1963;45A:135.

94. Meyers C. Effects of 2 isometric routines on strength, size and endurance of exercised and non-exercised arms. Res Q 1967;38:430.

95. Boucher JP, Cyr A, King MA, et al. Isometric training overflow: determination of a non-specificity window. Med Sci Sports Exerc 1993;25:S134.

96. Dietz C, Peterson B. Triphasic Training: A Systematic Approach to Elite Speed and Explosive Strength Performance [e-book]. 2012.

97. Rutherford OM. Muscular coordination and strength training, implications for injury rehabilitation. Sports Med 1988;5:196.

98. Lewit K. Manipulative Therapy in Rehabilitation of the Locomotor System. 3rd ed. Oxford: Butterworth Heinemann; 1999.

99. Bassett D, Wyatt H, Thompson H, et al. Pedometer-measured physical activity and health behaviors in U.S. adults. Med Sci Sports Exerc 2010;42(10):1819–1825.

100. Bassett D, Schnieder P, Huntington G. Physical activity in an old order Amish community. Med Sci Sports Exerc 2004;36(1):79–85.

101. Tudor-Locke C, Johnson WD, Katzmarzyk PT. Accelerometer-determined steps per day in US children and youth. Med Sci Sports Exerc 2010;42:2244–2250.

102. Hyman M. Until it Hurts: America's Obsession with Youth Sports and How It Harms Our Kids. Boston, MA: Beacon Press; 2009.

103. Bayli, I. Long-Term Athlete Development: Trainability in Childhood and Adolescence. Windows of Opportunity, Optimal Trainability: Sheridan Books, USA; 2003.

104. Bompa T. Total Training for Young Champions: Proven Conditioning Programs for Athletes Ages 6 to 18. Champaign, IL: Human Kinetics; 2000.

105. Abbott A, Collins D. Eliminating the dichotomy between theory and practice in talent identification and development:

considering the role of psychology. J Sports Sci. 2004;22(5): 395–408.

106. Ekstrand J, Gillquist J, Moller M, et al. Incidence of soccer injuries and their relation to training and team success. Am J Sports Med. 1983;11:63–67.

107. Malina RM, Cumming SP, Morano PJ, et al. Maturity status of youth football players: a noninvasive estimate. Med Sci Sports Exerc. 2005;37:1044–1052.

108. Moran, A. Sport and Exercise Psychology Textbook: A Critical Introduction: Routledge; 2003.

109. Gallahue DL, Ozmun JC. Understanding Motor Development: Infants, Children, Adolescents, Adults. Boston, MA: McGraw Hill; 2006.

110. Lubans DR, Morgan PJ, Cliff DP, et al. Fundamental movement skills in children and adolescents: review of associated health benefits. Sports Med 2010;40:1019–1035.

111. Myer GM, Faigenbaum AD, Ford KR, et al. When to initiate integrative neuromuscular training to reduce sports-related injuries and enhance health in youth? Am Coll Sports Med 2011;10:157–166.

112. Faigenbaum AD, Kraemer WJ, Blimkie CJ, et al. Youth resistance training: updated position statement paper from the national strength and conditioning association. J Strength Cond Res 2009;23:S60–S79.

113. Faigenbaum A, Farrell A, Radler T, et al. Plyo Play: a novel program of short bouts of moderate and high intensity exercise improves physical fitness in elementary school children. Phys Educ 2009;69:37–44.

114. Kellis E, Tsitskaris GK, Nikopoulou MD, Moiusikou KC. The evaluation of jumping ability of male and female basketball players according to their chronological age and major leagues. J Strength Cond Res 1999;13:40–46.

115. Quatman CE, Ford KR, Myer GD, Hewett TE. Maturation leads to gender differences in landing force and vertical jump performance: a longitudinal study. Am J Sports Med 2006;34:806–813.

116. Brent JL, Myer GD, Ford KR, Hewett TE. A longitudinal examination of hip abduction strength in adolescent males and females. Med Sci Sports Exerc 2008;40(5):s50-s51.

117. Lloyd DG, Buchanan TS. Strategies of muscular support of varus and valgus isometric loads at the human knee. J Biomech 2001;34:1257–1267.

118. Ford KR, Myer GD, Hewett TE. Valgus knee motion during landing in high school female and male basketball players. Med Sci Sports Exerc 2003;35:1745–1750.

119. Ford KR, Myer GD, Toms HE, Hewett TE. Gender differences in the kinematics of unanticipated cutting in young athletes. Med Sci Sports Exerc 2005;37(1):124–129.

120. Hewett TE, Myer GD, Ford KR, et al. Biomechanical measures of neuromuscular control and valgus loading of the knee predict anterior cruciate ligament injury risk in female athletes: a prospective study. Am J Sports Med 2005;33(4):492–501.

121. Myer GD, Ford KR, Barber Foss KD, et al. The incidence and potential pathomechanics of patellofemoral pain in female athletes. Clin Biomech 2010;25:700–707.

122. Hewett TE, Stroupe AL, Nance TA, Noyes FR. Plyometric training in female athletes. Decreased impact forces and increased hamstring torques. Am J Sports Med 1996;24:765–773.

123. Myer GD, Ford KR, Palumbo JP, Hewett TE. Neuromuscular training improves performance and lower-extremity

biomechanics in female athletes. J Strength Cond Res 2005;19:51–60.

124. Myer GD, Ford KR, McLean SG, Hewett TE. The effects of plyometric versus dynamic stabilization and balance training on lower extremity biomechanics. Am J Sports Med 2006;34:490–498.

125. Myer GD, Ford KR, Brent JL, Hewett TE. Differential neuromuscular training effects on ACL injury risk factors in "high-risk" versus "low- risk" athletes. BMC Musculoskelet Disord 2007;8:1–7.

126. DiStefano LJ, Padua DA, Blackburn JT, et al. Integrated injury prevention program improves balance and vertical jump height in children. J Strength Cond Res 2010;24: 332–342.

127. Dufek JS, Bates BT. The evaluation and prediction of impact forces during landings. Med Sci Sports Exerc 1990;22:370–377.

128. Hewett TE, Myer GD, Ford KR. Anterior cruciate ligament injuries in female athletes: part 1, mechanisms and risk factors. Am J Sports Med 2006;34:299–311.

129. McNitt-Gray JL, Hester DME, Mathiyakom W, Munkasy BA. Mechanical demand on multijoint control during landing depend on orientation of the body segments relative to the reaction force. J Biomech 2001;34:1471–1482.

130. Micheli L. Preventing injuries in team sports: what the team physician needs to know. In: Chan K, Micheli L, Smith A, et al., eds. F.I.M.S. Team Physician Manual. Hong Kong: CD Concepts; 2006:555–572.

131. Hewett TE, Myer GD, Ford KR. Reducing knee and anterior cruciate ligament injuries among female athletes: a systematic review of neuromuscular training interventions. J Knee Surg 2005;18:82–88.

132. Mandelbaum BR, Silvers HJ, Watanabe DS, et al. Effectiveness of a neuromuscular and proprioceptive training program in preventing anterior cruciate ligament injuries in female athletes: 2-year follow-up. Am J Sports Med 2005;33:1003–1010.

133. Lehnhard RA, Lehnhard HR, Young R, Butterfield SA. Monitoring injuries on a college soccer team: the effect of strength training. J Strength Cond Res 1996;10: 115–119.

134. Cahill B, Griffith E. Effect of preseason conditioning on the incidence and severity of high school football knee injuries. Am J Sports Med 1978;6:180–184.

135. Emery CA, Meeuwisse WH. The effectiveness of a neuromuscular prevention strategy to reduce injuries in youth soccer: a cluster-randomised controlled trial. Br J Sports Med 2010;44:555–562.

136. American Academy of Pediatrics. Strength training by children and adolescent. Pediatrics 2008;121:835–840.

137. Miller MG, Cheatham CC, Patel ND. Resistance training for adolescents. Pediatr Clin North Am 2010;57:671–682.

138. Young JL, Herring SA, Press JM, et al. The influence of the spine on the shoulder in the throwing athlete. J Back Musculoskel Rehabil 1996;7:5–17.

139. Behm DG, Faigenbaum AD, Falk B, Klentrou P. Canadian Society for Exercise Physiology position paper: resistance training in children and adolescents. Appl Physiol Nutr Metab 2008;33:547–561.

140. Pierce K, Brewer C, Ramsey M, et al. Youth resistance training. Prof Strength Cond 2008;10:9–23.

141. Faigenbaum AD, Myer GD. Resistance training among young athletes: safety, efficacy and injury prevention effects. Br J Sports Med 2010;44:56–63.

142. Plumert J, Schwebel D. Social and temperamental influences on children's overestimation of their physical abilities: links to accidental injuries. J Exp Child Psychol 1997;67:317–337.

143. Jones C, Christensen C, Young M. Weight training injury trends. Phys Sports Med 2000;28:61–72.

144. Myer GD, Quatman CE, Khoury J, et al. Youth versus adult "weight-lifting" injuries presenting to United States emergency rooms: accidental versus non-accidental injury mechanisms. J Strength Cond Res 2009;23:2054–2060.

145. Brady T, Cahill B, Bodnar L. Weight training related injuries in the high school athlete. Am J Sports Med 1982;10:1–5.

146. Risser WL. Weight-training injuries in children and adolescents. Am Fam Physician 1991;44:2104–2108.

147. Bergeron MF. Youth sports in the heat: recovery and scheduling considerations for tournament play. Sports Med 2009;39:513–522.

148. Bergeron MF, Laird MD, Marinik EL, et al. Repeated-bout exercise in the heat in young athletes: physiological strain and perceptual responses. J Appl Physiol 2009;106:476–485.

149. Brenner JS. Overuse injuries, overtraining, and burnout in child and adolescent athletes. Pediatrics 2007;119:1242–1245.

150. Winsley R, Matos N. Overtraining and elite young athletes. Med Sport Sci 2011;56:97–105.

151. Faigenbaum AD, McFarland J. Make time for less intense training. Strength Cond J 2006;28:77–79.

152. Thompson LV. Aging muscle: characteristics and strength training. Issues Aging 1995;331:821–827.

153. Volpi E, Sheffield-Moore M, Rasmussen BB, et al. Basal muscle amino acid kinetics and protein synthesis in healthy young and older men. JAMA 2001;286(10):1206–1212.

154. Roubenoff R, Cadtaneda C. Sarcopenia—understanding the dynamics of aging muscle. JAMA 2001;286(10):1230–1231.

155. Fiatarone MA, Marks EC, Ryan ND, et al. High-intensity strength training in nonagenarians: effects on skeletal muscle. JAMA 1990;263(22):3029–3034.

156. Carey Smith R, Rutherford OM. The role of metabolites in strength training. I. A comparison of eccentric and concentric contractions. Eur J Appl Physiol 1995;71:332–336.

157. DiFabio RP. One repetition maximum for older persons: is it safe? J Orthop Sports Phys Ther 2001;31:2–3.

158. Morganti CM, Nelson ME, Fiatarone MA, et al. Strength improvements with 1 year of progressive resistance training in older women. Med Sci Sports Exerc 1995;27:906–912.

159. Taaffe DR, Duret C, Wheeler S, Marcus R. Once-weekly resistance exercise improves muscle strength and neuromuscular performance in older adults. J Am Geriatr Soc 1999;47:1208–1214.

160. Barnard KL, Adams KJ, Swank AM, Mann E, Denny DM. Injuries and muscle soreness during the one repetition maximum assessment in a cardiac rehabilitation population. J Cardiopulm Rehabil 1999;19:52–58.

161. Kaelin M, Swant AM, Adams KJ, Barnard KL, Berning JM, Green A. Cardiopulmonary responses, muscle soreness, and injury during the one repetition maximum assessment in pulmonary rehabilitation patients. J Cardiopulm Rehabil 1999;19:366–372.

162. Verrill DE, Bonzheim KA. Injuries and muscle soreness during the one repetition maximum assessment in a cardiac rehabilitation population (letter). J Cardiopulm Rehabil 1999;19:190–192.

163. McGill S. Stability: from biomechanical concept to chiropractic practice. J Can Chiro Assoc 1999;43:75–87.

CHAPTER 8

Ken Crenshaw, Nathan Shaw, and Neil Rampe

譯者：王淑華

棒球
Baseball

棒球是一項受歡迎的運動，在美國約有 1600 萬的孩童參與棒球運動組織[1]。單單在 2007 年就有超過 260 萬人參與少棒聯盟的活動[2]。隨著參與人數的增加，發生運動傷害的人數也相對增加。在 2005-2006 和 2006-2007 學年中，全美高中生與棒球相關的運動傷害高達 131,555 件，受傷率為 0.126%，亦即每 1,000 位選手就有 1.26 位發生運動傷害。最常受傷的部位為肩部 (17.6%)、踝關節 (13.6%)、頭 / 臉 (12.3%)、手 / 手指 (8.5%)，及大腿 (8.2%)。而最常被診斷出的傷害是韌帶扭傷（不完整撕裂）(21.0%)、肌肉拉傷（不完整撕裂）(20.1%)、挫傷 (16.1%)，及骨折 (14.2%)。雖然大多數受傷者所需要的恢復期少於 7 天，但因傷而當季無法出賽者約占整體比例的 9.7%，需要手術的約占 9.4%[3]。

針對 298 位青年投手進行兩個賽季的研究顯示，其肘部疼痛與肩部疼痛的發生頻率分別為 26% 和 32%。造成手肘疼痛的危險因素包含年齡、體重的增加、降低出手高度、賽季中舉重、賽季外打棒球、自我滿意度降低、賽程中手臂的疲勞，以及賽季中低於 300 顆或多於 600 顆的投球等等。肩部疼痛的危險因素包含比賽過程中手臂的疲勞、單場比賽投球數超過 75 顆、以及賽季中低於 300 顆的投球。可以得知，有將近一半的受試者曾抱怨過手臂的疼痛。肘部和肩部兩者的疼痛的因素是有所差別的，這也意味著有不同病因的存在。生理發展因素是肩、肘部位受傷的重要原因，要降低肩、肘產生疼痛的風險，在單場比賽中，年輕投手的投球數就不該超過 75 投球數。其他的建議則為當投手手臂疲勞時，應安排其下場休息；或是在非聯賽時，限制其投球數[4]。

一些學者將肩部及肘部的受傷歸因於過度使用，尤其是投手和捕手過度使用的情形相較其他守備位置而言，更為嚴重[4-9]。年輕棒球選手過度使用肩、肘的情形在單場、單一賽季或整年度的比賽中都有可能發生，而投球的型態和球速與危險因素也有相關性[7-11]。

因為大多數的受傷都發生在肩和肘，要預防其受傷，就必須先瞭解投擲運動的生物力學。一般而言，大部分投擲運動員的慣用手會承受相當大的力量，而改善投球的力學動作，是提升年輕投手運動表現和安全的方法之一[12-16]。

在日常訓練中，可透過適當的伸展和強化的課程來達到維護青少年投擲運動者肩部健康的目的。年輕投手應具備正確的投擲力學動作，而良好的下肢及核心肌群協調性，能讓青少年投擲運動者產生能夠因應高速投球時所需要的投球力量。這個協調肌肉活動的力量，透過重新分配到遠端部位，能保護所涉及的關節。最近大部分的研究議題一直著重在肩和肘的部位，他們提出的預防性想法，就是必須先瞭解在投擲時其動力鏈能量是從下半身往上傳遞至上半身。因此，胸部與腰椎的核心肌群以及下肢肌群的強化，是投擲者訓練課程中重要的一環。適當的投球力學原理的主要關鍵在於肩帶的穩定性，所以強化肩胛周邊的肌群與肩旋轉肌群是同樣的重要[17-21]。

在致力於減少運動傷害的同時，必須同時考慮到投擲的基本動作要領，適當地瞭解投球力學、合宜的投球數，以及一個優質的訓練計

畫，將可以避免許多投擲傷害的發生。每位球員個人的投球動作養成是需要時間的，不論其獨特的投球風格為何，棒球運動中，投球的標準動作皆分為 6 個階段：

1. 準備投球
2. 跨步
3. 手臂上舉
4. 手臂加速
5. 手臂減速
6. 跟隨動作

投手投球時將由準備投球階段開始，而在 6 個階段中，準備投球的階段能提供投手好的狀態來預備投擲動作，準備投球階段常被稱之為平衡點，也就是投手後腳（軸心腳）站立，前導腳屈膝高抬腿至平衡點。最理想的跨步階段始於球離開手套，投手身體重心開始向本壘板移動當下。手臂上舉（展臂）階段始於前導腳至最高點後的著地，到肩關節最大外旋的瞬間。此階段的投擲動作會產生極端的位置與扭矩，最大外旋範圍約為 160º-185º [11]。在手臂加速（揮臂）階段，這種極端距離的位置，有利於肱骨內旋時所產生的速度。此階段結束時，投手幾乎完全面對本壘板。手臂加速階段的特點是從肱骨外旋轉至強而有力的內旋。此階段，優秀投手投球時的速度可超過每秒 6,000 度，因此肩膀與手肘必須承受巨大的力量 [11]。手臂內旋發生在當手臂與軀幹成垂直 90º 時。一旦球離開指尖時，肩膀將不再產生力量，而手臂的動作主要在於減速與消散力量。越有效能的減速階段，越能使投手產生更大的力量與速度而不受傷。

最後的跟隨動作階段更是一個被認為可以用來降低受傷風險的重要因素。雖然身體的其他部位也參與了此階段投球動作，但主要還是在於肩膀的參與，如果能使用較大的肌群如軀幹和臀部，可進一步幫助消散加速力量所產生的影響，這是預防傷害的一種方法。再者，當投手的跟隨動作結束後，應立即準備好他的防守位置，這是非常重要的一點。

在上肩項目的選手中，其肩膀複雜的功能同時需要有多個神經肌肉組成的同步運作。肩膀的神經動力學 (neurodynamics)、骨動力學 (osteodynamics) 與神經肌肉動力學 (neuromuscular dynamics) 的精確時間主要取決於整體動力鏈的功能。在深入了解肩膀複雜的功能及軀幹和下肢的動力鏈兩者之間的關係後，可以在準備時期強化體能，做為競技運動比賽的準備或運動傷害的恢復。

上肩項目的選手在特定動作中，透過動力鏈來建立多元適應。可以透過特定的練習來促進健康適應，健康的身體在任何成功的投球訓練中，都是極為重要的一環；此外，運動傷害的預防是提高運動表現的首要目標，運動傷害的恢復則為第二目標。

動力鏈的概念和連結
(KINETIC CHAIN CONCEPTS AND CONNECTION)

棒球選手需要以多樣化的移動及反應來完成運動特定的動作。一個動作要能完美的執行，需要透過神經肌肉系統功能配合身體的眾多部位一同作用來達成。投擲運動員的動作從腳開始，通過軀幹，最後由手部使力來結束動作。選手必須要清楚瞭解，每一個神經肌肉系統的功能是如何影響其他部位功能。而動力鏈的主要功能就是預防受傷、提升運動表現，以及傷害後的恢復。

如果動力鏈的運作中，有任何一個部分是運行不順暢的，則應該立即找出問題並給予校正。一旦發現運作不順暢的原因，須立即針對特殊的軟組織給予柔軟性或人工物理治療以激活這個特定的肌肉（加強訓練或肌肉激活訓練）。亦即在完成這個特定的肌肉激活之前，應該同步的持續進行運動專項的訓練，倘若中斷訓練，神經肌肉系統則會找一個代償的方法來運行這個缺陷部分。

觀察和瞭解運動專項動作、動作範圍、位移速度、肌肉激活，以及它們是如何被激活（向心、離心、等長），才能設計出適當的體能課程。由於所有動作都有最佳的生物力學姿勢位置，實現最佳生物力學效率，減輕軟體組織的壓力並提高功能的特性是勢在必行。任何的體能課程都需要著重品質和適當的強度，來取得最佳的訓練效益。

適應性 (ADAPTATION)

所有的運動員在生理適應的發展上，會比非運動員來的顯著。重複性的壓力常見於棒球運動，透過環境的影響，可能會危害到那個已經被縮短或是較弱的身體組織。應該透過一個合適的訓練課程來統整心理學、力學及生物

力學等學理的專業知識，來增加選手的適應能力。同時透過持續的監控與觀察，在不超過選手最大的負荷程度內來進行適應力的訓練，以達到軟體組織的平衡。

Selye [22] 提出針對（特殊）性的適應反應 (SAID) 原則。SAID 主要是說明身體在面對訓練及專項需求時，所產生的對應方式及變化。Wilk [23] 證明了棒球運動員即擁有對投擲肩的特定適應模式。研究人員一直試圖要找出適應的精確原因 [24-27]，他們發現依照每位運動員的運動項目及攻守位置，他們的適應性有其相似的模式。雖然類似的適應模式發生時，每位運動員都有自己獨特的反應方式，但透過評估每位運動員的不同反應，將可提供更具體且有效的補強運動方案。

透過調整適應可以幫助運動員因應比賽的需求和防止受傷，所以醫生和專業運動訓練人員，必須審慎的選擇他們的防護方式。具體而言，上肩投擲的運動員在整個的動力鏈的過程中，展現了動作的適應性。從運動表現和選手健康的角度來看，肩胛、軀幹、臀部的適應在優秀投擲運動員中佔了很重要的角色。過多的肢體遠端適應，最終可能會影響肩或肘部，所以須顧及身體的各個部位。促進健康適應需要一個或多個以下列相關的需求：運動、柔軟性、恢復、軟組織治療及適當的營養。

評估 (ASSESSMENT)

肩膀和其他部分動力鏈之間存在的連接性，主要在於適當長度張力的關係。這是提供棒球運動模式的最佳機會。全身的完整評估是不可或缺的，因為透過完整的評估可以在識別同時並幫忙修正之前實施體能課程時的任何問題。一個被錯誤引導的訓練計畫，可能會造成其他功能障礙的產生或必須適應新的模式，其中任何一個問題都可能會導致受傷。評估應該考慮到整體的運動功能障礙、姿勢異常、可動性、兩側的對稱性，以及關節和肌肉功能。透過評估，可以依運動員個人實際的運作情形，給予正確的訓練計畫方向。

肌肉不平衡在上肩投擲運動中是很常見到的。但它們往往容易被忽視，直到球員受傷。一個適當的姿勢（靜態和動態），肌肉張力和運動功能的評估，將有助於異常狀態的識別，而透過矯正的練習，可以修正任何造成肌肉不平衡的相

關姿勢。矯正的練習計畫應該著重在最佳的姿勢與定位，才能夠有效率的執行改善。

不良的姿勢會造成不正常的肌肉模式。這些功能障礙可能是由過度使用、誤用、濫用或停止使用而產生的 [28]。肌肉面臨壓力時的正常反應是會增加肌肉的緊繃。這連鎖反應是藉由強調肌肉收縮及其拮抗肌減弱，進而改變運動模式 [29]。很多時候，這些連鎖反應的產生可預測功能障礙的模式。Vladimir Janda 已經把它們形容成上下交叉症候群。值得注意的是，這些症狀可能對投擲者的肩部造成不良的影響。

謝靈頓定律 (Sherrington's law) 的交互神經支配的理論指出，當肌肉緊繃時，相對的拮抗肌就會被抑制 [30]。因此，謹慎強化弱肌肉之前，可先拉長緊縮的肌肉。

綜上所述，評估所有棒球運動員的姿勢異常、肌肉長度與肌肉張力的關係，以及適當的肌肉放電模式（肌肉活化型態）都是很重要的。可以為每位運動員量身訂做個人所需，擬定一個可修正柔軟性缺損、激活神經肌肉分離 (neuromuscular isolation) 和整合運動 (integrate exercises) 的訓練計畫。

穩定 / 神經肌肉控制 (Stabilization/Neuromuscular Control)

穩定是預防傷害和妥善神經肌肉功能的主要基礎。穩定是神經肌肉系統，允許拮抗肌、主動肌、協同肌、穩定肌 (stabilizers) 和平衡肌 (neutralizers) 發揮協調工作的能力。

肩胛帶具有非常小的靜態或韌帶的穩定性。因此，所需要的穩定性是動態的，並且需要神經肌肉系統的特定協同作用。瞭解肩部運動所提供動力的肌肉（三角肌、背闊肌和胸肌）和提供肩部的穩定性的肌肉（肩胛下、棘下肌、小圓肌和棘上肌）之間的差異是很重要的 [31]。肩部複雜的穩定化是整個體能訓練計畫的關鍵因素，整體體能訓練計畫能改善並穩定神經肌肉的控制和反應，進而提高運動表現和傷害預防的機率。

協調或技術動作 (Coordination or Skill Movements)

協調或技術動作可以顯示出神經肌肉放電（活化）模式實際工作的情形。它也可以顯示出運動單位被徵召時，所能產生的力量與動作品質的時機。從本質上來說，一個特定的動作搭配正確的力量和時機，會產生正確的動作技能。這些動作發生（形成）的最有效方法是透

過神經肌肉控制和本體感覺來完成。改善與肩部／肩胛相關的所有體能組成是非常重要的，但技術動作才是成功的最終因素。必須特別留意的是，技術動作應歸類在運動的本身，例如，一個投球或打擊課程計畫必須考慮到的運動本質。技術動作的最大生物力學效率通常是透過反覆練習來達成。鑑於此，技術教練的重要性對任何棒球選手的成功與否是至關重要的。設計一個適當的體能課程，必須同時考慮到技術訓練的訓練量、頻率和強度，並在實施體能課程時，這些訓練變項也必須時刻注意，才能獲得最佳的訓練成效。

恢復 (Recovery)

訓練中最經常被忽視的可能就是恢復。在所有的運動項目中，運動員身體的健康和競技表現的提升，主要不在於訓練量的多寡，而在於練習和比賽之間的恢復。恢復，或者更具體地說是一個再生 (regeneration) 的過程，是一種複雜的生物反應，會受到外部和內部環境的影響。不幸的是，目前大多重視身體的壓力，而忽視恢復的重要性。有許多方法可以用來促進體能恢復，如適當的營養／水分、熱／冷水療、運動按摩、放鬆技巧以及休息／睡覺，這些方法均可以用來幫助運動員的恢復 [32]。良好的恢復是提高整體訓練效能至最大化的重要因素。

基本技術 （FUNDAMENTAL SKILLS：7-10 歲）

下列的技術練習和指導方針，可幫助年輕運動員發展基本的棒球技能（與攻守位置無關）。而對於年齡越大的運動員，則必須進階到專項的技術練習。

接高飛球 (Catching Fly Balls)

當選手在飛行球的下方時，應該要有一個很好的準備動作，就是雙腳與肩同寬。球員的接球方式會依照球是高飛或在身前等位置，而有所不同，向球下墜的方向跑到特定的位置接球。球員手的預備位置約在腰部的上方，拇指相對（見圖 8.1）。球員眼睛應注視著球，直到手套有被球衝擊的感覺為止。

接滾地球 (Catching Ground Balls)

球員在判定是滾地球之前，應該要做好準備動作，一旦判定它是滾地球時，就必須以正

圖 8.1 接高飛球時，手和手套位置必須正確。

確的姿勢去接球，其接球的最佳位置在雙腳間，此動作是這個年齡層唯一被要求的接球位置。球員必須先屈膝深蹲，並將手下放至雙腳間，同時降低手套的位置（見圖 8.2）。這樣的姿勢將提供球員一個良好的位置看清楚球的來向，並將球接入手套中。接著當球員快速的從手套中取球後，從略高於手套的位置快速的傳球同時，縮下巴。

投球後的跟隨動作與平衡動作
(Throwing with Follow-Through and Balance)

球員學習投球後的跟隨動作是非常重要的事情，這會讓投擲手臂的壓力減少並且有準確的投擲動作。球員從接球（滾地球或高飛球）到投球的動作，其身體必須以 90° 方式的轉至投擲臂的一側。在投球之前，轉身的動作將有利於手臂上移到較高的位置。當球離手後，球員身體應轉向正前方，並要求上身前傾，這將

圖 8.2 接滾地球時，手和手套位置必須正確。

圖 8.3 正確的投球後跟隨動作。

是手臂自然減速時，預防傷害的主要關鍵（見圖 8.3）。

打擊後的平衡站姿和跟隨動作
(Hitting with Balanced Stance and Follow-Through)

　　打擊是棒球的另一個基本技能，儘管有效的打擊類型有很多種，但每位打擊者都應當瞭解打擊的基本準則。開始時，採用一個平衡站姿，轉移身體重心後轉體，從生物力學的角度，這將會讓打擊者有一個很好的位置來擊球。此外，球員應該低下頭部、雙眼注視球，直到球到達打擊位置。當球棒打到球時，球員的重心應從後腳轉移至穩定的前腳。當球員的後腳迴旋扭轉時，會使髖關節旋轉，產生一個高效率的跟隨動作（見圖 8.4）。

跑壘時的啓動與滑壘
(Base Running with Leadoff and Sliding)

　　棒球運動最受關注的是打擊、投球與接球，而跑壘的重要性往往被低估。跑壘和其他的棒球技能一樣，其複雜的程度將取決於跑者是在哪一壘以及球賽的實際需求來決定。在任何一壘上，跑壘者都要有一個很好的啓動姿勢，也就是雙腳與肩同寬，雙腳微蹲，雙手在腰部前面。這樣的啓動姿勢，將有利於跑壘者跑向下一個壘包進壘或返回到原來的壘包。隨後，應專注在正確的跑步技巧，直到跑壘者跑到下一壘壘包或需要滑壘進壘（見圖 8.5）。如果要滑壘，下方的腳彎曲摺疊在上方腳的大腿處，這是最有效地滑壘技術和最佳傷害預防的姿勢。建議在滑壘時，雙手合起不要碰觸到地面。

圖 8.4 (A-C) 正確的打擊動作。

運動技能（SPORTS SKILLS：11-15 歲）

　　運動技能建立在動作模式以及年輕運動員應具備的基本能力上。技術變得更加的專精，許多運動項目所需的技能，也是打棒球時須具備的。

圖 8.5 (A, B) 正確的盜壘動作。

投球前的伸展 (Pitching from the Stretch)

　　大部分投手學習投球時，都是從準備抬腿動作姿勢開始，因此在高水平的棒球比賽中，投手就必須瞭解如何在投球前做出伸展動作。當跑壘者在壘上時，投手的伸展投球動作，能讓壘上跑者不會離壘太遠，且讓防守球員有更好的機會讓跑壘者出局。投手投球伸展時，他的後腳（軸心腳）需要與投手丘上的投手板接觸；決定往哪個方向投球時，投手的手和腳需同時動作。投手要將球投出前的準備姿勢，是停止動作、手必須置於手套內握住球。當投手決定將球投至本壘時，他應該專注於投球時所用到的腳、軀幹以及上半身，才能有效、準確地做出投球的力學動作。利用投球後的跟隨動作，可消散由加速度投擲階段所產生的力量（見圖 8.6）。

特定位置的投球 (Position-Specific Throwing)

　　投擲的每個動作都需要獨特的力學，並且都有一些共同點。利用腿和軀幹使上肢加速，

圖 8.6 (A–F) 正確的投球前伸展動作。

圖 8.6 （續）

並伴隨著一個有效的跟隨動作，是很好的通則。有時，特殊的接球姿勢，可能會改變投球的力學動作。在很多時候，捕手經常必須從全蹲的姿勢，快速地將球投出，由於這取決於跑壘者的動向，通常是無法準確預測的；同時捕手的防護裝備會限制其傳球的準確性。

平衡地打擊到全球場
(Hitting to All Fields with Balance)

將球打擊出去並保持平衡，是需要進階的手眼協調能力。揮棒動作本質上與前述的技術是一樣，但打擊者必須依投球的類型及位置，來決定將球擊往何處。以右手打者來說，如果來球是在外側，將球擊出的方向會朝向右邊，如果來球是在內側，則球被擊出時可能會被拉到左邊的方向。每次揮棒必須保持平衡、重心轉移以及跟隨動作，只有球與球棒接觸的位置會有所變動，這些練習可以從打擊柱開始，並進展到餵球的練習方式。

精熟技術是運動技能的進一步發展，將會在一個非常高的技術水平中完成。許多球員在達到此水平時，因為受到身體條件的限制，因此將不能有效地增進技能，所以從此階段開始會有一般運動員和優秀、職業運動員的區分。以下介紹一些可執行的運動技能。

擊球到一個特定的區域取決於投手的投球位置
(Hitting Balls to a Specific Area Based on Where the Pitch Is)

當球員的打擊技術越來越好時，他們會依特定的投球位置，把球打擊到一定的位置。這個技能會因人而異，並且取決於來球的位置、比賽情況以及能夠快速看出和反應球的來速。以右手打者而言，如果來球穿越本壘內側，打擊者會將球擊出至球場的左邊。如果來球穿越本壘外側，打擊者會將球擊出至球場的右邊（見圖 8.7）。

圖 8.7 （A-C）依特定的投球方式，將球打擊到特定的區域。

圖 8.7　（續）

圖 8.8　(A, B) 變化球和曲球的握法。

掌控不同速度的投球 (Mastering Off-Speed Pitches)

對於一位投手而言，發展的關鍵技術在於如何投出各種不同類型的球路，來朦騙打擊者。有兩種比較常見的球路是變化球和曲球，這兩種投法都有類似的手臂動作，惟一不同在於握球的手法與球的速度。身為一名投手，除了具備不同的投球方式很重要之外；球穿越打擊區的位置，也是同樣重要的。圖 8.8 顯示變化球和曲球握球的手法。要有效的掌控投球位置，更需要很多的重複練習。

功能性運動 (FUNCTIONAL EXERCISES)

下面的幾個功能性運動範例，可依不同的年齡所相應的運動技術來完成。

11-15 歲（初學者層級）
[Ages 11-15 (Beginner Level)]

相撲深蹲 (Sumo Squat)

這個姿勢是透過球員的臀部盡可能的接近地面來進行（見圖 8.9）。守備時，這個練習著重於髖關節的力量與活動性。

前弓步 (Forward Lunge)

球員向前走一步，然後回到原來的站立動作（見圖 8.10）。守備時，這個練習著重在腿部、臀部、核心力量，以及平衡與控制能力。

側弓步 (Lateral Lunge)

球員直接向側邊跨一大步，著地時同時保持腳跟與地面接觸，臀部下移時，儘可能的接近地面，然後回到站立姿勢（見圖 8.11）。這個練習著重於臀部、腹股溝（鼠蹊）、腿肌力以及平衡與控制能力，這也是守備的基礎能力。

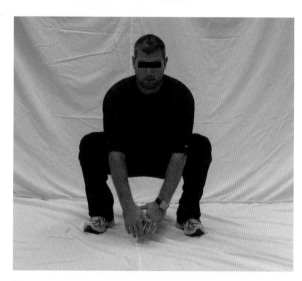

圖 8.9　相撲深蹲練習。

搭橋抬臀 (Double Leg Glute Bridge)

球員仰躺，屈膝抬臀，身體離開地面，使肩、臀與膝成一直線。這個練習著重於臀部、大腿後肌的力量，以及核心穩定性與控制能力。

圖 8.10 前弓步練習。

圖 8.12 (A, B) 健身球抬臀屈腿練習。

健身球抬臀屈腿 (Stability Ball Hamstring Curl)

仰臥時，肩膀與臀部著地，雙腳伸直並置於健身球上，臀部抬起置空；然後，慢慢用腳將球拉近身體，再將球推回原來的起始位置（見圖 8.12）。這項運動著重在大腿後肌和臀肌的力量，並可以預防因力量不足所造成的傷害。

棒式系列 (Plank Series)

身體以前臂與腳趾著地俯撐，維持脊椎自然狀態一段時間。身體側臥，同側的單手肘、單腳撐地，注意雙腳疊在一起，維持一定的持續時間後，換邊繼續做。確定從頭部、臀部和腳趾成一直線（見圖 8.13）。這些運動著重於側斜位的控制與力量。這項運動能夠加強正面和側面的核心肌群。

上半身的彈力繩：單臂划船 (Upper Body Tubing: Single-Arm Row)

球員站立在已固定的彈力繩前方，用單手握住手把，以旋轉方式將彈力繩拉向自己身體的方向（見圖 8.14）。在進行單臂划船動作時，務必多利用腿的力量，將能達到更好的訓練效果。這項運動著重在髖關節活動性以及臀部、上半身、背部與手臂力量的整合。

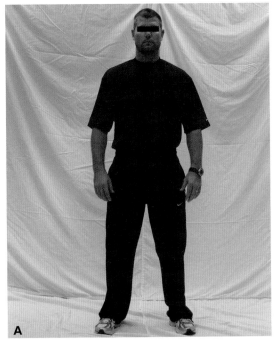

圖 8.11 (A, B) 側弓步練習。

圖 8.13 (A-C) 正面和側面橋式練習。

上半身的彈力繩：單臂平推
(Upper Body Tubing: Single-Arm Push)

　　球員站立在已固定的彈力繩的前方，用單手握住手把，以旋轉方式將彈力繩推離自己身體的方向（見圖 8.15）。在進行單臂平推動作時，務必要多使用腿的力量。這項運動著重在髖關節的活動性，以及臀部、上半身、胸部與手臂力量的整合。

俯身划船 (Bent-Over Pull)

　　雙腳與肩同寬站立，上身前傾成 90º，將彈力繩固定在球員的前方微高的地方。單手或雙手握住手把，將彈力繩拉向自己時，手肘往臀部方向進行（見圖 8.16）。這項運動著重在增強手臂和肩部的力量與動作，並且強化揮棒時使用到的部分肌肉群。

肩部的 T & Ms (Shoulder T&Ms)（圖 8.17）

• Ts：站在固定彈力繩前，其彈力繩約在胸前的高度，雙手手肘伸直約在肩膀高度，向兩旁拉動彈力繩至身體兩側。

圖 8.14 (A, B) 單臂划船練習。

圖 8.15 (A, B) 單臂平推練習。

圖 8.15 （續）

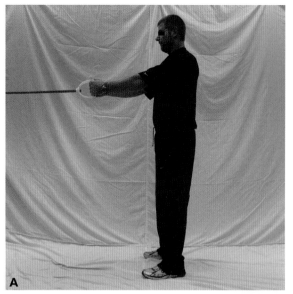

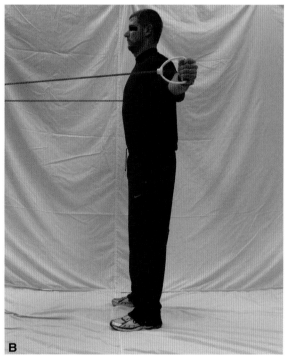

圖 8.17 (A-C) 肩膀／肩胛骨彈力繩練習。

圖 8.16 (A, B) 俯身反式划船練習。

- Ms：從同樣的位置，擴展肩部直到雙手與身體的位置對齊。手往體側兩旁斜下方拉動彈力繩，直至離體側約 12 吋（30.48 公分）距離。這項運動在加強投球時會用到的小肌肉群。

15-17 歲（進階層級）
(Ages 15-17; Advanced Level)

單腿深蹲 (Single-Leg Squat)

　　單腳站立，球員向下蹲低，越低越好。另

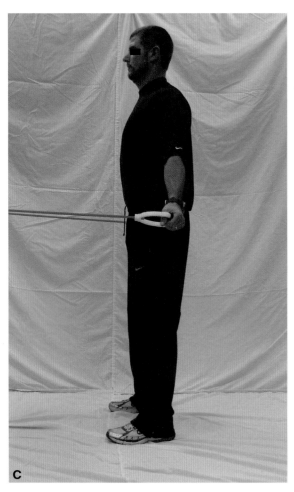

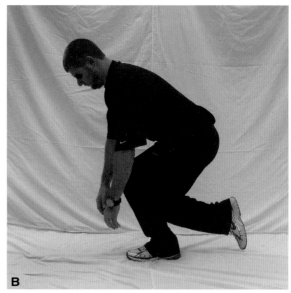

圖 8.17 （續）

外一隻腳離開地面。確保維持臀、膝和腳成一直線，並透過腳跟向上推舉（見圖 8.18）。這項運動著重在臀部、腿部、踝關節的力量，以及平衡和控制能力。

圖 8.18 (A, B) 單腿深蹲練習。

登階 / 下階 (Step-Up/Step-Down)

　　站在 12-24 吋（30.48-60.96 公分）的箱架上，後腳離開階面，讓臀部越低越好或直到後腳接觸地面。腳跟用力下推，保持臀、膝和腳成一直線。膝關節和髖關節的離心控制，在進行這項運動時是至關重要的（見圖 8.19）。離心力量在跑步的減速過程中是相當重要的。

負重跨步 (Weighted Lunge)

　　球員可以開始利用負重背心、沙袋、啞鈴、槓鈴等來進行練習，向前跨步，然後回到原來的站立姿勢。動作包含走路、橫向、逆向或多方向等變化（見圖 8.20）。這項運動著重在腿部、臀部、核心力量，以及平衡和控制能力。在未負重時養成正確動作的形式是很重要的。

側滑弓步 (Lateral Skater Lunge)

　　球員以 45º 角向右跳躍同時右腳以可控的方式落地，在腳觸地時，確保膝蓋不會向內旋轉（扭動）（見圖 8.21）。必須變換跳躍的方向（左、右跳）。這項運動著重於加強臀和腿部力量，以及下肢的協調與效率。

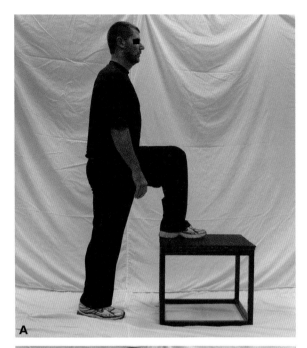

圖 8.20 負重跨步練習。

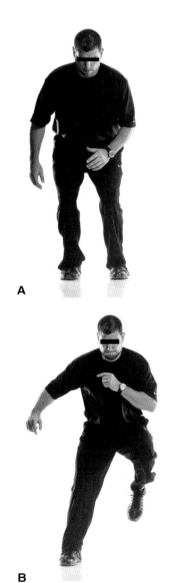

圖 8.19 (A, B) 登階 / 下階練習。

圖 8.21 (A-D) 側滑弓步練習。

C

D

圖 8.21 （續）

懸垂臂划船 / 仰式引體向上 (Inverted Pull-Up)

　　在安全的器材把手上，球員以面朝上的姿勢進行上拉動作。腳可以用手固定或放在安全的位置上，保持肩、臀、踝成一直線（見圖8.22）。這項運動著重在姿勢的肌肉，以及背部和手臂的力量。此外，將能夠強化對投球很重要的菱形肌。

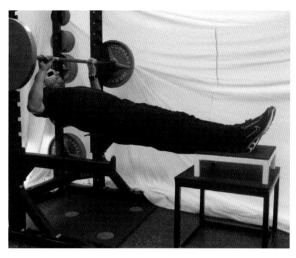

圖 8.22 懸垂臂划船 / 仰式引體向上練習。

俯地挺身同時強調肩胛骨外展動作
(Push-Up with Plus)

　　手與肩同寬，只有腳尖和手與地面接觸。肩、臀、踝成一直線。前推肩胛骨，將身體降低接近地面，然後再回到起始姿勢（見圖8.23）。這項運動著重在胸部、核心和前鋸肌。「加（往前推肩胛骨）」的動作部分是最

A

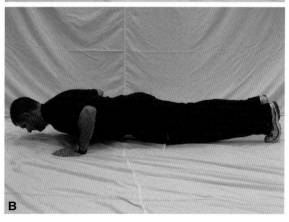

B

圖 8.23 (A, B) 強調推肩胛骨外展的俯地挺身練習。

圖 8.24 死蟲動作的核心練習。

重要的，因為它會隔離前鋸肌對肩胛穩定因素是非常重要的。

死蟲行軍 (Dead Bug March)

從「肋骨下壓」的誇大姿勢開始，指導球員在交換腳的腳跟觸地時，維持腹斜肌的張力。進階時，可將對側手臂的動作加入（見圖 8.24）。這一系列運動著重在腹部肌群的功能與力量。

肩部彈力繩 (Shoulder Tubing)

以下五個運動可針對肩袖 (rotator cuff) 和肩胛的肌群練習：

1. 「Y」s：站在將阻力固定在與胸部同高的地方（所有的練習），將握把往頭上方拉，同時形成 Y 字型的動作（見圖 8.25）。

2. 「T」s：雙手同時將彈力繩與肩同高往體側拉（見圖 8.26）。

3. 「M」s：擴展肩部直到雙手與身體的位置對齊。手往體側兩旁斜下方拉動彈力繩，直至離體側約 12 吋（30.48 公分）左右距離（見圖 8.27）。

4. 90º 外旋：上臂上抬與身體成 90º 同時手肘彎曲成 90º，雙手拉住彈力繩向上向外拉（見圖 8.28）。

5. 0º 外展外旋：在腋下放置一個墊子，手肘彎曲成 90º 置於腹部前，前臂將彈力繩向外拉（見圖 8.29）。

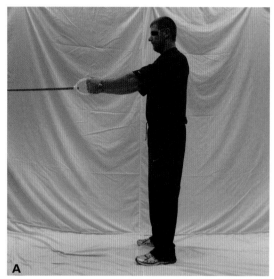

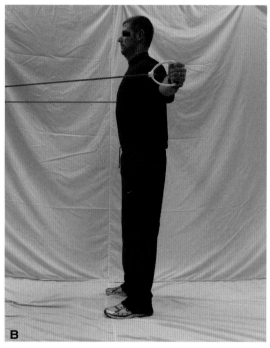

圖 8.25 Y 字型站姿之肩膀／肩胛骨練習。

圖 8.26 (A, B) T 字型站姿之肩膀／肩胛骨練習。

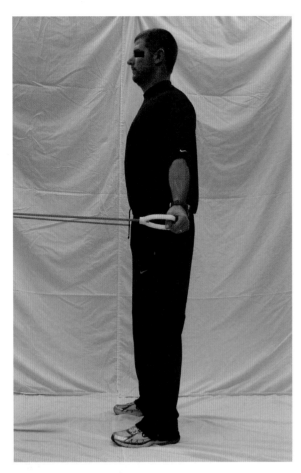

圖 8.27 M 字型站姿之肩膀／肩胛骨練習。

18 歲以上（菁英層級）
(Ages 18 and Up; Refined Level)

負重登階 (Loaded Step-Up)

　　選擇合適的負重踏上 12-24 吋（30.48-60.96 公分）的箱架。推蹬上階，腳跟須碰觸到箱架面時（不墊腳尖），保持髖、臀、踝成一直線。交換腳練習（見圖 8.30）。這項運動著重在臀、腳、踝的力量，以及平衡與控制能力。附加重量時，動作要保持不變，這有助於激發肌肉的生長與力量的適應。

羅馬尼亞硬舉 (Romanian Dead Lift)

　　單腳站立膝蓋微彎（膝蓋彎曲約 10°-20°），以臀部為軸心、身體前傾，懸空的腳與臀、肩成一直線，相對的手觸碰站立的腳（見圖 8.31）。這項運動著重在大腿後肌和臀肌的加強，同時挑戰平衡和協調的能力。這項運動將可以模擬並強化下肢力量在投球時的減速需求。

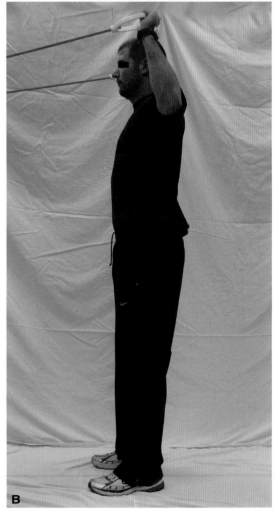

圖 8.28 (A, B) 90°站姿之肩膀／肩胛骨練習。

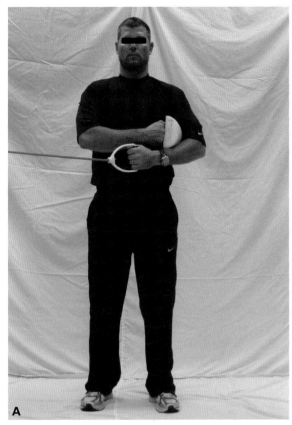

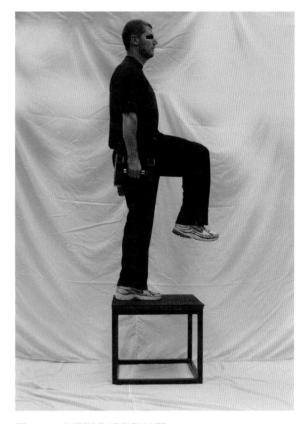

圖 8.30　交換腳負重登階練習。

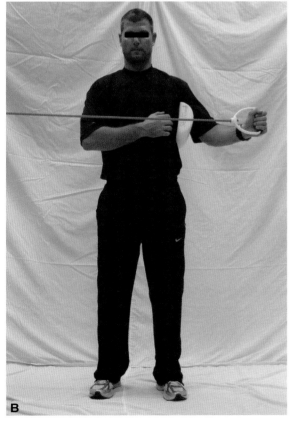

圖 8.31　單腳羅馬尼亞硬舉練習。

單臂滑輪繩索的拉與推（負重）
(Single-Arm Cable Pull-and-Push; Loaded)

　　站在高度與胸同高的滑輪繩索前，其阻力來自前方（拉）或後方（推），旋轉遠離阻力時，用單手拉／推把手，將把手朝向／離開身體的方向進行（見圖 8.32）。在進行這項訓練時，要注意同時使用到腿的力量。這項負重運動著重在髖關節的活動，以及臀部和上身的力量，透過刺激來生長和獲得力量。

圖 8.29　(A, B) 0°外展外旋站姿之肩膀／肩胛骨練習。

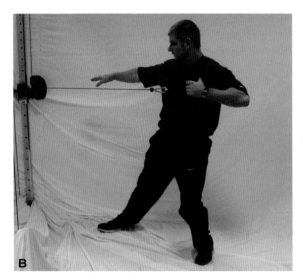

圖 8.32 (A-D) 負重單臂滑輪繩索的拉與推練習。

斜桿前砍 (Diagonal Bar Chop)

以弓步站立姿勢，將前腳靠近皮帶輪 (pulley) 的一側。將站立高度時繩索阻力下拉至身體前方，直到靠近皮帶輪一側的手臂伸直為止。動作的產生主要來至腹肌。盡可能避免利用軀幹旋轉（見圖 8.33）。這一系列的運動著重在整個身體的整合與協調，以及強化腹肌的力量。

在按摩滾筒上的死蟲動作 (Dead Bug on a Foam Roll)

以「肋骨下壓」姿勢躺在縱向的按摩滾筒上，球員在交換腳跟觸地時須維持腹斜的張力。進階時，可將對側手臂的動作加入（見圖 8.34）。這一系列運動有助於維持腹部肌肉的基本力量和功能。

單腿橋式 (Single-Leg Glute Bridge)

球員身體仰臥，雙膝彎曲，將下半身抬起離地，肩頸著地，使肩、臀、膝成一直線。當這個動作準備好時，球員將單腳朝天花板的方向舉起，接著以降低和升高臀部方式進行（見圖 8.35）。這項運動著重在加強臀肌和大腿後肌，以及核心的穩定性和控制能力。

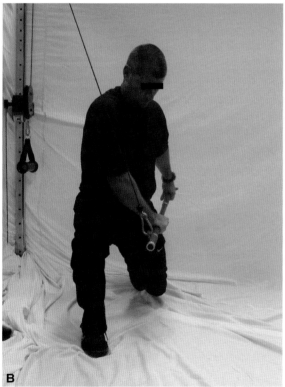

圖 8.33 (A, B) 跪姿旋轉滑輪下拉／斜桿前砍練習。

圖 8.34 在按摩滾筒上的死蟲動作練習。

圖 8.35 單腿橋式練習。

參考文獻 (REFERENCES)

1. Yen KL, Metzl JD. Sports-specific concerns in the young athlete: Baseball. Pediatr Emerg Care 2000;16(3):215–220.
2. Taylor DC, Krasinski KL. Adolescent shoulder injuries: consensus and controversies. J Bone Joint Surg Am 2009;91: 462–473.
3. Collins CL, Comstock RD. Epidemiological features of high school baseball injuries in the United States, 2005 through 2007. Pediatrics 2008;121:1181–1187.
4. Lyman S, Fleisig GS, Waterbor JW, et al. Longitudinal study of elbow and shoulder pain in youth pitchers. Med Sci Sports Exerc 2001;33(11):1803–1810.

5. Klingele KE, Kocher MS. Little league elbow: valgus overload injury in the paediatric athlete. Sports Med 2002;32(15):1005–1015.

6. Hang DW, Chao CM, Hang YS. A clinical and roentgenographic study of Little League elbow. Am J Sports Med 2004;32(1):79–84.

7. Lyman S, Fleisig GS, Andrews JR, Osinski ED. Effect of pitch type, pitch count, and pitching mechanics on risk of elbow and shoulder pain in youth baseball pitchers. Am J Sports Med 2002;30(4):463 468.

8. Mullaney MJ, McHugh MP, Donofrio TM, Nicholas SJ. Upper and lower extremity muscle fatigue after a baseball pitching performance. Am J Sports Med 2005;33:108–113.

9. Pappas AM. Elbow problems associated with baseball during childhood and adolescence. Clinical Orthop Relat Res 1982;164:30–41.

10. Petty DH, Andrews JR, Fleisig GS, Cain EL. Ulnar collateral ligament reconstruction in high school baseball players. Am J Sports Med 2004;32(5):1158–1164.

11. Fleisig GS, Shouchen D, Kingsley D. Biomechanics of the shoulder during sports. In: Wilk KE, Reinold MM, Andrews JR, eds. The Athlete's Shoulder. Philadelphia, PA: Churchill Livingstone Elsevier; 2009:365–384.

12. Ellis S. The Complete Pitcher Web Site. http://www.thecompletepitcher.com

13. House T. Pitching Mechanics (video). Dallas, TX: Robert Steinfield Productions; 1989.

14. Johnson R, Rosenthal J, Ryan N. Randy Johnson's Power Pitching: The Big Unit's Secrets to Domination, Intimidation, and Winning. New York, NY: Three Rivers Press; 2003.

15. Ryan N, House T, Rosenthal J. Nolan Ryan's Pitcher's Bible: The Ultimate Guide to Power, Precision, and Long-Term Performance. New York, NY: Simon & Schuster; 1991.

16. Davis JT, Limpisvasti O, Fluhme D, et al. The effect of pitching biomechanics on the upper extremity in youth and adolescent baseball pitchers. Am J Sports Med 2009;37(8):1484–1491.

17. Kebaetse M, McClure P, Pratt N. Thoracic position effect on shoulder range of motion, strength, and three-dimensional scapular kinetics. Arch Phys Med Rehabil 1999;80(8):945–950.

18. Alexander CM, Harrison PJ. Reflex connections from forearm and hand afferents to shoulder girdle muscles in humans. Exp Brain Res 2003;148:277–282.

19. Kibler WB, Sciascia A, Dome D. Evaluation of apparent and absolute supraspinatus strength in patients with shoulder injury using the scapular retraction test. Am J Sports Med 2006;34(10):1643–1647.

20. Ebaugh DD, McClure PW, Karduna AR. Scapulothoracic and glenohumeral kinematics following an external rotation fatigue protocol. J Orthop Sports Phys Ther 2006;36(8):557–571.

21. Cools AM, Declercq GA, Cambier DC, Mahieu NN, Witvrouw EE. Trapezius activity and intramuscular balance during isokinetic exercise in overhead athletes with impingement symptoms. Scand J Med Sci Sports 2007;17(1):25–33.

22. Selye H. The Stress of Life. New York, NY: McGraw Hill; 1956.

23. Wilk KE. Rehabilitation Guidelines for the Thrower with Internal Impingement. Presentation, American Sports Medicine Institute Injuries in Baseball Course, January 23, 2004.

24. Crockett HC, Gross LB, Wilk KE, et al. Osseous adaptation and range of motion at the gleno-humeral joint in professional baseball pitchers. Am J Sports Med 2002;30(1):20–26.

25. Reagan KM, Meister K, Horodyski MB, et al. Humeral retroversion and its relationship to gleno-humeral rotation in the shoulder of college baseball players. Am J Sports Med 2002;30(3):354–360.

26. Osbahr DC, Cannon DL, Speer KP. Retroversion of the humerus in the throwing shoulder of college baseball pitchers. Am J Sports Med 2002;30(3):347–353.

27. Borsa PA, Wilk KE, Jacobson JA, Scribek JS, Reinold MM. Correlation of range of motion & glenohumeral translation in professional baseball pitchers. Am J Sports Med 2005;33:1392–1399.

28. Chaitow L. Muscle Energy Techniques. 2nd ed. Edinburgh: Churchill Livingstone; 2001.

29. Janda V. Muscles central nervous regulation and back problems. In: Korr I, ed. Neurobiological Mechanisms in Manipulative Therapy. New York, NY: Plenum Press; 1978.

30. Chaitow L, Delany JW. Clinical Application of Neuromuscular Techniques. Vol 1: The Upper Body. Edinburgh: Churchill Livingstone; 2001.

31. Hammer WI. Functional Soft Tissue Examination and Treatment by Manual Methods: New Perspectives. 2nd ed. Gaithersburg, MD: Aspen Publishers; 1999.

32. Calder A. Recovery: restoration and regeneration as essential components within training programs. Excel 1990;6(3):15–19.

籃球
Basketball

在籃球運動中，「空手走位」是取得成功的重要關鍵。運動員往往將大部分的訓練時間，投入在提升持球技術上的練習（例如，投籃或控球技術）。他們相對使用較少的時間在無持球的基本動作技術練習上，如跳躍、滑步、跑步和交叉步等。以投籃技術為例，當投籃的專項訓練計畫實施的同時，可以提升運動員的基本動作技能。該計畫包括設計一系列專項動作的練習，提升每一個動作的技術。訓練的最終目標，是發展運動員的運動能力，維持有效且強大的運動模式，藉以減低受傷的風險，同時提升運動表現。本章的主要宗旨是希望可以為復健以及運動的專業人士提供在專項動作訓練計畫發展上的協助，並藉此計畫來幫助運動員在職業生涯取得成功。

籃球基本運動技能 (FUNDAMENTAL MOVEMENT SKILLS IN BASKETBALL)

基本運動技能在許多運動中是通用的，然而，這些技能在籃球運動中，卻具有獨特性的訓練需求。

跳躍 (Jumping)

籃球運動員，經常在比賽中進行各種跳躍的技術，例如，跳投、籃板球和封阻投籃等。在澳大利亞職業籃球比賽的一項研究中，運動員在約 36 分鐘的時間內，平均的跳躍次數可高達 46 次（球賽進行中），也因此跳躍的動作被認為在比賽中是一項強度很高的活動[1]。跳躍技術的訓練包括跳躍及落地的動作。其中，落地技術的掌握是在練習中居首位的，因為有些人認為，許多急性損傷往往發生在突然減速的落地動作中[2, 3]。因此，適當的落地動作可以降低下肢受傷的風險[4-7]。

滑步 (Sliding)

「滑步」（也被稱為「切入」和「橫向併步」），它是在籃球中最常用到的技能之一，但卻常常被忽視。研究中指出運動員在比賽場上，花了 31% 的時間在滑步動作上，其中的 20% 則是高強度的滑步動作[1]。滑步是結合了橫向移動加上一個交叉步的動作。防守時，幾步的爆發性滑步動作似乎是切入阻擋對方運球的主要關鍵。在比賽中使用滑步的頻率，應反應在訓練課表中滑步技術的練習時間上。

跑步 (Running)

籃球運動中，加速和可控能力（例如，敏捷和減速）是跑步時的重點。在比賽中連續跑步動作的時間很短。根據研究發現，在籃球比賽中，高強度持續跑步的平均時間為 1.7 秒，其中只有 27% 的高強度持續跑步的時間是超過 2 秒[1]。在跑步技術的訓練中，應著重於強大的加速動作，因為運動員不可能在這麼短的衝刺時間內，達到跑步的最高速度。跑步的可控能力是運動員在沒有失速的情況下，有效地做出急轉彎和曲線的能力。運動員經常以非線性路徑穿越對手的多人阻擋戰術中，因此，應該將跑步技術納入訓練計畫中。

交叉步伐 (Crossover Step)

交叉步伐是在基準腳（後方的腳）橫向擺動前進時，引導腳（前方的腳）做出推蹬動作。當進攻端，試圖運球過人時，進攻球員會做出交叉步的動作。當運動員手中沒持球時，交叉步主要使用在：(1) 橫向滑步的移動技術；(2) 從滑步到跑步的過渡動作。考量到籃球比賽中滑步的頻繁使用和動作類別頻繁的變動（平均每 2 秒換動作[1]），因此，交叉步伐應包括在籃球的基本動作中。

專項動作訓練計畫的進展 (PROGRESSION FOR A MOVEMENTSPECIFIC TRAINING PROGRAM)

修正錯誤的動作模式 (Correction of Faulty Movement Patterns)

修正錯誤的動作模式是訓練計畫的基石，在整個計畫中，錯誤的動作模式是需要優先處

理並進行修正的，且必須持續不斷的受到監測。錯誤的動作模式常發生在運動員身體區段的不當排列中（圖 9.1）和不當的關節排序動作上（圖 9.2）。錯誤的動作模式可能會導致肌肉骨骼組織微創傷害，最終導致肌肉骨骼疼痛症 [8, 9]。如果運動員仍然在錯誤的動作模式下繼續進行訓練或比賽，將會增加他們肌肉骨骼疼痛的風險。因此，修正錯誤的動作是在訓練中的第一要務。

監測錯誤的動作模式在指導運動訓練的過程中是非常有幫助的，當練習量增加時，這些監測錯誤的動作模式需求（例如，速度、負荷、重複次數和綜合體），亦隨之增加。因此，練習的進展應依據運動員控制身體的能力來決定。若運動員在某項練習中表現很差的話，就應該做相對應的調整。為了達到訓練的最大效益，練習的內容不宜太具有挑戰性或是過於容易。

運動專項耐力和爆發力的發展 (Development of Movement-Specific Endurance and Power)

考量自競技的本質，運動員經常會重複出現加速或減速動作，因此，爆發力的發展是很重要的。此外，運動員亦需要具備良好的耐力，才能產生足夠的能量應對後半場快結束的比賽時段。好的耐力對於減少受傷的風險是相當重要，因為在男性或女性的籃球專項活動中，疲勞已被確認將會影響下肢的力學動作 [10-13]，而這些力學動作的變化也被證實會增加受傷的風險 [14]。可以在籃球專項的訓練課表中加入適當的阻力負荷、組數、重複次數、節奏和恢復的時間等訓練內容，做為增加耐力和爆發力的練習。

綜合性動作練習 (Integrated Movement Drills)

訓練課表的最後環節，是透過綜合性動作練習，來提高運動員本身整體移動的能力。依據模擬比賽時常見的動作序列，安排一系列的基本動作技能的練習。從簡單的活動開始，循序漸進的進入到較複雜的活動練習，特別是在模擬籃球比賽練習時，常會超越了實際比賽的需求。

基本動作技巧的進展練習 (EXERCISE PROGRESSIONS FOR FUNDAMENTAL MOVEMENT SKILLS)

蹲舉練習 (Squat Exercise)

蹲舉運動力學 (Mechanics of Squat Exercise)

蹲舉是基本動作技能前期準備的練習。蹲舉涉及到腿部的三重關節（踝關節、膝關節

圖 9.1 (A) 蹲舉時，過度的脊椎彎曲和頭部位置前傾。近端（例如，頭部、脊椎、肩胛骨和骨盆）應該自然對齊。(B) 股骨內收內旋和左腳的足部外展。股骨和足部應當對齊，使得膝蓋和足部朝向相同的方向。

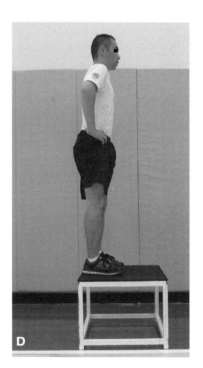

圖 9.2 (A-F) 登階時，大腿後肌具有主導權。大腿後肌的主導會造成膝關節比髖關節提早伸直，這會使膝關節產生向後移動的動作 (A-B-C-D)。最佳的序列顯示在 A-E-F-D。

髖關節）屈曲和伸展，這些需求有 (1) 在踝關節、膝關節和髖關節有充足的活動範圍；(2) 足夠的下肢肌肉功能（例如，耐力、肌力和爆發力）能產生爆發性的動作力量，且在進行負重時，必須要有很好的關節動作控制力；(3) 具有最佳動作的控制能力來維持關節的對齊方式，在彎曲和伸展關節時，沒有發生錯誤的動作模式；(4) 足夠的近端穩定性來維持中立排列 (neutral alignment) 或減少近端多餘的動作；以及 (5) 足夠的遠端穩定性以保持腳與地面的正確接觸。以上這些動作的要求是相關的，如果沒有完全充分做到上述動作的話，很容易產生錯誤的動作模式。

動作範圍 (Range of Motion)

蹲舉時，運動員應該能夠做到維持大腿與地面平行的能力。這項能力將做為運動員在執行基本的動作技術時不會發生錯誤動作模式的基礎。常見的踝關節背屈及髖關節屈曲的活動範圍受限問題（圖 9.3 和 9.4），可以透過不同的蹲舉運動（圖 9.5 和 9.6），來單獨進行改善問題。主動的負荷運動迫使臀部和腿部主動彎曲（見圖 9.4；圖 9.5），並運用較大的阻力來對抗屈曲模式。高腳杯深蹲（見圖 9.6）對於大腿長度較長的籃球運動員其蹲舉力學是非常有用的。

肌肉功能 (Muscle Function)

為維持具爆發性及動作有效性，運動員必須提高肌肉的功能（例如，耐力、肌力、爆發力），透過肌力的提升以有效掌握控制關節的動作，而非一直持續錯誤的動作模式訓練。

動作控制 (Motor Control)

動作控制是身體運動關節的協調能力。不良的動作控制，是錯誤的動作模式的前兆。運動員錯誤的動作模式的養成，往往是從日常活動的不良姿勢和習慣所造成的。錯誤的動作模式會影響關節的活動範圍和肌肉功能，重複的錯誤動作所造成的惡性循環，亦可能帶來疼痛和傷害。錯誤的動作模式可以透過適當的運動處方、學習回饋和重複性的學習提示來修正（這同時也是運動員產生錯誤模式的路徑）。當受到限制的關節活動範圍及肌肉功能兩者在一起促成錯誤的動作模式時，它們透過上述修正動作模式是可以單獨來解決錯誤的動作。例如，由於缺乏關節的靈活性，會使踝關節背屈受限制，但是如果在沒有先創造適當的踝關節活動性，即使是強迫背屈的練習，其效果可能不佳。同時，如果沒有直接修正錯誤的動作模式，僅僅解決受限的關節活動範圍和肌肉功能時，其效果也可能會不佳。如果錯誤的動作模式一直存在，將致使運動員無法使用已改進的動作活動範圍和肌肉功能。運動及復健的專業人員應該利用臨床推理來判斷造成錯誤的動作模式的因素，以及進行有效的計畫管理策略。

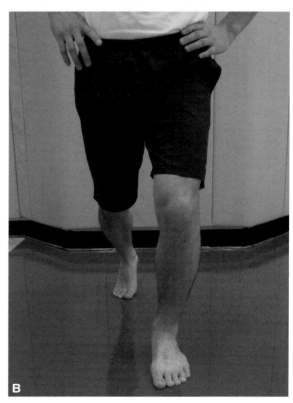

圖 9.3 (A, B) 踝關節背屈推牆動作。大腿和足部必須對齊。

圖 9.5 蹲舉－積極主動著地。對抗滑輪阻力，積極主動進行蹲舉動作。施加負荷較大的阻力，有利於踝關節、膝關節和髖關節的屈曲動作。

圖 9.4 硬舉－主動加載可以提升髖關節屈曲的動作範圍。阻力強迫運動員能夠主動使髖關節屈曲而不是被動讓髖關節屈曲。近端部位必須自然對齊。(A) 下壓。下壓滑輪橫槓的阻力朝向膝蓋處。(B) 向後壓。透過重心轉移，使骨盆向後同時伸展彈力繩。

圖 9.6 高腳杯深蹲。將手肘置於雙膝間，使足部和大腿對齊。

表 9.1	傳統內在提示 vs. 現代外在提示
內在提示	**外在提示**
下巴內縮	看你前方地面 6 英尺的地方
擴大你的肩膀	挺起你的胸部感覺高大
腿部伸展	向地板用力推蹬

近端穩定性 (Proximal Stability)

　　初步研究發現籃球運動員的近端穩定性（軀幹勁度）可以做為未來在大學時運動表現的預測指標 [15]。近端穩定性是指運動員的近端區段（例如，頭部、脊椎、肩胛骨和骨盆）能維持自然中立位置的能力。透過適當的學習提示可以做到姿勢上的對齊（見表 9.1），相較於內在提示（著重在身體本身的動作）；外在提示（著重在外環境中動作的效果）的動作技能學習是較為有效的 [16, 17]。以身體近端的重心的穩定需求為主，使四肢動作變快同時，複雜性也隨之增加。在籃球比賽中，運動員一再的加速與減速，意味著他們身體的重心經常面臨大量的加速與減速，以及接收大量的地面反作用力。因為近端區段構成身體內最大的質量，每位運動員如果具備良好的近端穩定性，不僅能克服在減速和加速過程中突然的慣性，同時能建立一個穩定的基礎，讓四肢能有效並有力的移動。出於這個理由，嚴密監測基本的蹲舉練習是必需的。

遠端穩定性 (Distal Stability)

　　遠端穩定性，是指腳和踝關節控制身體重心和維持適當的腳與地板接觸的能力。適當的腳與地板接觸點也是相當重要的，尤其是在身體和地板有效地移動之間所產生的高效力量的轉移（例如，推蹬和地面反作用力）。腳和踝關節的神經肌肉控制，在保持最佳遠端穩定性的過程中起了至關重要的作用 [18]。例如，如果身體重心向前移動時，踝關節就必須產生蹠屈力矩，將壓力中心向前移動到足部下方。然後，利用地面反作用力將身體向後轉動，保持身體的重心在足部（基本站姿）。在基本動作技能期間，運動員本能的做調整，尤其是當腳與地面做短暫接觸時。強調單腳練習，如單腳蹲舉，針對提升運動員遠端穩定性的知覺能力和腳及踝關節的神經肌肉控制能力是很有效果的。

蹲舉運動的類型 (Types of Squat Exercises)

雙腳蹲舉 (Double Leg Squat)

　　雙腳蹲舉（圖 9.7）是適用於改善關節的活動範圍，以及學習基本的三重關節屈伸模式。

圖 9.7 蹲舉。(A) 頭部、膝蓋和腳趾須垂直對齊。大腿與地面平行。近端部位自然對齊並與脛骨平行。(B) 大腿和足部必須對齊。

分腿蹲舉 (Split Squat)

分腿蹲舉（圖 9.8）是強調單腳（前腳）的練習和提升橫向穩定性要求的練習。分腿下蹲能有效提升矢狀面的髖關節移動性，如跑步時，前髖的彎曲和後髖的伸展是至關重要。依據重點的改變，負荷方向是可以被改變的。

側跨步蹲舉 (Lateral Squat)

橫向跨步蹲舉（圖 9.9）著重在單腳推蹬力量，對滑步力學動作的提升是很有用的。阻力的應用是透過旋轉訓練帶做橫向跨步，滑步時，提供一個較好的推蹬感覺，讓身體重心產生橫向位移。

旋轉蹲舉 (Rotational Squat)

旋轉下蹲（圖 9.10）的運動是以單腳和下肢旋轉的需求為主。

單腳蹲舉 (Single leg Squat)

單腳下蹲（圖 9.11）是所有的下蹲動作中要求最嚴格的動作，因為它必須以最小的支撐區域，來承受最大的肌力的需求和穩定性。同時，它可能是最重要的練習動作，因為大多數的動作技能，便是基於單腳的支撐能力。單腳箱子蹲舉（圖 9.12）是單腳下蹲的進階動作，亦是另外一個很好練習的選擇。

蹲舉運動時常見的錯誤的動作模式 (Common Faulty Movement Pattern in Squat Exercises)

在推蹬的伸膝期間由大腿後肌支配（見圖 9.2）(Hamstring Dominance in Knee Extension during Push-Off)

在推蹬期間，初始的膝蓋伸直與髖關節伸展有關，要讓膝蓋向後帶向身體，而不是使身體向上移到膝蓋處。在膝關節完成伸直後，髖關節保持稍微彎曲位置。Sahrmann [9] 解釋說明，在進行膝關節的伸展動作時，因為股四頭肌無力，而由大腿後肌主導，因此造成錯誤的動作模式。硬舉的練習可以修正這個錯誤的動作模式（圖 9.13），在蹲舉時，將彈力繩放置在膝關節處（圖 9.14）以便幫助初始的髖關節伸展。

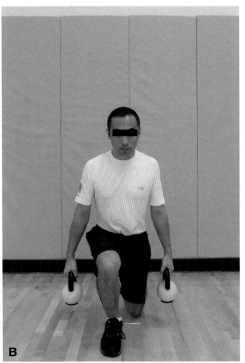

圖 9.8　分腿蹲舉。(A) 近端部位與脛骨平行。後臀部以中立姿勢或稍微伸展。(B) 腳的矢狀面與分腿直線對齊。(C) 可透過施加肩背帶的阻力負荷，增加對近端穩定性的需求，並利用前腳推蹬仿效第一步的機制。

圖 9.9 側跨步蹲舉。推蹬腳彎曲有如半蹲動作（見圖 9.7）。避免脊椎位移超過推蹬腳的位置，對於多方位的敏捷性，需保留最佳的推蹬角度（參考滑步一節）。

垂直軀幹和過度的踝關節背屈
(Vertical Trunk and Excessive Ankle Dorsiflexion)

軀幹保持在垂直的姿勢時，膝蓋會過度地前驅，使踝關節產生極度的背屈動作（圖 9.15）。這種動作模式會減少在推蹬階段時臀部伸肌的貢獻，因此可能會增加膝關節和踝關節的壓力。限制髖關節屈曲的活動範圍，則可以修正這個動作模式並防止髖關節彎曲。膝蓋的過度向前動作是可以透過在膝蓋前方擺一物體（例如，箱子）來做修正（圖 9.16）。硬舉（見圖 9.13）和箱子蹲舉（圖 9.12 和 9.17）動作練習可以有效的幫助髖關節屈曲。

腰椎過度前屈 (Excessive Lumbar Spine Flexion)（見圖 9.1A）

在推蹬階段，腰椎過度前屈可能會減少臀部伸展並增加下背部受傷的風險。這個動作通常是因為在抵抗負荷時，近端穩定性不足或髖關節屈曲的不穩定所造成的。例如，在增加重量，運動員雙腳深蹲時能維持自然的對齊動作，但單腳深蹲時卻無法做到。練習所使用的重量可依運動員的能力做調整。此外，可將彈性帶（肌貼）貼在腰椎，透過觸感的回饋，便利於運動員的感知能力（圖 9.18）。

脊椎過度後伸 (Excessive Spinal Extension)

頸椎過分的延伸，容易造成錯誤的動作模式，主要因為近端穩定性很差和頸椎深部屈肌功能不良所造成的。

圖 9.10 旋轉蹲舉。將旋轉訓練帶圍繞在軀幹，在加負荷情況下，進行旋轉的動作。近端部位維持自然的姿勢，然後在向左旋轉時，用力推蹬右腳 (A, B)。在右腳推蹬時，這種抗旋轉動作必須減少脊椎扭曲，(C) 相對的，會出現右髖關節外旋動作。同時，另一邊的髖關節會做出內旋動作，近端旋轉會遠離推蹬腳。

圖 9.11　單腳蹲舉。支撐腳的髖關節會輕微的內收，踝關節會外翻，使脊椎姿勢超過支撐腳。

圖 9.12　單腿箱子蹲舉。箱子是可調式的，所以，當落坐在箱子上時，大腿則與地面平行。

大腿 / 股骨內收和內旋
(Femoral Adduction and Internal Rotation)

　　股骨內收和內旋，導致膝蓋角度外翻（見圖 9.1B）。研究結果顯示股骨內收和內旋可能會增加膝蓋受傷的風險[19]。踝關節背屈活動範圍受限是腳外展的常見原因。可利用高腳杯深蹲（見圖 9.6）動作，將彈力帶置於膝蓋周圍的位置來進行動作修正的練習（圖 9.19）。在腳的內側（腳趾球）應該與地面接觸，以維持遠端動作的穩定性。

橫向重心轉移 (Lateral Weight Shift)

　　修正膝關節內傾動作的一個常犯的錯誤是將重心移至足的外側緣（見圖 9.1B），腳踝外翻的活動範圍可能與此有關。將彈力繩置於腳趾球和地板之間，可有效地防止橫向重心的位移（見圖 9.19）。

橫向軀幹傾斜 (Lateral Trunk Tilt)

　　軀幹傾斜（圖 9.20）至承重腳的方向。承重腳的髖外展肌太弱無力，可能與橫向軀幹傾斜有關，這可能也是女運動員膝蓋受傷的風險增加的主要原因[19]。利用彈力繩練習能有效的幫助運動員回到正常的姿勢（圖 9.21）。

蹲舉動作的練習進展
(Exercise Progression in Squat Exercises)

　　蹲舉可以透過阻力負荷、組數、重複次數、節奏和恢復時間的可操控性來改善一個特定的焦點（改善動作範圍、肌肉功能性和動作控制）。在蹲舉練習時，三重關節屈伸模式應該帶入下面的章節所提到的基本動作技能的專項練習。

跳躍 (Jumping)

　　基本動作技能的所有訓練中，跳躍技能可

圖 9.13　硬舉。(A) 雙腳。(B) 單腳。

圖 9.14　利用彈力帶以防止在推蹬時，膝蓋太早伸直。

圖 9.15　蹲舉時，軀幹太垂直和踝關節過度背屈。

圖 9.16 利用箱子，以防止踝關節過度背屈。

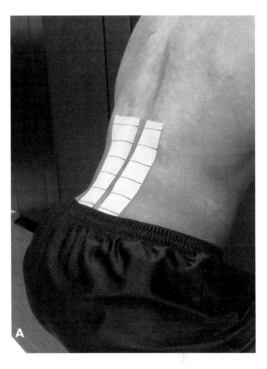

圖 9.17 箱子蹲舉。

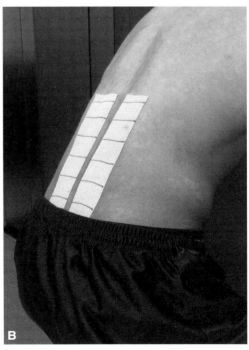

圖 9.18 彈性帶（肌貼）貼在腰椎上。(A) 維持自然的脊椎姿勢。(B) 腰椎過度彎曲時，彈性帶（肌貼）會適度被伸展。

能是運動員最熟悉的動作。在籃球比賽中，高度提供了一個顯著的優勢，運動員的跳躍能力的測量常用來代表他們的身體技能。儘管運動員往往把重點放在他們跳躍的高度，然而，跳躍技能訓練依序為 (1) 掌握落地動作，(2) 跳躍

圖 9.19 彈力帶置於膝蓋處，防止股骨內收和內旋。將彈力繩兩端放置在腳趾球和地板之間，協助腳與地面接觸。

圖 9.20 橫向軀幹傾斜。

時的推蹬動力，以及 (3) 各種跳躍和落地的執行。注意：跳躍對身體而言是高強度和有壓力的活動。跳躍技能的訓練必須謹慎地依據運動員本身的能力進行安排。

跳躍的機制 (Mechanics of Jumping)

跳躍運動是蹲舉的直接進階動作，跳躍時，雙腳必須推蹬離地。因此，在進行蹲舉時，三重關節屈伸的基本機制，可應用到跳躍機制中。顯然地，在推蹬時所產生的爆發力比一般蹲舉時要大；因此，運動員跳躍和落地過程中，能夠感受到跳躍動作對自己身體的基本需求相對增加。

常見錯誤動作模式
(Common Faulty Movement Patterns)

跳躍練習常見的錯誤動作模式也常發生在蹲舉練習時。

跳躍練習的進展 (Exercise Progression in Jumping)

跳躍運動的進展可透過下列的動作變化進行練習。

支撐的基本動作 (Base of Support)

- 雙腳支撐：雙腳跳躍
- 分腿支撐姿態：分腿跳躍
  - 單邊。跳躍和落地時，腳都在同一邊（例如，腳在分腿跳躍和落地時，都是右腳在前）。
  - 交換腳。跳躍和落地時，腳在不同邊（例如，跳躍時右腳在前，落地時左腳在前）。
- 單腳支撐
  - 跨步跳（圖 9.22）。一隻腳跳躍，另一隻腳著地（例如，用右腳跳躍，左腳落地）。
  - 單腳跳（圖 9.23）。跳躍和落地都是同一隻腳。

圖 9.23 單腳橫向越過小欄架。

圖 9.21 將彈力繩繫在骨盆處，以利於修正關節的對齊。

動作變化 (Movement Variables)

這些練習主要是強調跳躍和落地時的每一個細節部份。

- 落地重點。三重關節屈曲的「軟落地」是落地的主要目標。運動員應該在有效減速時輕

圖 9.22 橫向跨步。

輕落地，將腳與地面接觸的聲音減到最小。

- 下落蹲跳。站立姿勢開始，運動員迅速下落蹲至推蹬的姿勢（例如，雙腳下蹲、分腿下蹲、單腳下蹲）。下落蹲之前雙腳離地小幅跳躍（跳躍／單腳跳）一下，可以幫助下落蹲的動作。在下落蹲時，運動員應經歷「墜落感覺」。下落蹲跳是有用的練習，主要是掌握在落地瞬間，能迅速獲得推蹬動作的開始。
- 箱子落地跳。運動員從一個箱子上往下走，然後以相應的姿勢著地。箱子高度可以調整。箱子落地跳練習讓運動員著重在落地時的力學動作。
- 跳躍重點
  - 箱子跳躍（圖 9.24）。跳箱練習讓運動員著重在跳躍上箱子時的推蹬力學動作。箱子的高度應該依據運動員能力來設定。進階的練習是可以透過手插腰進行單腳落在箱上、手持重量或穿著負重背心練習雙腳落在箱上動作。

跳箱練習可減少受傷的風險

跳箱是適合提升爆發力的練習，同時減低受傷風險，因為落在箱上的衝擊力比落在地板上的衝擊力還要小（落在箱上後，要確定從箱子上走下，而不是跳下來！）。

- 跳躍。運動員從地板上原地跳躍與落地。同時練習到跳躍與落地動作。

其他動作變化 (Other Variables)

在比賽中，運動員進行各種跳躍。可調整下列的動作變化練習，使運動員展現各種跳躍

圖 9.24 箱子跳躍。

技能，並特別著重在肌肉的功能性上面（例如，耐力、肌力和爆發力）。運動及復健的專業人員在練習前必須確定運動員是準備好進行調整練習，同時不要有太多動作或太快動作的挑戰，以避免可能出現的傷害。

- 下蹲跳。反向運動是腳進行立即推蹬動作之前的三重關節屈曲動作。下蹲跳是運動員從站立姿勢開始，下蹲後，在沒有停頓的動作下立即向上推蹬。下蹲跳的高度通常是比一般跳躍的高度還要高。如果運動員一開始就假設推蹬的位置和推蹬跳躍前的停頓動作時，就不會發生反向運動的跳躍動作。運動員在比賽中最常用的跳躍即是沒有反向運動的跳躍動作。
- 手臂擺動跳躍。手臂擺動是手臂向下擺動同時三重關節屈曲，推蹬跳躍時手臂同時向上擺動。手臂擺動通常可提升垂直跳的高度。
- 負荷深度。負荷深度可以指定為訓練特定動作範圍，從微蹲到深蹲時的三重關節屈曲位置。
- 水平位移。進行向前、向後、向側和對角的水平位移的跳躍。

水平跳躍和運動表現

初步證據[15] 建議水平爆發力可以預測未來籃球運動員成功與否。

- 旋轉。進行對抗阻力旋轉向右、向左的跳躍練習（圖 9.25），並以規定的角度（90° 和 180°）進行旋轉跳躍練習。
- 節奏。進行連續跳躍時，每跳之間可停頓再跳躍或採用不停頓跳躍方式。
- 阻力、重複次數、組數和恢復時間。這些運動參數是可操弄的，可安排朝向特定肌肉功能進行練習（例如，耐力、肌力和爆發力）。

滑步 (Sliding)

滑步（切入或橫向併步）是一個重要的敏捷技術，在運動時，改變方向的能力是至關重要的（參見第 23 章）。滑步技巧在籃球運動和田徑運動（通常速度只有往前進行）之間是有顯著的區別。

滑步的機制 (Mechanics of Sliding)

在滑步時，運動員的支撐腳推蹬向側面移

圖 9.25 利用旋轉訓練帶，進行對抗阻力的旋轉跳躍。

圖 9.26 垂直地面反作用力和水平地面反作用力。

圖 9.27 推蹬角度。

動（例如，腳遠離滑動的方向）。身體重心的橫向位移，是因為身體接收到身體重心橫向位移推動時的地面反作用力。地面反作用力由兩個部分組成，被視為有效的滑步：垂直和水平（分別為垂直地面反作用力和水平地面反作用力；圖 9.26）。如果運動員想要獲得橫向快速移動的最大水平地面反作用力，他們應該在適當的角度向地板用力推蹬 [21]。

髖關節伸展和橫向推蹬

為了獲得最大限度的橫向推蹬距離，必須將重心維持在較低的位置同時進行橫向的推蹬。實際上，橫向推蹬是髖關節、膝關節和踝關節（三重關節伸展）矢狀面的伸展。研究報告 [21] 建議，在沒有髖關節外展功能時，強而有力的腿部三重關節伸展和低重心兩者對於滑步減速－加速動作是至關重要的。

推蹬角度的評估是可以透過地面反作用力作用在身體方向來判定（圖 9.27）。當身體在橫向方向上加速時，地面反作用力從腳推蹬地板時的壓力開始，直接朝向運動員身體的重心移動（大約肚臍位置）。

為什麼膝蓋和腳沒有垂直地堆疊？

傳統的側蹲時，膝關節必須在踝關節正上方。然而，在第一步的滑步推蹬時，力量的推進主要來自於運動員將膝蓋置於足部內側的位置，並產生爆發性的加速度。但要記住，保持大腿和足的對齊。

因此，推蹬角度可以被測量出來的，主要是透過地板和運動員推蹬腳到肚臍的連接線的角度來做觀察。生物力學的研究顯示，最適當的角度為 45°-50° [21]。為了達到這個角度，運動員應該將他們的腳充分的張開，並彎曲他們的下肢以降低重心，這也是有效的滑步要素中所不能欠缺的 [21]。滑步的速度是步幅與步頻所組成的功能要素。運動員要利用較大的步幅、加快步頻、減少地面接觸時間或組合以上因素來獲得有效的速度。

常見錯誤的運動模式 (Common Faulty Movement Patterns)

髖關節和踝關節的過度外旋 (Excessive External Rotations of the Push-Off Hip and Foot)

當髖關節和踝關節過度地外旋時（例如，大腿和腳尖過度朝外），髖關節伸肌和踝關節蹠屈肌處於不利的位置時所產生的力量，將會導致推蹬時，滑步動作變得緩慢而遲緩。雙腳蹲舉和側跨步蹲舉（見圖 9.7 和 9.9），將有利於解決這個錯誤的運動模式。

引導腿太早抵達 (Early Lead Leg Reaching)

運動員啟動滑步，並朝向滑步的方向前進時，引導腿向外跨同時，會使臀部外展。常見的誤解是引導腿向外跨時，能夠加快滑步的速度，其實不然，正確的方式應該是啟動滑步時，支撐腳推蹬才是主要的關鍵。滑步時，引導腿向外跨是自然發生的動作，但重點應該是放在推蹬動作上。容易造成這個錯誤的運

圖 9.28 橫向軀幹傾斜。

動模式,是因為支撐腳推蹬的爆發力不足所影響的。例如,側跨步蹲舉(見圖 9.9)或阻力式滑步可能有利於改善推蹬的力量和發展出推蹬的堅實感。這與橫向軀幹傾斜密切相關(圖 9.28),例如,利用旋轉訓練帶做阻力式滑步可有效預防橫向軀幹傾斜。

滑步運動的進展 (Exercise Progression for Sliding)

單側靠牆運動 (Lateral Wall Drill)

　　單側靠牆運動(圖 9.29)旨在改善跑步、滑步和交叉步的近端穩定性。

阻力式滑步 (Resistive Sliding)

　　阻力式滑步(見圖 9.30)旨在促進推蹬的感覺和提升肌肉功能。將阻力置於腰部或肩部位置,並利用手握阻力帶方式或以纜繩阻力方式進行練習。阻力放在肩部(見圖 9.9)將比放在腰部更能增加近端穩定性的需求(見圖 9.30)。當引導腳離開地板的同時,立即用力的推蹬。

動力滑步 (Power Sliding)

　　動力滑步旨在提高爆發力的滑步動作。運動員利用阻力彈力繩進行二到三步的動力滑步,就有如他們試圖在對手的前面阻擋切入運球動作一樣。

輔助阻力式滑步 (Assistive-Resistive Sliding)

　　運動員儘可能的快速移動他們腳步,跟上移

圖 9.29 單側靠牆運動。**(A)** 外側腳撐住。**(B)** 內側腳撐住。

動較快的身體,即使是在彈力繩的協助之下,必須有意識的做出推蹬的動作(圖 9.31)。

反應滑步 (Reactive Sliding)

　　利用反應提示,讓運動員改變滑步的方

圖 9.30　阻力式滑步。利用手握住腰帶和無彈性帶方式控制阻力。

圖 9.31　輔助阻力式滑步。運動員滑步對抗阻力，靠向圓錐體，然後借助彈力，滑步回到原來的地方。

向。這些提示可以是另外一位運動員的動作提示（見圖 9.32）、視覺信號（例如，指向運動方向）或者是聲音的提示（哨子的聲音）。

跑步 (Running)（見第 23 章）

加速度和操控性能力是籃球技能訓練的重點。主要的訓練技巧是 (1) 利用有力的推蹬，在

圖 9.32　反應滑步。運動員針對其他運動員的動作做出反應。

幾步內迅速的加速；(2) 提高通過急轉彎和曲線的操控能力。

跑步的力學動作 (Mechanics of Running)

推蹬的角度主要是取決於身體重心的加速度能力。在快速跑步的加速期間，身體必須前傾，利用下肢的三重關節伸展向地面用力推蹬，接受水平的地面反作用力向前推進，與滑步情況相同。身體前傾慢慢減少時，跑步的速度將接近最高速度，身體重心幾乎是沒有或微乎其微的產生加速度（例如，最高速度時，維持恆定速度）。

在籃球比賽時，推蹬腳的主要功能在進行三重關節伸展時是非常重要的，因為身體的快速加速，必須比恆定速度跑步時更加地頻繁。蹲舉練習（尤其是在分腿蹲時）和跑步專項練習是最適合提升推蹬腳功能的練習。

對跑步而言，如果將角動量守恆定律考慮進去的話，上半身的功能對強而有力的推蹬的表現是很重要。跑步時，運動員兩隻腳對地面交替進行著推蹬和向前擺動，使身體不斷地在水平面創造兩個方向的角動量。因為身體最初沒有角動量，上半身必須施以相同的角動量，但在該小腿的相反方向，以保持身體淨角動量。這要求意味著，跑步時，如果運動員想要有力的加速使身體重心位移，他們必須有能力轉動軀幹和快速擺動手臂，以平衡腳產生的角動量。

適當步伐的操控能力需求與直線的跑步相較，會有較高程度的近端的穩定性（例如，直線跑步）。步伐是指運動員能主動調整腳的著地位置，以及步幅 / 步頻來達到最大的跑步速度的能力。非線性模式的跑步，會使身體有較大的橫向和旋轉扭矩，相較於線性跑步，非線性跑步需要額外的近端穩定性。

常見錯誤的運動模式 (Common Faulty Movement Patterns)

隨後討論常見的錯誤姿勢和運動模式。

跑步運動的進展 (Exercise Progression for Running)

最初的運動進展著重在近端穩定性，然後慢慢漸進到腳的動作和肌肉功能的動態運動。參見第 23 章的線性推牆抬腿跑步動作和負重與抬腿動作。

直線對牆練習中常見錯誤的運動模式
(Common Faulty Movement Patterns for Linear Wall Drills)

常見的錯誤的運動模式（圖 9.33）是沒有維持從頭到腳的直線對齊。

雙肩背帶練習 (Shoulder Harness Drills)

雙肩背帶練習（圖 9.34）是線性推牆練習的進階動作，對近端穩定性和提升跑步特定肌肉功能是很有用的。可以進行單腳抱膝、抬腿走、踏跳和其它跑步練習（見第 23 章）。

向前跨步跳 (Forward Bounding)

向前跨步跳是跳躍／落地技術練習的一部分，對跑步技術的進展也很有用，因為跨步跳是利用單腳著地並交替推蹬的動作，和跑步的動作很像。主要的關鍵在於單腳落地時的姿勢能適當的對齊，並在每一個著地／起跨動作中，短時間停留在空中，準備下一步著地後起跨動作。進階練習則是在著地和推蹬動作時，縮短在空中停頓時間，使跨步跳的節奏變快。

線性加速度 (Linear Acceleration)

在分腿站立姿勢加速度練習，是從運動員分腿站立姿勢開始進行衝刺（圖 9.35）。重點在於前面幾步的用力推蹬。

Z 字形的跑步 (Zigzag Run)

運動員以 Z 字形的跑法穿越圓錐筒（圖 9.36）。強調在跑步穿越每個圓錐筒時，要適當的降低重心和平穩的減速，轉彎通過圓錐筒後，並迅速加速到下一個圓錐筒。

交叉步 (Crossover Step)

交叉步的機制 (Mechanics of the Crossover Step)
（見第 23 章的多向動作）

交叉步是在基準腳（後方的腳）橫向擺動前進時，引導腳（前方的腳）做出推蹬動作。腳向前擺動時，有利於身體重心的前進，並幫引導腳創造最佳的推蹬角度（圖 9.37）。運動員的基準腳（後方的腳）應該是快速橫向前擺，以及降低並維持身體重心，並利用足夠的水平地面反作用力，創造明確的推蹬角度。

交叉動作時，將腳置於近端時穩定性的需求較大，特別是在額狀面和橫狀面上。運動員在做交叉步時，必須控制近端部位多餘的動作，以及當他們到下一個基準腳的姿勢時，為下一個動作的轉換做好準備。

圖 9.33 直線扶牆練習中，常見的錯誤動作模式。(A) 橫向移動骨盆。(B) 在未負重側的髖關節外展。(C) 髖關節屈曲。(D, E) 過度的腰部前屈。

圖 9.33 （續）

圖 9.34 雙肩背帶練習。

常見錯誤的運動模式
(Common Faulty Movement Patterns)

可能會出現過多的垂直位移。正如在滑步時，運動員必須維持身體的重心低，且基準腳（後方的腳）橫向擺動前進時，幫助引導腳（前方的腳）推蹬時，能創造最佳的推蹬角度。

交叉步練習的進展
(Exercise Progression for the Crossover Step)

交叉蹲舉 (Crossover Squat)

交叉蹲舉（圖 9.38）能有效地改善髖關節的可動性和活動範圍。

圖 9.35 (A, B) 分腿站立姿勢加速度。

圖 9.37 (A-C) 交叉步。引導腳（左腳）做出推蹬角度，改變重心的位移，朝著動作方向（左邊）前進。在基本站立姿勢，引導腳的重心在身體的前方 (A)。身體的重心以水平面方向通過引導腳時，產生正面的推蹬角度 (C)。

橫向推牆練習 (Lateral Wall Drill)（見圖 9.29）

運動員以單手支撐在牆上的姿勢，保持較低的身體的重心和身體近端部位對齊。

基準腳擺動 (Base Leg Swing)

雙腳微蹲的基本準備姿態，運動員進行基準腳擺動姿勢後（圖 9.39），再回到基本的準備姿態。手放在腰部的前方位置，主要是協助擺動腳橫向抬起膝蓋時，能碰觸到手掌。擺動腳應快速抬起，引導腿應當保持彎屈，身體能維持較低的重心。

交叉步 (Crossover Step)

雙腳微蹲的基本準備姿態，運動員進行一個完整的交叉步動作（圖 9.40）。步幅和重複練習

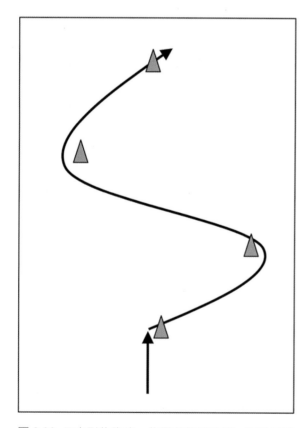

圖 9.36 Z 字形的跑步。放置數個圓錐筒，距離可做調整。

圖 9.38 交叉蹲。

可以在進階練習時做適當的調整。如果交叉步的步幅較短，可以提升步伐和快速交換腳的練習。交叉步的步幅較長時，可著重有力的推蹬動作，使其加速，並獲得最大水平的位移。交叉步的重複練習可透過每一步方向的改變來挑戰近端的穩定性。交叉步練習可以重複兩次（例如，交叉步向右然後再向左）到三次（例如，交叉步向右，然後向左，再向右）。應該保持近端部位的對齊，尤其是當動作方向改變時。

阻力交叉步 (Resistive Crossover Step)

　　運動員透過同一方向抗阻力的重複交叉步練習時（圖 9.41），必須著重在引導腳的推蹬動作做橫向的位移。

阻力－輔助交叉步 (Resistive-Assistive Crossover Step)

　　運動員進行有輔助的交叉步練習。輔助的重點是使運動員能快速執行腳的交叉動作，以便準備好落地的動作。在著地時，運動員應以基準腳姿勢維持動作的平衡。

圖 9.39 (A, B) 基準腳擺動。

綜合動作練習 (Integrated Movement Drills)

　　綜合動作練習是針對基本動作技能的設計，主要是在沒有籃球的情境下，提升運動員的整體的移動能力。這些練習對部份的復健相當有用，可做為返回球場上比賽、練習前的

圖 9.40 (A-D) 交叉步。

圖 9.41 (A, B) 阻力交叉步。

熱身運動，以及一般體能期計畫的過程中來實施。麥金尼斯等人 (McInnes et al.) [1] 的研究發現，運動員有 75% 現場比賽時間的心跳率峰值是大於 85% 的強度，而從事高強度的活動則是現場比賽時間的 15%。隨著籃球比賽的其他需求，比賽時的生理需求應該被應用到模擬競賽的練習方式中。

　　進階的複雜性練習，可透過添加更多的技能方式來進行，例如 (1) 較多的動作技能，(2) 較為頻繁的方向改變，以及 (3) 實際反映在籃球比賽性質的多種反應性組成。隨著運動的複雜性的進展，它變得就像特定的籃球訓練方式。整合動作練習提供機會，為了強調和提醒讓運動員在沒有籃球時，其動作移動時的重要性。但是，練習的重點應繼續放在運動員執行錯誤的動作模式 (FMS) 上。運動員將注意力轉移到比賽的「結果」（例如，投籃成功或失敗），

而不是在動作的「過程」（例如，他們如何從他們的對手中分散開來，得到一個有利的位置，緊跟著對手的防守）。

滑步交叉跑 (Slide Crossover-Run)

　　運動員進行滑步的動作後，緊接著交叉步跑。

滑步反向交叉跑 (Slide-Reverse Crossover-Run)

　　運動員進行滑步的動作後，然後利用交叉步轉向後，緊接著跑步。

5 個圓椎筒練習 (5-Cone Drill)

　　運動員利用圓錐筒的擺設，進行一系列的基本動作技能（圖 9.42）的練習，圓錐筒之間的距離可依運動員的體型和步幅做調整。

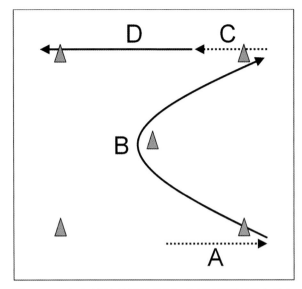

圖 9.42 5 個圓椎筒練習的範例。運動員開始滑步到右邊，以交叉步方式跑到筒處 (A)。運動員跑步繞過圓錐筒 (B)。然後，運動員數步滑步動作到左邊後 (C)，緊接著以交叉步跑方式進到終點 (D)。

設計和實施專項動作的訓練計畫
(DESIGNING AND IMPLEMENTING THE MOVEMENT-SPECIFIC TRAINING PROGRAM)

評估 (Evaluation)

評估運動員個人在執行動作的局限性，是設計專項動作訓練計畫的第一個步驟。每位運動員都有他們獨特的局限，可挑戰個人和復健以及運動的專業人士。他們的局限通常是在關節的活動範圍、肌肉功能、動作控制、近端穩定性或遠端穩定性。運動及復健的專業人員，應採取完整的方式來識別出運動員個人的局限部位，確認原因後，在幫運動員設計課程時設定欲達到的期望值。

訓練計畫中選擇主要重點
(Selecting the Primary Focus of the Program)

如果運動員呈現出局部的限制和明顯的錯誤動作模式，最初的重點應該是如何解決這些問題。如果運動員呈現出較小的錯誤動作模式，他們可以直接從進階的專項動作開始練習。計畫中主要的重點一旦設定好了，進度應該直接呈現給運動員，讓他們清楚知道目前他們是在進度的哪一個階段，而下一個階段是甚麼。運動及復健的專業人員和運動員雙方應該清楚的溝通，並促進計畫中相似的預期情況。

運動的選擇和指導 (Exercise Selection and Coaching)

訓練計畫能有最大的成效，其運動的選擇和參數的設定是很重要的。運動該是具有挑戰性的，不要太容易，讓運動員不論是在數量（例如，速度、阻力，重複次數和組數）還是質量（例如，運動模式的質量）上，都必須能有穩定的進展。質量進展並不像是數量的進展容易被識別出來，主要是因為它們是無法被測量的。運動及復健的專業人員應該刻意的來幫助運動員「改善他們的運動模式的感覺」。可善加利用視覺回饋（之前／之後的動態影像）、減少動作的疼痛感、運動模式明顯改善、肌肉力量和柔軟度來幫助運動員體會運動模式修正的作用。

促進和挑戰的重要性
(Importance of Facilitating and Challenging)

運動及復健的專業人員應該是運動員本身舒適區以外的經驗推動者。這些經驗可瞭解運動員的動作模式、動作的感覺與知覺、動作的阻力，以及動作的速度等。訓練計畫應該經常能夠挑戰，以及展現運動員所不曾有過的。比賽以外訓練時間所展現的，將提升他們在比賽中的表現。

致謝 (ACKNOWLEDGMENTS)

作者要感謝攝影師 Ned Dishman 以及模特兒 Wes Unseld Jr. 和 Navin Hettiarachchi，MS，ATC。並感謝 Vasso Chronis 的身體產業公司 (Physical Industries) 的幫忙。

參考文獻 (REFERENCES)

1. McInnes SE, Carlson JS, Jones CJ, et al. The physiological load imposed on basketball players during competition. J Sports Sci 1995;13:387–397.
2. Ferretti A, Papandrea P, Conteduca F, et al. Knee ligament injuries in volleyball players. Am J Sports Med 1992;20:203–207.
3. Shimokochi Y, Shultz SJ. Mechanisms of noncontact anterior cruciate ligament injury. J Athl Train 2008;43:396–408.
4. Blackburn JT, Padua DA. Influence of trunk flexion on hip and knee joint kinematics during a controlled drop landing. Clin Biomech (Bristol, Avon) 2008;23:313–319.
5. Blackburn JT, Padua DA. Sagittal-plane trunk position, landing forces, and quadriceps electromyographic activity. J Athl Train 2009;44:174–179.
6. Hewett TE, Lindenfeld TN, Riccobene JV, et al. The effect of neuromuscular training on the incidence of knee injury

in female athletes. A prospective study. Am J Sports Med 1999;27:699–706.

7. Shimokochi Y, Yong Lee S, Shultz SJ, et al. The relationships among sagittal-plane lower extremity moments: implications for landing strategy in anterior cruciate ligament injury prevention. J Athl Train 2009;44:33–38.

8. Comerford MJ, Mottram SL. Movement and stability dysfunction—contemporary developments. Man Ther 2001;6:15–26.

9. Sahrmann SA. Diagnosis and Treatment of Movement Impairment Syndromes. St. Louis, MO: Mosby; 2002.

10. Chappell JD, Herman DC, Knight BS, et al. Effect of fatigue on knee kinetics and kinematics in stop-jump tasks. Am J Sports Med 2005;33:1022–1029.

11. Kernozek TW, Torry MR, Iwasaki M. Gender differences in lower extremity landing mechanics caused by neuromuscular fatigue. Am J Sports Med 2008;36:554–565.

12. McLean SG, Fellin RE, Suedekum N, et al. Impact of fatigue on gender-based high-risk landing strategies. Med Sci Sports Exerc 2007;39:502–514.

13. Rozzi SL, Lephart SM, Fu FH. Effects of muscular fatigue on knee joint laxity and neuromuscular characteristics of male and female athletes. J Athl Train 1999;34:106–114.

14. Santamaria LJ, Webster KE. The effect of fatigue on lower-limb biomechanics during single-limb landings: a systematic review. J Orthop Sports Phys Ther 2010;40:464–473.

15. McGill SM, Andersen JT, Horne AD. Predicting performance and injury resilience from movement quality and fitness scores in a basketball team over 2 years. J Strength Cond Res 2012;26:1731–1739.

16. Makaruk H, Porter JM, Czaplicki A, Sadowski J, Sacewicz T. The role of attentional focus in plyometric training. J Sports Med Phys Fitness 2012;52:319–327.

17. Wulf G, McConnel N, Gärtner M, Schwarz A. Enhancing the learning of sport skills through external-focus feedback. J Mot Behav 2002;34:171–182.

18. Winter DA. Biomechanics and Motor Control of Human Movement. 4th ed. New York, NY: Wiley; 2009.

19. Ford KR, Myer GD, Hewett TE. Valgus knee motion during landing in high school female and male basketball players. Med Sci Sports Exerc 2003;35:1745–1750.

20. Hewett TE, Torg JS, Boden BP. Video analysis of trunk and knee motion during non-contact anterior cruciate ligament injury in female athletes: lateral trunk and knee abduction motion are combined components of the injury mechanism. Br J Sports Med 2009;43:417–422.

21. Shimokochi Y, Ide D, Kokubu M, Nakaoji T. Relationships among performance of lateral cutting maneuver from lateral sliding and hip extension and abduction motions, ground reaction force, and body center of mass height. J Strength Cond Res 2013;27:1851–1860.

Pamela E. Wilson
譯者：王淑華

自由車
Cycling

常見的傷害 (COMMON INJURIES)

有關自由車運動的常見傷害，大致可分爲非創傷性傷害及創傷性損傷兩種。非創傷性傷害的發生率可高達 85%，常見於青年及休閒類型的自由車車手，導致傷害的原因往往起因於過度的騎車或是未妥善選擇適合自己的自由車所引起；而創傷性損傷則常發生於在競速中因碰撞或跌倒所造成的傷害[1, 2]。

非創傷性 (Nontraumatic)

造成非創傷性損傷的原因主要有下列幾項：沒有充分的準備、不適合的設備、不夠完善的技術及過度使用所造成的傷害[3]。人體的非對稱性受傷變形，主要是由於自由車本身對稱性的設計（爲了維持身體的平衡），在遭受碰撞時，容易使肌肉、肌腱和關節處產生高負荷的壓力所造成的[4]；是故，在騎乘自由車時，身體的膝蓋、頸椎、肩胛胸廓區、手、臀以及會陰部等部位會因爲受到姿勢的限制，使得這些部位往往因爲重複性的乘載壓力而成爲容易受傷的區塊[2]，其中，自由車選手的頸部和背部發生疼痛的機率甚至高達 60%[5]。而自由車運動員若想要有效的減少非創傷性損傷發生，可透過量身訂做適合個人的客製化自由車，在熟悉車體性能後，將可有效的降低發生的機率。

創傷性 (Traumatic)

創傷性損傷經常是因爲身體重力撞擊地面時所造成的，最常見的是肩、前臂、手腕、小腿和踝關節的挫傷／拉傷／扭傷及骨折，這些因騎乘自由車所引起的傷害占了美國每年 500,000 件的急診案例[5]。

自行車的生物力學
(BIOMECHANICS OF CYCLING)

從生物力學的角度而言，自由車的車體設計是相當重要的，必須讓運動員的腳、骨盆和手在固定的同時，還能夠以有效率和放鬆的姿勢來運作。自由車的傳動系統是透過車手的股骨、脛骨、腳和自行車的曲柄構成四連桿系統來連結，最後利用車手的鞋與腳踏板接觸面的聯動開始傳動。「從設計上而言，這個傳動點要能夠產生平穩的能量轉移，若是在傳動鏈上有異常的狀況發生卻未排除，進而持續的進行重覆的運轉，將對身體造成潛在的傷害」[6]。同時，腳踏板的設計若能允許不同角度的變化，包含從腳尖向內／腳跟朝外或腳跟向內／腳尖朝外的動作模式，將有助於「提高車手和自由車之間動力的傳遞」，還能減輕身體爲了應變壓力所造成的傷害[6]。

自由車腳踏板（曲柄）的一個完整旋轉稱爲「踩踏的迴轉圓周 (pedal cycle)」，迴轉圓周分爲兩個階段：動力階段和恢復階段。動力階段是從 12 點鐘方向開始、6 點鐘方向結束，主要是在提供向前移動時所需之最大動力。而復原階段則是從 6 點鐘方向開始、12 點鐘方向結束，實際上可以抵消在動力階段所產生的動力，除非運動員積極將踏板上提。若要避免在復原階段時造成體能不必要的浪費，則在推進向前的同時，處於恢復階段的腳，其力量小於動力階段時的力量。自由車是在一個固定的狀態下行進，移動時除了透過雙腳來產生動力，倘若上半身的參與將有助於產生更多的力量。當自由車運動員的脊椎處於一個中立的姿勢下，其橫膈平行於骨盆底和腰間骨盆 (lumbopelvic) 的穩定系統一同參與運作，使軀幹成爲連接上下半身的固定功能。意即，不論車手是坐在座墊上或是離開座墊，上半身的動作將有助於整體動力的產生。在動力階段的時候，當車手坐在座墊上，所傳遞的動力約爲他／她身體重量的 50%。但當車手身體離開座墊時，所能傳遞的動力約爲他／她身體重量的三倍。這額外所產生的動力，主要是因爲當身體離開座墊時，車手能夠在向下踩腳踏板的同時上拉把手，進而產生更大的力量[7]。

動力階段 (Power Phase)

根據 Gregor[8] 和 Okajima[9] 的研究指出，「當力量垂直於曲柄 (crank) 時，所應用在曲柄上的力量能最有效地轉換爲旋轉力（轉矩）。特別是在動力階段的中段，當下踩力量在最接近垂直於曲柄時，所能產生的力量是最大的。」相較於此，在其他的位置上，力量將略

顯不足。主要是因爲「下踩力量在曲柄時是平行多過於垂直，所以在第一個 1/4 扇形面和最後一個的 1/4 扇形面會有微小的力量被轉換成旋轉的力量」[7]。

可以透過自由車車架結構的調整來修正力量的產生。通常在動力階段的頂端，也就是 12 點鐘的方向，大腿低於水平面 10º-20º，膝蓋的彎曲約爲 110º [7]，踝關節約在 90º 或背屈 10º-15º。此時，車手如果踝關節輕微的足背屈會比在蹠屈時更早進入動力階段產生力量。而髖關節活動的運行範圍約爲 55º，下肢膝關節的最大活動運行範圍約爲 75º，踝關節活動的運行範圍約爲 25º [7]。

動力階段利用股四頭肌推動踏板來前進，通過 12 點鐘處（上死點）即是動力階段的開始。在膝蓋伸展時，股四頭肌在動力階段的 1/2 到 2/3 之間的運作是主動積極下踩踏板的。髖關節在動力階段前 2/3 處的伸展主要是由經由臀肌的協助，而髖關節彎曲的角度則取決於座墊的高度，而髖關節彎曲的越多，所呈現的力量越大 [7]，如臀肌延伸時，則整個下肢向下踩腳踏板。當車手的腳在卡式踏板 (clipped into the pedal) 時，「髖關節伸展下踩的動作轉換成膝蓋延伸時，主要是因爲肢體被迫與踏板一起行進」[7]。此時主要是大腿後肌來協助髖關節在動力階段的後 1/3 處的伸展。「在迴轉圓周時，相較於其他下肢肌群，大腿後肌群參與整個迴轉動作的活動時間最長，當大腿後肌群拉住膝關節後方的同時，腳部因踏板上的摩擦力或扣片讓腳固定住，使膝蓋無法彎曲；反而在膝蓋延伸時，使膝蓋後方的拉力，能在踏板上產生向下的力量」[7]。而比目魚肌和腓腸肌在動力階段的後段時，將變的較爲積極，並能提供顯著的力量。腓腸肌因爲連接著兩個關節的活動，故它將保持活躍的狀態順利進入恢復階段。相較於腓腸肌，連接單關節的比目魚肌在此時則相對沒有那麼活躍。連結小腿肌群與踝關節的動作是很重要的，它能提供堅實的力量轉移至踏板上 [10]。當正確的利用小腿肌群在第一槓桿原理時，可以在恢復階段初期採用蹠屈動作在踏板上。該階段中，可大大提升了大腿後肌的效率 [11]。

車手通常會利用髖關節內轉方式踩踏，讓膝蓋輕刷過自行車的上管。然而，這並不是一個有效的功能踩踏動作，因爲當髖關節外旋時，會促進臀部的神經功能。理想的動作是「從 12 點鐘處（上死點）膝蓋彎曲時，開始向前移動」。這主要是因爲在「股骨髁後面幾乎比遠端表面更加對稱，並且由於距下和中跗骨關節倒垂外部使腳旋轉，傾斜的腿遠離自行車上管。」在動力階段時，內側柱足背屈、大腿後肌活動和膝蓋的延伸，使膝蓋在越靠近自行車的 6 點鐘方向 (bottom dead center；下死點) 時，增加了功能性的 Q 角（前上腸骨棘－髕骨中心－脛骨結節等三點測量而得的角度）[7]。

核心穩定系統必須參與其中，因爲這是車手產生動力的來源，所以，這樣穩定的骨盆和腰椎可以爲股四頭肌、臀肌和大腿後肌提供穩定的原點。Abt 等人得出的結論是「核心疲勞容易導致自由車力學上的改變，可能會增加受傷的風險，因爲可能會使膝關節產生更大的壓力。當長途騎車時，提高核心的穩定性和耐力性，可以促進下肢動作更加一致，使核心更加能抵抗長途的疲勞」[12]。

恢復階段 (Recovery Phase)

「恢復階段主要是針對下一個動力階段的腳和腿進行重新調整及準備，因此，從一個動力階段到下一動力階段的過程中，有著平穩的恢復階段」[11]。然而恢復階段也提供了動力階段時肌肉所需的休息時間，「在恢復階段，恢復腳的肢體重量乘載在踏板上，會產生一小部分向下施力的力量，而該重量在曲柄上產生了負向轉矩，降低了另一隻腳在動力階段時力量的有效性」[11]。車手可透過髂腰肌和股直肌彎曲髖關節和大腿後肌彎曲膝蓋做到主動恢復和減少負向轉矩。「在一開始的恢復階段，腓腸肌也可以協助膝關節屈曲」[7]。在恢復階段的後半段，脛前肌始於踝關節背屈及股四頭肌始於膝伸展和髖關節屈曲 [7, 13-15]。在恢復階段時，若能有效地利用脛前到背屈腳踝，將能提早進入下一個的動力階段。在進入動力階段重踩踏板時，踝關節背屈可以產生較大向前的力向量 (vector of force)。一個蹠屈踝關節將在重踩腳踏板時，產生較大的向後力向量。這將會延遲進入動力階段並導致動力產生的損失。

自由車的合適性 (BICYCLE FIT)

當討論自由車的生物力學時，有必要先討論自由車合適性的主題。「車手在騎車時，必須記住自由車是可調整的，且車手則有很強的適應性」[16]。車手在選定屬於自己的車之前，應該先對車手進行近似面試的了解和評估後再做選擇。

訪談 (Interview)

在了解車體細節的同時，將先確定自由車手的年齡、身高、體重和性別，以及騎車的目標、騎車的類型和訓練內容，甚至包含歷年來的運動傷害史等，透過這樣的訪談的模式將能提供給自由車手在訂製適合自己的自由車時所

需的一切資訊。例如，在進行公路賽時，大部分的時間車手的手是放在低把手的位置，在一群車手同時加速出彎道時，手肘部位會因卡位而相互碰觸。在整個比賽中，心跳率會先低於乳酸閾值，然後再高於乳酸閾值，自由車的合適性必須讓車手的代謝下降和提升動作力學效率。當車手們在急速轉彎時，自由車底部的支架必須離開地面夠高，把手也要夠窄，才可避免相互碰撞；同時，在集團中乘騎時，如果空間不夠寬敞就無法讓車手的解剖力學結構達到一定的效能。在鐵人三項長距離的比賽過程中，運動員消耗身體的燃料的同時必須及時補充能量來維持身體恆定的有氧工作量。因此，合適的自由車才能讓運動員產生代謝、力學和空氣動力學的實際效益。此外，在長途騎乘期間，合適的自由車能夠提供車手較大的便利性，例如合適的座墊能提供車手較佳的舒適度，且車手必須具備的良好平衡能力，以便車手利用單手吃東西、喝水的同時，還能安全控制車子的平衡。

騎自由車的目標和類型將取決於自由車的車架材質和車體的幾何形狀。製作車架所使用的材質，多來自於鋼、鋁、鈦、碳纖維以及特殊材料做成（如竹子）。車架材質對於騎車時的品質（指車手在騎車時的感覺）及車體的回應會有很大的影響。大多數的自由車公司所提供的自由車車架材料和幾何圖形，即可滿足一般車手的需求及目標。自由車車廠所生產的標準車架適用於一般車手，他們透過選擇適合的把手、豎管（龍頭）、座管、座墊和踏板，在騎車時能有正確的姿勢。然而，競賽車手或熱愛自由車運動的人，則因個人對車架功能或結構的要求，選擇客製化的自由車車架的設計服務。

在了解車體細節後，車手必須透過物理評估，以確定車體的功能和結構障礙。若發現有結構上的問題時，必須設法移除或特別留意，以求不影響自由車的騎乘。

在適應自由車的期間，功能性障礙必須進行評估和思慮的，如髖關節屈曲受限或核心缺乏穩定等。技術優異的功能復健專家可以協助治療和克服這些問題，使運動員在騎自由車時，呈現最佳的生物力學和空氣動力學的姿勢。

身體結構若發生病變則必須要特別的注意及照顧，如椎間盤退變、退化性關節炎和長短腿等情況，都可能影響車手與自由車之間的適應關係，同時也會影響運動員在騎車時的最適合的姿勢。

初步評估 (Initial Evaluation)

仰臥位 (Supine)

- 踝關節背屈：理想情況下，車手應該能夠背屈腳踝 10º-15º。車手能有效利用踝關節蹠屈肌產生的正機械功率可高達 20%[17]。
- 屈膝：在踏板迴轉圓周的頂端時，關節彎曲約為 110º。如因膝關節屈曲的受限而降低座墊，可能會影響到座墊高度。這將會不利於受限的髖關節屈曲，因而影響了臀肌獲得的最大效益。
- 髖關節屈曲同時放鬆屈曲膝關節（測量自行車者脊椎自然仰臥時的姿勢）：髖關節屈曲是運動員騎自由車之前須採取的最重要的測量之一。當運動員在自由車上時，確定座墊的高度和車把手最佳的下握位置，對測量是很重要的。把手太低將迫使運動員彎曲髖部對抗功能性／結構性障礙，會消耗太多能量。將導致總正機械功率的「能量外洩」造成能量的浪費。

屈膝仰臥 (Hook Lying)

- 骨盆傾斜會影響到腰椎：當腰椎處原自然且中立的狀態時，能夠提供最佳的動力，車手維持骨盆姿勢的能力，有很大程度上會受到腰椎的姿勢影響。
- 車手的核心肌群能力：穩定的核心肌群是車手產生動力的基礎，若缺乏足夠的核心能力將無法提供足夠的力量來支撐腰椎，連帶將影響整個力量的產生。

坐姿 (Seated)

- 坐骨結節之間的距離：這個距離的最好測量方式，是讓車手坐在方形的壓力感應墊上，留下一個壓力標記提供測量。透過實際測量的方式來幫助車手選擇出一個能夠正確地支撐的骨盆的座墊。
- 肩關節屈曲：公路賽騎車時，肩關節應彎曲到 90º 左右。車手騎車時，若肩關節屈曲受限制（例如，肩關節夾擊症候群）會使車手向前握把手的手臂角度受到限制，此時較短的豎管（龍頭）增高時將可以彌補肩關節屈曲受限的範圍，同時使車手的身體的直立姿勢抬高。這樣的姿勢可以減少空氣動力，並且降低重複性勞損的風險，在運作功能上更有效率。
- 與肩同寬：適當的把手寬度是從一肩峰肱骨到另一肩峰肱骨的距離測量。這不如選擇較寬的，除非如上述所述的公路比賽是一大群人聚集在一起競速的情境中。

扣片／踏板接觸面 (Cleat/Pedal Interface)

在車手已經了解車體細節與評估後，接下來必須選擇座墊、把手和自由車鞋／扣片／踏板

等系列。第一步，自由車鞋／扣片／踏板系列須要先擺置妥善，再接著確定座墊高度和座墊的前後位置。由於曲柄在騎乘時，與動力階段有最大的相關性，故車手在確認曲柄位置後，把手的高度和範圍才能確定。

扣片應放鞋子上，第一蹠骨前端須直接在踏板軸上。在為數不多有關自行車專用鞋的壓力分佈的研究上，Sanderson 與 Cavanagh [18] 觀察到的壓力分佈在前腳部位 (forefoot)，具體地說，應該是在第一蹠骨前端。因此，要使車手能夠最有效率的將動力傳遞到曲柄臂，扣片的位置是至關重要的。

自行車評估 (Evaluation on Bicycle)

最佳扣片／踏板接觸面取得後，車手將自行車安裝在一個固定的訓練台上進行熱身。此時車手應該能夠在一個舒適輕鬆的姿勢中找到座墊上的「甜蜜點」。

要確定坐墊高度時，在曲柄迴轉圓周大約在右腳 5:30 方向位置和左腳 6:30 方向位置會到達曲柄的最遠處，車手的腳將「靜止不動」。膝關節屈曲應在 25º 和 35º 之間（圖 10.1A），若屈曲角度太小，當踩到在最底端時，大腿後肌無法出力，又因腳的背屈不夠，小腿肌肉將無法展現有力的優勢；而當屈曲角度過大，當踩到最上端時，腳會被擠壓到，肌肉一樣無法發揮它最佳的效益，將會失去動力。

座墊的前後位置，取決於當車手的腳在曲柄迴轉圓周的動力階段 90º 時「靜止不動」的位置（右腳 3 點鐘方向，左腳在 9 點鐘方向）。垂直線 (plumb line) 應分為兩種，一種為公路自由車的垂直線，從脛骨粗隆到踏板軸心；另一種為計時賽（簡稱 TT）自行車（或鐵人三項自行車）的垂直線，則是從脛骨前肌結節到踏板軸心（圖 10.1B）。

座墊傾斜的角度取決於在車手的個人喜好的風格，一般習慣的下傾角度約在 0º-5º 角。座墊若向上傾斜往往容易導致軟組織的不適，反之，若座墊向下傾斜角度太大，將導致車手身體「向前傾倒」造成手部承受過大的壓力。

車手在座墊的姿勢能將最好的動力傳遞到曲柄，在確定座墊的姿勢後，緊接著將確認把手的位置。把手的高度取決於最初評估時所測量的髖關節屈曲，正確的把手位置應該可以引導車手在下握公路把手和使用肘靠式的握把／把手前端延伸握把（通稱休息把）時，讓脊椎位置處於自然中立的狀態。在試踩幾個旋轉後，車手將腳停在曲柄迴轉圓周上的 12 點鐘方向（上死點）時，髖關節活動範圍會顯示出最小化，再確定把手的高度。在自由車上時，髖關節屈曲的角度是不能

圖 **10.1** (A, B) 騎乘自由車後的評估。

比初始評估時所採用的測量角度還要大，若車把手太低的話，會使座墊與把手之間的距離過大，致使車手在曲柄迴轉圓周的頂端時被擠壓而失去動力。倘若車把手太高的話，也會使車手產生不當的騎乘姿勢，這樣的姿勢將使車手變成產生更少的空氣動力，迫使車手浪費多餘的能量來克服空氣阻力。

當脊椎功能處於自然中立狀態並和肩胛胸廓的連結是集中時，握在公路自行車把手時，車手的肩關節屈曲角度約為 90º（圖 10.1B）。此時肘關節彎曲時是放鬆的，車手的手部是從容的放在煞車／齒輪系統的握把套上。當車手的手放在計時賽自行車的休息把手上時，車手

的前臂將放置在墊子近端，其肩膀將微微前傾於垂直面上超過手肘位置，從前面看車手姿勢，他的手臂應落在大腿的外側邊緣內。若手臂落在大腿的內側或外側，則將增加正面的表面積並增加空氣的阻力。

訓練原則 (Training Principles)

雖然騎自行車主要是矢狀面（縱切面）運動，車手必須接受三個面向的訓練，主要著重於培養 1. 核心能力的承受力與扭力負荷相關之速度；2. 在爬坡階段臀部離開座墊時的踩踏以及：3. 高速賽車及高速轉彎的能力。當車手抵抗高扭轉三個面向的負荷時，具備良好的核心系統將提供車手一個穩定的肌力傳動平台。

當車手坐在座墊上時，由於多平面高扭力需求，核心能力將達到穩定骨盆的作用。穩定的骨盆將提供一個固定的力量，使腳產生平衡與動力來驅動曲柄。當骨盆從座墊離開時，它將不再是固定的，呈現只有雙手和雙腳固定在自行車上的姿勢，此時核心能力穩定與否的重要程度將大幅增加，骨盆必須繼續提供有如船錨一般的穩定性，使腳產生平衡與動力來驅動曲柄。

肩部協同頸椎、胸椎功能對車手騎乘而言是主要關鍵。車手長時間騎乘時，容易使頸椎產生過度延伸。具體而言，頭部的正確姿勢在於使其延伸至上胸椎，減少頸椎的應力負荷，而不是在中端頸椎的支點上。所以，無論是胸部的肩胛骨和盂肱關節的中心定位如何，都能使上半身產生放鬆的正常功能。

在訓練計畫開始之前針對車手的肌肉骨骼和其功能性進行妥善的評估是非常重要的。最初的評估應該指出車手個人的問題及受到限制的部位，並判定它們是否對稱或不對稱，若出現不對稱的訊息要優先處理。功能性訓練還必須先考慮到車手將手放置在把手上的閉鎖鏈的位置，腳在踏板上鎖定位置，以及骨盆在座墊上的限定位置和骨盆不在座墊上的動態位置。

訓練內容主要是從最初級發展性的姿勢開始，如屈膝仰臥、四肢著地動作和搭橋。進階到單腳跪姿及跪姿旋轉滑輪下拉和上拉姿勢，這不僅做為功能性訓練，也可利用 Voight、Hoogenboom 與 Cook 所提出之趴姿評估法 (four-quadrant assessment protocol) 做為評估的工具。最後，轉變到站立的高層次動作 [19]。跪、坐、站立的旋轉滑輪下拉和上拉動作，在於多平面動作模式，透過螺旋和對角線動作挑戰，有利於透過核心肌肉來穩定脊椎。「當單腳跪姿及跪姿旋轉滑輪下拉和上拉的發展性姿勢動

作結合一起使用時，該技術對核心肌群是否穩定，將是一個很好的評估標準」[19]。

若車手曾經遭受過撞擊等傷害，則需要每隔一段時間即進行重新評估，確認訓練的量和訓練強度是否合適。

基礎訓練 (TRAINING FUNDAMENTALS)

車手的功能性發展訓練與其它運動員是一樣的。必須重視培養正確的橫膈肌的激活運作和核心穩定的基礎。只有透過正確的呼吸動作，經由中心位置和橫隔膜的控制，進而穩定腰椎骨盆一帶，尤其是肩胛、胸廓和盂肱關節等中心位置的穩定性和功能性對車手而言是至關重要的。由於騎車姿勢往往會限制或衝撞腹式呼吸，因此，對運動員而言，發展橫向和後部的橫膈膜活性是重要關鍵。這將有利於計時賽 / 鐵人三項運動員在騎車時將手放在休息把手的換氣方式。

功能訓練進展：青年運動員、競技運動員、菁英運動員 (FUNCTIONAL TRAINING PROGRESSIONS: YOUTH, COMPETITIVE, AND ELITE)

根據各階段不同的技術水平，將在以下各節中，介紹基礎到進階動作。基本的訓練適合青少年運動員，並進階到適合競技運動員和菁英運動員的訓練方式。

橫膈膜 (Diaphragm)

- 屈膝仰臥時做腹式呼吸。
- 改版之自行車特定巴拉體式（嬰兒式 / 孩童式體位），促進橫膈外側和後部的活動。肩部和上臂成 90º，手處於休息把的握把手姿勢（圖 10.2）。

圖 10.2 肩部角度成 90°和手處於休息把的握把手姿勢。

腰椎骨盆穩定性與肩部位置穩定性
(Lumbopelvic Stability and Shoulder Complex Stability)

* 透過貓與駱駝運動的本體感覺來感覺骨盆、脊柱和肋骨的空間感覺。
* 使軀幹靜止坐在球上，發展骨盆局部動作。
  * 前／後傾斜骨盆，橫向位移和旋轉
  * 前／後傾斜骨盆，橫向位移，和單腿平衡時旋轉；雙腳交換
  * 前／後傾斜骨盆，橫向變化，和閉一隻眼後旋轉；雙眼交換
* 利用雙手撐地雙腳跪地的訓練動作來增強閉鎖鏈功能，這個動作以加強自行車者上半身和下半身之間的臀／手伸肌系統和對角線穩定性的需求為主。當慢慢執行此項運動軌跡練習時，在對角支撐系統參與同時能感覺到肌肉張力的內部移位。在四肢可以移動的同時維持核心的穩定。
  * 手行軍
  * 鷹犬 (Bird dog) 的對稱邊手與腳平舉
  * 鷹犬 (Bird dog) 在圓盤或發泡墊上
  * 四肢的軌跡從鷹犬進展到熊的姿勢，相似於騎車時動作，腳和手間要有穩定連接
    * 手行軍動作，從手肘彎曲到抬起移動手臂前伸時，肩胛骨要保持穩定（適用於競技運動員）。
    * 腳行軍動作，當手前伸時，則對稱腳向前移動是以髖關節和膝關節屈曲的方式進行，就像模仿踩自行車的動作一樣（圖 10.3）（適用於競技運動員）。

圖 10.3 熊爬行姿勢。

* 搭橋軌跡
  * 膝蓋和手掌
  * 腳趾和手掌
  * 手肘撐在球上，膝蓋著地，維持腳趾觸地（適用於競技運動員）
  * 手肘撐在球上，腳尖（趾）著地（適用於菁英運動員）
  * 手肘撐在球上時，單腳著地，單腳向上舉起；雙腳交替進行（圖 10.4）（適用於菁英運動員）
* 屈膝仰臥橋型軌跡
  * 雙腳不動
  * 雙腳不動，在大腿處圈上一個阻力環，臀部外旋後靜止不動
  * 雙腳不動，在大腿處圈上一個阻力環，臀部外旋後驟降
  * 保持骨盆水平，單腳帶環驟降（適用於競技運動員）
  * 保持骨盆水平，單腳帶環驟降（適用於競技運動員）
  * 雙肩仰躺在彈力球上，雙腳著地，膝蓋彎曲成 90°，雙手向上舉與身體成 90°。阻力環套在大腿處臀部向外擴後靜止不動

圖 10.4 搭橋。

（圖 10.5）（適用於競技運動員）。
* 雙肩仰躺在球上，單腳著地，另一腳抬起，以行軍方式踏步交替（圖 10.6）（適用於競技運動員）
* 剪刀臂動作（適用於菁英運動員）
* 負重剪刀臂動作（圖 10.7）（適用於精英運動員）
* 肩胛和體重偏離球中心，負重執行剪刀臂動作（適用於精英運動員）。
* 單足站立訓練
  * 地板
  * 蹺板

圖 10.7 負重剪刀臂動作。

圖 10.5 阻力環屈膝仰臥橋型。

圖 10.6 雙肩仰躺在球上，以行軍方式踏步交替。

- 站在蹺板上同時閉上眼睛
- 發泡板／圓盤
- 揚達涼鞋 (Janda sandals)（適用於競技運動員）
- 重複單腳站立的訓練，單腳站在蹺板上，肩胛置於中心定位，雙手握住彈力繩，肩膀向外旋轉（圖 10.8）（適用於競技運動員）
- 進階動作，將雙眼閉上執行上述動作（適用於菁英運動員）

圖 10.8 單足站立。

- 改版之分腿蹲舉
  - 以脊椎自然的動作開始半蹲至膝蓋角度成45º。雙腳站立的寬度約爲自行車踏板的寬度。前後腳距離爲踏板迴轉圓周的直徑爲主，前腳全腳掌著地，後腳以腳尖著地。將手放在身體前方，想像將雙手放在休息把上，肩置於中心定位，上臂與身體成90º角，骨盆坐在虛擬的座墊上。雙眼望向「公路上」。
  - 下蹲到功能性深度時，重量的分佈爲50/50，保持前腳膝蓋不超過腳尖。功能性深度的定義是在自行車上，腳在曲柄位置是在 12 點鐘和 6 點鐘方向（圖 10.9）。
- 改版之分腿蹲舉（適用於競技運動員）
  - 以脊椎自然的動作開始半蹲至膝蓋角度成45º。雙腳站立的寬度約爲自行車踏板的寬度。前後腳距離爲踏板迴轉圓周的直徑爲主，前腳全腳掌著地，後腳以腳尖著地。將手放在身體前方，想像將雙手放在休息把上，握住彈力繩，肩置於中心定位，上臂與身體成90º角，骨盆坐在虛擬的座墊上。雙眼望向「公路上」。
  - 下蹲到功能性深度時，重量的分佈約爲50/50，保持前腳膝蓋不超過腳尖。功能性深度的定義是在自行車上，腳在曲柄位置是在 12 點鐘和 6 點鐘方向（適用於競技運動員）。

- 下蹲到功能性深度時，重量的分佈爲前腳 80 和後腳 20（適用於競技運動員）。
- 下蹲到功能性深度時，重量的分佈爲 80/20 在半蹲的離心動作或下沉動作。在向心動作時後腳跟離地（適用於競技運動員）。
- 站在箱上允許騎車的開放鏈動作。固定肩膀，利用雙手握住彈力繩時向外旋轉。讓運動員拉起踩在腳下的彈力繩，單腳下蹲時模仿將橫槓反向上拉（圖 10.10）（適用於菁英運動員）。
- 透過旋轉滑輪下拉和上拉，改善長時間坐在座墊上的慢性臀部屈肌和伸肌張力
  - 核心穩定性
    - 握住棒子和管子，坐在穩定的球上。
    - 滑輪繩索桿
    - 繩
    - 高跪（圖 10.11）
    - 單腳跪（圖 10.12）
  - 改正
    - 單腳跪在挑戰橫向的平衡反應。
    - 高跪在挑戰前 / 後方向的平衡反應。

圖 10.9 改版之分腿蹲舉。

圖 10.10 利用箱子和彈力繩進行分腿蹲舉。

圖 **10.11** 高跪滑輪下拉。

圖 **10.12** 單腳跪滑輪上拉。

參考文獻 (REFERENCES)

1. Cohen GC. Cycling injuries. Can Fam Physician 1993;39:628–632.
2. Dettori NJ, Norvell DC. Non-traumatic bicycle injuries: review of the literature. Sports Med 2006;36:7–18.
3. Wanich T, Hodgkins C, Columbier JA, Muraski E, Kennedy JG. Cycling injuries of the lower extremity. J Am Acad Orthop Surg 2007;15(12):748–756.
4. Holmes JC, Pruitt AL, Whalen NJ. Lower extremity overuse in bicycling. Clin Sports Med 1994;13:187–205.
5. Mellion MB. Common cycling injuries. Management and prevention. Sports Med 1991;11:52–70.
6. Gregor RK, Wheeler JB. Biomechanical factors associated with shoe/pedal interfaces. Implications for injury. Sports Med 1994;17(2):117–131.
7. Sanner WH, O'Halloran WD. The biomechanics, etiology, and treatment of cycling injuries. J Am Podiatr Med Assoc 2000;90(7):354–376.
8. Gregor RJ. A biomechanical analysis of lower limb action during cycling at four different loads [dissertation], Pennsylvania State University, State College, PA; 1976.
9. Okajima S. Designing chain wheels to optimize the human engine. Bike Tech 1983;2:4.
10. Gregor RJ, Cavanagh PR, LaFortune M. Knee flexor moments during propulsion in cycling: a creative solution to Lombard's Paradox. J Biomech 1986;19:523.
11. Daily DJ, Cavanagh PR. Asymmetry in bicycle ergometer pedaling. Med Sci Sports 1976;8:204.
12. Abt JP, Smoliga JM, Brick MJ, Jolly JT, Lephart SM, Fu FH. Relationship between cycling mechanics and core stability. J Strength Cond Res 2007;21(4):1300–1304.
13. Faria FE, Cavanagh PR. The Physiology and Biomechanics of Cycling. New York, NY: Wiley; 1978.
14. Despires M. An electromyographic study of competitive road cycling conditions simulated on a treadmill. In: Nelson RC, Morehouse CA, eds. Biomechanics IV. Baltimore, MD: University Park Press; 1974:349p.
15. Hull ML, Jorge M. A method for biomechanical analysis of bicycle pedaling. J Biomech 1985;18:631.
16. Burke ER. Proper fit of the bicycle. Clin Sports Med 1994;13:1–14.
17. Ericson M. On the biomechanics of cycling. A study of joint and muscle load during exercise on the bicycle ergometer. Scand J Rehabil Med Suppl 1986;16:1–43.
18. Cavanagh PR, Sanderson DJ. The Biomechanics of Cycling: Studies of Pedaling Mechanics of Elite Pursuit Riders. Science Cycling, Ch 5. Champaign, IL: Human Kinetics Books; 1986.
19. Voight ML, Hoogenboom BJ, Cook G. The chop and lift revisited: integrating neuromuscular principles into orthopedic and sports rehabilitation. N Am J Sports Phys Ther 2008;3(3):151–159.

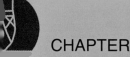
Robert Lardner and Jonathan A. Mackoff

譯者：王淑華

舞蹈
Dance

舞蹈做爲一門藝術，有著不同形式，需要有強烈的運動能力來執行許多複雜的動作、身體的姿勢以及與舞伴間之關係，才能達到舞蹈創作之需求。舞者必須在不同的節拍中執行，利用爆發力、跳躍或長時間保持在困難的姿勢／位置上。

在舞蹈的訓練和表演過程中，舞者極有可能受到嚴重的傷害，而造成損傷的因素將於下面的文章中做進一步的討論。表 11.1 列出在舞蹈訓練時，較常見的運動傷害[1-10]。當傷害發生時，若不及時的處理，甚至繼續以不正確的動作進行練習，並且未持續治療情況下，則很有可能會誘發一些因素，進而增加受傷的機率。

- 遺傳因素（例如，脊柱側彎、過度活動綜合症、扁平足、股骨頭的角度，以及長短腳）
- 內在生理因素（例如，肌肉不平衡、錯誤的動作模式和營養不良）
- 外在因素（如，訓練時間、訓練量，訓練質量，訓練設備／服裝，地板的類型，舞蹈創作）

透過生物力學的原理，得以了解導致舞者受到傷害的原因有：

- 一些舞蹈動作中需要極度的外翻動作，這增加了足踝內旋的壓力。
- 爲適應各種舞蹈動作要求之動作範圍，會增加膝關節與髖關節的扭矩，特別是在肢體的末梢。
- 一般的舞者爲了增進柔軟度，執行動作時，可能伴隨著不當的外翻肌肉控制／疲勞，導致脊柱的過度使用；柔軟度不足也可能是另外一個造成傷害的因素。

一份針對舞者受傷部位的研究如下：

1. 背部損傷是最普遍的傷害類型，專業舞者有 31% 的受傷率[4]，而專業芭蕾舞者甚至高達 82% 的受傷率[5]。此外，針對舞者脊柱側彎的調查中發現，舞者均長期腰痛或者是有反覆發作的下背疼痛狀況[11]。
2. 芭蕾舞者之髖關節損傷高達 11%，在現代／當代 (contemporary) 舞者[6, 7]則有 4%。
3. 膝關節損傷發生率在 9-17%[6, 8]。

4. 現代舞者和芭蕾舞者在足部損傷率爲 38-48.5%[9, 10]。
5. 舞者上肢受傷報導甚少，然而，在霹靂舞舞者 (break dancers) 之手部損傷有 23%，肩關節 9%，腕關節 7.5%[12]。

透過適當的訓練以及對肌肉進行平衡和穩定的保養，可以使舞者成功的延續他們的舞蹈生涯。

如同所有的運動項目，舞者必須透過一系列的循序漸進練習，才能達到訓練的基本目標。如上述，這些進程練習需通過動作難度的增加來完成，換言之，這些進程練習意謂著技術的分級。要達到每一級別所需具備之能力是非常重要的，因爲只有如此才能夠整合個人的技巧和動作，進階到下一個較高的層級。下列的一些動作範例，可做爲基礎、專項訓練和職業級的動作技能訓練。

基本技能 (FUNDAMENTAL SKILLS)

腹部繃緊（呼吸時，核心用力向內縮緊）
[Bracing (and Breathing with Bracing)]

舞者需要在訓練之初便對自己身體的位置有清楚認知，並練習如何在不同的動作中，找到身體的中心點和平衡。第一步驟就是學習身體認知，身體認知便是「連接」上半身和下半身，連接的位置必須透過肋骨的定位和核心支撐來完成。下列爲詳細步驟[13-15]：

- 舞者先吸氣後吐氣，找到肋骨的下降位置。
- 舞者嘗試慢慢地收縮腹肌，讓腹肌向內縮的同時也向旁外推（或舞者可把拇指直接在骨盆骨的邊緣，感受拇指被外推的力量）。
- 舞者試著保持這個位置，來感受在呼吸時整個腹部都是繃緊的狀態（圖 11.1）。
- 在站立姿勢完成後，舞者可以在芭蕾深蹲動作 (Plié) 時，嘗試用這種方式練習，由第一位置到第五位置站姿，或採用單腳之平衡，或踮起腳尖。
- 舞者必須集中精神，注意身體內部的感受、質量及動作時的感覺。
- 可能發生的潛在錯誤有：

表 11.1	舞蹈常見的代表性損傷			
足踝 / 足部	**膝關節**	**臀部 / 骨盆**	**下背部 / 頸部**	**肩關節**
壓力性骨折（跗骨、蹠骨、籽骨）	前十字韌帶受傷	鼠蹊部拉傷	腰骶部拉傷 / 扭傷	肩鎖關節拉傷 / 扭傷
足踝後方夾擊 / 對三角骨症候群	內側副韌帶受傷	梨狀肌症候群	腫脹 / 椎間盤突出	肩袖受傷
肌腱炎	半月板受傷	盂唇撕裂	腫脹 / 椎間盤突出	肩關節脫臼
內翻扭傷	髕骨脫位	骨性關節炎 / 壓力性骨折	緊 / 壓縮損傷	肩關節不穩定 / 鬆脫
拇趾外翻 / 拇趾囊炎	髕骨股骨疼痛症候群	大腿後肌拉傷	神經壓迫	二頭肌肌腱炎 / 肌腱炎夾擊
籽骨炎	肌腱炎	彈響髖症候群 轉子滑囊炎 薦髂關節發炎 / 失調	椎弓解離症 / 脊椎滑脫症 小關節綜合症	

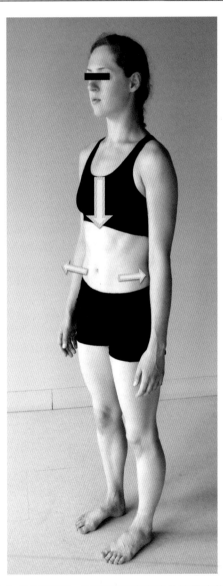

圖 11.1　腹部包覆。正確呼吸時的肋骨位置向腹壁兩邊推出。

- 肋骨位置提高（這將使重心位置提高並壓縮脊柱，引起豎脊肌過度使用）。
- 腹肌向內推進，越過橫膈原來的姿勢功能，這將抑制腹肌、盆底肌肉、背部深層肌肉，以及橫膈和核心穩定性的協調整合功能。
- 後骨盆傾斜或脊柱屈曲以擴大後側腹壁。

足部三點站立 (Tripod Stance)

　　舞者需要學習正確平衡地站立於地面上，無論是在平腳站立或是踮腳站立。足部三點站立有助於激活足部的前、後及內側肌肉，並利用腳的側向動力鏈幫助舞者能在不同的站立中找到穩定與平衡姿勢 [16, 17]：

- 於站姿時，舞者想像有一個圓圈分別在第一蹠骨頭、第五蹠骨頭以及跟骨中間的下方（圖 11.2）。
- 接著舞者想像推動這些點，好像慢慢穿越到地板下面（圖 11.2B）。
- 如果做得正確，肌肉共同收縮時，應該會覺得脊柱被拉長，且肋骨不會外傾。
- 應該以不同的位置練習，並採用單腳平衡或踮腳尖的方式進行。
- 因為踮腳尖的方式與平腳站立有些不同，踮腳尖使腳跟離地，故需想像其力量應直接與跟骨位置成 90° 角，藉以活化後側動力鏈肌群，並防止後踝關節的撞擊（圖 11.2 C）。

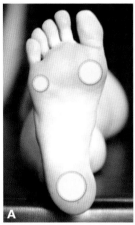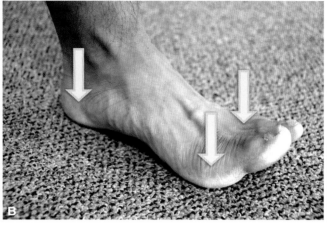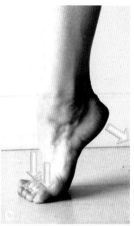

圖 11.2 足部三點。(A) 與地面接觸的受力點。(B) 站立時與地面接觸時與之抗衡的三角點力量。(C) 踮立時，三角點的力量於第一與第五蹠骨頭以及通過跟骨中間的點。

平衡 (Balance)

　　所有的舞蹈姿勢與動作都需要平衡，在訓練的初期，舞者必須練習在不同的位置中取得平衡，並同時連結身體其他部位，可透過雙腿踮立姿勢或是單腿踮立姿勢練習平衡的能力。在這些平衡的姿勢中，舞者應該保持適當的腹部繃緊技巧以及如上述時所提及踮立的足部三點站立姿勢（圖 11.3）。

肩胛穩定性 (Scapular Stability)

　　肩胛的穩定性是避免手臂在雙人舞時，因承載過重而受傷的一個重要因素。在舞蹈中，手臂的運用極多，所以肩胛帶必須要很穩定與強壯，以滿足各種動作極限之需求。

棒式動作 (The Plank)

　　這個練習可以利用前臂和腳或者是前臂和膝蓋，將身體穩定撐起（對於在表現某些動作時，身體無法適當地保持姿勢者）。棒式運動有助於舞者體驗手臂和肩胛骨連接到腰椎骨盆區動力鏈的穩定性：

- 舞者的臉朝下，利用手的前臂、掌心朝下以及腳做平衡。
- 舞者以自然脊椎姿勢開始時，同時啟動肋骨的下方力量和腹部繃緊的動作（如上所述）。
- 舞者應該嘗試從足部三角點站姿啟動，並共同激活下肢肌肉的收縮（如上所述）。
- 需要避免的錯誤動作，如：肩胛骨明顯突出的情形、肩胛骨的內收或是向上移動、下巴推出或是過度內收、頭的位置太向前、脊柱過度前彎以及骨盆上推（圖 11.4A）。

改版之側面搭橋 (Modified Side Bridge)

　　舞者在訓練過程中，必須強調手臂的力量以及側面穩定的重要性，此一動作並融合單臂支撐以及側面穩定。側面搭橋幫助舞者意識到身體動力的連結，其中包含穩定的肩帶和軀幹部位[14, 15]。

- 舞者側身以前臂支撐，下方的腿伸直，上方的腿彎曲置於身體前方，與踏步姿勢一樣。
- 舞者從適當的肋骨位置啟動的同時，使腹部繃緊。
- 舞者必須有意識的拉長胸椎，但不要為了要拉長胸椎，使肩關節內收做出補償動作，而忽視肩胛骨的穩定。
- 維持腹部繃緊同時，練習以輕鬆的方式進行呼吸，舞者透過推壓前臂和前方的腳的三角點將身體撐起，使身體離開地面，同時保持著適當的脊椎線條姿勢 (spinal alignment)（圖 11.4B）。

休閒層級的運動技能 (RECREATIONAL-LEVEL SPORT SKILLS)

利用彈力繩進行雙人的單腳平衡旋轉動作 (Two-Person Balance Rotation on Single Leg with Exercise Band)

　　此項動作的目標是加強髖關節旋轉肌群以及提供腹部肌肉動力，使得旋轉動作時得以保

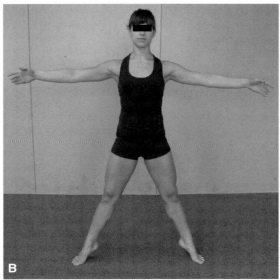

圖 11.3　雙腳跕立之平衡動作。(A) 第一位置；(B) 第二位置；(C) 第三位置；(D) 第四位置；(E) 單腿平衡跕立。

圖 11.4　(A) 改版之搭橋。(B) 改版之側面搭橋。

持腿部的外翻以及穩定。

- 舞者必須有一條彈力繩，將腹部裏起 1 ½ 圈。
- 訓練的合作夥伴 / 教練 / 治療師拉著彈力繩的另一端。
- 舞者在準備旋轉的預備位置。

- 由旋轉的預備位置中，旋轉時將腿舉到經過單腿提膝 (passé) 的位置（圖 11.5）。
- 由一起練習的夥伴，透過彈力繩單方面的給予阻力。
- 此練習可從正面和背面兩種方向來執行。

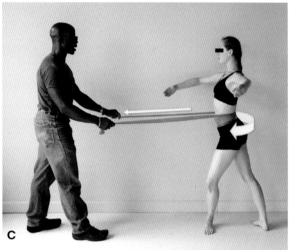 

圖 11.5　單腳尖旋轉的預備以及協助平衡動作之進程，透過復健師從後方提供阻力促進骨盆與臀部的能力。(A, B) 朝向內轉：兩人練習以彈力繩之單腿平衡與外翻。(C, D) 朝向外轉：兩人練習以彈力繩之單腿平衡與外翻。

各手臂位置時鐘弓步之練習
(Clock Lunge with Various Arm Positions)

　　不僅僅在課堂上，特別是在不同的編舞動作中，舞者必須能夠演繹弓步、落地以及從不同姿勢蹬離地面等各種舞蹈動作。舞者必須知道，在進行推蹬和落地動作時，其關節必須對齊，才能產生最佳的力量、最佳推蹬能力以及最佳的身體意識，這樣才能對關節與韌帶產生最小的壓力負擔。對於舞者而言，能達成正確的姿勢線同時保持靈活的腹部支撐是非常重要的，透過以弓步在不同方向上的練習方式，可以達到這樣的效果。

- 弓步以長或短的步幅來完成。最重要的因素是當向前跨步時，要維持身體與手臂位置，膝關節與另一隻腳的第一與第二腳趾的位置對齊，並保持適當的髖關節屈曲，使用離心力的控制，使得落地的力量衝擊變小，然後再推蹬回到原始位置（保持適當的身體位置）。

- 舞者想像自己站在時鐘的中間，並在進行下列弓步練習的同時，將腹部用力支撐、注意呼吸以及適當控制的身體對齊順序。舞者可以在許多不同的位置上執行弓步，以下為實例[18]：
  - 前弓步（12 點）（圖 11.6A）
  - 後弓步（6 點）（圖 11.6B）
  - 橫向弓步（3 點鐘和 9 點鐘）（圖 11.6C）
  - 斜前弓步（10:30 和 1:30 點鐘）（圖 11.6D）
  - 斜後弓步（4:30 和 7:30 點鐘）（見圖 11.6D）

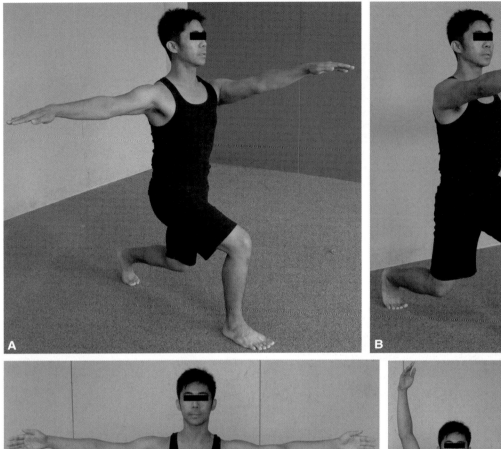

圖 11.6 時鐘方向弓步。**(A)** 前方；**(B)** 後方；**(C)** 側面；**(D)** 斜前（時鐘位置在 1:30）以及斜後（時鐘位置在 7:30）。

利用彈力繩進行過頭上推的動作
(Overhead Press/Lift with Exercise Band)

　　舞者利用 Bruegger 纏繞法，做阻力練習，如圖 11.7A-F [19]。

- 以預備之芭蕾半蹲方式過頭上推，同時必須

注意其協調能力、肩胛穩定性和下肢關節的對齊。

- 在執行動作的全程中，必須要具備控制腹部用力支撐的能力，同時要注意呼吸正常。

- 運用彈力繩在不同姿態的位置，可以增加如同舞伴將其上舉的效果（圖 11.8A-C）。

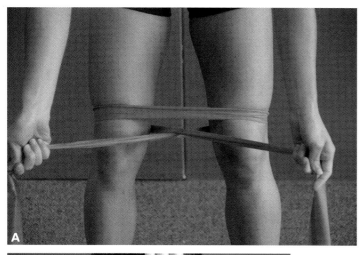
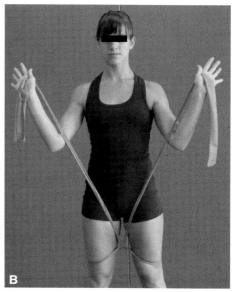

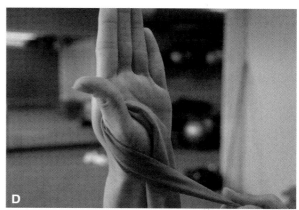
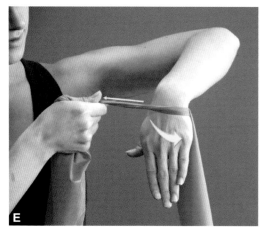
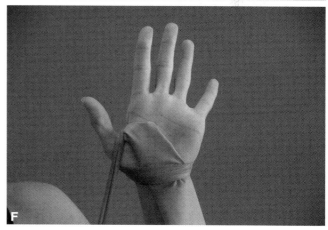

圖 11.7 (A-F) Bruegger 纏繞技巧。

利用 Bruegger 纏繞法進行跳躍預備和落地動作訓練 (Jump Preparation and Landing Training with Bruegger Wrap)

　　使用與上圖相同的纏繞法進行跳躍預備和落地動作訓練，讓舞者有正確的身體排列位置，這有助於舞者練習在跳躍時起跳和落地的控制能力。彈力帶的阻力將挑戰中軸骨骼（顱骨、脊椎、肋骨、胸骨）和肩胛的控制。不同預備位置可以一起使用平行動作（參見圖 11.8A 和 11.9A）或外翻動作（見圖 11.9B 和 C），這些訓練將幫助舞者建立多樣化的運動模式以適應不同的劇目 (repertoire)。

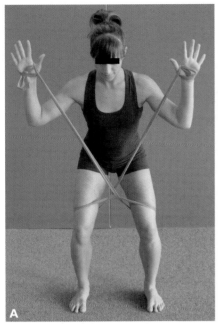
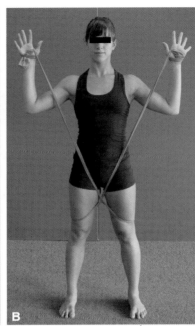
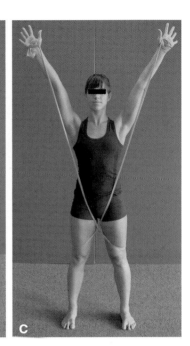

圖 11.8 (A-C) 過頭位置的 Bruegger 纏繞上推動作。

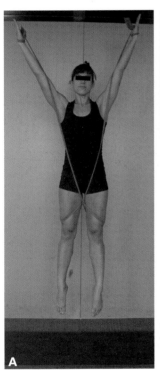
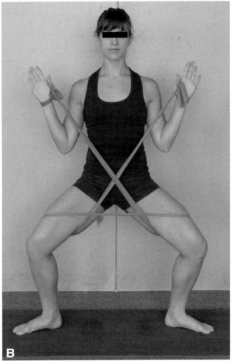

圖 11.9 (A) 平行腿之跳躍預備與落地訓練。(B-C) 外翻腿之跳躍預備與落地訓練。

彈力帶踢腿（成十字狀－往前、旁、後）訓練 腿部平衡和踢腿 [Exercise Band Kicks (En Croix) Training Balancing Leg and Kicking Leg]

支撐腳固定不動同時手扶把杆，利用簡單的纏繞方式將彈力繩纏繞在即將進行踢腿動作的腿，分別在不同方向與不同的高度下進行踢腿的動作（圖 11.10）。可以執行的方式有：

- 往前方（圖 11.11A）
- 往旁邊（見圖 11.11B）
- 往後面

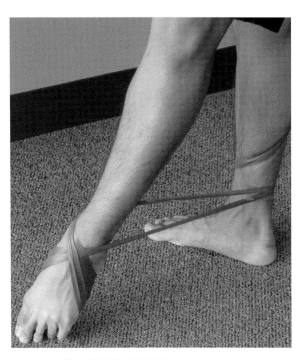

圖 11.10 彈力帶纏繞技巧訓練。

精熟層級的運動技術（菁英、專業層級）
[REFINED-LEVEL SPORTS SKILLS (ELITE, PROFESSIONAL LEVEL)]

手臂反彈式動作
(Upper Quarter Ballistic Movements)

利用反彈式動作（也稱為增強式）的訓練，提升在執行快速度動作中的加速—速度沖銷—減速等功能。反彈式動作的控制能力對於預防傷害非常重要，可運用於拋球動作（圖 11.12）。舞者可以透過在軟墊上進行俯地挺身加拍手的練習來熟悉反彈式動作（圖 11.13A、B）。肩胛和脊椎的控制程度取決於個人運動水平的程度，例如，可以回到沒有拍手的俯地挺身或直接以雙腳支撐的俯地挺身。

小腿反彈式運動
(Lower Quarter Ballistic Movements)

對於下半身的動作訓練，可使用不同方向的雙腿跳或單腿跳躍，與地面接觸時強調速度以及快速反彈。下半身反彈式動作的練習將可以訓練舞者的身體能力，減低落地時的衝擊，以及當舞者在不同的速度中改變方向，將可以

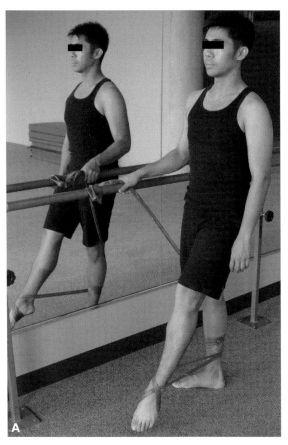

圖 11.11 踢腿（成十字狀）。**(A)** 往前方；**(B)** 往旁邊。

圖 11.12 上半身擲球之增強式訓練。

圖 11.13 (A, B) 上半身俯地挺身外加拍手之增強式訓練。

提升韌帶與肌腱較大的承載能力,並且透過下半身反彈式運動的練習可以加強肌力與預防傷害。這一類型的運動同時挑戰舞者對於空間與時間的概念。其中一個例子便是以雙腿或單腿向側邊的來回跳躍(圖 11.14 和 11.15A、B)。

兩人彈力繩旋轉 (Two-Person Resisted Turning Initiation with Exercise Band)

舞者對於旋轉控制的認知,在於使用核心與臀部肌肉做為旋轉動作之啓動,而旋轉控制認知可以透過阻力練習來達成。這些阻力訓練可以運用於扶把的旋轉動作進行練習,從預備位置到其結束之平衡位置,如圖 11.16A 和 B。

圖 11.14 下半身兩腳來回側跳之增強式訓練。

結論 (CONCLUSIONS)

一般而言,在舞蹈藝術的領域中,有三個不同階段的訓練,這種訓練的方式通用於各種不同的舞蹈類型。在眾多的舞蹈類型中,常會運用到屈膝蹲腿、旋轉、跳躍以及手臂動作等。尤其後面提到的三個階段練習適用在芭蕾以及由芭蕾延伸而來的技巧動作。

基礎練習是為了幫助初階、中階以及職業等不同級別的舞者,讓他們身體能力可以穩固並且均勻地將力量分佈在整個身體,並使雙腳能透過地面平均受力(R>L,A>P,以及透過軀幹與骨盆連結上半身與下半身),同時連接重心的下方,幫助舞者找尋身體中心以便做到平衡(單腿或雙腿)。

中階訓練動作除了能幫助舞者建立身體認知外,同時亦訓練多平面的動作模式,並幫助他們在跳躍動作時能夠減少衝擊進而預防傷害。同時,這些動作練習可以幫助建立正確之技巧、身體姿勢及跳躍、落地、上舉(雙人動作)以及旋轉等的動作姿勢。

高階訓練動作則是有助於訓練衝擊性的動作(從上半身到下半身或下半身到上半身)及旋轉動作。其意圖在使舞者的身體認知與能力,可以連結身體動力鏈,並有效的控制動作的流暢性。

圖 11.15 (A, B) 下半身單腳來回側跳之增強式訓練。

圖 11.16 (A) 利用兩人以彈力繩的阻力練習，在進行朝外旋轉動作時，復健師站在舞者前方以彈力繩給予阻力幫助舞者體驗身體動力鏈之連結，藉以控制站立腿臀部與骨盆之外翻。(B) 利用兩人以彈力繩的阻力練習，朝內旋轉動作時，復健師站在舞者後方，以彈力繩給予阻力，幫助舞者體驗身體動能之鏈結，藉以控制站立腿臀部與骨盆之外翻。

參考文獻 (REFERENCES)

1. Bowling A. Injuries to dancers: prevalence, treatment and perceptions of causes. Br Med J 1989;298:731–734.
2. Gamboa JM, Roberts LA, Maring J, Fergus A. Injury patterns in elite preprofessional ballet dancers and the utility of screening programs to identify risk characteristics. J Orthop Sports Phys Ther 2008;38(3):126–136.
3. Solomon R, Solomon J, Minton SC, eds. Preventing Dance Injuries. 2nd ed. Champaign, IL: Human Kinetics; 2005.
4. Garrick J, Requa R. Ballet injuries: an analysis of epidemiology and financial outcome. Am J Sports Med 1993;21(4):586–590.
5. Ramel E, Moritz U, Jarnlo G. Recurrent musculoskeletal pain in professional ballet dancers in Sweden: a six-year follow up. J Dance Med Sci 1999;3(3):93–101.

6. Quirk R. Ballet injuries: the Australian experience. Clin Sports Med 1983;2(3):507–514.

7. Schafle M, Requa R, Garrick J. A comparison of patterns of injury in ballet, modern and aerobic dance. In: Solomon R, Minton SC, Solomon J, eds. Preventing Dance Injuries: An Interdisciplinary Perspective. Reston, VA: American Alliance for Health, Physical Education, Recreation and Dance; 1990:1–14.

8. Rothenberger LA, Chang JI, Cable TA. Prevalence and types of injuries in aerobic dancers. Am J Sports Med 1988;16(4):403–407.

9. Garrick J, Requa R. The epidemiology of foot and ankle injuries in sports. Clin Sports Med 1988;7(1):29–36.

10. Garrick J. Early identification of musculoskeletal complaints and injuries among female ballet students. J Dance Med Sci 1999;3(2):80–83.

11. Liederbach M, Spivak J, Rose D. Scoliosis in dancers: a method of assessment in quick-screen settings. J Dance Med Sci 1997;1(3):107–112.

12. Washington E. A medical and sociological consideration of break dancers and pop-lockers. In: Ryan A, Stephens R, eds. Dance Medicine: A Comprehensive Guide. Chicago, IL: Pluribus Press; 1987:281–293.

13. Kolar P. Manual Medicine and Developmental-Sports Kinesiology Course a Prague. Czech Republic; 2005.

14. Kolar P, Liebenson C. Exercise & the Athlete: Reflexive, Rudimentary and Fundamental Strategies Course. Chicago, IL; 2009.

15. McGill S. Ultimate Back Performance. Waterloo, ON: Wabuno Publishers; 2004.

16. Cumpilik J. Advanced Yoga Stabilization Techniques Course. Chicago, IL; 2005.

17. Kapandji IA. The Physiology of the Joints, Volume 2: Lower Limb. 5th ed. Edinburgh: Churchill-Livingstone; 1987.

18. Gray G. Lower Extremity Functional Profile. Adrian, MI: Wynn Marketing; 1995.

19. Förster J. The Brügger Concept, Diagnosis and Treatment of Motor System Dysfunction. Seminar, New Orleans; 2008.

Ryan Van Matre

譯者：王淑華

美式足球
Football

美式足球的技巧與其他運動項目有許多相似之處，像籃球和曲棍球的阻擋、柔道或角力的擒抱進攻、棒球或水球的投球與接球。透過進一步的分析得知，由於比賽特有的策略和運動本身的碰撞特質，使得美式足球運動在選手個人技術的評估上，是一項非常複雜的工作。每位球員因個人的體型、肌力、體重、速度、敏捷、協調和爆發力等屬性的不同，其位置的差距也有所不同，必須依據球員的個人能力來決定其攻守位置，才能使球員有最好的表現。與其他運動項目不同的是，美式足球在練習時經常會透過實戰來模擬比賽情境，所涉及的技巧要比實際比賽時來得多，這一點與籃球或角力運動恰巧相反。評估美式足球技術之前，瞭解該比賽的戰術、交鋒對決和調整是很重要的。進攻策略由防守陣式、人員配置、場上位置，以及進攻的「檔數 (down count)」次數來決定。防禦則是依進攻方所呈現的策略、現場位置，以及進攻的「檔數」次數來調整 [1]。透過球員位置和排列等細節的變化，將可提供制勝的策略或可充分利用來擊敗對手的優勢。我們將提供一些發展基本技能的幾個例子，例如「好玩的基本技能」[2]。這些基礎練習是充滿趣味、低強度，並且能夠培養理想及均衡的運動模式。運動專項的練習，應建立在已具備基礎技能，並可以進一步將之歸屬在特定位置的能力上。優質化的練習可針對菁英或職業水平的球員，更進一步地加強其特定攻守位置技能 [3]。

美式足球是一種衝撞型的運動，即使有正確的技術，受傷也是常見的。當碰撞產生時，良好的應對姿勢是生物力學最主要的考慮。當迴避對手時，需以放鬆的姿勢來產生快速和有效的動作，並在理想的時刻轉移或吸收力量 [4]。保護墊的作用是透過較大的面積來分散衝撞力量，同樣地，選手要具備能夠包覆、吸收、轉移衝擊量的能力，則需要透過肌肉及骨骼系統良好的運作來減少損傷。

根據美國美式足球協會，在美國已經有超過 300 萬的青少年參與青年美式足球聯賽 [5]。相較於其它運動項目，美式足球的受傷率與參與人數，都高於其它運動項目 [5]。估計在青少年階段的美式足球參與者的受傷率已高達 5% [6]。在比賽期間，年齡越大的選手，受傷的危險因素越多，同時受傷的機率也越高 [6, 7]。表 12.1 列出了一些常見的傷害。

在運動的過程中所造成腦震盪傷害的事故，其發展和減緩已經受到越來越多的關注 [8, 9]。專家們確定，在不同級別的比賽中，其腦震盪的風險也會有所不同 [9-12]。在美國，每年約有 160 萬至 380 萬件在運動過程中造成腦部損傷的腦震盪事故 [8]。大家一致認為熟練本位的球員（如四分衛、外接手和第二層防守球員），比起其他位置的球員，所遭受到腦震盪的傷害的風險更高 [11]。最近的研究報告指出，美式足球員發生腦震盪的機率與頭部受到撞擊的次數有關，當以線性加速度衝撞頭盔時，代表著腦震盪發生的機率大幅提高 [13]。

美式足球協會已經採取積極主動的方案，在「小心應對計畫」中，透過傳授正確的擒抱和進攻動作的生物力學原理，期盡量降低球員發生腦震盪的機會 [5]。以下的這些練習，有著相同生物力學的基本原理。

基本技能 / 流行華納（美式足球的青少年組織）（年齡在 7-10 歲）
[FUNDAMENTAL SKILLS/POP WARNER (AGES 7-10)]

通常孩童剛開始時穿著護具做簡單動作時會顯的有些笨拙。下面幾項簡單技術的練習，可做為最初級的基本動作。然後無論是位置或動作的發展，只要維持良好的姿勢和身體的控制，就能有效的應對動態性的比賽 [14]。

球流動的技術練習 (Ball Flow Drills)

開始時，球員站立與肩同寬，臀部 2/3 和膝關節 1/3 屈曲，軀幹挺直，頭部和頸椎保持自然中立狀態。身體重心透過後臀，讓球員向前、向左、向右踏一步，橫向跑到邊線，或向後踏步成傳球保護動作。他們可以兩點站立或四點的熊爬

表 12.1 | **美式足球常見的傷害**

踝／腳	膝	臀	背／肩	頭／頸
踝關節扭傷	半月板損傷	大腿後肌拉傷	肌肉拉傷	頸椎肌肉拉傷
跟腱炎	前十字韌帶受傷	鼠蹊部拉傷	椎間盤突出	神經損傷／戳傷
人工草皮腳趾（第一蹠骨趾骨關節受傷）／脛骨夾	內側膝蓋韌帶傷	髖關節挫傷	肩部分離／脫臼／骨折	腦震盪

圖 12.1 (A) 4 位球員，準備姿勢。(B) 4 位球員，以不同角度踏出。(C) 4 位球員，四肢著地。(D) 4 位球員，熊爬行。

行的姿勢，保持頭上／身下脊椎中立 (neutral) 狀態的姿勢行進（見圖 12.1）。教練拿著球指向不同方向，然後球員朝著教練指定的方向跑或爬行。教練將球投出，球員向前衝刺 10 碼。透過持續的督導與修正，才能具備一個正確且多面向移動的姿勢動作。功能性訓練包括：

- 角度弓步
- 深蹲
- 鷹犬 (Bird dog)
- 特攻隊爬行 (Commando crawl)
- 手部在球上繞環做出「攪拌鍋動作」的腹部運動 [15, 16]

手遞手傳球技術練習 (Hand-Off Drill)

足球向後跑的技術主要訓練接球、守護球、帶球、手遞手傳球沒有失球等技術。

正確的站姿、步法以及控球能力，都是需要持續督導與修正的。功能性訓練包括：

- 弓步
- 深蹲
- 單腳深蹲 [15]

繩梯側向跑練習 (Lateral Running/The Ladder)

開始時，球員面對著教練，沿著繩梯側向跑。球員試著在每個步伐都踩在格子裡面，同時保持膝蓋的高度、挺胸向前看教練（見圖 12.2）。需要注意的是，教練應該能看到球員的眼睛和球衣上的號碼。功能性訓練包括：

- 矩陣角度弓步 (Matrix angle lunges)
- 單腳深蹲
- 單腳平衡
- 奔跑者 (Running man)
- 飛機 (Airplane) [15, 16]

休閒層級的運動技能（中學－高中） [RECREATIONAL-LEVEL SPORTS SKILLS (MIDDLE SCHOOL–HIGH SCHOOL)]

甘貝塔模式 (Gambetta's model) 指出，運動專項技術建立在已經穩定的動作模式上。美式足

圖 12.2 (A) 單一球員,挺胸同時保持膝蓋的高度進行繩梯跑練習。(B) 單一球員,頭部和胸部同時朝下進行錯誤的繩梯跑練習。

球的運動專項技術更加著重在特定的攻守位置上的技術 [3]。以下是休閒級運動技能的幾項練習。

接球手 / 防守後衛的技術練習
(Receiver/Defensive Back Drill)

身體重心的控制,是接球手和防守後衛要急停和變換方向時所必備的技術。球員在急停和變換方向時,應該有良好的控制能力,並且降低臀部重心以吸收動能,同時維持頭抬起和軀幹挺直的動作姿勢。然後,球員應該有所制動 (break on the football),並專注在臀部與對稱手臂的伸展。防守球員最重要的技術要領,就在於開始時的髖關節屈曲動作(圖 12.3)。

功能性訓練包括:
- 深蹲
- 單腳平衡
- 弓步

- 奔跑者 (Running man)
- 農夫走路 (Farmer's walk)
- 攜帶式之手提箱壺鈴 [15, 16]

擒抱進攻型式 (Form Tackling)

這項基礎練習主要在自然中立站姿時,髖關節的屈曲動作或深蹲。

站姿 (Stance)

中後衛和防守後衛在進攻時,須採取能夠讓身體平衡、自然中立的站姿,才能迅速地做出動作反應。髖關節和膝關節的微屈,讓球員能有快速移動至任何方向的能力。在進行站姿的訓練時,要保持軀幹的挺直(脊椎保持自然姿勢),肩部和頭部抬高,雙手懸垂在身體旁邊。

練習:擒抱進攻型式(全套護具）
(Exercise: Form Tackling; Full Pads)

這項練習主要是學習正確使用三個階段的擒抱技術:準備,準備與舉起,以及截鋒形式。

準備 (Fit)

聽從教練指令,截鋒者走向他的隊友處,加入擒抱位置。截鋒者保持正確的姿勢,特別注意保持與肩同寬的姿勢,用雙手臂環繞隊友的屁股,保持臀部降低、膝蓋彎曲、腰背挺直的姿勢,胸與頭部的位置大約在隊友的腰部處(見圖 12.4）。

準備與舉起 (Fit and Lift)

聽從教練指令,截鋒者在一個合適的位置停止。在第二個指令下,截鋒者伸展腿部的同時將臀部抬起。隊友可以協助在截鋒者將之舉起時小幅跳躍一下。特別注意,當你利用臀部產生爆發力時,要保持脊椎的中立姿勢(見圖 12.5）。

圖 12.3 防守球員髖關節屈曲姿勢。

圖 12.4 兩位球員,準備擒抱。

圖 **12.5** 2 位球員，準備與舉起。

截鋒形式 (Form Tackle)

這是準備與舉起的進展。這項練習必須在半速時進行。截鋒應該在一個流暢的動作下進行。隊友不會改變方向或抵抗，且不會被撞倒在地。重點放在用雙手臂環繞隊友，腰背挺直、頭部抬起在隊友的胸前處，將手放在臀部處，舉起隊友。功能性訓練包括：

- 深蹲
- 過頭深蹲
- 側面搭橋
- 縮回頸部（下巴內縮）
- 斯籃搏／灌籃球的律動 (Slamball pulses)（新形態的籃球運動，綜合美式足球、籃球、冰上曲棍球和體操特點）
- 壺鈴擺盪 [15, 16]

精熟層級的運動技能（菁英層級、職業選手）(REFINED-LEVEL SPORTS SKILLS; ELITE LEVEL, PROFESSIONAL)

搶奪足球 (Stripping the Football)

這項防守技術的練習建立在擒抱的技術上。當球員在擒抱時，著重在截斷跑鋒抓人的動作，並將球擊落。功能性訓練包括：

- 滑輪前推
- 滑輪砍劈 [16]

雙腳在界內 (Feet In-Bounds)

當接球者在界外接到球時，雙腳要在界內著地，這個專項技術練習可以改善接球者的接球能力。接球者開始朝著界外方向跑，在跑出邊線之前處接到球，且雙腳需停留在界內。這個練習著重在平衡、步法和身體知覺。功能性訓練包括：

- 矩陣弓步
- 平衡訓練 [15]

粘性手掌停留在阻擋墊上 (Sticky Hands–Staying on the Block)

前鋒線球員 (linemen) 的進階技術練習主要著重在靈敏度、全身的勁度和身體的控制能力。兩位球員面對面，一位拿著堅固的阻擋墊，另一位球員雙手打開，放在阻擋墊上，以不抓住墊子的方式施予壓力推動阻擋墊，並且不移動腳。手持阻擋墊的球員，在阻擋隊友前進的同時，將墊子上、下、左、右的移動，不移動腳步或不讓阻擋墊掉下來（見圖 12.6）。

圖 **12.6** (A) 2 位球員，將雙手放在胸部高度的墊上。(B) 2 位球員，將雙手放在頭部高度的護墊上。

表 12.2　美式足球球員位置的技能進展的範例

球員位置	功能性技術（功能性運動）	運動技術	精熟技術
進攻線鋒	對角線／斜線腳步（角度弓步）	抵達阻擋物	留在阻擋處，絆人阻擋
外接員	接球並守護足球（過頭投球）	接球的行進路線	接球後拖住腳步
四分衛	投球（滑輪前推）	假動作投球	眺望遠處一名後衛，將球快速投出
線衛／防守後衛	擒抱進攻型式（髖關節屈曲）	開放領域的擒抱進攻	擒抱進攻時搶球，截斷傳球

注意力著重在維持正確的臀部和胸部反應姿勢。在練習的過程中，應隨時檢視是否有不能維持腰背輕微的延伸或不能對所有動作變化做出反應的情形。功能性訓練包括：

- 戰士棒（Warrior stick）
- 斯籃搏／灌籃球的律動（Slamball pulse）
- 將持壺鈴手臂擺盪到與地面平行的位置 [16]

結語 (SUMMARY)

在美式足球比賽中，這僅僅是一些基本的、運動專項的和攻守位置的技術範例。值得一提的是，在許多的運動項目中都有擒抱進攻、投球、接球等基礎技術，而在美式足球比賽中，每項技術自然成為特定的技術，也奠定了攻守位置特殊性的運動基本技能（表12.2）。這些基本技術，可以轉化成運動模式的功能性訓練 [3]。這些運動技能可以做為基本技能來優化／精熟技術，例如，從任何擁有控球權的球員手中搶奪足球或接到球時，及時的拖住腳步，讓雙腳仍留在界內。

參考文獻 (REFERENCES)

1. American Football Coaches Association. Football Coaching Strategies. Champaign, IL: Human Kinetics; 1995.
2. Canadian Sport for Life. Long-term Athletic Development. Canadian Sport Centres; 2007.
3. Gambetta V. Athletic Development: The Arts and Science of Functional Sports Conditioning. Champaign, IL: Human Kinetics; 2007.
4. McGill S. Core training: evidence translating to better performance and injury prevention. Strength Cond J 2010;32(3):33–46.
5. Rizzone K, Diamond A, Gregory A. Sideline coverage of youth football. Curr Sports Med Rep 2013;12(3):143–149.
6. Goldberg B, Rosenthal PP, Robertson LS, Nicholas JA. Injuries in youth football. Pediatrics 1998;81(2):255–261.
7. Malina R, Morano PJ, Barron M, Miller SJ, Cumming SP, Kontos AP. Incidence and player risk factors for injury in youth football. Clin J Sport Med 2006;16(3):214–222.
8. Broglio SP, Schnebel B, Sosnoff JJ, et al. The biomechanical properties of concussions in high school football. Med Sci Sports Exerc 2010;42(11): 2064-2071.
9. Halstead ME, Walter KD. American Academy of Pediatrics. Clinical report—sport-related concussion in children and adolescents. Council on Sports Medicine and Fitness. Pediatrics 2010;126(3):597–615.
10. Solomon GS, Ott SD, Lovell MR. Long-term neurocognitive dysfunction in sports: what is the evidence? Clin Sports Med 2011;30(1):165–177.
11. Schnebel B, Gwin JT, Anderson S, Gatlin R. In vivo study of head impacts in football: a comparison of National Collegiate Athletic Association Division I versus high school sports. Neurosurgery 2007;60(3):490–495.
12. Pellman EJ, Powell JW, Viano DC, et al. Concussion in professional football: epidemiological features of game injuries and review of the literature—part 3. Neurosurgery 2004;54(1):81–94.
13. Beckwith J, Greenwald RM, Chu JJ, et al. Head impact exposure sustained by football players on days of diagnosed concussion. J Am Coll Sports Med 2013;45(4):737-746.
14. Elphinston J. Stability Sport and Performance Movement, Great Technique Without Injury. Apple Tree Cottage, Chicester, UK: Lotus Publishing; 2008.
15. Liebenson C. Rehabilitation of the Spine. 2nd ed. Philadelphia, PA: Lippincott Williams and Wilkins; 2007.
16. McGill, S. Ultimate Back Fitness and Performance. Waterloo, ON: Wabuno Publishers; 2004.

Greg Rose
譯者：王淑華

高爾夫
Golf

引言：運動員長期發展
(INTRODUCTION: LONG-TERM ATHLETIC DEVELOPMENT)

青少年高爾夫運動的發展，在過去的 7 年中經歷了巨大的改革。大部分的變化，來自於各領域中運動員長期發展（簡稱 LTAD）的實驗與研究。這些變化在 Titleist 競技表現機構（簡稱 TPI）的研究下揭開了這些奧秘，例如為什麼有的青少年高爾夫計畫能夠於締造大賽冠軍，又為什麼許多計畫卻是功虧一簣。

在部分回顧性的研究中提到，許多隸屬於美國職業高爾夫協會（簡稱 PGA）和美國女子職業高爾夫協會（簡稱 LPGA）的運動員被詢問到他們是如何具備這麼良好的技術？其中問題包括：

- 你幾歲開始打高爾夫？
- 在你年輕的時候，你是否參與了其他活動或運動？
- 你幾歲開始比賽？是否曾經接受過培育的課程？

透過整理這些研究結果，發現這些優秀運動員在訓練的過程，有其共通的途徑與趨勢。研究結果顯示，幾乎所有的菁英運動員都曾參與過運動員長期發展的課程，不論他們是否知道此課程的存在。

在 1990 年，匈牙利科學家 Istvan Balyi 首先提創運動員長期發展的模式理論，並且針對終身運動的發展模式做了一些介紹[1]。Balyi 提到，運動員長期發展是一個廣博的課程，概述了運動員每年發展的每一個步驟。運動員長期發展模式可以幫助教練和體育主管針對每一個階段的發展設計出有效的培訓計畫。同時也指出，運動員長期發展模式是以運動員訓練週期階段的形式存在，橫跨了運動員的整個職業生涯。

Titleist 競技表現機構模式的設計旨在強調每位高爾夫運動員的發育年齡。該模型的發展計畫有別於其他運動項目著重在運動員的實際年齡上：取而代之的是，TPI 透過評估每位高爾夫運動員的能力，給予他們個人適合的訓練計畫，使他們運動技術的獲得提升到最大值。隨著高爾夫運動員技術提升到更高的發展階段，他的訓練計

畫也會隨之變得更加複雜與專業化。

擁有較多位孩童的父母都知道，每個年輕人的發育情形都不相同。運動員的長期發展模式打破了以往的教育模式－利用同樣的方法教育同年齡的孩童。

但是實際年齡僅僅意味著自出生以來的年齡，對每個人而言，穩定成長的年齡都是一樣的。但這與發育年齡是不相同的，發育年齡包含了生理、心理、認知和情感的成熟度，並可以透過測量得知孩童有多接近成年人的實際情形。若要真正測量一個孩童的發育年齡，必須同時看他的骨骼發育、性發育、大腦發育和動作技能的發展等。孩童的身體不需要透過身高的增長或體重的增加的跡象來知道是否已經成熟。

大多數的運動員長期發展模式是利用生長速度來預測他們的發育年齡。生長速度是要看一個小孩成長的速率有多快（公分／年）。我們可以透過孩子的成長速度曲線來預測孩子的發育年齡（圖 13.1）[2]。

Titleist 競技表現機構在 LTAD 的初級課程中，將高爾夫運動員依據運動員長期發展模式劃分成幾個階段，其劃分的方式相似於技擊運動項目的帶／級別系統。這種劃分方式使教練能夠給予適合每位運動員其發育年齡所需要的練習與技術。Titleist 競技表現機構的初級課程，是從出生橫跨到大學階段，並根據 Balyi 原始所提出的八個發育的階段作為基礎[3]簡化而來，其模式如下：

1. 活動開始（男孩的發育年齡從 0-5 歲；女孩從 0-4 歲）
2. 基礎能力（男孩的發育年齡從 6-8 歲；女孩從 5-7 歲）
3. 遊戲／比賽（男孩的發育年齡從 9-11 歲；女孩從 8-10 歲）
4. 訓練（男孩的發育年齡從 12-14 歲；女孩從 11-13 歲）
5. 菁英（男孩的發育年齡從 15-18 歲；女孩從 14-17 歲）

運動員長期發展課程另一個重要的新興科學概念就是找到每位運動員的「可訓練窗口」。許多專家認為，在每一個孩子的生活過程中，都會有一個特別敏感或關鍵的時期，能

圖 13.1 典型的成長速度曲線圖用來
預測孩子的發展年齡 [2]。

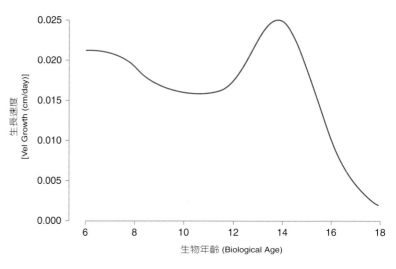

夠讓他們在這個時候快速的學會技術。即便直
到現在仍然沒有人能夠眞正定義這些時期，但
大多數教練透過自身的經驗，已經能夠注意到
這些窗口。

正如 Bouchard 提到的「可訓練性 (trainabil-
ity) 是指兒童和青少年在不同的成長階段和不同
的成熟度，對訓練產生的刺激所展現的反應能
力」[4]。運動員長期發展課程使用「可訓練性」
一詞，而能夠影響可訓練性的因素相當多，其
中包括年齡、性別、生長速度、成熟度、基因
型、預先指令 (preinstruction)、荷爾蒙的影響、
力量的發展、神經系統的發育以及不同的肌纖
維類型等。

儘管訓練是多變的，但隨著身體成熟度的
改變，每個孩子的發展似乎都有他們自己的關
鍵時期，因爲他們在不同時期對於特定的技術
會有不同的反應。

在 1995 年時，Balyi 與 Way 描述了五個最
佳的主要訓練窗口 [5]。以現在而言，我們覺得
應該要有 13 個窗口（表 13.1）。可以參考 13.2
的圖表，想像摩天大樓的窗口。基本能力窗口
和學習如何比賽 (Train to Play) 的窗口，主要是

表 13.1	訓練窗口

1. 第一個柔軟度窗口（活動度）
2. 第一個速度窗口
3. 功能穩定性
4. 第一個技術窗口
5. 第二個柔軟度窗口
6. 功能性肌力
7. 第二個速度窗口
8. 3D 整合窗口
9. 第一個耐力窗口
10. 奧林匹克肌力窗口
11. 第二個技術窗口
12. 爆發力窗口
13. 第二個耐力窗口

幫助建構運動員的基礎能力。底層能力主要是
建立在訓練如何比賽階段，而最頂端的能力是
在菁英階段完成。

Titleist 競技表現機構的運動員長期發展課
程爲本章的一大重點，同時本章也討論了成功
的運動員其長期發展課程中許多重要的因素。
我們將先談論基礎能力階段後，直接跳到訓練
階段，亦即介紹菁英階段；本章的最後，將會
談論成人和資深的高爾夫運動員。

基礎能力階段 (FUNDAMENTALS PHASE)

基礎能力階段，主要是指透過多種的體育
活動，來幫助孩童能夠自信和有效地任意移
動。具備紮實的運動技術基本能力，將是孩童
在日後相較於他人，較容易成爲菁英高爾夫運
動員主要原因。所謂的基本能力，是從基本的
體能基礎開始。Titleist 競技表現機構發展的基
本能力的重點，首先在於建立紮實的基本動作
技能，他們認爲基本動作技能最好定義是爲基
本運動能力的基石。Titleist 競技表現機構的運
動員長期發展模式的課程設計，主要是讓所有
運動員在進入到學習比賽階段前，必須熟練所
有的基本動作技能，這與只注重高爾夫專項技
術的課程是截然不同的。

基本動作技能可分爲四種類型 [6]：
1. 位移動作技能（跑步、跳躍、閃躲、踏跳、
   單腳跳、跨步跳、衝刺）
2. 穩定性技能（運動能力的 ABCs －敏捷、平
   衡、協調、速度、方向的變化、散開）
3. 操作 / 物體控制技術（運動能力的 ABCs －
   投擲、踢、打擊、接、運球、閃躲）
4. 認知技能－空間知覺、知覺與動覺、身體覺
   察、運動規則

Titleist 競技表現機構在基礎能力階段的課
程設計主要用意是讓孩童容易學習，同時讓教
練能夠簡單地安排上課的內容架構，稱之爲基

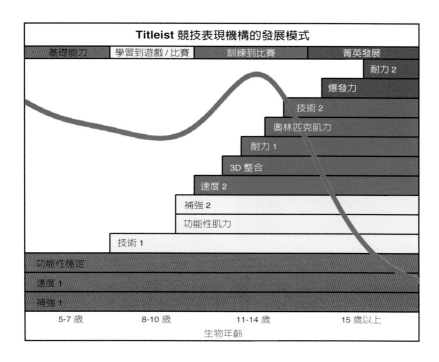

圖 **13.2** 青少年運動員發展模式。

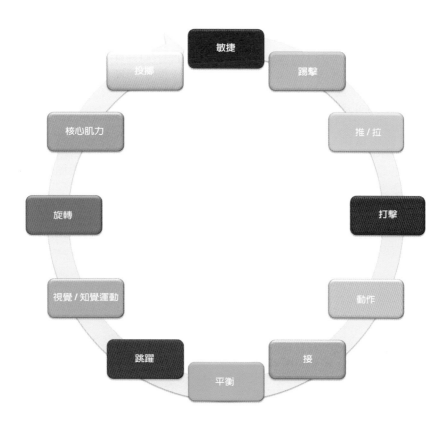

圖 **13.3** 基礎的循環訓練。

圖 13.4 推－拉訓練站。

礎「循環訓練方法」。而循環訓練方法的重點在於發展所有的基本動作技能，並以圓形方式佈置 6-12 個訓練站（圖 13.3）提供運動員進行練習。下列將舉例其中較為受歡迎的訓練站。

推／拉訓練站 (Push/Pull Station)

推／拉訓練站著重在上肢力量和穩定性的發展。活動內容包含吊單槓比賽、彈力繩輔助的引體向上（圖 13.4）、拔河比賽、穩定球上做俯地挺身以及相撲等，此外，可以在此階段加入徒手阻力訓練的活動。雖然此階段孩童還缺乏能讓肌肉增大的荷爾蒙發展，但他們可以透過阻力訓練，大幅提高肌肉纖維的神經效益。

單槓是主要的設備，並且一直是所有青少年高爾夫課程中最為搶手的練習項目。當進行吊單槓活動時，可以利用不同色彩的膠帶纏繞在每條單槓上，幫助孩童創造有趣的遊戲。並利用顏色，創造出不同難易等級的活動，例如，紅色條紋代表是最簡單的，而黑色條紋則是最困難的；可以透過不同顏色標記出不同的寬度及遠度，增加挑戰的難易度。

打擊訓練站 (Striking Station)

透過打擊訓練有助於培養手眼協調能力、旋轉速度、空間知覺、重心轉移以及上半身和下半身的速度和平衡能力。利用斜面來打擊物體是很好的練習方式，如高爾夫球球桿擊中高爾夫球，冰上曲棍球球棍射門、曲棍球球棍擊球，以及球板打板球等。可以在每次練習時，替換訓練站的活動內容，例如，高爾夫或棒球的定點打擊、網球球拍和桌球球拍的揮擊等，都是相當合適的活動，可以幫助孩童進行水平式打擊的練習（圖 13.5A、B）。務必讓孩童先練習打擊固定的球，然後逐漸進階到打擊移動的球，同時讓孩童專注在打擊，並且能夠越用力越好。在打擊活動練習時，初學者應該先使用大尺寸的球和大目標的區域，並在練習過程中，要求整體的動作速度。而進階的打擊練習

圖 13.5 (A, B) 打擊訓練站。

方式則是利用較小的球、較小的打擊棒、較小目標、開始距離的追蹤和進位、使用多種的抓握方式以及利用單手和單腳的方式來擊球等。

平衡訓練站 (Balance Station)

平衡是所有競技運動項目中，最主要的關鍵。孩童可以透過挑戰穩定性的練習，迅速提高自己的平衡感覺。透過多方面的設置障礙訓練場地，讓孩童能在最短的時間內嘗試所有的活動（圖 13.6）。訓練平衡的練習組合包括多種色彩的平衡木、平衡軟球、發泡墊及平衡訓練氣墊等。練習的方式如：由孩童喊出物體的

圖 13.6 平衡訓練站。

顏色後，他們的夥伴必須避開或觸碰該顏色的物體；並可透過嘗試不同類型的行走方式，以前進、後退和左右等不同的方向變化來進行。

投擲訓練站 (Throwing Station)

你是否有注意到棒球聯賽的投手中有多少人在打高爾夫？在高爾夫的比賽中，棒球投手通常都表現的非常優異。而這並非是僥倖，因為投球的動作與高爾夫揮竿動作有很高的相似度：「一個後擺（上桿）的負荷，臀部和肩部分離，重心位移朝向目標，並將能量從地面轉移到球桿上（球 vs. 球桿）」，透過投球與揮桿動作的解析，我們提倡應該讓高爾夫的青少年運動員能夠多參與投擲活動。孩童會利用不同的物體進行投擲的準度和投擲的距離，例如，利用有尾巴的球、美式足球、棒球、飛盤和豆袋來進行練習投擲（圖 13.7）。

視覺（綠色閱讀）訓練站
[Visualization (Green Reading) Station]

這是孩子們的另一個最愛，其學習重點在於如何觀看坡度／斜度。孩童覺得最難學習的技巧是如何綠色閱讀，對孩子而言，這是個很無趣的練習，主要是因為大多數孩子的視覺系統還沒有完全開發。視覺訓練將利用有趣的遊戲方式來教導孩童學習這項技能，例如在一個大的綠色坡地打保齡球和打台球。實際上，大部分孩子只喜歡擊倒所有球瓶的感覺，但並不知道他們正是在不知不覺中學習綠色閱讀的技能（圖 13.8）。

許多專家認為運動員至少需要經過 10 年或至少 10,000 小時的訓練，才能達到菁英的水平。1978 年諾貝爾文學獎得主 Herbert Simon 是最早研究專業知識方面的作用的其中一位先驅。他提到要成為一位專家，必須要有 10 年的經驗或需要累積大約 50,000 個區塊所組成的訊息領域。許多年以後，Gibbons 與 Forster 劃時代的「卓越之路」研究發現，大多數的奧運選手提到在他們在自己的運動領域中需要 12-13 年的培育的時間，才能當選為奧運代表隊的成

圖 13.8 視覺訓練站。

員 [7]。而所謂的 10 年理論適用於大多數領域的專業技術發展，其中也包括音樂 [8]。

另一方面，10,000 小時理論在學術領域中仍然是極具爭議性的（有人說 4,000 小時，一些人認為是 6,000 小時），但所有的研究都建議大量時間的投入是必需的。而關於究竟需要多少個訓練小時的爭論，主要是因為專家在理論方面與實際的練習情形之間無法達成共識。運動員長期發展課程 (LTAD) 中，利用兩種主要的訓練形式做練習：刻意遊戲比賽或刻意練習。

刻意遊戲比賽 (Deliberate Play)

刻意遊戲比賽被定義為在任何活動中，必須具備最低的遊戲比賽規則，它類似於主要的運動項目的活動，對參與者而言，整體環境是愉悅的。例如，籃球比賽中投籃遊戲的「H-O-R-S-E 規則」，透過使用籃球和籃球架的遊戲比賽，讓孩童從參與遊戲的過程中得到樂趣和創造力。在這個遊戲中，孩童嘗試著從球場上的任何一個位置，以高難度方式投球，而他們的夥伴必須嘗試複製其投籃動作進行投籃，否則就遭到淘汰。

刻意遊戲比賽活動的設計方向，主要是讓參與者獲得最大的享受，並感覺樂在其中。刻意遊戲比賽活動有最簡單的規則，是對參與活動的孩童或者是成人的強制規範。而研究者之間最大的爭論在於「這類型的活動是否能算在 10,000 小時的專項訓練時間？」這是一個相當好的問題，但直至目前尚無答案。

Cote 與 Hay 強調「刻意遊戲比賽」（不是刻意練習）在早期是很重要的 [9]。這種觀點與許多其他研究人員分享。循環訓練方法經過精心的安排，會是一個很好的刻意遊戲比賽訓練站的範例。

刻意練習 (Deliberate Practice)

刻意練習的定義為「教練設計能直接提升

圖 13.7 投擲訓練站。

學生技術的活動內容」。大多數參與的學生不會真正享受練習的內容，而它通常不會有立竿見影的效果，進行刻意練習的唯一理由和動機就是提升他們自己的技能。一個孩童利用吉他練習音階是另外一個刻意練習的範例。

在 1991 年，心理學家 Anders Ericsson，他對西柏林音樂學院那些擁有卓越天賦的菁英小提琴家做了研究，得到一個不可思議的發現。在經過數小時的探訪後，艾瑞克森和他的研究團隊發現，在最好的國際獨奏家和學院的小提琴家兩者間最大差異是，國際獨奏家在刻意練習上面花了相當多的時間。Ericsson 的研究挑戰了天賦並非是與生就俱來的，相反地，Ericsson 認為這是要透過 10,000 小時的刻意練習，才能獲得的成就 [10]。

我們都知道長時間的進行遊戲比賽和練習，對運動員的長期發展課程是相當重要的。大多數的 LTAD 的基礎階段，著重在刻意參與遊戲比賽活動（循環訓練方法），而後才漸進到後期階段的刻意練習。

這個重要的概念說明運動員在獲得基礎運動技能之前，必須先發展基本的動作技能。孩童的進程順序應從基本的動作技能到基礎運動技能，亦即從簡單課題到複雜的課題；這樣的自然進程，若太早跳過動作技能而直接進入到運動技能，可能會對孩童造成影響。

所有基本能力的概述
(Overview of All Fundamentals)

階段概念 (Phase Concepts)

- 確保能掌握所有的基本動作技能－位移動作技能、穩定性、物體控制、認知能力技能等。獲得基本動作技能的練習，必須佔所有課程的 75%。
- 定期進行基礎的篩檢，主要是監控基本動作技能發展的情況。

- 第一個速度窗口主要是利用遊戲比賽來激勵敏捷、迅速移動和方向改變的學習。
- 找出適合運動員的高爾夫球桿是此階段最重要的目的。很多時候，高爾夫球桿會太重或太長。
- 體能應該佔整個課程的 25%，主要著重在徒手的穩定性和整體活動性的練習。
- 利用每週一次 1-9 洞的模擬高爾夫比賽活動，但必須維持其趣味性。
- 每週 1-2 次 90 分鐘的基礎循環訓練。
- 握桿、姿勢、身體擺置 (alignment)、球的位置、平衡和重心位移等概念。
- 比賽和練習的比例分別為 10% 和 90%。
- 應該知道比賽規則、球場的安全問題以及球場禮儀。

訓練如何比賽階段 (TRAIN TO PLAY PHASE)

在孩童進入青春期的快速成長階段時，我們將跳過遊戲比賽階段，直接進入訓練階段。對青少年和教練而言，此階段會是一個非常具有挑戰性的時刻。因選手的快速成長，導致生理荷爾蒙的劇增、社交和情感等因素相互作用產生的變化，都會使得教練被直接挑戰。

如果注意到生長速度的曲線，你會發現是在短短的 2-4 年期間內迅速的生長。在生長速度開始下降的點（在綠星處），我們稱之為身高成長高峰 (peak height velocity, PHV)（圖 13.9）。

大多數的研究指出，急速增長期大約發生在女生 9-10 歲期間，而男生則在 11-12 歲左右。女生的急速增長期通常比男生早 2 年的時間發生。女生身高成長高峰的平均年齡為 11.8 歲，男生則為 14 歲 [10]。

當運動員進入急速增長階段時，必須開始減少球技的練習，並將訓練重點放在基本技能的維持和比賽場上的戰術方面。急速增長與運動員技術回歸 (skill regression) 有關，即使是提高了運動

圖 13.9　成長速度曲線中的身高成長高峰的標示點。

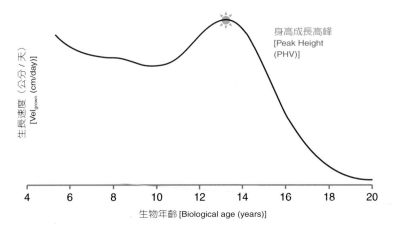

員的得分能力，但仍會獲得較低的分數。

我們讓孩童進入到新的循環訓練，稱之為「波浪」。稱它為波浪是因為在這段時間內，運動員會有上上下下的成長速度。在這個波浪的循環訓練中共有 9 個訓練站，其中包括速度、活動性、耐力、3 個刻意練習站、穩定性 / 肌力以及 3D 的整合站等。我們建議每次設立 6 個訓練站，但每次必須包含 3 個刻意練習站。每個訓練站應該至少進行 10 分鐘的練習，再外加 10 分鐘的暖身運動和緩和活動。

以下將介紹一些受人喜愛的波浪訓練站。

肌力訓練站 (Strength Station)

一旦開始進入青春期，孩童的性激素將會開始激增，男孩會有大量的睪固酮分泌；而女孩會有雌性激素激增[5]。由於循環激素水平的差異，肌力訓練對女孩來說，可能是一個很大的挑戰。男孩的高睪固酮水平將會有助於他們快速的增加肌肉，使肌肉肥大（肌纖維的變粗）。在另一方面，女孩卻沒有獲得睪固酮的好處（睪固酮濃度較低），她們力量的增加是不明顯的。在青春期之前，大多數的力量增加的部份原因是基於運動單位活化的增加（徵召越多的肌纖維，會有較好的肌纖維放電模式的協調能力）。

女孩經歷在身高成長高峰之後，可以立即開始進入力量訓練的階段。而由於男孩的成熟比女孩晚，並且其生長板在身高成長高峰過後仍逐漸在融合，因此建議男孩在身高成長高峰過後的 12-18 個月，再開始進入舉重訓練的階段。

這裡的主要目標是要開始建立一個好的肌力基礎能力。我們使用自由重量（如啞鈴或小壺鈴）來進行阻力訓練，利用前一個階段所學的相同動作來進行阻力訓練。再以空載槓鈴，進行同樣的動作。

槓鈴開始慢慢增加重量，此時不急於發展很大的力量，可以利用 3-10 年的時間循序的發展肌力。

在這討論一些我們最喜愛的力量活動。

槓鈴（練習桿）阻力 [Barbell (Body Bar) Resistance]

我們傾向在開始時利用藥球和練習槓來進行阻力練習。然後，再進行標準的奧林匹克舉重的動作練習（圖 13.10）。

土耳其起立動作 (Turkish Get-Up)

土耳其起立動作可以練習到所有的肌群。其中包括胸部屈伸、踝關節背屈、髖關節屈伸、肩關節屈伸和穩定性（圖 13.11）。此外，還有腹部力量的穩定、臀肌、股四頭肌、小腿力量等。如果青少年高爾夫運動員只有三個練習動作，土耳其起立必須是其中的一個動作。

3D 整合訓練站 (3D Integration Station)

3D 整合訓練是至關重要的。透過研究今日我們得知，在青春期時本體感覺（知道他們身體部分在空間的相對位置）會發生問題。這就是為什麼青少年在涉及空間定位 (orientation in space) 時，會依賴視覺的原因。對於高爾夫運動而言，教練必須處理運動員對四肢在快速成

圖 **13.10** 槓鈴（練習槓）阻力。

圖 13.11 土耳其起立動作。

長時，本體感覺與動覺不足的情形。在身高成長高峰，青少年體驗自己是成人時，必須能夠應對不斷增加的運動和課業的挑戰。在這個時間點，教練必須進行 3D 整合的訓練。挑戰三維空間是很有意思的，此練習能夠有助於開發運動員所不知道的一面。

　　這個訓練站包括在所有的非高爾夫揮桿活動中，挑戰他們自己的運動知覺和空間感覺。這些活動就像是繩索課程、蹦床上彈跳、攀爬活動及體操等訓練都可達到此目的（圖 13.12A、B）。簡單的翻滾活動，如側手翻、前空翻、後滾翻和倒立等動作是 3D 整合練習的形式。

第二個速度訓練站 (Speed II Station)

　　這是我們的第二個能夠協助青少年高爾夫運動員擁有更快速度的機會。第二個速度窗口與第一個速度窗口略有不同的地方，是運動員身體上的變化。一旦青春期開始，腺激素增加，心血管系統和呼吸系統進入過度操勞 (overdrive) 情形。基於這個原因，我們就可以開始著重在無氧動力和速度的發展，其活動包括衝刺跑、跳躍、投擲和超速的訓練等練習。這裡列出一些受人喜愛的速度活動。

增強式訓練 (Plyometrics)

　　這些運動主要是訓練中樞神經系統，使其產生快速而強大的動作。增強式訓練將幫助運動員能夠打擊得更重、跑得更快、跳得更高和投得更遠。

　　數以百計的增強式訓練方式適用於青少年高爾夫運動員。有初級的增強式訓練，例如跳繩；更有高強度的增強式訓練，如以雙循環方式進行倒立深跳或剪刀式蹲跳。

圖 13.12 (A, B) 3D 整合訓練站。

耐力訓練站 (Stamina Station)

第一個耐力窗口，將是年輕的運動員必須要將身體準備好，參與第一次耐力訓練。運動員的心血管系統能力的提升，主要是爲了耐力的訓練。這種情況會出現在身高成長高峰開始，例如，一個男孩當他在 16 歲時，將會比他在 5 歲時，增加了三倍的最大攝氧量 [11]。

大多數孩童在他們快速增長期間，可以提升最大攝氧量。青春期前，男孩和女孩的最大攝氧量大約以相同速度增加。一旦進入青春期的快速增長時，男孩以較高的速度提升最大攝氧量。這是由於男孩有高含量的睪固酮，讓他們的肌肉質量增加，而女生增加雌激素的產生，這讓她們增加了體內的脂肪。所以，男孩將有較高水平的有氧能力、更大的心輸出量以及較好的肺容量。儘管女孩在這個階段中可能滯後於男生，但此時將是來培養女孩耐力的最佳階段。

在這個階段訓練耐力有額外的兩個益處：

- 運動員的耐力越好，在未來就越能應對高水平的訓練時數和訓練課程。
- 提升運動員的耐力，能幫助他們在揮桿和每洞之間，有更好的恢復能力。

大多數的專家對於如何培養耐力有些爭議。一些人認爲，長時間「心肺功能」的訓練是最有效的，但也有人提到短時間、高強度的間歇訓練才是最好的 [12]。爲了使這一辯論較沒有爭議性，本篇鼓勵這兩種的訓練形式都可行。

一些受人喜愛的耐力活動包括：

- 跳繩。這種初級的增強式運動提供了一個很好增強耐力的平台。這個跳繩練習不需要高爾夫體能的專業人員長期的監督，但它對協調、平衡、耐力和肌肉耐力的發展是有一定的幫助。
- 速度高爾夫。打帶跑運動從來沒有這麼多的樂趣。這個類型的高爾夫練習，會有助於高爾夫的技術和體力的需求。
- 高強度間歇訓練循環。這可以是任何形式的高強度間歇訓練（例如，踏步機、飛輪訓練車、開合跳、衝刺跑），進行 20-30 秒的時間，緊接著 20 秒的休息。重複此循環訓練 4 次。

活動度訓練站 (Mobility Station)

在訓練階段期間，主要著重在活動度的練習。在青春期，男孩和女孩經過一大變化可能會影響他們未來的一個活動度。在快速增長期間，整個身體變化主要是由多重因素造成：

- 首先增長長骨－身體的長骨，如股骨，會首先增長。但它們不會在同樣的時間以相同的速度增長。這對孩童的活動度和協調性來說，可以是一大問題。
- 肌肉處於張力狀態－由於骨骼比肌肉增長較快，使得肌肉張力增加。如果活動度不能夠慢慢且安全地提升，這可能會導致各種肌肉的損傷。
- 肌肉質量增加－由於荷爾蒙的變化（如睪固酮和生長激素）肌肉開始肥大（即肌纖維的實際尺寸開始變粗）。在之前的階段中，孩童實際上是學習如何更有效地使用肌肉和如何利用神經功能來激活更多的肌肉。現在開始增長肌肉，使肌肉變粗。這階段主要在增強肌力，但對柔軟度而言則是個噩夢（柔軟度變差）。
- 生長板變得更薄－由於生長板的尺寸在此階段開始變薄，且會變的更加脆弱。其活動度變差，可能會導致生長板損傷。

需要訓練的主要肌群包括胸椎、臀部、大腿後肌和下背肌群。下面介紹一些適合此階段的活動度練習。

活動度熱身 (Mobility Warm-Up)

我們喜歡將活動度的練習融入整個移動的動作範圍中，這些非靜態的練習能迫使部分身體穩定的同時，另一部份的身體是活動的。圖 13.13 顯示的各種活動度練習的範例，是可以在此一階段進行的。

刻意練習訓練站 / 第二技能訓練站 (Deliberate Practice Stations/Skill II Station)

如前所述，從快速增長到身高成長高峰期間開始，提升力學動作通常會比較困難。事實上，許多青少年在身體快速增長期，因爲疲於應付身體發生的變化，而導致技術水平變差。在第一級的訓練階段，會讓我們將重心從提升力學動作，轉移到提升擊球和球場上的技術。

這樣的重心轉移並不代表必須完全放棄揮桿技術，相反的，揮桿技術相當的重要，且必須維持已經學會的力學動作並持續練習。他們將再次使用完全不同的身體學習同樣的技能，因爲在較長的槓桿和較大的肌肉的情況下，需要再次熟悉新的訓練。

根據上述情況，在身高成長高峰時期，波浪高爾夫循環訓練站必須致力於讓運動員維持揮桿

跰腿跑 (High Knees)　　踢臀 (Butt Kicks)　　跑步動作踏跳 A (A-Skips)　　直膝跑 (Stiff-Legged Bounds)

跑步動作踏跳 B (Alternating Leg, Fast Leg)　　側向父叉步 (Cariocas)

過頂推弓步
(Lunges Reaching Up)　　弓步轉體 (Lunge with Twists)　　大腿後肌伸展 (Walking Harmstrings)

前踢伸展
(Lunges Reaching Up)　　股四頭肌伸展
(Walking Quads)　　爆發踏跳
(Power Skips)

圖 13.13 活動度熱身。

技術、提升擊球技巧、熟練擊球的過程（如發展擊球前的訓練）和創造比賽的練習環境。

　　過了身高成長高峰期，增長速度明顯放慢。在快速增長快結束時，第二個技能窗口正式開始。透過外加的訓練站來反映波浪循環的改變，在此階段將增加揮桿練習的時間提升揮桿技術，同時使比賽時的擊球技術達到菁英水準的等級。

　　練習訓練站應該包括推桿、短切球、切高球和模擬比賽等。可以在練習時加入各種遊戲比賽，減少刻意練習的無聊情形。

所有訓練階段的概念總覽
(Overview of All Train Phase Concepts)

- 本階段孩童應該具備基本的身體素質（基本動作技能和基本運動技能）。
- 他們應該擅長於學習到遊戲比賽階段的篩檢，並應監控回饋。
- 他們通常要經過這個階段的快速成長，故應找出協調性差或技術退步的原因。
- 他們進入第二個速度的窗口。專注於速度，爆發力和力量的訓練。
- 體能應該佔所有課程的 40%。介入各個方面的體能訓練，其中應該包含激活、身體的準備、活動度、穩定性 / 肌力、心血管調節，以及恢復技巧等。
- 每週練習 2-3 次，總共練習打 36-54 洞。
- 練習應該有 10-20% 的阻礙擊球練習，80-90% 的隨機練習。
- 他們每週練習應該擊出 1,000 個球，其中包括推桿和短切球。
- 他們每週應該練習 20-40 小時的球技（包括上場打球的時間）。
- 另外，他們應該擁有一套適合他們的特製球桿。
- 比賽和訓練比例應分別為 40% 和 60%。
- 他們在比賽場上應該要有一個美國高爾夫協會的差點 / 差桿（實際打球的總桿與球場標準桿的相差桿數），在每年的 10-12 場比賽中，男性至少要有 6,000 碼，女性為 5,400 碼的距離。
- 在比賽時，他們應該知道高爾夫規則，並能控制好自己的比賽（知道每隻球桿所能擊出的距離，出手傾向和風險回報決策）。
- 限制僅參與兩項其他的運動。

菁英階段 (ELITE PHASE)

在精英階段的開始，我們要求運動員訂下當他們長大後想要成為的目標。他們必須決定他們所要的途徑為何：菁英成長計畫，主要是為了潛在的高爾夫職業生涯或大學高爾夫獎學金；亦或者是高爾夫終身計畫，成為一個高層次熱愛比賽的業餘球員。根據他們的決定，我們會將運動員安排到波浪的兩個訓練項目的其中一個。

菁英發展計畫 (The Elite Development Program)

菁英發展計畫旨在培育青少年成為一個具競爭力的菁英運動員，所有高爾夫錦標賽所需

要的參賽準備都涵蓋其中。其中包含了比賽前和比賽後的練習、有效的練習課程、進階的做球技巧、年度的訓練計畫、運動營養、恢復基礎知識、數據的追蹤、媒體和宣傳的訓練、大學招聘協議等。菁英發展計畫鼓勵運動員每週至少 3 次參加菁英成長計畫的練習課程，3 次的下場比賽，以及 4-5 次的練習。

針對參與菁英成長計畫中的青少年，應具備以下概念：

- 成人身體的檢查可用來監控進展的情況。
- 請務必在身高成長高峰期後的 18 個月，再開始進行肌力的發展。
- 應當推廣進階的生物力學的檢測和成人球桿的合適度。球桿每年應該進行 1-2 次的檢查。
- 體能訓練課程應該仍佔所有訓練課程的 40%，並持續著重在肌力和爆發力的發展。
- 每週練習 3-4 次，總共應打 36-72 洞。
- 練習應該有 5-10% 的阻礙擊球練習，90-95% 的隨機練習。
- 比賽和訓練比例應分別為 40% 和 60%。
- 應該在正規的球場上練習和比賽：每年至少要參與 15-25 場次的比賽。
- 知道賽前的準備事宜和練習日的例行程序。
- 應該重視運動營養和運動恢復的技巧。
- 限制參與所有其他的競技運動項目。

高爾夫終身計畫 (The Golf 4 Life Program)

該計畫旨在發展高層次的業餘球員所需的最佳技術。其中包含了比賽前和比賽後的練習、有效的練習課程、進階的做球技巧、運動營養和數據的追蹤等。鼓勵運動員每週至少參加 1-2 次高爾夫終身計畫練習課程，1-2 次的下場比賽以及 1-2 次的練習。

成人高爾夫運動員 (ADULT GOLFERS)

接下來將討論 25-55 歲休閒成人高爾夫運動員。這個年齡，有新的要求和障礙。對於大多數成年人來說，長期不良的姿勢及日益減少的身體活動，都將使身體付出代價。

對於成人休閒高爾夫運動員，首先要挑戰的是他們必須在維持適當的活動度和穩定性下，進行正確的揮桿動作。我們都隨著年齡的增長和累積的傷害，使體力受到限制，將使我們無法正確揮桿，即便是我們所學的或教練之前所教的揮桿

動作亦同。無論哪種方式，我們都必須解決體力受限的問題或承擔一切的後果。

正確的力學動作可防止受傷，且正常的活動度是必要的條件，這其中包括正常的關節活動範圍和肌肉柔軟度的組合。動作活動度是使身體能在六個運動自由度移動，可以執行任何動作，而不必犧牲穩定性。動作活動度能夠產生彈性能量，因此能產生有效的爆發力。

穩定性是指任何系統的維持不變的能力：或者是在有外來力量變化的情況下，能保持一致性。穩定性的建立通常是結合下列三方面所達成的：
1. 平衡
2. 肌力
3. 肌肉耐力

當在射箭時，將弦拉回的同時，你想保持弓箭的穩定，你必須要有很好的平衡、肌力和肌耐力，這與高爾夫的強力揮桿原理相同。保持身體一部分穩定的能力，同時能在相鄰的身體區段進行伸展和收縮的動作，使我們能夠產生速度，並維持揮桿動作姿勢的一致性，這就是穩定性。

既然我們已經知道活動度和穩定性是進行正確揮桿技術的必備能力，且對於成人高爾夫運動員而言，也是至關重要的能力。Boyle 指出，從腳以上的身體部位，以活動度和穩定性的交替模式運作（圖 13.14）可以看出活動度和穩定性之間的關係 [13]。換句話說，腳需要穩定性、腳踝需要活動度；膝蓋需要穩定性、臀部需要活動度；核心需要穩定性、胸椎需要活動度；肩胛骨需要穩定性、肩部需要活動度；肘需要穩定性，而手腕需要活動度等。認識此一模式是相當重要的。

活動度和穩定性的這種交替模式可以協助表達受傷是如何發生的。例如，下背部疼痛時，你會發現髖關節和胸椎的活動度受限，因此，腰椎會犧牲其穩定性，來獲得更好的動作。而這個腰椎的異常動作，可能會造成下背部的椎間盤和小關節面損傷的主要原因之一。不幸的是，受限的胸椎和髖關節的活動度是在成年男性高爾夫運動員中常被發現的兩大問題。此一發現解釋了為什麼腰部受傷會在成年高爾夫運動員中如此常見。

當涉及到成人高爾夫運動員的運動員長期發展模式的指導方針時，我們主要著重於維持或恢復到原來的正常活動度和穩定性的發展模式。身體的篩檢應該每一季進行一次，以確定該模式是否被改變。成人高爾夫運動員可以很容易地進行踝關節、髖關節、胸椎、上頸部、肩關節和腕關節等的活動度檢測。而膝關節、核心、肩胛、下頸椎和肘關節的穩定性也可以施與檢測。

圖 **13.14** 活動度 / 穩定性。

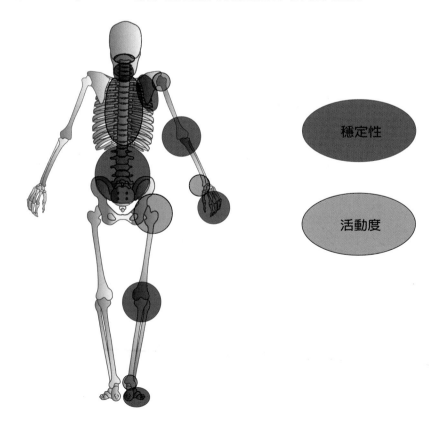

建議成年人至少進行一些體育活動，嘗試每週進行 2 次，每次 30 分鐘的規律運動。這些活動應著重在維持身體的活動度和穩定性模式。對於高爾夫運動員，我們建議每週至少下場比賽一次，並且參與每週 1-2 次的練習。

活動度 (Mobility)

針對成人高爾夫運動員，以下是我們所推薦的兩個活動度活動。

海星圖案（髖關節）(Starfish Pattern; Hip)

這項練習主要是提升整體下肢的旋轉。它實際上是髖關節結合阻力的本體感覺神經肌肉促進伸展模式 (PNF) 的練習方式。將一長管的彈力繩繫在高爾夫球手的左右腳上（圖 13.15），然後在後躺的同時，雙手過肩伸直，並握住彈力繩的中間。慢慢試著移動左腳，以彎曲、外展和外旋方式進行的同時，儘量保持身體其他部位不動。然後接著再以伸展、內收和內旋方式移動，同時，儘量不要移動身體的其他部位，這個動作能使髖關節移動在整個活動範圍時，不需要使用到腰椎骨盆的協助幫忙。

打開胸廓（胸椎）(Open Books Rib Cage; Thoracic Spine)

打開胸廓的練習主要著重在胸椎的活動度，使之不會利用到肩胛骨和腰椎的代償動作來完成。側身躺下，並彎曲兩個膝蓋（圖 13.16）。將在下方的手，放置在上方腳的膝蓋上，並利用手握住膝蓋，使膝蓋無法旋轉。現在把上方的手，放在下肋骨處並握住，慢慢的轉身，使胸部朝上，利用上方的手幫助旋轉動作的同時，下方的手必須抵擋下半身的旋轉。保持這個動作大約兩個呼吸的時間，換邊重複練習。

圖 13.16 打開胸廓（胸椎）。

穩定性 (Stability)

針對成人高爾夫運動員，以下是我們所喜愛的兩個穩定性活動。

搭橋進展（核心）(Bridge Progression; Core)

搭橋進展練習針對加強臀部和腹部的穩定性是一項很好的練習，它們是構成大部分核心的主要來源，核心同時對髖關節伸展也很有幫助。骨盆在一個自然的中立姿勢仰臥時、膝蓋彎曲，雙腳平放在地面（圖 13.17）。將手臂打開放在身體兩側，並將骨盆抬起，離開地面同時，臀肌用力收縮，試著放鬆大腿後肌。重複相同的動作，惟將手臂向上伸直，以減少支持的力量。將骨盆抬起離開地面時，將左腳伸直，右臀肌同時用力。重複另外一側。進行單腳橋式姿勢時，應該至少能夠維持 10 秒的時間，同時並不會感覺到背部或大腿後肌會有抽筋的情形。

盒子下壓（肩胛骨）(Box Presses; Scapular)

盒子下壓是南加州大學的投手教練 Tom House 博士所發明的練習。這個動作主要是針對肩胛骨和肘的部位，並適當發展的背部穩定性。將右臂手肘彎曲 90º 抬起在身體側面同時，與肩膀成 90º（圖 13.18）。將左手放在右手腕下方，右手用力向下時，成為阻力。向下

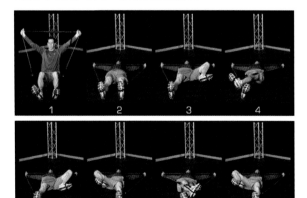

圖 13.15 海星圖案（髖關節）。

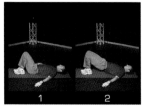
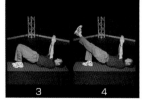

圖 13.17 橋型進展。

圖 13.18 盒子下壓（肩胛骨）。

用力 3 秒的時間，並用左手阻擋任何的動作。
利用拇指朝上、掌心向下，拇指朝下的三個手
部姿勢動作來進行練習。重複練習，將右手放
在左手下方，試著向上用力推，並用拇指朝
上、掌心向下，拇指朝下的三個手部姿勢動作
來練習。換手重複練習。

成人高爾夫運動員的運動員長期發展概述
(Overview of LTAD for Adult Golfers)

- 繼續進行活動度和穩定性的篩檢或評估。
- 盡可能維持身體的活動。
- 每週至少下場打 18 洞 1 次和練習 1 次。
- 練習應該有 5-10% 的區塊練習，90-95% 的隨機練習。
- 知道賽前的準備事宜和練習日的例行程序。
- 應該重視運動營養和運動恢復的技巧。

參考文獻 (REFERENCES)

1. Balyi I. Quadrennial and Double-Quadrennial Planning of Athletic Training. Victoria, BC, Canada: Canadian Coaches' Association; 1990. www.ltad.ca
2. Zwick E. Growth Velocity. Growmetry.com; 2009.
3. Balyi I. Phases of Long Term Athlete Development. ltad.ca.
4. Malina R, Bouchard C, Bar-Or O. Growth, Maturation, and Physical Activity. 2nd ed. Champaign, IL: Human Kinetics; 2003.
5. Balyi I, Way R. Long-term planning of athlete development. The training to train phase. B.C. Coach (Canada) 1995(1); 2–10.
6. Seefeldt V. Longitudinal Study of Physical Growth ... Skills Program (1968–1998) Developmental Sequences of 10 FMS. Michigan State University.
7. Gibbons T, Hill R, McConnell A, Forster T, Moore J. The Path to Excellence: A Comprehensive View of Development of U.S. Olympians Who Competed from 1984–1998. United States Olympic Committee, 2002.
8. Ericsson KA, Krampe RT, Tesch-Romer C. The role of deliberate practice in the acquisition of expert performance. Psychol Rev 1993;100:363–406.
9. Côré J, Hay J. Children's involvement in sport: a developmental perspective. In: J. Silva, D. Stevens, eds. Psychological Foundations of Sport. Boston, MA: Allyn and Bacon; 2002:484–502.
10. Malina R, Bouchard C, Bar-Or O. Growth, Maturation, and Physical Activity. 2nd ed. Champaign, IL: Human Kinetics; 2003.
11. Rowland TW. Children's Exercise Physiology. 2nd ed. Champaign, IL: Human Kinetics; 2004.
12. Smith M. Sprint Interval Training. June 2007. http://www.mytpi.com
13. Boyle M. A Joint-by-Joint Approach to Training. June 20, 2007. http://www.T-nation.com

14

James W. George, Stéphane Cazeault, and Clayton D. Skaggs

譯者：王淑華

曲棍球
Hockey

　　冰上曲棍球是一項流行於世界各地的運動項目。冰上曲棍球最常見的運動傷害來自於該運動項目原有的本質，以及快速滑冰和射球等相關的技術動作。冰上曲棍球需要在極短的時間內做出加速和減速的動作，因此，在快速滑冰技術上需要強而有力的腿部肌肉，同時臀部、膝蓋和腳踝也必須能承受相當大的壓力。在射球的過程中，尤其是舉桿射球（猛射），除了運動員本身的肩膀需承受巨大壓力外，臀部、軀幹、肩膀和手臂都需要有足夠的力量，才能傳送有力的射球動作。運動員如果欠缺正確的技術，且在曲棍球專項的協調能力差、肌力差，就不可能在一個比較高的水平的比賽中有好的運動表現，並且容易受傷。

　　曲棍球最常見的運動傷害之一是腹股溝拉傷（鼠蹊部拉傷），技術上而言，也就是髖關節內收肌拉傷[1]。內收肌是在大腿內側的肌群，有助於使腳向內，而這個動作在快速滑冰中使用率相當的高。但是為什麼稱它為常見的傷害？根據統計，芬蘭的菁英曲棍球運動員的腹股溝拉傷的案例大約有 43% [2]。雖然這些傷害在賽季期間隨時會發生，但最常發生在季前賽的階段及容易發生在曾經有過腹股溝拉傷的運動員身上。

　　為什麼在曲棍球運動會有這麼多的內收肌拉傷的傷害產生？大多數的專家相信，造成內收肌拉傷的主因，是因為運動員在進行快速滑冰時，將壓力放在內收肌群，同時又因髖關節肌力不足，連帶所造成的傷害。快速滑冰時，需要一個很大的內收肌群離心收縮動作，這意味著當肌肉被拉長同時，肌肉會主動收縮。在滑冰跨步的過程中，對於執行減速或控制腿部主要是仰賴內收肌群或腹股溝肌群，以致當運動員後臀的肌力不足和／或下背肌群不穩定時，內收肌群需要承受更多的收縮壓力，增加受傷的機率。有研究指出，當運動員的臀部沒有足夠的肌力，其腹股溝拉傷的機率就會增加[3]。

　　肩部受傷是曲棍球運動員另一種常見的運動傷害，隨著運動的技術水平和強度的增加，肩部受傷情形會變的更加普遍[4]。大多數的運動傷害產生是由於運動員之間相互衝撞，或者是在跌倒時，伸出的手臂撞到地面上所造成。常見傷害包括肩關節分離及肩袖損傷，透過適當的檢查，可以幫助運動員減少這類型運動傷害的產生。然而，肩部、中背部及軀幹穩定性的重要性卻經常被忽略，可以加強肌力訓練來補強肩袖或中背部結構上的弱點，透過強化運動員的運動能力來降低肩部的撞擊所造成的傷害。然而一旦發生肩傷，在重建和強化肩部功能時，最重要的事情就是必須整體考量到中背部、軀幹及腰背的整體動力鏈關係。

　　在曲棍球運動員身上常見的其他部位的運動傷害包括膝蓋扭傷、腳踝扭傷、頸部和腰背的肌肉拉傷[5]。這些傷害可歸因於運動項目的本質上，主要是因為運動員必須在冰上進行急停動作和重新啟動動作的需求，故將壓力放在這些關節上。

　　雖然運動傷害在冰上曲棍球是常見的，但是透過適當的身體評估和專項運動訓練，可以幫助運動員降低受傷的機率並提升他們的運動表現。在理想情況下，運動員應該從他們青春期階段就開始接受訓練。青少年經由基本活動的練習，將有助於基本動作模式和技術的訓練，並且將他們所學的基礎應用在冰上曲棍球的基礎動作上。當運動員的比賽能力提升到中等水平時，這些基本練習可進階至提升整個身體的肌力和穩定性練習組合。最後，在專業水平上，訓練計畫應著重在運動專項的動作和高層級的肌力和體能練習。而在這些訓練的過程中，評估運動員個人需求而調整訓練計畫，將是成功訓練的關鍵。

青年運動員層級 (YOUTH LEVEL)

　　這階段的訓練目標，是強調基本的運動模式和基礎的技術。青年運動員一般的體能強化可以從下列的這些練習開始。在初始階段，正確的技術包含了肌內和肌間的協調能力，以確保肌肉的平衡和關節的活動範圍。

圖 14.1 槓鈴分腿蹲舉練習。

分腿蹲舉 (Split Squat)

這個練習可以增強股內側斜肌的肌力，有助於增強股四頭肌，同時提升膝關節擺置和膝關節穩定性（圖 14.1）。運動員應採取下列步驟：

- 將槓鈴置於肩後，雙手握住槓鈴兩側。
- 雙腳前後方站立：一隻腳向前跨，另一隻腳留在後面。
- 彎曲前腳的膝蓋，同時髖關節向下蹲，直到後腿膝蓋幾乎與地面接觸。
- 伸展前腳的髖關節和膝蓋，回到原來的站立姿勢。
- 重複練習。繼續練習同一隻腳，直到所有的次數完成後，換腳練習。

登階 (Step Up)

這個練習可以在快速滑冰跨步時，增強髖部屈肌的平衡和力量，並有助於增強股四頭肌和髖

部伸肌（圖 14.2）。運動員應採取下列步驟：
- 面向平台站立。
- 將槓鈴置於肩後，雙手握住槓鈴兩側。
- 將單腳（左腳）踏在平台上。
- 在伸展單腳（左腳）的髖關節和膝關節的同時，推蹬站在平台上。
- 另一隻腳（右腳）下階時，彎曲單腳（左腳）的髖關節和膝關節。
- 重複單腳（左腳）的練習，直到所有的次數完成後，換腳練習。

引體向上 (Chin Up)

這個練習可以加強上背部的力量，是一個對整個上半身肌力發展非常好的練習動作（圖 14.3）。運動員應採取下列步驟：
- 雙手與肩同寬，以反握方式握在橫槓上。
- 將身體上拉直到下巴略高於橫槓。
- 將身體下放直到手臂和肩膀完全伸直。
- 重複練習。

俯地挺身 (Push-Up)

這個練習有助於強化胸部肌群、肩部肌群和肱三頭肌，是一個對整個上半身肌力發展非常好的練習動作（圖 14.4）。運動員應採取下列步驟：
- 俯臥在地，雙手距離略與肩寬。
- 雙手伸展並將身體挺直上推抬離地面。
- 保持身體成一直線，彎曲雙臂同時身體下移。
- 將身體上推，直至雙臂伸直。
- 重複練習。

圖 14.2 登階練習。 (A) 起始姿勢。(B) 結束姿勢。

圖 14.3 引體向上練習。(A) 起始姿勢。(B) 結束姿勢。

圖 14.4 俯地挺身練習。(A) 起始姿勢。(B) 結束姿勢。

五次連續跳躍 (Penta Jump)

　　這是一個很好的協調練習和爆發力的增強練習（圖 14.5）。運動員應採取下列步驟：
- 雙腳與肩同寬站立在線上。
- 雙腳同時連續 5 次向前跳躍。

側向拖雪橇 (Sideway Sled Drag)

　　這個練習可以提高腹股溝的肌力。因為在快速滑冰時，腹股溝的肌群將是使用的最頻繁的肌群（圖 14.6）。運動員應採取下列步驟：
- 雙手握住拉力帶。
- 雙腳橫向移動時，前腳向外展，後腳向內收縮。

圖 14.5　五次連續跳躍練習。運動員從起始動作開始完成連續 5 次向前跳躍動作。

圖 14.6　側向拖雪橇練習。

- 完成單一側所需的距離。
- 換邊練習。

競技層級 (COMPETITIVE LEVEL)

在這個階段，訓練的重心將放在增強力量和肌肉的發展，有如一般體能的發展。

全蹲舉 (Squat)

全蹲舉訓練可增強股四頭肌，透過大範圍的關節動作來強化肌力（圖 14.7）。運動員應採取下列步驟：

- 將槓鈴放置在上胸部高度的架子上，雙手正握槓鈴兩側，將槓鈴置於肩後方。
- 將槓鈴從架上移出。
- 下蹲時，膝蓋與腳尖同一方向，膝蓋和髖關節同時彎曲，維持背部挺直。
- 下蹲到膝蓋和髖關節完全屈曲。
- 將膝蓋和臀部伸展，直到雙腿伸直。
- 回到原來的位置，重複練習。

俯臥屈膝 (Lying Leg Curl)

這個練習主要是強化大腿後肌。有強壯的膝關節屈肌能改善膝關節的穩定性（圖 14.8）。運動員應採取下列步驟：

- 俯臥在板凳上，膝蓋剛好超過板凳邊緣，小腿置於桿墊下。
- 雙手握住把手。
- 膝蓋屈曲將桿墊拉到大腿後面。
- 將桿墊下放，直到膝蓋伸直。
- 重複練習。

羅馬尼亞硬舉 (Romanian Deadlift)

這個練習主要是加強臀部伸肌和下背肌的力量（圖 14.9）。運動員應採取下列步驟：

- 雙腳與肩同寬站立，雙足平放在槓鈴下方。
- 膝蓋微屈，身體前傾時，腰背必須挺直。
- 雙手正手握住槓鈴距離與肩同寬。
- 將重量舉起至站立姿勢。
- 膝蓋微屈 15-20 度角，髖關節屈曲，將槓鈴往腳尖方向下移。

圖 14.7 槓鈴蹲舉練習。(A) 起始姿勢。(B) 完全下蹲姿勢。

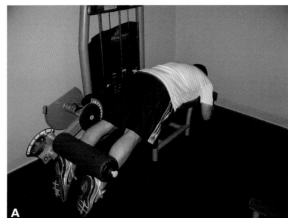

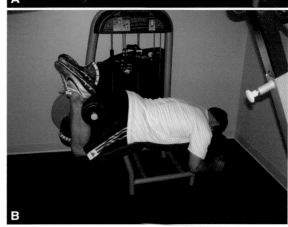

圖 14.8 俯臥屈膝練習。(A) 起始姿勢。(B) 完全彎曲姿勢。

圖 14.9　羅馬尼亞硬舉練習。(A) 起始姿勢。(B) 臀部位置。

圖 14.10　槓鈴仰臥推舉練習。(A) 起始姿勢。(B) 臀部位置。

- 當髖關節不能再屈曲時，將腰部和臀部伸直，同時將槓鈴上拉回到起始位置。
- 重複練習。

槓鈴仰臥推舉 (Barbell Bench Press)

這個練習主要是提升胸部、肩膀和三頭肌的力量和質量，是一項對整個上半身肌力發展非常好的練習動作（圖 14.10）。運動員應採取下列步驟：

- 仰臥在板凳上。
- 雙手正手握住槓鈴，約略與肩同寬，將槓鈴從架子上移出，至於胸部正上方。
- 將重量下移至胸部。
- 再將槓鈴上推舉直到手臂伸直。
- 重複練習。

向後拖雪橇 (Backward Sled Drag)

這個一個非常好的功能性訓練，主要是發展下半身、上背部和手握的力量（圖 14.11）。運動員應採取下列步驟：

圖 14.11　向後拖雪橇練習。

- 面向雪橇，雙手握住帶子。
- 膝蓋屈曲向後走時，維持軀幹微微後傾。
- 當腳趾與地面接觸時，有力地伸直膝關節。
- 重複另一隻腳，直到完成所需的距離。

單邊的農夫走路 (Unilateral Farmers Walk)

這個練習主要是提升踝關節、膝關節和軀幹的穩定性（圖 14.12）。運動員應採取下列步驟：

- 側面單手握住器材。
- 以輕快的步伐向前走，同時保持軀幹的穩定。
- 另一隻手向外伸展，與地面平行，保持不動，以維持平衡。
- 重複練習，直到完成所需的距離。

菁英層級 (ELITE LEVEL)

主要是針對優秀運動員，重點在於加強專項動作、速度和爆發力等能力。

半蹲舉慣性到頂端同時伸展踝關節
(Inertia Top Half Squat with Ankle Extension)

這個練習主要是加強股四頭肌並提升下半身的爆發力（圖 14.13）。運動員應採取下列步驟：

- 在架子上，調整側邊的護槓架到半蹲高度。
- 槓鈴先放置在側邊的護槓架上，並將槓鈴置於肩後方，雙手握在槓鈴兩側。
- 將膝蓋和髖關節伸展，在雙腳接近伸直的動作時，伸展踝關節。
- 下蹲時，膝蓋與腳尖同一方向，膝蓋和髖關節同時屈曲，維持背部挺直。
- 下蹲直到槓鈴碰到側邊的護槓架完全停止。
- 重複練習。

圖 14.13 頂端半蹲舉練習。(A) 起始姿勢時，槓鈴置於架上。(B) 站立時，膝蓋伸直。

圖 14.12 單邊的農夫走路練習。

臀部－腿後伸髖動作 (Glute-Ham Raise)

這個練習主要是提升整個身體後面力量的動力鏈，這是提升速度的重要因素（圖 14.14）。運動員應採取下列步驟：

- 俯臥，大腿靠在伸髖椅的墊子上。
- 將小腿置於軟墊的支撐架和腳桿墊之間。
- 雙臂在胸前交叉抱緊。
- 臀部屈曲，軀幹下移。
- 臀部伸展直到上身與腿平行。
- 膝蓋屈曲將上身抬起。
- 髖關節保持平直。
- 身體下移，直到膝蓋伸直到水平。
- 臀部屈曲將軀幹下移。
- 重複練習。

槓鈴早安運動 (Barbell Standing Good Morning)

這個練習主要是提升下背部和臀部伸肌的力量（圖 14.15）運動員應採取下列步驟：

圖 14.14 臀部－腿後伸髖動作練習。(A) 起始姿勢。(B) 完全下移的姿勢。 從這個姿勢，運動員屈曲膝蓋，回到原來的起始姿勢。

- 將槓鈴置於肩後方，雙手握在槓鈴兩側。
- 保持背部挺直，臀部屈曲，使軀幹下移直到與地面平行。
- 抬起軀幹，直到臀部伸展。
- 重複練習。

圖 14.15 早安運動練習。(A) 起始姿勢。(B) 完全下移的姿勢。

負重引體向上 (Weighted Chin Up)

　　這個練習主要是加強上背部的力量（圖 14.16）。運動員應採取下列步驟：

- 將負重腰帶圍繞在腰部。
- 雙手與肩同寬，以反握方式握在橫槓上。

圖 14.16 負重引體向上練習。(A) 起始姿勢。(B) 結束姿勢。

- 將身體上拉直到下巴略高於橫槓。
- 將身體下放直到手臂和肩膀完全伸直。
- 重複練習。

加鍊斜槓仰臥推
(Incline Barbell Bench Press with Chain)

　　這個練習主要是增強胸部、肩膀和三頭肌的力量。加重鍊條的主要目的著重在上舉槓鈴時的加速度（圖14.17）。運動員應採取下列步驟：

- 在槓鈴的兩端設置一對重鏈。
- 仰臥在斜板上。
- 雙手正手握住槓鈴，約略與肩同寬，將槓鈴從架子上移出，至於胸部上方。
- 將重量下移至胸部。
- 將槓鈴上推舉直到手臂伸直。
- 重複練習。

軛式負重行走 (Super Yoke)

　　這是一個很好的功能性的練習，主要針對踝關節、膝關節、髖關節和軀幹的穩定性（圖14.18）。

- 將器材置於肩後方，雙手握在槓鈴兩側。
- 伸展膝蓋和髖關節，直到雙腳伸直。

圖 **14.18** 軛式負重行走練習。

- 以輕快的步伐向前走，同時穩住負重的軀幹。
- 重複練習，直到完成所需的距離。

參考文獻 (REFERENCES)

1. Nicholas SJ, Tyler TF. Adductor muscles strains in sport. Sports Med 2002;32:339–344.
2. Molsa J, Airaksinen O, Nasman O, Torstila I. Ice hockey injuries in Finland: a prospective epidemiologic study. Am J Sports Med 1997;25:495–499.
3. Tyler TF, Nicholas SJ, Campbell RJ, McHugh MP. The association of hip strength and flexibility on the incidence of adductor strains in professional ice hockey players. Am J Sports Med 2001;29:124–128.
4. Finke RC, Gerberich, SG, Madden M, et al. Shoulder injuries in ice hockey. J Orthop Sports Phys Ther 1988;10:54–58.
5. Emery CA, Meeuwisse WH. Injury rates, risk factors, and mechanisms of injury in minor hockey. Am J Sports Med 2006;34:1960–1969.

圖 **14.17** 加重鍊條的上斜槓鈴仰臥推練習。**(A)** 起始姿勢。**(B)** 完全下移的姿勢。

CHAPTER 15

Ryan Van Matre
譯者：王淑華

綜合格鬥
Mixed Martial Arts

近年來，綜合格鬥這項運動逐漸受到大眾的歡迎。綜合格鬥比賽是只准許以多種不同風格的武術類型在有條件的監管下，同場進行比賽[1]。綜合格鬥其中包括巴西柔術、拳擊、自由式摔角、希臘羅馬式摔角、實戰摔角、泰拳搏擊、全接觸空手道、桑博 (Sambo) 格鬥和柔道等不同的武術類型，有許多參與者綜合應用上述多種風格的武術，以期在比賽中達到最大的效益。隨著綜合格鬥運動的演進，規則也持續的修訂，其修訂的主要原因是為了降低運動員受傷的機率並維持合理安全的對打環境[2]。綜合格鬥運動允許使用攻擊和擒拿技術，不論是站著對打或在地上對打。綜合格鬥運動隨著制度的建立，開始有了體重的分級制度、回合時間限制、使用手套的要求；並禁止運動員用頭撞擊、手肘攻擊以及利用膝蓋將對手擊倒的攻擊方式[3]。

格鬥運動員受傷機率的增加與運動員的年齡和經驗有關，是故年輕運動員和經驗較不足的中階水平運動員，則是受傷機率較小的群體[2, 4]。研究中指出，男性和女性參與傳統武術訓練中受傷率為 0.3-1.2% 之間，最常見受傷是骨折，佔其中的 20%[5]。綜合格鬥的受傷率雖然隨著規則和法規的制定而下降，但仍然比其他非接觸性的運動項目的受傷率還要高[2]。美國內華達州從 2002 年 3 月到 2007 年 9 月的 5 年回顧性研究中發現，在受到規範的綜合格鬥比賽中，每 100 個參賽者中就有 23.6 的人受傷[6]，其中嚴重的腦震盪傷害佔了 3% 的比率。而在這段期間的正式的比賽中，並無死亡或相關運動的危急傷害的報告出現（見表 15.1 關於綜合格鬥的受傷細節）[6]。

雖然綜合格鬥比賽是一種需要高度熟練技巧的運動項目，但仍有一些的基本動作和休閒運動水平技能，可以做為邁向菁英 / 職業運動員的基礎訓練動作[7]。儘管許多年輕的格鬥運動員可能從來沒有想過可以為綜合格鬥的比賽進行訓練，但透過功能性的技術練習則提供了年輕選手關於運動技能的訓練和持續精熟 / 比賽的訓練的舞台[7, 8]。

值得注意的是，許多格鬥不會為了特定的力學動作做訓練，如下列所示的一些範例（例如，以拳擊擊中了對手的腰部 vs. 下顎）。這些範例說明了將常見的動作模式分解到更為普及化的原始模式，並努力與各種格鬥訓練達成共識。

基本技能（年齡在 7-10 歲）
(FUNDAMENTAL SKILLS)

碰觸膝蓋 (Knee Taps)

這項練習主要訓練平衡、協調和反應時間。運動員 2 人一組，以熊爬行姿勢行進，好的熊爬行動作為稍微弓背（不是成為圓背）、屈膝、肩膀放鬆以及頭部直立（見圖 15.1A）。這項練習可持續進行 30 秒，主要目的在於觸摸到對方膝蓋的同時，能避開對手的碰觸。在伸手與腳支撐的交替過程中，必須維持低臀部、下背部略拱起和抬頭的良好動作姿勢。

如圖 15.1B 所示，注意到右邊的運動員有正確地維持直背的動作，而左邊的運動員並沒有做到上述要求的動作；這容易導致下背部的組織受損，故在練習的過程中應正確地維持背部挺直的動作，避免受傷。

功能性訓練包括：
- 鷹犬 (Bird dog)
- 「攪拌鍋 (stir the pot)」動作[9,10]

核心用力同時出拳 (Punch with Brace)

這項練習主要是訓練全身的勁度。運動員雙手連續交替出拳時，必須有穩定的核心肌群。運動員應該練習在交替出拳之間，肌肉如何保持放鬆狀態，不能夠太僵硬。運動員必須感覺在出拳的瞬間，核心肌群用力有如穿上鐵衣一般，同時身體其他部位的肌肉必需放鬆，並且在身體末端產生勁度，如此將有助於加快出拳的速度，這項練習可持續進行 30 秒。這項練習若要增加訓練難度，可以讓一人練習出拳，同時另一個人利用推送他的肩膀或臀部位置使其失去重心（參閱圖 15.2）。此時運動員仍必須保持全身的勁度，將最大動力傳遞到出拳重擊當下的力量。

功能性訓練包括：
- 縮短腳掌的訓練
- 以拳重擊 / 拉動彈力繩或滑輪
- 平衡訓練
- 斯籃搏 / 灌籃球的律動 (Slamball pulses)[9-11]（新形態的籃球運動，綜合美式足球、籃球、冰上曲棍球和體操特點）

表 15.1	2001 年 9 月至 2004 年 12 月在內華達州專業運動員，參與綜合格鬥比賽的受傷頻率與比率 [a]	
受傷地方	人數（百分比 %）	每 100 個參賽者的受傷比率
面部撕裂傷	46 (47.9%)	13.45
手	13 (13.5%)	3.80
鼻子	10 (10.4%)	2.92
眼睛	8 (8.3%)	2.34
肩膀	5 (5.2%)	1.46

[a] 頻率大於 5% 者

圖 15.1 (A) 熊爬行的準備姿勢。(B) 以熊爬行的姿勢，觸碰對手的膝蓋。

核心用力單腳站立姿勢
(One-Legged Stance with Bracing)

核心用力單腳站立姿勢練習主要是利用加強全身的穩定性讓運動員做好踢擊和腿部防禦的準備（見圖 15.3）。這項練習若要增加訓練難度，可透過增加推送阻力的動作來完成。這項練習可持續進行 30 秒。

功能性訓練包括：
- 縮短腳掌的訓練
- 平衡訓練

圖 15.2 (A) 核心用力同時，做出出拳的動作。(B) 核心用力同時，維持良好姿勢。(C) 核心用力同時，改變姿勢。

- 單腳蹲舉
- 奔跑者 (Running man)
- 攜帶式之壺鈴行李箱走路練習 [9-11]

仰臥搭橋運動 (Hip Bridge)

運動員仰臥在地，雙腳屈曲，核心用力同時，將臀部抬起。必須注意的是臀部抬起時是利用臀肌力量，而不是背部肌群或大腿後肌的力量（見圖 15.4）。運動員在良好的姿勢下慢慢進行 10 次的重複次數。

修改半蹲動作時，必須注意運動員保持下背部微拱的同時，他的臀部的重心穩定的從他們腳延伸向後推。

圖 15.3 單腳站立姿勢。(A) 核心用力。(B) 增加外來的推送阻力。

功能性訓練包括：

• 跪地臀部鉸鏈
• 跪姿側搭橋
• 搖盪壺鈴 [10, 12]

休閒／運動水準的運動技能（國中－高中）
(RECREATIONAL/SPORTS-LEVEL SKILLS)

在這個級別的運動員，將開始學習為比賽做準備 [7, 8]。應該建立基本動作的基礎，以解決動作的不對稱性 [11]。在這個級別中，運動員強調技術的訓練。如何在執行精確動作的同時能避免不必要能量的消耗，將是此階段訓練相當重要的課題 [13]。因此，運動員應學習如何在放鬆的情況下，在適當的時間，執行適當的勁度與力量。

滑跤 (Pummeling)

滑跤是在角力和柔術中常見的一種練習，運動員試圖從對手的手臂下穿過抱住對方身體進行擒拿，主要在訓練運動員的靈敏性和流暢性。運動員採半蹲姿勢做為預備動作，他必須將一隻手從對手的手臂下穿過，另一隻手抱住對手手臂上方，做出一個擒抱姿勢。運動員頭部將擺放在手臂與對手上方的同側。然後，雙方運動員交換練習方式，找出一個緩慢的節奏，並且依雙方的技術水準來找出適合彼此的練習速度（見圖15.5），每次可進行持續進行 30 秒練習。

必須注意的是，當運動員保持下背部微拱的同時，他的臀部重心必須穩定的從他腳延伸向後。這樣的方式將提供穩定的重心，以獲得更好的啟動或是摔投技術或擒抱摔。

功能性訓練包括：

• 蹲舉
• 過頭半蹲動作
• 單腳平衡站立 (Warrior stick)
• 雙手伸直將壺鈴擺盪至胸部前方，與地面平行 [9, 10, 12]

圖 15.4 (A) 仰臥搭橋動作。(B) 單腳仰臥搭橋的進階動作。(C) 改版之半蹲姿勢。

圖 15.5　滑跌。**(A)** 手臂上抱住。**(B)** 手臂下穿過抱住身體。

弓步行走／鴨子走路 (Walking Lunges/Duck Walk)

　　弓步行走主要是訓練運動員「水平變化」的能力，利用運動員髖關節驅動前跨到對手處，進行擒抱摔動作。運動員進行弓步練習時，支撐腳膝蓋滾落到墊子上的同時，另一隻腳前跨成弓步，重複練習（見圖 15.6）。持續在墊子上以弓步行走方式前進來進行訓練。

　　功能性訓練包括：
- 弓步
- 反向弓步 [9]

以拳重擊紙張 (Paper Punch)

　　這是依據李小龍的經典動作修改而來的訓練方式，旨在利用腳和臀部的轉動，來提高出拳的動力 [14]。將紙張掛在靠近頭部高度的位置，讓運動員平行站立在一張紙前面，當運動員轉身面對紙張同時，以拳重擊紙張。運動員可以先用手肘練習，直到他們有了節奏性和協調性之後，再做出以拳重擊紙張的動作（見圖 15.7）。一邊進行 20 次的練習後，換邊進行重複的動作練習。經過練習，運動員將意識到當

圖 15.6　弓步行走。**(A)** 左膝向前。**(B)** 右膝向前。

圖 15.7　紙張練習。**(A)** 起始姿勢。**(B)** 結束姿勢。

他們能夠流暢的做出腳和臀部的轉身時，可提高直拳重擊的爆發力量。

功能性訓練包括：
- 做出推出／拉動彈力繩／滑輪
- 跨步轉身出拳重擊 [9, 10]

精熟層級的運動技能（菁英、職業層級）
(REFINED-LEVEL SPORTS SKILLS)
單肩搭橋逃脫 (Upa Escape)

　　單肩搭橋逃脫技術主要是訓練運動員能夠從對手在高姿勢位置上時，如何來進行脫逃。這是一個以身體滾動和單腳搭橋的動作搭配而成。運動員抓住對手固定在地面上的手臂，在他／她滾動到側邊同時，鉤住對手的同側腳踝。緊接著，運動員用力抬起他的臀部（做出單腳搭橋動作），滾動到側邊時，按住對手的手臂破壞其支撐力（見圖 15.8）。運動員朝向對手，並利用他或她的背部滾動。

　　當運動員滾動到側邊時，要能夠控制對手的手與腳是相當重要的，同時運動員臀部的驅動必須是流暢並持續進行的。

功能性訓練包括：
- 搭橋
- 單腳搭橋
- 側搭橋

- 土耳其起立動作
- 滾動的功能性動作系統 [9, 10, 12, 15]

緊抱姿勢中的提膝動作
(Knee from the Clinch Position)

　　緊抱姿勢中的提膝動作主要是要提高控制對手的能力。在緊抱對手後，驅動膝蓋進行攻擊動作。這個訓練動作在運動員將對手抱住的情形下開始練習，以穩定的站姿，並用手扣緊對手的脖子，然後，運動員轉動髖關節，並拉動背部肌群（見圖 15.9）。上述動作重複數次後，再進行驅動膝蓋攻擊對手身體的練習。

　　為了控制緊抱的姿勢動作，運動員可利用前臂夾持住對手脖子，同時擠壓頭部，並轉動對手的頭部。這項練習主要建立在逃脫的技術上，利用運動員全身的勁度和爆發力與靈敏度來轉動臀部藉以完成此動作。

功能性訓練包括：
- 雙手砍劈動作
- 推出／拉動滑輪
- 雙手伸直將壺鈴擺盪至胸部前方，與地面平行 [9, 10, 12]

以拳重擊／踢擊的阻力練習
(Punch/Kick with Resistance)

　　這項練習是以拳重擊和踢擊力學動作的發

圖 15.8　單肩搭橋逃脫。(A) 從側面看。(B) 從前面看。

圖 15.9　緊抱姿勢。(A) 抱頭動作。(B) 膝蓋動作。

圖 15.10 踢擊的阻力練習。

展。著重在全身的勁度和臀與腳的旋轉力量。利用賽樂阻力彈力繩 (Theraband) 或腰帶繫在運動員的臀部上，使運動員在進行出拳重擊和踢擊動作時，可增加外加的阻力（見圖 15.10）。練習過程中，主要強調正確的力學動作、臀部爆發力量和維持全身的勁度。練習夥伴可控制彈力繩的張力或者是阻力的向量，以挑戰運動員的姿勢。這項練習可持續進行 30 秒，但需要注意避免動作模式出現疲勞狀態以及較差的打擊動作和技術。

功能性訓練包括：
- 利用滑輪推出 / 出拳重擊
- 單腳平衡，向各個角度
- 奔跑者 (Running man)
- 核心用力同時，將藥球擺盪過頭部 [9, 10]

彈射動作 (Shooting)

彈射動作練習主要是訓練在角力和綜合格鬥中常見的擒抱摔。運動員將他的腳「彈射進入」對手的雙腳之間形成弓步姿勢，同時改變臀部的水平高度到對手的膝蓋處。然後，利用前導腳滾落到墊上，並超越對手的雙腳處。運動員雙手抱住對手的臀部或大腿同時，並抬起他 / 她的頭部和軀幹挺直的姿勢（見圖 15.11）。這項練習須慢慢地進行，練習重點著重在抬起對手的技術上或者是抱住對手的腳以及攻擊對手倒地的技術。

功能性訓練包括：
- 弓步
- 弓步行走 / 鴨子走路 [9]

結語 (SUMMARY)

李小龍 [13] 提到「格鬥，不是一個小技術的問題。它不只是著重在已發展的事情上面，而是發現甚麼是還沒被開發。而這些事情可能隨時隨地一直與我們同在。它們從來沒有被遺忘

圖 15.11 彈射動作。(A) 左腳。(B) 左膝滾落在地面上。(C) 不佳的動作形式：注意運動員臉部朝下，並且他的下背部呈現彎曲姿勢。

或破壞，除非是我們誤導或操縱它們所造成的結果。」

儘管許多孩童和休閒興趣為主的格鬥者從未渴望在職業層級上做比賽，但菁英級的訓練必須以精熟技能的基本動作模式做為它的訓練基礎，就像其他運動項目一樣。這些特性建立在速度與迅速、步伐、爆發力、空間關係、反應性、靈敏性以及動作的經濟性等基本動作模式，並且是在綜合格鬥比賽中取得成功的主要關鍵 [13]。運動專項技術若能有更進一步的磨練，並調節上述這些的核心特質，將可以為成為一位優秀的綜合格鬥運動員做好準備。

參考文獻 (REFERENCES)

1. Scoggin JF 3rd, Brusovanik G, Pi M, Izuka B, Tokumura S, Scuderi G. Assessment of injuries sustained in mixed martial arts competition. Am J Orthop 2010;39(5):247–251.

2. Zetaruk MN, Violan MA, Zurakowski D, Micheli LJ. Injuries in martial arts: a comparison of five styles. Br J Sports Med 2005;39(1):29–33.

3. Nishime RS. Martial arts sports medicine: current issues and competition event coverage. Curr Sports Med Rep 2007;6(3):162–169.

4. Bledsoe GH, Hsu EB, Grabowski JG, Brill JD, Li G. Incidence of injury in professional mixed martial arts competitions. J Sports Sci Med 2006;CSSI:136–142.

5. McPherson M, Pickett W. Characteristics of martial art injuries in a defined Canadian population: a descriptive epidemiological study. BMC Public Health 2010;10:795.

6. Ngai KM, Levy F, Hsu EB. Injury trends in sanctioned mixed martial arts competition: a 5-year review from 2002 to 2007. Br J Sports Med 2008;42(8):686–689.

7. Canadian Sport for Life. Long-term Athletic Development. Ottawa, ON: Canadian Sport Centres; 2007.

8. Gambetta V. Athletic Development "The Arts and Science of Functional Sports Conditioning." Champaign, IL: Human Kinetics; 2007.

9. Liebenson C. Rehabilitation of the Spine. 2nd ed. Philadelphia, PA: Lippincott Williams & Wilkins; 2007.

10. McGill S. Ultimate Back Fitness and Performance. Waterloo, ON: Wabuno Publishers; 2004.

11. Elphinston J. Stability Sport and Performance Movement: Great Technique without Injury. Chichester, UK: Lotus Publishing; 2009.

12. Tsatsouline P, John D. Easy Strength. St Paul, MN: Dragon Door Publications; 2011.

13. Lee B. Tao of Jeet Kune Do. Burbank, CA: Ohara Publications; 1975.

14. Lee B, Uyehara M. Fighting Method, Basic Training. Burbank, CA: Ohara Publications; 1977.

15. Cook G. Movement: Functional Movement Systems. Chichester, UK: Lotus Publishing; 2011.

Stuart McGill and John Gray

譯者：王淑華

奧林匹克舉重
Olympic Weight Lifting

前言 (INTRODUCTION)

奧林匹克舉重之所以是一個非常獨特的運動項目有許多的原因，特別是舉重項目在選拔及培養年輕運動員的方式和運動技能，與大多數運動項目不同。在這本書的其他章節中所描述的技能發展，是依據運動員的年齡和發育情形來訂定不同的訓練階段。但為了發展成為奧林匹克舉重運動員，或者是簡單地利用舉重方式，做為運動員發展的訓練，都必須深思熟慮。此外，所有發展中的運動員，都能夠在安全的考量下進行其他運動，例如打休閒性籃球，但在為舉重的運動員的訓練過程中，仍存有面臨巨大傷害的風險。在舉重運動項目中，如果沒有整合特定的解剖學和生物力學專業，並給予適當的指導，是很難降低運動傷害發生的機率。舉重運動員的髖關節和肩關節，其所需要的活動範圍通常是最晚被注意到的（圖 16.1），如果球窩關節靈活度不足，將造成動作的壓力壓迫在運動員的脊椎上。當脊柱能夠安全地承受負荷時，它是不動的（例如，好的舉重姿勢動作是在髖關節，而不是脊椎）；換句話說，即使是很輕的負荷，若動作所產生的壓力壓迫在脊柱上，也可能會使組織損傷，例如椎間盤。如果將舉重是做為訓練的工具，而不是針對比賽做準備的話，在安全的情況下進行一些訓練方式和動作形式調整，將能提高運動能力。

下列將提供幾個特殊的時機及注意事項，作為培育奧林匹克舉重運動員的參考。正如我們在測試和篩選過程中的發現，好的運動員往往更具有爆發性，因為他們的肌肉收縮和放鬆都能夠比其他的舉重者還要快[1]。奧林匹克舉重訓練主要是強調在動作開始時的收縮速度，同時也著重於提升較快的放鬆速率。以抓舉的特殊情況而言：舉重運動員必須將自己的整個身體迅速下移到槓鈴下方的接槓動作，這一階段不是以舉起槓鈴為主，而是以 1G 地心引力的速率將身體下降。身體必須迅速下移到槓鈴下方就位，其下降速度要快過槓鈴下降速度，準備接槓。而殘留在舉重運動員的肌肉張力會讓肌肉僵硬，使他們的動作變慢，而導致試舉失敗，因此在身體下移到槓鈴下方接槓位置承接重量時，肌肉放鬆是絕對必要的。心理層面的放鬆訓練是使舉重運動員知道在快速將手臂高舉過頭部時，必須承受很大的負荷，如果能夠在此時做到肌肉放鬆，將會是其在進行訓練奧林匹克舉重時，一個獨特的機會。

本章將討論幾項議題：動作的發展和基本的運動能力；選拔年輕的奧林匹克舉重運動員；奧林匹克舉重是否為實現目標的最佳選擇；技術訓練的進展。

運動員的選擇 (SELECTION OF THE ATHLETE)

以奧林匹克舉重這項運動而言，不單單是運動員選擇這項運動，同時也是這項運動選擇運動員。首先，運動員必須具備特殊的髖關節屈曲能力。有趣的是，在髖關節發育不良發生率很高的這些國家中，卻常常能培育出優秀的舉重運動員。他們往往有淺平的髖臼，使其具備深蹲的能力，而這是一項無法被訓練出來的遺傳性特徵。例如，這種特徵在東歐和俄羅斯西部之間的單倍群 (haplogroups) 是常見的，特別是在波蘭，該國是髖關節發育不良發生率最高的國家，卻也是世界上奧林匹克舉重成績表現最好的國家之一[2]。而長時間的髖關節發育異常和較淺的關節窩（髖臼），其關節鬆弛程度相對較高[3]。關節囊韌帶膠原 111/1 比例的差異，被提出與髖關節動作和發育異常 (dysplasia) 有關連[4, 5]。另外的一個議題是，這些具有較深的髖臼，容易發生股骨髖臼夾擊綜合症 (femoral impingement syndrome)，這些症狀也是在西歐單倍群較為常見的[6]。深蹲時，深的髖臼會引起股骨碰撞到髖關節的前唇。這意味著，當在負荷很重的情況下進行深蹲動作時，基因發揮很大的作用。因此，具潛力的舉重者需要透過適當的篩選，才能成為奧林匹克舉重運動員。

還有許多其它變項會影響運動員的選才。第二，是活動度的需求，主要是肩膀必須能夠在手臂高舉過頭肩關節外展的情況下，同時外旋。而另一個考量因素則是在身體肢段比例 (body segment proportions)，因為身體肢段比例將會影響整個槓桿作用的聯動，使得股骨相對較短的舉重運動員，能利用較大的髖關節力量和較少脊椎負荷來拉動膝蓋。至少在屬於

圖 16.1　具備大幅度髖關節和肩關節的活動範圍，主要是將脊椎鎖定在中立的一個姿勢。屈曲動作是在髖關節，而个在脊椎，前提是必需要有淺平的髖臼。在增加負荷之前，首先必須建立良好的動作形式，主要是提升運動能力和避免受傷，這對運動表現是至關重要的。

爆發性的舉重運動員中，不論是誰所舉起的重量最接近世界紀錄，其背部的負荷相對減少（但會有較高的髖關節負荷）[7]。所謂「脈衝激發 (pulse)」是指運動員能擁有高速率肌肉收縮的能力。而在高速率肌肉收縮的同時，能有高速率的肌肉放鬆能力稱之為「抗脈衝激發 (antipulse)」。需要肌肉放鬆時的抗脈衝，以獲得必要的接槓動作。如果沒有這主要的天生遺傳條件，將會犧牲掉舉重運動員所需的舉重動作，來減少受傷風險的發生。一個好的教練可以立即看出一位年輕舉重者是否能夠成為比賽型的舉重運動員，亦或者是屬於身體較容易受傷類型的人。因此，選擇一位活動度高且具優異彈性的奧林匹克舉重運動員，對運動表現的發展和避免傷害是至關重要的。

　　儘管上述所提到奧林匹克舉重運動員的基本需求中指出，運動員即使有較長的四肢和槓桿動作，他們仍不適合在奧林匹克舉重的高水平的運動項目中發展；但仍有許多人發現，在其他的運動項目中，舉重的練習對體能的提升是有絕對的幫助，因此，從練習到比賽過程中，可以利用奧林匹克舉重做為訓練的方法。顯然地，他們的舉重能力不會到達競技比賽的水平，但仍然建議將舉重納入練習中（爆發力／懸掛變化動作），而不是利用比賽式的舉重來克服自己不足的地方。

　　針對已受傷的運動員，做了以下幾點的建議。顯然地，髖關節和肩關節的受傷會危及關節的活動度和產生疼痛，這會讓舉重者適應新的姿勢，反而讓其他關節更容易受傷，例如將壓力轉移到背部。而頸部已經受傷的這些人，將很難成為奧林匹克舉重運動員。主要是因為拉動了附著在骨頭的肩部懸掛的肌肉，除了頭骨的連接外，有更多的聳肩肌群的結締組織以懸掛方式連接到頸椎部位。因此，在舉起重量時，頸椎會受到很大的壓迫，所以他們必須有足夠忍耐疼痛的能力。特別困難的是下背已經產生問題的運動員。奧林匹克舉重運動員不能忍受壓迫或剪力負荷，或者是彎曲時的屈曲動作，因為它會阻礙有效的訓練，除非是髖關節具備非常好的屈曲能力。

　　有研究指出，以特定體適能或運動成績來預測舉重表現的能力是相當不適當的，因此，運動員在一開始的絕對肌力或肌耐力的檢測中，所獲得的數據是值得懷疑的。對此，透過實際動作的篩選，對於運動員的選才和／或錯誤動作的修正，將會有最大的幫助。傳統的俄羅斯奧林匹克舉重訓練中，在選擇潛力運動員時，優先考量的是他們肩關節和髖關節的活動範圍（必須是最大的活動範圍），以及肌肉在爆發性的收縮／放鬆的情況下所能產生的最大動力（運動員必須要快）；肌力和肌肉肥大則是第二考量因素。

特定動作篩選和合格測試 (SPECIFIC MOVEMENT SCREENS AND QUALIFICATION TESTS)

　　動作的評估通常用以判定及觀察一個人是否具有移動的能力和損傷的機轉的兩大目標。對於舉重而言，關節活動度的考量在於肩關節、髖關節、膝關節和踝關節等。穩定性考量則在核心部位。原發性損傷部位大多發生在肩部、膝蓋、背部和臀部。一些運動表現的變項也是不可缺少的，例如，肌肉的啟動速度與放鬆速度以及握力的能力。McGill 指出 [8] 有些議題是可以進行全面性的討論，針對舉重運動的評估和合格測試的簡要介紹如下：

- 被動髖關節活動範圍（圖 16.2）：
  - 確認任何受限制的來源。例如，關節囊的結束活動範圍可以從大腿後肌、筋膜、韌帶和神經張力做區分。
  - 最佳的膝蓋寬度（雙腳放置的寬度）可決定下蹲的深度，在穿過股骨周圍髖臼，找出最深的下蹲深度。
  - 可能引發的疼痛。如果是這樣，需要有更多關節**囊**、盂唇、肌肉和結締組織的激發，以確定觸發疼痛的主要原因。
  - 檢查左／右兩邊的對稱性，不對稱的髖關節通常會越快受傷。

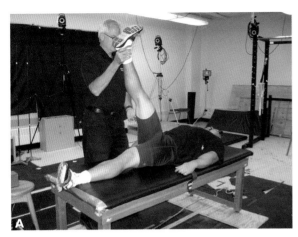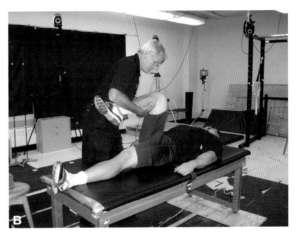

圖 16.2　(A) 舉腿測試首先能決定髖關節活動範圍，主要是評估肌肉和被動組織的張力情形。(B) 股骨磨損髖臼的周圍，主要是評估髖臼的形狀和深度，以決定舉重下蹲時理想的膝蓋寬度和具下蹲深度的潛在能力。舉重者在沒有彎曲脊椎和骨盆的情形下，如果膝蓋屈曲仍無法靠近胸部時，那麼舉重者必須限制下蹲的深度，且將無法成為奧林匹克舉重運動員。

- 被動肩關節夾擊和活動範圍（圖 16.3）：
  - 檢查左/右兩邊的對稱性。
  - 注意肩鎖關節的疼痛或衝擊。
  - 測試盂肱關節的平移（肱骨頭在關節盂向前位移）。通常與緊繃的後囊相關，這使得當運動員在進行肩關節的內旋，肱骨向前滑動時，會增加前囊和肱二頭肌長頭肌腱的壓力，有助於夾擊 (impingement) 情形。
- 前蹲舉（圖 16.4A 和 B）：

圖 16.3　肩膀評估主要是透過伸展與內外旋組合的上舉的動作來評定夾擊的潛在可能。此外，也可以探測到平移的動作。

- 觀察是否有不正確的中立脊椎姿勢出現。
- 腳跟著地當下，髖關節是否有低於膝蓋位置？可以改變舉重鞋的鞋底高度以調整之。
- 挺胸。
- 前蹲舉時，肩膀向前，可以防止槓鈴壓迫到氣管。
- 膝關節鉸鏈與踝關節鉸鏈部位必須對齊。
- 注意到手腕被延長的動作，主要是為了遷就肘部周圍的肌肉肥大情形，阻礙屈肘動作。舉重者利用更多的槓桿作用以減少這種肘屈的情形。
- 過頭抓舉深蹲（圖 16.5）：

  除了上述動作外，必須
  - 能保持手臂伸直。
  - 將自然脊柱曲線的損失降到最低。
  - 橫槓/木槓高舉過肩。
  - 青少年的舉重運動員可以利用已校準的木槓（圖 16.6），來幫忙決定雙手握槓的寬度，手的寬度會影響肩部、脊椎和頸部整體力學聯動的對齊姿勢。
- 向前/向後弓步（手臂伸直的過頭動作）：
  - 開始弓步（圖 16.7A），然後旋轉髖關節骨盆處（圖 16.7B）。腳尖朝前，同時膝蓋不能朝內（即髖關節不需要內旋動作）。
  - 能夠透過前腳跟來驅動往上回到站立/起始位置。
  - 弓步的變化也是評估髖關節屈曲的緊繃程

圖 16.4 (A, B) 前蹲舉動作顯示出在負荷情況下的力學動作，其中一些可能需要修正動作的提示和技術。其他基於解剖結構的缺陷可能會限制奧林匹克舉重的合格動作。

圖 16.5 過頭抓舉深蹲的練習是維持脊椎的中立曲線的情形下，將橫槓高舉在肩和腳的正上方位置。

圖 16.6 利用已校準的木槓，來幫忙決定雙手握槓的寬度，將重力向量放在雙腳，以支撐過肩的橫槓。(A) 窄握。(B) 寬握。

度：在這種情況下，著重在腰肌的力量，主要是手臂推送過頭時，使腰肌伸長，提升了腰椎的位置。亦可以觀察到髖關節內／外部的旋轉情況。

- 側弓步（圖 16.8）：
  - 與上述弓步動作相同。
  - 後腿能保持伸直，使腳踝內側不動。
- 站立肩關節前屈（圖 16.9）：
  - 利用帶有標記的木槓中心點 0 的位置開始，然後向兩側移動至木槓的末端，檢測肩關節前屈角度。例如，一個 6 英呎的木槓，中間為 0，以每 1/2 或 1 英吋方式遞增，向兩端移動，直到兩端刻度各為 36 英吋。

圖 16.7　向前弓步主要是評估平衡能力和關節活動範圍。(A) 軀幹朝向正前方 (B) 以髖關節為軸轉動軀幹。這個測試方式可用來做為腰肌拉伸動作。傳統屈髖伸展通常著重在髂肌，而忽略了與腰肌一起橫向移動的腰椎。直到手臂推送過頭時，才會伸展到腰肌。

圖 16.8　側弓步是用來評估髖關節和踝關節的活動度。膝關節動作同時被評估、提示和修正。

- 運動員雙手握住木槓站立（如抓舉動作）。然後，高舉手臂過頭，維持手臂伸直。
- 如果運動員能夠做到高舉手臂過頭，維持手臂伸直，而沒有拱起腰背的情況下，透過慢慢縮小雙手握槓的距離，重複測試，並在不會造成腰背拱起 / 伸展的情況下，找到最窄的握距。
- 跳箱動作（見圖 16.10）：

圖 16.9　站立肩關節前屈。在握距太窄的情況下，容易造成不需要的頭部向前和背部拱起的補償動作。

- 在箱子前站立，其箱子高度約在胸骨下端的位置。
- 利用小的反向運動（countermovement 下蹲跳的方式），跳上箱子。觀察髖關節的活動度，並盡量減少脊椎動作的能力。
- 嘗試在落下衝擊時發出聲音，脈動 (pulse) 的產生有一定程度的表示。
- 接下來，再嘗試在落下衝擊時沒有發出聲音，軟著地的質量將意味著放鬆的能力（抗脈衝激發）。
- 評估握力：
  - 讓運動員做出擠壓手的動作，用來評估每隻手指的力量。須注意到部分運動員的力量大部分是從大拇指和食指發力的。
  - 修正的練習包括利用將所有的手指以「龍蝦握」方式來訓練握力技術（見圖 16.11A 和 B）。然後，著重利用有力的手指握住橫槓（圖 16.11C）。

從青年舉重開始和動作的計分方法
(STARTING JUNIOR WEIGHT LIFTERS AND A SCORING METHOD FOR FORM)

　　從歷史上看，在北美的文化中，培養孩童成為奧林匹克舉重運動員已被勸阻，而這已影響了這項運動的發展。例如，在八十年代初，美國小兒科學會所提出的聲明立場中，是不鼓勵青春期前的青少年參與舉重這項運動，並說明了它對青少年可能造成的潛在傷害。在國家教練認證計畫俱樂部教練的參考資料中，建議

圖 16.10　(A, B) 跳箱動作。在運動員學會保持良好的姿勢動作時，可以增加箱子的高度（或非規定的重量）。在這個技術水平上，由於高度的限制，可以看到髖關節和脊椎的完全屈曲動作。練習的高度應該設定在能維持良好的姿勢。

圖 16.11　握力技術。(A, B) 運動員學會透過手的「龍蝦爪」方式產生最大的握力。(C) 重點放在 4 隻手指頭屈曲，並用力的握住橫槓。較粗的橫槓是用來練習握力的方式之一。

[9] 參加舉重項目比賽的運動員，僅以 15 歲或以上的運動員為主，明顯地，12-15 歲的人會因個人的成熟程度而有所不同。由於青少年運動員幾乎普遍受限於技術的熟練，而非力量，這有利於建立一個客觀的評分方法，來評估每次舉重的動作品質，藉此運動員可以學習適當舉重表現方面的技術。

　　透過這種評分方法決定舉重的成功，與成人所使用典型的百分等級 (percentage) 制度是完全不一樣的。學習曲線是以運動控制為基礎，而不是完全以爆發力或肌力為主。強迫年輕運動員（15 歲以下）執行做最大肌力（在一般負荷下所能完成的最高重複次數）是不被鼓勵的，主要是因為他們的關節比成人還要脆弱。我們可以利用評分方法檢測爆發性的舉重動作，身體的任何檢測應保持在大約可以連續

重複進行 5 次的情況下完成（前述的身體檢測指運動員至少要經歷 1 年的前蹲舉或後蹲舉的體能訓練），必須注意的是，這項檢測至少每 4-6 週執行一次。因為青少年運動員的運動表現受限於技術層面的熟練度，所以，最大肌力的舉重並不意味著運動員同樣有著最大的應力系統，而最好的舉重表現只有在最合適的技術和速度下來完成。因此，在訓練過程的主要目的是利用舉重方法，進行完美的動作形式。相較於體能的進步，最終的成功將與技術的提升有關。在重複次數的基準上，舉重項目能舉到最高重量的可行性，則在於技術的提升（完美的技術）；相較於體能的進步，技術的提升與最終的成功是密切相關的。一個青少年運動員經常使用的計分／評估方法是讓他們在一開始時，就給 10 分，然後再以每次的技術錯誤，

扣 1 分的方式進行。下面的任意分數 (arbitrary number) 被認爲是不成功的。任意分數通常是針對舉重者的技術給與調整，但分數總是隨著重量的增加而增加。例如，一個初學者可能只希望在得到基本技術（例如，前蹲舉、過頭蹲舉）的情況下，利用極輕的重量工具（例如，掃帚）來進行練習。我們的目標可能是使每一個舉重的細節動作到達完美的程度，然後，在將每一完美的細節動作組合，特別是在負重槓鈴進行練習的前提下發生。運動員利用練習，建立適當的活動度和協調性，在滿分爲 10 分的情況下，不及格的分數是 5-6 分。相反地，更高階的青少年舉重者，如果在技術動作不能維持的情況下增加負荷，將會提高受傷的風險，此時不及格的分數也可能是 8 分。在早期階段，有些教練會利用發泡體覆蓋的練習槓（足夠的長度）做練習，因爲他們以每 3 磅爲一單位的遞增方式，從 9 磅遞增到 24 磅左右，再進入到技術槓鈴（5-10 公斤，較爲昂貴，且不如練習槓方便使用）。針對運動員的發展，建議晚一點再使用奧林匹克槓鈴。

核心訓練和近端勁度－訓練時不可協商的先決條件 (CORE TRAINING AND PROXIMAL STIFFNESS-A NONNEGOTIABLE PREREQUISITE TO TRAINING)

訓練的進展，應該從核心訓練的邏輯開始討論。專項用的核心訓練，將會提升軀幹勁度的同時，得到技術的提升，這對傷害預防和提升運動表現是非常重要的。

核心需要以一個三度空間的角度的來做討論。首先，受傷復原力的問題將得到解決，其次是增強運動表現的問題。脊椎是椎骨堆疊而成的，它被要求承擔負荷，同時它是靈活的。這就像是設計工程師將描述他們是如何設計出一個好的結構。鋼樑是直的，硬性的立在底端，它可以承受來自外在的負荷，如壓力、剪力和扭力，因此，鋼樑可以承受負載，但無法移動。在負荷的過程中，柔性佳的鐵／鋼條能夠使動作彎曲和扭曲。脊椎是一個獨特的結構，它的靈活度，能使動作流暢；然而，當它需要承受負荷時，需要一個三度立體空間的拉線系統 (guy wire system) 來使其加固和穩定之。肌肉系統連同其相關聯的筋膜分析，顯示出一個巧妙的拉線系統能創造肌肉勁度的平衡，且能避免彎曲變形和受傷的可能性[10, 11]。

負荷越大，脊椎的壓力相對的也就越大，因此就越需要肌肉來鞏固脊椎。爲甚麼是這樣呢？當肌肉收縮，它們在做兩件事情：它們創造力量和勁度[12, 13]。肌肉勁度能夠穩定關節部位，因此，在承受負荷時，肌肉勁度能使關節不彎曲。舉重時，主要受傷的原因是未能適當地使核心變得有勁度來做支撐。

另一個討論運動表現的議題在於「核心勁度 (core stiffness)」是強制性的。執行奧林匹克舉重的先決條件是運動員要具備能夠扛起很重的負荷、快速跑步和快速改變行進方向等能力，它決定了手臂和腳的動作速率。還有些運動員提到，因爲他們有在進行舉重與蹲舉的練習，所以他們不需要專項的核心訓練。但在評估時，他們卻無法將他們的肌力轉移到槓鈴下方接槓的表現。核心勁度是如何能提升肢體的速度和力量呢？例如，單一關節胸大肌，它連接在肋骨近端，跨越肩關節，並連接到上臂的肱骨遠端處。當肌肉收縮時，它們會盡可能縮短。考量此範例爲特定動作，手臂在肩關節周圍屈曲，使遠端肌肉縮短移動手臂。但是，同樣的近端肌肉縮短也使肋骨彎向手臂。因此，簡單地利用胸肌打拳，不會產生快速和有力的重擊。相反地，如果附著在胸肌近端是固定的話，這意味著核心勁度、肋骨是無法移動的。胸肌近端固定，則遠端肌肉的縮短爲 100%，這能夠使手臂產生快速和有力的動作。以同樣的方式，固定骨盆，核心的勁度將臀部肌肉的近端鎖死，就能使大腿產生更多的爆發力。因此，人體運動的普遍規律說明「近端勁度能提升遠端的活動度和運動能力」。

這個問題的討論提供了實用的信息－什麼是核心？球窩關節之間發生的近端勁度－也就是在臀部和肩膀。此概念包含了軀幹所有的肌肉。它們的主要作用是爲了停止動作。他們應該接受這種方式的訓練。核心同時涉及到跨越球窩關節，且具有遠端的連結到腰肌、臀肌和背闊肌等。有很多方法可以訓練這些發展，來提升運動表現和傷害的復原能力，但這並不在本章範圍內（感興趣的讀者可參閱參考文獻 8）。

重要的核心訓練 (IMPORTANT CORE TRAINING EXERCISES)

核心訓練對舉重的重要性如上述說明。年輕的運動員可以利用棒式運動（圖 16.12）、攪拌鍋（圖 16.13）、側面棒式運動（圖 16.14）、鷹犬（跪姿撐體）（圖 16.15）、俯地挺身、弓步整合肩上推舉等運動，開始核心拉線系統的訓練。在進階訓練時，需整合用力、呼吸練習、快速激活肌肉和放鬆練習（參閱文獻 8 的多次訓練進展的運動）。

圖 16.12　正面棒式核心運動，在整個訓練過程中必須維持身體的對齊。硬式風格的搭橋運動是 Pavel Tsatsouline 發展的，此力量的徒手訓練方式在整體聯動中需要有勁度的自覺。重點放在激活和擠壓臀肌和腹肌同時，試圖以背闊肌將手肘拉向腳跟位置（保持動作不變）。青少年舉重者開始以 3 組 ×10 秒的時間進行搭橋運動。

圖 16.13　攪拌鍋的核心運動。主要著重在肩關節的動作，利用撐在球上的手肘做出攪拌動作。軀幹不彎曲或扭曲。

特定訓練進展
(SPECIFIC TRAINING PROGRESSIONS)

　　舉重的動作形態對提升運動表現和避免傷害都是至關重要的。為了引導訓練的進展，然後快速移動跳上箱子，想像在奧林匹克舉重動作就有如垂直跳，其中包括聳肩動作、上膊動作、懸臂式上膊、髖關節鉸鏈…等動作。在一些主流的舉重國家中，運動員被鼓勵先發展一般的運動能

圖 16.14　側面橋式核心運動。通常以 10 秒的時間維持動作不變，然後轉身到正面搭橋動作時，軀幹同時用力維持一直線，鎖定肋骨到骨盆的位置。在正面搭橋動作時撐住幾秒鐘後，運動員轉身到另外一邊成側面搭橋動作，再撐住 10 秒鐘的時間。這樣的循環稱之為 1 個重複次數。

力，直到他們骨骼發育成熟，才真正參與舉重運動。許多人會花費數年，利用「掃帚」來練習舉重的動作直到完美；之後，才會加快動作速度來進行完整的舉重練習。發展特定動作的勁度練習，一開始是用在舉重的起始動作，也就是所謂的「舉重運動員的楔形物 (the lifters wedge)」，通常這些練習同時整合了增強肌肉力量發展的速率和較快的放鬆速率。把槓鈴的重量介入訓練時，動作形態的訓練則以低訓練量為主。在主流舉重國家的訓練文化中，也強調了恢復性的活動，由於每天進行奧林匹克舉重的訓練，是不可能不破壞身體，即使進行了補強運動，效益也是一樣的。將增強的特定技術套入舉重的動作與動作模式時，能做為完美舉重記憶痕跡 (engram) 的來源。

　　雖然指導特定的舉重動作形態，不在本章的範圍內，但下面所討論的一般形式原則，將

圖 16.15　(A, B) 鷹犬（跪姿撐體）核心運動。通常以 10 秒的時間維持動作不變，然後，運動員利用手和膝蓋做出「掃地動作」，過程中只有動用到肩關節和髖關節。下一循環，再以 10 秒的時間維持動作不變。必須注意的是利用提示來提升大腿後肌、臀肌和背部肌群的激活－腳跟向後推開，而不是向後抬起的動作，而對稱邊的緊握拳頭做出前伸，主要能激活背部肌群。(C) 不良的起始動作－將會降低訓練達到極致運動表現的能力。

有助於洞察到成功與失敗的細微差別以及舉重時技術的發展。

上拉的預備動作 (Setting Up the Pull)

完美的上拉技術取決於個人。所有舉重者的動作都會受到個人運動傷害史的影響，例如，組織需要有備用的功能、身體區段長度比例的不同會影響槓桿的優勢；在骨盆施壓椎間盤之前，會因不同的髖關節窩深度來決定蹲舉的深度等。對一位舉重者最好的練習方式，卻不見得對另外一位舉重者是最好的。但姑且不論個人的差異，這個練習對舉重者的上拉預備動作是有幫助的。這個動作在美國棒球外野手常見的姿勢，稱之為「游擊手半蹲 (short stop squat)」姿勢。

開始時雙腳開立，膝蓋彎曲並適度調整髖關節的內／外旋，得到完美的膝蓋和腳踝鉸鏈的軌跡。觀察腳外開的角度，並記住這個角度為開始的姿勢。開始練習的姿勢為挺胸站立，讓手的大拇指和手指做出 V 字形狀，放在大腿前面。保持手臂伸直，將手下滑至膝蓋上方停止，然後在膝蓋骨處做出握槓的動作同時，做出髖關節鉸鏈動作，挺胸、脊椎保持挺直。這就是所謂的游擊姿勢（見圖 16.16）。

觀察膝關節的姿勢位置。感覺有無形的垂直線從膝蓋往下，落到腳的拇指球和腳跟之間（足弓處），並確保臀部往後推。感受到來自腳掌中心點位置的壓力，並適度調整身體的平衡。身體上半身的重心前移，手臂自然懸垂於大腿處。注意軀幹的曲線，調整到有如站立時的姿勢。如果沒有做到上述姿勢，可以給予提示和調整他們動作，回到脊椎的中立曲線。

當從這個位置開始進行舉重時，有許多人會先做出聳肩的動作。為了避免這一點，指導反聳肩的動作是讓胸肌和背闊肌同步收縮，壓緊肩膀使其下沉至軀幹。使軀幹具有完整的正常曲線勁度。

開始上拉時，指導初學的舉重運動員應當具備不同的想法。目前的趨勢是運動員利用背

圖 16.16　游擊手半蹲的核心運動。這個練習是利用完美的髖關節鉸鏈的力學動作，以獲得最大動力的產生。(A) 雙手置於大腿處。(B) 將手下滑至大腿處的同時，臀部往後推，而不是膝蓋前彎。將重量往下並移動手臂時，身體核心用力，將腰椎緊壓，呈現中立的動作。(C) 雙手下滑到膝蓋骨處做出握槓的動作時，必須維持腰椎的緊壓動作。

圖 16.17 (A) 挺舉的起始上拉動作。(B) 聳肩動作。(C) 最後上推過頭時的接槓動作。

部做出上拉的動作，而是讓運動員要想如何利用背部和軀幹的勁度，做出上拉的啓動動作，只需要簡單地向前拉動臀部同時，使運動員的手上滑到大腿處。這個提示能調節舉重運動員：尤其是具有較長的大腿比例的運動員，最好能強調向前拉動臀部；而具有較短大腿比例的運動員，最好是從半蹲動作開始將身體拉起。這種勁度和動作的順序是需要漸進的練習，直到下蹲時碰到槓鈴爲止。

運動員準備上拉槓鈴。採用將手放在大腿處的游擊半蹲姿勢，腳趾和腳跟抓緊地面。雙手以正握方式握住槓鈴，寬度則視舉重類型做調整。吸氣到肺部的 60-70% 後，聲門必須閉鎖（憋氣）同時腹部用力。從反聳肩動作開始，並進一步緊縮軀幹。試著利用肩外旋彎曲動作拉動槓鈴，感覺背部的勁度，從背闊肌直到起始的骶骨再到整個背部長度。指導運動員想像「彙集」了背部所增加的勁度，並想著利用手指的所有力量用力擠壓橫槓，而不是只用大拇指與食指的力量握住。增加一些力氣，讓臀部所激活的臀肌力量能「擴散到地板」。憑藉軀幹的勁度，展現出接近最佳的緊握橫槓的狀態和臀部向前拉動的姿勢，並以加速度的方式，將重量從地上拉起。

下一階段舉重的戰略改變是聳肩和跳躍。第二個脈動著重在大腿和臀部向下用力推動的同時做出聳肩的動作。在脈動結束時，腳踝是蹠屈的（腳尖向下推蹬）。有些菁英舉重運動員在這個階段，會進行強而有力的縱跳，雙腳短暫離開地面（挺舉－見圖 16.17）。在抓舉時（見圖 16.18），整個模式會縮短，運動員要快速下移到槓鈴下方，呈現深蹲過頭接槓的姿勢。如上所述，在放鬆階段，需要確保運動員

能夠快速移動，使下移動作的速度變快。

接著將提到呼吸的注意事項。在準備上拉槓鈴的預備動作時，一旦吸氣，聲門必須閉鎖（憋氣），至少在傳統意義上，不會再有進一步的呼吸。憋氣時，能維持軀幹的勁度，拉線系統則允許軀幹承受壓力的負荷。在挺舉比賽中，一旦上膊動作完成，運動員可以在沒有吐很多氣的情況下，利用快、淺的呼吸方式，快速的「吸一口空氣」。在此時，彎曲槓鈴的硬度是協助運動員感覺先前槓鈴脈動時機，然而，彎曲槓鈴後坐力的時間是下一個脈動垂直的驅動力。隨後，運動員以前後弓步方式下移到槓鈴下方接槓，兩腳步行到對稱後站立，完成挺舉的動作。

以上僅僅是簡單地介紹一些要素，做爲增補或矯正動作的練習。前面的描述是不夠完整

圖 16.18 抓舉的起始上拉動作，接槓時撐住橫槓的動作（見圖 16.5）。這些動作的圖案不能捕捉住這個動作的複雜性和美感：鼓勵讀者觀看舉重冠軍的影片。

的，而每一位舉重運動員也沒有必須一開始就遵循前面說明的理由，教練的角色是調整和微調舉重運動員補強動作的練習。

修正練習 (CORRECTIVE EXERCISES)

雖然動作缺失產生的原因是無止境的且往往相當複雜，但卻是可以透過修正練習來提升技術。這裡有一些的動作缺失，可能需要被注意，而它們是否適宜，則必須要一個全面評估來確認。

高腳杯深蹲（見圖 16.19）。高腳杯深蹲 (Goblet squat)，是由約翰•丹所推廣，可以幫助需要完成更深的蹲舉運動員，在進行深蹲時主要著重在髖關節的活動度，而不是在脊椎前彎的動作。舉重運動員握住壺鈴或槓片，將身體下移到深蹲動作。訓練重點是在深蹲時，維持脊椎動作不變。從單一側移到另一側可以增強鍛鍊，但須注意不要超過訓練負荷，因為很容易使髖關節盂唇和股骨相互衝擊。臀肌主導髖關節伸肌模式 [14] 將有助於減少髖關節盂唇的負荷 [15]。

胸椎活動度（見圖 16.20）。有些運動員肩關節活動的問題很嚴重，是因為胸椎擴展受限，或當胸椎擴展受限確實存在時，又可能被誤診為首要問題，而忽略的實際的肩關節活動問題。此外，一些頸椎疼痛和不良的力學動作

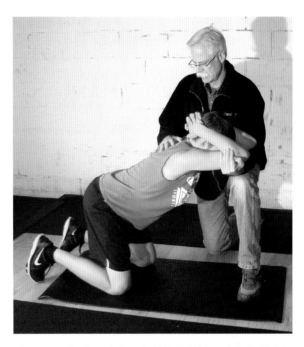

圖 16.20　胸椎活動度。由於胸椎延伸，許多舉重者變得更有競爭力，且能有更好的動作形式。Karol Levit 開發了這個優秀伸展運動，動作始於舉重者雙腳跪膝，雙手抱頭，手肘置於臨床醫師的大腿上。輕輕利用手肘施壓 5 秒的時間（該指令可用「手肘向下壓 5 磅的重量」）。這將釋放力量，當臨床醫師使運動前傾時，著重在他的胸椎擴展。重複 2-4 次的練習。隨後運動員站立，並應該注意到在雙手過頭伸展時，會有更好的動作形式。

圖 16.19　高腳杯蹲舉是用來幫助創建一個更深的下蹲動作。盆是由一側移動到另一側，著重在髖關節屈肌，幫助有更好的髖關節屈曲－不是脊椎屈曲（前屈動作）。注意力集中在臀部的前唇，需持續的進行監控，以確保組織不會變的更有壓力或疼痛。

源於胸椎擴展不夠或胸椎後凸（或駝背）。胸椎擴展的拉伸運動有以下幾個優點：可以幫助將槓鈴向後帶到一個直立的姿勢、肩關節不必全範圍的延伸來提升動力的產生和減少關節的壓力，以及頸椎能有更好的中立姿勢位置和更小的壓力。

腰肌伸展（見圖 16.7）。在挺舉過程中，髖關節的活動度可以影響爆發性的弓步動作的能力。雖然有些教練指導選手進行「髂腰肌」或髖部屈肌的練習，但實際上，在解剖學或功能上是沒有這樣的肌肉，因為髂肌和腰大肌是兩個不同的肌群。這兩個肌群橫跨髖關節，只有腰肌側向朝向腰椎，並連接至各腰椎骨。它的作用是創造屈髖扭矩，並伴隨著加固腰椎到骨盆的作用。近端勁度和髖關節的速度以及受傷的復原能力是不可缺少的，它們能將脊柱和骨盆完成鎖定，以避免腰骶關節勞損。伸展運動的完成是採用弓步然後下降至更深位置的同時，推動同側的手臂過頭並且伸直。

注意結合其它形式的矯正練習建議，但並

沒有具體處理動作的範圍。例如，有些建議硬舉運動需要有完美的臀部鉸鏈動作。許多頂尖的奧林匹克舉重運動員並不鼓勵這樣的練習方式，因為他們不會慢慢舉起槓鈴，他們總是以速度訓練為主，做快速舉槓的動作練習。

重要的補強練習
(IMPORTANT SUPPLEMENTARY EXERCISES)

- 過頭向上拋藥球（圖 16.21）：這個進展開始於自由的爆發跳躍，同時將藥球向上拋。進展動作是運動員背向站立在離牆約 5-10 英呎的距離，將球投擲到牆上，試圖提高力量的產生，將每個投擲，越投越高。
- 各種跳躍練習，跳箱以訓練爆發力為主，跳箱上去時，快速將腳置於臀部下方，其動作與進行舉重上拉槓鈴後身體快速下蹲接槓動作類似。跳上箱子比下落跳（例如，從箱上跳下後再回彈向上跳）的好處的是能降低髖股的壓力。蹲跳（使用木棍／掃帚、練習槓或重量）可以有進階的練習方式，可利用舉

重架，將彈力繩繫在前後直立的框架上，使得彈力繩朝向前／向後的方向，大約在肩上 8-12 吋高的位置。當運動員進行蹲跳時，其主要目的是創造一個垂直目標，在每一次蹲跳時，都能使橫槓／木槓接觸到彈力繩，並確定動作的品質。

- 其他輔助力量練習：包括拖動雪橇和攜帶手提箱，以特別的訓練方式來挑戰抓舉時所需的外側軀幹力量 [16, 17]（見圖 16.22）。
- 利用手拉繩的練習，建立握槓和上拉的力量（見圖 16.23）。
- 伸髖動作能給年輕舉重運動員在速度訓練前，加強拉動臀部穿越的動作（見圖 16.24）。
- 壺鈴擺動產生脈動激活通過臀部和軀幹的同時，著重在加強臀部的動作，使壺鈴成為理想肌力訓練的輔助器材 [18]。

最後的思考 (FINAL THOUGHTS)

本章主要著重在發展奧林匹克舉重項目的運動表現。許多運動項目在訓練時加入舉重練習來提升運動表現，希望能具備有一個技術和運動能力轉移的功能。這可能發生在某些運動員身上，但並不是全部。由於奧林匹克舉重是以垂直投射的力量來執行；而許多運動項目則

圖 16.21 過頭向上拋藥球練習動作。這個進程始於投擲和跳躍動作，並能獲得垂直脈衝時的騰空時間。這是發展到指向的投擲力量，產生向上高度的同時，注意到背部超過舉重者的頭部。

圖 16.22 攜帶手提箱動作練習能提供側向的力量，主要是針對挺舉時，運動員要有明快的分腿弓步動作力量的需求。

圖 16.23 利用手拉繩的練習，建立握槓的力量和上拉的運動能力。

著重較多的水平投射的力量，可能會辜負那些期待有更多的運動表現轉移的運動員。許多耐力型運動項目也是需要爆發力的發展練習，尤其是在整個比賽中需要維持完美的表現。典型的奧林匹克舉重訓練的設計，只針對一天的比賽所設計的幾次舉重練習，主要著重在提升舉重的表現。重複爆發式的垂直投射力量在其他運動項目的比賽中可能需要維持幾個小時以上。因此，針對重複爆發式的垂直投射力量的運動項目中舉重訓練的準備，將需要較低的負荷和適當時間間隔的組數和重複次數。不過，有一些非常成功的俄羅斯運動員已經利用奧林匹克舉重訓練，做為爆發性耐力發展的手段之一。執行幾次爆發性的奧林匹克舉重練習後，可以接著進行一些快速的短跑練習，他們宣稱這樣的組合練習可以提升運動成績表現。但再次強調，奧林匹克舉重的練習量相對較低。

訓練時，肌肉必須保持新鮮感（肌肉不疲勞）。一個好的奧林匹克舉重的能力在於發展肌肉激活和放鬆的速度。這個技術的提升主要在於運動員的肌肉的新鮮度。疲勞時，運動員必須停止練習奧林匹克舉重，這只會讓他們的動作變慢且容易受傷。現有的網路趨勢是強調奧林匹克舉重表現的重複性和疲憊情形。對於重複和疲憊這個問題而言，會有四個主要原因。首先，運動員重複練習次數太多而產生疲勞，這會使舉重動作變形，大大增加受傷的風險，且運動表現會變差。

第二，重複進行最大力量較低百分率的舉重練習，會抑制運動員的發展。第三，以上這些參與舉重的人會很少有資格進行奧林匹克舉重，因為這種情況是罕見的，應該在不會造成傷害性的組織應力下，透過一個很好的關節活動度和速度能力來執行舉重。

圖 16.24 (A, B) 腰部阻力的伸髖動作，加強髖部伸肌的力量。可利用壺鈴擺盪結合伸髖動作的練習，可以使用正確的動作形式，或者增強髖伸肌脈衝強度。

最後，從地板上拉槓鈴時需要特殊的能力，對奧林匹克舉重運動員絕對必要的，但對其他運動員可能就不是必要能力，例如美式足球的前鋒。對於可以從奧林匹克舉重訓練和垂直投射的力量受益的運動員，幾乎不需要從地板上拉槓鈴。可將槓鈴放在架上，以消除腰椎和前髖關節囊的最大負荷情形。如果選手不能通過關節活動度的篩選，會建議他們透過奧林匹克舉重訓練，和利用其他更適合他們的練習內容以達到好的關節活動度。

利用舉重方式將提升運動員第一步的速度、柔軟度、協調性、平衡能力、肌耐力等發展，以及許多的心理的變項對運動的成功是很重要的。希望本章所載的想法可以協助年輕運動員有更多進步的空間。

參考文獻 (REFERENCES)

1. McGill SM, Chaimberg J, Frost D, Fenwick C. The double peak: how elite MMA fighters develop speed and strike force. J Strength Cond Res 2010;24(2):348–357.
2. Loder RT, Skopelja EN. The epidemiology and demographics of hip dysplasia. Orthopedics 2011;Article ID 238607:46pp. doi:10.5402/2011/238607.
3. Czéizel A, Tusnády G, Vaczó G, Vozkelety T. The mechanism of genetic predisposition in congenital dislocation of the hip. J Med Genet 1975;12:121–124.
4. Oda H, Igarashi M, Hayashi Y, et al. Soft tissue collagen in congenital dislocation of the hip—biochemical studies of the ligamentum teres of the femur and hip joint capsule. J Jpn Orthop Assoc 1984;58:331–338.
5. Skirving AP, Sims TJ, Bailey AJ. Congenital dislocation of the hip: a possible inborn error of collagen metabolism. J Inherit Metabol Dis 1984;7:27–31.
6. Inoue K, Wicart P, Kawasaki T, et al. Prevalence of hip osteoarthritis and acetabular dysplasia in French and Japanese adults. Rheumatology 2000;39(7):745–748.
7. Cholewicki J, McGill SM, Norman RW. Lumbar spine loads during lifting extremely heavy weights. Med Sci Sports Exerc 1991;23(10):1179–1186.
8. McGill SM. Ultimate Back Fitness and Performance. 5th ed., 2014. www.backfitpro.com, Waterloo, Canada.
9. National Coaching Certification Program. Weightlifting Competition Introduction Reference Manual & Coaches Workbook. Canadian Weightlifting Association Halterophilie Canadienne & Coaching Association of Canada; 2008.
10. Kavcic N, Grenier SG, McGill SM. Quantifying tissue loads and spine stability while performing commonly prescribed low back stabilization exercises. Spine 2004;29(20):2319–2329.
11. McGill SM, Grenier S, Kavcic N, Cholewicki J. Coordination of muscle activity to assure stability of the lumbar spine. J Electromyogr Kinesiol 2003;13:353–359.
12. Brown SH, McGill SM. Muscle force-stiffness characteristics influence joint stability. Clin Biomech 2005;20(9):917–922.
13. Brown S, McGill SM. How the inherent stiffness of the in-vivo human trunk varies with changing magnitude of muscular activation. Clin Biomech 2008;23(1):15–22.
14. McGill SM. Low Back Disorders: Evidence Based Prevention and Rehabilitation. 2nd ed. Champaign, IL: Human Kinetics Publishers; 2007.
15. Lewis C, Sahrmann SA, Moran DW. Anterior hip joint force increases with hip extension, decreased gluteal force, or decreased iliopsoas force. J Biomech 2007;40(16):3725–3731.
16. McGill SM, McDermott A, Fenwick C. Comparison of different strongman events: trunk muscle activation and lumbar spine motion, load and stiffness. J Strength Cond Res 2008;23(4):1148–1161.
17. McGill SM, Marshall L, Andersen J. Low back loads while walking and carrying: comparing the load carried in one hand or in both hands. Ergonomics 2013;56(2):293-302. doi:10.1080/00140139.2012.752528
18. McGill SM, Marshall L. Kettlebell swing snatch and bottoms-up carry: back and hip muscle activation, motion, and low back loads. J Strength Cond Res 2012;26(1):16–27.

CHAPTER 17

Ståle Hauge

譯者：王淑華

滑雪
Skiing

高山滑雪 (ALPINE SKIING)

高山滑雪是指滑雪者穿著腳尖和腳後跟都有固定裝置的滑雪板，從白雪覆蓋的山頭向下滑行的運動。在競爭激烈的高山滑雪賽中，有曲道（迴轉）、大曲道、超大曲道和滑降等四種主要的競賽項目。曲道滑雪賽的彎道較短且小，而大曲道滑雪賽道則間隔空間較大；超大曲道滑雪賽和滑降滑雪賽的彎道較少，且旗誌距離也較寬，滑雪的速度常超過每小時 100 公里。

高山滑雪與只固定腳尖滑雪板兩者間的滑雪方式有所不同（例如，登山滑雪和北歐式滑雪－越野滑雪、跳台滑雪和自由腳跟滑雪）。在歐洲、北美、澳大利亞、紐西蘭、南美安第斯山脈以及亞洲東部等地區，滑雪運動很受歡迎，主要是因為能夠充分結合當地有雪的山坡地和旅遊基礎設施[1]。

四種不同的滑降方式：直線滑行、斜線滑行、犁式轉彎、刻滑。

- 直線滑行：滑雪板向指定的方向滑行。這種滑降方式適用於高山滑雪道的直線下滑或斜登高山。
- 斜線滑行：當滑雪板以它的長軸側向下滑行時，其行進方向與滑雪板呈現垂直狀態。
- 犁式轉彎：滑雪板結合直線滑行和斜線滑行的滑雪動作通過轉彎處時，滑雪板的尾端做出比前端更寬的滑行路徑，大多數轉彎處需要以犁式轉彎動作來進行。
- 刻滑（割雪轉彎）：當滑雪板前端和尾端前進通過雪地時，保持前進的運動方向，與雪板方向平行。

動作的類型 (TYPES OF MOVEMENTS)

滑雪者可以做出四個基本類型的動作：
- 平衡動作：當滑雪下山時，能保持身體平衡。
- 用刃動作 (edging movements)：相對於白雪覆蓋山頭的傾斜，調整雪板底部傾斜與雪面做出的角度。
- 旋轉動作：旋轉和引導滑雪板至所需的方向。
- 壓力控制動作：使滑雪板和雪面之間產生壓力變化。

動態平衡是高山滑雪技術的一個關鍵技術。可能會影響平衡的動作包括：
- 滑雪者站立的寬度
- 腳踝、膝蓋、臀部和脊椎的屈曲與伸展程度和能力
- 身體重心做出向前、向後和側向傾斜動作時的轉移能力
- 手臂和頭部的動作
- 迅速調整和協調肌肉張力的能力

用刃動作都是從滑雪者的身體重心轉換所造成的。用刃動作的發展由兩種機制組合而成：(1) 整個身體的內斜（上半身、腰與膝蓋的角度，從正面看成直線）；(2) 反弓（上半身、腰與膝蓋的角度，從正面看成彎曲）。反弓就是身體與下列其他部位所形成的角度
- 腳和腳踝
- 小腿和膝蓋
- 大腿和臀部
- 下背部（腰背）
- 全身

用刃動作讓滑雪者能
- 改變方向
- 控制速度
- 改變轉彎的形狀和大小
- 滑行、轉彎以及刻滑

轉彎時，身體不同部位形成不同的角度，這讓滑雪者能夠
- 在改變雪板底部與雪面的角度的同時，不改變身體的傾角
- 保持平衡
- 抵抗地心引力
- 控管滑雪板或部份雪板在雪面上的壓力
- 調節腳動作的速度
- 改變轉彎時的角度
- 適應不斷變化的地形和雪況

高山滑雪中大多數的轉彎包含反弓和內傾。反弓就是整合臀、膝和踝彎曲成角。臀部和下背部的角度對雪板底部和雪面角度會有很大的影響，而膝和踝部份的影響更大。

扭轉運動意即當轉動身體一部分時，將牽連到身體另外一部分的轉動。在高山滑雪時，結合雪板扭轉、用刃和壓力控制動作，讓滑雪者開始轉彎，並直接導向滑雪板穿越過轉彎處。高山滑雪的速度越快，力量也將隨著急遽增加，首要注意的是在於滑雪板和雪痕之間阻力的產生和控管能力。在高山滑雪的主要旋轉動作類型有上半身扭轉、反向扭轉和腿部扭轉三種。

壓力控制動作普遍被認為是最難掌控的技術。有效的壓力控制是指透過和緩的力量，在滑雪板和雪之間，沿著滑雪板長度，利用肌肉的持續動作與特定動作，使力量從一隻腳順滑到另一隻腳。透過改變轉彎的半徑和角度；行進的速度；臀、膝、踝和下背部的屈曲；滑雪板底部與雪面的角度；以及身體重量的分佈等方式，都可以有效的控制及應用在滑雪板上的壓力[2]。

高山滑雪事故的發生率
(INCIDENCE OF ALPINE SKIING ACCIDENTS)

根據 1989 年的冬季紀錄指出，一整年因高山滑雪事故住進 Trondheim Regional and University Hospital 接受治療的案例高達 339 件，其中 67% 為男性，33% 為女性；在之中 87% 為門診患者，13% 的人住院治療；因墜落事故造成的有 67%，其次為碰撞事故占 17%。一般而言，下肢的傷害是由跌倒引起的，而頭部受傷則大多是因碰撞造成的。在這些傷害事故中，膝蓋韌帶拉傷是最常見的傷害，這些患者有 17%，需要住院進行手術的治療。而輕微膝蓋韌帶拉傷的傷患，有 44% 的病人經過兩年半的時間都沒有辦法完全的恢復。其中有 17 位傷患脛骨骨折、11 位螺旋形骨折以及 6 位的橫向骨折。在這些傷患中，螺旋形骨折傷患的年齡普遍小於橫向骨折的傷患。而頭部受傷是最嚴重的傷害，有 11 位腦震盪和 2 位硬腦膜上出血[3]。

Sahlin[3] 建議，可以透過一些特定的運動計畫，針對滑雪所造成的膝蓋傷害進行預防。Bere[4] 透過大量的影片來分析在滑雪過程中可能會發生的受傷情形，她指出，優秀運動員高山滑雪的最常受傷的部位是前十字韌帶，同時她也將受傷機制分為三大類[5, 6]：

1. 擦傷
2. 落地後背部重壓
3. 動態八字滑降

Bere 指出，「這種情況的特點是在轉彎

圖 17.1 高腳杯深蹲時，膝蓋處纏繞著彈力帶。

時，滑雪板的外滑板內緣抓住雪面，強迫膝蓋外翻和脛骨內旋的情形」。同時她也提到「膝關節的壓縮和膝關節內旋和外展扭矩是傷害機制『擦傷 (slip-catch)』情況中的重要因素」。在臨床方面指出「預防工作應著重於避免同時發生強勁的脛骨內旋和膝蓋外翻」[7]。

最常見的預防傷害機制建議和提升高山滑雪運動表現的運動包括：
- 高腳杯深蹲時，膝蓋處纏繞著彈力帶（圖 17.1）
- 正面搭橋，雙腳置於健身球上面（圖 17.2）
- 以曲棍球姿勢，雙腳站在博蘇 (Bosu) 之半圓平衡球上練習平衡。慢慢的，可以挑戰以單腳站在博蘇之半圓平衡球上
- 雙膝跪在健身球上練習平衡

運用在冰上曲棍球冰刀的訓練包括：
- 身體重心的轉移（圖 17.3）
- 動作的轉彎平衡和壓力控制（圖 17.4）

圖 17.2 正面搭橋，雙腳置於健身球上面。

圖 17.3 身體重心的轉移。

圖 17.4 動作的轉彎平衡和壓力控制。

圖 17.5 有氧 / 無氧能力訓練。

圖 17.6 髖部定位。把手向上舉起或放在頭上,利於核心肌群,以穩定和保持脊椎的中立前凸動作。

- 有氧 / 無氧能力（圖 17.5）。在高速下以 8 字花式路線行進 90 秒,透過時間長、短交錯的停頓來進行變化,執行 4 個循環練習。
- 髖部定位（圖 17.6）。這個練習是在滑雪時,利用曲棍球的位置通過急彎。當高速向左右滑行時,把手向上舉起或放在頭上,藉以「微調」直立的腰部姿勢。

越野滑雪 (CROSS COUNTRY SKIING)

越野滑雪練習清單
(Exercise List for Cross Country Skiing)

越野滑雪對於上、下半身的肌力和耐力都有著同樣強烈需求運動。菁英越野滑雪選手與耐力型選手一樣有高度的有氧功率、有氧能力以及血乳酸的堆積,這三項指標同時可以用來預測滑雪選手的成功與否。越野滑雪選手的身型跟長跑者一樣偏瘦,其中,優秀的滑雪選手,通常具有很高比例的慢縮肌和無氧閾值[8-11]。

越野滑雪有兩種主要類型[12-14]:
1. 傳統技術或對角線步幅
2. 自由式技術或滑冰技術

傳統、對角線步幅是業餘運動員最常用的「爬山」方法之一,同時常被應用於高速的越野運動上。這項技術經常被使用在微伏的地形和緩坡的平原雪道上。

功能性練習 (Functional exercise)

- 奔跑者 (Running man)
- 角度弓步
- 深蹲
- 單腳深蹲
- 鷹犬 (Bird dog)

自由式技術（滑冰步幅或滑冰）的滑行速度比傳統技術的滑行速度更快。滑雪者利用單腳的滑雪板猛力推蹬，形成一個滑雪路線方向的角度，常與雙雪杖滑行做結合。

功能性練習 (Functional exercise)

- 深蹲
- 單腳深蹲
- 角度弓步

基本越野滑雪技術關鍵詞：平衡感、協調性、重心轉移及開始滑行動作。

好的平衡感與協調性、低度的肌肉緊張、完整的重心轉移、專注以及開始滑行的判斷，是至關重要的。

5-10 歲兒童 (5- to 10-Year Olds)

建議為一般協調性、平衡感、敏捷性和力量等基本能力發展的練習：

蹦床（彈床）、在森林的不平整的表面上進行基本的走路和跑步、足球、田徑／體操、滑冰、滑輪或游泳。

耐力練習：跑步／慢跑、騎自行車、持手杖滑輪、游泳。

10-15 歲兒童 / 週末成年勇士
(10- to 15-Year-Olds/Weekend Warrior Adults)

訓練動態神經的知覺：一條腿面向牆壁深蹲、星型跳躍。

訓練穩定性：側面搭橋、棒式、棒式轉身。

訓練動態肌力：鷹犬、鷹犬在健身球上、下腹斜肌、引體向上、深蹲。

訓練耐力（最好是根據 Hoff & Helgerud [15] 的 4×4 原則）：滑雪、跑步、滑輪、持手杖滑輪、森林騎自行車、游泳。

傑出表現的運動員 (Elite Performance Athletes)

訓練神經動力學：跑步的人，單腳骨盆傾斜。

訓練穩定性：正面棒式時，手臂輪流支撐（單臂支撐、雙腳著地），然後以雙腳輪流支撐（雙臂支撐、單腳著地），並漸進在不平穩的表面上進行；在不平穩的表面上深蹲；以及將手放在球上，繞環做出「攪拌鍋動作」的腹部運動。

訓練動態肌力：滑輪過頭三頭肌伸展、仰臥在健身球上將藥球投出、向後捲曲。

訓練背部延伸運動、划船動作，並根據 Hoff and Helgerud 的 4×4 原則，執行 4 次的深蹲 [16]。

參考文獻 (REFERENCES)

1. Alpine Skiing. en.wikipedia.org/wiki/Alpine_skiing
2. Leonid Feldman. Core Concepts of Downhill Skiing.www .youcanski.com/en/instruction/core_concepts.htm
3. Sahlin Y. Alpine skiing injuries. Br J Sports Med 1989;23: 241–244. doi:10.1136/bjsm.23.4.241
4. Bere T. How Do ACL Injuries Happen in World Cup Alpine Skiing? http://www.klokeavskade.no/no/Nyhetsarkiv/Nyhetsariv -2013/Vridde-knar--vonde-vinkler-Ny-doktorgrad-fra-Senter -for-idrettsskadeforskning-om-fremre-korsbandskader-i-WC -alpint/
5. Bere T, Flørenes TW, Krosshaug T, et al. A systematic video analysis of 69 injury cases in World Cup alpine skiing. Scand J Med Sci Sports 2013. [Epub ahead of print] Jan 10. doi:10.1111/sms.12038.
6. Bere T, Flørenes TW, Krosshaug T, Nordsletten L, Bahr R. Events leading to anterior cruciate ligament injury in World Cup Alpine Skiing: a systematic video analysis of 20 cases. Br J Sports Med 2011;45:1294–1302.
7. Bere T, Mok K-M, Koga H, Krosshaug T, Nordsletten L, Bahr R. Kinematics of Anterior Cruciate Ligament Ruptures in World Cup Alpine Skiing. Two case reports of the slip-catch mechanism. Investigation performed at the Oslo Sports Trauma Research Center, Department of Sports Medicine, Norwegian School of Sport Sciences, Oslo, Norway. AJSM PreView, published on February 28, 2013.
8. Eisenman PA, Johnson SC, Bainbridge CN, Zupan MF. Applied physiology of cross-country skiing.Sports Med 1989;8(2):67–79.
9. Larsson P, Olofsson P, Jakobsson E, Burlin L, Henriksson-Larsen K. Physiological predictors of performance in cross-country skiing from treadmill tests in male and female subjects. Scand J Med Sci Sports 2002;12(6):347–353.
10. Rusko HK. Development of aerobic power in relation to age and training in cross-country skiers. Med Sci Sports Exerc 1992;24(9):1040–1047.
11. Ingjer F. Development of maximal oxygen uptake in young elite male cross-country skiers: a longitudinal study. J Sports Sci 1992;10(1):49–63.
12. Dybendahl Hartz T. Større Skiglede med bedre Teknikk. Kagge Forlag, 2007.
13. Lovett R, Petersen P. The Essential Cross-Country Skier. Ragged Mountain Press. A division of The McGraw-Hill Companies. USA, 1999.
14. Barth K, Bruhl H. Training Cross-country. SkiingTraining. Meyer & Meyer Sport, 2007.
15. Hoff J, Helgerud J, Wisloff U. Maximal strength training improves work economy in trained female cross-country skiers. Med Sci Sports Exerc 1999 Jun;31(6):870–877.
16. Hoff J, Helgerud J. Endurance and strength training for soccer players. Physiological Considerations. Sports Med 2004;34(3):165–180.

足球
Soccer

　　足球可以說是世界上最流行的團隊運動項目，全球有超過 2.65 億註冊在案的足球運動員；參與者的人數仍不斷地增加，尤其是女性運動員的人數亦是急遽增加中[1]。然而，踢足球必須承擔隨時會有受傷的風險。有人研究男性／女性的菁英／非菁英足球員的受傷率，其結果發現男性和女性足球員的受傷比率是相同的，但其實許多的受傷都應該是可以避免發生的。根據研究數據指出，當一個菁英層級以上的球員，如果他身體受傷，會導致他不能夠繼續訓練甚至缺席隔日的比賽[2]（圖 18.1）。

　　而不論是哪一個年齡或哪一個層級中的足球運動員，腿部是最容易受傷的。最常見的受傷部位是大腿或腹股溝（鼠蹊部）肌肉的拉傷以及腳踝和膝關節的韌帶損傷，這類型的運動傷害可能會使足球運動員無法參加訓練長達一個月的時間。在足球運動中，頭部受傷是不常見的，但值得注意的是經常遭受重複性撞擊所導致的腦震盪，可能對中樞神經系統會有所影響[2, 3]。

　　女生的膝蓋和腳踝受傷率比男生高，尤其是前十字韌帶，女生在前交叉韌帶受傷的發生率要高於男生的 3-5 倍。這類型的傷害往往需要花一整年時間做康復和治療，即使是透過嚴謹的手術治療和復健，在經過 15-20 年後，仍然會有提早罹患膝關節病變（膝關節的關節炎）風險的機會。因此，應該要有高度的重點預防措施和足夠的訓練計畫來避免這類型的運動傷害的發生[2, 4-7]。

　　而男生在大腿和腹股溝肌肉拉傷的次數通常會比女生更加頻繁，儘管這種傷害很少發展成慢性損傷，但往往是造成長期無法訓練和不能出賽的主要原因。曾經大腿和腹股溝有過肌肉拉傷的運動員，容易在同樣部位再次拉傷，甚至有部分的選手因為一開始並未正視輕微的肌肉拉傷而導致職業生涯結束[2]。

　　足球與其他運動項目最大的不同在於他們在運動的過程中直接接觸到下肢的可能性要比其他運動項目來得高。然而，相較於其他運動項目，甚至於非接觸性運動項目，足球運動員的膝蓋嚴重受傷的原因似乎是來自於旋轉和落地動作所造成的[4]。

運動員可以透過正確的訓練和練習來預防運動傷害。將專項的訓練加入在熱身項目當中，可以避免很多經常發生的傷害，如平衡、敏捷和力量的訓練等[2, 7, 8]。嚴重的膝關節損傷通常會在選手進行快速變化方向的情況下發生，例如球員在搶球時或者是在頂球後的落地與跳躍動作，是故球員們必須透過練習學會正確的跑步技巧和落地技術，以避免傷害的產生。正確的衝刺技巧是保持髖關節、膝關節和踝關節呈一直線；正確的落地技術則是雙腳同時落地，同時須注意控制膝蓋不超過腳趾大姆指的位置[2, 8, 9]。

　　建議下列組合的練習[2, 10]：
- 利用輕快的節奏橫向跑同時，利用腳內側運球，並準確地把球傳給隊友。
- 利用輕快的節奏向前跑同時，伸直腳背將球踢傳給隊友。
- 在球不落地的情況下，利用腳內側或者腳背準確地將球傳給隊友。
- 利用大腿控球，球在半凌空的情況下，以左右腳交替方式將球傳給隊友。
- 利用胸部控球，球在半凌空的情況下，將球傳給隊友。
- 單腳彈跳同時用頭頂球。記住膝蓋穩定超過腳尖的姿勢！
- 跳躍同時用頭頂球。注意髖關節和膝關節要有足夠的屈曲，落地時雙腳保持平衡。
- 「踮腳彈跳」的敏捷性練習，是利用高跳躍的同時，能保持膝蓋穩定超過腳尖和抬膝的姿勢著地（圖 18.2）。

　　想要有一個好的足球訓練開始前，必須先完成「落地跳的測試」[2]（圖 18.3A）。這個測試能夠篩選出一些特別需要注意平衡、敏捷和協調方面的運動員，使他們在站立、跑步、帶球、切球、跳躍，以及著地時，能避免踝關節與膝關節的受傷[2, 9, 11]。

　　在「落地跳的測試」時，運動員會從較高的地方跳下來，落地同時，立刻往上跳，就像在空中接球一樣。檢查者必須注意運動員在第一次和第二次著地時膝蓋的位置。落地時膝關節不應該向內錯位的朝向身體中線成為外翻姿勢，並且應該避免骨盆傾斜（見圖 18.3B, C）。它應該盡可能地使臀部、膝蓋到腳成一

圖 18.1 受傷的足球運動員，是在與丹麥的 **Viborg** 足球隊的比賽中受傷。從 2007 年 7 月 12 日的瑞典報紙 **Aftonbladet** 中節錄。

直線，比如「膝蓋在腳趾上方」。倘若運動員不能夠在著地的過程中保持「膝蓋在腳趾上方」，可能會特別容易出現嚴重的膝傷。核心肌群的穩定性訓練主要是針對加強髖關節和踝關節的穩定性，以及適當的膝關節動態和靜態動作，藉以提高知覺意識和神經肌肉控制的能力[2, 9]。高水準的足球運動員透過完整的專業訓練可避免受傷，甚至能夠將受傷的機率減半。

這種完整的專業訓練應該結合平衡訓練並加入能夠強化膝蓋能力的訓練規劃，讓選手能夠適應在比賽中可能會出現的不同姿勢[2, 7-10]（圖 18.4-18.7）。

具有強壯的大腿後肌可以避免造成前十字韌帶的傷害，因為當屈膝角度大於 30º 時，肌肉在急停和急跳時，韌帶可以充當為主動肌。「北歐式大腿後肌運動」（臀部和大腿提拉訓練）已被證實能夠增加離心大腿後肌的力量並且減少大腿後肌拉傷機率[2, 12, 13]（圖 18.8）。

腹股溝部位（鼠蹊部）的肌肉拉傷可能會導致長期的疼痛，並且容易在同一部位發生二次傷害，因此，加強核心肌群的訓練（例如，側棒式、前棒式、攪拌鍋），是重要的預防措施[2, 4, 14]（圖 18.9）。利用健身球抬臀屈腿動作，將能夠在挑戰腹部的核心肌群，同時加強大腿後肌（圖 18.10）。

圖 18.2 (A, B)「踮腳彈跳」的敏捷性練習。

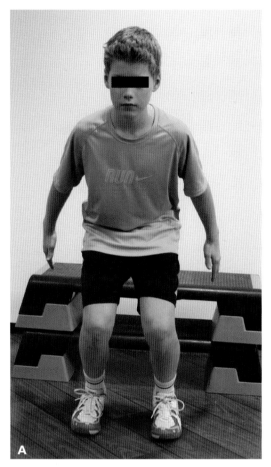

圖 18.3 「落地跳的測試」。(A) 正確落地動作。(B) 錯誤的膝蓋姿勢。(C) 錯誤的膝蓋姿勢—右膝。

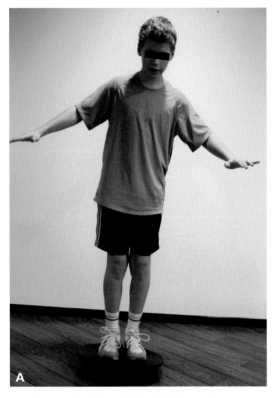

圖 18.4 建議踝關節和膝關節的練習動作：**(A)** 雙腳平衡在搖板上。**(B)** 單腳平衡在搖板上。

圖 18.5 建議踝關節和膝關節的練習動作：**(A)** 單腳平衡在軟墊上的同時，拍球。**(B)** 單腳平衡在軟墊上的同時，利用彈力繩做阻力訓練。

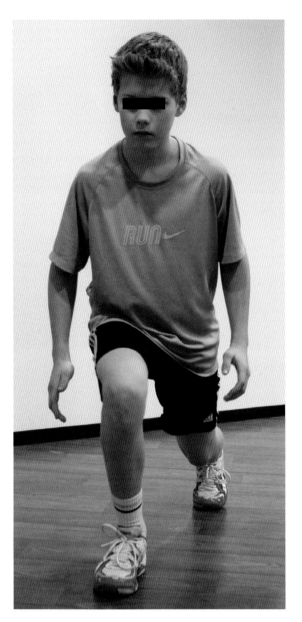

圖 18.6 建議踝關節和膝關節的練習動作：弓步。

圖 18.7 建議踝關節和膝關節的練習動作：向下踏在不平穩的表面上。

肌肉的柔軟度和伸展
(MUSCLE FLEXIBILITY AND STRETCHING)

具有良好的屈髖肌群柔軟度（尤其是針對髂腰肌）主要可預防鼠蹊部的疼痛，同時背部伸肌也能正常運作 [2, 14]（圖 18.11）。同時，運動員要注意有規律地伸展其他部位的肌肉，包括

- 臀肌（髖關節內外側旋轉）
- 股四頭肌
- 大腿後肌
- 小腿肌群

足球運動員的耐力和力量訓練
(ENDURANCE AND STRENGTH TRAINING FOR SOCCER PLAYERS)

在瞭解耐力循環系統和神經肌肉適應過程的新發展時，對訓練和運動表現，能夠提供更有效的介入訓練 [15]。將強度設定在最大心跳率的 90-95%，並持續進行 3-8 分鐘的間歇訓練，已經被證實能夠有助於改善足球運動員耐力的發展和運動表現。向心模式的力量訓練中，使用高負荷、少重複次數，以及力量最大激活

圖 18.8 「北歐式大腿後肌運動」。維持上半身挺直，運動員軀幹慢慢向下同時，大腿後肌有抗阻的動作。

圖 18.10 (A, B) 健身球抬臀屈腿動作。

化，已被證明對力量發展是有效的。而對教練和球員的挑戰就是嘗試新的訓練方式，並改變現有的訓練和練習 [15, 16]。

間歇訓練 (Interval Training)[15, 16]

- 每週一次的間歇訓練，能維持耐力水平
- 每週兩次的間歇訓練，能增加 1% 的攝氧量
- 4 分鐘的間歇訓練效果是其他相似的訓練類型的 2 倍
- 16 個間歇訓練的課程，會增加 3-5 毫升，這意味著
  - 每場球賽增加 1.5-2 公里的跑動距離
  - 多一倍的衝刺距離
  - 提高 30% 機率參與對球的控制
  - 不影響速度、力量或敏捷

力量訓練 (Strength Training)[15-17]

- 每週一次的力量訓練，能維持肌力水平

- 每週兩次的力量訓練，會增加 2-4% 力量
- 16 個肌力訓練課程，半蹲肌力會增加 30-60%，或者是 30-50 公斤，這意味著
  - 每跑 10 公尺就縮短 1 公尺（速度較快）
  - 跳起來會高 3-5 公分
  - 每場球賽提升 1 公里的跑動距離的能力，因為提升力量便會在跑動的時候提高體能效益

圖 18.9 棒式練習。

圖 18.11 教練和球隊按摩師討論伸展臀部屈肌技術。

足球的耐力訓練 (Endurance Training in Soccer)

足球運動員需要同時具備技術、戰術和身體技能才能夠成功。在足球運動表現中，身體的力量、爆發力或其他衍生的運動素質，如加速度、衝刺和跳躍和耐力是一樣重要的[15]。

以最大心跳率的 90-95%，進行 3-8 分鐘的間歇性練習，對於氧氣輸送器官的訓練是一大負荷。當按此強度訓練持續到 8-10 週時，其最大攝氧量會提升 10-30%，但實際效果仍取決於個人訓練前的體能狀態和訓練頻率[15, 16]。

在理想的情況下，對於足球運動員的耐力訓練應該利用運球的方式來進行，藉以能夠提高運動員動機的情形下進行訓練。此外，利用運球的方式訓練不但可以增強運動員的技術和戰術技巧，而且可以同時進行敏捷性的訓練。而 Hoff 等人的研究指出，專業的足球訓練規劃，必須符合有氧間歇訓練的標準，而心跳率的監控是一個有效的測量，訓練的實際運動強度必須在這種類型的訓練模式下進行（圖18.12）。這個研究同時發現，較高的運動強度訓練會使運動員在運球時更容易盤球過人[16]。

足球運動員耐力的實戰訓練
(Practical Training for Endurance for Soccer Players)

訓練的目的主要是維持或提高最大攝氧量，這將決定運動員在比賽中的運動能力。
- 6 分鐘的暖身，或踢足球熱身後，直接練習。
- 4 趟 4 分鐘的間歇訓練，中間休息 3 分鐘。
- 在跑步機上跑步，用 5% 的傾斜度，或用球去練習盤球。

力量和力量衍生物：加速、跳躍、衝刺
(Strength and Strength Derivatives: Acceleration, Jump, Sprints)

在講求耐力的足球比賽環境中，會有許多如衝刺、鏟球和射門等高強度的情況發生。平均每 90 秒當中，會有 2-4 秒的衝刺時間。而衝刺跑則佔了整場球賽跑動距離的 1-11%；相對於有效的踢球時間，實爲 0.5-3%。在一場球賽中，一個職業運動員能在維持身體平衡並有效控球的情況下，進行大約 50 次強而有力的急轉跑，來抵禦敵人的進攻[16]。

在不同的訓練方法上，爲了提升力量和爆發力，可利用短跑和跳躍的訓練來增強運動員加速度和爆發力的基本能力。肌力被定義爲在單一個動作中進行的最大肌力，無論是從等長或動態的收縮形式下所產生的力量。而爆發力則是指力量的產生和最短的時間，也就是指在最短的時間內盡可能的產生最大的力量[16, 17]。

肌肉力量發展是需要依賴於許多不同的因素。最常見的是在開始位置、延長速度、縮短速度、離心的初始階段、肌纖維類型、運動神經元同時激活、肌肉橫斷面積、刺激脈衝頻率及肌肉運動所需之可用受質等[16]。

對於肌肉力量發展的兩大基本機制爲肌肉肥大和神經適應。

肌肉肥大是力量訓練的效果，主要是肌肉橫斷面積和它潛在力量的發展有其相關，並與肌肉纖維中的肌原纖維數大量的變粗有關係。在經過有系統的力量訓練一段期間後，各類肌纖維將會變粗，並使肌肉肥大。透過研究顯示，快速收縮的肌纖維具有最大的肥大能力[16, 17]。

神經適應性是一個廣泛的描述，其中還包含了許多因素，例如，選擇性的運動單位激活、同步性、選擇性的肌肉激活、彈性收縮、增加頻率提高反射潛能、增加運動單位的招募、提升拮抗肌的共同收縮能力。透過協調其它肌群參與動作，能有效地提高舉重能力，同時增強核心肌肉的能力[16, 17]。

最大神經適應的兩大原則如下：
- 訓練最快的運動單位。這些能夠發展最大的力量，是在最大的自主收縮能力的情況下，以最大肌力 85-95% 的負荷進行訓練。
- 獲得肌力的最大優勢是在高阻力負荷下，動作的訓練仍以快速爲主。動態爆發力訓練是以最大肌力的 85-100% 的負荷，進行 3-7 重複次數的重量訓練，並可能會在最少肥大的情況下，發生神經肌肉的適應[16, 17]。

圖 18.12 挪威的 Sandefjord 足球隊的菁英運動員。

力量與速度的實戰訓練
(Practical Training for Strength and Speed)

運動員若希望在不增加肌肉質量的情況下變強壯且增加速度 [16]，運動員要遵循以下說明：

- 自由重量的深蹲，下蹲直到 90° 的膝關節屈曲（圖 18.13）。
- 緩慢的下降，短暫地停頓，用最大力向上推升，完成腳尖踮高的動作。
- 訓練半蹲同時，必須培養背部和腹部的肌力。
- 進行 4 組的半蹲動作，每組 4 次，如果重量太重運動員不能做太多的次數。
- 運動員進行 4 組 ×4 次時，每次提高重量 5 公斤。
- 可以同時結合耐力訓練或與足球訓練一起實施。

非慣用腳訓練能提升足球運動員的雙側動作的表現 (Nondominant Leg Training to Improve Bilateral Motor Performance of Soccer Players)

圖 18.13 蹲舉練習。

這項實驗的主要目的是為了評估競技運動員加強非慣用腳的訓練對運動表現的影響。實驗組參與為期 8 週的全部訓練課程，同時介入非慣用腳的訓練。在實驗結束後，分析足球專項檢測的數據顯示，實驗組非慣用腳訓練的前後測成績比控制組的前後測成績有顯著進步。此外，他們還找出幾點令人意料之外的發現，經過訓練後實驗組的慣用腳也明顯的比控制組進步許多。受試者經由實際的訓練後，在透過全身性動作的課程中抑或者是從動態系統的回饋中，可以獲得有效資訊來瞭解自身的現況和身體組織的動作表現。這個訓練成效意味著使用非慣用腳訓練時，會有相當好的運動表現，並且認為在受傷期間，訓練另外一側沒有受傷的身體部位時，可能會對運動員有實質上的助益。這個實驗在實際應用中是顯而易見的：足球運動員和教練應該更加著重在「非慣用腳」的腳的練習，藉以同時提高他們左右腳的技能 [18]。

一般的穩定性和功能性練習
(General Stabilization and Functional Exercises)

McGill 的三大動作練習 (McGill's Big 3) [13]

- 最困難的死蟲軌道動作版本：在健身球上進行大腿後肌抬臀彎腿動作
- 三個側橋軌跡動作的版本：
  - 側搭橋
  - 棒式轉體練習
  - 髖鉸鏈－最大負荷的深蹲 4 組 ×4 次。依據 Hoff 博士指出，這對足球運動員，是最有效的穩定運動。
- 鷹犬 (Bird dog)
- 北歐式大腿後肌運動（見圖 18.8）
- 側臥髖關節內收肌的吊帶練習

足球的練習單 (EXERCISE LISTS FOR SOCCER)

5-10 歲兒童 (5- to 10-Year-Olds)

- 發展耐力的初級練習活動：跑步 / 慢跑、騎自行車、輪滑、滑雪、溜冰以及游泳。
- 發展協調、平衡、敏捷和力量的練習：蹦床運動、赤腳在凹凸不平的表面上跑步、踢足球。

10-15 歲 / 週末勇士成人 (10- to 15-Year-Olds/Weekend Warrior Adults)

- 神經動力知覺：透過木條、弓步、溜冰和輪滑進行平衡訓練。

- 核心穩定：死蟲動作、側搭橋、棒式、棒式轉身W字形動作以及單腳搭橋。
- 動態力量：蹲舉和在健身球上進行大腿後肌抬臀彎腿動作
- 耐力：依據 Hoff and Helgerud 進行 4×4 原則的跑步，最好是利用盤球方式進行[16]。

傑出的運動表現和職業運動員
(Elite Performance and Professional Athletes)

- 神經動力學：以負重的方式採用弓步在凹凸不平的地面上行走、奔跑。
- 穩定性：棒式轉身動作，以單臂棒式動作 / 單臂朝向側面、再以側面單腿支撐 / 單腳朝向側面、然後進階到在凹凸不平的地面上進行；下斜腹肌；雙腳在健身球上進行大腿後肌抬臀彎腿動作；以及單腳在健身球上進行大腿後肌抬臀彎腿動作。
- 肌力：依據 Hoff and Helgerud 進行 4×4 原則肌力訓練，以及北歐式大腿後肌運動。
- 耐力：依據 Hoff and Helgerud 進行 4×4 原則的跑步，最好是利用盤球方式進行。

參考文獻 (REFERENCES)

1. FIFA. FIFA big count 2006: 270 million people active in football. www.fifa.com/aboutfifa/media/newsid=529882.html
2. www.klokavskade.no/skadefri/fotball
3. Andersen TE, Árnason A, Engebretsen L, Bahr R. Mechanisms of head injuries in elite football. Br J Sports Med 2004;38:690–696.
4. Engström B, Johansson C, Törnkvist H. Soccer injuries among elite female players. Am J Sports Med 1991;19:372–375.
5. Bjordal JM, Arnly F, Hannestad B, Strand T. Epidemiology of anterior cruciate ligament injuries in soccer. Am J Sports Med 1997;25:341–345.
6. Lohmander LS, Östenberg A, Englund M, Roos H. High prevalence of knee osteoarthritis, pain, and functional limitations in female soccer players twelve years after anterior cruciate ligament injury. Arthritis Rheum 2004;50:3145–3152.
7. Mandelbaum BR, Silvers HJ, Watanabe DS, et al. Effectiveness of a neuromuscular and proprioceptive training program in preventing anterior cruciate ligament injuries in female athletes: 2-year follow-up. Am J Sports Med 2005;33:1003–1010.
8. Hewett TE, Lindenfeld TN, Riccobene JV, Noyes FR. The effect of neuromuscular training on the incidence of knee injury in female athletes. A prospective study. Am J Sports Med 1999;27:699–706.
9. Hewett TE, Myer GD, Ford KR, et al. Biomechanical measures of neuromuscular control and valgus loading of the knee predict anterior cruciate ligament injury risk in female athletes: a prospective study. Am J Sports Med 2005;33:492–501.
10. Soligard T, Myklebust G, Steffen K, et al. Comprehensive warm-up programme to prevent injuries in young female footballers: cluster randomised controlled trial. BMJ 2008;337:a2469.
11. Andersen TE, Floerenes TW, Arnason A, Bahr R. Video analysis of the mechanisms for ankle injuries in football. Am J Sports Med 2004;32:69S-79S.
12. Arnason A, Andersen TE, Holme I, Engebretsen L, Bahr R. Prevention of hamstring strains in elite soccer: an intervention study. Scand J Med Sci Sports 2008;18:40–48.
13. Hewett TE, Stroupe AL, Nance TA, Noyes FR. Plyometric training in female athletes. Decreased impact forces and increased hamstring torques. Am J Sports Med 1996;24:765–773.
14. McGill S. Ultimate Back Performance. Waterloo, ON: Wabuno Publishers; 2004.
15. Hoff J, Helgerud J, Wisloff U. Maximal strength training improves work economy in trained female cross-country skier. Med Sci Sports Exerc 1999;31(6):870–877.
16. Hoff J, Helgerud J. Endurance and strength training for soccer players. Physiological considerations. Sports Med 2004;34(3):165–180.
17. Wisløff U, Castagna C, Helgerud J, Jones R, Hoff J. Strong correlation of maximal squat strength with sprint performance and vertical jump height in elite soccer players. Br J Sports Med 2004;38:285–288.
18. Haaland E, Hoff J. Non-dominant leg training improves the bilateral motor performance of soccerplayers. Scand J Med Sci Sports 2003;13:1–6.

CHAPTER 19

Brett J. Lemire
譯者：王淑華

游泳
Swimming

概況：游泳分齡比賽的人口統計
(OVERVIEW: DEMOGRAPHICS OF COMPETITIVE AGE-GROUP SWIMMERS)

分齡的競技游泳是一項高技術需求的運動。這項運動自兒童初期接觸游泳開始，一直到青少年時期，甚至到後期進入高水準的菁英競賽，都相當重視在運動發展中的穩定性。競技游泳有 4 種不同的姿勢，且針對不同的發育年齡，訂有不同的游泳距離。比賽距離由低齡組的短衝開始，隨著選手的成長，轉往短、中及長距離的項目。競技游泳也包括個人混合式（4 種泳姿接續游相同的距離）以及短程和長程的游泳接力比賽。

在競技游泳項目，分齡比賽組別從「6 歲以下」組一直到「19 歲以上」組，並分為男子組及女子組。美國游泳總會是美國國家管理機構，負責管理全美游泳運動事務，目前美國游泳總會共有 286,095 位註冊在案的游泳選手[1]。而這個數字不包括大學的游泳選手、年長與成人的游泳者，以及在休閒游泳社團的分齡游泳者，這主要原因係為上述泳者，都不在美國國家的游泳訓練計畫中。

在 10 歲以下的兒童游泳選手佔了將近 10萬的人口。而這個數字會隨著年齡的增長而有慢慢減少的現象，19 歲游泳選手約有 8,000 人左右。這個明顯的變化，主要與游泳選手在游泳訓練的發展過程中，經常面臨的倦怠及運動傷害有關（見表 19.1）。

游泳競賽可以在不同長度的游泳池進行，並且分為短水道及長水道二季，短水道的比賽泳池長度為 25 碼，而長水道的比賽泳池長度則為 50 公尺或奧林匹克競賽所使用的游泳池規格。短水道泳季一般從秋季開始到隔年春季。分齡組、高中、大學層級的游泳選手在短水道泳池比賽。長水道泳季一般在短水道賽的全國錦標賽後，至長水道全國錦標賽閉幕的時間通常是接近夏季結束的時候。

在兩個賽季間的訓練內容可能會受到下列相關因素的影響，包含泳池水道的長度、各泳姿的技術變化、不同泳距的划頻以及針對力量強度與體能訓練上的設計。例如，在短水道訓練時需要較多的轉身動作，這期間的訓練重點需要著重在轉身的力學技術上、蹬牆時雙腳所需之爆發力、身體在轉身動作起伏過程中的核心訓練，以及蹬牆後潛泳和憋氣，都是在短水道訓練中需要加強練習的。反之，在長水道訓練時因為轉身動作較少，在訓練過程中划水的長度、速率、節奏和身體的代謝等體能參數，都是對成績有直接的影響。

在對身體的要求上，游泳運動與其他的陸上運動項目有些不同。由於在水中，水是無法提供泳者如在地面上跑步和跳躍時，身體能自我保持的穩定性。身體在水中的穩定，將來自於如何正確地使用核心肌群，並強化頭部與軀幹的合作，使身體能在水中達到平衡作用。此外，核心肌群的力量還必須能控制四肢在水中動作時對水的反作用力。因此，游泳選手在年輕時，必須開始學習如何增強他們對於自己身體的控制能力，並隨著年齡的增長，持續的強化。透過整個青少年階段的訓練，青年選手必須不斷的在提升耐力和力量的環節上持續加強，才能有機會成為菁英選手。

「基礎」階段（年齡在 6-9 歲）
(「FUNDAMENTAL」STAGE)

在競技游泳中，6 歲以下兒童是這項運動的初級參與者。從全球性技術動作的發展過程來看，相較於只從事水中划水技術動作的練習來說，孩童需透過同時進行陸上與水上二種基礎動作的訓練方式，明顯比在水中的單一訓練更為容易增加學習效果。同時為了促進學習成效，在教學的過程中加入遊戲與活動，將更能幫助 6 歲以下兒童發展敏捷、平衡、協調與速度能力。

競賽游泳的姿勢分為兩類，主要以泳者所使用的軀幹和四肢所呈現出不同型態的運動模式來區分。捷泳（自由式）和仰泳是以長軸划水方式進行，其四肢以相互對立的方式動作，且軀幹的旋轉是以身體的縱軸線為主。相反的，蛙泳與蝶泳則是以短軸划水方式進行，四肢是以身體的冠狀軸線進行同步划水動作。

在基礎發展階段（6 歲以下），年幼的游泳選手一般是先學習以長軸划水的捷泳和仰

表 19.1		2009 年 * 註冊在案的游泳者：各年齡層的人數									
8 以下	9	10	11	12	13	14	15	16	17	18	19 以上
37,514	27,623	31,802	33,645	31,326	28,671	25,830	20,271	17,182	14,457	9,899	7,875

* 286,095

資料來源：美國游泳總會 2009. http://www.usaswimming.org.

圖 19.1 (A, B) 在基礎發展階段，游泳選手必須學習在水中仰臥同時，能維持身體的協調和平衡。

圖 19.2 各年齡層的游泳選手必須在 4 種泳姿中掌握和提升流線型姿勢動作練習，尤其是在出發或轉身後進入到游泳划水階段。

融合遊戲和活動的訓練方式，將為年幼的游泳選手的運動系統中帶來有趣及動態挑戰。這類的活動包括蛙跳、兔子和蜘蛛[2]、紅綠燈、躲避球等遊戲。下列遊戲可以協助建立適齡的穩定性，以及運動能力和操作技能：

• 半蹲、蹲伏、棒式、爬行、跳躍、投擲、踢腿、踏跳、跑步和衝刺（圖 19.3）
• 蛙跳、蜘蛛爬和兔跳

泳，再進階到短軸划水的蛙泳與蝶泳。幼小的游泳選手必須具備的一個主要的技能，就是要能夠在水中保持平衡（圖 19.1A, B）。透過訓練，年幼的選手將學習到身體在水中仰臥及俯臥時的正確位置，這對於日後發展划水動作及水中的能力是不可或缺的。

基礎發展階段的陸地訓練內容應該著重在一般的運動能力，其中包括軀幹穩定性、運動能力，以及良好的操作技巧。教練應該知道在這個基礎發展時期，是適應速度發展的最佳時機，一般而言，女孩在 6-8 歲之間；而男孩則是在 7-9 歲之間。教練應利用身體知覺的技能，讓競技游泳的四種泳姿的手和腳姿勢和身體所伴隨的平衡能力做整體結合。這些技能包括單腳站立、雙手高舉過頭的流線型姿勢，以及擺動腿輕微伸展或屈曲（圖 19.2）。

圖 19.3 利用鴨子走路的遊戲方式在捕手深蹲和跳躍動作交替進行垂直跳和向前大跳躍。另外，在爬行運動和遊戲中，選手以交叉爬行動作模式進行，挑戰動態的穩定性和四肢的協調能力，這對選手的競技發展至關重要的，並且能夠預防傷害的發生。

- 利用跳繩做出一跳一迴旋、一跳二迴旋、跳躍。這項活動對所有年齡層的游泳選手都是非常有用的訓練，主要在於節奏、協調、下肢踢腿模式以及對於年齡較大的選手在耐力、速度和爆發力的發展都很有幫助。
- 繩梯敏捷練習
- 跳房子遊戲（遊戲規則）
- 紅綠燈遊戲（遊戲規則）
- 西蒙說遊戲 (Simon says)（遊戲規則）

下列的練習主要針對 6-9 歲兒童：

長軸划水泳姿（捷泳和仰泳）：

- 在水中身體的定位與浮力控制
- 運用流線型的手臂和身體的位置
- 從臀部發起踢水動作時，須具備正確的膝蓋彎曲和柔軟的腳踝
- 手部從肩前入水時，手臂的定點位置
- 身體旋轉和換氣的時機點
- 出發、轉身和抵達終點（圖 19.4A, B）

短軸划水泳姿（蛙泳和蝶泳）：

- 開始練習蛙泳正確浮出水面的運行動作

圖 19.4 (A, B) 在競技游泳的所有級別中，出發、轉身和抵達終點是技、戰術的主要關鍵。在基礎階段中，游泳選手在跳水出發時，會有恐懼感；所以，要成為一位成功的游泳選手，必須要先有成功的出發動作。

- 練習正確的蛙泳划水和踢水方式
- 練習划水和踢水動作配合的時機點
- 練習兩手觸牆動作
- 開始練習蝶泳的雙臂划水及海豚式踢水
- 學習身體在水中及換氣時的起伏波動
- 學習手臂划水、換氣和踢水配合的時間點

在游泳發展的早期階段，教練應向選手和家長說明每個泳姿的基本規則和指導準則，以及比賽的距離和接力等細節。例如，6 歲的孩童在學習仰泳時，應該教導他們仰泳這項運動從出發開始，直至整個比賽中，都必須維持仰著游泳，不能把身體翻正，否則將會被取消資格。在學習接力時，應該教導游泳者在什麼時間點出發，才不會犯規或者是因為等待太久而延誤出發。

在基礎發展階段的末期，教練應注意 9-10 歲的選手在有氧能力方面的發展。由於有氧能力的知覺性，將可以明顯增加游泳的距離，同時更建立良好有氧能力的基礎，這將有利於選手短期和長期目標的達成 [3]。

精熟階段（年齡在 10-15 歲）
(REFINED STAGE)

當游泳選手進展到青少年時期，他們必須學會游更長的距離和不同的泳姿。他們需要更多的技術指導以提升游泳的成效，並且學習與觀察可能會影響他們划頻和划幅的技術因素。選手應開始適應比賽配速以及比賽時出發、轉身和抵達終點時等技術的精進。

在青少年階段，教練和家長都應密切注意男孩和女孩生理發育的敏感時期。此階段的身體特徵與身高成長高峰 (PHV)，或開始長高階段，與青春期快速成長發育有密切關係。在身高成長高峰階段，有氧能力與肌力的發展增強。然而，女生的有氧能力與肌力發展約莫在 11 歲左右開始。男生部分，因身高成長高峰階段發生較晚，大約在 13-14 歲左右的一個關鍵時期，有氧能力與肌力才開始發展。實際上，他們肌力的發展是在他們身高成長高峰階段的一年後才開始 [4, 5]。

教練應該透過調整訓練方式，來充分利用這個神經和能量系統的正向機轉時期。例如，訓練內容應包括增加游泳的訓練量以強化有氧能力的發展，加上新的游泳技術和更多進階的游泳技術

的整合，趁此發展身體的協調能力。建議此階段可針對在出發和轉身時划水動作的換氣控制訓練時，增加技術與戰術的技術訓練。

在這個成長的階段，年輕的選手經常會有對於一些曾經熟練的簡單動作發生笨拙及遭遇困難的窘境（例如，俯地挺身或半蹲動作）。在生理上的改變說明了，激勵鼓舞年輕選手持續接受訓練應該是有幫助的。精熟階段的游泳選手應學習建立一個更大的動力來優化運動表現。他們的訓練計畫應該包括一個全面性體能訓練計畫，這不僅只是集中在運動專項動作的練習，也強調自身體重阻力訓練、藥球、健身球和彈力繩等訓練。

這些訓練包括：
- 深蹲、單腳深蹲和深蹲跳躍
- 多方向弓步練習
- 爬行、棒式和俯地挺身的進階訓練
- 利用藥球做全身性的運動
- 利用彈力繩進行手臂對稱和對立的動作訓練

圖 19.5 (A-D) 採用動覺或身體知覺的訓練，可以幫助游泳選手提高他們對肢體的動作和定位的熟練度，以提升游泳的成績表現和減少受傷的風險。

陸上技術應著重在柔軟度、動作控制、在手臂划動過程更加精熟軀幹和四肢的肌肉運動知覺意識，以及手部入水時的位置（圖 19.5）。例如，「米特的練習法 (mitt's drill)」的技巧，主要著重在游泳選手必須處於站立的方式，並保持手部與肩膀同寬，由另一個人站立於對向，手部入水的姿勢，試圖觸摸到另一個人的手，用以熟練手部在入水時的精確位置（同時進行睜眼與閉眼的兩種練習）。

游泳選手常因錯誤的動作與過度訓練，致使肩、背和膝蓋的非接觸性受傷率偏高[7]。隨著適當的運動指導與訓練策略，在此階段進行身體基礎功能評估，是可以預防運動傷害的發生。游泳選手功能評估應包括以下內容：
- 身體位置評估需要注意的脊椎前凸、脊椎後凸、脊椎側彎程度以及膝蓋的外翻。
- 功能性動作檢測，特別強調肩膀、脊椎和膝蓋的運動學（例如，雙手高舉過頭和俯地挺身檢測，以評估胸椎和肩關節的活動度及穩定性）。

- 踝、膝和髖關節評估（例如，半蹲、單腳半蹲、弓步檢測）
- 核心穩定性（運動專項檢測）

執行運動專項的核心穩定性評估，讓游泳選手側躺在兩個高起的物體表面上如健身球 (Bosu) 和平衡板或墊子，選手的肩和腳維持在同一高度的平面上（見圖 19.6A）。然後，讓游泳選手抬高他們的臀部，與頭部、軀幹、臀部和腳成一直線[8]。最後，讓游泳選手保持身體呈一直線的姿勢，緩慢的向前和向後滾動。

另一種評估方式為讓游泳選手仰躺，在頭及肩膀、骨盆及腳踝三個部位下方分別放置板凳支撐[9]。讓游泳選手腹部用力以穩定核心，然後移除中間的板凳，評估頭、肩、臀和腳維持身體穩定的狀態（見圖 19.6B, C）。如果在檢測評估過程中，有任何不合格的地方出現時，應多加強基礎核心穩定的訓練，並且需要通過重複的檢測，才能進入下一階段更嚴格的訓練。

菁英階段（年齡在 16 歲以上）
(ELITE STAGE)

相較於前面兩個發展階段，菁英游泳選手的划水技術通常已經進階到更高層級的階段。因此，游泳選手到了這個時候已經是經歷過許多的客觀測量技術，例如水中攝影和生物力學分析，划幅與划頻的測量等。

在這個階段的訓練中，教練應該要有規劃良好的週期訓練計畫，並著重在選手整體耐力、肌力和爆發力的建立與發展[10]。這可以通過良好的監督，利用重量訓練室或在泳池中，以繫繩的抗阻力方式訓練（如彈力繩），以及使用腳蹼和潛泳呼吸管等方式進行訓練。在此階段，有用的評估測試包括半蹲測試（質和量）、垂直跳測試、俯地挺身測試、正面棒式及側棒式的耐力測試。

肌力訓練包括：
- 阻力深蹲、阻力單腳深蹲和增強式深蹲跳躍（圖 19.7）
- 手持藥球和壺鈴的多方向弓步練習（圖 19.8）
- 帶、鏈或環的懸吊訓練（全身性的訓練）
- 爬行、棒式和俯地挺身的進階訓練
- 藥球的拋傳訓練
- 雙臂以對稱和對立的方式，進行以垂直、水平和對角彈力繩或滑輪訓練（垂直拉動旋轉盤、對角的由高至低和由低至高，例如「劈柴 (wood-choppers)」動作、水平或橫向的旋轉運

圖 19.6　(A-C) 如同游泳選手進入到精熟階段，柔軟度和核心功能的評估是必需的，主要是解決限制性影響運動表現的因素和受傷的風險（例如，改版的側面搭橋檢測和仰臥搭橋檢測）。

動等）（圖 19.9）

舉例來說，運動專項的阻力訓練是運用游泳選手在健身球或墊上的平衡能力，進行垂直的拉動練習（圖 19.10）。這個手臂拉動的動作是需要游泳選手利用核心肌肉的力量，穩定肩膀、軀幹、骨盆來對抗動作所產生的反作用力。也可以利用彈力繩放在踝關節處，提供阻力對抗下肢動作的方向。這種運動訓練有助於肌肉長鏈的平衡，以習慣游泳選手在游捷泳時所產生的旋轉運動。

圖 19.7 (A, B) 從深蹲到過頭動作，是一個重要的功能性訓練，主要是發展全身性的體能和游泳的運動專項技能，走向精熟階段的末期同時，朝向菁英階段的發展前進。

肩傷的生物力學（游泳選手的肩膀）
[BIOMECHANICS OF SHOULDER INJURY (SWIMMER'S SHOULDER)]

年輕選手持續在成長發育中，運動動作與日常生活的基本需求，骨骼、關節和軟組織的結構皆會發生變化。在成長過程中常被關注的問題是肩部功能的穩定性，它可以透過平衡訓練負荷來滿足特定的生物需求。游泳選手常因為大量訓練及技術不良的因素，進而造成肌肉骨骼損傷[11]。根據統計，前 100 名 17-19 歲年輕游泳選手放棄游泳的主要原因，就在於過度訓練和過早發

圖 19.8 (A, B) 雙手握住藥球，軀幹側向旋轉弓步同時，踩到板凳上。

展[12]。這些年輕游泳選手放棄游泳的原因是因為過早發展所帶來的早期成功，由於他們太早接觸大量的訓練，而導致他們太早就達到運動表現的高峰、運動倦怠及運動傷害。另一種流失率發生原因，則是因為年輕的大一新鮮人，在投入全年度的游泳訓練課程時，其陸上或水上的訓練量突然驟增所造成的。急遽增加訓練量與肩膀受傷率有較高的關聯性[13, 14]。每週訓練超過 4 次，則

圖 19.9 (A, B) 全身性動作模式的訓練，在菁英階段是有幫助的，例如將藥球握住，以對角方式，從較低的姿勢轉身同時將球舉高，或由高至低。

圖 19.10 (A, B) 特定泳姿的專項運動是發展動作的模式的主要關鍵（例如，將健身球放在旋轉盤上，利用滑輪進行垂直動作的訓練）。

膝蓋受傷的機率為平常的 2 倍，肩部受傷的機率則為平常的 4 倍 [15]。

競技游泳選手最常受傷的部位是肩部；這種傷害通常被稱為「游泳肩 (swimmer's shoulder)」[1, 7, 16-18]。受傷範圍被界定為需要運動傷害防護員或醫生的診斷和治療時所接觸過的部位 [7]。每 1,000 個游泳選手中就有 2.12 人受傷（見表 19.2 游泳受傷率的詳細資訊）。造成游泳選手肩膀受傷的主要原因是捷泳划水動作的過度訓練量。這在每天游 10,000-14,000 公尺的熟練和菁英層級的選手身上常發生；其中水中訓練時間的 80% 都是以捷泳姿勢訓練 [19]。這意味

表 19.2	游泳受傷率
受傷率和受傷部位	相關運動
44%	游泳
44%	交叉訓練
11%	無關競技
下肢受傷	交叉訓練
上肢受傷	游泳
上肢與下肢受傷比	游泳的 3:1 至交叉訓練的 1:4

資料來源：McFarland EG, Wasik M. (1996)。女大學游泳運動員因游泳或交叉訓練時的受傷情形。Clinical Journal of Sports Medicine, 6, 178–182.

著每年大約有 120-200 萬次的手臂划水動作[20, 21]。膝蓋內側的疼痛或「蛙泳膝 (breaststroker's knee)」是最常見的下肢傷害，其次是與脊椎相關的頸、背傷害[22]。

游泳池外的體能活動，如陸地上運動、阻力訓練、交叉培訓計畫，也是造成肌肉骨骼傷害的因素。這些活動的受傷發生率接近游泳受傷率[7]。休息恢復對長期從事競技訓練的游泳選手是非常重要的。不幸的是，教練、家長和選手本身太過於強調全年的游泳訓練，而忽略完整的休息對於選手狀態恢復的必要性。

在捷泳姿勢中，最常見的划水錯誤動作導致游泳選手肩膀受傷，是擺臂時低效率的身體轉動、肘部位置下降、頭部姿勢不佳，以及手部入水時，手臂的軌跡橫越過身體中線。手部入水的最佳位置是在肩線處，而非橫越過身體的中線處。在短軸滑水的蛙泳姿勢中，過多的踢水動作和訓練組數，則容易造成下肢的傷害，也俗稱的「蛙泳膝」。

常見的肩部傷害
(COMMON SHOULDER INJURIES)

以下是游泳肩常見的診斷：
- 肱二頭肌肌腱炎
- 肩峰下滑囊炎
- 肩旋轉袖肌腱炎（棘上肌）
- 肌筋膜炎症候群（肩胛骨周圍肌肉）
- 肩關節前脫位
- 鳥喙突肱骨韌帶傷害
- 關節囊上盂唇前後撕裂病變
- 肩關節多方向的不穩定

游泳其它傷害包括：
- 蛙泳膝
- 頸部疼痛
- 下背疼痛

捷泳低效率的身體旋轉
(INEFFICIENT BODY ROTATION IN FREESTYLE SWIMMING)

捷泳低效率的身體旋轉是游泳選手肩部疼痛所產生的妥協現象，導因於身體轉動不足或不對稱的軀幹轉動。導致在捷泳擺臂過程中，肩胛骨起伏的過度使用。身體旋轉不足會改變擺臂過程中手部的划水路徑，主要影響手部入水後，在抓水和推水等局部動作的肢體方向

（圖 19.11）。

當年輕的游泳選手開始增加訓練量、手臂划水動作的重複次數以及錯誤的動作模式會觸發肩胛骨周圍肌肉的肌筋膜疼痛。這會進一步改變划臂時手前伸與復原時的肩胛肱骨韻律 (scapulohumeral rhythm)（圖 19.12）。

圖 19.11　(A) 在精熟階段中，游泳選手最大的划水錯誤動作在於手臂的恢復、手部的入水位置和推水動作（橫越過身體的中線）。(B) 在精熟階段的中期，游泳選手會有較輕微的錯誤動作在於手臂和手臂的入水位置太裡面，而踢腿動作稍寬。

圖 19.12　早期階段的菁英游泳選手具有較高的手臂恢復能力，讓他們能游較長距離和較高強度的訓練，這可能容易引起肩部的受傷。

游泳選手肌肉骨骼疼痛的成因
(CONTRIBUTING FACTORS TO MUSCULOSKELETAL PAIN IN SWIMMERS)

不良或錯誤的姿勢是造成游泳選手傷害的主要原因。姿勢的問題是肩部、脊椎和膝蓋傷害的潛在因素，因為這些傷害會影響訓練期陸上及水中的練習技巧 [23]。前傾的姿勢和明顯的後凸會造成肩胛骨穩定度位置的改變與活動程度 [24]。這會造成肩部的夾擊與肩盂肱骨關節的不穩定。

不當的使用阻力訓練和使用特定幾種的肩膀伸展方式，會造成游泳選手肩膀的疼痛和傷害。然而，正確地做好伸展運動是可以減低膝蓋受傷的風險 [25]。

參考文獻 (REFERENCES)

1. USA Swimming, Inc. 2009 Statistics. http://www. USAswimming.com. Accessed October 20, 2009.
2. Elphinston J. Stability, Sport and Performance Movement: Great Technique without Injury. Islands Road, Chichester: Lotus Publishing; 2008:289.
3. Drabik J. Children & Sports Training. How Your Future Champions Should Exercise to Healthy, Fit and Happy. Island Pond, VT: Stadion Publishing; 1996:100.
4. Drabik J. Children & Sports Training. How Your Future Champions Should Exercise to Healthy, Fit and Happy. Island Pond, VT: Stadion Publishing; 1996:19–23.
5. Balyi I, Way R. The Role of Monitoring Growth in Long-Term Athletic Development. Canadian Sports for Life-Supplement 2009. http: //www.canadiansportforlife.ca.pdf.
6. Salo D, Riewald S. Complete conditioning for swimming. Hum Kinet 2008;38–40.
7. McFarland EG, Wasik M. Injuries in collegiate swimmers due to swimming and cross training. Clin J Sports Med 1996;6(3):178–182.
8. Kagan T. Dry Land Training for Swimmers [DVD]. Ultimate Athlete; 2007.
9. Sweentenham B, Atkinson J. Championship swim training. Hum Kinet 2003:263.
10. Salo D, Riewald S. Complete conditioning for swimming. Hum Kinet 2008:185–195.
11. Souza TA, The shoulder in swimming. In: Sports Injuries of the Shoulder: Conservative Management. New York, NY: Churchill Livingstone; 1994:107–124.
12. Costa M, Marinho D, Reis V, et al. Tracking the performance of world ranked swimmers. J Sports Sci Med 2010; 9(3):411–417. http://www.jssm.org/vol9/n3/9/v9n3-9text.php. Accessed October 14, 2010.
13. Wolf BR, Ebinger AE, Lawler MP, et al. Injury patterns in division 1 collegiate swimming. Am J Sports Med 2009;10(10):1–6.
14. Sallis RE, Jones K, Sunshine S, et al. Comparing sports injuries in men and women. Int J Sports Med 2001;22(6):420–423.
15. Knobloch K, Yoon U, Kraemer R, et al. 200-400m breast-roke events dominate among knee overuse injuries in elite swimming athletes. Sportverletz, Sportschaden 2008;22(4):213–219.
16. Wolf BR, Ebinger AE, Lawler MP, et al. Injury patterns in division 1 collegiate swimming. Am J Sports Med 2009;10(10):2037–2042.
17. Edelman GT. An Active Shoulder Warm-Up for the Competitive Swimmer [Edelman Spine and Orthopaedic Physical Therapy web site]. 2009. http://www.esopt.com/site/1/docs/Active_Warm_Up_040809.pdf. Accessed October 14, 2010.
18. Kenal KA, Knapp LD. Rehabilitation of injuries in competitive swimmers. Sports Med 1996;22(5):337–347.
19. Ruwe P, Pink M, Jobe F, et al. The normal and the painful shoulders during breaststroke. Am J Sports Med 1994;22(6):789–796.
20. Allegrucci M, Whitney S, Irrgang J. Clinical implications of secondary impingement of the shoulder in freestyle swimmers. J Sports Phys Ther 1994;20:307–317.
21. Bak K. The practical management of swimmer's shoulder: etiology, diagnosis, and treatment. Clin J Sports Med 2010;20(5):386–390.
22. Wei F. Swimming injuries: diagnosis, treatment & rehabilitation. In: Sports Medicine and Rehabilitation, A Sport-Specific Approach. Philadelphia, PA: Hanley and Belfus; 1994:67–94.
23. O'Donnell CJ, Bowen J, Fossati J. Identifying and managing shoulder pain in competitive swimmers. Phys Sports Med 2000;33(9):3. www. chiro.org/.../Identifying_and_Managing_Shoulder_Pain_in_Competitive_Swimmers.pdf
24. Thigpen CA, Padua DA, Michener LA, et al. Head and shoulder posture affect scapular mechanics and muscle activity in overhead tasks. J Electromyogr Kinesiol 2010;20(40):701–709.
25. Rodeo S. USA Swimming and the Network Task Force on Injury Prevention. USA Swimming, April 2002. http://www.usaswimming.org/ViewMiscArticle.aspx?TabId=1645&Alias=Rainbow&Lang=en&mid=702&ItemId=700. Accessed September 04, 2009.

CHAPTER 20

Tim Brown and Christopher J. Prosser
譯者：王淑華

衝浪
Surfing

衝浪在近幾年來已成為全球性的運動，全球估計約有 3500 萬的衝浪愛好者，每年計有 60 個國家會參與國際衝浪協會所舉辦的世界錦標賽。Mendez-Villanueva 和 Bishop 指出，衝浪是屬於間歇性的運動，相較於相同等級水域運動的運動員來說，衝浪者的身型較矮、肌肉較大，且身體質量指數較低[1]。兩人同時也指出，衝浪者有 50% 的時間花在划水，40% 的時間是靜止不動，而實際上只有 4-5% 的時間是真正的在衝浪；這些高強度的有氧和無氧閾值，相較於其他上半身的耐力運動員，衝浪者會有較高的攝氧量。

衝浪被認為是一項仍在發展初期的運動，它所需要的運動技能類似於滑雪和滑板運動。依據 Treleaven 指出，透過加強關節位置的協調、動眼神經和姿勢穩定性的訓練計畫，能夠增強衝浪者感覺運動控制的功能[2]。不同的訓練計畫內容可依衝浪者個人特定的前腳（右腳或左腳）站立姿勢及所期待的波浪方向、大小和型態來訂定與修改。

由於衝浪者必須長時間俯臥在滑板上滑水，容易造成生物力學的壓力。當衝浪者俯臥撐在滑板上，以鴨子俯衝的方式潛入波浪中時，將直接挑戰衝浪者憋氣的能力、肩膀的柔軟度，以及上下半身交叉動態支撐系統的連結能力。

衝浪者必須具備有在不穩定的波浪表面上進行高速、爆發力和高技術難度的條件，且需要不斷的在三度空間的水上和空中操作。由於在不對稱的站立姿勢中，必須面臨生物力學的壓力，因此，必須結合綜合性和自發性的運動模式，才能成為靈活、強大的衝浪者。

Brown 與 Prosser 指出，男性衝浪者踝關節受傷比率比女性衝浪者高出 50%，而膝關節受傷的比率更是高達女性衝浪者的 2 倍；同時，男性衝浪者的前腳髖關節受傷比率高出女性衝浪者 25%，後腳髖關節的受傷率亦高出女性衝浪者 5 倍之多[3]。Nathanson 等人的研究指出，相較於休閒衝浪者，競技衝浪者的膝蓋軟組織有較高的受傷率，主要原因在於比賽時的侵略性和特技動作[4]。

衝浪運動本身獨特的三度空間改變和移動波形，以功能的穩定性而言，不僅需要軸向周邊強度來承受自發的減速和加速的衝擊，同時需要一個極度敏感的前庭、視覺和本體感覺系統，才能精確的展現在時間概念和技術表現上。

海浪的速度、形狀、大小的多變性以及海底地形結構的類型，都使得衝浪者為達到最佳的運動表現，需要在特定地方進行訓練、技能的準備、技術的調整，以及設備的選擇等，來提升個人技術和確保個人安全性。Nathanson 等人指出，衝浪的受傷害的風險雖然較低，大約平均在每 1,000 個小時的競爭衝浪中，才會有 13 個急性傷害的案例發生；但是若在大海浪的情況下或者是在比較嚴峻的海底地形結構下衝浪，受傷率則增加了一倍[4]。

「好玩的基本技能」衝浪發展（年齡在 5-10 歲）(「FUNDAMENTAL」SURFING DEVELOPMENT)

時機、協調性、划水時的平衡、抓住波浪衝上去的時機以及站上衝浪板的時機等，都是衝浪的基本技能發展的主要關鍵。此階段「好玩的基本技能」是以身體素質、有氧適能、柔軟度以及有效的原始動作模式等做為基本的基礎。非對稱性的特定姿勢學習和對稱性的靈活性和平衡能力，主要將透過低衝擊和安全的在穩定或動態的波浪起伏的表面上進出水中所獲得。

此階段和休閒階段中，主要是建議採用特定衝浪的預復健 (prehabilitation)。Butel 等人的研究發現，優秀的衝浪者表現不佳的原因取決於肩外展和內旋的靈活性，以及前主導腳的髖關節伸展、內旋和短外展的靈活性[5]。他們還指出應該在此階段和休閒階段中，最好是採用預復健方式，處理不佳的頭頸部屈曲協調、下腹部的穩定性和協調性。

有氧能力 / 靈活性 / 穩定性 / 身體素質 / 平衡 / 協調 (ABC) 是「好玩的基本技能」階段的訓練目標，主要著重在個人的功能性橫膈呼吸和深層頸部屈肌的功能的練習。建議先從 3 個呼吸為一組的訓練開始，漸進到 6-9-12 個呼吸，每組間隔的休息時間應低於 30 秒。

利用發泡滾筒進行肩部 / 髖部柔軟度練習
(Foam Roller Shoulder/Hip Flexibility)

- 初階：衝浪者讓脊椎以中立的姿勢，採縱向對稱方式仰躺在發泡滾筒上面，從利用鼻子呼吸進階到使用橫膈的功能性呼吸方式，同時維持頭頸的中立姿勢。
- 進階：衝浪者利用單側或雙側手臂向外伸展或屈曲，以及單導髖關節屈曲的支撐模式；這是結合交叉模式、平衡和橫切面的穩定訓練，讓左右輪流進行（圖 20.1）。此訓練模式最多以三個呼吸為一循環，重複 3-12 次。

利用健身球進行肩部 / 髖部柔軟度練習
(Swiss Ball Shoulder/Hip Flexibility)

- 初階：衝浪者仰臥在大尺寸的健身球上，保持支撐頭部的姿勢（圖 20.2A），利用鼻子呼吸到橫膈的功能性呼吸方式的同時，雙手臂外展或屈曲到兩旁，並維持頭頸下巴處內縮的姿勢。
- 進階：衝浪者側躺在大尺寸的健身球上伸展，兩側交替進行時，必須保持脊椎呈現矢狀面的中立姿勢（見圖 20.2B），並利用每一次的伸展，維持 3 個呼吸為一循環，以漸進方式達到 12 次的訓練。

健身球超人動作 (Swiss Ball Superman)

- 初階：衝浪者將四肢張開在 4 個點的位置，俯臥在大尺寸的健身球上，在進行橫向呼吸和穩定支撐時，必須保持肩部和頸部的中立姿勢。練習穩定的支撐位置，如舉高單手或單腳或雙手或單腳離開地面，成為 3 個點、2 個點或 1 個點的姿勢。
- 進階：以俯臥超人零支撐姿勢（四肢離地），維持 3-12 秒，重複 3-12 次的循環（圖 20.3）。

圖 20.2 (A, B) 利用健身球進行肩部 / 髖部柔軟度練習。

健身球半蹲 (Swiss Ball Squat)

- 初階：衝浪者以對稱方式站立，背靠在健身球同時，將球的另一側抵在牆壁上，雙腳距離與肩同寬，雙足弓和雙手以自然方式呈現或雙手屈曲前伸（圖 20.4A）。透過髖關節鉸鏈動作下蹲成 90º 或在固定的範圍內向下半蹲的方式來進行。這個動作將練習如何利用足內部肌群（縮足動作）、呼吸方式及軀幹的支撐力（腹部用力）。
- 進階：採以單腳半蹲姿勢（見圖 20.4B）持續 3-5 次的呼吸，重複 3-5 次的訓練。

圖 20.1 利用發泡滾筒進行肩部 / 髖部柔軟度練習。

圖 20.3 利用健身球進行超人動作練習。

圖 20.4 (A, B) 利用健身球進行半蹲練習。

利用睜眼／閉眼練習平衡與協調能力
(Eyes Open/eyes Closed Balance Plus Coordination)

- 初階：單腳以冠狀面的中立姿勢平衡站立，持續 3-12 次的呼吸；而漸進方式則是閉上雙眼進行平衡練習，然後換腳練習。
- 進階：衝浪者單腳平衡站立，透過彩虹的動作做橫切面旋轉，來發展感覺運動技能（圖 20.5A）。單腳站立，左右手交替投球和接球（見圖 20.5B），並利用哈克袋進行投接球的熱身練習（見圖 20.5C）。

休閒衝浪的發展（年齡在 10-16 歲）
(RECREATIONAL SURFING DEVELOPMENT)

　　此階段的運動員主要是發展特定的衝浪技能，在穩定及不穩定的水中，進行好玩的衝浪運動，主要是採用複雜的陸域活動、快節奏、多面向的動作技術進行衝浪練習。這個階段是藉由好玩的衝浪練習，以自然的調整靈敏性和身體重心及位置最有效的時機，透過玩耍性質的練習，來發展最佳的衝浪速度和操縱衝浪板的能力。

　　藉由好玩的衝浪練習，讓這個階段的運動員能夠具體的駕馭衝浪的技巧及力量，同時達到軀幹支撐（腹肌用力）的穩定性發展。使實際在進行衝浪時，運動員的身體、生理和心理的安全需求能有相應的發展。同時，在此階段中經常有機會碰到更大、更高性能的海浪。

　　休閒衝浪發展階段的目標是追求力量、穩定、技能及動作協調 (ABC)，並且以「好玩的基本技能」做為訓練基礎，藉以發展功能性橫膈呼吸和功能性的肌肉招募模式。衝浪者必須在具有：爆炸性海浪、抓住海浪衝上去的時機、從衝浪板摔下、划水、恢復的等待時間等條件來進行衝浪練習，且必須依據運動時間長短的不同、強度的不同以及恢復時間設定，同時又符合 30-45 分鐘競賽時間的生理需求等條件來設計訓練課程。從個別組數漸進到重複次數的呼吸練習，每組間隔的休息時間低於 30 秒，漸進到 60-90 秒的休息時間。

健身球進行向前滾動和攪拌鍋
(Forward Ball Roll to Stir the Pot)

- 初階：在一個穩定的矢狀面位置，衝浪者跪在地上，雙手前臂放在健身球上，肩關節／髖關節成 90°（圖 20.6）。當健身球向前滾動前進，維持肩關節對齊、在脊椎呈中立的

姿勢並控制髖關節伸展的情況下，保持肌肉
的運作至動作結束，持續 3-5 次的橫隔呼吸
法，重複練習。

- 進階：衝浪者移動健身球，以順時針和逆時
  針方向繞環，逐步將直徑的功能範圍擴大，
  進行 3-15 組。

健身球進行俯地挺身和俯臥屈腿
(Ball Push-Up to Prone Jack Knife)

- 初階：衝浪者將手與肩同寬放在地上，將膝
  蓋或腳尖放在健身球上，脊椎在中立的動作
  下支撐身體，並進行俯地挺身的動作。

圖 20.5 (A-C) 利用睜眼/閉眼練習平衡與協調能力。

圖 20.6 利用健身球進行向前滾動和攪拌鍋練習。

- 進階：以單腳放在健身球上的方式，重複進行俯地挺身；或將雙腳或單腳在健身球上，衝浪者以腳將雙膝對稱方式，利用腳和核心的力量將球朝自己胸部方向滾動時（圖 20.7），依然維持中立的矢狀面姿勢；進階發展到單腳屈腿，並抬高沒有支撐的腳，同時維持骨盆橫切面的穩定性。

健身球進行俄羅斯旋轉 (Upper Russian Twist)

- 初階：衝浪者在脊椎呈中立的姿勢時，將頭部和肩部仰臥穩躺在健身球上（頭／肩屈曲成 90º），臀部中立抬起，膝蓋屈成 90º，雙腳距離與肩同寬置於地面。維持脊柱矢狀面和臀部中立抬起的姿勢，進行旋轉動作，以可控制的速度，緩慢的以左右方向滾動在胸椎下的健身球。
- 進階：當衝浪者的技術需求變得更具功能性時，技術動作的範圍和速度也將相對提升，可加入雙向高速度的藥球模式來進行接球和擲球的練習（圖 20.8）。

多面向的時鐘弓步 (Multidirectional Clock Lunges)

- 初階：衝浪者站在一個畫好的時鐘或想像自己站在時鐘的中心點，以雙邊跨步模式進行，向 12 點鐘方向前跨和 6 點鐘方向後跨後，再回到中心點，重複練習。在整個過程中，前腳腳踝置中時，面朝前，肩部採開放姿勢同時上身保持脊椎中立直立的姿勢。
- 進階：以單一隻腳或以換腳弓步的順序從中心點以順時針和反時針方向將腳跨出到各個方向（圖 20.9）。

圖 20.8 上半身俄羅斯旋轉練習。

圖 20.7 利用健身球進行俯地挺身和俯臥屈腿練習。

圖 20.9 多面向的時鐘弓步。

- 高階：如果可以執行功能性發展的話，衝浪者可改變時鐘的中心，隨著時間序列進展，先在不穩定的博蘇球 (Bosu)/ 搖板或在砂上表面進行練習，並可加上高速度彈性藥球進行接球和擲球的練習。

菁英運動員衝浪的發展
(ELITE SURFING DEVELOPMENT)

　　菁英衝浪者需要利用高速度、高危險的海浪來提升表現，並以累進式的方式結合藝術、特技和技巧等動作。即使是身體、骨骼和心智都成熟的運動員在進行一個訓練計畫時，也必須具備有健全的感知運動基礎、高功能的靈活性和穩定性。然而，菁英衝浪者仍然需要強調自由度、冒險、水療的生活型態爲中心的「好玩的基本技能」做爲基礎。

　　爆發性的敏捷、力量和菁英 ABC 都是菁英衝浪者在進階技術訓練階段所追求的。在經過休閒階段期間，有關加強力量與穩定性發展的基本技術訓練後，此階段將進行憋氣和呼吸的強化訓練，融合比賽週期的需求，本階段的基礎訓練重點則以水上耐熱和疲勞訓練爲主。

利用健身球進行平衡 / 半蹲 / 扭轉練習
(Swiss Ball Balance/Squats/twists)

- 初階：在安全的防護下，衝浪者學習在膝蓋能夠平衡的跪在壓力及尺寸大小都合適的健身球上的同時，保持脊椎自然的姿勢。進階到無人協助的情況下，仍然能夠在感覺知能的情況下做出多采多姿的動作，以及橫切面旋轉接傳的動作。
- 進階：衝浪者學會在沒有人的協助下安全地站立在健身球上，慢慢半蹲後，做出橫切面旋轉接球的技術動作，並進階加入藥球投擲的訓練課程（圖 20.10）。

利用 TRX 進行上拉 / 肩胛骨穩定性練習
(TRX Pull-Up/Scapula Stabilizers)

- 初階：衝浪者在脊椎中立仰臥的棒式姿勢，肩膀與身體成 90°，然後以反向俯地挺身的模式進行一系列運用肩胛骨回縮和肩膀橫向伸展至肘關節成 90° 爲止的動作，同時維持脊椎的中立姿勢（圖 20.11）。
- 進階：衝浪者維持延伸手肘向外伸直的姿勢，進行反向的飛鳥動作。

利用滑輪進行劈砍木頭動作練習 (Cable Wood Chops)

- 初階：衝浪者在起始動作時，維持穩定的站立姿勢，並握住負重滑輪的繩把。開始從功

圖 20.10 利用健身球進行平衡 / 半蹲 / 扭轉練習。

能性支撐模式，衝浪者橫向跨步，成側邊弓步，同時拉動滑輪平穩地轉身，將滑輪繩把橫越身體前方（圖 20.12），然後回到原始的準備位置，重複的練習。滑輪繩索可固定在高處或低處的地方，模仿許多衝浪的技能。功能性的訓練重複負荷量可設定在 10-15 次

圖 20.11 利用 TRX 進行上拉 / 肩胛骨穩定性練習。

圖 20.12 (A, B) 滑輪劈砍動作。

之間。

- 進階：衝浪者可弓步站在博蘇球上，執行上述動作，並以更高速度的彈動，或者進行更大功能性動作範圍的衝浪。

利用 TRX／健身球進行蠍子扭轉練習
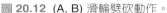
(TRX/Swiss Ball Scorpion Twist)

- 初階：衝浪者將雙手放置在地面上，雙手分開與肩同寬，將足背放入 TRX 的吊帶中支撐，此時脊椎維持中立的矢狀面姿勢，單腳膝蓋以外展和屈曲的姿勢，沿著同側手臂外側往前伸（圖 20.13A），換腳重複練習。另外，單腳可固定在 TRX 的吊帶中，在脊椎維持中立姿勢的同時，讓沒有支撐的另一腳膝蓋屈曲，轉動朝向另一手肘方向前進。

- 進階：這些 TRX 的動作模式可以在健身球進行，當支撐腳將球往前拉動靠近胸部的同時，可強化沒有支撐腳的髖關節伸展和骨盆的旋轉（圖 20.13B），並換腳重複練習。另

圖 20.13 (A, B) 利用 TRX／健身球進行蠍子扭轉練習。

外，當沒有支撐腳的髖關節屈曲時，骨盆朝對側胸部旋轉，換腳練習。

參考文獻 (REFERENCES)

1. Mendez-Villanueva A, Bishop D. Physiological aspects of surfboard riding performance. Sports Med 2005;35(1):55–70.

2. Treleaven J. Sensorimotor Disturbances in Neck Disorders Affecting Postural Stability, Head and Eye Movement Control. Neck Pain and Whiplash Research Unit, Division of Physiotherapy, University of Queensland; June 8, 2007.

3. Brown T, Prosser C. Professional Male and Female World Championship Tour Surfer Injury Incidence File Summary from over 1500 Unique Injury Presentations from Rip Curl Pro Bells Beach 1997 through Quiksilver Pro Fiji 2004. Association of Surfing Professionals Internal Injury Report, 2005.

4. Nathanson A, Bird S, Dao L, Tam-Sing K. Competitive surfing injuries, a retrospective study of surfing-related injuries among contest surfers. Am J Sports Med 2007;35:1.

5. Butel M, Carton J, Grainger R, McBride A, Prosser C, Uwland M. Professional Male and Female World Championship Tour Surfer Pre-participation Screen. Quiksilver Pro March 2004. Association of Surfing professionals Internal Injury Report, 2005.

網球
Tennis

前言 (INTRODUCTION)

網球是一項具有獨特性並且要求整個身體投入的運動，可在 4 種不同材質的場地進行，讓菁英運動員產生個人獨特的解剖適應和受傷的狀態。本章將以運動傷害類型和網球比賽的生物力學特性為主，提供正在發育中的年輕運動員和成熟的優秀網球運動員一個專業的訓練課程計畫。

網球常見的傷害模式 (COMMON INJURY PATTERNS IN TENNIS)

根據網球的運動傷害報告指出，身體上較為常見的受傷部位多在肩部、肘部和膝部[1]。網球大部分的運動傷害經常是由高重複性的微創傷所引起的過度使用的損傷[1, 2]。對於預防性和發展性的訓練而言，確定最常受傷的部位是相當重要的。Pluim 與 Staal 在流行病學研究中發表了一篇綜評性論文，結果發現在網球運動中，最常受傷的部位在下肢 (39-65%)，其次是上肢 (24-46%) 以及頭部及軀幹 (8-22%)[1]。結果也證實對高重複性損傷的網球運動員而言，完善的體能訓練計畫是很重要的。

網球運動員最常受傷的下半身部位是小腿、踝關節和大腿，例如，踝關節扭傷和大腿拉傷（大腿後肌、股四頭肌和內收肌）都是經常受傷的部位。上肢最常受傷的部位則是肘部和肩部，例如，肩部的肌腱損傷和肘部的內側肱骨外上髁炎或外側肱骨內上髁炎。

網球運動的生物力學 (BIOMECHANICS OF TENNIS)

肩部 (Shoulder)

肩部使用過度的損傷通常是發生在肩旋轉肌群和肱二頭肌腱處的病變[1, 2]，不僅僅續發在肩旋轉肌群在進行重複向心和離心動作時，同時與潛在的過度使用和盂肱關節過度的鬆弛有關。網球的擊球動作關乎於肩關節的穩定性，需要較精確的肌肉控制能力。Ryu 等人利用高水平標準化的肌電圖進行每次擊球時的監測，研究每次擊球時肩旋轉肌群和肩胛的穩定肌群的向心和離心肌肉活動情形[3]。例如，在網球發球時的後擺階段，棘上肌 (53%)、棘下肌 (41%)、前鋸肌 (70%)等肌肉活動的主要功能，在於肩胛骨和穩定肩關節的定位；而在跟進動作階段時，肩旋轉肌群 (40%) 和前鋸肌 (53%) 的離心運作能進一步協助肩部的穩定和減速[3]。現代網球比賽使用正手拍和發球的得分方式佔了 75% 以上，由於執行正手拍和發球需要強而有力的肩關節向內旋動作，研究結果一致發現，網球運動員的後肩袖（外旋）與內旋的肌肉間是不平衡的[3, 4]。此外，透過重複的肩部等速測試[5]發現，菁英運動員慣用手臂的內旋肌力比非慣用手臂的內旋肌力增加了 15-30% 的力量。而在菁英運動員的慣用手臂的外旋肌力不變或下降時，而慣用手臂的內旋肌力越大，所產生的外旋 / 內旋肌肉不平衡的情形也就更大[5]。根據上述的研究結果，以及專家們定期評估的報告中指出，針對網球菁英運動員的肩胛功能不全和上背與胸部的肌肉無力情況，建議發展中或菁英運動員應進行預防傷害的訓練。

青少年和成人網球運動員的肩膀在內旋方向時損失的活動範圍也曾被廣泛的報導[6, 7]，由於在許多運動員身上發現慣用手臂比非慣用手臂的內旋活動範圍角度減少 20° 以上，主要是因為盂肱關節內旋不足所造成，故可利用特定的伸展來增加慣用肩膀的內旋動作[8]。

肘部 (Elbow)

菁英網球運動員手肘受傷的部位大多發生在肌腱結構與肱骨外上髁內側和外側的連結的地

方，主要的原因是因為重複性的過度使用[9]。研究報告指出，菁英運動員或休閒運動者發生網球肘受傷的機率相當高，約有 37-57%[1]。此外，研究報告同時指出，菁英運動員在超過負荷的情況下進行發球和正手擊球時，會造成肱骨外上髁內側有較高的受傷率，相對於技術層次較低的休閒運動者在高負荷的情況下反手擊球，肱骨外上髁外側受傷率也相當高[9, 10]。

預防肘部受傷的訓練建議著重在增強手腕和前臂肌群的肌力和肌耐力。除了標準的手腕屈肌和伸肌的捲屈動作外，建議以平衡的重量進行前臂的旋前和旋後及腕關節橈側和尺側偏移等運動[2, 9, 10]。雖有悖於教練、運動員，甚至於醫療專業人員之間的共同信念，但值得注意的是，在執行正確的網球擊球動作時，其爆發力的產生不是來自於手腕和前臂[11, 12]，而是從整個身體透過手腕、前臂和最終的拍頭形成的動力鏈，將總和的力量轉移到球上，並能在擊球時產生爆發力[13]。過度依賴在前臂肌肉所產生的爆發力，在臨床上是導致肘關節病變的原因，主要的原因可能是從動力鏈的其他部位發力、選手本身的整體擊球的力學動作較差以及體力上的不足所造成的[13]。

下背部 (Lower Back)

網球運動所需的動作，包括重複性高的前屈、後伸、側屈和脊椎的旋轉等動作，都是導致下背痛的危險因素[14]。網球運動員在發球時，手臂的後擺階段或負荷階段，伴隨而來的伸展、側屈和旋轉的組合動作，都會導致脊椎受到壓力造成下背疼痛，尤其常見於菁英運動員。腰椎壓力性的病變，是由於運動項目的特定的組合動作是以重複性拉伸為主，因此，這些動作已被確信是誘發椎弓解離（椎弓峽部骨折）和脊椎滑脫（椎體與往前移位的椎弓解離）的主要因素[15]。Alyas 等人[15]透過磁振造影檢查，研究了 33 位無症狀的優秀青少年網球運動員的脊椎（平均年齡 17.3±1.7 歲），結果顯示有 5 位 (15.2%) 運動員的脊椎是正常的，另外的 28 位運動員的 (84.8%) 脊椎則呈現異常。在 33 位運動員中，有 9 位運動員發生峽部病變（3 位完全骨折）以及 23 位運動員則呈現早期腰椎面關節症的跡象；因此，網球運動員的受傷風險來自於腰椎間盤突出症、坐骨神經痛以及腰椎關節症候群等，而上述這些病變，主要都是因為重複性的負荷超載所造成的。

為了解決這個負荷超載對運動員所造成的影響，網球運動員的預防性體能策略中，必須包含大量的核心穩定訓練。類似於前述關於肩膀的研究，專家對於菁英網球運動員進行等速分析的研究結果顯示，肌肉發展的特徵有可能是因為運動專項的需求而產生的。Roetert 等人[16]針對青少年運動員進行檢測，結果發現他們的軀幹伸展/屈曲比小於 100，這顯示出腹部和軀幹的屈肌力量大於背部伸肌的力量。研究正常人時（非運動員和非網球選手），所產生的伸展/屈曲比則大於 100，意即下背伸肌力量大於軀幹屈肌的力量。Ellenbecker 等人[17]利用等速測力儀器檢測青少年菁英運動員，結果發現軀幹轉動的力量是對稱的，這顯示出沒有受傷的健康運動員其力量比應該是對稱的。總之，這些研究對於建議網球選手應追求屈肌、伸肌和旋轉力量的平衡發展起了相當大的作用。核心穩定訓練應該針對三個活動面（矢狀面，額狀面和橫狀面）的核心肌肉給予適當負荷和壓力。

臀部 (Hip)

從歷史上來看，臀部大都被認為是強大的肌肉，而它的受傷部位不僅橫跨了髖關節同時包含了膝關節（股直肌和大腿後肌）。瞭解評估和診斷網球臀部病變的主要原因是因為負荷的衝擊，再加上多面向的急停、急跑、切入和扭動的動作模式所造成的[18]。發生在菁英網球運動員的臀部損傷包括：股骨髖臼撞擊綜合症和髖關節盂唇撕裂[19]。除了確保髖關節及骨盆周圍存在適度的柔軟度外，建議進行更進階的髖關節與核心肌群的運動。Ellenbecker 等人[20]測量未受傷健康的菁英網球運動員其髖關節的旋轉動作範圍，發現髖關節在內旋與外旋的動作範圍是沒有差別的。目前，並沒有與髖關節和骨盆的正常肌力與動作範圍的相關研究及數據資料，能引用在肌力與體能訓練計畫課程中。

網球運動員重要的基本訓練 (ESSENTIAL BASE TRAINING EXERCISES FOR TENNIS PLAYERS)

有關於網球運動員重要的基本訓練，建議加強正在發育的年輕運動員的體能，並著重在提升運動員的主要肌群力量和平衡能力的練習，這些練習同時可以運用在許多的運動項目中。然而，網球運動員非常強調軀幹的旋轉，這些重要的身體部位在肌力發展初期，著重下半身與軀幹的爆發力發展是必要的。有關建議

網球運動員的基礎與專業運動訓練內容雖然超出了本章的範圍，但仍有幾項練習運動會在本章的後段述及，提供讀者進一步的閱讀 [21, 22]。

漸進發展的高運動表現運動員的進階練習
(EXERCISE PROGRESSION IN THE PROGRESSIVE DEVELOPMENT OF A HIGH-PERFORMANCE PLAYER)

從發展的角度來看，運動處方通常強調在發展模式的第二階段或第三階段中。在網球方面，本章將以初級、過渡以及世界級／菁英等三個階段的發展模式來做為主要宗旨。

初級階段 (Introductory Phase)

在初級階段，強調的是平衡、協調、投擲和接球的發展，意即發展網球運動員的基本技術，在此階段的運動員通常在 6-11 歲之間。而著重的活動方式建議以網球專項動作模式為主，例如，橫向移動、打完球的回覆步伐、上肢的平衡、軀幹的旋轉動作，以及單腳跳躍、踏跳步和多方向的移動等。此外，投球練習可以獲得發球時所需的技術，且搭配接球的練習，是基本運動技能的另一種發展形式。

過渡階段和世界級／菁英階段
(Transition and World Class/Elite Phases)

從 12 歲開始在球場上練習時，練習次數逐漸由每週 3-4 次的練習到幾乎每天下場練習。下列介紹的網球專項運動練習，主要的目的是讓運動員能加強運動專項訓練所需要用到肌肉骨骼、肌肉不平衡或肌肉適應，以及提升肌力、速度、爆發力和耐力等。下面列出的上肢肩後旋轉肌群和肩胛穩定，以及包含核心肌群的訓練，已經被證實能夠提升運動表現和預防運動傷害。在世界級和菁英階段，一旦奠定了穩固的基本能力，強烈建議運動員將這些運動專項本質的練習，漸進發展到增強式訓練方式。

網球運動員的專項練習
(SPORT-SPECIFIC EXERCISES FOR TENNIS PLAYERS)

在訓練週期的訓練模式中，建議多採用多組式訓練法做練習 [21, 22]。這些練習都是以雙手為主。將透過分解身體的部位讓這些練習更容易理解和呈現。

肩膀／肩胛骨 (Shoulder/Scapula)

肩膀和肩胛骨的練習主要重點包含外旋和肩胛骨的穩定性。在本章的前面部分提到肌肉發展不平衡的情況是由於重複性高的正手拍和發球時，肩膀使用了強而有力的內旋所造成的。穩定肩膀和肩胛骨肌肉為主要的訓練目標，是利用輕重量和多組式訓練模式做練習。

上臂外旋時肩胛骨內縮
(External Rotation with Retraction)

雙腳站立，雙手握住彈力繩，肩膀向外旋轉，兩手距離約為 4-6 吋（圖 21.1）。一旦彈力繩產生張力，肩胛骨達到最大限度的內縮，維持 1-2 秒的時間後，運動員以可控的離心動作回到原來的起始動作。

使用賽樂阻力拉力帶進行登階
(Step-Up with Thera-Band Loop Resistance)

準備一個彈力環圈和一個 6-8 吋高的健身階梯平台（圖 21.2）。運動員將彈力環圈套在手腕處，將一隻手放在（走上）健身階梯平台上後，另外一隻手隨後再放在（走上）健身用階梯平台

圖 21.1 上臂外旋時肩胛骨內縮。

圖 21.2 使用賽樂阻力拉力環進行登階。

圖 21.3 90°／90°外旋。

圖 21.4 中立外旋。

上。雙手停留在平台上，維持預計時間後，再將手一隻一隻的放回（走回）原來的起始準備位置。這個練習可以從手和膝的撐地姿勢開始，漸進到用手和腳尖的撐地姿勢進行登階動作。

90°／90°外旋 (90°/90° External Rotation)

將彈力繩一端固定在牆或門上（圖 21.3）。雙腳站立，手臂從肩胛平面成 90°高度開始（從冠狀平面向前 30°），並從中立姿勢旋轉（前臂水平），肩膀向外旋轉直到前臂幾乎接近垂直後，慢慢回到起始位置，重複練習。

中立外旋 (Neutral External Rotation)

將一個捲起的毛巾放在運動的手臂下夾住（圖 21.4）。雙腳站立，將彈力繩一端固定在門上接近腰部的高度。開始時，手在接近胃的位置（內旋）。保持手關節屈曲成 90°，肩膀外旋時，彈力繩張力增加，直到手的位置方向朝向身體前方。然後，慢慢回到起始位置。

俯臥水平外展 (Prone Horizontal Abduction)

趴在可攜式治療床上或櫃子上，手臂懸掛在邊緣（見圖 21.5A）。手握啞鈴、拇指朝外

圖 21.5 俯臥水平外展。**(A)** 開始姿勢。**(B)** 結束姿勢。

（上肢向外旋轉），將手臂向上抬高，直到接近水平面（見圖 21.5B）。維持拇指朝外、手肘伸直。最後慢慢回到起始位置。

肘部 (Elbow)

運球 (Ball Dribbling)

利用遊戲場的球或籃球，在視線的水平面的牆上，重複並快速運球（肩膀抬高約 60º-80º）（圖 21.6）。這項練習以耐力為主，每組重複至少 30 秒。

扣藥球 (Medicine Ball Snaps)

採坐立姿勢，腕關節屈曲握住 1 公斤的藥球向下擲，在球反彈時接住（圖 21.7）。重複數組的練習，每組 15-20 次。需要注意的是，這個練習專注在局部動作，例如僅僅用到屈腕的動作，而沒有運用到肘關節屈伸動作。

肩部抬高成 90° 的三頭肌伸展
(Tricep Extension in 90° Shoulder Elevation)

這是網球專項的練習，在肩部抬高成 90º 時（在肩部高度），抵抗肘關節伸直（圖 21.8）。將彈力繩一端固定在門或牆上的肩部高度，雙腳站立，手肘在伸展時或伸直時對抗

圖 21.7　扣藥球。

彈力繩的阻力。最後慢慢回到起始位置。

軀幹核心 (Trunk; Core)

指向（鷹犬）練習 (Pointer Exercise; Bird-Dog)

這項運動主要著重在伸肌的激活（圖 21.9）。同時可以利用運動員手腳對稱舉起

圖 21.6　運球。

圖 21.8　三頭肌伸展。

圖 21.9 指向（鷹犬）練習。

圖 21.11 側面搭橋和單邊划船。

時，將網球拍放在運動員下背處，這將可提升對這項運動的控制能力。

俄羅斯扭轉 (Russian Twist)

頸肩躺在健身球上，在軀幹旋轉時，將可提供軀幹肌肉激活的運作（圖 21.10）。練習開始時，利用一個 4-6 磅的藥球來提供額外的阻力，在過程中，運動員通常會從一個良好姿勢慢慢的使骨盆下垂，因此在執行過程中要確保運動員維持骨盆的高度。

側棒式和單邊划船 (Side Plank with Unilateral Row)

這個側棒式的變化結合了重要的肩胛穩定性訓練和核心穩定訓練（圖 21.11）。當執行側棒式動作時，可結合彈力繩來增加單邊划船動作的阻力。

藥球增強式的仰臥起坐
(Plyometric Sit-Up with Medicine Ball)

這是兩人一組的練習，當運動員仰躺在健身球上時，可利用藥球提供給運動員超載的訓練（圖 21.12）。

臀部 / 下半身 (Hip/Lower Body)
姥姥拋球的增強式訓練 (Granny Toss Plyometrics)

這個爆發性的練習包含利用藥球和腿部的大動作蹬伸，帶動整個下肢的動力鏈，將藥球向上拋出（圖 21.13）。運動員將球拋出後，追上球，在球落地後將球接住。是一項重複多次的爆發性的多組練習。

在平衡的平台上利用賽樂阻力帶進行踢腿動作
(Thera-Band Kicks on Balance Platform)

採單腳姿勢站在平台上，利用彈性阻力帶向側面、前面和後面等多方向的拉動 12-18 吋的阻力距離，重複動作直到疲勞為止（圖 21.14）。多組 30 秒的向側面、向前和向後等方向進行練習，主要是用來提升臀部和核心的力量和耐力。

開合蚌殼 (Clam Shell/Reverse Clam Shell)

利用髖關節內和外旋方式抵抗彈性阻力環（圖 21.15）。將圈環放在膝蓋的位置，主要是

圖 21.10 俄羅斯扭轉。

圖 21.12 藥球增強式的仰臥起坐。

圖 21.13 姥姥拋球的增強式訓練。(A) 開始姿勢。(B) 加速姿勢。

圖 21.14 在平衡的平台上利用彈力帶進行踢腿動作。

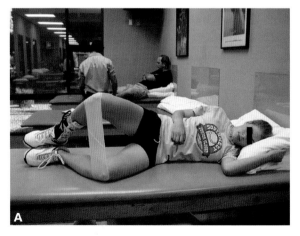

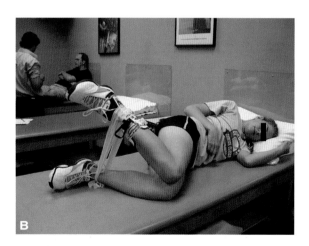

圖 21.15 打開蚌殼 / 合起蚌殼。(A) 外旋。(B) 內旋。

圖 21.16 騰空跳躍。

加強膝關節外旋力量；將圈環放在踝關節周圍附近的位置，則是加強髖關節內旋力量。

騰空跳躍 (Alley Hops)

橫向跨跳動作是利用在穿越網球場地時，重複以軟著地姿勢進行跳躍，促進離心重量的承受力（圖 21.16）。跳躍過程中，小心維持上身的直立姿勢，保持眼睛前視，因為在打網球時，若眼睛向下看，容易造成鬆懈的姿態。

結語 (SUMMARY)

使用本章所提供練習可以做為發育中或菁英網球運動員的訓練寶典。在許多運動科學文獻中提到，這些練習能夠針對運動員的受傷模式進行預防，並且對於網球專項需求進行增強。這些練習結合了完整的體能訓練，而在整體的訓練計畫中，還必須包含完整的營養供給和水分的補充以及在球場上實際的練習，希望綜合上述內容後，可以幫助運動員發揮和保持他們最佳的潛力。

參考文獻 (REFERENCES)

1. Pluim BM, Staal JB. Tennis injuries in Olympic sports. In: Caine D, Harmer P, Schiff M, eds. Encyclopedia of Sports Medicine. Hoboken, NJ: Wiley-Blackwell; 2009. ISBN 9781405173643.
2. Ellenbecker TS, Pluim B, Vivier S, Sniteman C. Common injuries in tennis players. Exercises to address muscular imbalances and reduce injury risk. Strength Cond 2009;31(4):50–58.
3. Ryu KN, McCormick J, Jobe FW, et al. An electromyographic analysis of shoulder function in tennis players. Am J Sports Med 1988;16:481–485.
4. Johnson CD, McHugh MP. Performance demands of professional male tennis players. Br J Sports Med 2006;40:696–699.
5. Ellenbecker TS, Roetert EP. Age specific isokinetic glenohumeral internal and external rotation strength in elite junior tennis players. J Sci Med Sport 2003;6(1):63–70.
6. Ellenbecker TS, Roetert EP, Piorkowski PA. Shoulder internal and external rotation range of motion of elite junior tennis players: a comparison of two protocols. J Orthop Sports Phys Ther 1993;17:65.
7. Ellenbecker TS, Roetert EP, Bailie DS, Davies GJ, Brown SW. Glenohumeral joint total rotation range of motion in elite tennis players and baseball pitchers. Med Sci Sports Exerc 2002;34(12):2052–2056.
8. Burkart SS, Morgan CD, Kibler WB. The disabled throwing shoulder: spectrum of pathology: part I. Arthroscopy 2003;19:404–420.
9. Nirschl RP, Ashman ES. Tennis elbow tendinosis (epicondylitis). Instr Course Lect 2004;53:587–598.
10. Nirschl RP, Sobel J. Conservative treatment of tennis elbow. Phys Sports Med 1981;9:43–54.
11. Elliott BC, Mester J, Kleinoder H, Yue Z. Loading and stroke production. In: Elliott BC, Reid M, Crespo M, eds. Biomechanics of Advanced Tennis. London: International Tennis Federation; 2003:93–108.
12. Segal DK. Tenis Sistema Biodinamico. Buenos Aires, Argentina: Tenis Club Argentino; 2002.
13. Kibler WB. Clinical biomechanics of the elbow in tennis. Implications for evaluation and diagnosis. Med Sci Sports Exerc 1994;26:1203–1206.
14. Hainline B. Low back injury. Clin Sports Med 1995;14(1):241–266.
15. Alyas F, Turner M, Connell D. MRI findings in the lumbar spines of asymptomatic adolescent elite tennis players. Br J Sports Med 2007;41:836–841.
16. Roetert EP, McCormick TJ, Brown SW, Ellenbecker TS. Relationship between isokinetic and functional trunk strength in elite junior tennis players. Isokinet Exerc Sci 1996;6:15–20.
17. Ellenbecker TS, Roetert EP, Bailie DS, Davies GJ, Brown SW. Glenohumeral joint total rotation range of motion in elite tennis players and baseball pitchers. Med Sci Sports Exerc 2002;34:2052–2056.
18. Kovacs M. Movement for tennis. The importance of lateral training. Strength Cond 2009;31(4):77–85.
19. Byrd JWT. Hip arthroscopy in athletes. Operative Tech Sports Med 2005;13(1):24–36.
20. Ellenbecker TS, Ellenbecker GA, Roetert EP, Silva RT, Keuter G, Sperling F. Descriptive profile of hip rotation range of motion in elite tennis players and professional baseball pitchers. Am J Sports Med 2007;35(8):1371–1376.
21. Kovacs M, Chandler WB, Chandler TJ. Tennis Training. Vista, CA: Racquet Tech Publishing; 2007.
22. Roetert EP, Ellenbecker TS. Complete Conditioning for Tennis. Champaign, IL: Human Kinetics; 1997.

為季外體能訓練及傷害預防建立功能性的基礎資料
Establishing Functional Baselines and Appropriate Training for Off-Season Conditioning and Injury Prevention

為何要測驗？ (TESTING: WHY?)

測驗的目的是讓運動員把他們最好狀態表現出來。很顯然地，我們需要退一步去思索：假使運動員受傷了或在比賽時受傷了，當下不能有最好的表現。我們需要去思考運動表現的評估及傷害的預防猶如硬幣的正反兩面。幸好，我們有許多機會去改善運動表現及降低傷害風險。我們期盼傷害的預防是持續性的（圖 22.1），本章我們將著重在季外期。

身為一運動傷害研究者，我們需要來建立問題的程度、確認傷害因子、實踐預防方法及重新評估之間的效益。本章將採取傷害預防的研究模式並應用它到個別運動員身上。近來有許多傷害預防計畫，可是並沒有真正看到降低傷害發生率[1]。研究人員發現，就算團隊預防計畫再怎麼有效，對每一個運動員而言卻無法真正降到最低風險[2]。

成功預防傷害：我們該怎麼做？
(SUCCESS IN INJURY PREVENTION: HOW ARE WE DOING?)

首要反應是，身為復健及肌力與體能的專家，我們應該要作所有我們可以為運動員做的照料，畢竟傷害是隨機且不可預測的。此外，一旦因傷無法上陣，要再恢復比賽是沒問題

的，結果是好的。然而，研究顯示那不會總是如此的。一有系統（5,770 受試者在 41.5 個月追蹤研究中，48 起個案）前十字韌帶 (ACL) 重建結果的研究發現，僅有 63% 回到先前參賽受傷前的水準，僅 44% 回到競技運動場上[3]。有趣的是，按照傳統量測的，如肌力，大約 90% 回到正常的膝功能。此外，30% 的運動員將繼續撕裂復健中的或對側的前十字韌帶[4, 5]。很清楚地，身為復健、肌力與體能的專家，我們並未如我們先前想的那麼成功。我們需要知道我們的運動員在季前及季外期，做了些甚麼。這可以透過理解及系統的測試來完成。

運動中傷害風險因子
(INJURY RISK FACTORS IN SPORT)

藉由世代研究，可以修改的內在危險因子包含：身體質量指數、動態平衡、錯誤動作形態及著地時膝的排列 (alignment) 及訓練負荷等[6-10]。舊傷不常包含在清單中，因為它是被視為不可修改的。不意外地，有超過 25 份前瞻式研究證實面對未來傷勢，舊傷是最大的危險因子。夠多的研究證實，在受傷後可以修正的動作控制改變仍舊存在，因此，應將它包含在可修正的危險因子的清單中。因為舊傷是最大的危險因子，在受傷後我們需要了解它，並透過可以修正的危險因子的檢查來面對它。

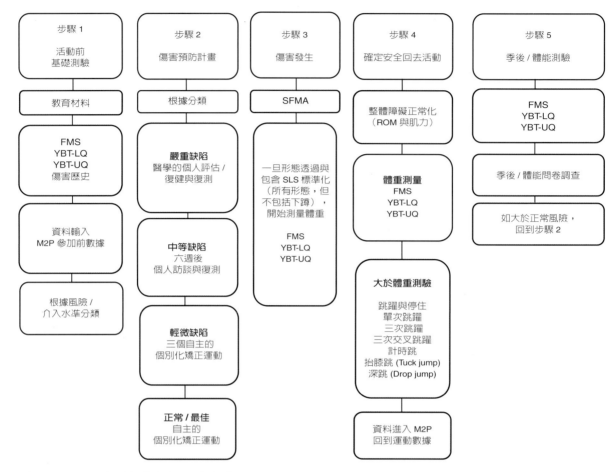

圖 22.1 運動、部隊與體適能的系統性傷害預防。FMS 為功能性動作篩檢；M2P 為移動至表現；ROM 是活動範圍；SFMA 是選擇性的功能動作評估；SLS 為單腿站立；YBT-UQ/LQ 分別是上肢與下肢的 Y 字平衡測驗。
(Copyright 2012 Balanced EBP, LLC. Reprinted with permission from Balanced EBP, LLC.)

復健後動作控制損傷的維持
(MOTOR CONTROL IMPAIRMENTS REMAINING AFTER REHABILITATION)

在競技場上面對未來的傷害，舊傷是一大危險因子，這對復健專家相當困擾。以上事實可以引出不少可能的結論，包括不適當的復健，過早恢復運動，即沒能配合所建議的復健活動。此外，我們認為受傷後動作控制的改變，經常都還保留著，而最終依舊導致隨之而來的傷害[11]。

關係到傷勢的動作控制改變，腳踝及下背痛 (LBP) 文獻提供實質的證據，即受傷後動作控制改變的存在及幫助適當動作控制追蹤測驗的需求。例如，長期腳踝不穩定的人，當單一踝內翻干擾 (inversion perturbation) 時，在臀中肌發現有

肌肉活化 (muscle activation) 延遲的差異[12]。另一研究證實有受傷史的，相較於控制組受試者，其運動表現的基本轉換從雙足到單足站立，腳踝、臀部、大腿後肌有延遲開始的現象[13]。再相對照於控制組，而另一研究報導有舊傷的受試者其臀大肌啓動時間延遲[14]。這些資料顯示：慢性腳踝扭傷後，即使在簡單如兩腳承載體重，轉換到單腳承載體重之類，簡單不過的任務時，都可以體察到改變的動作控制策略。

針對下背疼痛對於動作控制的影響有關的設計良好之實證研究，幫助我們了解真正的核心功能，了解一旦有疼痛，就會對於功能發生如何改變。透過許多運動員（300 位以上）核心肌肉功能的研究，Cholewicki 等人指出，儘管測驗時已經不痛，有下背痛歷史的運動員，

也會出現外部核心肌肉活化的改變 [15, 16]。這研究證實有下背痛史的運動員，相較於控制組，中樞神經系統會增加輸入到外部的核心肌肉，而外部的核心肌肉自動地有更長的反應存在之傾向。此研究顯示，有下背疼痛歷史的運動員，改變了外在核心肌群的控制時間性與協調性。不過，這並非傳統肌肉的衰弱，這顯示運動員於受傷後，動作控制改變的存在。雖然微小，這些動作控制改變的結果，包括：在脊柱增加壓力的負擔、增加代謝消耗、呼吸形態改變 [17-19]，最終可能導致諸如弓箭步、手伸展、平衡及深蹲等功能動作形態方面的障礙。

另一研究也證實在下背痛問題解決後，下背痛所發生的不良動作形態，仍然持續存在著。研究顯示有下背痛史的選手（研究時已經不痛），相較於無下背痛史的控制組，有較長的簡單的折返跑時間 [20]。原因部分可能改變核心肌群活化，以及降低折返跑時要彎腰去觸地及改變方向都需要的功能動作能力，另一部分原因，也可能可以從功能性動作導向的測驗中來看出。

重要的是，這些研究中，所有的受試者都已經是無痛的，且在測試時功能上都沒有問題。這幫助我們了解到受傷時動作控制的改變不但發生在傷害側，幾個關節外的肌肉，即使是對側的都受到影響。這顯示動作控制的改變已經發生。總而言之，這些研究提供證據顯示，有可觀的改變發生，甚至一位作者，他主張「評估應該延伸，超越受傷側與受傷位置」。我們建議評估不只要超越傷害位置及傷害側，也應從事動作控制導向的評估，因為傳統肌力及關節活動角度測試，不足以檢查出傷害發生後造成的動作控制的改變。

季外的操場測驗
(FIELD-BASED OFF-SEASON TESTING)

舊傷被認為是對未來傷害最主要的風險，也是在傷後可以調整的風險因子。我們可以在季外輕易地施行測驗，以確認動作控制的改變，而這改變在季中傷害時（已知或未知）早已發生。此外，完成這測驗可以確定怎麼利用體能計畫加以移除，而非妥協地做動作。同時地，我們可以實踐有效率、個別化傷害預防的

教育及訓練。這測驗也提供功能性能力的基礎數據，以在季開始時，作為一檢查站，確定運動員沒與我們團隊在一起時，仍然維持功能性的形態。這功能性測驗在傷害預防上扮演一重要的角色，透過提供一基準，作為返回競技的測驗。這最終也幫助到運動醫學團隊確認每個人在同樣的位置及使用相同的語言，討論所有選手的現今狀態。專業運動團隊認為這是最大效益之一。

我們提過了一些研究，利用耗時的測試，並沒有大規模地實施，我們也了解到這信息是非常有用的。因此，我們利用下列指引，發展出全面性的季外測驗方法。

被選出來的測驗應該：
1. 是有佐證基礎的。
2. 是可靠的。
3. 是可預測傷勢的。
4. 是有效的（有甄別力的）。
5. 是可調整的。
6. 是實用的。

本測驗符合這些門檻，它們分別是上肢和下肢四等分 Y 字形平衡測驗（分別為 YBT-UQ 及 YBT-LQ）以及功能性動作篩檢 (FMS)。YBT-LQ 的施測方式具備良好的評量者間的信度及評量者內的信度 [21]。依據圖 22.2 所示，YBT-LQ 的檢測需要運動員維持單足站立姿，另一隻自由腳控制去碰觸前面向度的、後內側向度的、後外側向度的，每一向度碰觸完後，返回起始位置。這設計是在運動員有限的穩定性下去挑戰他的平衡。左右邊下肢所碰觸距離的不同也用來評估其對稱性。YBT 綜合表現分數，是每一個方向伸出距離最大標準化的平均數。左右下肢所伸距離的絕對差異，可用來評估對稱性。高校籃球員及大專足球員有其不對稱性，亦或因為年紀、性別及在 YBT-LQ 有較差得分的都有很大的可能性會受傷 [9, 22]。此外，研究人員也發現，在 YBT-LQ 上低表現的人，證實有長期下肢傷害（踝關節扭傷、髕骨痛症狀、ACL 撕裂傷）[23-29]。也就是說，YBT-LQ 潛在地證實傷後留下的動作控制的改變。簡單來說，運動員必需對稱（前面向度差異不大於 4 公分，後面向度差異不超過 6 公分），需有不同年齡、性別、運動種類之風險切點之上的綜合得分。

YBT-UQ 是針對上肢與軀幹同樣的測驗，

圖 22.2 下肢 Y 字平衡測驗內容。(A) 前向碰觸，(B) 後內側碰觸，(C) 後外側碰觸。

圖 22.3 上肢 Y 字形平衡測驗內容。(A) 外側碰觸，(B) 下側邊碰觸，(C) 上側外碰觸。

它挑戰選手軀幹的穩定度，同時需要整個上肢和軀幹的活動度。YBT-UQ 施測過程需要選手以一手去維持較寬的俯地挺身姿勢，而另一自由手去碰觸內側、下側、上外側，碰完後回到起始位置（圖 22.3）。YBT-UQ 已證實有極佳的評量者內與評量者間的信度，同時也有鑑別效度與同時效度 [30, 31]。此測驗曾經作為包含許多過頭以及旋轉項目的運動員活動參與前，以及傷後返回到運動的測驗。有位作者的結論指出「左右兩側表現相似，表示使用沒有受傷的上肢（不論是否是慣用手），這種測驗的伸出距離，可以做為合理的基礎測量，用來比較未受傷上肢與受傷上肢」（UE 代表上肢）[31]。

另一個動作能力測驗是 FMS。這 FMS 一系列有 7 個基礎動作形態，它比較柔軟度、活動度及穩定度（圖 22.4）[32, 33]。三個 FMS 篩檢測驗也被用來鑑定疼痛（圖 22.5）。

圖 22.4 功能動作篩檢內容。(A) 深蹲，(B) 跨欄步，(C) 身體打直線性弓箭步，(D) 肩關節活動度，(E) 仰臥直腿抬升，(F) 軀幹穩定俯地挺身與 (G) 旋轉穩定度。

A

B

C

圖 22.5 功能性動作篩檢。(A) 肩膀疼痛刺激測驗（使用 FMS 的肩膀活動度部分），(B) 俯臥撐伸展測驗用 FMS 的俯地挺身軀幹穩定度要素，(C) 背部搖擺測驗（用 FMS 旋轉穩定度的要素）。

FMS 被發現有極佳的評量者內與評量者間之信度 [34-38]。FMS 的 7 項動作分別是深蹲、跨欄步、身體打直線性弓箭步、肩關節穩定度、仰臥直腿抬高、軀幹穩定度俯地挺身、旋轉穩定度等。每一基本動作有其個別分數（0、1、2 與 3），綜合總分 21 分。在 FMS 測驗上獲得較低得分者，可用來預測職業足球運動員、女性大專運動員、消防員與軍事人員等的傷害 [39-42]。

團隊篩檢 VS 個別測驗
(CONDUCTING MASS SCREENINGS VERSUS INDIVIDUAL TESTING)

你可以對每一運動員簡單完成 YBT-UQ 和 YBT-LQ，如同 FMS 可在 20 分內完成一樣。假使你花 30 分鐘在每一運動員身上，對每一個選手你將有時間去描述其個別化且需矯正的動作。為求評估分數的一致性與介入，強烈建議評分者應具備 YBT 和 FMS 認證。

團隊篩檢需要更多的協調和工作人員。每年我們以本測驗評估超過 1,000 名的運動員，這須花費一段時間去求得完美過程，所以我們說明目前的系統，以幫助其他人避免先前我們所犯的錯誤。例如：我們在 2.5 小時內測驗 175 名大專運動員，並且基於個別化的 YBT 和 FMS 分數，給予大約 100 名選手 3 個矯正動作。至於剩下 75 名，我們採取個別的約定，提供給他們額外的矯正策略（例如：局部伸展或處理激痛點）或從一個受訓練過的衛生保健提供者，來完成選擇性功能動作評估 (SFMA)，開始對疼痛的處理。

當你讀到這，你可能會想到你沒有這些資源（時間、員工或金錢）來做這些篩選及介入。大部分，這計畫成功地有系統執行，全面的篩檢，都由少數員工及財政資源來完成的。處理這些方法之一，就是分派這些資源到那些需要的人。目前的趨勢，是對適當的病人，進行個別的介入計畫，配合特殊治療 [43, 44]。季外

測驗和個別化計畫，需要相似的過程，而每位選手藉由個別風險因子的綜評被分類。運動醫學專家可更準確地導入適當的治療及分派資源到那些高受傷風險的人。

　　Lehr 等人將運動員依資源分配分類爲 4 類（基於風險）。在季初，爲多項運動共 183 名大專運動員（包括足球）作 YBT、FMS 及病痛史評估。他們的分數輸入 Move2Perform 軟體 (Move2Perform, Evansville, IN)，再利用回歸軟體將運動員分類到 4 個風險的其中之一。此回歸計算和加權的 FMS 綜合分數，包括個人的 FMS 測驗分數，FMS 篩檢測驗結果，任何 5 項 FMS 兩側動作不對稱的出現，測驗時疼痛，過去的傷害，YBT-LQ 不對稱及個別運動員在 YBT-LQ 綜合分低於風險閾值（表 22.1）。YBT-LQ 綜合分數風險閾值取決於運動員的競賽水平（例如：國中、高中、大學及專業）、競賽項目及選手性別等。

　　如果運動員是中等的或實質的風險分類，他們有 3.4 倍的傷害可能性（95% 信賴區間 2.0-6.0）。有趣的是，沒有得到「正常」結果的人發生傷害。在隨後的分析得知，在 4 個發生未接觸性 ACL 傷害者中，3 個是在高風險群，1 個在稍增加風險群。

團隊篩檢邏輯 (Mass Screening Logistics)

　　篩檢大族群時的主要關鍵是準備。一旦你決定多少運動員你需要去篩檢及那些測驗你要執行，你需要決定人員和所需的器材。

選擇測驗 (Choosing the Tests)

　　所有選手最好都接受 FMS、YBT-UQ 及 YBT-LQ 測驗。至少，所有的運動員須接受 FMS 和一次的 YBT-LQ。僅有需要過頂的選手（例如：游泳選手、擲部選手、排球選手）需額外地接受 YBT-UQ。

　　爲了使篩檢盡可能地有效率，運動員應以 20 人左右爲一組，並且先觀看 YBT 介紹影帶。這些影帶概略介紹測驗指引。運動員隨之前往「檢測站」。而 YBT 的圖樣用膠帶固定在地板上。作 YBT-LQ 測驗時，選手每一隻腳先練習 6 個碰觸點，而 YBT-UQ 測驗，嘗試每一手臂兩次練習。我們發現將這說成「熱身」，提高了運動員的順從度。可以指派一個人監督影帶和熱身。此人也指導選手進到測驗站起點。對教練或支持人員來說，這是重要的角色。

表 22.1　風險概要報告

下肢 Y 字平衡測試

	左側	右側	左右差	結果
前側	65	62	3	通過
後內側	98	96	2	最佳
後外側	100	102	2	最佳
綜合	92.3	91.2		失敗

功能性動作篩檢

測驗		原始分數	最後分數	結果
深蹲		2	2	通過
跨欄步	左	2	2	通過
	右	2		
身體打直線性弓箭步	左	2	2	通過
	右	2		
肩膀活動度	左	2	2	通過
	右	2		
肩關節夾擊測試	左	—		
	右	—		
主動仰臥直腿抬升	左	3	3	最佳
	右	3		
軀幹穩定俯地挺身		2	2	通過
俯臥推升上半身測試		—		
旋轉穩定度	左	2	2	通過
	右	2		
跪俯姿向後滾動測試		—		
總分			15	通過

傷害風險：中度增加

Copyright 2009-2012 Move2perform, LLC. www.move2perform.com

　　動作篩選檢測站的樣式可以獲得很高的效率。依工作人員及參與檢測選手數，將測試分成幾個站。每一檢測人員負責 2-3 種測驗，而這些測驗可依身體位置及複雜度來分組。通常情況下，可依下述分組，任何依邏輯分組也無妨：FMS 轉身穩定度 / 軀幹俯地挺身穩定度，身體打直線性弓箭步 / 跨欄步，FMS 肩膀活度動 / 上肢長度測量 / 深蹲，以及 FMS 仰臥直腿抬升 / 下肢測量。

分析、報告、介入
(Analysis, Reporting, and Intervention)

　　爲了達到計畫的目標，任何的測量系統，需從測驗中獲得深入的訊息理解。執行分析是

多層次的，包括個人的、群組的，跟選手的位置也有很大關係。每位選手該有個別測驗報告，以及特殊的行動步驟。研究者們發現，為降低傷害風險，某些事項應提出，來做好行為的改變。這些事項，包括提供個人化的訊息、量身訂製及適當的閱讀水平 [45-47]。

此外，研究者發現在競技上，專注於運動表現效益的內容是很重要的，而非僅在降低風險效益上 [50]。例如，在個別報告上，選手的運動表現，與其他同儕族群作比較（例如：大專男子籃球員）。除個別報告之外，整個團隊的報告，應展示每一風險分類的選手數目。且哪些選手數在每一風險因子有了陽性測驗結果，例如動作的不對稱（圖 22.6）。整個資料評估有幾個方向可以幫助運動醫學專業，包括：

1) 透過證據，對於目前團隊風險的理解。
2) 減少團隊傷害風險，資源及時間是需要的。
3) 透過團隊的層次評估檢討目前團隊計畫對功能性動作標準是否是不利的。
4) 客觀及易懂的溝通工具給利益相關者，包括球隊經理、教練、球員、家長。

除了團隊層次的資料分析外，依每運動位置評估資料，也是有益的。例如：在美式足球，後衛表現相較於防守後衛等去分析是較有用的（表 22.2）。團隊資料的位置評估，將幫助解讀，更精準地了解風險，確認潛在改變計畫的必要性。例如，在球場上，較多關注於投手的肩膀。有不少關於此群體的研究計畫，可幫助預防傷害。在一團隊裡，幾乎所有的中內野手在肩膀活動度測驗，顯示大部分不對稱。

這強調了在所有選手的健全基礎上，這些基本功能測驗表現的重要性。

團隊的分析可從許多方式幫助運動醫療團隊。然而，為了改正動作控制缺陷，一個個別的且證據支持的計畫是需要的。這個別報告和一連串矯正計畫是主要管理功能性動作的缺陷，減少傷害風險及對運動表現的強化最終提供最大潛能的發揮。進一步的哲學觀點，以及個別化矯正策略的根本，超越本章的範圍，但是必須要知道，這個基礎是源自於動作學習及動作控制的科學，而不單單是傳統的肌力與體能知識。

一些研究顯示，功能性動作測驗的屬性是可修正的。基於 FMS 的結果，所開立的訓練處方，不只在職業美式足球員，連消防隊員，都有很好的改善效果 [11, 48]。許多研究顯示在 YBT 方面的表現因訓練而得到改善。這些是團隊的計畫，包括了增強式訓練及平衡訓練計畫。當我們只給了團體增強式訓練和平衡訓練，雖然結果很吸引人，請記得這方法曾讓我們陷入困境的。團隊計畫是給那些動作能力不錯的人。之前的方法，他們並未花時間去做正確的增強式訓練，事實上，他們有腳踝活動度的問題，沒有特殊的介入，並沒有辦法解決問題。在我的觀念裡，那些高階組別的計畫，例如：增強式訓練，如果沒有好的動作能力，可能因為高反覆的錯誤動作，產生了動作控制的問題。我們曾經將之形容為「增加肌力及爆發力導致機能障礙」將產生更強大或更具爆發力功能障礙的運動員。

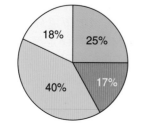

群組受傷風險圖
(Your Group's Overall Injury Risk)

18%　25%
40%　17%

10　顯著提升傷害風險
(Substantially Increased Injury Risk)

24　中度提升傷害風險
(Moderately Increased Injury Risk)

11　輕度提升傷害風險
(Slightly Increased Injury Risk)

15　正常傷害風險
(Normal Injury Risk)

圖 22.6　足球團隊主要成員風險圓形圖，使用 Move2Perform 軟體並綜合有證據基礎的因子來分類每人的個別風險。許多發表的研究指出，如評估選手屬於顯著提升風險及中度提升風險類別，將會有 3-6 倍受傷可能性。
(Copyright 2009-2012 Move2Perform, LLC. www.move2perform.com.)

表 22.2　美式足球隊確認傷害風險的測量篩選報告

下肢 Y 字平衡測試

方向	左側 公分	右側 公分	差異的平均	# 不對稱	# 失敗	# 通過	# 最佳
前側	57.8	56.6	2.6	8	6	27	22
後內側	91.2	89.5	2.5	6	5	9	41
後外側	90.7	91.1	1.9	3	4	1	50
綜合	89.9	89.1			13	30	12

上肢 Y 字平衡測試

方向	左側 公分	右側 公分	差異的平均	# 不對稱	# 失敗	# 通過	# 最佳
內側	85	85.2	5.1	3	3	2	5
下側外	76.6	75.7	4.3	4	4	0	6
上側外	58.2	54.4	6.7	4	4	0	6
綜合	82.4	80.8			6	2	2

功能性動作檢測

測試		原始分數平均	最後分數平均	# 不對稱	# of 0's	# of 1's	# of 2's	# of 3's
深蹲		1.7	1.7		0	11	32	0
跨欄步	左	2	2	3	0	2	40	1
	右	2						
身體打直線性弓箭步	左	2.1	2	3	0	2	37	4
	右	2.1						
肩膀活動度	左	2	2	5	0	5	31	7
	右	2.2						
肩關節夾擊測試	左	0						
	右	0						
主動仰臥直腿抬升	左	2.5	2.5	2	0	2	19	22
	右	2.5						
T 軀幹穩定俯地挺身		1.8	1.8		0	8	35	0
俯臥推升上半身測試		0						
旋轉穩定度	左	1.9	1.8	6	1	7	34	1
	右	1.9						
跪俯姿向後滾動測試		0						
總分			13.9	19	1	37	228	35

　　基於功能性動作測驗的結果，個別規定的計畫，也包含局部激痛點作用及伸展。選手保留肌肉的激痛點這一點是很重要，很可能地從動作控制回應到先前的傷害，否則將一直無法偵測到，並持續強化，繼續其失能形態的動作。一旦觸痛點找出又有很好的動作學習環境，對動作恢復將是有幫助的。

　　個別的矯正運動處方是耗時的，且可能大幅流失團隊資源。科技幫得上忙。運動醫療人員可以考慮使用可以增加效率的自動化的程式。Teyhen 等人的研究顯示了利用 Move2Perform 軟體節省了許多時間[49]。相較於手動的報告，研究顯示自動化產生個別的報告，幫每一受試者節省了超過 3 分鐘的時間。此外，研究者也發現開立個別化矯正計畫的時間也可顯著的減少。例如，根據 FMS、YBT-LQ、YBT-UQ 等 3 個分數，透過 Move2Perform 軟體，相較於手動開立運動處方，每一個人節省了 11.5

分。從實際執行觀點，有較低風險 / 資源的運動員，可以有 3 個個別化的運動，包含熱身，獲得有證據基礎的個人報告。

適當分析和從功能性動作測驗得到的資訊，可利用一些方法來提升運動員的準備，及減少任何團隊的風險。團隊報告可以在團隊及位置分析時，作爲溝通的工具，成功地調整團隊計畫，避免機能障礙形態的一再存在。最後，個別化報告提供每位運動員功能性動作檔案，及傷害風險率，做到個別化的傷害預防及提升運動表現。必要時，可以提供受傷後適當的再評估，並且了解跨年度的肌力與體能狀況。

總結 (SUMMARY)

運動中受傷的高盛行率和受傷後不夠完美的結果，我們需要實行全面的系統測驗。這應包括季初前測驗，傷後返回運動方案的測驗，季末測驗及每一個主要肌力循環的開始測驗。整合陸續實施的測驗，以及針對反覆受傷可能性，透過個別化量身訂製的計畫，可望大大地改善運動員的表現以及團隊的成功。

綜合的系統性季外測驗的實例

從多項運動項目 250 名大專運動員實施一系統性，綜合性的季外測驗計畫。從 Move2Perform 軟體中有 37 名運動員在高介入組（高風險）、55 名運動員在中介入組（中等風險）、118 名運動員在輕微介入組（輕微風險）、40 名運動員在正常介入組（正常風險）。高風險組的運動員透過復健人員，從他們有疼痛或傷勢被評估出開始，利用 SFMA 來治療，直到 SFMA 正常化模組的上層形態爲止。然後他們用 FMS、YBT-LQ、YBT-UQ 再測驗。中等風險組被復健的人員個別監控，或肌力及體能員工給予正確的運動，必要時做伸展與手療。中等風險組須 6 週的矯正動作，來確保他們已經回到低風險類別。輕微及正常組於團隊熱身時，實施 3 矯正動作。從團隊的報告中，得知大部分的美式足球

前鋒有肩胛活動度形態不對稱，所以在前鋒的計畫裡，額外增加肩胛活動度矯正動作。更重要的是，前鋒的肌力與體能計畫，做了些修正，因爲美式足球前鋒可能會因之加劇不對稱形態。

參考文獻 (REFERENCES)

1. Bahr R, Krosshaug T. Understanding injury mechanisms: a key component of preventing injuries in sport. Br J Sports Med 2005;39(6):324–329.

2. Myer GD, Ford KR, Brent JL, Hewett TE. Differential neuromuscular training effects on ACL injury risk factors in "high-risk" versus "low-risk" athletes. BMC Musculoskelet Disord 2007;8:39.

3. Ardern CL, Taylor NF, Feller JA, Webster KE. Return-to-sport outcomes at 2 to 7 years after anterior cruciate ligament reconstruction surgery. Am J Sports Med 2012; 40(1):41–48.

4. Paterno MV, Rauh MJ, Schmitt LC, Ford KR, Hewett TE. Incidence of contralateral and ipsilateral anterior cruciate ligament (ACL) injury after primary ACL reconstruction and return to sport. Clin J Sport Med 2012;22(2):116–121.

5. Ververidis A, Verettas D, Kazakos K, Xarchas K, Drosos G, Psillakis I. Anterior cruciate ligament reconstruction: outcome using a patellar tendon bone (PTB) autograft (one bone block technique). Arch Orthop Trauma Surg 2009;129(3): 323–331.

6. Dahle LK, Mueller MJ, Delitto A, Diamond JE. Visual assessment of foot type and relationship of foot type to lower extremity injury. J Orthop Sports Phys Ther 1991;14(2):70–74.

7. Gomez JE, Ross SK, Calmbach WL, Kimmel RB, Schmidt DR, Dhanda R. Body fatness and increased injury rates in high school football linemen. Clin J Sport Med 1998;8(2): 115–120.

8. Krivickas LS, Feinberg JH. Lower extremity injuries in college athletes: relation between ligamentous laxity and lower extremity muscle tightness. Arch Phys Med Rehabil 1996;77(11):1139–1143.

9. Plisky PJ, Rauh MJ, Kaminski TW, Underwood FB. Star Excursion Balance Test as a predictor of lower extremity injury in high school basketball players. J Orthop Sports Phys Ther 2006;36(12):911–919.

10. Turbeville SD, Cowan LD, Owen WL, Asal NR, Anderson MA. Risk factors for injury in high school football players. Am J Sports Med 2003;31(6):974–980.

11. Kiesel K, Plisky P, Butler R. Functional movement test scores improve following a standardized off-season intervention program in professional football players. Scand J Med Sci Sports 2011;21(2):287–292.

12. Beckman SM, Buchanan TS. Ankle inversion injury and hypermobility: effect on hip and ankle muscle electromyography

onset latency. Arch Phys Med Rehabil 1995;76(12): 1138–1143.

13. Van Deun S, Staes FF, Stappaerts KH, Janssens L, Levin O, Peers KK. Relationship of chronic ankle instability to muscle activation patterns during the transition from double-leg to single-leg stance. Am J Sports Med 2007;35(2):274–281.

14. Bullock-Saxton JE, Janda V, Bullock MI. The influence of ankle sprain injury on muscle activation during hip extension. Int J Sports Med 1994;15(6):330–334.

15. Cholewicki J, Greene HS, Polzhofer GK, Galloway MT, Shah RA, Radebold A. Neuromuscular function in athletes following recovery from a recent acute low back injury. J Orthop Sports Phys Ther 2002;32(11):568–575.

16. Cholewicki J, Silfies SP, Shah RA, et al. Delayed trunk muscle reflex responses increase the risk of low back injuries. Spine 2005;30(23):2614–2620.

17. Kolar P, Sulc J, Kyncl M, et al. Postural function of the diaphragm in persons with and without chronic low back pain. J Orthop Sports Phys Ther 2012;42(4):352–62.

18. McLaughlin L, Goldsmith CH, Coleman K. Breathing evaluation and retraining as an adjunct to manual therapy. Man Ther 2011;16(1):51–52.

19. Whittaker JL. Ultrasound imaging of the lateral abdominal wall muscles in individuals with lumbopelvic pain and signs of concurrent hypocapnia. Man Ther 2008;13(5): 404–410.

20. Nadler SF, Malanga GA, Feinberg JH, Rubanni M, Moley P, Foye P. Functional performance deficits in athletes with previous lower extremity injury. Clin J Sport Med 2002;12(2):73–78.

21. Plisky PJ, Gorman PP, Butler RJ, Kiesel KB, Underwood FB, Elkins B. The reliability of an instrumented device for measuring components of the Star Excursion Balance Test. N Am J Sports Phys Ther 2009;4(2):92–99.

22. Lehr M, Plisky P, Bulter R, Kiesel K. Field expedient screening and an injury risk algorithm categories as predictors of non-contact lower extremity injury in collegiate athletes. Br J Sports Med 2013;23(4):e225–232 .

23. Akbari M, Karimi H, Farahini H, Faghihzadeh S. Balance problems after unilateral lateral ankle sprains. J Rehabil Res Dev 2006;43(7):819–824.

24. Aminaka N, Gribble PA. Patellar taping, patellofemoral pain syndrome, lower extremity kinematics, and dynamic postural control. J Athl Train 2008;43(1):21–28.

25. Hale SA, Hertel J, Olmsted-Kramer LC. The effect of a 4-week comprehensive rehabilitation program on postural control and lower extremity function in individuals with chronic ankle instability. J Orthop Sports Phys Ther 2007;37(6):303–311.

26. Herrington L, Hatcher J, Hatcher A, McNicholas M. A comparison of Star Excursion Balance Test reach distances between ACL deficient patients and asymptomatic controls. Knee 2009;16(2):149–152.

27. Hertel J, Braham RA, Hale SA, Olmsted-Kramer LC. Simplifying the Star Excursion Balance Test: analyses of subjects with and without chronic ankle instability. J Orthop Sports Phys Ther 2006;36(3):131–137.

28. Hubbard TJ, Kramer LC, Denegar CR, Hertel J. Contributing factors to chronic ankle instability. Foot Ankle Int 2007;28(3):343–354.

29. Olmsted LC, Carcia CR, Hertel J, Shultz SJ. Efficacy of the Star Excursion Balance Tests in detecting reach deficits in subjects with chronic ankle instability. J Athl Train 2002;37(4):501–506.

30. Gorman PP, Butler RJ, Plisky PJ, Kiesel KB. Upper Quarter Y Balance Test™: reliability and performance comparison between gender in active adults. J Strength Cond Res 2012;26(11):3043–3048.

31. Westrick R, Miller J, Carow S, Gerber JP. Exploration of the Y-balance test for assessment of upper quarter closed kinetic chain performance. Int J Sports Phys Ther 2012;7(2): 139–147.

32. Cook E. Movement. Aptos, CA: On Target Publishing; 2010.

33. Cook G, Burton L, Hoogenboom B. Pre-participation screening: the use of fundamental movements as an assessment of function—part 2. N Am J Sports Phys Ther 2006;1(3): 132–139.

34. Butler RJ, Plisky PJ. Reliability of the functional movement screen™ using a 100-point grading scale. Athl Train Sports Health Care 2012;4(3):103–109.

35. Frohm A, Heijne A, Kowalski J, Svensson P, Myklebust G. A nine-test screening battery for athletes: a reliability study. Scand J Med Sci Sports 2012;22(3):306–15.

36. Minick KI, Kiesel KB, Burton L, Taylor A, Plisky P, Butler RJ. Interrater reliability of the functional movement screen™. J Strength Cond Res 2010;24(2):479–486.

37. Schneiders AG, Davidsson A, Horman E, Sullivan SJ. Functional movement screen™ normative values in a young, active population. Int J Sports Phys Ther 2011;6(2):75–82.

38. Teyhen DS, Shaffer SW, Lorenson CL, et al. The functional movement screen™: a reliability study. J Orthop Sports Phys Ther 2012;42(6):530–540.

39. Butler RJ, Contreras M, Burton L, Plisky PJ, Kiesel KB. Modifiable risk factors predict injuries in firefighter during training academies. Work 2013;46(1):11–7.

40. Chorba RS, Chorba DJ, Bouillon LE, Overmyer CA, Landis JA. Use of a functional movement screening tool to determine injury risk in female collegiate athletes. N Am J Sports Phys Ther 2010;5(2):47–54.

41. Kiesel K, Plisky PJ, Voight ML. Can serious injury in professional football be predicted by a preseason functional movement screen™? N Am J Sports Phys Ther 2007;2(3): 147–158.

42. O'Connor FG, Deuster PA, Davis J, Pappas CG, Knapik JJ. Functional movement screening: predicting injuries in officer candidates. Med Sci Sports Exerc 2011;43(12):2224–30.

43. Brennan GP, Fritz JM, Hunter SJ, Thackeray A, Delitto A, Erhard RE. Identifying subgroups of patients with acute/subacute "nonspecific" low back pain: results of a randomized clinical trial. Spine (Phila Pa 1976) 2006;31(6): 623–631.

44. Childs JD, Fritz JM, Flynn TW, et al. A clinical prediction rule to identify patients with low back pain most likely to benefit from spinal manipulation: a validation study. Ann Intern Med 2004;141(12):920–928.

45. Guillen S, Sanna A, Ngo J, Meneu T, del Hoyo E, Demeester M. New technologies for promoting a healthy diet and active living. Nutr Rev 2009;67(Suppl 1):S107–S110.

46. Hovell MF, Mulvihill MM, Buono MJ, et al. Culturally tailored aerobic exercise intervention for low-income Latinas. Am J Health Promot 2008;22(3):155–163.

47. Kreuter MW, Strecher VJ. Changing inaccurate perceptions of health risk: results from a randomized trial. Health Psychol 1995;14(1):56–63.

48. Peate WF, Bates G, Lunda K, Francis S, Bellamy K. Core strength: a new model for injury prediction and prevention. J Occup Med Toxicol 2007;2:3.

49. Teyhen DS, Shaffer SW, Umlauf JA, et al. Automation to improve efficiency of field expedient injury prediction screening. J Strength Cond Res 2012;26(Suppl 2): S61–S72.

50. Cite Finch et al Finch C, White P, Twomey D, Ullah S. Implementing an exercise-training programme to prevent lower-limb injuries. Br J Sports Med. 2011;45(10): 791-796.

運動中的跑步
Running in Sport

引言 (INTRODUCTION)

「我何時可以開始跑步？」這是臨床醫生在辦公室裡總是會聽到的一般問題。「醫生說在傷後 8 週我可以開始跑步」這也是復健專家常聽到的另外一句。生理階段介在 7 週 6 天及 8 週間，彷彿神奇的事會發生。我們察覺到人類生理不只是那樣工作。我們知道身體需時間去適應壓力，並且，為了能適應在身上的負荷，我們需要循序漸進地負荷 [1]。

依照超補償原則，我們身體將反映出更強、更多抵抗的組織。假使我們沒有遵循這原則，組織在面對壓力時將遭受微創，而此微創將漸漸地變成疼痛及傷害。這些基本生理超補償原則，不論哪一種體內組織（骨骼、肌肉、肌腱、韌帶）正在修補都一樣 [1]。在各式各樣的負荷及速度下，我們必須逐步地且精準地導入動作形態，為的就是希望身體需要去執行時，早已做好準備。

在本章中我們將聚焦回到跑步。我們如何讓一經歷了某些腳踝、膝蓋、髖部、下背或是肩痛的病人，在各種速度下逐步地從事線性運動？我們如何讓趴在桌上的人重回這複雜的動作形態，而受傷的關節剛好達到最大的活動範圍？為做到這，我們須了解線性運動的組成、中繼運動的組成、在線性運動中的不同階段對每一關節的需求，然後選擇適當運動，使用收縮的連續標尺 (contractile continuum) 來強化需求。

跑步傷害的流行病學
(EPIDEMIOLOGY OF RUNNING INJURIES IN SPORT)

傷害與高速有關連，在文獻中高速度運動是常有的 [2-11]。2004 年 Weist 等人發現，在足球運動中（跑動中切入、跑動中衝刺、跑動中射門）不同的足底壓力可能關係著某些過度使用的傷害以及下肢的骨折 [2]。數篇研究顯示在衝刺動作中提高大腿後肌的離心收縮負荷，將導致大腿後肌組織超載，造成拉傷 [3-5]。Sugiura 等人 [6] 發現一種介在大腿後肌受傷及減少向心臀部屈肌力量和離心大腿後肌力量的關係。另外，也有其他發現腳踝扭傷是本體感覺及力量缺乏所造成的，這與臀中肌有關，因此在走路時減少骨盆前的穩定度，會潛在地導致下肢傷害 [7, 8]。運動時不一樣強度和動作速度，以及動作的違反自然，實質上任何傷害都是有可能的。從下肢任何地方骨折、拉傷或肌腱斷裂，乃至在腳 / 腳踝 / 膝蓋韌帶斷裂，傷害的形式都是許多內在和外在因素的結果。鞋子的形式、競賽或訓練的地面、天氣、動作形態都可能在傷害上扮演一角。雖我們早知道動作的不對稱 [9] 及扭轉 [10, 11]，與下肢傷害有很大的關聯，這領域需多點研究來了解傷害的造成與減少傷害的可能性。

跑步的生物力學 (BIOMECHANICS OF RUNNING)

線性運動包括加速（短跑）、絕對速度（在同一方向跑步超過 30-40 碼）及減速。這三樣線性動作的姿勢有很大的不同，需求也不一樣 [12, 13]。

加速期 (Acceleration)

在加速時，運動員是身體完全傾斜，而不容許在臀部屈曲的。手臂以肩膀為軸心點大幅擺動。腳踝是足背屈的，並利用動態力量的轉換。髖大幅分開，讓大腿骨與地面平行。臀部分開越大，即有更多的力作用於地面，產生均等而反方向的反作用力來推動身體前進（圖 23.1）。讓我們來分析這些組成。

圖 **23.1** 加速姿勢。

整身傾斜 (Total Body Lean)

耳朵、肩膀、臀部及踝是筆直的,在下背部也沒有突破點(屈曲)。脊柱應是中立姿的,而頭應該是脊柱的自然延展。這需要腹部、下背、骨盆底、臀部及肩膀的肌肉一齊作用來維持一穩定的姿勢,而此姿勢是可以讓腿部產生爆發力的。假使我們在矢狀面或額狀面沒有足夠的穩定度,我們將會破壞自己的穩定基礎,造成能量的流失。這些能量流失是不能再製造的。一旦能量流失,我們不能再創造它。較少的力量作用在地面,意味著較少的地面反作用力能推動身體前進。這將減少動作的效率與產生。還有,軀幹處於穩定的位置,用手與腳持續的位移來產生動作。背部不能為了彌補臀部或肩部,而以代償方式移動。下背額外的動作,不僅造成能量流失(如上述),也可能在肌肉、關節、韌帶、間盤間造成拉傷,也可能對運動員造成潛在的背痛。

手部動作 (Arm Action)

在跑步時上肢的中心點是肩膀而非手肘。肩膀透過背闊肌經由腰背筋膜直接連結到臀部。反對側手臂與腿間交互的運動,造成了伸展—縮短循環 (stretch-shorten cycle),也讓我們使用了彈力位能及增強式運動的原則。一旦手肘打開,動作聚焦在上肢時,我們失去肩及對側臀的交叉形態,失去利用伸展—縮短反射來

儲能的能力,且動作變得更向心。這樣漸漸地疲勞,且可能導致整個系統的全面性疲勞,而當我們疲憊的時候,會潛在地導致身體整個地受傷。執教時「從臀到唇」一詞有時會聽到,意味著跑者的肩要動,所以拇指才會從臀部(肩膀伸展時)擺到嘴唇(肩膀屈曲時)。使用這一詞時要注意,有跑者太照字面詮釋,讓手跨過中線,直接擺到唇部。應該避免跨過中線的動作。跑步時假使手臂跨過中線,軀幹會產生不必要的扭轉,浪費能量,且最終降低身體速度。

腿部動作 (Leg Action)

在加速期,腿部以活塞方式抬上抬下。否則,小腿「落到」傾斜身體的前面,運動員用腳跟在身體的前面著地,造成腿部吸收身體的力量,進而讓速度慢下來,選手必須再次加速以推動身體前進。如此,一開始身體慢下,再加上再次加速,造成遠端的大腿後肌許多壓力。如果選手需要不斷地處理遠端大腿後肌緊張,這可能會有錯誤的力學問題,造成大腿後肌過度負荷,甚至疼痛。

踝關節背屈 (Ankle Dorsiflexion)

腳踝,包括距下關節和距腿關節,為了最佳的力量轉換,需要有一致的位置。我們知道一剛性棒轉換力量優於會彎曲的濕棒。假使力「被緩衝」,能量可能漏失,身體從地面得到的最大反作用力量就會降低。腳踝呈現背屈,而非蹠屈,可以利用此原理,從下肢將力量傳遞到地面,也從地面傳遞到下肢。從生物力學觀點,在推蹬期腳踝是蹠屈的。然而,我們並未有意識地如此訓練。我們訓練選手維持腳踝背屈,期望不論蹠屈量多少,它們可以自然地產生。假使腳踝聚焦在維持蹠屈位置,那麼選手會先用他腳趾的前端來接觸地面,而當腳跟接觸到地面時力量就將消失,且在推蹬期時,身體需要嘗試並再次產生力量。這可能增加某人數百毫秒的時間,而這在選手表現上也將會有不利的效果。所以,以腳踝蹠屈姿著地,讓我們腳踝關節提高扭傷風險,這包括前距腓韌帶及跟腓韌帶兩者。因此,我們教「拉你的足高至脛骨」,讓選手專注在腳踝快速的恢復到背屈位置。

髖關節拉開 (Hip Separation)

　　每一動作有一大小相等，方向相反的反作用力。假使我們舉起腳離開地面僅只幾英吋，僅有少許地面反作用力驅策我們的身體來移動。所以我們想讓髖關節足夠地拉開，在最大效率方式下，我們將可以利用物理的原理，在地面反作用力的最佳利用上，產生最大的地面反作用力。不過，我們也不想要太多髖關節拉開，那會使我們姿勢被迫妥協，且失去整體身體傾角，斷點會在下背，並造成下背痛。

絕對速度 (Absolute Speed)

　　在絕對速度時，身體處於最高速 (top end speed)，在地面上有效率地滑行。這大約在衝刺 10 碼後會發生，這要看這位選手多強。假使一位選手有很強的核心，他甚至可以維持最大加速到 15 碼。假使他們是弱的，他們的絕對速度大約出現在 5 碼。針對討論的目的，我們將絕對速度的產生訂在約衝刺 10 碼。絕對速度時髖關節拉開、腳踝背屈以及手臂動作與加速期一樣。在絕對速度期最大的不同點在於身體姿勢及腿部動作。

直立姿勢 (Upright Posture)

　　整個身體不再是傾斜的，而呈直立姿勢（圖 23.2）。耳、肩、髖、踝成一直線，一個在另一個之下，頭部維持在脊柱自然的延展位置。假使選手不能維持直立姿，將會在軀幹略微彎曲，且頭部將翹向前。這頭部前移會增加在上斜方肌及頸部的壓力，造成上背緊張和頭痛，甚至也會改變我們的呼吸形態。如果我們頭是在這位置時，而身體不是直立的，我們將不容易利用橫膈、骨盆底、腹部及肋間呼吸。相反地，我們的輔助肌肉變得過度活化，較少氧氣進到肺部，我們達到無氧閾值的時間可能會比平常來得快。能量資源將很難維持很長的一段時間，且可能疲憊，並造成總體的疲勞問題。

腿部動作 (Leg Action)

　　在絕對速度期，腿部動作有如踩腳踏車（環狀）般，而非活塞狀。然而，相似於加速期的腿部動作，假使小腿擺到身體前面，腿將吸收許多身體前進的力量，因為腿剎住身體，造成身體減速以及一個前進的再加速。同時，

圖 23.2　絕對速度姿勢。

身體嘗試適應這沒效率的動作形態時，大腿後肌拉傷機率因而提高了。

減速 (Deceleration)

　　減速是一過渡的動作。發生在選手試圖離心地控制衝量，為了減慢速度或停下身體，重新啟動往不同方向時（見第 9 章）。在運動中，運動員時常減速是為了在同一方向再加速、加速往不同方向（他們會切向左、右、後或躍上空中）或一同停止身體動作。減速的用意是為了正確地控制離心力來避免受傷以及備妥身體往下一個可能的動作形態。沒有一種用來減速的固定模式。減速決定於下一個即將操作的動作形態。減速是準備將身體進到一最佳位置來啟動下一個動作程式。因此，教減速時，必須知道什麼形態是下一個要教導的。這將影響身體位置、姿勢及選手重心高度。我們必須思考伸展－縮短循環（增強式訓練）姿勢的排列，相對於地面身體的定位，腳與地面的接觸以及軀幹、骨盆和下肢的力量。

多向運動 (MULTIDIRECTIONAL MOVEMENT)

　　除非是短距離或馬拉松選手，大部分的選手都需要加速與多向運動的組合（見第9章）。極少數的選手衝刺向前是不需要改變方向及再加速的。了解多向運動，將幫助臨床師，為選手準備這些動作形態。

　　對選手動作整體的關鍵，不僅是能操作線性及多向運動型態，而且要能做到從任何一動作形態到任何其他動作形態的轉換。本章不著墨在跳躍或著地，而是重視這些重要的動作形態。為了幫那些要返回運動場的選手做準備，以及搭起復健和運動表現的橋樑，一位復健專家，需要分解及介紹不同個別化的動作形態給選手，然後漸進地、有系統地結合這些，應用到更複雜的動作形態上。

成就運動員的基本姿勢 (Achieving Athletic Base)

　　運動員基本姿勢 (athletic base) 是大部分多

圖 23.3 運動的基本姿勢。

向運動的基礎姿勢（圖 23.3）。為了能快速地往任何方向做出動作，選手需要能將兩腳分開夠寬站立。腳需比膝寬些，膝又比髖寬些。

　　記住，這寬的站姿，不意味著單單股骨內旋，沒有髖的控制。運動員基本姿勢是用臀部及軀幹激活的一種活躍態勢，以準備能在任何方向移動身體。這需要適當的髖部屈曲、膝蓋屈曲及腳踝背屈來維持那樣的姿勢，在每一段支撐位伴隨著適當的穩定性及力量。因此，「隔離的」活動度、穩定度及在軀幹、髖部、膝蓋及腳踝所需要的力量，能夠做到那樣的姿勢，並且接下來的動作能藉著它來產生。

拖曳 (Shuffle)

　　選手推動自己往左或往右，需要能維持這運動員姿勢。聚焦在外推運動的部分，使用外側腿，使用臀大肌來作為動力，做到伸髖及外旋。而當使用前腿來拉動自己向前時，選手使用較小的、少動力的髖關節內收肌及大腿後肌，這潛在地會增加受傷的機率（想想你慢性拉傷「高」大腿後肌或腹股溝患者）。這動作形態強調推的部分，來提升動作效率，產生更大的爆發力。

方向改變 (Change of Direction)

　　這動作型態是讓拖曳向左的選手，去改變方向並且開始拖曳向右。雖然這只是簡單的技術性的重心轉換及方向改變，對腿部傷害復健的選手、可能不容易的把壓力及負荷放在一下肢上，卻是一大挑戰。對於任何運動項目，雙腿負荷及推蹬的能力是必須的。

交叉 (Crossover)

　　這交叉運動技術（圖 23.4）讓在運動員姿勢的選手，側向地移動，後腿跨向前，從一側向位置，變成加速位置。這技巧是用來作為轉換動作，從側向轉變為線性動作，這對復健選手是一大挑戰。當已經建立線性及多方向動作形態，在復健後期這移位應該要介紹。

落步 (Drop Step)

　　如交叉運動，落下腳步（圖 23.5）是一轉換動作，使用於選手從原來的一方向，需要角

圖 23.4（A-C 圖）交叉運動。

度大於 90° 轉向之時。這種移動可從任何動作形態去轉換，也可以接著做加速運動。

訓練階段 (TRAINING STAGES)

年輕人 (Youth)

在 Balyi 模式，年輕人的「FUNdamentals」階段，主要是促進運動員一般的發展、姿勢、平衡及協調性。

加速運動 (Acceleration Exercises)

整個身體傾斜需要軀幹穩定度。軀幹越強，可以整個身體傾斜越多。有數以千計的運動可以用以改善人們核心的穩定度。有些是不錯的，譬如前搭橋 (pillar bridge)（圖 23.6）。在復健及動作表現提升時，前搭橋是常使用的運動。如何可以讓前搭橋使用於加速？面向牆壁，選手對抗重力站立，髖關節拉開及腳踝背屈（圖 23.7）。此姿勢需要上面的一隻腿在踝與髖有適當的活動度，以及下面的一隻腿有適當的額狀面之穩定度。維持這姿勢每一邊達 30 秒以上。這些是明確而客觀，提供健康照護專家，讓選手回復運動員特殊動作的標準。假使

圖 23.5 落步。

圖 23.6 前搭橋。

圖 **23.7** 牆邊加速姿勢。

圖 **23.8** 負荷抬腿。

選手缺乏腳踝背屈、髖屈曲活動度，或加速位置所需要的任何組成，選手就將無法成功地回復到這動作形態。為了能使用於更大、更整合的系統，臨床工作人員應先提供每一關節適當基礎的活動度、穩定度及所需力量。

　　牆邊加速姿勢穩定動作（圖 23.7）能完成後，選手進階如下：

牆前踏步 (Wall Marching)

- 如圖 23.7 所示，從牆前姿勢開始。
- 維持手臂及軀幹姿勢；沒有任何的臀部動作。
- 將腳從三屈姿勢（踝、膝、髖都屈 90°），踏下到地面。
- 一旦腳接觸地面，抬起另一腳成三屈位置。
- 從三屈曲（抬上時），到三伸展（踏下時），反覆做腿部位置簡單的改變，且維持整個身體的傾斜角度。

負重抬腿 (Load and Lift)

- 姿勢如圖 23.7 所示。
- 負荷落到臀部，避免落到膝蓋上。動作應是背部的，如此讓臀部感覺到彷彿是負重的

（圖 23.8）。

- 從臀部發起一爆發性的動作回到起始姿勢，注意不要讓臉碰到牆；當你爆發推向牆時，使用手臂支撐身體（見圖 23.7）。
- 進階這動作從兩腿支撐（未顯示於圖中），進到單腿支撐，如圖所示。

牆起 / 牆落 (Wall up/Downs)

- 如圖 23.7 所示，從牆前姿勢開始。
- 爆發性地驅動將上面一隻腿踩入地面，剛好略在下面一腿之稍前，維持腳踝背屈。一隻腿操作完後，換另一腿操作。
- 讓腿回復到原來位置。就如籃球運球般。你不要去想籃球會從地板彈回到你的手上。你只要將籃球運到地面，知道它會返回到你的手上。用這相同的概念，如同你驅動你的腿到地面，再讓它返回到原本的位置。

絕對速度運動 (Absolute Speed Exercises)

　　從加速期，絕對速度需要一整個不同的姿勢及腿部動作。極大化軀幹穩定度是關鍵，所以肩及臀要能產生力量以推動身體前進。在軀幹任何多餘的動作將造成補償性動作、減低

圖 23.9 牆邊絕對速度姿勢。

動作效率、降低運動表現，潛在地造成傷害風險，特別是大腿後肌及下背。

牆邊絕對速度姿勢 (Wall Absolute Speed Posture)（圖 23.9）

- 維持一直立姿勢，而內側腿成三屈位置，如圖所示。

反覆牆邊絕對速度姿勢 (Wall Absolute Speed Posture Cycle)

- 開始姿勢如圖 23.9 所示。
- 將足放置在著地腿前約半個足掌的距離，壓力落在足前。
- 抬升足直到髖關節伸展位置。
- 保持腿繃緊，迅速回到啟始位置，並維持住。
- 緩慢地反覆此一動作 5-10 次。

減速運動 (Deceleration Exercises)

減速是身體離心的控制、使用伸展─縮短循環來吸收力量，並且控制身體動作，讓身體為即將而來的動作預作準備。了解下肢肌群的介入，產生整個下半身的離心力量及支柱力量，同時發展動作控制前饋及反饋機制，都是這階段導入減速相當重要的。

紅 / 綠燈遊戲 (Red Light/Green Light Games)

- 年輕時我們都玩過這遊戲。與你的年輕選手

們反覆此一遊戲。
- 選手可以跑任何的方向，不論他們在哪，當你喊「紅燈」，就要立刻停止。
- 讓他們停止住，維持這姿勢，直到你喊「綠燈」，他們又可以跑向任何方位。

星星技巧 (Star Drill)

- 讓選手在六點星的中心位置。
- 放置角錐或標記物在預定距離外，劃定六個方向。
- 指定一選手在任一方位，且讓他 / 她從起始位置向星星位置加速，並停在預先設計好的最終位置。
- 再回到中心點，如此反覆。

休閒 / 高中 (Recreational/High School)

在 Balyi 模式中，高中或休閒等級強調動作的技巧。

加速運動 (Acceleration Exercises)

牆邊一直腳 / 一三屈腳交換 (Wall Singles/triple Exchanges)

- 起始動作如圖 23.7。
- 基本上，結合先前提過的踏步 (march) 與上 / 下 (up/down) 動作。
- 維持一腳穩定，驅動這腳抬高至三屈狀態，再踏回地面，造成先前提過的「籃球效應」，驅動另一腿抬高至三屈位置。
- 反覆數回合，重複這動作直到疲勞或技巧無法維持。

起身 (Get-ups)

- 開始在地面上，腹部（趴姿）平貼地面，手置於肩旁，腳趾朝下，彷彿做俯地挺身的姿勢。
- 隨教練口令，用你的手腳起身，離開地面，並向前衝刺。
- 呈加速姿勢。

坐姿擺臂 (Sitting Arm Action)（圖 23.10）

- 坐地，腿往前伸直。
- 屈雙肘 90°。
- 驅動手肘向後，逐漸加速，直到臀部稍彈離地面。

夥伴行走 (Partner Marches)

- 開始時整個身體前傾，夥伴站在前面，並撐住你的肩膀，要絕對相信夥伴（不會讓你跌下）。啟動前這姿勢應是舒服的。
- 維持你的加速姿勢，向夥伴開始往前走，而夥伴繼續支撐你肩膀後退配合。

圖 23.10 坐姿擺臂。

圖 23.11 直線筆直踏步。

- 手臂動作極大化及髖關節拉開。
- 夥伴角色在維持你整個身體的前傾姿勢。

絕對速度運動 (Absolute Exercises)

牆邊直腳踩地 (Wall Singles)

- 隨著速度增加，重複這基本的動作。這是相同的運動。
- 藉著提升速度強化此運動，快速反覆 5 組，而不像早先介紹的緩慢踩地 5 下。

牆邊三屈腳踩地 (Wall triples)

- 重複上述「直腳踩地」運動。然而，不只 1 次，而是快速 3 次循環，結束於啓動／最後位置。

筆直踏步 (Pillar Marching)

- 從牆邊離開，往前運動 10-15 碼。
- 維持上身直立姿勢，腿快速向下，下肢三屈動作與手臂擺動。
- 離開牆，沒有任何支撐移動向前（圖 23.11）。

筆直彈跳 (Pillar Skipping)

- 快速地重複上述走步動作，讓每腳觸地兩下。
- 走步與彈跳的不同點，是走步時，總是有一腳接觸地面，而在彈跳時，有一時間點是雙腳同時離地的。
- 踏步與彈跳一般動作大致上是維持一致的。

減速運動 (Deceleration Exercises)

鏡子技巧／波浪技巧 (Mirror Drill/Wave Drill)

- 選手向著你往前跑。
- 你手指著任何方向（左、右、前），選手就往該方向繼續進行。
- 選手需要隨時作出反應運動。

立刻停止 (「Stop on a Dime」)

- 讓選手對著預先放置好的標的物往前跑。
- 要求選手盡力跑，碰觸到標的物時立刻停止。

菁英／專業級 (Elite/Professional)

在 Balyi 動作模式中，這階段強調爆發力及速度。我也建議繼續強調動作的品質。在精英階段，選手可能在過去就持續有了傷害。傷害造成疼痛，疼痛造成動作形態改變。在這階段運動，協同主導模式 (Synergistic dominant patterns) 普遍，經常需要回頭重做基礎動作形態及運動。

加速動作 (Acceleration Exercises)

牆邊換腳計時 (Wall Exchanges for time)

- 重複上述運動，計算時間（低於 6 秒），而非反覆次數。

雪橇走步 (Sled marching)（圖 23.12）

- 選手在肩上拖拉雪橇。
- 雪橇拖在選手之後，雪橇放置足夠的重量，讓選手可以維持整個身體傾斜向前，並且以加速動作模式移動般在地上拖拉。

超速 (Overspeed)

- 選手利用彈力繩幫助產生超速動作，這需要選手額外控制由彈力繩所產生的速度。

絕對速度運動 (Absolute Exercises)

單腿走路 (Single-Leg Walks)

- 操作如上所述的筆直踏步運動 (pillar marching exercise)，但是讓一隻腿成「死腿 (dead leg)」。
- 這「死腿」，讓你聚焦在能動的腿，更大地拉開髖關節，趴到地面。
- 這「死腿」僅跟著動，不主動彎曲。
- 兩邊重複。

單腿跑 (Single-Leg runs)

- 維持上述起始姿勢，由走轉換成跑。
- 這需要夠好的協調性。

減速運動 (Deceleration Exercises)

5-10-5

- 你可在美式足球場做。讓選手跑 5 碼並碰觸線，然後跑 10 碼，觸碰線，最終加速 5 碼跑回。
- 重複一段時間。

一般離心強化肌力 (General Eccentric Strengthening)

- 在重訓室極大化一般離心性腿的力量，所有動作形態都進行，就能維持及增進所有減速運動。由臨床師藉想像選擇運動。

繼續用鏡子技巧/波浪技巧 (Continue with the Mirror Drill/Wave Drill)

- 選手一開始朝向你，向前跑。
- 你指任何方向（左、右、前），選手跟著朝該方向繼續前進。
- 選手需要對指定的方向作出反應。

結語 (FINAL THOUGHTS)

　　為了讓選手回到任一動作，我們必須完全地了解這動作形態及它的組成。跑步是一複雜的任務，人不僅需要了解跑步知識，對競技的需求及選手特定的位置也都要知道。一旦你了解這動作形態及選手競技/位置的需求，便可以回去發展全面性的計畫或強化這動作。醫師、復健專家、運動教練及技術教練可一起工作，搭起復健及運動表現的這座橋樑，讓選手一旦回到競技項目時，可以比受傷前有更好的表現。

參考文獻 (REFERENCES)

1. Bompa T, Haff G. Basis for training. In: Periodization: Theory and Methodology. 5th ed. Champaign, IL: Human Kinetics; 2009:1–30.
2. Weist R, Eils E, Rosenbaum D. The influence of muscle fatigue on electromyogram and plantar pressure patterns as an explanation for the incidence of metatarsal stress fractures. Am J Sports Med 2004;32(8):1893–1898.
3. Schache AG, Kim HJ, Morgan DL, et al. Hamstring muscle forces prior to and immediately following an acute sprinting-related muscle strain injury. Gait Posture 2010; 32(1):136–40.
4. Heiderscheit BC, Hoerth DM, Chumanov ES, et al. Identifying the time of occurrence of a hamstring strain injury

圖 23.12　雪橇 (Sled)。

during treadmill running: a case study. Clin Biomech 2005;20(10):1072–1078.

5. Chumanov ES, Heiderscheit BC, Thelen DG. The effect of speed and influence of individual muscles on hamstring mechanics during the swing phase of sprinting. J Biomech 2007;40(16):3555–3562.

6. Sugiura Y, Saito T, Sakuraba K, et al. Strength deficits identified with concentric action of the hip extensors and eccentric action of the hamstrings predispose to hamstring injury in elite sprinters. J Orthop Sports Phys Ther 2008;38(8):457–464.

7. Friel K, McLean N, Myers C, et al. Ipsilateral hip abductor weakness after inversion ankle sprain. J Athl Train 2006;41(1):74–78.

8. Bullock-Saxton J. Local sensation changes and altered hip muscle function following severe ankle sprain. Phys Ther 1994; 74:17–31.

9. Knapik JJ, Jones BH, Bauman CL, et al. Strength, flexibility and athletic injuries. Sports Med 1992;14(5):277–288.

10. Boden BP, Dean GS, Feagin JA, Garett WE. Mechanisms of ACL injury. Orthopedics 2000;23:573–578.

11. Howse C. Wrist injuries in sport. Sports Med 1994;7(13): 163–175.

12. Verstegen M. Core Performance. Emmaus, PA: Rodale; 2004.

13. Seagrave L, Mouchbahani R, O'Donnell K. Neuro-Biomechanics of Maximum Velocity Sprinting. IAAF NSA; 12009.

硬舉
The Dead Lift

許多傳統可移動式重量訓練，已確實地使用許多年，用於復健及運動員強化的阻力訓練。對於這種老運動最近被採用，「使舊的變新的」，許多臨床醫生和個人並不接受自由重量綜合上舉在他們的計畫裡[1]。不接受自由重量綜合上舉的原因，或許，他們在附近方便地就可找到可以使用的環境，也有可能因為上舉重物，需要某種程度的教導與學習[2]。

適合像上述舉重物的就是硬舉 (dead life; DL)。由於包含「死」這一個字，硬舉這一詞經常吸引關注或是被拒絕使用。有一傳說，這種硬舉的由來，是早在西元前 200 年年輕羅馬人征戰返鄉，從戰壕中舉起「屍體」到推車上，並且將他們屍體送回城鎮安葬而得名。如上所述，上舉肢段需要理想的身體控制、技巧及適當的力量[3-5]。而應用這些到重量訓練上來執行，例如以槓鈴、啞鈴、壺鈴或是任何阻力或負重，對於身體形態及肌力獲得，是不錯的選擇[5-7]。

或許硬舉是最好的功能性選擇之一，因為身體大幅度伸出的身體適應，以及各種試舉的變化，能夠提供許多動作的變化，不尋常的身體控制與體態上的變化。影響硬舉的能力包括背部鏈 (posterior chain)、臀部活動度和穩定度、腰椎穩定度以及肩胛穩定度。對於同時追求身體潛力或較長軀幹與頸部的人，更大的訓練效果取決於使用的輔具或能夠拉高離地多遠。

所有形式的硬舉，共同特性是垂直的脛骨。本章我們並沒有要探討「早安運動」、壺鈴擺盪、以及以臀部為主導的「健力」的箱上蹲舉 (box squat) 等等的變化。這些技巧中沒有一樣是從地板上舉起「死」的物體，但都動用了垂直的脛骨從事以下所描述的技巧。我們選擇真正硬舉的形式，因為大部分上舉方法，在向心階段之前，都會有離心的階段。當許多技巧在向心前先有離心，利用了「預先設定」先做離心再做向心，而硬舉的本質最適合從靜止的地面向上拉。為了克服牛頓靜者恆靜的第一運動定律，提醒人們從事動態舉重物之前，先有好的靜止綜合能力。

以定義來說，我們可以在整個軀幹與臀，已相當限制活動度的狀態下從事硬舉[8]。舉起的範圍也許不是很遠，但這動作是需要很有技巧地去執行。當然，這作法的效率可能會被質疑。挑戰發生在設法超出一小小範圍，且依賴脊柱或肩胛骨相對柔軟度的代價。

至於多肢段屈曲測驗中，呈現脊柱屈曲能力受限，無法屈曲脊柱，可能發生本體感覺不良，脊柱的機械接收器未受到刺激，而無法超出一些範圍。確實地，這種探索，不應該在所有一般的、反覆的或加負荷的，但在從事加負荷的硬舉之前，都應該能夠做到才行[3, 4, 9-11]。

本章討論的技巧包括觸腳趾 (toe touch)、木棍硬舉 (dowel DL)、一般的硬舉 (conventional DL)、單腳硬舉 (one-leg DL)、相撲硬舉 (sumo DL) 和六角槓硬舉 (trap bar DL)。六角槓硬舉沒有動用垂直脛骨，而是從靜止姿向上拉，這動作將會討論。至於反覆數通常是多組數，每一次反覆間重新抓握或重新調整。

觸腳趾根據選擇功能動作評估 (Selective Functional Movement Assessment) 網 (http://www.functionalmovement.com) 需要：(1) 手指輕觸腳趾，(2) 臀部重量轉換到背部，(3) 腰椎變圓，(4) 無側向搖擺，(5) 在做這動作最後適當的呼吸（圖 24.1）。即使動作篩檢失敗，是否動作太過，或是否可以再進一步施作，需要敏銳的判斷。疼痛與功能障礙，需要評估，並獲得適當的訓練。

木棍硬舉是髖關節鉸鏈姿勢時，挑戰中立脊椎位置的首要步驟。
1. 使用聚氯乙烯小管或輕短棒或木釘沿著脊柱，一手屈曲握住它並外側旋轉，另一手伸展並往內旋轉。手握棍棒應該維持頸椎與腰椎的自然前凸曲線（見圖 24.2A, B）。
2. 將棍棒持續維持接觸在後顱骨、胸椎及薦骨上方，驅動臀部向後，維持 20 度的膝蓋屈曲（見圖 24.2C）。

圖 24.1 觸腳趾－矢狀面。

3. 本技巧也可以使用單足。鉸鏈的下肢應該對應於同側的上肢之內旋與伸展（見圖 24.2D）。

一般硬舉用一橫槓來執行 [12]，如圖 24.3 A-D。

1. 腳分開的寬度是你感覺可以跳得最高的寬度，且橫槓靠近兩腳的中間位置。

2. 下蹲，握橫槓，寬度稍大於肩寬。脛骨將觸到這橫槓。舉起前作一大腹式呼吸，並保持閉鎖住。橫槓在地板上或舉起時，如下述之「架上硬舉」。

3. 必要的話，頸部壓緊（向後移動），且盡可能強力緊握，髖關節屈曲向後坐，橫槓移動到脛骨前。

4. 橫槓上提，脛骨呈現垂直，用推蹬地板的方式持續上拉。

5. 腳或膝都不該外翻。不該聳肩。胸椎或腰椎不可以屈曲。

6. 高硬舉或是「架上硬舉」開始時脛骨應是垂直的。

另一方法，臀部屈曲模式去輕觸牆。這是無負重或反應性負重，提供正確本體感覺，來成就有效率的臀部屈曲。我將檢視觸腳趾及木棍硬舉，假使觸腳趾是可以的，但在髖的隱定

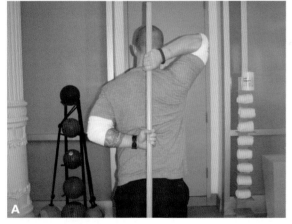

圖 24.2 木棍硬舉 (A) 設定動作，後側觀 (B) 起始動作，矢狀面 (C) 完成動作，雙腿，矢狀面 (D) 完成動作，單腿，矢狀面。

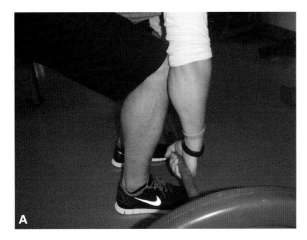

圖 24.3 高硬舉及架上硬舉。(A) 橫槓及脛骨的設定動作 (B) 準備離開地面 (C) 拉至脛骨垂直 (D) 鎖死。

度是不行的，就使用反應模式，來做出臀部的屈曲 [3-5, 13]。

做得好的臀部屈曲或任何形式的硬舉，另外的效果是大腿後肌可以拉長。我會留意，積極地前傾，才不會閉鎖在 L5-S1 的位置。否則，這些選項應確實遵循。我特別喜愛由下而上的方法，因為蹲下，硬舉上，是自然神經發展的模式 [4, 5, 14, 15]。

相撲硬舉基本上，也採用一橫槓來施行 [12, 16]。

1. 準備時，腳比肩寬，且腳趾朝外。在開始動作時，橫槓靠近脛骨。橫槓及脛骨間幾乎是沒有縫隙的（圖 24.4）。
2. 橫槓的路徑是一開始沿脛骨拉上，並向後推。
3. 當橫槓離開地面，馬上以腳跟推蹬，由臀屈曲位置復原。

單腳硬舉時可用橫槓、每隻手各別負重或

僅負重在一隻手上。能用單腿技術，將負荷舉起離開地面是不尋常的事。單腳著地，手前伸做硬舉，是另一反應式運動，來執行的動作形態（圖 24.5A-B）。

1. 單腿臀屈曲舉重。負荷重量應能讓膝屈曲 20º。手盡可能用力握，以調整肩膀。

圖 24.4 相撲硬舉。

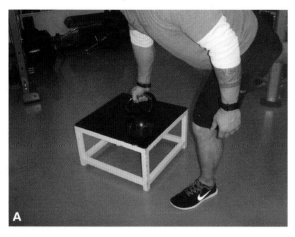

圖 **24.5** (A-B) 用壺鈴單腿硬舉。

圖 **24.6** 六角槓硬舉。

2. 以腳跟及第一趾球推蹬，回到站立位置。

3. 用單腿屈曲臀部模式，將負重回復到起始位置。

　　這六角槓硬舉，施行時，可以脛骨垂直，或有一點角度，但有角度的脛骨位置，是比較典型與自然的方式。這比硬舉更符合蹲的定義，更超越了硬舉。

1. 腳站的寬度是你似乎可以跳得最高的寬度，站在橫槓中央。

2. 盡你可能地緊握橫槓，來調整肩膀（圖24.6）。

3. 脖子向後壓緊，腳跟及大拇趾球上推，像往上跳的態勢，拉橫槓直至身體站直。

參考文獻 (REDERENCES)

1. McGill SM. Low back exercises: evidence for improving exercise regimens. Phys Ther 1998;78(7):754–765.

2. Dylla J, Forrest JL. Fit to sit—strategies to maximize function and minimize occupational pain. J Mich Dent Assoc 2008;90(5):38–45.

3. McGill SM, Karpowicz A. Exercises for spine stabilization: motion/motor patterns, stability progressions, and clinical technique. Arch Phys Med Rehabil 2009;90(1):118–126.

4. McGill SM. Low back stability: from formal description to issues for performance and rehabilitation. Exerc Sport Sci Rev 2001;29(1):26–31.

5. McGill SM. Distribution of tissue loads in the low back during a variety of daily and rehabilitation tasks. J Rehabil Res Dev 1997;34(4):448–458.

6. Kibler WB. Closed kinetic chain rehabilitation for sports injuries. Phys Med Rehabil Clin N Am 2000;11(2):369–384.

7. Kibler WB, Livingston B. Closed-chain rehabilitation for upper and lower extremities. J Am Acad Orthop Surg 2001;9(6):412–421.

8. Scannell JP, McGill SM. Lumbar posture—should it, and can it, be modified? A study of passive tissue stiffness and lumbar position during activities of daily living. Phys Ther 2003;83(10):907–917.

9. Wallden M. The neutral spine principle. J Bodywork Movement Ther 2009;13(4):350–361. Epub 2009 Aug 26.

10. Keller TS, Colloca CJ, Harrison DE, Harrison DD, Janik TJ. Influence of spine morphology on intervertebral disc loads and stresses in asymptomatic adults: implications for the ideal spine. Spine J 2005;5(3):297–309.

11. Kavcic N, Grenier S, McGill SM. Determining the stabilizing role of individual torso muscles during rehabilitation exercises. Spine (Phila Pa 1976) 2004;29(11):1254–1265.

12. Escamilla RF, Francisco AC, Kayes AV, Speer KP, Moorman CT 3rd. An electromyographic analysis of sumo and conventional style deadlifts. Med Sci Sports Exerc 2002;34(4):682–688.

13. Smith J. Moving beyond the neutral spine: stabilizing the dancer with lumbar extension dysfunction. J Dance Med Sci 2009;13(3):73–82.

14. Bliss LS, Teeple P. Core stability: the centerpiece of any training program. Curr Sports Med Rep 2005;4(3):179–183.

15. Cholewicki J, Panjabi MM, Khachatryan A. Stabilizing function of trunk flexor-extensor muscles around a neutral spine posture. Spine (Phila Pa 1976) 1997;22(19):2207–2212.

16. Escamilla RF, Francisco AC, Fleisig GS, et al. A three-dimensional biomechanical analysis of sumo and conventional style deadlifts. Med Sci Sports Exerc 2000;32(7):1265–1275.

Eric Cressey
譯者：蔡明憲

棒球季外訓練考量
Off-Season Considerations for Baseball

在大專程度以及職業比賽中，季外的適當訓練有相當明確的考量。不論是球隊體能專家或是教練都必須要注重許多棒球運動的生物力學面向，不僅如此，相關人員還必須考量到球季中高張力的競賽本質、棒球運動特有的能量系統需求，以及不同守備位置球員、捕手和投手的個別差異所衍生之需求。

我總是提醒我的球員們一件重要的事，投球其實幾乎是違反自然的一個動作。事實上，投手在執行一個過肩投擲的動作當中，其所產生的速度是所有運動之冠。在加速的過程中，肱骨旋轉的速度可能會超過 7,000º/s [1]，同一時間，手肘伸展的速度可能超過 2,300º/s [2]。這個加速的動作對於骨骼結構、肌肉和韌帶組織、肘部和肩帶盂唇結構都強加了巨大的壓力。尤其站在投手丘上投球，又比在平地上對球員身體產生更多的壓力。

另外，由於必須減緩這強大的離心壓力，過肩投擲的減速動作同樣也會造成慢性的傷害。Reinold 等人的研究表示，投手在經過一個賽季之後，會產生肩膀內旋和手肘伸展的缺損，不過這些缺損是可以透過伸展運動來預防的 [3]。先前的研究也指出，盂肱關節內旋活動度缺損超過 20º 很明顯的提高了肩膀疼痛的風險 [4]，我們也認為這是造成手肘疼痛的根本原因。

Wilk 等人 [5] 的研究也支持以下的論點：基本上我們的方法是要幫助選手在慣用手和非慣用手雙側的完整投球動作都可以正常化，即使兩邊的動作曲線不一致。跟非慣用手相比較，過肩投擲選手的慣用手可能會有較多顯著的外旋和較少的內旋。然而，如果雙邊的完整投球動作是一致的，上述的不對稱情形可能是正常的。舉例來說（肩胛骨穩定外展 90º，臥姿測量）：

- 慣用側肩膀內旋：50º
- 慣用側肩膀外旋：130º
- 慣用側肩膀完整動作：180º
- 非慣用側肩膀外旋：115º
- 非慣用側肩膀內旋：65º
- 非慣用側肩膀完整動作：180º

雖然內旋存在著 15º 的差異，但是完整動作上是對稱的。這代表角度上的差異可能來自於骨骼成熟前的骨適應（後傾）現象。這種不對稱是正常且可以接受的。然而，如果完整動作有不對稱的情形，選手的軟組織可能有柔軟度的問題，特別是肩旋轉肌後側。

有趣的是，在上肢觀察到的不平衡壓力現象（由於對抗離心力）同樣也可以在投手的下肢柔軟度測量中發現。幾乎每一位我們遇過的投手都有明顯的前導腳膝關節屈曲和髖關節內旋的問題，如果他們沒有經過合適的柔軟度訓練的話。另外，從研究我們也發現，被關節鏡確診為上盂唇前後病變 (SLAP lesion) 的選手中有 49% 會有對側髖關節活動度或是外展肌力的缺損 [6]。重要的是，這些關節的問題有可能同樣在健康的投手上發現，即使在程度上並不顯著。因此，未來更多的研究是必要的，現階段我們則可以著手開始處理已知的問題。

很多投手在投球中放低慣用側的肩膀，同時間縮短了胸小肌並且弱化了負責讓肩胛骨向上轉動的肌群（特別是下斜方肌和前鋸肌）。在選手的柔軟度和阻力訓練當中，應該要把這個問題考慮進去。不過要重申的是，輕微的不對稱現象是完全正常的 [7]。

至於打擊的動作需求，雖然不如投球這麼極端，但也必須在訓練中被受到相當的重視。打擊時，從前導腳離地到球棒觸球那一刻之間，前腳的旋轉位置經歷了大幅的改變。當前

導腳結束環繞固定，完成一次最大內旋 28° 的打擊動作，並且維持在推擋的位置，打者的髖部也經歷了非常猛烈的內旋，造成相當急遽的速度變化。在職業打者身上，在髖部產生平均每秒 714° 的速度，同時間打者兩腳平均間距有 85 公分（約為髖部寬度的 380%）。換句話說，打擊動作需要髖部巨大的力量以及活動度的參與才得以完成。說得更仔細一點，打者在短短 0.57 秒之間，肩膀和手臂會遭遇到的最大旋轉速度分別是每秒 937° 以及 1,160° [8]！

Shaffer 等人先前利用肌電圖 (EMG) 分析發現，打擊動作過程中，豎脊肌和斜肌並沒有在兩側呈現出顯著的不同型態 [9]。換句話說，這些肌肉呈現等長的狀態，穩定的將打者下肢力量有效的傳送到上肢，最終傳遞到球棒；你需要動到的部位應該是髖部和胸椎，而不是你的腰椎，否則將會造成很大的腰痛風險。在一個有效的核心穩定訓練當中，這一點必須要被重視；良好的動作應該訓練腰部的等長和離心肌肉動作，而非產生移動的能力（如腹部捲曲、仰臥起坐、腰部旋轉運動等）。

雖然投球和打擊是不同的動作，兩者卻有著一個共同點：動作執行過程中，髖部會開始逆時針（向前）運動，接著才是肩部（仍在環繞固定期跟揮臂期中）。此時因為伸展收縮循環 (SSC) 產生了「鞭子」效應而加強了肌肉力量－這需要從腳到手所有肌肉參與的精密整合。在這個動作鏈當中，我們發現下列幾項要點：

• 腳踝活動度（尤其是背屈活動）
• 髖部活動度（尤其是內旋和延展）
• 核心穩定度（包括抗拒延展以及抗拒旋轉）
• 胸椎活動度（尤其是延展和旋轉）
• 肩胛穩定性（尤其是低斜方肌和前鋸肌）
• 盂肱骨活動度（對稱的完整動作）和動態穩定性（有效的肩旋轉肌功能）
• 下肢肌力 / 強度（尤其是髖關節和膝伸肌）

當上述其中一項功能無法正常作用，也會導致其他功能異常。舉例來說，缺乏髖部活動度可能造成選手的腰椎或膝蓋過度旋轉。胸椎活動度的不足會對肩胛骨穩定造成負面影響，以致於投手可能犧牲肩盂肱骨關節的動作，移動較不僵硬的肢段：肩胛骨。

就算我們不從生物力學角度和不對稱現象來看，棒球賽季的賽事密集性也是我們必須要考量的。一名職業選手，從春訓開始到正規賽期間，

接著進到季後賽，有可能必須要在二月到十一月初參加超過 200 場的比賽。以大學選手而言，從秋季的練習賽，春季的競賽期間，到夏季的比賽，可能也有超過 120 場的比賽。對某些高中選手來說，除了訓練營和曝光選秀活動之外，每年可能也有超過 100 場的比賽需要進行。事實上，參加選秀活動的青少年選手有較高的手臂傷害發生率－這很有可能是因為這些活動都是在不適當的時機舉辦（秋季 / 冬季）。

在棒球的世界中有這麼多的比賽和活動在進行，我們了解其實非賽季的休息是很短暫的，我們也要想到，對最高層級的選手來說，比賽甚至是天天在進行的。正因如此，在幾乎一整年當中要增強 / 維持選手的力量、爆發力、柔軟性、組織質量、免疫、內分泌功能和身體組成，是一件很有挑戰的任務。因此，想要增進表現並且保持健康狀態的選手，必須好好善用非季賽期間來進行。

棒球運動的本質也對選手造成傷害上的威脅。很少有選手會一次需要跑超過 30-60 碼（一碼為 0.9144 公尺），投球和打擊的動作在無氧－有氧系統中也趨近於無氧。雖然這樣的運動性質讓能量系統的訓練有簡單的依歸（訓練短程爆發力，而非有氧能力），但這種斷續性 (Stop-and-go) 運動形態也提升選手急遽受傷的風險（例如大腿後側、屈髖以及內收肌等）。重要的是，選手必須在整場比賽中保持肌肉的適當溫度，加上充足的柔軟度以及肌肉徵召，才可以健康的完成一場比賽。

光是討論投手、守備選手和捕手訓練上的不同也許就可以寫上一整本書。然而，簡單來說，這些不同位置選手的訓練其實有很大部分的共同性存在。在我提出棒球選手訓練的特定忌諱時，對於不同位置選手的相異處我主要有下列幾點主張：

• 非常強調投手和捕手的手臂運動（雖然對於其他守備位置來說也很重要）
• 捕手進行較少深蹲（或沒有）
• 當投手需要站在投手丘上投球時，給他們比較少的上肢以及藥球訓練量

不幸的是，從各水準選手的受傷率統計看來，在現實中，傷害預防的效果是完全不夠的。光是在過去 10 年，肘部和肩部的傷害呈現倍數的成長，特別是在年輕的選手之中 [10]。舉例

來說，2003 的一份報告指出，在賽季中有超過 57% 的投手患有肩部以及類似的傷害[11]，而且這還只是肩部的數據，尚未考慮到其他關節。

棒球選手的評量
(ASSESSMENTS FOR ALL BASEBALL PLAYERS)

在討論過上述的傷害之後，我們先不看現狀，先來談一下我給我每一位棒球選手使用的一些評量。這些評量談不上完備，但會是一個好的開端。除了柔軟度之外，我還測量選手的垂直跳，並且從前面、側邊、後面分別照相來評量每位選手的姿勢以及他們的身體組成。

肩膀運動：內旋、外旋和完整總運動
(Shoulder Motion: Internal, External, and Total)

在評估盂肱關節的活動範圍時，穩定肩胛骨是很重要的（特別內旋測量）（圖 25.1）。

我們可以稍微將肱骨抬起到肩胛平面，測試的時候一定要避免向下按壓肱骨頭。我們的目標是具有一個對稱的完整總運動（內旋＋外旋＝完整總運動）。大多數棒球選手投擲的時候會有內旋不足的現象；這種缺失有可能是完全正常的情況，我們要連完整總動作一起觀察，才可以做出最適合的診斷。

仰臥姿勢肩關節屈曲 (Supine Shoulder Flexion)

臀部和膝蓋屈曲，下背平躺在治療床上（圖 25.2），上臂如圖伸展在治療床上。

髖部旋轉：內旋和外旋 (90°)
(Hip Rotation: Internal and External)

在評估髖部旋轉時，讓骨盆保持不動是非常重要的（圖 25.3）。兩個評量目標是旋轉大於 40°。

俯地挺身 (Push-Up)

這項測試是用來評估上半身適能並且評量肌力和體能訓練的成效（圖 25.4）。

高舉深蹲 (Overhead Squat)

測試時選手應赤腳（圖 25.5）。本動作可以快速評估各種缺點：胸椎活動度，上肢的活動度，核心穩定性，髖關節活動度和腳踝的活動度。

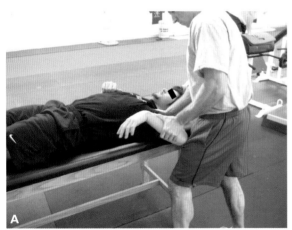

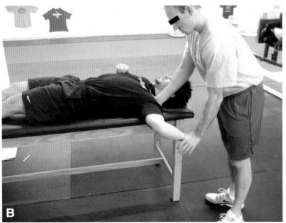

圖 25.1 肩膀活動度：內旋 (A) 和外旋 (B)。

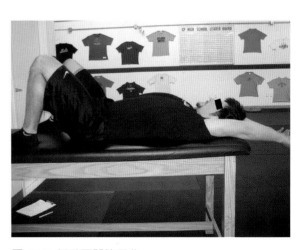

圖 25.2 仰臥肩關節屈曲。

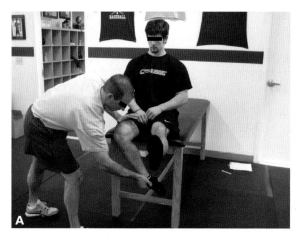 

圖 25.3 (A, B) 髖關節旋轉：內旋和外旋 (90°)。

圖 25.4 俯地挺身。

手舉過頭弓箭步 (Overhead Lunge Walk)

本動作跟高舉手深蹲評量的地方有很多相似，但它也讓我們知道一個運動員單腳站立的穩定程度（圖 25.6）。我們要密切關注的不僅是平衡的掌握能力，而且還有步幅和上肢功能是否完備。

重點訓練類別的運動
(EXERCISES IN KEY TRAINING CATEGORIES)

考慮到這些評估動作，現在針對我先前提到的重點訓練類別，我們來舉幾個簡單的例子。為了簡潔起見，下面的重點主要會是在於靜態和動態柔軟度、藥球訓練以及阻力訓練－

圖 25.5 手舉過頭深蹲。　　　　圖 25.6 手舉過頭弓箭步。

A　　　　　　　　　　　　　**B**

圖 25.7 (A, B) 靠牆腳踝活動度。

不過，爲了幫助選手準備在競爭的球季表現，直向和橫向運動訓練也不能被忽視。

腳踝活動度
(Ankle Mobility: Wall Ankle Mobilization)

　　操作時前腳應離開牆壁，而腳後跟必須著地（圖 25.7）。不要讓腳產生外旋，勿讓膝蓋塌落。選手應該將膝蓋直接瞄準中間腳趾的方向往前延伸。阿基里斯腱和小腿應該要感覺到伸展。

髖關節活動度 (Hip Mobility)

橫向交替跨步走 (Alternating Lateral Lunge Walk)（圖 25.8）

　　一定要保持挺胸。不要讓前導腳產生外旋或是有拱背的情形。大腿內側應該感覺到拉伸。

扶牆屈髖肌徵召 (Wall Hip Flexor Mobilization)（圖 25.9）

　　軀幹保持直挺不要往前。挺胸。沿著髖部的前面到股四頭肌都感覺到伸展。

臥姿膝碰膝伸展 (Lying Knee-to-Knee Stretch)（圖 25.10）

　　雙腳保持平放在地板上。大腿後側外部和（或）臀部肌肉應該感覺到伸展。

仰臥單腿橋式 (One-Leg Supine Bridge)（圖 25.11）

　　確保動作執行是由臀部發力，而不是下背部。用腳跟推起，並在撐起身體後將支撐腿的臀部縮緊。

圖 25.8 交替側向弓箭步。

圖 25.9 (A, B) 靠牆臀部屈肌徵召。

圖 25.10 躺姿膝碰膝伸展。

核心穩定性 (Core Stability)

推藥球旋轉動作 (Rotational Medicine Ball Shot Put)（圖 25.12）

核心一定要緊繃。所有旋轉力量只能來自於臀部和胸椎。

側邊胸椎環繞重摔藥球訓練（圖 25.13）(Recoiled Rollover Stomps to Floor)

核心緊縮。所有的旋轉力量都要來自於胸椎。

高跪姿拉繩 (Split-Stance Cable Lift)（圖 25.14）

核心緊縮。不要讓拉繩的力量造成身體的旋轉。

健身球滾伸 (Stability Ball Rollout)（圖 25.15）

核心緊縮，啟動臀部肌群以防止腰椎過度伸展。從髖部開始帶動，一直到鼻子輕觸到球以後停止向前。

圖 25.11 (A, B) 仰臥單腿橋式。

圖 25.12 (A, B) 拿藥球如推鉛球般旋轉丟擲。

圖 25.13 (A-F) 繞環重摔藥球。

圖 **25.14** (A, B) 單腿站姿鐵索上舉。

圖 **25.15** (A, B) 健身球滾伸。

胸椎活動度：跪姿伸展旋轉
(Thoracic Spine Mobility: Quadruped Extension-Rotation)

核心緊縮以確保所有的旋轉來自於胸椎（圖 25.16）。

肩胛穩定性／上肢力量
(Scapular Stability/Upper Body Strength)

站立單手划船 (Standing One-Arm Cable Rows)（圖 25.17）

肩胛骨應該保持下收狀態，以防在動作後期向前前傾。

高抬腳俯地挺身 (Feet-Elevated Push-Up)（圖 25.18）

胸部要比下巴更早接觸到地面，以防止頭部前傾的姿勢。另外，縮緊核心並啟動臀肌以防止臀部下垂。

正握引體向上 (Neutral Grip Pull-Up)（圖 25.19）

收緊下巴。胸部應在最高點達到單槓位置。

肩關節活動度及動態穩定
(Glenohumeral Mobility and Dynamic Stability)

側躺外旋 (Side-Lying External Rotation)（圖 25.20）

放毛巾或半滾筒在上臂跟軀幹間。可使用槓片、啞鈴或請夥伴提供阻力。手臂外展 30º。

三位置分腿站姿的韻律穩定（圖 25.21）
(Three-Position Split-Stance Rhythmic Stabilization)

夥伴應用和緩的擾動去做動態平衡，讓選手緊緊支撐核心、縮回肩胛骨，試圖穩定肩膀去對抗不穩定的力矩。藉著在嘗試此技巧時讓選手閉眼睛，這動作會更有挑戰性。

下肢身體力量／爆發力 (Lower Body Strength/Power)

前蹲 (Front Squat)（圖 25.22）

對棒球選手來說比較喜歡過臉交叉握來保護手、手腕及前臂。確定下背沒有彎曲。

圖 **25.16** (A, B) 跪姿伸展旋轉。

圖 **25.17** (A, B) 站立單手划船。

圖 **25.18** (A, B) 高抬腳俯地挺身。

圖 25.19 (A, B) 正握引體向上。

圖 25.20 (A, B) 側躺外旋。

圖 25.21 (A-C) 三位置分腿站姿的韻律穩定。

圖 25.22 (A, B) 前蹲。

六角槓硬舉 (Trap Bar Deadlift)（圖 25.23）

選手應該從腳後跟發力，膝蓋、臀部和肩膀都應該一起上抬。在動作後期，應該啓動臀肌，以防止腰部的過度伸展。下背絕對不能拱起。

啞鈴後退弓箭步（圖 25.24）
(Dumbbell Reverse Lunge from Deficit)

身體保持直立不前傾；胸部必須保持挺立。

棒球選手過頭上推注意事項
(A Note on Overhead Pressing for Baseball Players)

雖然有些人可能不同意，但我認為，棒球選手不值得冒險做出過頭上推的動作。我的理由包括：

1. 選手出現肩旋轉肌撕裂（無症狀）[12] 和盂唇損傷 [13] 的發病率高；上述兩者造成身體適應後，導致肌肉和結構穩定性受損。

圖 25.23 (A, B) 六角槓硬舉。

圖 25.24 (A, B) 啞鈴後退弓箭步。

2. 有如前述，投手會有肩胛向上旋轉限制的產生 [7]；身體適應這種現象後，可能對從事過頭動作的肩胛穩定性產生負面的影響，特別是通常過頭上推會比過肩投擲造成肩部較多的上提。

3. 投擲動作（牽引壓力）和過頭上推（盂肱關節的概算壓力）在基本上的差異；概算壓力通常對盂肱關節產生的壓力較大。

4. 由於肱骨後傾和後天內旋失能導致肱骨在不中立的位置（相對於多數人口的「常模」）。

5. 職業投手和守備球員先天性鬆弛現象的高發病率。根據 Bigliani 等人的報告指出，89% 的投手和 47% 的守備球員有慣用手的凹陷症 (sulcus signs)，而其中分別有 89% 和 100% 的選手，非慣用手也有肩膀鬆弛的現象 [14]。

結論 (CONCLUSIONS)

棒球選手（特別是投手）的身體需要廣泛且獨特的功能以完成表現。適當的訓練考慮到的不應該只是功能性需求，還必須考量到賽季的結構以及守備選手、捕手和投手之間的個體差異。

參考文獻 (REFERENCES)

1. Dillman CJ, Fleisig GS, Andrews JR. Biomechanics of pitching with emphasis upon shoulder kinematics. J Orthop Sports Phys Ther 1993;18(2):402–408.

2. Escamilla RF, Barrentine SW, Fleisig GS, et al. Pitching biomechanics as a pitcher approaches muscular fatigue during a simulated baseball game. Am J Sports Med 2007;35(1):23–33.

3. Reinold MM, Wilk KE, Macrina LC, et al. Changes in shoulder and elbow passive range of motion after pitching in professional baseball players. Am J Sports Med 2008;36(3):523–527.

4. Myers JB, Laudner KG, Pasquale MR, Bradley JP, Lephart SM. Glenohumeral range of motion deficits and posterior shoulder tightness in throwers with pathologic internal impingement. Am J Sports Med 2006;34(3):385–391.

5. Wilk KE, Meister K, Andrews JR. Current concepts in the rehabilitation of the overhead throwing athlete. Am J Sports Med 2002;30:136–151.

6. Kibler WB, Press J, Sciascia A. The role of core stability in athletic function. Sports Med 2006;36(3):189–198.

7. Oyama S, Myers JB, Wassinger CA, Daniel Ricci R, Lephart SM. Asymmetric resting scapular posture in healthy overhead athletes. J Athl Train 2008;43(6):565–570.

8. Welch CM, Banks SA, Cook FF, Draovitch P. Hitting a baseball: a biomechanical description. J Orthop Sports Phys Ther 1995;22(5):193–201.

9. Shaffer B, Jobe FW, Pink M, Perry J. Baseball batting. An electromyographic study. Clin Orthop Relat Res 1993;292:285–293.

10. Olsen SJ 2nd, Fleisig GS, Dun S, Loftice J, Andrews JR. Risk factors for shoulder and elbow injuries in adolescent baseball pitchers. Am J Sports Med 2006;34(6):905–912.

11. Ouellette H, Labis J, Bredella M, Palmer WE, Sheah K, Torriani M. Spectrum of shoulder injuries in the baseball pitcher. Skeletal Radiol 2008;37(6):491–498. Review.

12. Connor PM, Banks DM, Tyson AB, Coumas JS, D'Alessandro DF. Magnetic resonance imaging of the asymptomatic shoulder of overhead athletes: a 5-year follow-up study. Am J Sports Med 2003;31(5):724–727.

13. Miniaci A, Mascia AT, Salonen DC, Becker EJ. Magnetic resonance imaging of the shoulder in asymptomatic professional baseball pitchers. Am J Sports Med 2002;30(1):66–73.

14. Bigliani LU, Codd TP, Connor PM, Levine WN, Littlefield MA, Hershon SJ. Shoulder motion and laxity in the professional baseball player. Am J Sports Med 1997;25(5):609–613.

籃球季外訓練考量
Off-Season Considerations for Basketball

籃球是世界上最多人從事的運動之一，只要籃框和球，一年四季都可以進行。任何一個有心的選手都可以每天練習一些特定的技巧。雖然這不是進步的最佳方法，但卻是多數教練和籃球界所普遍遵循的。也因爲這樣，籃球選手喜歡打球，卻對增進表現有關的體能訓練興趣缺缺。相較之下，美式足球和冰球的選手更樂於透過身體上的訓練和準備來達到更高的比賽表現。大部分教練非常強調技術，造成一般選手沒有足夠時間及資源花在其他訓練上。因此，對籃球肌力體能教練來說，設計一個全面的訓練計畫是十分頭痛的任務。

籃球運動的需求 (DEMANDS OF THE SPORT)

籃球涉及到多種運動技能，包括跑步、向上跳 (jumping)、慢跑、行走、單腿跳 (hopping)、滑步、過人、倒退走、彈跳 (skipping)、多向跳躍 (bounding)，並在前後、上下、左右三個平面保持平衡。在球場上所有球員進行類似的運動（例如，搶籃板、防守、投籃和卡位）從進攻轉變到防守。這些動作在任何比賽過程中以不同的強度、長度和距離等形式出現。

籃球是一種間歇性的運動（在比賽中會有短暫停止而後又繼續），比賽的強度通常根據教練的偏好（快節奏的壓迫風格與慢節奏的半場風格）。一份針對澳洲國家聯賽的研究，一場 48 分鐘的比賽有將近 1,000 個變化運動 [1]。等於每 2 秒就會產生一次變化。有趣的是，滑步動作在一場比賽中佔有 34.6% 的比重，慢跑到衝刺等不同強度的跑步動作則有 31.2% [1]。許多人認爲跳躍動作是籃球運動很大的一部分。然而，跳躍只有構成所有動作中的 4.6%，

15% 的高強度滑步和跳躍在實際比賽進行的時候同時產生。此外，這份研究觀察到每 21 秒就會發生一次高強度動作。站立或行走時間則佔了 29.6% 的比賽時間 [1]。

這項著名研究的結果指出，一場籃球比賽中，主要的動作是高強度的有氧能力，相反的，其他研究則指出成功的籃球表現取決於無氧能力 [2]。這之間的差異可能涉及先前提到的不同風格以及不同等級的比賽。監測心跳率對於掌握球員在比賽和其他活動的動作強度有很好的效果。如同在上述的研究中所指出的，比賽中 75% 的時間選手達到最大心跳率的 85%，而有 15% 的時間甚至超過了最大心跳率的 95% [1]。

乳酸和氫離子是無氧運動代謝所產生的副產品，並且會造成代謝性酸中毒，影響酸鹼值，對肌肉收縮造成負面影響。一場籃球比賽中乳酸濃度有可能因爲競賽強度不同，而且每場比賽都不一樣。乳酸濃度和高強度活動時間以及平均心跳率高峰兩者分別存在顯著的相關性 [1]。選手的有氧能力似乎對於恢復過程（例如，乳酸清除，心減速模式）提供了比較重要的幫助，而比較少直接讓運動表現受益 [2]。有趣的是，在大學男子菁英籃球員的調查當中，具有較高有氧能力的選手上場時間較少 [3]，意思是那些具有較高最大攝氧量球員往往具有較弱的力量和較慢的速度。相反的，在女子籃球運動員中，技巧高和技巧低的球員在最大有氧能力上卻有很明顯的差別 [4]。

然而，實際在球場上的成功表現與否，似乎更依賴於運動員的無氧能力和耐力 [2]。雖然在一場籃球比賽中只有 15% 的時間被描述爲高強度 [1]，但是顯然的，這些時間對比賽結果有

決定性的影響。快速變換方向的能力還有爆發力已經被證實可以高度預測男子大學球員的上場時間，而這些能力正是幫助他們在場上完成重要表現的利器，例如製造投球空檔、防守對方球員、爭搶籃板球或是爭搶活球 [3]。

籃球運動傷害與評估
(BASKETBALL ASSESSMENT AND INJURIES)

籃球，如同許多競技運動，有所謂的「傳統」以及「大家都是這樣練的」這兩種根深蒂固的心態。當幾乎所有大學和職業層級的運動醫學還有肌力體能專家在進行選手的受傷和受傷前評估以及表現測試時，我們都可以觀察到這種現象。不幸的是，也與許多其他運動項目一樣，這樣的評估和表現測試往往沒有反映出先前提到的實際運動能力需求，對於實際場上表現（例如，得分、籃板球）的表現測量也沒有貢獻或預測的效用。

舉例來說，國家曲棍球聯盟 (NFL) 的選秀活動已經被詬病多年。他們給選手進行的一連串測試跟選手實際在冰上表現的能力（例如：得分，上場時間）只有很少的相關或甚至背道而馳 [5]。最近，負責國家籃球協會 (NBA) 選秀的主事單位考慮要更改或添加額外的測試，希望可以解決這些問題。目前 NBA 的場上測試項目有：3/4 球場衝刺（類似美式足球 40 碼衝刺），禁區敏捷測驗（只因為每個球場上面有清楚的區域劃分），以及最大努力垂直跳測試，這些都顯示出很少（如果有的話）與實際在球場上表現的相關。

評估的必要性 (THE NEED FOR ASSESSMENT)

為什麼要評估？所有的事情都是公平的，那些在高中、大學和職業生涯中最少受傷的運動員，應該可以單純的因為擁有較多的練習和比賽機會而使得進步更為顯著。所以說，全面性的肌力訓練必須不只是預防受傷還要提升場上表現，更重要的是，如果一位選手想要晉升到菁英層級，評估和測驗還必須要具有識別導致傷害因素的效能。

在評估時，大幅度運動模式 (gross movement)，如高舉深蹲、多肢段前屈（碰觸腳趾）（圖 26.1），以及多肢段伸展（向後彎）（圖

圖 26.1 多肢段屈曲（體前彎）。

圖 26.2 多肢段伸展（抬臂後仰）。

26.2），給予臨床醫生或體能教練評估全身運動能力限制的機會，以判斷可能影響表現或終究導致疼痛或失能的因子。一旦主要問題被偵測到了，就應當由熟練的臨床醫生針對較特定關節或組織給予評估和治療。先前提到籃球選手需要在比賽中多次的進行某些動作，像是建立單打有利位置的卡位過程，或是防守帶球球員等，我們因此有必要提供選手所需的活動度和穩定性，以幫助每位選手更有效率並且更加成功。

由於腳踝扭傷在比賽和練習都是最常見的傷害[6]，我們理應要評估該關節的限制，特別是左右踝關節活動度以及力量的差別。此外，最重要的是，透過評估踝關節和它的局限性將有助於更全面了解動力鏈上所產生的疼痛，如前膝及下背痛。經由評估前述的高舉深蹲以及星型離散平衡測試，評估人員可以輕鬆的辨識這些差異，並且辨識將來升高的受傷風險[7]。

繼續討論下肢的評估，單腿跳測試可以很容易的測試出選手左、右腳動力輸出和落地能力的異同並且做成記錄。在此測試期間，球員將雙手放在腰上，用一隻腳跳出，並且用同一隻腳落地後，繼續保持平衡 2 秒。如果左右邊的偏差大於 15%，就用一個紅色標誌當做記號，並將選手安置到更全面的後續評估和治療。除了診斷出雙邊極不對稱的球員，這樣的預先篩檢也提供了很多對於球員表現能力的相關訊息。

在踝關節和膝關節病變後，造成大學籃球運動員損失練球時間的第 4 名原因是下背痛（前面幾名的原因是腳踝、膝蓋和骨盆 / 腰部）[6]。即使本章的重點不在於診斷個別球員的下背問題，但值得一提的是，許多籃球員缺乏必要的肌力以穩定腰椎。且根據文獻，多數早先遭受過下背疼痛的球員，未來還是會繼續發生[8]。適當的肌力不僅僅有保護下背部不受傷的功能，對於測量籃球場上運動表現的重要性也不容忽視[9]。強力撐起軀幹與骨盆，以能承擔身體額面負荷，需要軀幹側邊的肌力[10]。這項穩定的需求就是為什麼單腿起跳的時候選手需要良好的身體額面肌力。

簡單的側棒式施作時間量測可以告訴我們選手是否具有足夠的下背肌力和耐力，這樣的水平核心肌群耐力測試關乎於對邊的能力，以及背部伸展的肌力和肌耐力，這部分可以用 Biering-Sorensen 測驗來進行量測和記錄。兩側施作側棒式的能力應該要在 ±5% 的範圍內，而且有背部伸展肌力的 75%，如此才可以確保適當的前後平衡並且降低未來受傷的機率[11, 12]。在有關冰球的研究中指出，施作側橋式超過 70 秒可以降低腹壁受傷的風險[12]。如果左右側棒式和背部伸展施作的時間呈現出不適當比例可能表示軀幹功能的不良平衡，相關人員必須提高警覺，觀察選手的受傷還有表現情形，並且轉介選手進行進一步的評量和治療[12]。如果軀幹不能在刻意控制（伸展肌力）的情況下直挺，這表示相關肌群正經歷不良的保護動作並且會降低表現。垂直跳的能力也會因為更強而有力的軀幹而獲得提升。

當人員在規劃一個適當的選手訓練課程時也應該要把測量表現的部份考慮進去。在肌力測驗中，深蹲、硬舉、胸推、俯地挺身以及引體向上等都是常見的項目，被用來測量選手產生力量的能力，不過，選手的發力率（快速產生力量的能力）也必須要被測量。在垂直跳測驗中，立定反向垂直跳和墊步垂直跳這兩種不同的方法可以讓我們了解選手下一步的需求。在立定反向垂直跳測驗中，選手必須讓身體從靜止中先執行反向的動作，這會需要較強的肌力水準。墊步垂直跳依賴的是延展性 (elastic) 動作，當選手執行起跳前的墊步，這時儲存在肌腱中的動能便可以在接下來肌肉收縮動作中被使用出來。如果兩者高度的差距超過 4 英吋，選手就必須要加強肌力（選手的延展性較佳）。如果兩者高度差距不到 4 英吋，選手就必須要花較多時間在發展發力率上面（肌力－速度，速度－肌力方法）。了解這個原則後，設計一個合適的訓練課表就會有一個清楚的方向。

訓練上的考量 (TRAINING CONSIDERATIONS)

現在我們知道籃球運動的特殊需求，也了解其常見的傷害，提供我們一個幫助選手更加成功的架構。如同前述，籃球選手一整年都在比賽或訓練，造成導入全面身體準備計畫的困難。在籃球運動中的各種動作和在場上來回的跑動都降低了身體可以用來發展速度、肌力和發力率的「資源」。而這幾項身體能力正是選手能否上場競技的主因。如果選手在執行動作上有所限制可能會造成潛在的傷害，身體能力上的限制一樣也會對

表現產生影響。優良的肌力與體能訓練課表就是要把這些弱勢原因降到最低，並且增加可以幫助選手在場上成功表現的特質。

這些成功必須的特質包括：
a. 活動度 / 穩定度
b. 肌力
c. 速度
d. 發力率
e. 體適能（籃球特定的爆發耐力）

下列是必須要被思考的主要問題：
- 選手可以做出正確的姿勢嗎？（活動度）
- 選手可以保持在正確的姿勢嗎？（穩定度）
- 選手可以在不同姿勢間轉換嗎？（肌力）
- 選手可以快速且在不同姿勢間轉換嗎？（速度 / 爆發力）
- 選手可以連續且快速的在不同姿勢間轉換嗎？（爆發耐力）

活動度是身體自由活動的能力，而穩定度則是身體對於進行活動的控制能力。身體的每一個關節天生都具有較多的活動度或是穩定度，這可以當做適當且安全訓練方法的決定指標（參閱第 25 章，有更多的說明）。

肌力是身體產生動力的能力。增加肌力是籃球選手的基礎，因為它是執行其他項能力的根本（例如，速度、肌耐力、發力率和敏捷性）。較好的肌力可以讓選手更輕鬆的表現，因為同樣的任務現在只需要較低的努力程度，前提是肌力必須有所提升。改善肌力因為增加整體能力，所以可以很明顯的讓動作進行得更有效率，也讓身體有餘力可以放在比賽中其他的方面。

肌力是一種動作技能而且必須要一整年中不斷提升。只讓選手在季外接受肌力訓練的教練會害他們在賽季中喪失應有的肌力程度。如果要讓一位球員成為更好的射手，教練會讓球員練習一個月然後下個月不練嗎？當然不會，那為什麼我們會期待球員可以維持肌力，如果他們一年中某些時候的訓練被終止？

很多教練以為，速度和發力率遠比肌力訓練還重要；然而肌力卻是影響兩者的重要因素。速度是以高速執行某動作的能力，而發力率則是在短時間內產生大力量的能力。發力率包含有力量還有速度兩個因子。我們必須了解，速度和發力率兩者都需要力量以及力量的發展去支持。只訓練發力率或速度無法增加產生最大力量的能力，但是肌力（力量）訓練可

圖 **26.3** 肌力圖—肌力好比乘載其他能力特質的容器。

以增進速度和發力率，因為兩者中力量這個要件終究被提升了。

Cressey 以玻璃杯作為比喻來形容肌力發展的重要性以及它與其他身體能力的關係（圖 26.3）。肌力就像是玻璃杯的大小，其他所有表現的要件就好像是杯中的液體一樣，受到杯子規格所影響。玻璃杯的尺寸必須要有所提升，速度、發力率、還有其他類似的身體要素才可以在渡過訓練高原期有所進步。舉例來說，速度和敏捷能力在美國大學運動總會 (NCAA) 中第一級男子籃球比賽中持續預測球員的上場時間 [2]，養成好的肌力基礎是提升速度和敏捷的根本條件。

再把速度和肌力放在一個連續標尺上來看（圖 26.4）。當球員比較靠近左邊的屬性，會表現出比較高程度的速度，這時肌力就成了次要的因素。在標尺的右邊，速度則不如肌力佔有的部分。這對我們在訓練籃球選手上有什麼啟示？如果選手只從事左邊的活動，他們進步的可能性不高，除非他們也把右邊屬性的訓練納入課表當中。如同前述，多數的籃球選手花很多時間打球以增進左邊的能力，但卻花很少時間在右邊或中間的部分。

主要肌力訓練動作 (MAJOR LIFTS)

當動作產生的時候，中樞神經系統 (CNS) 徵召了某些特定的運動單位以控制整個身體。所有的球員都會走、跨步、深蹲、跑、推、拉、轉以及彎屈，這些動作都應該構成功能性訓練的基礎以將中樞神經系統的潛能發揮到最大。動作不僅是要合理，還必須創造出大量且容易使用的動作菜單。

身體解析 (BODY BREAKDOWN)

設計動作菜單的時候，重要的第一步是要先把動作分解；這樣才可以確保各個肌群和動作達到平衡。當以肌肉作為訓練標的而不

速度－肌力連續表

絕對速度	速度－肌力	肌力－速度	絕對肌力
垂直跳／籃球	負重跳遠（10% 體重）	蹲跳（30-40% 蹲舉重量 *）	最大肌力

*Wilson, GJ, Newton, RU., Murphy, AJ., Humphries, BJ. The optimal training load for the development of dynamic athletic performance. Medicine and Science in Sport and Exercise 1993;25:1279-1286.

圖 26.4　速度－力量連續表。在表最左邊是絕對速度。在最右邊是絕對力量。介在中間兩個是它們如何影響爆發力的。

是動作，這時會遭遇到一個缺陷，就是某些肌肉（主動因子）會比它們的反邊肌肉（拮抗因子）作更多的功。其中一個例子是當選手一起進行「胸」和「背」訓練時。大部分人練胸的時候會進行推的動作，例如胸推或斜上胸推，至於練背，則是會進行拉的動作，像是「背闊肌」下拉或是引體向上。這裡的問題在於，垂直下拉的「背闊肌」下拉以及引體向上會造成肱骨內旋；同樣的內旋也發生在多數推的動作當中，因此，這兩種動作的結合可能造成舊傷惡化或成為潛在的傷害因子。動作的搭配應該要創造平衡並且將動作鏈上的失能降到最低。

運動的結合有三種：
- 身體總運動
- 身體下肢運動
- 身體上肢運動

表 26.1 顯示出如何將這些動作分類。擬出一份基本的動作菜單，在每個類別中寫下你經常練習的動作。參考表 26.2 以獲得較簡化的範例。

爆發性的動作在籃球運動中已經常被強調，因此這邊我們不作討論；肌力才是這邊的重點，因為多數的籃球員可以從提升肌力中受益良多。特別是在雙腿單邊以及後側的肌力，可以大大降低球員受傷的風險。

單腿肌力經常在訓練中被忽略，但它卻是速度提升、改善平衡與預防受傷的基礎。多數肌力訓練計畫會把焦點集中在雙腿的動作上，像是深蹲，對球員來說很重要，也可以改進整體的肌力；但是單腿的肌力訓練可以補足平時籃球訓練的不足，尤其因為多數的動作都是由單側執行為主。此外，像是單腿深蹲這個單邊動作，可以促進骨盆平衡，而這是在雙腿動作所無法完全發揮的功能。舉例來說，單腿動作中，臀中肌被迫要穩定整個平衡，而這在降低

表 26.1	身體動作如何被分類

身體總運動
爆發性動作（目標是高力量輸出）
　奧林匹克舉重（抓舉）
　跳與擲（深蹲跳／勺式拋藥球）
綜合動作（將兩種動作結合）
　上身－下身（深蹲到胸推）
　上身－上身（立正划船到胸推）

下肢身體動作
深蹲動作（膝蓋／股四頭肌主導）
　雙腿（深蹲）
　單腿（跨步）－有支撐和無支撐
彎曲動作（髖關節／臀肌／腿後側主導）
　腿直立（直立硬舉）
　腿彎曲（俯臥提臀）

上肢身體動作
外推動作（將負重推離身體）
　水平（胸推）
　垂直（坐姿推舉）
內拉動作（將負重拉往身體）
　水平（俯身划船）
　垂直（引體向上）

傷害中佔有舉足輕重的地位。

單腿肌力可以再分為有支撐和無支撐動作。有支撐單腿動作需要兩隻腳在地上同時參與，主要的動作是靠單側完成，而無支撐的單腿動作則是將沒有參與動作的腳保持在空中。兩者的訓練因為骨盆肌群的使用而有相當的差異。在有支撐單腿動作中，在地上的非動作腳提供了支持穩定的功能，因此骨盆可以保持相對的穩定性。無支撐單腿動作需要更大的關節穩定度來完成，給了骨盆和腳更多平衡上的挑戰。上述兩者動作都很重要，且必須被安排到

表 26.2　身體運動：基本菜單				
爆發性－奧林匹克舉重	**爆發性－跳與擲**	**綜合－上身／下身**	**綜合－上身／上身**	
身體總運動				
抓舉	深蹲跳	深蹲到胸推	立正划船到胸推	
挺舉	勺式抛藥球	跨步蹲到立正划船	俯臥提臀	
下肢身體運動				
深蹲－雙腿	**深蹲－單腿（有支撐）**	**深蹲－單腿（無支撐）**	**屈曲－直腿**	**屈曲－彎腿**
後蹲舉	分腿蹲	單腿蹲	單腳硬舉	硬舉
前蹲舉	側蹲	單腿後交叉蹲	仰臥屈膝提髖	反向腿彎舉
上肢身體運動				
推－水平	**推－垂直**	**拉－水平**	**拉－垂直**	
胸推	軍事推舉	屈體划船	反握引體向上	
俯地挺身	啞鈴肩上推舉	仰臥懸垂臂屈伸	正握引體向上	

籃球肌力訓練中，以幫助（註：指重心較高，通常身材也較高的選手）克服動作機轉上的缺陷，增加髖部穩定性。單腿動作的重點不只是訓練產生大動力的肌肉，而且也訓練小肌肉，讓它們幫助股骨、膝關節，甚至是腳踝和足的動作控制。參閱圖 26.5 到 26.10 的各種單腿訓練動作。

　　後側的動力鏈主要包括了臀肌肌群、腿後側肌群以及豎脊肌群。這些肌群的肌力影響最大肌力的產生，並且控制股骨和膝蓋在產生大力量時的動作。臀肌向心收縮提供髖關節伸展以及外旋等功能；此外，臀肌離心收縮則控制了髖關節屈曲以及內旋，這在落地減速動作中

圖 26.6　側深蹲。

圖 26.5　分腿深蹲。

圖 26.7　單腿板凳深蹲。

圖 26.8 (A, B) 在板凳上單腿深蹲。

圖 26.9 (A, B) 單腿深蹲至板凳。

圖 26.10 (A, B) 在板凳上單腿後交叉深蹲。

每次腳接觸地面時都會發生。如果臀肌無法勝任控制力量的功能，膝蓋便會承受過大的力量而導致傷害。舉例來說，針對後側動作鏈的練習可以有下列選擇：硬舉和其變化型（架上硬舉、相撲硬舉、六角槓硬舉、單腿硬舉等等）、橋式及其變化型（臀部橋式、高肩橋式、俯臥提臀等等）和兩者的結合（反向腿彎舉、平衡球屈腿等）（詳見第 29 章）。

籃球場上成功的真正訓練要素
(TRAINING FOR SUCCESS ON THE COURT-WHAT REALLY MATTERS)

如同前述，很少（如果有的話）傳統的肌力訓練計畫真正可以測量跟籃球競賽表現相關的能力或是提供一個指標。這些傳統肌力與體能訓練計畫多數要選手在測驗上呈現最大的數字，但我們可以合理的假設，這些數字跟籃球場上實際表現的數據其實基本上沒有關連。要定義訓練動作對球員在「全力以赴」的程度其實是很困難的，但容易的是，我們可以將季前的肌力和表現評估，和季後的表現數據作比較，例如得分、籃板球、阻攻、助攻、上場時間，以及因傷未賽的時間等等。

選手得分的數據和其可以將脊柱肌群緊繃的能力，對男性大學選手來說，還加上利用大學禁區區域的敏捷測驗。長久以來被訓練重視的垂直跳並未被證實對籃板球以及阻攻的表現有幫助，然而跳遠的能力卻可以預測年終在統計上具有成功表現的能力 [9]。

即使很多球迷和球員本身都喜歡在空中飛來飛去的動作，但跟先前提過的其他動作比起來，球員跳起在實際比賽中所佔的時間比例其實很少。大部分在場上經常發生的動作會是球員快速製造空檔或是積極防守，而這些才是訓練當中需要被強調的部分。這些連續性的動作需要選手的軀幹和核心兩側先是相當緊縮，接著放鬆，然後進行再一次的緊縮。此一運動現象在菁英層級的混合格鬥比賽已經被測量和證實過。選手必須在準備起腳時先極度緊繃核心，當腳在空中行進時核心則呈現放鬆的狀態，而當腳要接觸對手的那一剎那，選手再度將腳和全身收縮得如同石頭一般堅硬。這種製造「衝擊」的能力讓選手不只是用腳攻擊，而是使用整身的質量。這樣的過程在許多運動中都可以見到 [13]。

菁英籃球選手在過人運球製造得分空檔時，需要改變行進方向而產生這種「衝擊」，這時「收縮－放鬆－收縮」循環便發生在其中。在高水準籃球防守中一樣會看到這樣的循環。選手必須依靠強大的核心緊縮和放鬆的功能，以便能更快速的改變行進方向和跟上對手，才能保持在防守的有利位置上。

訓練籃球選手肌肉勁度的能力
(TRAINING STIFFNESS IN THE BASKETBALL ATHLETES)

如果要增進籃球選手場上表現，很明顯的我們必須要設計特定的核心訓練。例如：
1. 高跪姿下砍（圖 26.11）以及高跪姿上抬（圖 26.12）
2. 旋轉側棒式（圖 26.13）。從一般的側棒式旋轉到俯棒式，下背部和骨盆保持在一直線上。各姿勢維持 5 秒鐘。
3. 抗旋推（圖 26.14）
4. 不對稱負重走（農夫走）（圖 26.15）
5. 不對稱後跨弓箭步（圖 26.16）

全年的訓練設計
(PROGRAMMING THROUGHOUT THE YEAR)

季後 (Postseason)

季後的訓練緊接著賽季的結束到來，通常是 3-6 週，依不同年齡等級的賽季長度而定，也依預防傷害上的需求。

季後訓練目標包括：
1. 重建選手在賽季中喪失的關節活動度。
2. 為了接下來的季外高強度訓練作準備。
3. 加強重點肌力訓練的技術層面。
4. 為賽季中負傷的球員做復健。
5. 透過較高強度的離心收縮、等長收縮以及較長的耐力動作等訓練建立結締組織強度。
6. 教導選手適當的動作位置技巧。
7. 建立健全的團隊心態。
8. 建立個人身體素質的目標。
9. 建立足夠的柔軟度。
10. 教導選手在季外訓練需要學會的動作或運動模式。

在我們開始訓練最大肌力、速度、發力率和專項體能之前，在上述的訓練上著墨是很重要的。如此才可以確保選手有一個適當的基礎，然後再進行較高負荷、較高負重和較高速度的訓練。一份好的食譜都會先列出一份食材清單。

季外訓練 (Off-Season)

季外訓練可能是 10-18 週的時間，一樣要看季賽持續的長度。這段時間空檔是絕佳的機會讓球員可以提升身體素質，以便應付嚴密的季前訓練時期。季外訓練包含了兩個時期：季外前期以及季外後期。

圖 26.11 砍劈。(A) 起始動作 (B) 結束動作。

圖 26.12 上提。(A) 起始動作 (B) 結束動作。

圖 26.13 旋轉棒式。(A) 側橋式 (B) 前橋式。

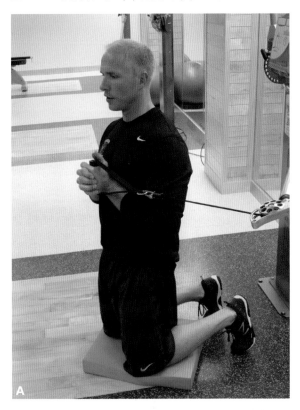

圖 26.14 抗旋轉提拉。(A) 起始動作 (B) 結束動作。

季外前期的內容針對整體，且具備下列目標：

1. 發展肌肉肥大期（如果需要的話）。
2. 發展最大肌力（集中在複合且多關節的動作）。
3. 以連續的有氧訓練以及有氧間歇來培養好的有氧能力基礎。
4. 強調並且教育選手正確的落地動作機轉，替未來的增強式訓練做準備。
5. 教導選手在直線和水平速度上的動作機轉。

當季外訓練開始展開以後，接下來會融入更多特殊的訓練和動作，包括：

1. 培養肌力的同時強調速度 / 速率。
2. 轉換到發力率的培養 / 爆發力。
3. 轉換到無氧動力以及無氧能量間歇。
4. 轉換到真正的增強式訓練，強調短時間內立即反應。
5. 轉換到特殊的線性和水平速度練習，同時強調加速和減速。

圖 26.15 不對稱負重：農夫走路。

季前訓練 (Preseason)

　　季前的時間幾乎每天都會有練習和比賽。季前是幫助運動員準備開賽的最後機會，此時的基礎來自於更早的季外訓練，因為籃球訓練時間不應該用來浪費在體能訓練上。籃球訓練時間應該專注在發展技巧和戰術上。

　　季前訓練的目標應該包括：

1. 持續強調肌肉收縮速度以及爆發力的培養。
2. 把無氧能力訓練設計（距離、時距、運動模式）轉換到適合籃球的專項體能上，例如滑步、倒退跑、衝刺、交叉步、跳躍等等。
3. 從增強式訓練轉換到多平面的跳躍以及腿部循環訓練，以模擬在比賽中遭遇到的壓力狀態。
4. 線性和水平速度培養應該要使用開放式的循環訓練，如此選手需要對方向改變做出反應，而非預先想好的。

季中訓練 (In-Season)

　　由於賽季中的訓練可能是全年訓練環節中最重要的部份，這可能造成訓練計畫的混淆、高度挑戰，或甚至被誤解。當然，季外和季前的訓練

圖 26.16 (A, B) 不對稱後跨弓箭步。

相當重要，但是在賽季中的目標應該是要將體能狀況一路保持高峰到季賽尾聲和季後賽。

「反向操作」
(「DO THE OPPOSITE OF THE SPORT」)

什麼？這是什麼意思？訓練人員就是應該給選手專項體能運動，幫助他們在運動成績上更突出，不是嗎？我們完全不同意。

為了要降低過度使用造成的傷害，賽季中的練習內容特色應該包括：
1. 高度的活動量。
2. 使用低負重－通常只做徒手訓練。
3. 低動作幅度訓練－多數運動情境中絕不會使用到關節的最大活動範圍。

賽季中的訓練內容特色應該包括：
1. 使用低量的季中肌力訓練。一個禮拜兩天的訓練已經被證實可以維持或是增加肌力[14]。
2. 使用高負荷的訓練來刺激肌肉運動單位的活化，促進力量的維持或是增加。
3. 使用高動作幅度的動作，以恢復和提高關節的活動度。

對於籃球賽季訓練計畫和進程的設計，這邊有一些額外的指標：
1. 籃球運動本身已經具備許多衝擊（跑、跳等），因此盡量減少跑和跳的動作。選擇其他的體能訓練方式當做替代，例如滑板訓練(Slide board) 或是游泳。
2. 籃球選手通常具有較強的前側動作鏈。後側動作鏈應該在訓練中被強調。
3. 籃球選手很容易失去某些特定關節的活動度（例如腳踝、髖關節）。這些部位應該要持續且積極的被處理。
4. 注意不要讓選手的體能程度降低，特別是因為教練多進行半場訓練或是技能養成，較少進行高節奏的全場訓練或是對戰練習。

結論 (CONCLUSIONS)

籃球選手自古就不公平的被定義為無法接受肌力訓練的長槓桿運動員。看一下現今任何一位菁英籃球選手，肌力訓練已經在他們身上被驗證為籃球競賽訓練的重要一部分，以及在高層級競賽成功的必要條件。但訓練人員在增加選手負重時應該要小心謹慎，因為這些選手面臨的是一連串特殊的受傷風險、特定的身體形態，以及表現需求，這些都需要特別注意，以設計出更具細節且有選擇性的動作訓練。一個成功的籃球肌力訓練計畫不僅滿足預防常見的傷害，也增加了直接關係到場上成就的因素。

參考文獻 (REFERENCES)

1. McInnes SE, Carlson JS, Jones CJ, McKenna MJ. The physiological load imposed on basketball players during competition. J Sport Sci 1995;13:387–397.
2. Hoffman JR, Maresh CM. Physiology of basketball. In: Garrett WE, Kirkendall DT, eds. Exercise and Sport Science. Philadelphia, PA: Lippincott Williams & Wilkins; 2000: 733–744.
3. Hoffman JR, Tennenbaum G, Maresh CM, Kraemer WJ. Relationship between athletic performance tests and playing time in elite college basketball players. J Strength Cond Res 1996;10:67–71.
4. Riezebos ML, Paterson DH, Hall CR, Yuhasz MS. Relationship of selected variables to performance in women's basketball. Can J Appl Sport Sci 1983;8:34–40.
5. Vescovi JD, Murray TM, Fiala KA, VanHeest JL. Off-ice performance and draft status of elite ice hockey players. Int J Sports Physiol Performance 2006;1:207–221.
6. Dick R, Hertel J, Agel J, Grossma J, Marshall SW. Descriptive epidemiology of collegiate men's basketball injuries: National Collegiate Athletic Association injury surveillance system, 1988–1989 through 2003–2004. J Athl Train 2007;42(2):194–201.
7. Plisky P, Rauh M, Kaminski T, Underwood F. Star excursion balance test as a predictor of lower extremity injury in high school basketball players. J Orthop Sports Phys Ther 2006;36(12):911–919.
8. McGill SM, Grenier S, Bluhm M, Preuss R, Brown S, Russell C. Previous history of LBP with work loss is related to lingering effects in biomechanical physiological, personal, and psychosocial characteristics. Ergonomics 2003;46(7):731–746.
9. McGill SM, Anderson J, Horne AD. Predicting performance and injury resilience from movement quality and fitness scores in a basketball player population. J Strength Cond Res 2012;26(7):1731–1739.
10. McGill SM, McDermott A, Fenwick C. Comparison of different strongman events: trunk muscle activation and lumbar spine motion, load and stiffness. J Strength Cond Res 2008;23(4):1148–1161.
11. McGill SM. Ultimate Back Fitness and Performance. 4th ed. Waterloo, Canada: Backfitpro Inc.; 2009.
12. McGill SM. Low Back Disorders: Evidence Based Prevention and Rehabilitation. 2nd ed. Champaign, IL: Human Kinetics Publishers; 2007.
13. McGill SM, Chaimber JD, Frost DM, Fenwick CM. Evidence of a double peak in muscle activation to enhance strike speed and force: an example with elite mixed martial arts fighters. J Strength Cond Res 2010;24(2):348–357.
14. Hoffman JR, Fry AC, Howard R, Maresh CM, Kraemer WJ. Strength, speed and endurance changes during the course of a division 1 basketball season. J Appl Sport Sci Res 1991;5:144–149.

27

Michael Boyle
譯者：蔡明憲

冰球季外訓練考量
Off-Season Considerations for Hockey

總體概述 (GENERAL OVERVIEW)

培訓冰球運動員的關鍵，和培養其他運動員的關鍵一樣，是要了解，雖然每項運動有其特殊需求，但真正的關鍵在於基礎動作的分析和訓練。在訓練上的其中一個實際問題，對冰球運動員，也對許多現代運動員來說，是本身對專項運動訓練需求的感知。

從最簡單的分析看來，一位冰球運動員是短跑的選手，其動作比任何其他團隊運動者都來得要快。滑冰的最高時速估計高達每小時 30 英里（註：約為每小時 48.3 公里）。想像一下，兩個球員以全速移動衝向對方，或是一位球員撞向不會移動的物體，例如球場圍牆。肌力，特別是在經常被忽視的上半身肌力，在這種高速的情況下成為保護關節的重要因素。

此外，為了打冰球所需要的速度，培養下半身肌力是至關重要的。因為速度和爆發力已經成為冰球運動的關鍵成分，選手也必須像短跑運動員一般的訓練。就像其他衝刺主導的運動一樣，要達成這一點的唯一方法，就是把多關節肌力和跳躍訓練大量融入到選手的訓練計畫當中。

即使在最高水準的比賽當中，冰球選手的訓練存在著一個基本的問題，那就是錯誤的訊息在這個領域中傳播，形成一持續性的文化。幾年前，大家普遍認為冰球選手的體力很差，因為他們的攝氧量 (VO_2) 水準很低。這導致長期以來，冰球訓練強調培養選手的有氧代謝能力，尤其是在職業的層級。推動這樣的有氧能力訓練是由一群運動科學家所帶頭，但是他們缺少對這團隊運動的經驗，也對有氧代謝存有偏見。事實上，短跑選手有較低的耗氧量水平是相當正常的事情[1]。在我的經驗中，一個訓練有素的冰球運動員有介於 40 尾和 50 中的攝氧量 (ml) 是很尋常的事情。如果選手的數值比較高，可能表示其快縮肌纖維的比例較低，而且呈現出較低的訓練適應水準。把時間花在提升攝氧量水準是一種浪費，並且可能導致速度和爆發力的降低。

許多教練和體能教練把訓練專注於特定的小細節上，卻忽略了選手的肌肉和肌力。舉例來說，在 80 年代，我就禁止我的選手做反向手腕彎舉的動作，而有些人認為這對球桿的掌握很重要。我的感覺是，如果選手沒有發展出下半身重要的肌肉，手臂的小肌肉並不會產生高度的作用。直到今天，我仍然保持這個理念。

冰球運動有其獨特的細節需要被重視，如果時間上允許的話。然而，主要的重點應放在發展下半身肌力和爆發力，並構建有效的能量系統。一定要等到處理完這些重點，不能偷跑，教練和球員才可以開始看細節的部分。

在我所有訓練計畫的設計中，採用的是相鄰關節的訓練，其中很重要的基礎都是來自於和物理治療師 Gray Cook 的對話所發展出來的。Gray 對身體分析是直接了當的：在他的想法中，身體不過是一個許多關節的堆疊，每個關節或一連串的關節都有特定的功能，並且可以被預測出可能出現的機能障礙程度。其結果是，每一個關節都有其特定的訓練需求。

表 27.1 從下往上列出身體相鄰關節的組成，可以看出關節的功能或需求在活動度和穩定性之間交錯。腳踝需要增加活動度，膝關節則需要提高穩定性。再往身體更上方看，髖關節明顯的需要活動度。所以整個程序沿著一條鏈結往上走－建立出一系列基礎的、交替的關節功能目的。

在下方的關節功能如果喪失，似乎就會影響到上方的一個或多個關節。換句話說，如果髖部不能動，腰椎會取而代之。問題是，髖部其實被設計為具有較好的活動度，而腰椎則是具有較好的穩定性。當然，這是粗略的看法；髖部既需要活動度也需要穩定性，當然也需要爆發力。

此外，這邊應該要提到的是，當原本的活動關節變得不動時，鄰近的穩定關節就會被強制移動以作為補償，之後失去穩定度並產生疼痛。

過程很簡單。

- 失去腳踝活動度 → 膝蓋疼痛
- 失去髖部活動度 → 下背疼痛
- 失去胸椎活動度 → 頸部和肩部疼痛或下背疼痛

表 27.1	關節和其主要需求

腳踝－活動度（矢狀面）

膝蓋－穩定性

髖關節－活動度（多平面）

腰椎－穩定性

胸椎－活動度

肩胛骨－穩定性

肩盂肱骨關節－活動度

當我們使用相鄰關節的基礎概念，從腳踝開始檢視身體，道理就說得通了。一旦了解之後，就可以將這個理念帶進你的訓練計畫中，你的選手就比較不會受到傷害的影響。

季外訓練 (OFF-SEASON TRAINING)

從某個細節看來，冰球選手在季外進行跑步訓練是非常重要的。請注意，我並不是提倡慢跑。所謂跑步，我的意思是一個精心策劃的間歇訓練計畫。間歇訓練單純是指在運動與休息之間交替，進而培養體能。我們可以把間歇訓練想成爲穩定狀態有氧訓練的相反。雖然這看起來似乎有悖常理，季外進行間歇訓練實際上是有意義的。在冰球運動中，髖部大部分時間都是被收縮屈曲的。這導致了髖部屈肌的適應性短縮，也常常發生在腹肌和胸肌。這樣的跑步訓練讓身體重新適應直立的姿勢，並且可以防止髖部和背部的長期惡化問題。

相較於季外的跑步訓練，很多職業隊教練倡導固定式腳踏車訓練。在固定式腳踏車訓練中，選手模擬整個季節期間所使用的相同的姿勢。這一點，在我看來，大幅的加快了髖部和核心肌群的惡化，並可能和冰球選手日益增加的髖部和腹部傷害發生率有密切相關。另外，髖部屈肌在腳踏車上受到嚴重忽視，因爲髖部肌群的回復動作是被動的由腳踏板的轉動來完成的。這在賽季中會是有利的，因爲球員可以訓練能量系統，而不會讓經常受傷的鼠蹊部負擔過大，但是在季外是不利的。

我們特意使用跑步作爲預防傷害的工具。對冰球選手來說，這並不是普遍的做法，但如果球員是健康無傷的，就必須要這樣執行。很多選手抱怨他們因爲各種骨科問題而無法跑步；然而，他們大多想表達的意思是他們不能慢跑，因爲跑步通常不會是問題。

除了間歇訓練計畫外，冰球運動員也被建議在季外使用滑板訓練（圖 27.1）。雖然訓練

圖 27.1 滑板－側滑。

滑板模仿溜冰的動作，它也強調髖部的外展和內收。滑板訓練會同時對髖部屈肌和內收肌群產生向心和離心壓力，其屈曲和內收運動模式對於鼠蹊健康非常關鍵。

基礎建構－將團隊運動體能金字塔倒置 (BUILDING THE BASE—INVERTING THE PYRAMID FOR TEAM SPORT CONDITIONING)

一般間歇訓練的模式遵循金字塔概念式的發展。在訓練和教練領域的專家不斷倡導的概念是，金字塔頂端的高度能力必須建構在底端的基礎上。此理論的基礎在於，一系列的無氧能力的訓練必須要建構在某種程度的有氧能力上。這個力學系統適用於機械或是建築模型，但可能不適用在運動上。有趣的是，教練們都說這種訓練模式行不通，但生理學家還繼續傳授我所謂的「有氧基礎的迷思」。

從 1980 年代初期，我的訓練設計和著作中已經說明，有氧基礎的概念是有缺陷的，而且還適得其反。在過去 10 幾年，許多研究已經證明這個事實，但我們仍然有一群運動科學家推崇一般有氧訓練。最明顯的是最近關於 Tabata 的研究和 McMaster 大學 Gibala [2, 3] 的發表（見表 27.2）。

冰球運動的表現測量 (TESTING FOR ICE HOCKEY)

冰球季前測量最重要的一點是，測量的內容必須符合其所需要的訓練概念。適應特殊性 (SAID) 的原則中很具體的清楚說明，身體會適應所被施加或給予的訓練要求。要一位選手接受

表 27.2		培養能量系統的負荷模型	
週次	重複次數	間歇施作時間	全部時間（分）
1	3	30 秒，30 秒，30 秒	1:30
2	4	30 秒，30 秒，30 秒，30 秒	2:00
3	5	30 秒，30 秒，30 秒，30 秒	2:30
4	6	30 秒，30 秒，30 秒，30 秒，30 秒，30 秒	3:00

間歇訓練，然後再給予穩定狀態有氧測試，這是沒有道理的，同樣來說，我們不應該要一個運動員進行肌力訓練，但測試其耐力。如果我們希望運動員進行間歇訓練，我們應該使用的是間歇測試。如果我們希望運動員進行肌力訓練，我們就測試其肌力。運動員會為了測驗的內容而訓練，並非按照訓練計畫。選手知道我們評估的不是他們有沒有遵守訓練計畫，而是量的成果。關鍵是要讓訓練計畫能產生預期的效果。進行測量時，必須在動作和技術上嚴格把關。不要讓運動員作弊，因為這會造成另一層問題。

如果我們要進行場外測試，還有一個值得探討的關鍵領域。雖然我深信下半身力量是關鍵，但我認為教練需在測驗下半身強度時注意潛在危險。雖然我認為下半身肌力是冰球運動員的第一要件，但我呼籲謹慎的進行測試。相對的，讓下半身測驗的焦點專注於垂直跳和 10 碼衝刺。

提高這些能力的唯一方法就是遵循一個精心設計的下半身肌力訓練計畫。垂直跳增加和速度改進都將間接的測試下半身訓練是否有效。體重和體脂百分比的追蹤也同樣重要。正在增加肌肉質量的年輕隊員可能在速度和爆發力上不會提高；然而，如果選手在提升淨體重的同時也保持垂直跳高度和速度，代表更多的質量被以相同的速度移動，此結果證明選手在爆發力上也有所增益。對資深球員來說這就不是那麼大的一個問題，因為他們比較不會在淨體重上產生每年巨大的變化。事實上，在測量資深選手的時候，重要的是一定要注意爆發力不能減少。資深選手注重有氧適能卻降低速度的情況相當常見。為了不「輸了一步」，資深選手必須勤奮訓練，以提高或至少保持速度和爆發力。

垂直跳 (Vertical Jump)

這邊說的是標準的雙腳立定跳測驗。教練可以使用 VERTEC 或新的測量工具，如 Just Jump 跳墊。重要的是要精確測量在 Vertec 測驗中觸及的範圍和觀察在 Just Jump 跳墊測驗中所呈現的跳躍技巧。Just Jump 跳墊測驗把選手跳起後在空中滯留的時間轉換成距離。如果選手從跳墊後處起跳並在前處落地，或者在落地時腳踝重壓，都會影響測驗的結果。使用任何跳墊測驗系統的關鍵是選手必須「正常的」跳。你在觀察一個運動員跳了之後就會了解什麼是正常—它既沒有一個標準，也沒有既定規範。

10 碼衝刺 (10-Yard Dash)

我強烈偏好在 10 碼衝刺計時中使用電子計時器，因為電子計時器可以避免誤差幅度。電子計時器所得的時間較實際慢，但其結果比較可靠。許多研究中已經證實平地上速度和在冰上速度有相關。冰球速度專家 Jack Blatherwick 從 80 年代初就一直鼓吹這一點 [4]。

300 碼折返跑或球門線到藍線 [X7]
(300-Yard Shuttle Run or Goal Line to Blue Line [X7])

體力測驗在本質上應採間歇方式，應該測量其表現能力。不要測量生理能力然後用生理能力來預測身體素質—應該是體能表現才得以預測身體素質。300 碼折返跑是一個很好而有效的，且是可靠的測試，它精確的測量出選手在競技環境中的身體素質。花最少的平均時間完成測驗的選手擁有最佳的狀態⋯⋯簡單明瞭。

執行 300 碼折返跑測驗時，選手來回跑 25 碼 12 次，休息 5 分鐘，然後重複—把 2 次時間的平均值當做分數。我們也記下第一次和第二次時間之間的差別。重要的是，一位快速的選手也許可以獲得的合格的分數，但在 2 次時間之間卻有很大的差異。我的原則是將差異超過 5 秒的成績視為不及格。

球門線至藍線（7 趟）的測驗幾乎跟 300 碼折返一樣。我們開發了這項測驗來模仿我們在場外所做的訓練，兩者的相關一直以來都很完美。我們在季前的第 3 週施作這項測驗，讓選手開始適應滑冰的狀態。職業團隊可以在訓練營中提早開始施作，因為球員需在訓練營開始就具備有良好的滑冰能力。在這個測驗中，我們讓球員從藍線開始滑向球門線後再回來，共 7 次。

跟 300 碼折返跑一樣，中間休息為 5 分鐘。有些教練認為休息時間太長，但為了便於比較，我們把休息時間保持一致。

上半身推 (Upper Body Pushing)

很多教練喜歡用俯地挺身測量上半身肌力，但其實俯地挺身測量的是上半身耐力。有如前述，如果你希望運動員培養預防傷害的肌力，就必須進行肌力測驗。為此，我們有一些臥推動作可以使用。對於我很瞭解的選手，我

會使用一次反覆最大重量 (one-rep max)。至於其他運動員，例如參與選秀或交易的選手，我們測量選手反覆最高次數的能力。我現在的方法是要求球員選擇一個自己認為可以做 5 次重複的最大重量 (5RM)，然後進行到疲勞衰竭的程度。最大值可以容易的從這個數據去估算。

為了測驗一次反覆最大重量，對球員肌力進行精確的估計相當重要。因此，不要對你沒有定期執教的球員進行一次反覆最大重量的測驗。為了執行一次反覆最大重量測驗，逐漸加重讓受測者先推 2 或 3 組做為熱身。最初的一組 5-10 下熱身後，球員進行單次胸推。在第一次嘗試一次反覆最大重量的測驗時，球員和教練都應該要對所施作的重量具有信心。關鍵在於，槓鈴需要在控制中下降，觸胸後沒有回彈，接著再推回到起始位置。這次嘗試用於決定下一次嘗試的負重。

在這個時候，肌力和體能訓練的科學變成肌力和體能訓練的藝術。決定下一次嘗試的重量將有賴於一雙有經驗的眼睛。這也是我不建議沒有經驗的教練執行一次反覆最大重量測驗的原因。

相對的，可以執行反覆最高次數的測驗。對於測驗反覆最高次數，先使用球員有信心做完成功 5 次胸推的重量。再次說明，槓鈴必須在控制的好情況中被推高和降低。槓鈴的回彈是不允許的，並且臀部必須保持與板凳接觸。另外，肘部在每一次上推後都必須伸展。至關重要的是，測驗必須嚴格的執行，這樣的測驗才具備有效性。

拉高上半身 (Upper Body Pulling)

對於拉高上半身的測驗，引體向上是容易施作的動作（圖 27.2）。雖然這個測驗往往也考驗耐力，對於比較強壯的球員我們一般使用一次反覆最高重量的測驗。很重要的是，測驗要嚴格的進行，且不允許任何取巧行為。

身體脂肪百分比 (Body Fat Percentage)

測體脂肪相對的比較簡單，但有兩件事必須注意。首先，可靠性一直是一個問題。在理想的情況下，所有球員應由同樣的一個人進行測量。其次，不需要因為選手年齡而依據常模調整。運動員，尤其是那些在職業隊伍者，不會像一般人那樣老化。一般體脂計算公式假設人們變老也隨之長胖。其結果造成該公式隨著年齡增加，計算出較高的身體脂肪。很多專業運動員都具有「年輕」的身體。當一個運動員年紀增加到另一組年齡區段，相同的皮脂厚度會因為體脂計自動運算而產生較高的身體脂肪百分比。我對我所有球員都用 18-25 歲的這一

圖 27.2 引體向上。

區間來做測量，不論他們的實際年齡。

為了測量體脂肪，我們使用 Cramer 公司出產的 Skyndex 體脂計。Skyndex 體脂計是一種電子式脂肪鉗，它採用 3 點測量法並且立即計算出身體脂肪百分比。該裝置已被證明是有效和可靠的工具，手冊中也描述如何進行校正。

冰球運動的專項訓練動作
(SPORT-SPECIFIC EXERCISES FOR ICE HOCKEY)

我們使用冰球運動專屬的訓練動作，但這些練習實際上是多關節的下肢鍛鍊，旨在正面的影響滑冰動作肌群，同時減少腰部的負荷。這些專門的練習可以在一整年中都使用。根據經驗，一般情況下，每個動作施作 3 組，每組 5-10 次反覆。下半身訓練通常在一整年當中，以每週施作 2 次為基礎。在賽季中的訓練會導致組數減少，因為球員要盡量減少負擔。這些訓練的好處是其可以運用在各等級的冰球選手上。青少年球員可能開始徒手進行這些練習，而較資深的球員則可以使用外部負重。

後腿抬高蹲 (Rear-Foot-Elevated Split Squats)（圖 27.3）

這是我們目前給我們球員所使用的基礎下半身肌力鍛鍊。這個動作通常被錯誤的稱為保加利亞跨步蹲，需要注意的是，這個動作並不是發源於東歐，也不是一個跨步蹲動作。後腿抬高蹲培

圖 27.3 後腿抬高蹲。

圖 27.5 單腿兩箱子深蹲。

養選手單邊的肌力,這在滑冰中相當需要,同時也允許使用負重。最理想方法是在後蹲舉姿勢加上槓鈴,但是我們也使用啞鈴和壺鈴。

單腿蹲 (One-Leg Squats)

就像後腿抬高蹲一樣,一個標準的單腿蹲也是我們用來培養下半身肌力的重要訓練。單腿蹲是一種更高階的訓練,並且培養髖部在三個平面上的肌力。理想的情況是使用後腿抬高蹲和單腿蹲的組合。雖然我們盡可能在兩種訓練上加重,不過後腿抬高蹲因為有額外的穩定支撐,因此可以加上較高的負重。我們最強壯的球員會經常在後腿抬高蹲中使用超過 225 磅的負重,但很少會在單腿蹲中使用超過一百磅的重量。

在單腿蹲中,不像槍式蹲是在地面進行,通常則是在一個標準的訓練板凳或 18 英吋的 Plyo Box 訓練跳箱上施作(圖 27.4)。為了控制下降動作,我們實際上已經採取兩個訓練跳箱和一個角錐(圖 27.5)。角錐可以讓選手在下降中有更好的控制。另一個版本是單腿箱上蹲(圖 27.6)。這可以在一個置於地板上的 12

英吋 Plyo Box 訓練跳箱上施作。對於大多數選手來說,可以放 Airex 訓練軟墊在跳箱上,以增加到 14.5 英吋的高度。負重通常是透過加重背心和啞鈴的結合來實施。

後側動力鏈訓練 (POSTERIOR-CHAIN TRAINING)

在以髖部而非膝蓋為主導的運動中需要後側動力鏈的參與,事實上就是指長收肌群,也就是臀肌和大腿後側肌群,這些訓練動作也可

圖 27.4 單腿深蹲遠離箱子。

圖 27.6 單腿箱上蹲。

以被稱爲是髖部主導的訓練動作。而相對的，先前介紹過的單腿蹲，最經常被稱爲前側動力鏈訓練或膝關節主導訓練。

膝關節主導或前側動力鏈的運動都和深蹲動作有很大的相似處。後側動力鏈訓練則有下列四大方法。

髖關節鉸鏈訓練 (Hip-Hinge Exercises)

直腿硬舉（圖 27.7），和另一個命名不佳的動作，羅馬尼亞硬舉，是髖關節鉸鏈訓練的範例。我個人偏好的是單腿版本。在單腿直腿硬舉的動作中，髖部的功能性得到增強，而腰椎的負荷則達到最小。

橋式變化 (Bridge Variations)

橋式的變化包括雙腿（圖 27.8）和單腿（圖 27.9）的版本，然後進入到滑板捲腿動作運動。橋式訓練可以提供一個功能性的，閉鎖的捲腿練習。臀部最初用於伸展髖部，後來當大腿後肌屈曲和伸展膝蓋時，它又提供穩定的

圖 27.7 單腿硬舉。

圖 27.8 橋式。

圖 27.9 單腿橋式。

功能。這些都是訓練大腿後肌很棒的訓練動作。

髖部上舉 (Hip Lifts)

髖部上舉（圖 27.10）把橋式的變化帶到更高的水準，而且其實是訓練臀部的最佳方式。我把抬肩髖部上舉的動作稱爲「我們從來不做的最好訓練」。這個動作可在任何表面進行，大約將肩膀提高至脛骨的高度，通常是 18 英吋的 Plyo Box 訓練跳箱，或使用標準的訓練板凳。

下半身拉 (Lower Pulls)

第四個類別是下半身拉。無論是走式的跨步蹲或滑板跨步蹲（圖 27.11）都屬於此下半身拉高類別。許多人認爲這些是屬於膝蓋主導訓練；不過，我不同意。描述這些訓練動作最好的方法就像是比較馬和斑馬的不同。由外觀看來，我們會想這兩種動物是有親戚關係的，但它們不是。這同樣也適用於下半身拉的動作和由膝蓋主導的動作。雖然兩者看起來很相似，

圖 27.10 抬肩髖部上舉。

圖 27.11 滑板弓箭步。

但效果完全不同。下半身拉運動，像是髖關節
鉸鏈和髖部上舉動作，影響到臀部和大腿後肌
的程度比股四頭肌更大。

結論 (CONCLUSIONS)

　　培養冰球運動員的過程相當複雜，包括發
展肌力、速度、爆發力和體能等的需求。要培
養一位冰球選手，所有的面向都必須經過訓練
並被視為同等重要。太集中在某一個面向的訓

練，可能會導致在其他面向的失能或傷害的產
生。為了制定有效的訓練計畫，分析比賽的需
求相當的重要，而不是隨波逐流，人云亦云。
我在 20 年前開始訓練冰球選手，當時這項運
動的訓練早已被定型，重量訓練是令人難以接
受的，有氧訓練被認為才是進步的關鍵。我們
檢視高速和強大的選手如何訓練，並且應用相
同的概念，如此才能夠改變冰球訓練的傳統，
進而發展出可以提昇表現和預防傷害的訓練計
畫。在這樣的過程中，我們才得以培養出世界
上最快的選手。

　　請記住，冰球球員是將要經歷高速撞擊的
衝刺選手。訓練準備必須要與冰球運動的訴求
相符：冰球競技講求肌力和爆發力。

參考文獻 (REFERENCES)

1. Francis C. Training for Speed. Faccioni Speed and Condition-
   ing Consultant; 1997.
2. Gibala, M. Short term sprint interval versus traditional endur-
   ance training: similar initial adaptations in human skeletal
   muscle and exercise performance. J Physiol 2006:575(3).
3. Tabata I, Nishimura K, Kouzaki M, et al. Effects of
   Moderate-Intensity Endurance and High-Intensity Intermit-
   tent Training on Anaerobic Capacity and VO$_{2max}$. Department
   of Physiology and Biomechanics, National Institute of Fitness
   and Sports, Kagoshima Prefecture, Japan.
4. Blatherwick J. Overspeed Skill Training for Hockey. 2nd ed.
   USA Hockey; 1994.

綜合格鬥等運動發展爆發性力量之訓練策略
Training Strategies for Developing Explosive Power in Mixed Martial Arts and Other Sports

對於綜合格鬥 (MMA) 的選手來說，或其他任何需要爆發力的運動員，能夠快速導出和維持高水平肌內力量的能力是至關重要的。從來沒有綜合格鬥選手光是在臉頰讓對手吃上一拳就可以將對手擊倒；而過早的疲勞產生對於選手來說絕對沒有好處。

不管是從高速低負荷的動作（例如，出拳、腳踢），或是到低速高負荷的動作（例如，擒拿），以及程度介於兩者之間的任何動作，從事綜合格鬥這項運動都需要無數的肌肉收縮。一名選手可以透過提高發力率 (RFD) 來加強每一項動作，亦即如何在最短時間內產生最大的力量水準。事實上，爆發力型選手必須要在 0.3 秒內達到最大的力量水準才有所得利[1]。

由於綜合格鬥是一個相對較新的運動，很多教練和訓練員都取用來自於其他領域的肌力訓練方法，如拳擊、舉重、健美等。然而，一位拳擊手只要專注在站姿和出拳的轉換，並不需擔心被擒倒，背摔，或者頭部被對手有如閃電般踢擊。舉重選手必須能夠迅速產生巨大的力量，但只需要幾秒鐘就好，而且這股力量不用在稍後幾秒再度被產生，但是格鬥卻需要。一個健美運動員需要更大，更強的肌肉，但卻不需要做出 MMA 所必需的爆發力動作。

因此，綜合格鬥對肌力和體能的要求遠遠超出了這些運動。事實上，我們需要一個獨特的、多面向的方法來提昇培養一位選手所需的力量和身體戰力。綜合格鬥選手需要的是，快速達到最大力量水準的體能，並在整場比賽中盡可能維持最高的輸出功率。

很多力學和動作形態的因素會影響最大力量的產生[2]。然而，這一章主要集中討論神經因素的影響。

如何培養力量 (HOW FORCE IS DEVELOPED)

人體發展肌力乃是依靠一個別緻的，有次序的系統，透過徵召和提高其運動神經元的放電頻率。此一固定過程是基於坐落在脊髓前角中的脊髓運動神經元之生理特性而來。因為電位興奮性之故，運動神經元中直徑最小者最容易被激發，所以只要很低的突觸刺激便可以對其觸發。隨著突觸刺激增加與運動神經元群的接觸，較大的運動神經元也到達其被激發的閾值並且開始參與。這種現象被稱為（運動神經）大小法則[3]（圖 28.1）。

每個運動神經元都被連接到一組肌肉纖維，其範圍可能從幾束到數千或更多[4]。當一個運動神經元達到閾值，產生一個信號向下行進至軸突，並啟動導致肌肉收縮的一連串事件。運動神經元和所有由其支配的肌纖維共同組成一個運動單位（圖 28.2）。要快速導出最高水準的力量以及提高發力率，則必須要徵召到最大量的運動單位。

由於人類的骨骼肌纖維類型主要有三種（I型，IIa 型，IIb 型）中，所以主要的運動單元也有三種類型[5]。隨著突觸驅動前角脊髓的刺激增大，運動單元從最小／最弱的到最大／最強的，依序被徵召：

- 慢縮運動單位 (S)：這些是最小的運動單位，因為所含之肌纖維束量較少（例如，10 束肌纖維），屬於第一型慢縮肌，耐力型肌纖維。在慢縮運動單位中具有一個細小的運動神經元，當它被激活時，它會輸出強度小的力量。慢縮運動單位能夠維持好幾個小時的連續活動。
- 快收縮耐疲勞型 (FFR) 的運動單位：一個 FFR 運動單位具有中型大小的運動神經元，它連接到中型的肌肉纖維束（例如，100 束的肌纖維），屬於強度中等的第 IIa 型快縮肌纖維。FFR 運動單位會比慢縮運動單位產生更多的力量，因為它們含有的肌纖維束較多也較強。FFR 運動單位具有中度的續航能力，並能在肌肉疲勞之前，提供數分鐘的力量。

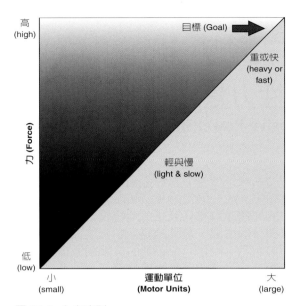

圖 28.1 大小法則。

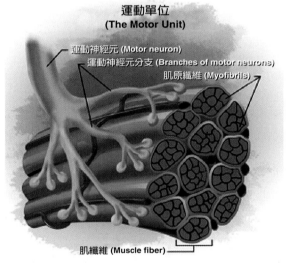

圖 28.2 運動單位。

- 快速易疲乏型 (FF) 運動單位：FF 運動單位可以產生最大的力量，因為它們含有一大捆的肌纖維（例如，每捆 1,000 束肌纖維），屬於第 IIb 型快縮肌纖維。然而，它們只能維持不到一分鐘的收縮，因為其耐久特性非常的低。最大、最強的 FF 運動單位的續航能力是所有運動單元中最低的。對此第 IIb 型纖維來說，由 ATP-PC 系統所供給的有限能量在 10 秒內就會使用始盡。

慢縮運動單位首先被激活，因為它們最先被啟動，FFR 運動單位接著被徵召。在 FFR 運動單位快速啟動後，FF 運動單位也被激活 [5]。

人們常常忽略的重要因素是，根據 Henneman 的大小法則，FF 運動單位最後才會被徵召，但因為它們不耐久的特性，也是最早退出參與的肌纖維。

這邊要提到的是，2006 年由 Wakeling 等人 [6] 的研究顯示出，在腓腸肌內側高閾值運動單位的彈震伸展過程當中，高閾值運動單位的參與選擇順序與前述的原則相悖。然而，在科學界目前大肆渲染的觀點是，大小原則適用在所有類型的收縮。在一份由 Cormie 等人 [2] 所進行的力量訓練法研究中，作者指出：「儘管第二型纖維被優先招募的可能性依然存在，但目前的證據尚不足以完全說明它在人類運動中所存在的機轉」。

運動單位內的運動神經元從許多不同來源接收來自突觸的輸入。解釋自主收縮的最簡單的說法是由小腦、聯合皮質和基底節開始，它們將信息經由上運動神經元直接傳向脊髓運動神經元。然而，這些上運動神經元也可與運動系統溝通並且在脊髓中產生反射，反過來，脊髓也將信息傳達至運動神經元。

我們花時間解釋神經溝通的複雜性，是為了說明，只要可以提高大腦中樞活動、訓練神經傳遞通路、並且/或是促進內置的神經模式，都可以強化運動神經元的活性，並且提高力量增強的可能。舉例來說，Yue 和 Cole [7] 指出，讓參與測試者想像他們正在執行肌肉收縮的動作，就可能提高其肌肉的力量產生效能。

訓練提示

格鬥者在攻擊跟擒抱時必須能產生高水平的力量，當最大量的運動單位被徵召參與，選手可以產生最有力的收縮。因為最大的運動單位 (FF) 所含的運動神經元需要最多的突觸輸入才能達到其閾值，這些運動單位通常被稱為「高閾值運動單位」[8]。有鑑於 FF 運動單位產生最有力且最快的收縮，稱它們為「強力」或「高速」運動單位也是實至名歸。換句話說，只有在產生高水平的力量或加速度時，負責最強力肌肉收縮的 FF 運動單位才會被徵召參與。

為什麼格鬥者需要高負重訓練？
(WHY SHOULD FIGHTERS LIFT HEAVY?)

人們常常相信，像是武術等需要快速動作的項目，如果進行高負重阻力訓練會使運動員變慢。這種假設往往是由從三個因素所造成的。

首先，以接近最大負荷進行訓練，會迫使肌肉收縮速度比實際上的運動表現動作緩慢很多。然而，Behm 和 Sale [9] 的研究證明，在特定動作的速度訓練當中，真正影響結果的不是實際上的移動速度，而是想要達到的預期速度。研究中讓 16 位參與者使用最大的力量來進行阻力訓練，並分為兩組，一組實施等長（零速度）收縮，另一組實施動態（高速度）收縮。結果，零速度收縮組的參與者所提高的實際動作速度，和高速度收縮組一樣好。重要的是，在其他研究中，如果實驗中沒有強調參與者應該盡可能的高速移動，等長訓練則並不會促進高速度的肌肉能力 [10, 11]。雖然之後 Dinn 和 Behm [12] 的研究指出，高速度訓練比起等長訓練更能提高出拳的速度，不過最大肌力訓練對於促進力量的事實還是應該被重視。

第二個假設是，高負重訓練將減少運動員的耐力。Storen 等人 [13] 以 17 位訓練有素的男女性跑者為對象，讓受試者連續 8 週進行每週三次的訓練，訓練中以受試者 4 次反覆的最大肌力 (RM)，進行一組 4 次 (reps)，一共四組的半深蹲動作，結果跑者們的跑步效率提昇了 5%，而且最大有氧速度的抗衰竭時間提高了 21.3%。其他研究 [14, 15] 業已證明，高負重訓練可以促進跑者的效率。

> **訓練提示**
>
> 因此，我們有確切的證據來證明，肌力訓練可以降低選手的運動自覺強度，並且延長產生疲勞前的時間。

第三，任何額外的肌肉質量可能會讓運動員由於體重增加，造成移動速度較慢。大家都知道，肌力訓練並不一定導致顯著的肌肥大。要造成肌肉產生可觀的增長水平，需要在營養上透過額外增加的熱量補充，而且，高量的訓練比起低量的訓練會產生更多肌肥大現象 [16]。因此，透過控制熱量攝取和訓練量，選手可以更強壯但是卻不增加顯著的肌肉質量。然而，由於肌肉截面積與肌肉輸出力量成正比，即使選手因為些許的肌肉質量提升而造成體重輕微增加，選手的表現還是可以得到提升 [17, 18]。從事最大負荷肌力訓練的同時，也訓練突觸輸出到運動神經群的高度能力，進而徵召高閾值的運動單位以產生最大的力量。

高負荷負重訓練還有一個常常被低估的好處是，它對增加骨礦物質密度有正面的效果 [19]。以 12 位大學年齡階段的男性為實驗對象，

Almstedt 等人證明了，在經過 24 週後的阻力訓練後，參與者的骨密度有 2.7-7.7% 的增幅 [20]。更強的骨骼結構對技擊選手所帶來的好處是不可言喻的。

典型阻力訓練模式的潛在問題 (POTENTIAL PROBLEMS WITH TYPICAL RESISTANCE TRAINING PARAMETERS)

建立最大輸出力量需要透過可以產生最高水平肌肉力量的訓練。當目的是為了要增加肌力或肌肥大時，常見的方法是讓運動員刻意用慢速執行 3 或 4 組，10-12 次重複到衰竭的訓練。從運動單元徵召科學的觀點來看，這種健美式訓練法有兩個缺點。

首先，一開始的刻意慢速動作，搭配次於最大負荷的重量，並不會徵召到高閾值運動單元的參與。為了徵召到高閾值的運動單元，高水平的肌肉力量必須被產生。在肌肉的向心收縮階段刻意的將節奏放慢，這時速度和力量都沒有到達最高的顛峰。因此，這時最大的運動單位仍然處於無用的狀態，因為力量的輸出並非最大。

第二，當運動員接近衰竭時，其推進加速的能力也被削弱。這種疲勞現象會限制運動員的啟動高閾值運動單位的能力，因為缺乏高度力量的肌肉收縮。根據研究表示，動作失去速度代表神經肌肉疲勞的一項精確指標 [21]。當選手以非最大負荷的重量做訓練時，需要搭配高速的推進動作，才能產生高度的力量。一位選手已經達到 12 次反覆時，此時的神經肌肉疲勞已經限制其徵召最大運動單位的能力。相反的，如果高閾值的運動單位在一組訓練的末期開始參與，此時動作的速度會有所提升。

爆發力選手最大肌力訓練 (MAXIMAL STRENGTH TRAINING FOR POWER ATHLETES)

選手需要培養髖部和核心的最大肌力，才能促進整個身體的力量轉移，以及盡量減少所謂的「能量洩漏」－一個因為 Stuart McGill [22] 提出的普及說法。因此，重要的是，在實施爆發力訓練之前，先培養最大肌力。

> **訓練提示**
>
> 教練或訓練員普遍都會讓運動員在負重阻力訓練的組間休息 3 分鐘或更久。長時間的休息在像舉重或短跑運動中很平常，因為此類運動中續航能力並不重要。然而，MMA 選手在訓練最大肌力的時候，還可以同時因為心肺有氧能力的增加而受益。

Alcaraz 等人 [23] 讓受試者以 6 次反覆最大負重進行訓練，並且比較下列兩組受試者間的肌力和心肺能力：組間休息 3 分鐘的連續訓練，以及每個訓練間隔 35 秒休息的循環訓練。在這兩種情況下，受試者在重複動作前都休息 3 分鐘；然而，循環訓練組在 3 分鐘的其間則繼續從事其他肌群的訓練（動態休息）。該研究顯示，這兩種訓練法對肌力的提升程度相似，然而從事重度的阻力循環訓練組在心肺功能上面有大幅的提升。這種結合肌力和心肺耐力功能的訓練是一位 MMA 選手不可或缺的。

鑑定初期的肌肉最大力量水平
(DETERMINING INITIAL MAXIMAL STRENGTH LEVELS)

在鑑定選手初期的肌肉最大力量水平，千萬要提醒選手量力而為。在執行任何最大肌力測試前，建議先做三組（3×3）熱身，並在其中逐漸提高負重。第一組應該要以運動員自覺中等的重量進行，或是以柏格自覺強度量表中 4-5 的運動自覺強度 (RPE) 來定義。第二組應該為 6-7 的自覺強度。第三組則應該是 7-8 的強度。如果選手覺得需要額外的熱身組數，應該就要讓其進行。

肌力動作測試包括以下內容：
- 抓舉式硬舉（圖 28.3）：1 RM。
- 保加利亞分腿蹲（圖 28.4）：每側 3 RM。為求安全起見，建議雙手各持一個啞鈴，雙臂在兩側垂下。
- 啞鈴上推（圖 28.5）：3 RM。也可以用槓鈴代替啞鈴。
- 正手引體向上：3 RM。如果選手可以執行三次以上，則應該以負重腰帶或背心增加負重，也可以用腳夾住啞鈴當做負重。
- 臂屈伸：3 RM。如果選手可以執行 3 次以上，則應該以負重腰帶或背心增加負重，也可以用腳夾住啞鈴當做負重。
- 腹部 (Ab) 滾輪（圖 28.6）：一開始應該先以雙膝跪地施作。如果選手能完成 10 次完整動作，可以讓其執行一次膝蓋離地的版本，測試其能力。
- 核心抗旋轉：每側皆以最大負荷進行持續 10 秒鐘。

圖 28.3 (A, B) 抓舉式硬舉。

訓練提示

下列的最大肌力目標是為了 200 磅以下的精瘦男性選手（<15% 的身體脂肪）而設計。對 200 磅以上的選手，最大肌力的負重目標可以減少大約 10%。

- 抓舉式硬舉：以兩倍體重的負荷為一次最大反覆的目標。
- 保加利亞分腿蹲：以等於體重的負荷進行三次反覆。
- 啞鈴上推：以等於體重的負荷進行三次反覆。
- 正手引體向上：以身體重量 25% 的額外負重進行三次反覆。
- 臂屈伸：以身體重量 25% 的額外負重進行三次反覆。
- 腹部滾輪（兩腿伸直，膝蓋離地）：一次完整動作。
- 核心抗旋轉：以體重 50% 的負重兩側施作 10 秒。

圖 28.4 (A, B) 保加利亞分腿蹲。

圖 28.5 (A, B) 啞鈴上推。

綜合格鬥選手的小週期最大肌力訓練指導方針 (MICROCYCLE MAXIMAL STRENGTH TRAINING GUIDELINES FOR MIXED MARTIAL ARTS ATHLETES)

- 頻率：每週兩次，對於未能達成上述最大肌力強度目標的任何動作，間隔要平均分佈（例如，週一／週四或週二／週五）。如果某項動作選手能夠達到最大肌力目標，該項目則只需要每週練習進行一次的最大肌力練習。

圖 28.6 (A, B) 腹部滾輪。

- 訓練組：3 組。在開始任何主訓練前，選手可以先循序由輕度到中度的負重，施作 3 組各兩次的暖身組。
- 訓練順序：為了減少練習動作之間疲勞的延續，建議按照以下順序執行循環訓練，並在每個動作之間休息 30 秒：1，硬舉 3 次；2，臂屈伸 3 次；3，引體向上 3 次；4，核心抗旋轉，兩側各施作 10 秒；5，保加利亞分腿蹲每邊 3 次；6，啞鈴上推，3 次；7，腹部滾輪 3 次。總共施作 3 個回合。（或者也可以將此課表分成兩個小循環訓練。）

　　這整個訓練課表應該在一週當中選手最不感到疲勞的時候施作（通常在一週開始效果最好）。第二次的最大力量訓練（3 天後）只要進行前述最大力量目標達不到的動作即可。

> **訓練提示**
>
> 最大肌力訓練越是能挑戰選手天生基因上的力量限制，越能對選手產生助益。由於許多 MMA 選手目前或是過去接受低負重的耐久訓練，因此高負重/低速的動作不僅會增加最大肌力，而且也會提高爆發力 [24]。

全身訓練 VS 部位訓練
(FULL-BODY VERSUS BODY PART SPLITS)

　　上述最大肌力訓練可以在一週內以上、下半身分別進行。
- 星期一和星期四（上半身）：1，引體向上；2，啞鈴上推；3，核心抗旋轉；4，臂屈伸
- 星期二和星期五（下半身）：1 硬舉；2，保加利亞分腿蹲；3，腹部滾輪

> **訓練提示**
>
> 有些肌力教練偏好將身體的區塊分開訓練；然而，這種方式可能造成下列侷限。上身/下身分開訓練的第一個限制是，它需要每週 4 次的訓練而不是 2 次。考慮到選手的時間被練習摔跤，打擊，柔術等綁住，較少的肌力訓練時間往往更有利於每週訓練計畫的安排。其次，分區訓練比全身訓練花費較少的時間完成。全身訓練的好處是，選手必須在更長的時間中保持表現水準。這樣可以更有效地讓訓練效果轉移到一個長時的對戰當中。

最大肌力訓練的負重減量原則
(MAXIMAL STRENGTH DELOADING PROTOCOL)

　　肌力增長並不以穩定、線性的方式呈現。諸如壓力、營養和睡眠習慣等因素，都會影響運動員的表現。最大肌力訓練的目的是穩步的提高運動員能舉起的重量，直到其達到前述的最大肌力的目標負載。然而，注意每次訓練當中運動員的感覺是非常重要的一件事。

> **訓練提示**
>
> 教練或是訓練員常常忘記自己需要評估選手的狀況。這可能是主觀的評定，或是可以透過量化的方法進行，例如熱身時的運動自覺強度、握力測試、垂直跳，或是 Omega 腦波測試等。
>
> 　　當一名運動員顯示出疲態，當天就不適合訓練其最大肌力的表現。相對的，訓練員則應該在主訓練項目上減少 30% 的負重。減量可以讓運動員恢復體力，並可能對先前的訓練產生超補償。
>
> 　　強壯且高動機的菁英選手，並具有多年的肌力訓練經驗者，越接近其先天基因上的最大力量限制。對他們來說，最大肌力訓練可能比新手還要來

> 得更加有壓力，因為新手的重量遠遠要低於其先天的限制。因此，讓菁英選手有較經常的減量訓練可能會對其有較多幫助。

菁英選手教練常常會把減量訓練排到選手的課表當中。大致上來說，可以從每 4 週執行連續一到兩次的減量訓練開始。

整合減量訓練到最大肌力訓練週期有兩種方式。第一種方法是持續增加每週負重，一直到選手的肌力達到高原期的滯留。此時，以 30% 的負荷進行一或兩次訓練。在一或兩次較輕的訓練後，運動員將恢復到減輕前的重量，並且負重會繼續增加。第二種方法是將減量訓練規劃到運動員的訓練週期。高肌力的選手可以每 4 週執行兩次連續的減量訓練，而新手則可以每 6 週進行一次。

身體恢復上的需求也是幫助選手面對疲勞以及訓練高原期的另一個重要考量。除了減量訓練外，疲勞的選手也可能需要以下調整：

- 進行運動功能性評估，以查明「能量洩漏」的潛在來源（見第 5，6 和 22 章）
- 諸如軟組織放鬆，冰池等恢復護理
- 糾正不當的動作策略以降低「能量洩漏」（第 5 和第 7 章）

一旦運動員能達到最大肌力的目標，此時建議加入單邊練習。單邊動作可以培養更強大的核心穩定肌力和平衡，也幫助識別出身體兩側是否有力量失衡的狀況。

在肌力和爆發力間取得平衡
(BRIDGING THE GAP BETWEEN STRENGTH AND POWER)

最大肌力已經有了堅實的基礎之後，選手應該被引導至產生更高爆發力的訓練。事實上，許多研究已經發現，強壯的選手可以比肌力較差者產生更多的爆發力[25-28]。

只有在選手可以用最短的時間達到力量產出的巔峰，否則最大肌力的水平將不能有效地發揮在真正的比賽當中。重要的是得看運動員的發力率 (RFD)，以此測量其如何能迅速達到力量的巔峰。肌力訓練的科學與實踐 (Science and Practice of Strength Training) 的作者 Zatsiorsky 寫道：「強壯的人不一定具備高發力率[24]。」

提高發力率可以讓運動員更迅速地開啟力量產出的能力，因為：運動單位的快速啟動、

額外的雙峰 (doublets)（運動單元之一，每 4 毫秒或更短的時間內可以發出兩次的訊號），加上運動單位發訊率可以提高[29, 30]。

當一位選手可以快速的收縮肌肉，促使關節結構產生堅實的現象，此時也有助於防止過大的運動範圍，達到預防傷害的效果。這一種關節穩定性大部分由脊髓的反射所驅動[31]，但它是可以被訓練的。

彈震式訓練和增強式訓練已經被證實可以增強爆發力和發力率[32-35]。雖然這兩種類型的訓練都包括了以非最大負荷進行快速動作，兩者之間還是有些微的區別。增強式訓練需要很大量的伸展收縮循環 (SSC)，而且通常幾乎沒有外部的阻力，例如單腿跳或拍手俯地挺身[2]。彈震式訓練則不一定需要快速的伸展收縮循環（例如，從胸部推高重量藥球），而且通常比增強式訓練使用更高的負重進行（例如，奧林匹克舉重）。儘管具有些微的區別，彈震式和增強式訓練通常被認為符合專項運動需求，因為需要很快的肌肉起始收縮[36-40]。

許多綜合格鬥選手都花了大量時間在進行低負荷的耐力練習，而忽略了最大肌力。因此，高重量的彈震式訓練對於他們的肌力增長有幫助。彈震式訓練也可以強化結締組織，而不會對關節產生衝擊或是過度的拉扯關節。

增強式訓練被認為是進階的訓練，因此具有低體適能或缺乏經驗者通常較無法得到效果[41, 42]。許多增強式訓練的動作，即使沒有外部負重，同樣需要大量的伸展和衝擊負荷的能力。因此，選手應該在數月的彈震式訓練後（例如，高拉、甩壺鈴和擲藥球），培養出堅實的最大肌力基礎，再開始進行增強式訓練。

彈震式訓練策略 (Ballistic Training Strategies)

> **訓練技巧**
>
> 彈震式訓練往往類似傳統的最大肌力訓練，只是其實際的動作速度更快，因為所使用的負重較輕。在為了從彈震式訓練得到最大的效果，訓練的負重應該足夠培養肌力，但又可以在短時間產生高速，有如奧林匹克舉重一樣。另外，訓練中也使用盡量避免減速的動作。研究已經證明，在背負 45% 的最大反覆重量，施作一個快速動作時，整個動作過程中約有 40-50% 的時間是處於減速狀態[39]。因此，在彈震式訓練中，下列措施可以幫助增加發力率：使用可以釋出的裝備（例如藥球、沙袋），或是屈曲伸展後可以繼續進行的動作（例如，跳箱跳躍）等等。

彈震式訓練建議可以一週施作兩次，平均分配（例如星期一和星期四）。彈震式訓練可以在最大肌力訓練前進行，也可以在最大肌力訓練至少 6 小時以後施作，或是在不同天進行。

以高拉，擺盪，和深蹲擲球組成的循環訓練是一種有效的全身彈震式訓練，可以提高發力率。關鍵是要使用對選手具有挑戰的負重，但又夠輕，可以讓選手產生高水準的加速。對於許多施作彈震式訓練的運動員來說，一次最大反覆的 50-60% 是有效的重量。

- 高拉（圖 28.7）3 次，休息 30 秒
- 單臂擺盪（圖 28.8），換手，共 10 下（每邊 5 下），休息 30 秒
- 藥球胸推（圖 28.9）3 次，休息 30 秒

再重複這 3 個步驟 9 回（總共 10 回）。

圖 28.7 (A, B) 高拉。

圖 28.8 (A-C) 壺鈴單臂上擺。

圖 28.9　(A, B) 藥球胸前丟球。

彈震式訓練的進程範例
(Sample Progression for Ballistic Training)

　　彈震式訓練的目的是要提高肌力和發力率。因此，任何動作中使用的負重應逐步增加，但不能多到讓動作減速。事實上，決定增加的重量不僅是一門科學，更是一門藝術。

　　為了提高心肺耐力，運動員應注意到，每週減少動作施作之間的休息時間。

　　第一週以 30 秒間隔執行完上述的循環訓練後，隨後幾週應該以下列方式依次減少 5 秒的休息時間：第 2 週，休息 25 秒；第 3 週，休息 20 秒；第 4 週，休息 15 秒；第 5 週，休息 10

秒；第 6 週，休息 5 秒。一旦運動員進步到在一個循環中的 3 個動作之間只要休息 5 秒，就可以再增加另外一個彈震式訓練動作，然後休息的進程安排可以再從休息 30 秒開始，像上述逐漸降低。

增強式訓練策略 (Plyometric Training Strategies)

　　徒手的增強式訓練（例如，單腿跳）已被證實可以改善選手的爆發力和敏捷性[34, 35, 43]。由 de Villarreal 等人的研究[44]中，證明了每週進行 2 天增強式訓練，連續 7 週，對於改善垂直跳和 20 公尺衝刺的效果，比起每週進行 4 天更有效。然而，就像肌力訓練的原則一樣，選擇施作不同動作通常會產生更好的結果。在一份研究增強式訓練的統合分析中指出，如果結合不同增強式訓練動作來訓練垂直跳，會比只使用單一動作來得更有效[16, 44]。此外，在同樣一份研究中表示，在增強式訓練中使用外部的負重並不會產生額外的效果。

訓練提示

增強式訓練的關鍵之一是肌肉伸展收縮循環的快速轉換。深跳 (depth jump) 是一種常被使用的有益增強式訓練。研究顯示，從 40 公分的高度進行的深跳可以有效改善年輕選手的爆發力和敏捷性[34]；然而，如果接觸地面（著陸）時間太長，此種訓練的效果就會降低[45]。因此，建議教練先測試選手，以確定一個 40 公分的跳箱是否合適。

　　測量最佳高度有一個簡單的方法，那就是先檢驗選手的垂直跳高度。接下來，選手應該從一個 40 公分的跳箱做深跳。如果選手能從 40 公分跳箱跳下後再度跳起超過其垂直跳高度，這樣的高度就適合其進行增強式訓練。如果從 40 公分跳箱執行深跳後無法超過選手的垂直跳高度，跳箱的高度則應該要降低，直到選手的深跳反彈比其原地垂直跳更高。

　　雖然訓練員常常利用提高跳箱高度來提升選手的深跳高度，其實相關的研究顯示跳躍的高度並不重要[46]。因此，在執行深跳時，建議保持相對較低的高度（<40 公分），以使選手能夠在每次訓練中執行更多的次數並且降低衝擊所帶來的傷害風險。

　　垂直跳和 20 公尺衝刺可以用來衡量運動員的爆發力。由 de Villarreal 等人的研究[44]中，

證明了每週進行 2 天增強式訓練，連續 7 週，對於改善垂直跳和 20 公尺衝刺的效果，比起每週進行 4 天更有效。

　　深跳對於綜合格鬥選手有所幫助。然而，就像肌力訓練的原則一樣，選擇施作某些動作通常會產生更好的結果。在一份研究增強式訓練的統合分析中指出，如果結合不同增強式訓練動作來訓練垂直跳，會比只使用單一動作來得更有效果 [16, 44]。此外，在同樣一份研究中表示，在增強式訓練中使用外部的負重並不會產生額外的效果。

　　以增強式訓練而言，建議每週兩次進行不使用外部負重的徒手訓練。增強式訓練可以在最大肌力訓練前進行，也可以在最大肌力訓練至少 6 小時以後施作，或是在不同天進行。

- 訓練 1：1，深跳（見圖 28.10）4 次，休息 30 秒；2，拍手俯地挺身（圖 28.11），4 次，休息 30 秒。再重複本訓練 7 回（總共 8 回）
- 訓練 2（3 至 4 天後）：1，分腿跳躍，左右腿分別向前 4 次（共跳 8 次），並且休息 30 秒；2，藥球擺動／下砸（圖 28.12），4 次，休息 30 秒。再重複本訓練 7 回（總共 8 回）。

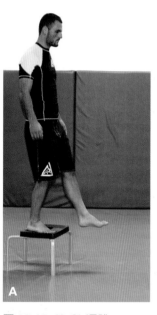

圖 28.10 (A-C) 深跳。

圖 28.11 (A-C) 俯地挺身拍手。

圖 28.11 （續）

強式訓練中每個動作執行 50 次以上會產生良好的效果，但該研究並未以綜合格鬥選手爲樣本，考量到這些選手每週花費相當長的時間進行高度衝擊的訓練，因此這邊建議採取比較保守的做法。

- 第 1 週：施作 8 回，30 秒休息間隔
- 第 2 週：每次運動之間休息 25 秒，施作 8 回
- 第 3 週：施作 9 回，25 秒休息間隔
- 第 4 週：每次運動之間休息 20 秒，施作 9 回
- 第 5 週：施作 10 回，20 秒休息間隔
- 第 6 週：每次運動之間休息 15 秒，施作 10 回
- 第 7 週：施作 11 回，15 秒休息間隔
- 第 8 週：每次運動之間休息 10 秒，施作 11 回

增強式訓練的進程範例
(Sample Progression for Plyometric Training)

由於增加額外的負重，對於增強式訓練可能不會提供任何助益，所以建議對綜合格鬥選手的增強式訓練進程應著眼於逐漸減少休息時間，或是增加動作量。

以下是針對綜合格鬥選手設計的 8 週的增強式訓練進程範例。在 8 週訓練進程結束後，每個動作選手會施作 44 次。儘管研究顯示，增

總結 (PUTTING IT ALL TOGETHER)

一旦教練覺得選手已經準備就緒，最大肌力、彈震式訓練以及增強式訓練就可以在同一週之內進行。每種類型的訓練應每週進行 2 次，平均的間隔開來。例如，星期一和星期四可以在進行增強式訓練後緊接著進行最大肌力訓練，然後在星期二和星期五進行彈震式訓練。其中的關鍵是要盡可能的把訓練平均分

圖 28.12 (A-C) 藥球下甩／灌籃。

配，並且把最嚴峻的訓練內容留在選手沒有其他大量訓練的那一天施作。

參考文獻 (REFERENCES)

1. Zatsiorsky VM. Strength and Power in Sport. 2nd ed. Biomechanics of Strength and Strength Training. 2003 International Olympic Committee: Blackwell Science; 440–441.

2. Cormie P, McGuigan M, Newton R. Developing maximal neuromuscular power: part 1. Sports Med 2011;41(1):17–38.

3. Henneman E, Somjen G, Carpenter D. Functional significance of cell size in spinal motoneurons. J Neurophysiol 1965;28:560–580.

4. Loeb G, Ghez C. Principles of Neural Science: The Motor Unit and Muscle Action. 4th ed. New York City, NY: McGraw-Hill; 2000:674–693.

5. Nolte J. The Human Brain: An Introduction to Its Functional Anatomy. 5th ed. St. Louis, MO: Mosby; 2002:450.

6. Wakeling JM, Uehli K, Rozitis A. Muscle fibre recruitment can respond to the mechanics of the muscle contraction. J R Soc Interface 2006;3:533–544.

7. Yue G, Cole KJ. Strength increases from the motor program: comparison of training with maximal voluntary and imagined muscle contractions. J Neurophysiol 1992;67(5):1114–1123.

8. Gatev P, Ivanova T, Gantchev GN. Changes in firing pattern of high-threshold motor units due to fatigue. Electromyogr Clin Neurophysiol 1986;26(2):83–93.

9. Behm DG, Sale DG. Intended rather than actual movement velocity determines velocity-specific training response. J Appl Physiol 1993;74(1):359–368.

10. Ewing J Jr, Wolfe D, Rogers A, Amundson M, Stull G. Effects of velocity of isokinetic training on strength, power, and quadriceps muscle fibre characteristics. J Appl Physiol 1990;61:159–162.

11. Kanehisa H, Miyashita M. Specificity of velocity in strength training. Eur J Appl Physiol 1983;52:104–106.

12. Dinn N, Behm DG. A comparison of ballistic-movement and ballistic-intent training on muscle strength and activation. J Sports Physiol Perform 2007;2:386–399.

13. Storen O, Helgerud J, Stoa EM, Hoff J. Maximal strength training improves running economy in distance runners. Med Sci Sports Exerc 2008;40(6):1087–1092.

14. Guglielmo L, Greco C, Denadai B. Effects of strength training on running economy. Int J Sports Med 2009;30:27–32.

15. Millet G, Jaouen B, Borrani F, Candau R. Effects of concurrent endurance and strength training on running economy and VO₂ kinetics. Med Sci Sports Exerc 2002;34:1351–1359.

16. Kraemer WJ, Adams K, Cafarelli E, et al. American College of Sports Medicine position stand: progression models in resistance training for healthy adults. Med Sci Sports Exerc 2002;34(2):364–380.

17. Campos GE, Luecke TJ, Wendeln HK, et al. Muscular adaptations in response to three different resistance-training regimens: specificity of repetition maximum training zones. Eur J Appl Physiol 2002;88:50–60.

18. Lamas L, Aoki MS, Ugrinowitsch C, et al. Expression of genes related to muscle plasticity after strength and power training regimens. Scand J Med Sci Sports 2010;20(2):216–225.

19. Ryan AS, Ivey FM, Hurlbut DE, et al. Regional bone mineral density after resistive training in young and older men and women. Scand J Med Sci Sports 2004;14(1):16–23.

20. Almstedt HC, Canepa JA, Ramirez DA, Shoepe TC. Changes in bone mineral density in response to 24 weeks of resistance training in college-age men and women. J Strength Cond Res 2011;25(4):1098–1103. (Epub ahead of print).

21. Sánchez-Medina L, González-Badillo JJ. Velocity loss as an indicator of neuromuscular fatigue during resistance training. Med Sci Sports Exerc 2011;43(9):1725–1734.

22. McGill S. Ultimate Back Fitness and Performance. 4th ed. Ontario: Wabuno Publishers, Backfitpro Inc 2004;290–291.

23. Alcaraz P, Sanchez-Lorente J, Blazevich A. Physical performance and cardiovascular responses to an acute bout of heavy resistance circuit training versus traditional strength training. J Strength Cond Res 2008;22(3):667–671.

24. Zatsiorsky VM. Science and practice of strength training. Champaign, IL: Hum Kinet.1995;34.

25. Baker D, Newton R. Comparison of lower body strength, power, acceleration, speed, agility, and sprint momentum to describe and compare playing rank among professional rugby players. J Strength Cond Res 2008;22(1):153–158.

26. Cormie P, McGuigan M, Newton R. Influence of strength on magnitude and mechanisms of adaptations to power training. Med Sci Sports Exerc 2010;42(8):1566–1581.

27. McBride JM, Triplett-McBride N, Davie A, et al. A comparison of strength and power characteristics between power lifters, Olympic lifters, and sprinters. J Strength Cond Res 1999;13(1):58–66.

28. Stone M, O'Bryant H, McCoy L, et al. Power and maximum strength relationships during performance of dynamic and static weighted jumps. J Strength Cond Res 2003;17(1):140–147.

29. Duchateau J, Hainaut K. Mechanisms of muscle and motor unit adaptation to explosive power training. In: Komi PV, ed. Strength and Power in Sport. 2nd. Malden, MA: Blackwell Sciences; 2003:326.

30. Hakkinen K, Komi P, Alen M. Effect of explosive type strength training on isometric force and relaxation time, electromyographic and muscle fibre characteristics of leg extensor muscles. Acta Physiol Scand 1985;125(4):587–600.

31. Gollhofer A. Proprioceptive training: considerations for strength and power production. In: Komi PV, ed. Strength and Power in Sport. 2nd ed. Oxford, UK: Blackwell; 2003:331–342.

32. McBride JM, Triplett-McBride T, Davie A, et al. The effect of heavy- vs. light-load jump squats on the development of strength, power, and speed. J Strength Cond Res 2002;16(1):75–82.

33. Newton RU, Kraemer WJ, Hakkinen K. Effects of ballistic training on preseason preparation of elite volleyball players. Med Sci Sports Exerc 1999;31(2):323–330.

34. Thomas K, French D, Hayes PR. The effect of two plyometric training techniques on muscular power and agility in youth soccer players. J Strength Cond Res 2009;23(1):332–335.

35. Wagner DR, Kocak MS. A multivariate approach to assessing anaerobic power following a plyometric training program. J Strength Cond Res 1997;11:251–255.

36. Baker D. A series of studies on the training of high-intensity muscle power in rugby league football players. J Strength Cond Res 2001;15(2):198–209.

37. Holcomb WR, Lander JE, Rutland RM, et al. The effectiveness of a modified plyometric program on power and the vertical jump. J Strength Cond Res 1996;10(2):89–92.

38. Lyttle AD, Wilson G, Ostrowski KJ. Enhancing performance: maximal power versus combined weights and plyometrics training. J Strength Cond Res 1996;10(3):173–179.

39. Newton RU, Kraemer WJ, Hakkinen K, et al. Kinematics, kinetics, and muscle activation during explosive upper body movements. J Appl Biomech 1996;12:31–43.

40. Van Cutsem M, Duchateau J, Hainaut K. Changes in single motor unit behaviour contribute to the increase in contraction speed after dynamic training in humans. J Physiol 1998;513:295–305.

41. Allerheiligen B, Rogers R. Plyometrics program design. Strength Cond J 1995;17(4):26–31.

42. Holcomb WR, Kleiner DM, Chu DA. Plyometrics: considerations for safe and effective training. J Strength Cond Res 1998;20:36–39.

43. McBride JM, McCaulley GO, Cormie P. Influence of preactivity and eccentric muscle activity on concentric performance during vertical jumping. J Strength Cond Res 2008;22(3):750–777.

44. de Villarreal ES, Gonzalez-Badillo JJ, Izquierdo M. Low and moderate plyometric training frequency produces greater jumping and sprinting gains compared with high frequency. J Strength Cond Res 2008;22(3):715–725.

45. Bobbert MF, Huijing PA, Van Ingen Schenau GJ. Drop jumping I. The influence of jumping technique on the biomechanics of jumping. Med Sci Sports Exerc 1987;19:332–338.

46. de Villarreal ES, Kellis E, Kraemer WJ, Izquierdo M. Determining variables of plyometric training for improving vertical jump height performance: a meta-analysis. J Strength Cond Res 2009;23(2):495–506.

足球的季外訓練考量
Off-Season Considerations for Soccer

足球運動所需求的身體能力令人相當咋舌。有如美式足球，球員需要避免鏟球並且越過倒下的球員；又有如籃球，球員需要有強烈的空間意識，在層層防禦操縱腳下的球；球員們又要像 400 米短跑選手一樣，具備爆發性的速度變化以穿越對手－這一切都說明了足球選手時常籠罩在疲勞的氛圍中。這也難怪為什麼那麼多的專業運動員都具備足球的背景，而且往往在賽季外還繼續以足球運動來維持他們的專業體能。沒有其他的運動需要掌握這麼多基本動作技能的結合－當選手缺少其中某一項能力時，其結果將無情的反應在競賽表現中。

足球的體能訓練應盡量注重個別差異。如果將英國超級聯賽的訓練放在高中球員上，勢必無法成功。不同於美式足球，足球運動中不同位置的要求並不是白紙黑字。這些任務要求隨著不同球隊以及每支球隊的優缺點而有所差異。這意味著，為某個團隊制定的訓練計畫可能無法在另一隊上產生作用。在團隊運動下要注重個別化訓練雖然矛盾，卻是必要的手段[1]。

運動傷害預防需要被納入足球選手的訓練考量中。這也同樣可能因為不同團隊的需求而有所調整[2, 3]。踝關節扭傷是不同等級和性別球員共同面對的問題[4]。雖然膝蓋的前十字韌帶 (ACL) 撕裂傷在不同等級中相當常見，但女性選手卻有較高的受傷比例[5-8]。幸好，科學文獻指出，一個精心設計的神經肌肉訓練計畫可以有效的預防傷害[9-11]。男性則較好發髖部和鼠蹊部拉傷，包括運動型疝氣[12]。再次強調，這些研究都指出具備一個精心設計的傷害預防培育計畫的重要性[13]。

雖然治療性訓練項目是有幫助的，但卻往往缺乏提供預防受傷的運動技能。例如，鼠蹊部肌肉拉傷可能是因為選手使用不當的步法去追球。足球被歸納為接觸性運動的事實也是一個重要的考慮因素。球員具備與地面衝擊的能力，對其頭部、頸部和背部受傷的預防相當重要[14, 15]。普遍看到的人工草皮地面也是需要考慮的因素[5]。甚至如果以傷害病學的觀點看來，選手的長期健康考量遠大於受傷的風險[16]。

足球運動的功能性生物力學
(FUNCTIONAL SOCCER BIOMECHANICS)

選手的柔軟度 (Soccer Flexibility)

足球運動並不需要有如體操或舞蹈運動般將身體維持在某些靜態位置。選手需要的是將身體能力最大化，亦即在適當的時間，以適當的速度，在適當的平面，往正確的方向，做出適當的動作[17]。

足球運動的肌力訓練 (Soccer Strength)

我們並不需要如橄欖球員般克服巨大的外部衝擊；因此，我們盡量花很少的時間培養最大肌力。這意味著我們的大多數肌力訓練可以而且應該在重量訓練室以外進行[1, 18]。

足球運動的核心訓練 (Soccer Core)

脊柱、軀幹、腹肌和髖部必須能夠協調的對上肢和下肢的動作進行加速和減速，流暢且同步。同樣的，這些肌群也需要在跌倒或是衝撞中迅速的提供支撐以保護身體[19]。多考慮反應性的核心訓練，避免那些會將核心從身體的其餘部分隔離的訓練。

足球運動的平衡訓練 (Soccer Balance)

靜態平衡練習可能是一個良好的開端，但動態平衡能力才是在跑動、踢球或頂球中真正控制姿勢和重心的關鍵。把動態平衡能力想像為環繞在你周邊的泡泡，支撐著你的身體。你的目標是要擴大這個泡泡，同時保持你的重心。

足球運動的敏捷訓練 (Soccer Agility)

從一開始的步行到全速衝刺，從後退跑到交叉步，足球是一種動作轉移運動。這些在速度和方向上的多方向快速變化是球員對於其視覺、聽覺和動覺刺激的反應 [20]。

足球員的運動感 (Soccer Sense)

傳統的肌力和體能訓練計畫，長期忽視了身體察覺能力決定選手等級的事實。舉例來說，選手需要評估是否對敵手或是隊友做出反應的接觸以及時機，或是忽略。雖然很難進行客觀衡量，足球員運動感的能力往往決定了坐在板凳還是上場的區別。

初級階段－邊玩邊訓練
(RUDIMENTARY STAGE-PLAY TO TRAIN)

前十字韌帶的傷害預防就從這裡開始 [21]。這裡選擇以遊戲的方式，提供小孩子以身體動作達成任務的機會 [22]。在此，動作能力素質的重點將會是在協調和速度上。如果因為熟悉和挫折而產生無聊，這意味著神經系統有不適當的負擔。我們可以透過節奏的頻繁變化，改變規定的時間，換不同的平面進行，閉上眼睛，或增加反應的信號來解決這個問題。協調訓練的運動則包括了爬行、彈跳、跳躍、向上跳、雜耍、抓人與障礙穿越等 [23]。

「Func-A-Delic」列車遊戲
(The「Func-A-Delic」Train)

在球場邊線把選手分成兩組一字排開，相隔大約 10 英尺。一邊當做「Func-Master」，另一邊是「Beat Hustlers」。「Func-Master」的目標是要使用某一項運動技能或是運動技能組合以到達隊伍的尾端。「Beat Hustler」的任務是要模仿他們。這個過程一直繼續，直到「列車」到達球場的另一側。接著轉換角色，並繼續往球場的另一端進行（見圖 29.1）。

這個遊戲主要是訓練孩子的敏捷性。此外，還可以提高孩子對視覺刺激的反應（鏡像技能）以及速度和方向的變化能力。

抓小腿 (Shin Tag)

把選手分成兩組。每組被限制在 5 平方英尺的面積內。一個人被指定進攻，另一個人防守。進攻方試圖用一隻手觸碰對手的小腿，而且不能讓自己的被對手碰到。防守方要避免他們的小腿被碰到，但不能超過指定的區域。重複 30 秒的時間間隔，然後切換（見圖 29.2）。

圖 29.1 「Func-A-Delic」列車遊戲。

這個練習是和足球運動有相關的，因為它訓練的是接觸的反應和反應的時間。這應該還可以幫助運動員避免被踢。

跳躍 (Hopping) [17]

球員兩腳著地，然後用一隻腳跳到教練預先指定的一個方向。在著地時，球員迅速立即跳回到原來的開始位置並且以兩腳著地。重複 3 組，每組 10 次，每組都更換方向（見圖 29.3）。

可以包括下列變化：
* 著地後在原地保持平衡並數到 5
* 跳往球的移動方向（教練可以在原地盤球）
* 遵照預設時間而跳

這個練習對足球運動的幫助在於促進敏捷性、核心（透過吸收全身著地時衝擊的機制，幫助下肢穩定），以及平衡。另一個目的在於防止踝關節及韌帶損傷。

圖 29.2 抓小腿。

圖 29.3 跳躍。

布魯克林「麵包捲」(Brooklyn「Stromboli」)

在距離邊線或球門線 5 碼遠的地方放一顆足球。在與邊線或球門線上垂直躺下來，跟球對齊。開始以香蕉超人式腹滾五圈後，再滾回原點。回到原點後，快速起身衝向足球，以左腳或是右腳點球。接著再度衝回原地，重複以上動作總共 5 次（見圖 29.4）。

可以包括下列變化：

* 挑球 5 次後再繼續下一次
* 後退跑

這練習旨在促進速度、核心能力以及對運動（空間感）的意識。

瓊斯跳 (Jumping Joes)

腳以傳統開合跳的方式進行。雙手以左右交替的方式前後擺動 20 次（不要讓腳跟著前後移動）。持續進行，並在肩膀的高度從右至左同時擺動雙手手臂（圖 29.5A）。

可以包括下列變化：

* 以雙腳前後站立姿進行上身動作（圖 29.5B, C）
* 快速將腳掌向內旋轉（內 8），然後向外旋轉（外 8）（圖 29.5D, E）
* 讓兩邊手臂的動作同步向前或是由右至左不同步

這個練習主要在促進核心的反應和增加敏捷性。

圖 29.4 布魯克林「麵包捲」。(A) 起始動作 (B) 結束動作。

圖 29.5 瓊斯跳。(A) 旋轉傑克跳 (B) 旋轉分腿站 (C) 剪刀式旋轉 (D) 內八 (E) 外八。

圖 29.5 （續）

中等階段：為比賽而訓練
(INTERMEDIATE STAGE: TRAIN TO COMPETE)

　　培養速度、肌力與發力率主要從這個階段的訓練開始。隨著選手進入青春期，協調性跟柔軟度可能會有暫時的下降，此時可以提供他們一些治療性運動處方。選手在本階段培養的運動能力可以讓他們即使在疲勞中仍然繼續維持高度的協調和技能。24 小時全人選手的概念就是從這時候開始培養起。意思是選手的正規訓練固然重要，其社交和課業也必須要融入到計畫中。讓訓練保持簡單並且隨機應變－推、拉、蹲、伸、轉。也不要忘記了維持訓練的樂趣。笑容可以讓這些正在萌芽的選手，在嚴格的訓練中得到一些心理上的喘息。

全向單腿下蹲 (Four-Way Single-Leg Squat Matrix)

　　以單腿站立，並將雙臂在胸前高度打直延伸。專注在髖關節並開始下蹲到盡可能的程度，不要讓膝蓋產生晃動，軀幹也不要過度前傾[19]。接下來的重複動作，盡可能將另一隻無負重的腿往前延伸，而且保持姿勢穩定。在第 3 個動作中，將腿在橫向同樣盡量延伸。第 4 次，做一個同側旋轉動作。一開始每個動作各 2 次，施作 3 組，接著進階到每個動作各 4 次，施作 4 組（見圖 29.6）[24, 25]。

圖 29.6 單腿下蹲。(A) 標準 (B) 前面 (C) 旋轉。

可以包括下列變化：
- 不要讓髖關節向前平移，保持臀部緊縮（以腳踝主導動作）。
- 將雙手高舉置於頭後（以膝蓋主導動作），下蹲數 5 秒後再起身。
- 以沙袋或負重增加強度 [26]。

這個訓練與鍛鍊選手的肌力和柔軟度相關。同時還可以防止鼠蹊部、腳踝和前十字韌帶損傷。

軸心推拉訓練 (Pivot Push–Pulls)

兩人面對面跨出右腳，並將右手臂向前延伸。兩人右手互相緊扣。使力將對方拉向自己，同時以後（左）腳向前衝刺。接著迅速返回到起始位置，如此重複 10 次。以同樣方法在左半側施作。重複 3 組（見圖 29.7）。

可以包括的變化：
- 以一個踢球動作取代後腳衝刺。
- 空手拿著啞鈴，並且在後腳推進時將啞鈴以出拳方式向前舉出。

本練習旨在促進肌力和核心反應能力。

米爾蘭超級烏龜轉體 (Myrland Super Turtle)

以俯地挺身就位，將右臂向前直線舉起，然後將伸直的左腿抬起離地。接著，一邊把右手臂往後側方向旋轉並再度支撐於地板上，一邊把左腿從右腿下方送出後抬高，你的身體現在面向著天空。在不讓左腿以及臀部接觸地面的前提下，返回到起始的位置。每側重複動作 5 次，共 3 組（見圖 29.8）。

可以包括的變化：
- 以結束動作當作起始動作。
- 穿著負重背心，以增加強度。
- 讓一個夥伴推你，以訓練維持平衡能力。

此練習是為了促進核心（當球員跌落地面或與其他球員產生衝撞）、肌力，以及選手的平衡。

圖 29.7 (A, B) 軸心推拉訓練。

圖 29.8 超級烏龜。(A) 起始動作 (B) 旋轉 (C) 中間位 (D) 結束動作（與起始動作同）。

圖 29.8 （續）

五乘五角錐跑 (5×5 Cone Drill)

球員站在中間的起始角錐。教練指示一個號碼後，球員必須衝刺到該角錐，然後返回到起始點。在到達起始角錐的同時，教練立即指示下一個號碼讓選手繼續衝刺。重複過程 5 次（見圖 29.9）。

圖 29.9 角椎跑技巧。

可以包括的變化：

- 球員只能作出爆發力（交叉）步伐或是速度（開放）步伐。
- 教練不需要指示號碼，而是讓兩名球員面對面，做相同的動作，其中一名球員跟隨對方的方向。這個練習主要在促進敏捷性、速度和身體運動感（身體對視覺與聽覺的反應）。它也有助於預防鼠蹊部、腳踝和前十字韌帶損傷 [27]。

進階或精英階段：為勝利而訓練
(ADVANCED OR ELITE STAGE: TRAIN TO WIN)

本階段的訓練之所以不同是因為把身體素質融入到選手的動作練習和訓練當中，而不是單獨的進行。先前提到的所有訓練都很適合菁英選手。舉例來說，訓練當中可以透過增加負重或是閉眼來調整強度。這個層級的訓練是對於所有基礎訓練的整合，不論是經歷過的或是被忽略的。在熱身安排中可以補足選手在動作上的不足。

跳帶跑 (Jump and Go)

施作如前述的向前跳躍（見跳躍一節）。跳完之後不要跳回去，而是由教練給與口頭指示或手勢，告訴選手往右或是往左。選手根據指示方向作出 10 碼的衝刺。教練要看的是選手的切換技巧。舉例來說，如果選手左腳落地後向右衝刺，則應該要呈現出開放（速度）步伐。如果選手往左邊衝刺，則應該要呈現交叉（爆發力）步伐。異常的動作模式可能代表受傷或者需要補救訓練（見圖 29.10）。

可以包括的變化：

- 往左邊或右邊對角線衝刺（向前或向後）
- 跳躍後靜止保持 5 秒後衝刺
- 以兩腳著地的起始位置做衝刺

這個練習可以促進多向性速度和敏捷性以及身體運動感（對視覺和聽覺的反應）。它也可以防止踝關節和前十字韌帶損傷。

原子滾筒動作 (Atomic Barrel Roll)

讓球員躺在草地上仰臥，雙腿伸直，雙足離地，把手臂伸直與耳朵齊高。手裡拿一顆足球。連續做 3 次向左或是向右的翻滾，過程中

圖 **29.10** 跳躍。(A) 起始動作 (B) 矢狀面著地 (C) 右前腳著地 (D) 右旋轉腳著地。

不讓雙腳或手臂接觸到地面。翻滾完成後，把球拿到胸前（腿還是離開地面），並且將球往空中丟。爬起離開地面，並且以頭頂球。左右邊重複施作。總共 3 組（見圖 29.11）。

可以包括的變化：

• 爬起後，以雙手接球（守門員）。

• 爬起後盤球 5 碼。

本練習涉及球員的核心、速度和平衡能力。這也同時在提高從跌倒中迅速恢復的能力。

3D 跳躍 (3D Jump Matrix)

下列 3 種類型的練習融合了垂直跳訓練：

• 剪刀跳：從右弓步姿勢開始預備，跳起來後，左腿向前擺動，以左弓步姿勢著地。迅速再度跳起並且重複 10 次（圖 29.12A, B）。

• 滑冰跳：從左弓步姿勢開始，將右腳跳至左腳的位置。迅速再度跳起並且重複 10 次（圖 29.12C, D）。

• 旋轉跳躍：從右側旋轉弓步姿勢開始，跳到空中後，快速且具有力量的將髖關節轉至左側旋轉弓步姿勢著地（圖 29.12E, F）。

可以包括的變化：

• 將雙手高舉置於頭後進行。

• 著地後保持低姿 5 秒後再繼續動作。

• 添加沙袋或是負重背心增加訓練強度。

這練習主要在提高多向性的速度、爆發力以及柔軟度。它也有助於預防鼠蹊部、腳踝和前十字韌帶損傷。

圖 **29.11** 原子滾筒動作。**(A)** 起始動作 **(B)** 結束動作。

圖 **29.12** 3D 跳躍。**(A)** 剪刀起始動作 **(B)** 剪刀結束動作 **(C)** 右側向弓箭（滑冰）起始動作 **(D)** 左側向弓箭（滑冰）著地 **(E)** 右弓箭旋轉起始動作 **(F)** 左弓箭旋轉著地動作。

圖 **29.12** （續）

啞鈴高拉訓練 (Dumbbell High Pull)

　　手持一組啞鈴，保持手肘外開。從腳踝到髖部進行 3 關節屈曲，直到啞鈴與大腿下側齊高。讓兩隻手臂像一對繩索一樣自然下垂，以爆發力透過地面啓動雙腳。當下肢已達到 3 關節伸展，以爆發性的力量將啞鈴上拉至下胸位置。接著立即返回到起始位置，準備好，並重複動作。施作 4 組，每組 8 次（見圖 **29.13**）。

　　這個訓練可以培養選手在跳起頂球時的能力，尤其是在面對防守者的挑戰時，這個動作便是要促進專項的肌群，以培養跳起時的爆發能力。

圖 **29.13** 啞鈴高拉。

參考文獻 (REFERENCES)

1. Gambetta V. Athletic Development. The Art & Science of Functional Sports Conditioning. Champaign, IL: Human Kinetics. 2007.
2. Adams AL, Schiff MA. Childhood soccer injuries treated in U.S. emergency departments. Acad Emerg Med 2006;13(5):571–574.
3. Yard E, Schroeder M, Fields S, Collins C, Comstock R. The Epidemiology of United States High School Soccer Injuries, 2005–2007. Am J Sports Med 2008;36(10):1930–1937.
4. Barber-Westin SD, Noyes FR, Smith ST, Campbell TM. Reducing the risk of noncontact anterior cruciate ligament injuries in the female athlete. Phys Sports Med 2009;37(3):49–61.
5. Dick R, Putukian M, Agel J, Evans TA, Marshall SW. Descriptive epidemiology of collegiate women's soccer injuries: National Collegiate Athletic Association Injury Surveillance System, 1988–1989 through 2002–2003. J Athl Train 2007;42(2):278–285.
6. Giza E, Mithofer K, Farrell L, Zarins B, Gill T, Drawer S. Injuries in women's professional soccer. Br J Sports Med 2005;39(4):212–216.
7. Le Gall F, Carling C, Reilly T. Injuries in young elite female soccer players: an 8-season prospective study. Am J Sports Med 2008;36(2):276–284.
8. Tegnander A, Olsen OE, Moholdt TT, Engebretsen L, Bahr R. Injuries in Norwegian female elite soccer: a prospective one-season cohort study. Knee Surg Sports Traumatol Arthrosc 2008.
9. Hägglund M, Waldén M, Atroshi I. Preventing knee injuries in adolescent female football players—design of a cluster randomized controlled trial. BMC Musculoskeletal Disord. 2009;23(10):75.
10. Imwalle LE, Myer GD, Ford KR, Hewett TE. Relationship between hip and knee kinematics in athletic women during cutting maneuvers: a possible link to noncontact anterior

cruciate ligament injury and prevention. J Strength Cond Res 2009;23(8):2223–2230.

11. Kiani A, Hellquist E, Ahlqvist K, Gedeborg R, Michaëlsson K, Byberg L. Prevention of soccer-related knee injuries in teenaged girls. Arch Internal Med 2010;170(1):43–49.

12. Gabbe BJ, Bailey M, Cook JL, et al. The association between hip and groin injuries in the elite junior football years and injuries sustained during elite senior competition. Br J Sports Med 2009.

13. Garvey JF, Read JW, Turner A. Sportsman hernia: what can we do? Hernia 2010.

14. McCrory P. Brain Injury & Heading in Soccer. Br Med J 2003;327:351–352.

15. Mehnert MJ, Agesen T, Malanga GA. "Heading" and neck injuries in soccer: a review of biomechanics and potential long-term effects. Pain Physician 2005;8(4):391–397.

16. Vicente-Rodriguez G, Jimenez-Ramirez J, Ara I, Serrano-Sanchez JA, Dorado C, Calbet JA. Enhanced bone mass and physical fitness in prepubescent footballers. Bone 2003;33(5):853–859.

17. Gray G. Speed/Reaction. Fast Function Video Series. Adrian, MI: Functional Design Systems; 2007.

18. Baechle T. Essentials of Strength Training & Conditioning. Champaign, IL: Human Kinetics; 1994.

19. Radcliffe J. Functional Training for Athletes at All Levels. Ulysses Press; 2007; Spratford W, Mellifont R, Burkett B. The influence of dive direction on the movement characteristics for elite football goalkeepers. Sports Biomech 2009;8(3): 235–244.

20. Lees A, Nolan L. The biomechanics of soccer: a review. J Sports Sci 1998;16(3):211–234.

21. Distefano LJ, Padua DA, Blackburn JT, Garrett WE, Guskiewicz KM, Marshall SW. Integrated injury prevention program improves balance and vertical jump height in children. J Strength Cond Res 2010.

22. Gabbard C, LeBlanc B, Lowy S. Physical Education for Children. Englewood Cliffs, NJ: Prentice Hall; 1994.

23. Drabik J. Children & Sports Training: How Your Future Champions Should Be Healthy, Fit, and Happy. Island Pond, VT: Stadia Publishing Company; 1996.

24. Ellenbecker T. Closed Kinetic Chain Exercise. Champaign, IL: Human Kinetics; 2001.

25. King I. How to Write Strength Training Programs. Queensland: King Sports Publishing; 2000.

26. Fleck S, Kramer W. Designing Resistance Training Programs. Champaign, IL: Human Kinetics; 2004.

27. Gambetta V. Soccer Speed: The 3S system. Gambetta Sports Training Systems; 1998.

Michael Fredericson, Cameron Harrison,
Adam Sebastin Tenforde, and Venu Akuthota

譯者：蔡政霖

跑步類運動的傷害預防
Injury Prevention in Running Sports

從事跑步項目的運動員，需要以強調肌力、爆發力與耐力的內容，進行特有且專項的訓練課程。然而，嚴苛的跑步與訓練，需要建立於下肢大量的肌肉、關節、骨骼之上，這也許會導致以上結構上的運動傷害。

一般跑步常見下肢的運動傷害，包括疲勞性骨折、大腿後肌肌腱病變、髕骨股骨疼痛症候群、髂脛束摩擦症候群、脛骨內側壓力症候群、阿基里斯肌腱炎、足底筋膜炎、腳踝扭傷等[1, 2]。儘管異常受傷的症狀非常多樣，不同問題也各自多樣的發展，並累積其負面影響，是很平常的。最常見的內源性因子多為在訓練課程中，急遽地改變持續時間、頻率或強度。另一主因則為穿著不當或過舊的鞋子、下肢主要作用肌群的伸展不足、姿勢錯位，以及肌肉不平衡。跑步是矢狀面為主的動作，強化了髖屈肌、膝伸肌、蹠屈肌，卻相對地抑制（弱化）髖外展肌群與髖伸肌。

要預防以上運動傷害，在於其發展的本質。如避免急遽地更改訓練強度、購買優質鞋款，以及持續使用正確的伸展技巧，都可用來預防過度使用的傷害，也都相對容易評估。此外，運動員跑步距離若限制每週 20 英里，將可降低疲勞性骨折的發生率[3]。休閒性質的運動員，應以交叉訓練 (cross-train) 來強化不同肌群。

然而，需要矯正會釀成傷害的不正常姿勢排列，以及肌肉不平衡現象。髖、膝與踝關節的主動肌、協同肌與穩定肌群間的肌肉平衡，對於適當關節功能與傷害防範是非常重要的。伸展的運動，已並不廣泛明確地被認為對傷害防範有所貢獻[4, 5]。下述的許多伸展運動都是動態的伸展

肌肉。譬如，腓腸肌或跟腱伸展，可能對足底筋膜炎的治療有所幫助[6]。理論上，伸展腓腸肌可以預防因為跟腱過緊產生足中間部位的過度內翻 (pronation)[7]。本章所呈現的運動，著重在肌肉動作的適當時間性與協調性。他們分成 3 個部分：穩定腰骨盆的動作、促進平衡與運動控制的動作與功能性的動作訓練[8]。

強調穩定腰椎骨盆的運動
(EXERCISES EMPHASIZING LUMBOPELVIC STABILITY)

基礎核心穩定運動的目的，在於改善深層腹壁肌群的穩定性、協調性與收縮時機。利用健身球能進一步地強化本體感覺，並促進更高層級的核心穩定。臨床醫師可就運動員所進行功能性為主的動作，如計時棒式測驗，來判斷核心的「穩定性」，並依此判斷其核心穩定運動是否適合該運動員[9]。近來隨機分配的研究確定了核心強化運動的作用，特別是對於運動員會經歷的下背痛[10]。而這些核心強化運動，一週應進行 2-3 次，使效果最佳化。運動員初次進行時，由 1-2 組，每組反覆 15 次漸進至 3 組，每組反覆 15-20 次（圖 30.1-30.6）。

強調發展平衡與動作控制的運動
(EXERCISES EMPHASIZING THE DEVELOPMENT OF BALANCE AND MOTOR CONTROL)

不同的器材與運動對於負責維持姿勢與步態之肌肉發展上是很有幫助的。這些運動於肌肉從有知覺轉換至無知覺的調控過程中，可獲

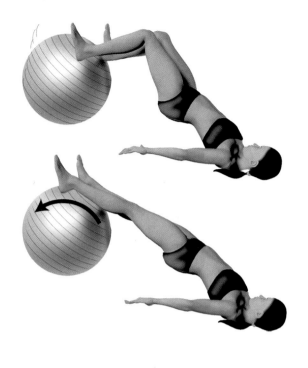

圖 30.1 健身球來回推伸。下背與肩胛骨保持一般中立姿勢,同時收縮腹部肌群,讓健身球前後移動。運動過程脊椎必須成一直線。

圖 30.3 健身球腿部捲曲。此目的在於測驗雙腳腿後肌群的招募:腰椎維持動態穩定同時進行髖關節伸展與膝屈曲。當提臀離開地面使膝、臀與肩膀呈一直線時,雙臂需置於身體兩側。於球上維持此姿勢,讓腳與球前推。

圖 30.2 進階動作。進行來回推伸時以單腳置於健身球上。

得平衡、協調性、準確性的增進。平衡與動作控制的訓練,對於需要快速改變方向的跑步運動來說尤其重要,諸如美式足球或於崎嶇表面進行的越野跑(圖 30.7-30.9)。

改善功能性肌力的運動
(EXERCISES IMPROVING FUNCTIONAL STRENGTH)

跑步所需的功能性動作,為加速、減速、動態穩定。而這些都取決於神經肌肉系統,在

圖 30.4 進階動作。膝蓋於身體處於橋式時伸直。往復時確保腰椎正確的動態穩定。

圖 30.5 雙肩球上輪替雙腳橋式。開始先坐在球上，然後雙腳於地面上往前移動直到頭、頸、肩能支撐於球上，膝蓋呈 90°。爾後腹部緊縮並抬起單腳。兩邊重心轉換時則強調腰椎的穩定性。單腳抬起之姿勢維持 10 秒後換腳。

圖 30.6 腹部滾動。此動作主要離心地訓練腹部。此動作預備姿勢為雙手置於球上並呈跪姿。然後緊縮腹部，開始讓球滾離身體直至下背呈中立姿勢。前後滾動的過程中，僅肩膀能作用而非背部。進階動作：腿部逐漸伸直至重心落於腳趾，並試圖頭部至膝蓋成一直線。

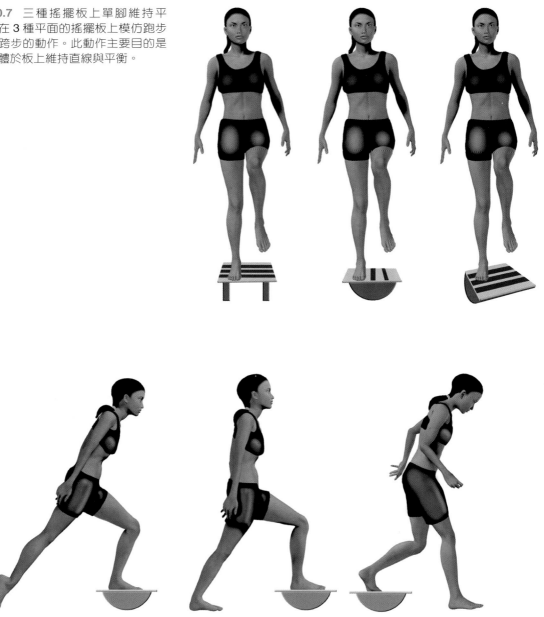

圖 30.7　三種搖擺板上單腳維持平衡。在 3 種平面的搖擺板上模仿跑步前後跨步的動作。此動作主要目的是使身體於板上維持直線與平衡。

圖 30.8　搖擺板上重心轉移。運動員快速向前跨上半圓板上，腳置板上後於板子翻倒前快速落地。此動作主要維持脊柱之頭部至薦椎呈一直線。

跑步運動期間製造動態離心與向心，與等長收縮的能力。利用阻力核心訓練，對跑步時主要使用的肌群，如肩膀與髖關節屈曲，是很好的刺激。單腳運動是很重要的，因爲可提升跑者對潛在較弱肌群的招募。其他強化髖外展肌群，如爆發抬腿（圖 30.10 與 30.11），已證明能預防髂脛束症候群[11]。多方向抬腿運動（圖 30.12），則可提升對橫向平面肌肉的刺激，像是對於治療與防治髕骨股骨疼痛上相當重要的股內側肌[12]。總結上述，利用以上器具進行正確的預防，可增加運動員數年運動生命的品質。

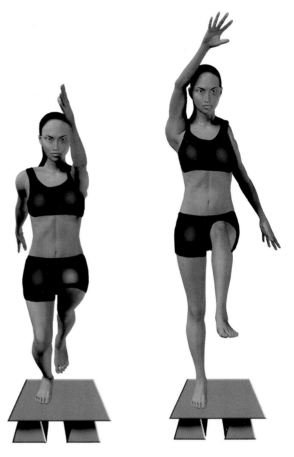

圖 30.9　板上前後搖擺。在搖擺板上平緩地前後往復，並在過程中讓身體姿勢呈直線。

圖 30.10　阻力式登階爆發抬腿。運動員利用彈力繩對肩膀與髖關節屈曲產生阻力，並進行登階運動模擬跑步姿勢。抬腿時反方向手腳可同時利用阻力，同步增加此動作模式的肌力與協調。

圖 30.11　阻力式爆發抬腿。此動作設計以發展基本平面控制 (capital plane control)，以及髖部進行前跨動作時增加下腹肌群穩定。髖部與反方向手屈曲，並同時試圖維持挺胸直背的姿勢。

7. Brukner P, Khan K. Clinical Sports Medicine. 3rd ed. Australia: McGraw-Hill; 2006.
8. Fredericson M, Moore T. Muscular balance, core stability, and injury prevention in middle- and long-distance runners. Phys Med Rehabil Clin N Am 2005;16(3):669–689.
9. McDonald DA, Delgadillo JQ, Fredericson M, et al. Reliability and accuracy of video analysis protocol to assess core ability. Phys Med Rehabil 2011;3(3):204–211.
10. Kumar S, Sharma VP, Negi MP. Efficacy of dynamic muscular stabilization techniques (DMST) over conventional techniques in rehabilitation of chronic low back pain. J Strength Cond Res 2009;23(9):2651–2659.
11. Fredericson M, Cookingham CL, Chaudhari AM, et al. Hip abductor weakness in distance runners with iliotibial band syndrome. Clin J Sport Med 2000;10(3):169–175.
12. Cowan SM, Bennell KL, Crossley KM, et al. Physical therapy alters recruitment of the vasti in patellofemoral pain syndrome. Med Sci Sports Exerc 2002;34(12):1879–1885.

圖 30.12 多向阻力式相對側手腳擺動登階。此運動如同阻力式爆發抬腿，以及圖 **30.5** 所述，但以 **45°** 角進行。

參考文獻 (REFERENCES)

1. O'Conner F, Wilder R. Textbook of Running Medicine. New York, NY: McGraw-Hill Companies; 2001.
2. Lopes AD, Hespanhol Júnior LC, Yeung SS, Costa LO. What are the main running-related musculoskeletal injuries? A systematic review. Sports Med 2012;42(10):891–905.
3. Brunet ME, Cook SD, Brinker MR, Dickinson JA. A survey of running injuries in 1505 competitive and recreational runners. J Sports Med Phys Fitness 1990;30(3):307–315.
4. Pope RP, Herbert RD, Kirwan JD, Graham BJ. A randomized trial of preexercise stretching for prevention of lower-limb injury. Med Sci Sports Exerc 2000;32(2):271–277.
5. Pereles D, Roth R, Thompson D, et al. The Impact of a Pre-run Stretch on the Risk of Injury in Runners. American Academy of Orthopedic Surgeons Annual Meeting 2011. Podium No. 648.
6. Riddle DL, Pulisic M, Pidcoe P, Johnson RE. Risk factors for plantar fasciitis: a matched case-control study. J Bone Joint Surg Am 2003;85-A:872–877.

女性膝關節傷害的預防
Prevention of Knee Injury in Women

臨床上的困境 (THE CLINICAL DILEMMA)

前十字韌帶會受傷，大多發生於非碰撞性的機轉，經常發生於起跳後的落地，或是跑步時[1, 2] 由外轉 (lateral pivot) 所引起。膝蓋會不穩定，是由於韌帶主導（降低動態神經肌肉對關節的控制）、股四頭肌主導（增加股四頭肌招募與降低大腿後肌肌力）、腿部掌控主導（兩腿間肌力、柔軟度與協調性的差異）、軀幹主導（缺乏軀幹動作上的控制），可能導致運動員膝蓋受傷機率的增加[3-7]。

發展神經肌訓練計畫以降低女性運動員膝蓋受傷 (DEVELOPMENT OF A NEUROMUSCULAR TRAINING PROGRAM TO DECREASE KNEE INJURY IN FEMALE ATHLETES)

以應用研究來降低女性運動員膝蓋韌帶受傷的機率，必須先確定造成女性較男性容易受傷的因子，以及發展輔助此類傷害預防的治療方法。會大力推動預防性介入發展的背後，是因為每年有超過 10 萬個高中與大專女性運動員，發生嚴重的膝關節傷害，且美國女性族群，每年將近發生 138 萬個膝關節傷害的個案。如果諸如動態神經肌的再訓練的預防措施，能減少男性 1-5 倍膝蓋受傷的發生率，那每年大概可預防女性高中生與大專生，40,000個膝關節受傷的個案。此外，運動人口持續增加的項目，像是足球、排球與籃球，皆具有高風險的跳躍、旋轉等動作，甚至更多的受傷案例，在未來應該是可以避免的。

女性神經肌肉的失衡 (NEUROMUSCULAR IMBALANCES IN WOMEN)

女性最常發生的神經肌肉失衡，基本上為神經肌肉 4 項重要特性上的不平衡。對韌帶主導 (ligament dominance) 的部分來說，神經肌肉與韌帶對關節的控制間存在著不平衡。股四頭肌主導 (quadriceps dominance) 的部分，股四頭肌、膝屈肌肌力與協調性間不平衡。腿部主導 (dominant leg dominance) 的部分，兩腿肌力與協調性不平衡。軀幹主導 (trunk dominance) 上，軀幹的動量無法控制，使得無法對減速期動作的重心，以及地面反作用力至側向關節動力的動作進行控制，這將平均直接增加膝蓋內側的力矩。基本上，訓練員或治療師必須找尋這些特性上的平衡。

近期研究

研究發現，臀部系統轉動的衝力、落地時膝蓋額狀面的活動範圍、膝蓋動作時初始接觸時矢狀面的不對稱，以及姿勢穩定，都可用於前十字韌帶傷後重建上，二度受傷的預警（sensitivity 0.92 與 specificity 0.88）(Paterno)[8]。

韌帶主導：加諸於膝蓋的高力矩與高撞擊力 (Ligament Dominance: High Torques at the Knee and High Impact Forces)

韌帶主導，一般常見女性的神經肌肉不平衡，由膝外翻與高地面反作用力所致。當一般單腳落地、旋轉與減速，女性運動員膝關節的動作，會直接承受地面反作用力，而非運動員的肌肉。圖 31.1 顯示，男女運動員進行跳箱運動落地後進行最大努力垂直跳，兩者膝蓋外翻的差異性。

圖 31.1 比較男女運動員起跳後落地膝蓋外翻的狀況。

近期研究

ACL 曾 2 度受傷的參與者，當進行深跳的落地階段時，會增加膝蓋額狀面動作的二維峰值 (Paterno) [8]。

深跳是由 31 公分的箱子上開始進行 3 步驟（圖 31.2）。參與者自箱子上自然落地後，雙腳分開落於 AMTI 測力板上後，隨即試圖進行最大努力的垂直跳至最高點 [8, 9]。前十字韌帶復健者進行此項測驗，已被證實具有相當高的信度 [10]。

韌帶主導的修正
(Correction of Ligament Dominance)

為了修正女性運動員韌帶方面的控制，神經肌肉訓練的課表務必包含，對運動員膝蓋額狀面（內翻與外翻）動態控制上的指導。首要概念是運動員與教練要知道，膝蓋是一單鏈，而非球窩 (ball and socket) 關節。要再教育女性運動員在神經肌肉系統上，擺脫膝蓋多面動作，先以達到膝蓋矢狀面單一面向的動作控制後，再漸進至多面向的動作。各種神經肌肉訓練，著重於實施 3 個發展階段上，其不同的訓練重點。

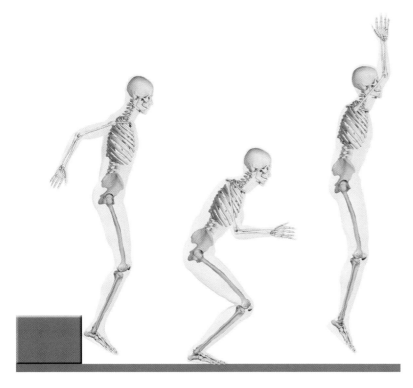

圖 31.2 深跳的方法。力學上測量落地後及其姿勢穩定度，能預測經過前十字韌帶重建手術後，再度受傷以及重返運動場的機率。

第一階段的目標，是透過突顯正確形態與技巧，來修正韌帶的控制。跳躍與落地的技巧，由訓練員與物理治療師嚴謹的評估，並持續給予回饋，而類似的方法亦可用於運動員對於運動所需專項技巧的學習上（圖 31.3）[11]。

股四頭肌主導：屈肌低力距與腿後肌低轉矩 (Quadriceps Dominance: Low Flexor Moment and Low Hamstrings Torques)

股四頭肌主導由相關文獻所記載 [3, 5]。憑藉著股四頭肌的控制，女性運動員對控制膝蓋穩定

圖 31.3 抬膝跳。一種可增加下肢爆發力的運動，亦可同時用來評估技巧改善上的等級。開始時呈運動員姿勢並與肩同寬，以微蹲配合向後擺臂，接著隨即向前擺臂同時垂直向上起跳，並盡可能讓膝蓋抬越高越好，跳至最高點時，使雙腿與地面平行。落地後應立刻再次起跳。鼓勵以腳趾與足弓間的面輕巧的落地。若無法控制落地時承受的力，或證實有膝外翻現象，則不應繼續進行此運動。（複製自：Myer GD, Ford KR, Hewett TE. Rationale and clinical techniques for anterior cruciate ligament injury prevention among female athletes. J Athl Train 2004; 39(4): 352–364）

上，往往先啓動膝伸肌，然後才啓動膝屈肌。過度的依賴股四頭肌，會導致股四頭肌與膝屈肌間肌力與協調性的失衡。要掌控股四頭肌，則必須以針對動態的神經肌訓練來解決。前十字韌帶主要受傷多源自於非碰撞性的狀態（超過 70%）。落地、旋轉、減速時膝關節不當的動作控制（膝蓋屈伸之間共同收縮正確的模式），以及股四頭肌收縮失衡，皆是前十字韌帶可能受傷的機轉。低屈膝角度 (0-30º) 時，股四頭肌收縮並轉換前移至脛骨，這會增加前十字韌帶的應力。股四頭肌收縮時屈肌的不平衡，會明顯增加韌帶的扭傷機會。屈膝角度小於 45º 時，股四頭肌對前十字韌帶來說很明確的，是屬於拮抗肌。屈膝角度超過 45º 時，股四頭肌轉換脛骨向後，降低對韌帶的拉力。

股四頭肌主導的修正
(Correction of Quadriceps Dominance)

要降低股四頭肌的掌控，其運動應要強調以膝蓋屈 / 伸進行共同收縮 (cocontraction) 的動作 [12]。當關節角度大於 45º，股四頭肌是前十字韌帶的拮抗肌角色 [13, 14]。因此，很重要的是，要利用膝關節深屈曲角度，讓股四頭肌成爲前十字韌帶的主動肌。透過蹲跳這種膝關節深屈曲角度運動（圖 31.4），女性族群可增加膝蓋的屈曲，以及降低較爲危險直腿姿勢的時間。同時，運動員可重新習得屈 / 伸的高峰發力模式，增加深屈的協同發力，以及股四頭肌發力，提供前十字韌帶更佳的保護。

腿部主導：左右腳兩邊肌力與穩定性上的失衡
(Leg Dominance: Side-to-Side Imbalances in Strength and Stability)

研究報告指出，女性運動員非慣用腳的股四頭肌，所產生的轉矩 (torque)，低於慣用腳

圖 31.4 蹲跳：運動員一開始呈運動姿勢 (athletic position)，讓雙腳腳尖對著正前方。爾後蹲低使膝蓋呈全蹲，讓臀部以及踝關節屈曲使其盡量靠近腳跟，隨後進行最大努力的垂直跳。運動員直躍而上並盡可能跳越高越好。落地後立刻恢復至運動姿勢接著再跳一次。反覆一段設定的時間，或直到姿勢走樣。要指導運動員垂直跳時務必直上直下，雙手過頭讓手盡可能觸及最高處。鼓勵落地時能在地面同一點上，再回到深跳姿勢時身體維持直立姿勢。避免運動員身體前傾。運動員眼睛直視前方，雙腳與膝蓋指向前方，雙手則置於兩腿外側。（複製自：Myer GD, Ford KR, Hewett TE. Rationale and clinical techniques for anterior cruciate ligament injury prevention among female athletes. J Athl Train 2004;39(4):352–364）

(3)。左右兩邊肌力、柔軟度、協調性的失衡，代表著增加膝蓋受傷風險的重要預測因子(3, 15, 16)。Knapik 等證實左右腳肌力與柔軟度的平衡，對於傷害的預防是非常重要的，且當失衡一旦產生，運動員就較容易受傷(16)。Baumhauer 等同樣發現，肌肉失衡的人，會有更高的受傷機率(17)。

腿部主導的修正 (Correction of Leg Dominance)

要修正雙腳動態上的失衡，要透過整體訓練計畫來解決。等量的左右肌力、平衡、踩踏位置，整個訓練計畫須要強調。為了修正慣用腳的掌控，訓練課表可藉由 3 個訓練階段，讓強調雙腳動作的訓練，漸進至單腳的動作。舉例來說，訓練初始階段，主要動作包括讓運動員能安全進行的雙腿運動（圖 31.1 與 31.4），到了第二階段，雖然強調的是技巧上的正確性，但會採用更多的單腳動作（圖 31.5）。最後的訓練階段，可利用單腳動態的動作，並同時強調最大的運動表現（圖 31.6）。

圖 31.6 單腳跳躍並維持住。以單腳呈半蹲姿勢後開始起跳，手臂應完全伸直並與肩同高。起跳時將手臂向前擺並同時伸展臀部與膝蓋。運動員以向前 45° 為終點，並盡量跳至最遠距離後，以起跳腳單腳落地，且膝蓋呈 90° 維持 3 秒。為保護免於受傷，指導運動員要小心跳躍。開始可以非最大努力進行單腳跳，以體驗不同的困難情形，當運動員能力進步，能夠控制姿勢，並能站穩腳步時，可增加落地距離。要運動員視線不要聚焦在腳部，以幫助腰部不過度前傾。（複製自：Myer GD, Ford KR, Hewett TE. Rationale and clinical techniques for anterior cruciate ligament injury prevention among female athletes. J Athl Train 2004;39(4):352–364）

圖 31.5 X-單腳跳。單腳站立讓支撐腳膝蓋微彎，面向一地面想像出的扇型體。單腳跳至對角落地後維持單腳弓箭步姿勢 3 秒後，再跳至側邊，沿對角線往後跳，最後，跳至側邊回到起點，注意落地時皆維持上述落地時的步驟。以此流程完成每組所需的反覆次數。鼓勵運動員於落地時保持平衡，將視線保持前方而非自己的腳。（複製自：Myer GD, Ford KR, Hewett TE. Rationale and clinical techniques for anterior cruciate ligament injury prevention among female athletes. J Athl Train 2004;39(4):352–364）

軀幹主導 (Trunk Dominance)

所謂軀幹主導，指軀幹所進行動作與慣性，未能被有效控制，減速期間動作的重心失控，這會導致地面反作用力的向量移至側邊的關節，增加內側膝蓋直接承受的轉矩 (torque)。軀幹主導存在著軀幹肌群中收縮與拮抗肌的失衡。

近期研究

Hewett 等人發現女性運動員，前十字韌帶非接觸而受傷的機轉，包含側邊軀幹動作由身體轉移至單腳；這與高度膝蓋外翻或膝蓋內側崩塌有關(18, 19)。軀幹的側向干擾 (perturbation) 也是特徵(20)。因此，增加軀幹側邊擺動，將會讓女性運動員膝關節內側處於崩塌的險境(21)。

此外，Zazulak 證實軀幹的位移與膝蓋冠狀面的負荷，皆能以高感度、專項性與準確地 (91%) 預測女性運動員前十字韌帶受傷的風險 [21, 22]。軀幹位置與膝外側力矩 (moment) （負荷）可能有機械上的關聯性，給予軀幹側邊的負荷可能會製造膝蓋外展的負荷（圖 31.7）[21]。

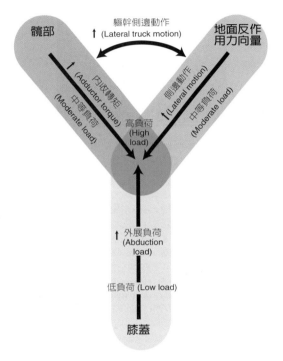

圖 31.7 為增加地面反作用力向量、髖部內轉力矩與膝蓋負荷實施的側面軀幹訓練的概念圖。女性運動員匯集各不同部位的負荷。（取自：Hewett TE, Myer GD. The mechanistic connection between the trunk, knee, and anterior cruciate ligament injury. Exerc Sports Sci Rev 2011; 39(4): 161–166.）

軀幹主導的修正 (Correction of Trunk Dominance)

軀幹主導的神經肌失衡，可透過動態核心穩定訓練來解決（圖 31.8 與圖 31.9）。因此介入的運動，必須要快速度的進行動作中控制軀幹的平衡。已經證實，為增進此一目標的神經肌訓練課程，不管是在實驗室內，或在實驗室外或活動場上，都有很好的效果。隨機分配對照的實驗中，證實了此訓練課表，能有效增加控制與降低傷害的風險。目前本團隊，持續以隨機分配對照的實驗，來評估軀幹訓練對膝蓋傷害風險因子的影響。

摘要 (SUMMARY)

可能是因為沒有足夠的動力 (power)，女性前十字韌帶的非碰撞性的傷害多於男性 [21]。隨著骨骼生長與成熟，男性的神經肌的肌力與協調性明顯增加，女性卻常沒有所謂的神經肌快速生長期 (neuromuscular spurt) [6]。當男性骨骼增長與身體質量增加，它們同時也顯現在膝關節上，較女性有更好的肌肉控制，也允許男性吸收更大的負荷。用通俗一點的話，「兩性成長後都擁有了大機械，但是男性成熟後，發展出更多比率的肌肉馬達，來應付更大的機械控制上的需求」 [21]。

神經肌適應不足的結果，尤其在落地、旋轉，與減速急停的運動中，女性有更大的地面反作用力，以及較高的膝關節外展力矩（負荷）[6]。有一重要的假說，就是「增加骨頭長度與身體質量，而不對應地擁有神經肌肌力與協調的肌肉徵召，使女性的膝蓋暴露於更大的負荷，增加前十字韌帶受傷的可能性」[21]。

圖 31.8 健身球上側腹部捲曲。運動員以側躺姿勢，將臀部置於健身球上。運動過程中，運動員的腳與腿必須由訓練員或固定物體固定住。運動員持續屈曲腰背再回到起始姿勢，進行設定的反覆次數。（複製自：Myer GD, Chu DA, Brent JL, Hewett TE. Trunk and hip control neuromuscular training for the prevention of knee joint injury. Clin Sports Med 2008;27(3):425–448, ix）

圖 31.9 單腳跳上平衡墊後維持姿勢：運動員自平衡墊側邊跳上平衡墊。運動員必須維持平衡並穩定住膝蓋屈曲的姿勢。隨後運動員從平衡墊上跳下至另一邊的地面並維持平衡，重複同樣動作再跳至另一側。（複製自：Myer GD, Chu DA, Brent JL, Hewett TE. Trunk and hip control neuromuscular training for the prevention of knee joint injury. Clin Sports Med 2008;27(3):425–448, ix）

參考文獻 (REFERENCE)

1. Ferretti A, Papandrea P, Conteduca F, Mariani PP. Knee ligament injuries in volleyball players. Am J Sports Med 1992;20(2):203–207.

2. Noyes FR, Mooar PA, Matthews DS, Butler DL. The symptomatic anterior cruciate-deficient knee. Part I: the long-term functional disability in athletically active individuals. J Bone Joint Surg 1983;65A(2):154–162.

3. Andrews M, Noyes FR, Hewett TE, Andriacchi TP. Lower limb alignment and foot angle are related to stance phase knee adduction in normal subjects: a critical analysis of the reliability of gait analysis data. J Orthop Res 1996;14(2):289–295.

4. Hewett TE, Paterno MV, Myer GD. Strategies for enhancing proprioception and neuromuscular control of the knee. Clin Orthop 2002;402:76–94.

5. Huston LJ, Wojtys EM. Neuromuscular performance characteristics in elite female athletes. Am J Sports Med 1996;24(4):427–436.

6. Myer GD, Chu DA, Brent JL, Hewett TE. Trunk and hip control neuromuscular training for the prevention of knee joint injury. Clin Sports Med 2008;27(3):425–448, ix.

7. Myer GD, Ford KR, Hewett TE. Rationale and clinical techniques for anterior cruciate ligament injury prevention among female athletes. J Athl Train 2004;39(4):352–364.

8. Paterno MV, Schmitt LC, Ford KR, et al. Biomechanical measures during landing and postural stability predict second anterior cruciate ligament injury after anterior cruciate ligament reconstruction and return to sport. Am J Sports Med 2010;38(10):1968–1978.

9. Ford KR, Myer GD, Hewett TE. Valgus knee motion during landing in high school female and male basketball players. Med Sci Sports Exerc 2003;35(10):1745–1750.

10. Paterno MV, Ford KR, Myer GD, Heyl R, Hewett TE. Limb asymmetries in landing and jumping 2 years following anterior cruciate ligament reconstruction. Clin J Sport Med 2007;17(4):258–262.

11. Prapavessis H, McNair PJ. Effects of instruction in jumping technique and experience jumping on ground reaction forces. J Orthop Sports Phys Ther 1999;29(6):352–356.

12. Fitzgerald G, Axe M, Snyder-Mackler L. Proposed practice guidelines for nonoperative anterior cruciate ligament rehabilitation of physically active individuals. J Orthop Sports Phys Ther 2000;30(4):194–203.

13. Andriacchi TP, Andersson GBJ, Fermier RW, Stern D, Galante JO. Study of lower-limb mechanics during stair-climbing. J Bone Joint Surg 1980;62A(5):749–757.

14. Daniel DM, Malcom LL, Losse G, Stone ML, Sachs R, Burks R. Instrumented measurement of anterior laxity of the knee. J Bone Joint Surg 1985;67A(5):720–726.

15. Hewett TE, Lindenfeld TN, Riccobene JV, Noyes FR. The effect of neuromuscular training on the incidence of knee injury in female athletes. A prospective study. Am J Sports Med 1999;27(6):699–706.

16. Knapik JJ, Bauman CL, Jones BH, Harris JM, Vaughan L. Preseason strength and flexibility imbalances associated with athletic injuries in female collegiate athletes. Am J Sports Med 1991;19(1):76–81.

17. Baumhauer J, Alosa D, Renstrom A, Trevino S, Beynnon B. A prospective study of ankle injury risk factors. Am J Sport Med 1995;23(5):564–570.

18. Hewett TE, Torg JS, Boden BP. Video analysis of trunk and knee motion during non-contact anterior cruciate ligament injury in female athletes: lateral trunk and knee abduction motion are combined components of the injury mechanism. Br J Sports Med 2009;43:417–422.

19. Krosshaug T, Nakamae A, Boden BP, et al. Mechanisms of anterior cruciate ligament injury in basketball: video analysis of 39 cases. Am J Sports Med 2007;35:359–367.

20. Boden BP, Torg JS, Knowles SB, Hewett TE. Video analysis of anterior cruciate ligament injury: abnormalities in hip and ankle kinematics. Am J Sports Med 2009;37:252–259.

21. Hewett TE, Myer GD. The mechanistic connection between the trunk, knee, and anterior cruciate ligament injury. Exerc Sport Sci Rev 2011;39(4):161–166.

22. Zazulak BT, Hewett TE, Reeves NP, Goldberg B, Cholewicki J. Deficits in neuromuscular control of the trunk predict knee injury risk: a prospective biomechanical-epidemiologic study. Am J Sports Med 2007;35:1123–1130.

32

Aaron Sciascia and W. Ben Kibler
譯者：蔡政霖

利用動力鏈進行非手術性的肩膀復健
Nonoperative Shoulder Rehabilitation Using the Kinetic Chain

前言 (INTRODUCTION)

在此先了解從事手舉過頭類型運動的年輕運動員，由於過度處在缺少足夠以及合適的訓練方法，導致上肢承受運動傷害增加的風險。諸如動態矯正與傷害預防的技巧介入，可用來幫助降低受傷的風險，以及延長手舉過頭類型年輕運動員的運動生涯 [1-4]。就我們的臨床經驗，由於競技上的無法中斷的需求，在沒有合適休息時間的情況下，就診的手舉過頭類型年輕運動員正逐步地增加 [5]。此外，有同樣症狀的運動員，由於身體素質上的不足，會容易使用不合適的訓練與復健運動，導致在競賽上的準備不當。其運動應利用一般作用肌群，屬大肌群且用來執行全身性動作，諸如三角肌、胸大肌等。這些大肌群有著重要功能與工作要進行，扮演穩定的角色的區域型小肌群則應實施針對性的訓練，因為較佳的穩定會帶來更好的招募與成效。但在訓練年輕運動員時，肩胛骨周邊的肌肉（下斜方肌、前鋸肌、菱形肌），則是不常被提及的重點。這些肌群在手舉過頭類型的所有年齡運動員，有著重要功能，因同時有肩胛骨動作與穩定的作用，穩定連結動力鏈（協調軀幹、下肢與上肢的連續動作）不可或缺的要素，首先必需要優化肩膀的大肌群。

訓練未受傷的肩膀，以及針對傷後肩膀的復健，皆應先聚焦在肩胛骨柔軟度、肌力、平衡、肌耐力，以及核心肌群與四肢連結功能性上固有的需求。基於動力鏈分段的區域劃分，肩胛骨與核心肌群，為末端活動度須先達成近側穩定性的首要區域。透過上肢的訓練計畫，包含核心肌群、肩胛骨與肩膀，以達最佳的運動表現。

最初應聚焦任何在訓練前檢測所發現的缺陷。這通常多為修正髖部、軀幹、肩膀的動作模式，以及分段區域上確實衰弱或柔軟度不佳的肌群。運動時的局部區域可能會有特定的柔軟度不佳與衰弱，但在動作模式上則應含蓋全身性的動力鏈。某些特定運動的柔軟度不佳和衰弱，可歸因於身體局部區域，但動作模式的柔軟度不佳與衰弱，則勢必包含了全身性的動力鏈。

本章將說明手舉過頭類型的運動員，以動力鏈為主的上肢訓練，以及復健方法。動力鏈功能與失能的描述上，會隨 3 種等級的訓練動作一同加以探討。

動力鏈 (THE KINETIC CHAIN)

競技功能上的最佳化，結果來自於運動能力生理上的活化，產生生物力學上專項的動作與姿勢，再利用解剖結構上的高完成度以產生力與動作。活化、動作與力合成，產生運動專項功能，是運動所需的特性與效能。舉例來說，以上肢活動為主的運動員，如棒球投手與網球選手，一定要具備身體軀幹近端與骨盆（核心）專項的穩定性、肩盂肱關節柔軟度、肩胛骨控制，以及肩膀肌力等要件，如此才能精通所屬項目的專項動作 [6]。

整合這些要件可形成動力鏈的連結。由身體各部位的活動性與穩定性調節而成的動力鏈，用來產生競技運動的動作 [7]。可由閉鎖鏈運動，組成動力鏈的基本訓練或復健活動 [8]。開放鏈運動的特性通常包括：可自由活動的末端、末端的速度較高、身體近端活動的相對較自由。閉鎖鏈運動的特性通常包括末端固定或最小的活動、末端速度較低、自由度較低，以及肢段的耦聯動作。一般來說，閉鎖鏈運動可

於訓練初期或復健初期施行，因爲可降低介入關節的發力與壓力，且特別是對骨骼發育未完全的運動員控管上來說，是非常重要的。此類型的運動最適合用在動力鏈連結上，身體近端諸如肩胛骨與骨盆其穩定性與控制能力上的重建。開放鏈運動則可產生更大的力，由於需要較長的力臂以及關節需求上的增加，應於肩膀訓練或復健後才採用。

肌肉生理上的活化，會引發數種生物力學效應，提高局部與遠端功能的效能。預設的肌肉活化，會產生預期性姿勢調控 (anticipatory postural adjustments, APAs)，可以讓身體在進行踢、投擲、跑需要維持平衡時，產生抵抗干擾的力 [9, 10]。預期性姿勢調控，藉關節產生與控制力與負荷的互動力距，產生近端的穩定性，提供遠端進行活動。互動力矩 (interactive moment) 是指關節，藉由連結肢段的動作與位移產生的力距 [7]。它們由身體中央肢段發展出，是遠端肢斷發展力的關鍵。是身體相對位置上，發展遠端適當力量，讓關節內負荷最小化的關鍵。有不少核心近端肌群活化，提供互動力矩以強化遠端肢段的有效率的功能 [6]。它也同時提供肢體末端最大力量，類似快速甩動鞭子，亦可爲末端提供精準的穩定性。肩膀內旋的最大力量，由軀幹轉體的互動力矩產生。同時，避免肘關節外翻扭傷之肘關節內翻的最大力矩，是由來自肩膀內轉的互動力矩產生的 [7]。投手的最高球速，與穩定肘與肩膀拉開，產生肘角速度的互動力矩相關 [7, 11, 12]。此外，投球的控球準確性，則與肩膀動作產生的手腕互動力矩相關 [11]。

根據包括核心肌群活化的「速度的綜合 (summation of speed)」原則，經由活化與互動力矩，產生由近端至遠端發展的力與動作 [7]。從一肢段到下一個肢段，不會一直維持單純的線性發展。如網球發球，先啓動手肘的最大速度，接著才是肩膀的最大速度。而此種從地面通過核心肌群，再到遠端肢段的發展力量的一般模式，用於網球發球與棒球投球 [11, 13-15]。

力量的控制同樣要通過核心肌群達最大

化。軀幹是投擲運動中動量向前的必備要件，約 85% 肌肉活化以減慢手臂前移是由肩膀周邊與軀幹來產生，而非旋轉肌 [16, 17]。

在封閉系統中，一個區域的變動，會對整體系統產生改變。這被稱爲所謂的「追趕現象 (catch-up phenomenon)」，而互動力矩的力量變化，改變了遠端肢段的力量。增加的力量給遠端肢段的額外壓力，經常會造成疼痛感覺或急性的解剖傷害。有此症狀的部位（受害者），不一定會是改變位置（罪魁禍首）的唯一部位。在最大肩膀旋轉前沒有抬高手肘，會在手臂進入加速期時，增加肘韌帶的拉伸負荷。棒球投手教練憑著自身經驗深知這「降肘 (dropped elbow)」是負面的，這代表加速期時，手肘的位置低於肩膀，也意味著正對手肘進行「死亡之吻」 [18]。Marshall 與 Elliott 指出這長軸旋轉 (long axis rotation)，加上肩膀內轉以及手肘前旋，將手臂周遭的長軸，自肩盂肱骨關節以至手掌，讓手臂最大旋轉進行前的手肘最大伸展，能更爲明顯，這也是投球出手 / 球衝擊力學上的關鍵階段 [15]。這耦合運動在手臂幾乎呈一直線的長軸週邊，從肩膀到手掌產生旋轉，也使得手可能產生的肘外翻 (valgus) 的負荷最小化。

動力鏈的破壞 (KINETIC CHAIN BREAKAGE)

特定肢段動力鏈的功能障礙，會影響運動表現，並讓遠端受傷。舉例來說，當進行投擲時，肩胛帶的肌肉無法產生大量相當大的角速度；大部分的力由身體近端的下肢與軀幹產生 [7, 19, 20]。大量的力會傳遞，且被投擲時遠端的肩膀與手臂吸收，這會讓這些肢段容易受傷。在閉鎖的系統中，一個區域的變動會連動整體系統。這是互動力距的變化，改變遠端肢段的力所謂追趕 (catch up) 現象的例子，經常會造成疼痛感覺或實際的解剖上的傷害。

肩盂肱關節內旋活動度缺損 (glenohumeral internal rotation deficit, GIRD)，是投擲運動員中常見的傷害 [19, 22-24]。傳統的定義上，左右兩側不對稱大於 20°，便爲 GIRD。然而，研究證

實 GIRD，只需 11º [22] 或 18º [24] 就與肩膀傷害相關。此外，前瞻性研究證實 18º 的 GIRD，增加受傷風險達 1.9 倍 [24]。這些數據已顧及因為骨適應而形成內轉的改變。整體關節活動範圍 (total range of motion, TROM) 5º 的不對稱，顯示會增加受傷的風險 [24]。近期研討會結論的共識，將兩邊不對稱大於 18º 定義為 GIRD，兩邊不對稱大於 5º 則定義為 TROM [25]。雖然 GIRD，與 TROM 可預測肩膀傷害，但不一定有因果關係。上述兩項改變一般肩盂肱的動力鏈，且增加鄰近關節結構上的負荷 [26, 27]。旋轉缺陷被認為是後天後關節囊結構，或後肌肉僵硬造成，這也是諸多肩膀傷害常見的的類型 [25, 28]。由於投球機制揮臂前半段 (wind-up) 對手臂與肩胛的影響，GIRD 造成異常的肩胛運動學。當投擲時，手臂向前屈曲、水平內收並內轉，緊繃的關節囊與肌肉，拉動肩胛往前推、內轉、前傾的姿勢，導致肩峰向下旋轉。GIRD 同樣藉由轉移大量肱骨旋轉中心，到手臂上舉期手臂向後、向外之後，與手臂收尾期之前，對肩盂肱運動學產生影響。而不正常的運動學已由統計證實與關節唇部受傷有關 [25]。

膝蓋屈曲的變動與手臂壓力的增加有關。網球選手的膝關節要是彎曲不足，會破壞動力鏈並降低髖部與軀幹的作用，並讓肩膀的水平內收與旋轉，增加 23-27% 的負荷，手肘外翻負荷也會增加 [29]。針對網球發球的數學分析發現，軀幹降低 20% 的動能，導致手臂速度 34% 以上的需求，或肩膀質量 80% 以上，才能輸送相同能量到球上 [14]。

肩胛動態運動障礙 (scapular dyskinesis)，是肩膀更近端動力鏈變動的另一例子。肩胛骨是整合肢段動態上動力鏈的連結，自地面啟動並於手部結束 [30]。連接鎖骨，雖很重要但穩定性很小的肩胛骨，動態的肌肉功能必須要能控制肩胛的穩定性。配合因動作不同的力量形態的肌肉活化，使姿勢趨於穩定並控制動態的聯動動作。重要的是臨床上，休息與動作期間肩胛骨內緣的觀察。肩胛運動障礙是肩膀疼痛的非專一性反應，而不是肩盂肱病變的特殊反應 [30]。肩胛運動障礙有近端（肌肉衰弱／失衡，神經傷害）與遠端（肩峰鎖骨關節受傷、上肩

關節唇撕裂、肩旋轉肌受傷）的多重成因 [31]，而常需利用復健來進行治療 [31]。

治療 (TREATMENT)

運動表現取決於各個成分或肢段的動力鏈合適的功能。每個肢段在輔助最佳運動表現達成上，皆具有關鍵的角色。確認每個肢段最佳化的典型過程 [32] 如下：(1) 建立適當的姿勢排列；(2) 建立所有參與的肢段適當的動作；(3) 透過極大的下肢與軀幹動作，協助肩胛骨的動作；(4) 肩胛骨最大回縮，以控制過度伸長；(5) 先利用閉鎖鏈進行運動；與 (6) 多面向的工作。表 32.1 為使用上述過程的復健指引之範例。

年輕運動員骨骼肌未成熟（8-18 歲），應聚焦在核心肌群的肌力與穩定性，發展肩胛周圍肌肉組織取得平衡後，再接著發展肩膀整體肌力與質量。為了讓尚未發展健全的身體能有時間恢復，於導入下一競技訓練階段前，在訓練、演練、比賽時，務必要有適量的休息。而 18-22 歲的運動員應同樣聚焦在類似的概念，特別是訓練初期；然而，由於此一群體在解剖上已較成熟，因此可進行較大量的動態動作。至於超過 22 歲的優秀運動員經常有好的體能狀態，以及強壯的肩膀整體肌群。不過，就我們臨床經驗來看，此群體也可能會有動力鏈不足（髖部／腹壁肌群衰弱或繃緊）的現象，且肩胛（肌力與穩定性）處於受傷情況，抑或運動表現下降。因此，一旦動力鏈缺陷經矯正後，其中較年長的群體（相較於其他兩群體），應能進行難度更高的動力鏈運動。

復健與訓練應被視為是「潮水連貫流動」的運動，藉以建構穩定性與產生力量的基礎，遠端的最大活動度則是為終極目標。核心肌群與肩胛是流動的中心部分，兩者扮演著穩定肩膀的基石，核心肌群就像產生力量的「引擎」，肩胛則為旋轉肌群的「平台」。由於這兩項介入多種手舉過頭的競技活動，它們應該被評估，作為上肢傷害診斷檢查的一部分。

軀幹局部與整體共同的穩定，可提供最佳的核心肌群穩定性。較大的整體肌群含腹壁肌群、豎脊肌、髖外展肌，是上肢產生力量與穩

表 32.1	復健的階段

階段一：急性期（第 1 週至第 3 週）

要點

• 利用髖部讓軀幹與脊椎到位

• 主要讓肩盂肱的動作少於肩胛骨的動作

• 利用胸廓伸展提升肩胛骨的後收與下壓

• 不強調上斜方肌

• 解決胸小肌、上斜方肌、提肩胛肌軟組織柔軟度不佳

• 閉鎖鏈運動對肩盂肱關節來說是必要的（強調肩盂肱下壓）

• 手術後 3 週要避免外轉

目標

• 第一階段結束時外展與屈曲達到 90°

• 利用補充性的軀幹與髖部動作，來建立良好的肩胛骨動作

階段二：恢復期（第 4 週至第 8 週）

要點

• 增加肩胛骨肌力強化運動的難度

• 開啟動力鏈的上肢端

• 進行所有水平動作

• 提升肩盂肱的下壓

• 從 90° 漸進至超過 90°

• 開始對旋轉肌在水平與角度上施予負重（謹慎使用）

• 若肩盂肱內轉不足則予以解決

• 避免身體平面後部的外轉與水平外展

• 積極解決軟組織緊繃與不平衡

目標

• 良好的肩胛骨控制與旋轉肌肌力

• 完全的關節活動範圍

• 進一步地減輕疼痛

階段三：功能性動作期（第 8 週以後）

要點

• 協調良好的肩胛骨動作使所有運動障礙趨緩

• 增加旋轉肌與肩胛骨穩定肌群的肌力與肌耐力

圖 32.1 橫向支撐運動。

內與腹外斜肌、豎脊肌、腹直肌、腰方肌。由於這些肌群直接連接脊椎與骨盆，其負責的正是核心肌群的中心。運動則包括橫向支撐（圖 32.1）與軀幹等長性旋轉（圖 32.2）[25, 35]。核心肌群，是動力鏈上（與手臂相關）的最近端，在能量發展與轉換上，是聯動的關鍵[36]。而這運動所有級別的運動員皆能進行。這階段進行的復健，不只能幫助恢復核心肌群的功能，也是開始肢段末端復健的第一階段。

透過一般性的動態或靜態伸展，可提升上肢與下肢的柔軟度。基於先前活動度的研究發現，以上肢為主的運動員，下肢的訓練目標應為大腿後肌、髖屈肌、髖內收肌群、髖旋轉肌

定功能的重要肌群。核心肌群強化併入復健課表，證實可增加大腿後肌的肌力[33]，對下背痛患者來說，可降低疼痛感與提升骨盆與軀幹姿勢整體肌力[34]。為了製造穩定的底基，復健的計畫應著重在主要的穩定肌群，如負責脊椎穩定與直立的腹橫肌與多裂肌。穩定軀幹則是腹

圖 32.2 軀幹等長旋轉。

圖 32.3 以「睡姿」伸展後肩膀緊繃的肌肉。

群、腓腸肌、比目魚肌，上肢則聚焦胸小肌與肩膀後側肌群[28, 37-40]。「睡姿」伸展[18]（圖 32.3）可用來增加後旋轉肌的柔軟度，至於「開書姿勢 (open book)」[41] 或角落伸展 (corner stretch)[37]（圖 32.4），可幫助拉長已短縮的胸小肌。

　　像是前鋸肌、下斜方肌等肩胛骨周圍肌肉，應視為訓練與復健前期的重點。為了促進動力鏈上近端到遠端序列上的肌肉活化，訓練的前期應將軀幹與髖部整併[42]。髖部與軀幹伸展結合肩胛緊縮，會讓肩膀有些微的壓力。所有運動應始於置於地面的腳，包含髖部的伸展與骨盆的控制（圖 32.5 與 32.6）。同時進行同側與對側的動作則是活化的模式。對角線的動作，包括模擬一般投擲模式，並固定腿部的軀幹旋轉[32]。一旦肩膀痊癒並且能於復健的中級與恢復階段，進行負重的動作，那其模式便可將手臂的動作，整併於所有動作的最後部分進行。如低手划船與下手滑動的特殊動作，已證實是可活化前鋸肌、下斜方肌的安全動作[43]（圖 32.7 與 32.8）。

圖 32.4 以「開書姿勢 (open book)」伸展緊縮的胸小肌。

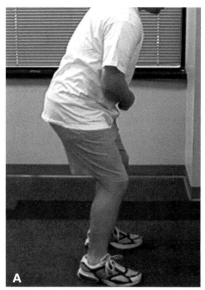

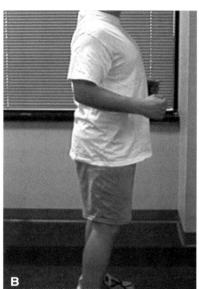

圖 32.5 (A, B) 胸骨上提。準備姿勢為膝蓋與軀幹微彎，然後伸展膝蓋與軀幹，同時下壓並後收肩胛肌。

　　肩胛被正確地穩定，可讓旋轉肌群活動達最佳化。近期研究證實當肩胛穩定且緊縮，便能提升旋轉肌群 24% 的肌力。基於這樣的理由，訓練的前期則應聚焦在肩胛的肌力，而非旋轉肌群的肌力。一旦肩胛獲得適當的穩定，更多進階的運動將可接著進行，以強化肩膀周邊的大肌群。圖 32.9 至 32.14 為相關運動。

　　肩旋轉肌群的復健，應強調當肌群生理結構上已趨完整或強壯到，能承受應用性的負

圖 32.6 (A, B) 跨出。準備姿勢為膝蓋與軀幹微彎，然後跨出並旋轉同側腳同時緊縮。

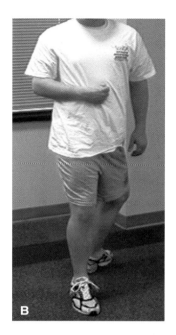

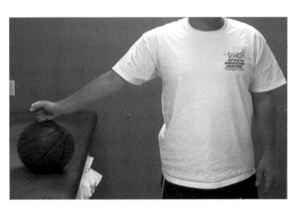

圖 32.7 下手滑動。將手臂外展靜置於穩固的平面或物體上。手沿外展方向下壓肩胛肌，並維持 5 秒鐘。

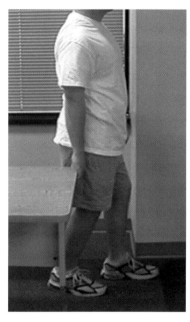

圖 32.8 低手划船。將手置於堅固固體之前緣，將手掌與前緣相抵。同時伸展軀幹，以及肩膀延伸方向，後收與下壓肩胛，維持 5 秒的等長收縮。

荷，以及在活化與肩峰的間隙上，已能建立穩定的肩胛對應。臨床實證顯示，只要能解決肩胛動態運動不良，以及控制肩胛的後收，就代表肩胛趨於穩定[46]。當整體模式中其他有力的促進肌群，諸如下斜方肌、背闊肌已被整合，那活化旋轉肌群的效率是最佳的[44, 45, 47]（圖32.15 與 32.16）。

　　一旦動力鏈的缺損已被矯正，且正常的運動也已恢復，那就可將重點轉移到肌耐力與本體感覺。有 3 個區域需要被考量：下肢肌肉爆發力與肌耐力、整合運動專項性動作、上肢爆發力與肌耐力[25, 32]。應首先採用高反覆次數的動作設計，來增加下肢肌肉的肌耐力，並針對腓腸肌 / 比目魚肌、股四頭肌、大腿後肌、髖外展肌群。下一部分則應以整合專項運動的動作，改善下肢的肌力與肌耐力，藉以增加上肢肌肉的活化。目標是要透過同步的單腳與橫向運動，來改善本體感覺與肌肉的教育[25]。最

圖 32.9 (A, B) 發動除草機。屬多關節運動，自對側腳啟動關節，沿對角線以同側（發動）手通過軀幹。

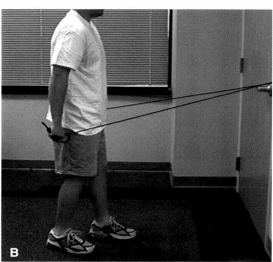

圖 32.10 (A, B) 阻力帶掉肘划船。此運動可將髖部與軀幹伸展合併肩胛肌後收與下壓。

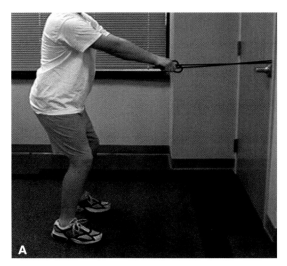
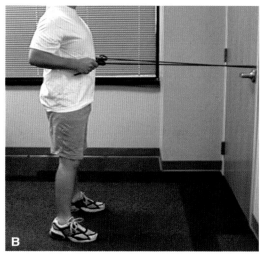

圖 32.11 (A, B) 阻力帶長拉划船。此運動為阻力帶掉肘划船的進階版。

 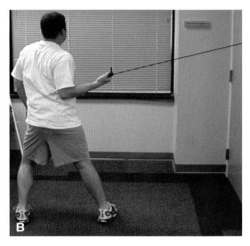

圖 32.12 (A, B) 擊劍。身體側向且手臂前伸遠離身體為準備姿勢，接著屈肘拉手臂至身體後方並貼近，以便肩胛肌完全後收。

圖 32.13 (A, B) 上膊。此運動透過髖部與軀幹有阻力的伸展，來促進肩胛肌下壓。

圖 32.14 (A-C) 發動除草機進階版。此促進肩胛肌後收的橫向平面運動，可同時強化核心肌力與穩定性。

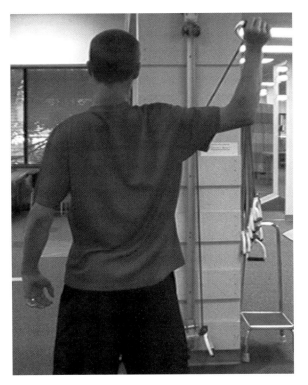

後，上肢爆發力與肌耐力，可藉由站姿或俯臥姿進行高反覆、長槓桿的動作。

解剖的干擾或動力鏈的缺損不會產生疼痛，意味著肢段已被過度使用。過度使用會導致肌肉疲勞，並降低肌肉活性與產生的力量，可能產生力學機制上的異常（降低手後拉、掉肘）。因此，務必要有適當的休息與恢復，來避免來自身體活動壓力下，肌肉不正常的招募[32]。

結語 (SUMMARY)

對於手舉過頭運動的運動員，上肢訓練計畫代表動力鏈功能上所有的要件。對已帶傷或對穩定性的需求來說，訓練方案應從閉鎖鏈的動作開始，再漸進到開放鏈運動。骨骼發育未成熟的運動員，應同時聚焦在核心與肩胛骨的穩定性，同樣地，解剖上已成熟的運動員，應以動態運動矯正動力鏈先前的不足。一旦肩胛骨穩定，所有區域將獲得來自於旋轉肌強化後的效益。

圖 32.15　肩外轉。諸如阻力式外轉的旋轉肌運動應於復健後才進行，進行時須後收肩胛肌不可移動。

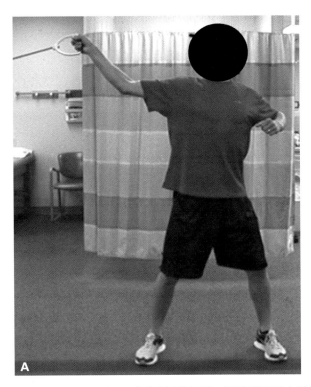

圖 32.16　(A, B) 動態投擲。此本體感覺類的運動，同時利用動力鏈原則，並幫助建立手臂投擲時的最佳位置，對於手需高舉過頭類型的運動員來說是相當理想的。

參考文獻 (REFERENCES)

1. Fleisig GS, Andrews JR, Cutter GR, et al. Risk of serious injury for young baseball pitchers: a 10-year prospective study. Am J Sports Med 2011;39(2):253–257.

2. Lyman S, Fleisig G, Andrews JR, Osinski ED. Effect of pitch type, pitch count, and pitching mechanics on risk of elbow and shoulder pain in youth baseball pitchers. Am J Sports Med 2002;30:463–468.

3. Lyman S, Fleisig GS, Waterbor JW, et al. Longitudinal study of elbow and shoulder pain in youth baseball pitchers. Med Sci Sports Exerc 2001;33(11):1803–1810.

4. Olsen SJ, Fleisig GS, Dun S, Loftice J, Andrews JR. Risk factors for shoulder and elbow injuries in adolescent baseball pitchers. Am J Sports Med 2006;34:905.

5. Kibler WB, Sciascia A, Ellenbecker TS. Musculoskeletal aspects of recovery for tennis. In: Kovacs MS, Ellenbecker TS, Kibler WB, eds. Tennis Recovery: A Comprehensive Review of the Research. White Plains: United States Tennis Association; 2010:129–166, 978-0-692-00528-6.

6. Lintner D, Noonan TJ, Kibler WB. Injury patterns and biomechanics of the athlete's shoulder. Clin Sports Med 2008;27(4):527–552.

7. Putnam CA. Sequential motions of body segments in striking and throwing skills: description and explanations. J Biomech 1993;26:125–135.

8. Kibler WB, Livingston B. Closed-chain rehabilitation for upper and lower extremities. J Am Acad Orthop Surg 2001;9(6):412–421.

9. Cordo PJ, Nashner LM. Properties of postural adjustments associated with rapid arm movements. J Neurophysiol 1982;47(2):287–308.

10. Zattara M, Bouisset S. Posturo-kinetic organisation during the early phase of voluntary upper limb movement. 1: normal subjects. J Neurol Neurosurg Psychiatry 1988;51:956–965.

11. Hirashima M, Kadota H, Sakurai S, Kudo K, Ohtsuki T. Sequential muscle activity and its functional role in the upper extremity and trunk during overarm throwing. J Sports Sci 2002;20:301–310.

12. Stodden DF, Fleisig G, McLean SP, Lyman S, Andrews JR. Relationship of pelvis and upper torso kinematics to pitched baseball velocity. J Appl Biomech 2001;17:164–172.

13. Hirashima M, Yamane K, Nakamura Y, Ohtsuki T. Kinetic chain of overarm throwing in terms of joint rotations revealed by induced acceleration analysis. J Biomech 2008;41:2874–2883.

14. Kibler WB. Biomechanical analysis of the shoulder during tennis activities. Clin Sports Med 1995;14:79–85.

15. Marshall R, Elliott BC. Long axis rotation: the missing link in proximal to distal segment sequencing. J Sports Sci 2000;18(4):247–254.

16. Happee R. Goal-directed arm movements: I. Analysis of EMG records in shoulder and elbow muscles. J Electromyogr Kinesiol 1992;2(3):165–178.

17. Happee R, van der Helm FCT. Control of shoulder muscles during goal-directed movements, an inverse dynamic analysis. J Biomech 1995;28:1179–1191.

18. Burkhart SS, Morgan CD, Kibler WB. The disabled throwing shoulder: spectrum of pathology. Part III: the SICK scapula, scapular dyskinesis, the kinetic chain, and rehabilitation. Arthroscopy 2003;19(6):641–661.

19. Burkhart SS, Morgan CD, Kibler WB. The disabled throwing shoulder: spectrum of pathology. Part I: pathoanatomy and biomechanics. Arthroscopy 2003;19(4):404–420.

20. Burkhart SS, Morgan CD, Kibler WB. Shoulder injuries in overhead athletes, the "dead arm" revisited. Clin Sports Med 2000;19(1):125–158.

21. Fleisig GS, Barrentine SW, Escamilla RF, Andrews JR. Biomechanics of overhand throwing with implications for injuries. Sports Med 1996;21:421–437.

22. Myers JB, Laudner KG, Pasquale MR, Bradley JP, Lephart SM. Glenohumeral range of motion deficits and posterior shoulder tightness in throwers with pathologic internal impingement. Am J Sports Med 2006;34:385–391.

23. Wilk KE, Obma P, Simpson II CD, Cain EL, Dugas JR, Andrews JR. Shoulder injuries in the overhead athlete. J Orthop Sports Phys Ther 2009;39:38–54.

24. Wilk KE, Macrina LC, Fleisig GS, et al. Loss of internal rotation and the correlation to shoulder injuries in professional baseball pitchers. Am J Sports Med 2011;39(2):329–335.

25. Kibler WB, Kuhn JE, Wilk KE, et al. The disabled throwing shoulder—spectrum of pathology: 10 year update. Arthroscopy 2013;29(1):141–161.

26. Grossman MG, Tibone JE, McGarry MH, Schneider DJ, Veneziani S, Lee TQ. A cadaveric model of the throwing shoulder: a possible etiology of superior labrum anterior-to-posterior lesions. J Bone Joint Surg (Am) 2005;87(4):824–831.

27. Harryman II DT, Sidles JA, Clark JM, McQuade KJ, Gibb TD, Matsen III FA. Translation of the humeral head on the glenoid with passive glenohumeral motion. J Bone Joint Surg (Am) 1990;72(9):1334–1343.

28. Kibler WB, Sciascia AD, Thomas SJ. Glenohumeral internal rotation deficit: pathogenesis and response to acute throwing. Sports Med Arthrosc Rev 2012;20(1):34–38.

29. Elliott B, Fleisig G, Nicholls R, Escamillia R. Technique effects on upper limb loading in the tennis serve. J Sci Med Sport 2003;6(1):76–87.

30. Kibler WB, Sciascia AD. Current concepts: scapular dyskinesis. Br J Sports Med 2010;44(5):300–305. doi:10.1136/bjsm.2009.058834.

31. Kibler WB, Sciascia A, Wilkes T. Scapular dyskinesis and its relation to shoulder injury. J Am Acad Orthop Surg 2012;20(6):364–372.

32. Sciascia A, Cromwell R. Kinetic chain rehabilitation: a theoretical framework. Rehabil Res Pract 2012;2012:1–9.

33. Nadler SF, Malanga GA, Bartoli LA, Feinberg JH, Prybicien M, DePrince M. Hip muscle imbalance and low back pain in athletes: influence of core strengthening. Med Sci Sports Exerc 2002;34(1):9–16.

34. Petrofsky JS, Batt J, Brown J, et al. Improving the outcomes after back injury by a core muscle strengthening program. J Appl Res 2008;8(1):62–75.

35. Kibler WB, Press J, Sciascia AD. The role of core stability in athletic function. Sports Med 2006;36(3):189–198.

36. Sciascia AD, Thigpen CA, Namdari S, Baldwin K. Kinetic chain abnormalities in the athletic shoulder. Sports Med Arthrosc Rev 2012;20(1):16–21.

37. Borstad JD, Ludewig PM. Comparison of three stretches for the pectoralis minor muscle. J Shoulder Elbow Surg 2006;15(3):324–330.

38. McClure P, Balaicuis J, Heiland D, Broersma ME, Thorndike CK, Wood A. A randomized controlled comparison

of stretching procedures for posterior shoulder tightness. J Orthop Sports Phys Ther 2007;37(3):108–114.

39. Robb AJ, Fleisig GS, Wilk KE, Macrina L, Bolt B, Pajaczkowski J. Passive ranges of motion of the hips and their relationship with pitching biomechanics and ball velocity in professional baseball pitchers. Am J Sports Med 2010;38(12):2487–2493.

40. Wilk KE, Macrina LC, Arrigo C. Passive range of motion characteristics in the overhead baseball pitcher and their implications for rehabilitation. Clin Orthop Relat Res 2012;470:1586–1594.

41. Kibler WB, Sciascia AD. Rehabilitation of the athlete's shoulder. Clin Sports Med 2008;27(4):821–832.

42. McMullen J, Uhl TL. A kinetic chain approach for shoulder rehabilitation. J Athl Train 2000;35(3):329–337.

43. Kibler WB, Sciascia AD, Uhl TL, Tambay N, Cunningham T. Electromyographic analysis of specific exercises for scapular control in early phases of shoulder rehabilitation. Am J Sports Med 2008;36(9):1789–1798.

44. Kibler WB, Sciascia AD, Dome DC. Evaluation of apparent and absolute supraspinatus strength in patients with shoulder injury using the scapular retraction test. Am J Sports Med 2006;34(10):1643–1647. doi:10.1177/0363546506288728.

45. Tate AR, McClure P, Kareha S, Irwin D. Effect of the scapula reposition test on shoulder impingement symptoms and elevation strength in overhead athletes. J Orthop Sports Phys Ther 2008;38(1):4–11.

46. Sciascia A, Karolich D. A comprehensive approach for nonoperative treatment of the rotator cuff. Curr Phys Med Rehabil Rep 2013;1(1):29–37.

47. Smith J, Kotajarvi BR, Padgett DJ, et al. Effect of scapular protraction and retraction on isometric shoulder elevation strength. Arch Phys Med Rehabil 2002;83:367–370. doi:10-1053/apmr.2002.29666.

手舉過頭類運動員傷害治療與預防
Treating and Preventing Injury in the Overhead Athlete

前言 (INTRODUCTION)

手舉過頭類型運動員，獨特的生理特質會左右比賽結果，也是挑戰性極高的患者。由於肩膀反覆進行的微創壓力，讓該類型運動員的肩膀長期承受周圍組織生理上的限制，成為複合性的挑戰。如棒球、壘球、網球、排球與游泳，都需要專項傷害預防與復健課程。

因此，強調該類型運動員的預防保健與治療勢在必行。受傷可能會因為肌肉疲勞、肌肉衰弱、肌肉失衡、動作力學改變、靜態穩定性更動而發生。全方位的課程強調肌力、穩定性，以及針對該類型運動員適合的力學設計，其特殊運動務必要預防受傷與讓運動表現最佳化。此課程必須利用全身性的體能，預防因疲勞導致力學上的改變，才能增加上肢的力量。遺憾的是，並非所有手舉過頭的運動傷害皆能預防，外部多重力量導致增加的力矩，會是棘手的挑戰。而這些力量，往往超過肩膀穩定結構上拉伸強度的極限 [1, 2]。

本章將探討手舉過頭運動員的治療，並強調傷害預防與復健。接下來的方針，會逐一就各專項運動與可能發生的傷害進行論述。

擬定傷害預防訓練課表的原則
(PRINCIPLES OF INJURY PREVENTION PROGRAMS)

對手舉過頭運動員的肩膀來說，應將數種一般原則性傷害預防的發展，以及治療的課程作整併。預防與治療間的基本原則存有大量的重疊性。但任何課程的主要目標，應將肩膀的活動度與穩定性之間的平衡，達到最佳化。

關節活動範圍的保持 (Maintain Range of Motion)

肩盂肱保持正確且必須的關節活動範圍 (range of motion, ROM)，是首要的相關原則。手舉過頭運動員的肩膀，經常呈現過度運動狀態。舉例來說，職棒選手外轉範圍 (ER) 自 129°-137°，內轉 (IR) 則自 54°-61°，內轉/外轉整體則為 183°-198° [3]。雖然慣用手之肩膀的 ER 較多，IR 較少，但總合的動態應會兩側相同 [3-5]。這被稱為「整體動作概念 (total motion concept)」。更重要的是，投擲動作是會降低內轉與整體動態範圍的。Ruotolo 等 [6] 與 Myers 等 [7] 的研究皆顯示，整體關節活動範圍的降低，與肩膀受傷有很大的關係。在其他手舉過頭的運動中，像是網球、排球、壘球與游泳，都同樣發現有過度動作的現象 [8-14]。這可利用關節角度計進行具可靠信度的評估。

因此，維持動作範圍，對整個賽季的訓練課程來說，是很重要的。Reinold 等人 [4] 提出一理論，認為內轉與整體動態範圍降低，是因為外轉與其他後方肌群，為了要讓手臂投擲動態減速，導致離心動作使肌肉損傷。一般來說，整體動作範圍與非慣用手，應同慣用手肩膀一同維持等量頻率的一般性伸展。此時要告誡並強調不要為獲取活動度，而進行過度的伸展，而是持續利用伸展技巧以維持活動度就夠了。

維持整季的手肘關節活動度同樣重要。舉手過頭進行反覆的動作，尤其是投擲方面，會因為離心力量導致手肘屈肘緊繃。運動員關節活動範圍的降低，將會導致力學的改變，也可能因為上肢壓力的改變終至受傷。

傷後或手術後重新恢復完整的關節範圍也是同樣重要的。時間會因傷害不同而異。運動員在重獲完整關節活動範圍前，試圖恢復舉

圖 **33.1** 審視肩膀活動範圍。(A) 外旋 (B) 內旋。

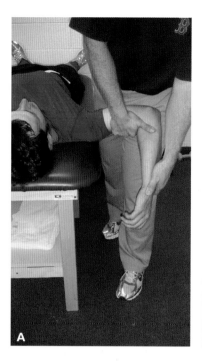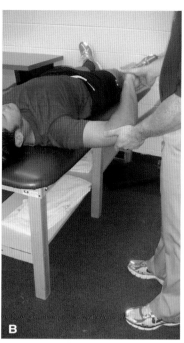

手過頭的動作復出比賽，過程往往漫長且無症狀。患者應確保完整關節活動範圍前，已開始達成間歇式訓練課程 (interval sport program, ISP) 所進行的復出課程設計。

維持肩盂肱與肩胛胸廓肌群的肌力
(Maintain Strength of the Glenohumeral and Scapulothoracic Musculature)

因為舉手過頭運動員動作的產生，是透過肩膀動態與靜態結構上的穩定，以及對該類型運動員必備的上肢整體肌群肌力，包括肩膀、肩胛、手肘、手腕運動。正確的訓練計畫，應就各運動員需求，像是專項動作特有的壓力，以及各肌群強化肌力的相關研究進行設計 [15-17]。就生物力學上肌電圖針對舉手過頭運動的的研究來看，強調外轉、肩胛後收、下斜方肌的訓練，是很重要的 [15-17]。周全的訓練計畫，應以肌力的強化為基礎（見 21 章）[16-17]。技術與進階手法應可疊加。傳統肌力運動簡表如下：

1A. 對角 D2 伸展
1B. 對角 D2 屈曲
2A. 0° 外展時外轉
2B. 0° 外展時內轉
2C. （隨意性）90° 外展時外轉
2D. （隨意性）90° 外展時內轉
3. 肩 90° 外展
4. 肩胛外轉
5. 側躺肩外轉

6A. 俯臥姿水平外展（中立姿勢）
6B. 俯臥姿水平外展（完全外轉，外展 100°）
6C. 俯臥姿划船
6D. 俯臥姿
7. 俯臥撐
8. 俯地挺身
9A. 手肘屈曲
9B. 手肘伸展（外展）
10A. 腕伸展
10B. 腕屈曲
10C. 手掌外旋向上
10D. 手掌內旋向下

強調動態穩定與神經肌控制
(Emphasize Dynamic Stabilization and Neuromuscular Control)

肩盂肱骨關節的活動度過大，以及隨之靜態穩定受影響，會經常導致投擲肩膀關節囊與肌鍵結構上的運動傷害。肩盂肱骨關節有效的動態穩定與神經肌控制，對要避免受傷的舉手過頭運動員來說是必須的 [18]。神經肌控制包括：輸出神經（動作）對傳入神經（感覺）的反應。動態穩定為手舉過頭運動員，在傷害預防與復健計畫中最容易被忽略，卻也最重要的成分之一。

參與肩膀的神經肌控制不只肩盂肱，還有肩胛胸廓關節。肩胛提供上肢進行動作時，肌

肉附著的基本支撐，以及肩盂肱的動態姿勢。肩胛肌力與穩定性，對於肩盂肱骨關節，產生正確的功能性來說是必備的。

在討論動態穩定與神經肌控制時，第三個關心的是肘關節。舉手過動的動作執行期間，如果喪失穩定與控制能力，將會對上肢整體造成減速的影響。肩關節進行舉手過頭的動作期間，往往會對肘關節產生代償。代償的發生，是因為肩關節過度使用並改變運動員肩膀上自然的力學機制。這兩個關鍵可以導致肩關節久而久之增加運動傷害的風險。

舉手過頭運動員復健課程的神經肌控制技巧，應包括韻律穩定、神經肌反應控制訓練、閉鎖鏈 (closed kinetic chain, CKC)，以及增強式運動 [5, 15, 18-21]。

對關節施加壓力負重的閉鎖鏈運動，會導致關節擠壓。目標為刺激感覺受體與促進肩膀力偶的共同收縮 [22]。增強式運動則能提供肌肉預先伸展的快速爆發性動作，因而啟動伸展縮短循環 (SSC) 的機制 [21, 23, 24]。增強式運動會增加牽張反射的速度，降低高爾基腱器的敏感度，也增加神經肌的協調 [21]。

季外期的準備與比賽期的維持
(Off-Season Preparation versus In-Season Maintenance)

季外期代表運動員有可用的時間進行休息、再生恢復，以及就即將到來的嚴峻賽季進行準備。這一年之中的片刻容許運動員於此時，建立巔峰運動狀態至下個賽期。如果季外期準備失當，一旦賽期展開，運動員通常會承受體能上的劣勢，也就提高受傷的風險。

初始階段的休息，以全身性肌力與體能訓練計畫的進展，是運動員季外期的主要要件。季外期的目標，在於建立足夠的競技肌力、爆發力與耐力，並避免產生過度訓練或訓練不足所引發的疲勞、衰弱等負面影響。而運動員年度計畫週期中，對於個人運動技術水平、運動項目，在比賽期與季外期間內容上的差別，是非常大的，到了季外期的概念與目標則是一致的。而針對各運動項目個人化的專項訓練，是根據馬特拉維也夫 (Matveyev) 週期化的概念而產生的 [25]。

至於比賽期的結束，運動員應持續維持身體活動，遠離所屬的專項運動。適合進行休閒性質的活動諸如休閒游泳、高爾夫、騎自行車、慢跑。此時也可同時進行舊傷的管理與復健。

剩餘的季外期用來漸進地建立肌力、爆發力、耐力與神經肌控制的基礎，於專項運動訓練開始前，將身體素質最大化為其目標。要確保有充分的體能以承受比賽期的需求。

為維持比賽期期間的肌力與體能也同樣重要，長期且反覆的漫長賽季，經常會導致運動表現逐漸下降。

當全身性肌力與體能訓練計畫勢在必行時，要特別注意以單側為主的運動如籃球、網球與排球等的慣用手肩膀，以及肩盂肱骨關節、肩胛胸廓關節的肌肉。非慣用手有著獨特的特性，其訓練內容亦應配合發展。至於對稱動作如游泳，強調兩邊肩膀的肌力與穩定性是很重要的。該區域任何疲勞或衰弱，會因為失去動態穩定而引起受傷。

另外兩個關鍵的重點區域為核心肌群與下肢。當進行舉手過頭動作時，下肢對於身體力量與穩定性的發展上，是非常重要的。核心與下肢的訓練，進一步被用來增加動能的轉換，以及上肢近端穩定配合遠端的活動度。下肢肌力、耐力、神經控制任何形式上的不足，將會對上肢力量，以及運動員製造專項動作能力上，產生顯著的影響。

核心肌群穩定是基於動力鏈的概念：任何動力鏈上的環節失衡，會導致病狀的出現。像投擲、網球發球、排球扣殺等動作形態，需要準確地與動力鏈整體產生交互作用，進而產生效益。肌力、柔軟度、耐力或穩定性上的失衡，會導致疲勞、關節面動作異常，以及一連串代償等連鎖反應。

比賽期間維持的訓練課表，在競賽期間應聚焦在肌力與動態穩定，並視情況調整練習量。

復健 (REHABILITATION)

舉手過頭的運動員，其全身承受特有的壓力，也因此在舉手過頭的運動項目中，發生多種不同的運動傷害，發生頻率也較非舉手過頭

項目多。即便大同小異，各種運動仍會有不同受傷的嚴重性與頻率。所以了解所從事運動特有的力學特性與產生的力量是很重要的。運動項目間其中的差異性，已經超出本章範圍，但仍可參考大量的研究性文章[26-35]。

復健的進程 (Rehabilitation Progression)

除了消除疼痛與發炎，舉手過頭運動員復健的進程務必包含動作、肌力與耐力與本體感覺，以及動態穩定與神經肌肉控制上的恢復（表33.1）。當運動員有所進步，則可準備漸進增加專項訓練以進入競賽狀態。各種「階段性復出計畫 (Interval Return to Sport Programs)」，可至 http://www.advancedceu.com/rehab_protocols 參閱。

表 33.1	舉手過頭運動員的治療方針

階段 1 －急性期

目標
- 舒緩疼痛與發炎
- 改善身體後方肌群柔軟度
- 重建身體後方肌力與動態穩定（肌肉平衡）
- 控制功能性的壓力與損傷

治療
- 避免投擲動作，直到能無痛進行完整活動範圍 (ROM) 與肌力，時間由物理治療師決定。

物理療法
- 離子電透入法
- 超音波透入法
- 電刺激與冷療法

柔軟度
- 肩 90˚ 外展下增加內旋關節活動度
- 增加水平內縮的柔軟度
- 漸進式肩外旋與屈曲；但不發生疼痛的伸展為原則

動作
- 以低至中等重量，強化旋轉肌（特別是外轉）
  - 彈力帶 外轉／內轉
  - 側躺 外轉
- 肩胛肌力運動
  - 後收
  - 下壓
  - 前推
- 徒手肌力運動
  - 側躺進行外轉
  - 仰臥進行 45˚ 外展時的外轉
  - 俯臥划船
  - 側躺進行肩胛面收縮

- 動態的韻律穩定運動
- 本體感覺訓練
- 如運動時需要的，對後旋轉肌電刺激
- 閉鎖鏈動作的運動
- 維持核心肌群、下肢整體體能
- 維持手肘、手腕、前臂肌力

進階到階段 2 的標準
- 疼痛與發炎最小化
- 內轉與水平內收的活動範圍正常化
- 不會發生疲勞的基礎肌力

階段 2 －中階期

目標
- 肌力漸增的運動
- 恢復肌肉平衡（外轉／內轉）
- 增加動態穩定
- 維持柔軟度與活動度
- 改善核心肌群穩定性與下肢肌力

柔軟度
- 伸展的控制與柔軟度運動
  - 特別針對內轉與水平內收
  - 逐漸恢復完整的外轉

動作
- 促進肌力強化的運動
- 旋轉肌與肩胛完整的等張訓練；開始增加負重
- 開始動態穩定訓練
  - 側躺進行韻律穩定的外轉
  - 以外轉終點範圍進行彈力帶運動
  - 在球上做穩定靠牆
  - 在球上做穩定，並進行俯地挺身
- 可開始進行雙手增強式投擲
  - 胸前推擲
  - 由左拋至右，或右拋至左
  - 以足球丟擲界外球方式（雙手過頭）進行投擲

進階到階段 3 的標準
- 完整且無任何疼痛的活動範圍
- 恢復 5/5 肌力且未出現疲勞

階段 3 －進階強化肌力期

目標
- 更積極的肌力增強計畫
- 促進神經肌的控制
- 改善肌力、爆發力與耐力
- 開始低強度的投擲運動

動作
- 進行動作前先行伸展，接著讓整體動作正常化
- 持續對上述動作進行強化
- 重啟上肢訓練計畫

（續）

表 33.1	舉手過頭運動員的治療方針（續）

- 動態穩定運動
  - 以彈力繩進行全範圍 90˚ 外展時的韻律穩定
  - 手呈 90˚ 外展與 90˚ 外轉對牆按壓
  - 手呈 90˚ 外展時的韻律穩定 (RS) 與 90˚ 的外轉 (90/90)，對牆運球
- 增強式運動
  - 雙手進行
  - 單手（內 / 外轉投擲、減速期投擲、接球後經減速期再向後拋擲）
- 運動後伸展

進階到階段 4 的標準
- 完整的活動範圍與肌力
- 足夠的動態穩定
- 適當的復健進程達到目標

階段 4 －恢復動態活動期

目標
- 漸進的投擲訓練課程
- 持續肌力與柔軟度強化的運動
- 回到比賽性質的投擲狀態

動作
- 伸展與柔軟度訓練
- 肩膀訓練
- 增強式訓練
- 動態穩定訓練
- 階段式投擲 (interval throwing program) 訓練
- 逐漸進行到比賽性質且大量的投擲，同時培養連續投擲的耐受度

- 棒球選手階段式投擲：第一階段－長距離傳接球
- 階段式投擲：第二階段－投手丘上投球
- 美式足球員階段式投擲
- 網球選手階段式訓練
- 壘球選手階段式投擲

　　神經肌肉控制的訓練可以全程執行，以至於進階至運動員訓練進程，且可持續提供神經肌肉控制系統上的挑戰。其進程可細分 4 種不同階段，各階段有各自的專屬目標，以及進階至下一階段的標準。我們以下將就 4 階段進行說明。

急性期 (Acute Phase)

　　復健的急性期，會在傷後或手術後，避免舉手過頭動作情況下隨即展開。急性期的時間多久，因傷害的時間，以及相關組織治療的限制而定。

　　增強活動度的運動，立即可以針對受限的範圍，這些運動可以幫助改善膠原組織，同時刺激關節力學受器，協助疼痛的神經調節 [36-38]。復健課程應採負荷漸進，從軟性被動與動態輔助的運動開始。手肘與手腕被動的活動度，可隨即展開。

　　肩膀後方肌群的柔軟度運動也同樣盡早訓練。由於進行舉手過頭運動時，肩膀後方會有大量反覆的離心收縮，使軟組織產生適應，以及內旋活動度的損失 [3, 4]。因此，進行一般伸展應包含全身的水平內收，以外展 90º 進行內旋伸展，以及睡姿伸展（圖 33.2 與 33.3）。除非臨床檢查上關節囊已呈固定狀，否則不應進行肩後側關節囊的伸展或活動。建議關節囊活動前要先行評估。至今仍未有相關研究發現，手舉過頭運動員的後側關節囊緊繃。

　　穿越身體交叉的水平內收伸展，應於平面上，或結合肩盂肱骨關節的內旋進行之（圖 33.3）。進行睡姿伸展時要避免過度伸展。頻繁而緩和的伸展效果，遠優於偶爾卻過度的伸展。

　　專業復健人員應就靜止時肩胛的姿勢與活動度進行評估。多數舉手過頭的運動員的姿勢，會呈現圓肩與頭部前移。這樣的姿勢與肩胛後縮肌群，以及深層頸屈肌衰弱有關，多起因於長時間的伸長或持續拉伸 [15, 39]。再者，肩胛會呈現伸長或前傾。前傾的肩胛會影響肩盂肱骨的內轉 [40, 41]。而肩胛這樣的姿勢，與胸小

圖 33.2　以睡姿伸展進行肩盂肱內旋，身體的擺置須讓肩膀處於肩胛面上。

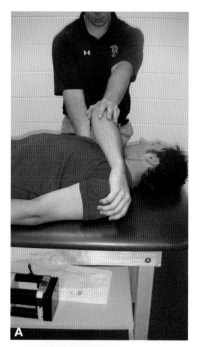

圖 33.3 (A) 跨過身體的水平內收伸展。(B) 也可以在肩膀內旋時做伸展。

肌、上斜方肌、提肩胛肌的緊繃，還有衰弱的下斜方肌、前鋸肌、深層頸屈肌相關[3, 39]。而上述肌群的緊繃，將會造成腋動脈阻塞，以及神經血管方面的病症，諸如手臂痠痛、觸痛、紫紺[42, 44]。肌肉衰弱會導致不適的力學或是肩膀病症。所以伸展、軟組織動員、深層組織的延展、肌肉能量，以及其他徒手技巧皆是此類型運動員所需要的。

所有肩膀與肩胛的活動，皆視受傷嚴重程度，進行非最大 (submaximal) 強度的伸展與無痛的等長收縮。等長收縮應以可動的活動範圍來進行多角度收縮，特別強調在可動範圍的終點進行等長收縮。

手臂肩胛面呈 30° 外展，施以內旋與外旋

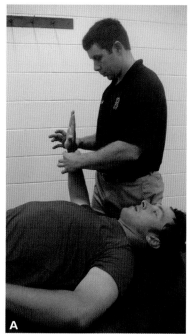

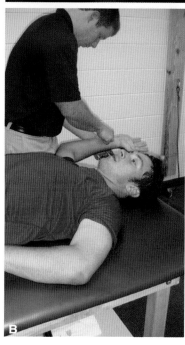

圖 33.4 也可以在手臂 90° 外展時做內旋與外旋與中立位置的旋轉 (A) 與 90° 的外旋 (B)，施以韻律穩定手法。

的韻律穩定手法 (rhythmic stabilization drills) （圖 33.4）。對前後的旋轉肌群，進行交替的等長收縮，可促進該肌群的協同收縮。同樣可利用仰臥方式，同時抬高手臂至 90°-100° 以及水平 10° 的外展，來進行韻律穩定手法（圖 33.5）。由於在肌肉收縮期間，能結合旋轉肌

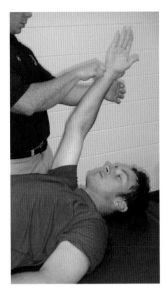

圖 33.5　手臂於肩胛面抬高至 100°，進行屈伸韻律穩定手法。

圖 33.6　以負重的四肢跪姿，替投擲慣用手的肩膀進行韻律穩定手法。

動作中央線與三角肌，產生肱骨壓力，因此選用這樣的姿勢與動作作爲起始 [45, 46]。復健師可對屈、伸、水平外展與水平內收面的動作，採用交替的等長收縮。視患者的進展，訓練動作的角度可以抬高至 45° 或者 120°。

　　當肌肉達到合適的力量與平衡，動態的關節活動範圍運動是可被允許的。復健人員可讓運動員配合閉眼，被動地讓復健人員移動上肢伸展、外轉與內轉面後稍做停留，然後再回到原姿勢。爾後患者可依指示積極進行復位，讓上肢回復至先前位置。復健人員可透過可用的關節活動範圍，進行關節復位活動。

　　在急性期間，同樣可進行閉鎖鏈的運動。而運動於初始時，以低於肩膀水平面進行。運動員亦可躺在床上，進行向前／後向，以及內／橫向的阻力運動。韻律穩定於重心轉換時也可使用。隨著運動員進步之後，中等大小的球可放在桌上，身體可在球上，利用球來進行重心轉移。進階動作的負重運動，則由桌上轉成四肢跪姿（圖 33.6）。

　　要控制疼痛與發炎，包含冰敷、高壓電刺激、離子電滲療法 (iontophoresis)、超音波，以及非類固醇抗消炎藥，皆是可以使用來控制疼痛與發炎。離子電滲療法，則在此復健期間，對抑制疼痛與發炎特別有效。

中階期 (Intermediate Phase)

　　一旦運動員獲得幾近正常的被動動作，以及肩膀足夠的肌力平衡，便可展開中階期。下肢、核心肌群、軀幹的肌力與穩定，對於轉換與散發力量協調而有效率的執行手過頭運動是很重要的。因此，於中階期期間，會執行下肢完整的肌力強化與核心穩定運動。本階段強調的重點著重於，運動員在完整關節活動範圍上，本體感覺方面的重獲、肌肉運動覺以及動態穩定，尤其是活動範圍的末端建議受傷的運動員在賽季中期，開始進行復健中階期，或至少在傷後幾天之內，能進展至此階段。此階段的目標，在於增進功能性的動態穩定，重建神經肌的控制，恢復肌力與平衡，並重新獲得舉手過頭活動的完整關節活動範圍。

　　此時期的復健課程，可漸增至較激烈的等張式的肌肉活動，並強調恢復肌肉的平衡。所選用的肌肉活動同樣可用來恢復肌肉平衡與對稱。肩膀的外轉肌、肩胛前推、後收與下壓的肌肉，手舉過頭的投擲運動員，皆可透過獨自的基本運動課程進行訓練 [15, 47-49]。而這些運動訓練課程，是透過大量肌電研究，進行相關資訊的收集而成的 [15-17, 50-54]。病患往往在呈現外轉上的衰弱，而這可從側躺外轉，以及俯臥划船至外轉上獲得效益。兩種動作都可以訓練出後肩旋轉肌群高水準的肌肉活動 [17]。

　　在急性期間，所進行的訓練方法可加入讓患者閉眼，進行可動範圍終點動作上的穩定運動。而在中階期初期，可進行韻律穩定運動。可先對運動員於有效的活動範圍，施以本體感覺神經肌肉促進技術伸展 (Proprioceptive Neuromuscular Facilitation, PNF)，再漸進至完整範圍的動作。韻律穩定於進行 PNF 模式時，可與多種不同手抬高角度整合，以增進動態穩定。

徒手施予外轉肌群上的阻力，也同樣可用於中階期。於特殊動作上透過徒手阻力應用，復健專業人員可以在活動範圍，整合向心與離心收縮，以及可動範圍終點施以韻律穩定等的阻力上進行變化（圖33.7）。一旦運動員在肌力與神經肌控制上有所斬獲，以阻力帶進行的外轉與內轉，便可以外展90º進行。

在肩盂肱骨關節重獲完整動態穩定的過程中，肩胛的肌力神經肌控制也是重要的關鍵。肩胛胸廓關節的肌肉等張運動上，可增加俯臥划船的徒手阻力運動。同樣地，亦可以對肩胛施以神經肌控制手法，以及本體感覺神經肌肉促進技術伸展（圖33.8與33.9）。

圖33.7 側躺後對外轉手臂關節範圍末端施加手動阻力，並進行韻律穩定手法。

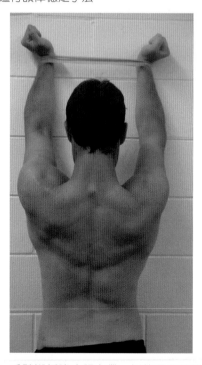

圖33.8 手臂綁低強度阻力帶，以等長收縮維持並對牆高舉執行外轉，讓肩胛上抬與後傾時，使後旋轉肌與肩胛產生穩定。

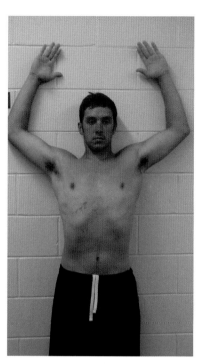

圖33.9 手臂靠牆伸展，讓肩胛骨能適切的後收與後傾。

中階期期間進階的動作為閉鎖鏈運動。可利用球上進行重量上的轉換，如進階至球上或不穩定板面上進行俯地挺身。復健專業人員陪同進行上肢，單側肩膀與軀幹的韻律穩定（圖33.10）。運動員可利用手持小球面對牆壁進行穩定訓練（圖33.11）。額外的軸向壓力運動，包括桌上的或跪姿的，可以手繞毛巾在滑板或不穩定平面進行。

進階期 (Advanced Phase)

復健訓練計畫的第三階段，是讓運動員準備回復到動態活動。要能開始進行此階段的標準，包括幾乎無疼痛感與觸痛、完整的關節活動範圍、關節囊對稱的活動度、良好的肌力（徒手肌力測驗至少有4/5）、上肢與肩胛胸廓關節的肌耐力，以及足夠的動態穩定。

於此階段，必須始終維持完整的動作與後面肌肉的柔軟度。諸如以彈力帶進行90º外展的內轉、外轉運動，可將進度與離心與快速收縮合併。

對於有需要的個體，亦可展開上肢較為激烈的肌力訓練。一般常用的運動包括等張模式，如器械式的仰臥推舉、坐姿划船，以及限制關節活動範圍的背闊肌滑輪下拉。進行仰臥推舉與坐姿划船時，運動員為讓肩關節囊所受

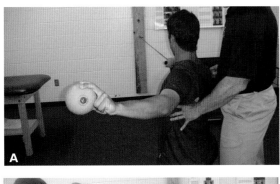

圖 33.10　將負重的韻律穩定運動，轉換至未負重的模擬投球姿勢，(A) 著地 (B) 手臂高舉向後揮臂準備期 (C) 投擲期。

圖 33.11　以閉鎖鏈姿勢面對牆壁，在不穩定牆面上進行 90° 外展與 90° 外轉，並施以韻律穩定手法。

壓力最小化，不應讓手臂伸展超過身體剖面。自頭上進行的背闊肌滑輪下拉，應避免讓手臂有完整的伸展，以最小化上肢的牽引力 (traction force)。

此階段可進行增強式訓練，訓練上肢來分散力量。雙手胸前推球、雙手舉球過頭拋擲、雙手左右邊交替拋擲，皆雙手持藥球開始進行。再經過 7-10 天，便可由雙手的訓練換成單手來進行。單手增強式包括用 2 磅的球，肩部呈 90/90 姿勢，減速翻轉（圖 33.12），以及靜止或半圈進行棒球傳球姿勢投擲。

動態穩定與神經肌控制訓練，應以反應性、功能性、專項姿勢為主。徒手向心與離心阻力運動，可用在運動員手臂呈 0° 外展，進行外轉的彈力帶運動。韻律穩定手法，則可讓運動員試圖以活動範圍末端，拉住彈力帶，或對抗物理治療師的阻力，並維持穩定，爾後漸進至 90/90 姿勢（圖 33.13）。韻律穩定同樣可用在活動範圍末端，呈 90/90 姿勢進行對牆運球 (wall dribble) 的練習。以上運動，以會介入肩膀活動度的極限位置，能形成瞬間刺激為主，藉以發展運動員肩膀動態穩定的能力。

因為手舉過頭的運動員，當投球至疲勞時，肩膀與手肘具有很大的受傷風險，所以肌耐力運動也應被強調[55]。肌耐力訓練包括對牆運球、連續拋擲球（圖 33.14）、靠牆手臂繞

圖 33.12 (A-C) 增強式減速期接球並隨即向後拋球。患者模擬投球連續動作，先上舉接球同時減慢向前揮臂的速度，然後隨手臂即向後翻轉將球丟出，再回到起始姿勢。

圖 33.13 對牆固定慢速彈力帶，進行 90° 外展與 90° 內轉運動期間，施以韻律穩定手法。

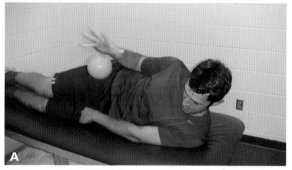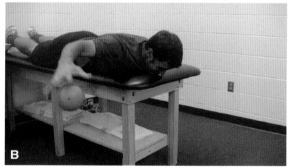

圖 33.14 連續騰空輕拋球且不落地的進行 (A) 外轉 (B) 肩胛後收之耐力。

環、手臂往復繞環，或是低負荷高反覆次數的等張運動。Murry 等 [56] 進行投球時的動力學與運動學的動作分析，研究疲勞對整個身體的影響。肌肉疲勞會對本體感覺產生影響 [57]，也因此於舉手過頭投擲時，影響頭部姿勢在肩膀上

的控制能力。旋轉肌一旦產生疲勞，當手臂抬高時，肱骨頭會顯著轉移 [58]。而這是少棒投手中肩膀受傷與肌肉疲勞最相關的誘發因素 [55]。進一步證實了耐力訓練對於手舉過頭運動員的重要性。

重返活動期 (Return to Activity Phase)

復健計畫完成後，包含疼痛與壓痛最小化、完整的活動範圍、肩關節囊平衡的活動度、足夠的本體感覺，以及動態穩定的復健課程後，運動員便可開始進行重返活動階段。

階段式訓練課程 (ISP) 可就旋轉肌、肩胛，進行高反覆次數，持續以低阻力運動訓練作為補強。所有肌力強化、增強式訓練，以及神經肌控制的運動，應每週進行 3 次（休息日穿插於訓練日中間），並與階段式訓練課程安排於同一天。進行階段式訓練課程前，運動員應進行熱身與伸展運動上的各式動作各 1 組，並於完成階段式訓練課程後，則各進行 2 組。這可提供充分的熱身，且確保有維持上肢所需的活動範圍、柔軟度。

輪空的當天可進行下肢、心肺與核心穩定上的訓練，活動範圍與低強度肌力訓練則用來加強旋轉肌後方與肩胛肌。整週的反覆循環上，第 7 日則設計用來休息，進行輕量的關節活動範圍，以及伸展運動。

結語 (CONCLUSIONS)

手舉過頭的運動項目，由於力量的施用，會呈現數種不同的病徵。各種運動項目獨特的體能需求，其激烈程度與頻率影響傷害的嚴重性與頻率。周詳與專項性的季外期訓練計畫，應該介入，以讓運動員為下一季的體能需求作好準備。而維持比賽期的訓練計畫，則是讓疲勞最小化與增加運動員恢復能力的關鍵。如果運動傷害已發生，那復健應採循序漸進的進程。其進程也應顧及傷害的嚴重性，以及運動員所屬專項運動身體上的需求。傷害預防與復健課程，皆應同時強調關節活動範圍、柔軟度、旋轉肌與肩胛的肌力、姿勢以及動態穩定。

參考文獻 (REFERENCES)

1. Fleisig GS, Andrews JR, Dillman CJ, Escamilla RF. Kinetics of baseball pitching with implications about injury mechanisms. Am J Sports Med 1995;23(2):233–239.

2. Fleisig GS, Barrentine SW, Escamilla RF, Andrews JR. Biomechanics of overhand throwing with implications for injuries. Sports Med 1996;21(6):421–437.

3. Reinold MM, Gill TJ. Current concepts in the evaluation and treatment of the shoulder in overhead throwing athletes: part 1: physical characteristics and clinical examination. Sports Health. 2010;2(1):30–50.

4. Reinold MM, Wilk KE, Macrina LC, et al. Changes in shoulder and elbow passive range of motion after pitching in professional baseball players. Am J Sports Med 2008;36(3): 523–527.

5. Wilk KE, Meister K, Andrews JR. Current concepts in the rehabilitation of the overhead throwing athlete. Am J Sports Med 2002;30(1):136–151.

6. Ruotolo C, Price E, Panchal A. Loss of total arc of motion in collegiate baseball players. J Shoulder Elbow Surg 2006;15(1):67–71.

7. Myers JB, Laudner KG, Pasquale MR, Bradley JP, Lephart SM. Glenohumeral range of motion deficits and posterior shoulder tightness in throwers with pathologic internal impingement. Am J Sports Med 2006;34(3):385–391.

8. Barrentine SW, Fleisig GS, Whiteside JA, Escamilla RF, Andrews JR. Biomechanics of windmill softball pitching with implications about injury mechanisms at the shoulder and elbow. J Orthop Sports Phys Ther 1998;28(6):405–415.

9. Ellenbecker TS, Roetert EP, Bailie DS, Davies GJ, Brown SW. Glenohumeral joint total rotation range of motion in elite tennis players and baseball pitchers. Med Sci Sports Exerc 2002;34(12):2052–2056.

10. Jansson A, Saartok T, Werner S, Renstrom P. Evaluation of general joint laxity, shoulder laxity and mobility in competitive swimmers during growth and in normal controls. Scand J Med Sci Sports 2005;15(3):169–176.

11. Schmidt-Wiethoff R, Rapp W, Mauch F, Schneider T, Appell HJ. Shoulder rotation characteristics in professional tennis players. Int J Sports Med 2004;25(2):154–158.

12. Thomas SJ, Swanik KA, Swanik C, Huxel KC. Glenohumeral rotation and scapular position adaptations after a single high school female sports season. J Athl Train 2009;44(3):230–237.

13. Thomas SJ, Swanik KA, Swanik CB, Kelly JD. Internal rotation and scapular position differences: a comparison of collegiate and high school baseball players. J Athl Train 2010;45(1):44–50.

14. Torres RR, Gomes JL. Measurement of glenohumeral internal rotation in asymptomatic tennis players and swimmers. Am J Sports Med 2009;37(5):1017–1023.

15. Reinold MM, Escamilla RF, Wilk KE. Current concepts in the scientific and clinical rationale behind exercises for glenohumeral and scapulothoracic musculature. J Orthop Sports Phys Ther 2009;39(2):105–117.

16. Reinold MM, Macrina LC, Wilk KE, et al. Electromyographic analysis of the supraspinatus and deltoid muscles during 3 common rehabilitation exercises. J Athl Train 2007;42(4):464–469.

17. Reinold MM, Wilk KE, Fleisig GS, et al. Electromyographic analysis of the rotator cuff and deltoid musculature during common shoulder external rotation exercises. J Orthop Sports Phys Ther 2004;34(7):385–394.

18. Davies GJ, Dickoff-Hoffman S. Neuromuscular testing and rehabilitation of the shoulder complex. J Orthop Sports Phys Ther 1993;18(2):449–458.

19. Ellenbecker TS. Rehabilitation of shoulder and elbow injuries in tennis players. Clin Sports Med 1995;14(1):87–110.

20. Reinold MM, Wilk KE, Dugas JR, Andrews JR. Internal impingement. In: Wilk KE, Reinold MM, Andrews JR, eds. The Athletes Shoulder. 2nd ed. Philadelphia, PA: Churchill Livingston Elsevier; 2009:123–142.

21. Wilk KE, Voight ML, Keirns MA, Gambetta V, Andrews JR, Dillman CJ. Stretch-shortening drills for the upper extremities: theory and clinical application. J Orthop Sports Phys Ther 1993;17(5):225–239.

22. Prokopy MP, Ingersoll CD, Nordenschild E, Katch FI, Gaesser GA, Weltman A. Closed-kinetic chain upper-body training improves throwing performance of NCAA Division I softball players. J Strength Cond Res 2008;22(6):1790–1798.

23. Heiderscheit BC, McLean KP, Davies GJ. The effects of iso-kinetic vs. plyometric training on the shoulder internal rota-tors. J Orthop Sports Phys Ther 1996;23(2):125–133.

24. Schulte-Edelmann JA, Davies GJ, Kernozek TW, Gerberding ED. The effects of plyometric training of the posterior shoul-der and elbow. J Strength Cond Res 2005;19(1):129–134.

25. Matveyev LP. Perodisienang Das Sportlichen Training. Berlin: Beles and Wernitz; 1972.

26. Burkhart SS, Morgan CD, Kibler WB. The disabled throwing shoulder: spectrum of pathology Part I: pathoanatomy and biomechanics. Arthroscopy 2003;19(4):404–420.

27. Dillman CJ, Fleisig GS, Andrews JR. Biomechanics of pitch-ing with emphasis upon shoulder kinematics. J Orthop Sports Phys Ther 1993;18(2):402–408.

28. Escamilla RF, Andrews JR. Shoulder muscle recruitment pat-terns and related biomechanics during upper extremity sports. Sports Med 2009;39(7):569–590.

29. Lintner D, Noonan TJ, Kibler WB. Injury patterns and biomechanics of the athlete's shoulder. Clin Sports Med 2008;27(4):527–551.

30. Meister K. Injuries to the shoulder in the throwing athlete. Part one: biomechanics/pathophysiology/classification of injury. Am J Sports Med 2000;28(2):265–275.

31. Park SS, Loebenberg ML, Rokito AS, Zuckerman JD. The shoulder in baseball pitching: biomechanics and related inju-ries—part 1. Bull Hosp Jt Dis 2002;61(1-2):68–79.

32. Park SS, Loebenberg ML, Rokito AS, Zuckerman JD. The shoulder in baseball pitching: biomechanics and related inju-ries—part 2. Bull Hosp Jt Dis 2002;61(1-2):80–88.

33. Perry J. Anatomy and biomechanics of the shoulder in throw-ing, swimming, gymnastics, and tennis. Clin Sports Med 1983;2(2):247–270.

34. Richardson AR. The biomechanics of swimming: the shoul-der and knee. Clin Sports Med 1986;5(1):103–113.

35. Sabick MB, Kim YK, Torry MR, Keirns MA, Hawkins RJ. Biomechanics of the shoulder in youth baseball pitch-ers: implications for the development of proximal humeral epiphysiolysis and humeral retrotorsion. Am J Sports Med 2005;33(11):1716–1722.

36. Salter RB, Bell RS, Keeley FW. The protective effect of con-tinuous passive motion in living articular cartilage in acute septic arthritis: an experimental investigation in the rabbit. Clin Orthop Relat Res 1981;159:223–247.

37. Salter RB, Hamilton HW, Wedge JH, et al. Clinical applica-tion of basic research on continuous passive motion for disor-ders and injuries of synovial joints: a preliminary report of a feasibility study. J Orthop Res 1984;1(3):325–342.

38. Salter RB, Simmonds DF, Malcolm BW, Rumble EJ, MacMi-chael D, Clements ND. The biological effect of continuous passive motion on the healing of full-thickness defects in articu-lar cartilage. An experimental investigation in the rabbit. J Bone Joint Surg Am 1980;62(8):1232–1251.

39. Thigpen CA, Reinold MM, Padua DA, Schneider RS, Diste-fano LJ, Gill TJ. 3-D scapular position and muscle strength are related in professional baseball pitchers. J Athl Train 2008;43(2):S49.

40. Borich MR, Bright JM, Lorello DJ, Cieminski CJ, Buisman T, Ludewig PM. Scapular angular positioning at end range internal rotation in cases of glenohumeral internal rotation deficit. J Orthop Sports Phys Ther 2006;36(12):926–934.

41. Lukasiewicz AC, McClure P, Michener L, Pratt N, Sennett B. Comparison of 3-dimensional scapular position and orien-tation between subjects with and without shoulder impinge-ment. J Orthop Sports Phys Ther 1999;29(10):574–583; discussion 584–586.

42. Nuber GW, McCarthy WJ, Yao JS, Schafer MF, Suker JR. Arterial abnormalities of the shoulder in athletes. Am J Sports Med 1990;18(5):514–519.

43. Rohrer MJ, Cardullo PA, Pappas AM, Phillips DA, Wheeler HB. Axillary artery compression and thrombosis in throwing athletes. J Vasc Surg 1990;11(6):761–768; discussion 768–769.

44. Sotta RP. Vascular problems in the proximal upper extremity. Clin Sports Med 1990;9(2):379–388.

45. Poppen NK, Walker PS. Forces at the glenohumeral joint in abduction. Clin Orthop Relat Res 1978(135):165–170.

46. Walker PS, Poppen NK. Biomechanics of the shoulder joint during abduction in the plane of the scapula [proceedings]. Bull Hosp Joint Dis 1977;38(2):107–111.

47. Wilk KE, Reinold MM, Andrews JR. Rehabilitation of the thrower's elbow. Clin Sports Med 2004;23(4):765–801, xii.

48. Wilk KE, Reinold MM, Dugas JR, Andrews JR. Rehabili-tation following thermal-assisted capsular shrinkage of the glenohumeral joint: current concepts. J Orthop Sports Phys Ther 2002;32(6):268–292.

49. Wilk KE, Reinold MM, Dugas JR, Arrigo CA, Moser MW, Andrews JR. Current concepts in the recognition and treat-ment of superior labral (SLAP) lesions. J Orthop Sports Phys Ther 2005;35(5):273–291.

50. Blackburn TA, McLeod WD, White B. Electromyographic analysis of posterior rotator cuff exercises. J Athl Train 1990;25:40–45.

51. Decker MJ, Hintermeister RA, Faber KJ, Hawkins RJ. Ser-ratus anterior muscle activity during selected rehabilitation exercises. Am J Sports Med 1999;27(6):784–791.

52. Moseley JB Jr, Jobe FW, Pink M, Perry J, Tibone J. EMG analysis of the scapular muscles during a shoulder rehabilita-tion program. Am J Sports Med 1992;20(2):128–134.

53. Townsend H, Jobe FW, Pink M, Perry J. Electromyographic analysis of the glenohumeral muscles during a baseball reha-bilitation program. Am J Sports Med 1991;19(3):264–272.

54. Worrell TW, Corey BJ, York SL, Santiestaban J. An analysis of supraspinatus EMG activity and shoulder isometric force development. Med Sci Sports Exerc 1992;24(7):744–748.

55. Lyman S, Fleisig GS, Andrews JR, Osinski ED. Effect of pitch type, pitch count, and pitching mechanics on risk of elbow and shoulder pain in youth baseball pitchers. Am J Sports Med 2002;30(4):463–468.

56. Murray TA, Cook TD, Werner SL, Schlegel TF, Hawkins RJ. The effects of extended play on professional baseball pitchers. Am J Sports Med 2001;29(2):137–142.

57. Voight ML, Hardin JA, Blackburn TA, Tippett S, Canner GC. The effects of muscle fatigue on and the relationship of arm dominance to shoulder proprioception. J Orthop Sports Phys Ther 1996;23(6):348–352.

58. Chen SK, Wickiewicz TL, Otis JC. Glenohumeral kinematics in a muscle fatigue model. Orthop Trans 1995;18:1126.

競技運動能力發展的原則
Principles of Athletic Development

前言 (INTRODUCTION)

訓練，是包含準備、恢復、賽前減量與競技連續體中的一部分。任何個體，特別是運動員，藉由增加整體肌力與體能 (S&C)、運動能力、專項運動技能，在對自己最有利位置上的獲取成功。有 3 個支配的教條，讓個人生理潛能最大化：**首先是漸進，終身的縱向訓練；接著是年度訓練計畫（如週期化），第三爲動作效率。**當發生受傷或舊傷復發性疼痛的棘手狀況，診斷、治療、復健，然後視重返運動場（或活動）爲優先選擇，是理所當然的。

本章所論述的原則，皆同樣適用於坐式生活的人、菁英選手，或受傷的個體。所有人其實都是貨眞價實的運動員。典型的例子包括：

- 患有下背痛，但又希望舉起孫兒的祖母。
- 需要背負重物的郵差。
- 整週工作的股票證券營業員，但週末打高爾夫球的假日運動員。
- 無重大病痛的 13 歲女孩，以單腳拙劣的穩定性來踢足球。
- 職業運動員。

人人皆是運動員這意味著，人人皆需要健全的（如能力與潛力）骨骼肌系統。如果在穩定性上有缺失，最常見便是接著的超負荷，會在較差的時刻產生。所有在連續體中所會產生的，讓坐式生活的人明確知道所需具備的能力，且是遠低於運動員之所需。這些普遍的原則，將可應用在保健、體適能以及肌力與體能訓練的專業人員上。

縱向訓練 (longitudinal training) 自幼兒時期便開始，訓練內容爲動作的基礎知識，並符合階段的發展。然後慢慢演進至包括一般肌力，最終到爆發力，也是運動員要達到巔峰運動能力所需的途徑。一個人終其一生可利用低負荷的活動，來維持功能性（如平衡訓練）。

週期化 (periodization) 由數種訓練計畫組成，可促進運動員有能力在關鍵表現時，能有達到高峰的機會。這包括大週期、小週期以及每日訓練計畫的板塊，或有設計用來促進恢復的課程、適應與保留效果。高強度訓練 (high-intensity training, HIT) 與低強度訓練，可用多種方法（如週期化、波動週期等）來打造運動員，並減少低潮的發生。

動作效率 (movement efficiency) 是運動員發展的重要目標。這可確保技術的獲得、動作能力、身體能力，能同時轉換至個體，對於活動、運動與競賽上，生理與心理上的挑戰（乃至於動機與認知的韌性）（見 35 章）。

這三大教條組成訓練必備的方法：整備一般體能 (general physical preparation, GPP) 與整備專項體能 (special/specialized/specific physical preparation, SPP)。一般體能的整備提供各種生理特徵的基礎，且需要數年來建立。而專項體能整備則包含高強度與專項運動訓練，需建立於整備一般體能的基礎上。在縱向發展的背景上，專項體能整備的發展，是遵循著整備一般體能而來。年度的週期化訓練，是由一般與專項體能整備，就運動項目的體能目標（爆發力、間歇性、耐力）、恢復需求（運動員的年齡），以及達到巔峰表現的時機（如短賽期 vs. 長賽期，一週 1 次或更多），進行交替且連續的循環。

> 「訓練的目的，在於增進運動員的技能以及運動能力，藉此讓運動表現最佳化。訓練是運動員爲了可能出現的最佳運動表現，所進行的整備。」—
> **Bompa and Haff** [1]

對訓練員與運動員來說，就諸多可用的方法中，所選定的最佳路徑訓練，也可能會變成壓垮運動員的夢魘。因此，關鍵問題在於驅策的訓練計畫上，是以訓練者的方法，或是運動員的目標爲主？

> 「不要變成方法的奴隸，方法應該爲了目標而修改變化。」— Lewit [2]

諸如奧林匹克式舉重、有氧訓練、增強式訓練、功能性訓練、壺鈴訓練、矯正運動等已具有代表性地位的運動，但訓練員會對其中一項有所偏愛，這可能會導致，以運動員生理需求或目標客製化的訓練策略無效。以選手爲中心的方式是客製化訓練計畫中至關重要的，這也基於各個目標、運動、資歷、年紀、性別、準備、競爭性與能力。再者，運動傷害防護員或教練在教導部分技能上，可決定以階段性進行的方式，或是死記硬背的方式，皆可以讓運動員在練習時有好的發展。然而，轉換至動作表現上可能會成無效的轉換（見 35 章）。

本章的目標，是就運動員發展的原則，配合復健與肌力與體能方面進行概述。眾所皆知的是，這需要在臨床人員、運動傷害防護員與教練方面的連結上有所增加，並讓整合有所促進。第 3 章描述以選手爲中心的模式，不同的專業讓運動團體的四分衛，其地位會取決於運動表現連續圖的運動特性（圖 3.1）。本章不呈現訓練方法，或課程設計上的細節。而是針對當今的「專家」，在引領運動傷害防護員實務上的概述，以及在運動科學領域方面時空背景上，進行回顧演化的歷史以及前瞻性研究。如同職業隊伍或大學頂級校隊，會集合各方專業人士一起工作，增加組織的成功率，本章尋求啓發相似領域間的臨床人員、運動傷害防護員、教練與運動科學家。協調、整合，以及分工合作，是增加運動員或團隊運動表現上，活躍理想生態的必備元素 [3, 4]。

> Gambetta 傾向以團隊的競技發展，而非肌力與體能，因為它明確表示運動員系統上的整合，也傳達發展成爲競技運動員的明確訊息，不是由單一所組成。「所有體能表現的元素：要成為運動員，必須讓必備的肌力、爆發力、速度、敏捷性、耐力與柔軟度，以系統化、連續性、漸進化的方法發展。競技運動發展的教練，可透過完整的高適應性，與競賽上心理、生理、技戰術需求掌握上的準備，來增加運動員的運動表現。」Gambetta [5]

終身的縱向訓練
(LONGITUDINAL TRAINING OVER A LIFE SPAN)

運動員訓練計畫的由來，先不論年紀，而是取決於匹配訓練計畫中強調的能力、潛能，以及個人的目標。在孩童時期或發展運動員階段，像是認識 ABC 般簡單的功能性動作技能 (functional movement skills, FMS) 基礎－敏捷性、平衡、協調性－是必備的基點。以上應視爲遊戲，而非競賽，因此應包括灌輸解決問題的態度。這也會幫助年輕人塑造活動取向的態度，所以也提供競技生涯取向上必備的基石 [6]。

缺乏一般性運動，特別是運動的多樣性，會破壞體能的發展 [7]。3/4 久坐不動的孩童，相較常運動的同儕比起來，協調性較低的可能性達最高 9 倍之多。此外，FMS 的程度或許可以用來預測運動的程度，以及相關的學業成就 [9-11]。孩童時期缺乏運動，與孩童的糖尿病、肥胖、長期的健康問題，甚至與較短的壽命相關 [12-14]。

久坐不動、活動、體適能以及運動能力，代表運動特性具有很廣泛的頻譜。由於社會性的忽視導致公立學校刪減體育的課程預算，導致在孩童早期已被種下久坐不動的根源 [7, 12]。活動的程度進一步遭受「電視螢幕時間」所苦，孩童坐下來看電視或打電動的時間越來越多 [12]。一般性的活動，是對抗各種疾病、低學業成就甚至是憂鬱症的屏障。而這也提供預防骨骼肌病症的平台，以及未來競技運動奮力表現的人體潛能最大化。

> ### 身體活動與全適能的角色的連結範圍
>
> 「身體活動不只跟競技運動有關，且跟更多的休閒運動相關。這跟人們與環境之間的連結有關，透過這方面關係的強化來改善人類全適能。這不僅僅是對著鏡子聽著音樂進行跑步機上跑步。這是關於利用我們所擁有的身體及其方式去設計，可以發揮自己的體能得以日常行動像是時常走路，偶爾跑步，以及在工作上、在家事上、在交通運輸往返上，或是日常生活的休閒時光上。」Das and Horton [15]

發展窗口與敏銳期
(Developmental Windows or Sensitive Periods)

透過計畫來訓練年紀非常小的運動員，並

漸進至相當的年紀，對發展是非常重要的[16]。Piaget[17] 指出，孩童有 4 種不同的發展階段。感覺動作期（出生到 2 歲）、前運思期（2-7 歲）、具體運思期（7-11 歲）、形式運思期（11 歲以上）。前運思期間開始產生學習，是透過身體探索，而非認知方法。認知上開始產生知覺的發展始於形式運思期，但反應類型則有更多的刺激。一旦達到形式運思期，更多系統性的問題解決方法則開始接管。

肌動學的發展性

「正確的肌肉活動，在基因上早已決定，並在成熟的中樞神經程序中自動產生⋯。人生於第一年垂直化的質量，會強烈影響人們餘生身體姿勢的品質。」

（Kolár P, Kobesova A, & valouchova P；參閱第 4 章）

Gallahue 稱 2-7 歲這階段爲基礎動作期[18]。孩童於此期間，會探索「多樣化的穩定性、運動與動作的操作⋯」。接著是 7-11 歲的特殊動作期，會磨練功能性技能 (FMS)，以及慢慢組成更多複雜的技能。

根據 McMorris 與 Hale[19] 所提出，發展上數點相符的共同標竿如下：

- 到了 6 歲，正常的小孩可以跳、接、跳繩、投，並維持平衡。
- 6 歲期間小孩能擊打靜止物體，但難以打擊移動物體，因爲眼手與腳手的協調尚未成熟。
- 除了平衡項目外，諸多技能表現中，男孩多數會優於女孩。
- 女孩的柔軟度會比男孩好。
- 視覺敏銳與深度知覺的感知技能，至 12 歲會達到成熟階段。
- 11-13 歲期間，身體發展上的變化會非常大。
- 孩童達到青春期的年紀不一。

敏銳期最適合用來定義「機會之窗，以及獲取技能過程上的漏洞」[20]。在中國與韓國的移民，首次沉浸在英文環境約在 3-39 歲間，而 3-7 歲，是最爲敏銳的時期[21]，也因此，他們的英語會話相當流利，且聽不出與當地人有何差異。同樣地，在音樂領域，要達到必備高級的熟練技巧，訓練的最佳年齡爲 7 歲[22, 23]。而游泳則是 5.5 歲開始學習，會達到最佳的學習效果[24]。Simonton[25] 指出，知名的作曲家於幼年開始接觸音樂課，花在琢磨技能上的時間非常少。換句話說，這樣的訓練是更爲有效的。透過研究融和上述的見解，發現敏銳期期間，並非短暫發生的，或是瞬間判定，以及不可逆的[20, 26]。

一些文獻上存有的疑惑，導致字義上，關鍵期與敏銳期同時被使用。關鍵時期，勉強應用在改變發展神經網路下產生的行爲與修正[26, 27]。敏銳期則與時間相位有關，環境訊號的輸入可有效影響習慣性行爲[20, 26, 27]。

年輕運動員的訓練初期，何時才能開始進行專項動作技能的訓練，成爲致力追尋的答案。然而，根據 Anderson 等[20] 指出，「我們對於孩童何時接受專項訓練達最佳效果的時機，以及如何準備的知識是很差的」。但他也聲明，如果要對動作技能學習完了解，那最終務必要考量到發展的脈絡。

長期的競技運動培訓發展
(Long-Term Athletic Development)

靈光的教練了解到「最佳學習時期」的出現時機[28]。這讓教練有如同裁縫師的技能，能讓孩童獲得符合當前目標階段的技能。這過程的方針，稱爲長期競技運動培訓發展 (long-term athletic development, LTAD)，也藉由 Bayli[29] 的發展範例來闡釋（表 34.1；圖 34.1；見第 7 章與第 13 章）。Bayli 與 Hamilton 指出，如果在 11 歲與 12 歲前，未建立基本動作與專項運動的基本技能，運動員將永遠無法達到最佳潛能或是基因上的潛能[32]。

Bayli 指稱，縱向訓練上的限制之一，爲敏銳期的顧慮，缺少有效性的實證[33, 34]。以通用模式的呈現則爲另外的弱點。

刻意練習與過早專項化
(Deliberate Practice and Early Specialization)

在 1993 年，Ericsson[35] 提出專業表現上，刻意練習較先天優勢或天賦，有更高的相關性。同樣的，刻意練習付出的時間，與呈現表現的關係上是呈線性的。就觀察音樂與西洋棋的學習上，要達到「精通」的狀態，所建議必備練習時間約 10,000 小時。

而今日，年輕運動員就所選運動，於極年幼年紀時進行專項化，已是很普遍的了。過早

表 34.1	競技運動長期發展階段

1. **積極開始**（針對男 0-6 歲 / 女 0-4 的發展年紀）
   － 動作技術的發展

2. **快樂地學習基本動作**（針對男 6-9 歲 / 女 4-7 的發展年紀）
   － 運動能力 ABC 原則－敏捷性 (a)、平衡 (b)、協調性 (C)

3. **學習到遊戲（或訓練）**（針對男 9-12 歲 / 女 7-9 的發展年紀）
   － 接觸各種不同的運動，學習專項運動技能

4. **訓練到遊戲（或訓練）**（針對男 12-16 歲 / 女 9-14 的發展年紀）
   － GPP

5. **學習到比賽**（針對男 16-18 歲 / 女 14-16 的發展年紀）
   － 基本技能與準備的重要性
   － 體能、心理、認知、情緒上的發展

6. **訓練到比賽**（針對男 18-22 歲 / 女 16-21 的發展年紀）
   － 從一般體能的準備，過渡到特殊的體能準備

7. **訓練到傑出（或勝利）**（針對男 22-29 歲 / 女 21-28 的發展年紀）
   － 特殊體能上的準備與妥適性

8. **積極的生活**（針對超過 23 歲的發展年紀）
   － 恢復的重要性

專項化需要於 6-12 歲間，就單一運動項目進行常年的訓練。近代的競技運動中，要能達到巔峰的運動表現，則要歸功先前在生物學上的成熟狀態（女子體操、女子滑冰），這常被視為必要之途，並假設 10,000 小時為刻意練習的所需達到的量 [36, 39]。最近的趨勢朝向就既有的運動項目，使用過早專項化的方式。而衍生的問題－就好比早熟的水果，在長期規劃上，會有

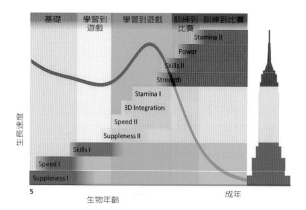

圖 34.1 年輕運動員發展模式。競技化的長期發展。修改自 Balyi I。競技運動長期發展階段。修改自：Balyi I. Phases of long-term athlete development [www.ltad.ca].

較多或較少的成功機會？

雖然練習與運動表現，其中跟行為科學間具最為有力的關係 [40]，但有關 Ericsson 等建議的廣泛批判隨之而起。儘管諸多研究顯示，菁英運動員訓練頻率較次菁英運動員來得多，但菁英運動員未能累積到練習 10,000 小時的魔幻數據，也是常有的事情 [41]。最終，在發展專業能力的需求上，過早啟動或過早專項化便無法達成共識 [42, 44]。舉例來說，Vaeyens 等 [45] 表示沒有證據顯示，過早啟動與更多的專項運動訓練，與晚期階段的成功有任何關聯。

過早專項化的負面影響
(Negative Effects of Early Specialization)

回顧瑞典的文獻發現，過早專項化的網球選手，隨著年紀的增長，會導致疲勞與較低的自信心 [42]。優秀選手會較晚進行專項化，且練習時間較 13-15 歲間的同儕來得少，但過了 15 歲會開始大量強化其訓練。同樣地，Lidor 與 Lavyan [44] 發現不同項目的菁英選手，開始專項化的時間也較同期選手晚。雖然當菁英運動員達到巔峰表現後仍會花很多時間在訓練上，顯示儘管起步較晚，還是會設法達到高水準表現所需的足夠訓練時數。Barynina 與 Vaitsek-hovskii [43] 發現較早專項化的游泳選手，花在國家隊的時間會較少，且結束運動生涯的時間會比晚專項化的選手早。

過早專項化，或許會對運動員引發負面的後果，像是心理上的風險 [46]、失敗的感受 [47]、耗損以及負面的健康問題 [48]。Gould 等人 [49] 指出，過早專項化與進行高結構式訓練，會降低年輕運動員的內在動機，以及機率相當高的退出意圖與疲勞。也已有報告指出，過度使用是身體上眾所週知的後果 [50, 51]。Law 等人 [52] 發現，奧運韻律體操選手，在運動生涯花明顯較多的訓練時數，其健康狀況較差，且相較國際級的同儕，經歷的樂趣也更少。

過早專項化與更深的心理顧慮連結上，包括損害社會發展、退出意圖、疲勞與飲食異常 [53]。這些顧慮，使得鼓勵終身參與身體活動的重要性，與考慮周全的菁英等級運動表現，更顯說服力。

父母、教練與運動協會，對較早優秀運動表現的社會慾望，藉由自我主義、大學獎學金

的渴求，與青少年運動的商業化來驅使[54, 55]。很多家長都還活在，自己自孩童時未曾實現踏上競技運動場的幻夢[51]。在道德上，如果孩童參與正規的運動訓練與比賽，邏輯上絕大多數都注定失敗的話，那是可被質疑的[56]。過早專項化，往往會導致反感而退出，也導致了她們未來對於體能訓練可能無法堅持下去[57, 58]。

競賽與失敗對孩童來說，並非會是先行有害的體驗；事實上，他是人格特質上，透過運動來融合的必備要件（如：團隊合作、犧牲奉獻等），這可由運動經驗而建立。眞正引發的問題，在於以成人爲主的概念與價值佔主導地位，導致最終的失敗及被取消參與資格[58]。

競技運動長期發展模式的限制

Ford 指出競技運動長期發展的模式，主要是從生理學角度，就當今已知的促進競技發展潛能，再結合生物上的成長。此模式聚焦訓練至長期性的最佳運動表現，以及觀察發展敏銳期的「機會之窗」。然而，這似乎在這理論性模式中顯現幾點問題，但教練不見得清楚。

● 一維的模式
● 缺乏有經驗的實證
● 數據是在存疑的假設與缺陷的方法上建立

「基礎，是通用的模式，而非針對運動員進行的個人化計畫。」Ford 等人[60]

遺傳因子所扮演的角色 (Role of Hereditary Factors)

培育或是與生俱來，在行爲心理學上何者較有意義已成爲長期的爭論。Ericsson[35] 等人推翻要成爲專家，與生俱來的能力是否是決定性因子之觀點。最近 Ericsson 等人[61] 重申此爭論，「基因上的個人差異，確定了能力，針對菁英表現所需的發展進行結構修正也很有限，甚至被少量的身體素質所限制，如身高與身型」。Epstein[62] 在運動基因一書中，就基因的重要角色有利於專業的運動表現進行爭辯。從籃球運動的臂長（相對於身高），到短跑選手患有鐮刀型血球貧血症的基因特質，再到跳高選手較長的阿基里斯腱。Epstein 解釋存在的生物變化遍及某些人口，也許會有助於專項運動的成功。他同樣解釋雖然一般來說 10,000 小時是平均值，但當其他人僅練習 3,000 小時，些許專家還是達到超過 20,000 小時刻意練習的時數。因此，看來練習 10,000 小時並非必要性的

安全論述，實際上也可能是個誤導。

Marcus[63] 提到，「推論練習的重要性與天分無關，這會是邏輯上的錯誤，且彷彿兩個相互對立」。菁英觀點中論及的刻意練習，已成爲衍生出的熱門共識，並成爲成功發展技巧上決定性的要件[64, 65]，只是這與實證並不一致[66, 67]。Hambrick[68] 指出，刻意練習是必須的，但不足以交代運動表現上個人的差異性。面對廣大的質疑，Ericsson 與同儕強烈聲稱，關於獲取專家級的運動表現上，刻意練習的重要性。

過晚專項化／過早專項化 (Late Specialization/Early Diversification)

要有最佳的運動生涯，不只是訓練時間的多寡上有疑慮，還有訓練機制產生時機上的疑慮[69]。近來有句諺語「完美的練習造就完美」[70]，這也許需要改成「在完美的時機，進行完美的訓練，造就完美」。長期的練習是必要的。但是，絕大多數都是在需要較晚專項化運動上，進行過早的專項化，這使得常有疲勞與過度訓練上引起的受傷。事實上，專項化以及低訓練至競賽的比例，跟增加特殊受傷風險上是相關的，諸如壓力性骨折或生長板的傷害[71]。

出自俄羅斯人所做的論點[72]：
● 理想的訓練自 7-8 歲開始
● 開始從參與各類型的運動爲主
● 10-13 歲參與各式團體運動
● 15-17 歲開始專項化
● 要經過 5-8 年達到專項化高峰
● 過早專項化的運動員巔峰顯現 < 18 歲
● 過晚專項化的運動員巔峰顯現 > 18 歲
● 僅有少數運動員可因爲過早專項化，在 18 歲後從中獲得改善運動表現
● 多數菁英運動員，從未是青少年冠軍或國家記錄保持者

個體經由發展 3 階段，期間在運動項目上漸進至縮小範圍至聚焦的階段
1. 取樣的年紀（6-12 歲）
2. 專項化的年紀（13-15 歲）
3. 投入的年紀（大於 16 歲）

採樣建立功能性動作技能的目的。這裡提供未來動作實力上的基礎[36]：
● 運動技能（跑、跳等）
● 目的性的控制技能（投、接、打等）

於年幼的時候參與各式運動，可幫助 FMS 的發展，並從學習不同策略上發展心理優勢[73]。前青春期是發展 FMS 最佳的機會之窗[74-76]。理想的狀況，應是在「速度最高峰」期間之前，產生「發展之窗」[77]（見第 7 章與 13 章）。到了 7 歲，由於生物上的分叉與時間順序上的年紀，會形成體型上明顯的不同[78]。因此，兒童在青少年時期的成長，應以協調性為基礎，開始較早的訓練。

青少年時期進行多樣化的活動，已證實與 FMS 的發展有關[79, 80]。這些基礎技術會讓孩童到青春期，自進入青少年階段持續蓬勃發展[81, 82]。FMS 因此對日後參與更多專項活動與運動來說，成為必備的先決條件[80, 83]。

> **動作能力：連接競技發展與復健的橋樑**
>
> 「很諷刺的，當增加動作能力成為競技發展的目標，訓練就不只是為了更多功能而進行，也開始同時進行臨床復健。」Liebenson（參閱第 1 章）

前青春期時期，訓練要強調既不太簡單也不太困難。早期多樣化的進行遊戲，應不過度強調競賽。目標應有足夠的競爭，吸引孩童增強動機，但不要再有更多[84, 85]。

Baker 等人[36]指出，產生學習一運動項目至另一項的轉換，需要認知與體能。近期研究進一步建議，對轉換上最明顯的影響，是在早期所介入的階段，與採樣年對應的時間。

為了成為有高度動機、自我決定與自我承諾的成人運動員，於自早期階段建立紮實**內在動機** (intrinsic motivation) 的基礎，是至關重要的[87]。假設早期的多樣化，可提升內在動機的發展[86]，啟動供應菁英運動員下一階段**自我調整** (self-regulated) 的基礎[38]。

高階運動員對參與運動的關鍵特徵是「膽識 (grit)」。矛盾的是，「膽識」可從早期的遊戲與較晚專項化獲得發展。Duckworth 等人[88]發現拼字比賽中，就刻意練習積極做出預測，以及產生終極表現。相對的研究中，發現古典音樂家的「演出熱情」，也與刻意練習與演出有關[89]。再者，勝者創造的「精練的狂熱」，表示這內在動機，經由強烈的焦點，以及對新訊息與技能上的追求欲望，再就自幼擁有在興趣上的痴狂[90]。就像人格特質上，應視為演出困擾上的考量

部分，但不能拿來獨力的預測演出[68]。

> **膽識**
>
> 「人格特質反應出對完成長遠目標上的堅持」
> Hambrick 等人[68]

Howe[91]回顧像是達爾文、愛因斯坦與其他天才的傳記後提出個結論，「起碼毅力跟天分一樣至關重要…固有最重要的不同，可能是一人的性格 (temperament) 而非智力」。Duckworth 等人[92]認為膽識，同時包括對所追求目標上的堅持與熱情，儘管會遇到逆境與挑戰。

> **過早專項化與過早多樣化**
>
> 「當一人在專項化之年參加競技類型的運動，便有增加達到競賽更高標準的可能性。…這意義重大…對處於 18 歲年輕運動員的發展來說，有超越運動生涯的潛能。數據指出，過早專項化對 18 歲的表現來說並非必要的。」Bridge and Toms[93]

動作學習的階段模式
(Staged Model for Motor Learning)

假設年輕運動員依照早期多樣化，與選拔及較晚運動專項化一般性的進程發展，他們在高階運動中，將會獲得更大的成功機會。此外，如果他們絕大多數最終離開競技運動，他們在終身身體活動上仍有很大的參與機會。總結動作學習的階段模式，多數是我們知道的運動員漸進訓練，或是任何人所最在意，期盼增加骨骼肌系統的健全性（表 34.2）[94-100]。

認知 (cognitive) 訓練初學者起步的地方。這顯示支配的目標上，要知道動作挑戰的性質，與開始基本訓練的動作型態。這由一般性而不是高度專項性的運動來定義。這包括競技

表 34.2	訓練進程 3 階段模式（依 Fitts 與 Posner）
認知－口語－動作	
發展－聯想	
高峰－皮質下（自主）	

取自：Fitts PM, Posner MI. Human Performance. Belmont, CA: Brooks/Cole; 1967 (94).

運動長期發展 (LTAD) 中，快樂地學習基本動作 (FUNdamental) 的階段。而這將於第 35 章中，區塊練習或分段練習的方法進行探討。

關鍵特性包括：
- 初學者
- 辨別目標
- 示範
- 教練的反饋
- 容許出錯

發展 (Developmental)（或聯想），是學習更為運動專項化的動作類型。閱讀與反應狀況，會於此階段進行整合。根據 Jeffries [100] 在「當他們能在開放與閉鎖大範圍的狀態下，產生有效、有效率、穩定且流暢的動作，並對自己的動作僅需很少的注意，那運動員將完成此階段」。在運動長期發展 (LTAD) 背景，這是所謂的「養成的訓練」階段，與隨機訓練與整體訓練有高度的相關（見 35 章）。

關鍵特性包括：
- 中階者
- 自我矯正
- 外在環境的線索
- 降低出錯（相較認知階段所預期增加動作控制）。舉例來說：
  - 網球選手學習反手拍擊球到底線，會期望持續將球打到目標附近。
  - 高球選手在此階段的開球，可以讓更多次的揮擊都在球道上。

當動作類型主要達到皮質下的，以便同時具有彈性與可轉移性（見 35 章）時，便進入高峰（或自主）階段。而這階段的運動員開始為了成功的競賽而準備。在競技運動長期發展，這階段等同「從訓練到比賽」，以及「比賽到獲勝」。

關鍵特性包括：
- 專家級
- 潛意識
- 最少的出錯
- 抵抗性／適應性（持續的運動表現）。舉例來說，
  - 即便已產生疲勞，仍可進行正確的籃球防守步法
  - 高球選手在壓力下還能揮擊

並非每個動作都需要所有階段；某種形式的動作如攀爬，便是屬於最需要本能以及些許感知的參與。多數其他動作，介入的階段模式從認知到自主皆有關聯；然而，這不是因年紀而異的 [94]。當優秀運動員學習新技能，他們開始的認知階段，是為了解決問題。換句話說，每個全新的任務，都需要概括動作學習的階段。

生態心理學呼應 Fitts 與 Posners，對競技發展的階段，不用與專項的年紀綁在一起的看法 [19]。取而代之的是，依照個人經驗做出臨時的改變，會體會到「變化極大期與沒有變化期」。更進一步的說法，是「試圖分解技術，代表不同年紀如何執行技術，是浪費時間的，因為每個人在執行的技術都會不同」。

即使某些技能像是語言、音樂或下棋，最佳學習年級是在 7 歲前，神經科學家發現，大腦皮層可塑性仍能透過年齡而增加 [101-103]。結合以上所述，研究對運動技術發展在敏銳期的發現是模棱兩可的 [20]。Ericsson 假設刻意練習的量，跟專家的預測的相關性，會遠大於技術發展的年紀 [35]。然而，他同時也就較晚開始達到 10,000 小時練習量的難度進行爭論。這樣的主張，只有現在才開始被探討 [38]。

發展功能性動作技能、動作的能力與年輕運動員浮現的新框架中。Gulbin [104] 指出，有一模式「針對終身活動的參與者、運動參與者、邁向優秀運動表現，整合一般性與專項性階段的發展」。根據 Gulbin，此方法上的彈性與支持，對所有利害關係人是必要的。

> 根據 Anderson [20]「當開始學習新技能時，敏銳期也隨著被打開……」

訓練循環上的設計－週期化
(PROGRAMMING A TRAINING CYCLE-PERIODIZATION)

任何人的運動訓練或是比賽，都應有套訓練計畫。這對所屬個人運動是個事實，體適能指導員指導假日運動員，體能教練為運動員的比賽而備戰。為運動員計畫訓練週期，已成為 10 年來爭論的主題。

幫助運動員於理想的時間，達到高峰運動表現的關鍵原則稱為**週期化 (periodization)** [1]。俄羅斯運動科學家 Matveyev，出版第一本近代為運動員規劃運動訓練計畫的專書。從一些運動項目像棒球、美式足球、籃球、冰上曲棍球的漫長賽季，或其他像是高爾夫、網球的短賽季，這些過程的複雜性顯而易見。這當中很多變項參涉其中，從賽季期的時間，與季外期、旅行、外在壓力源，以及年輕運動員可能參與的第二運動。每個運動項目，也有專項訓練代謝上的不同需求：

- 馬拉松：心肺耐力
- 足球：瞬間的爆發力穿插於低強度間
- 鉛球：爆發力

　　不同的運動項目以不同的方式使用代謝系統（最大攝氧量、乳酸閾值、有氧與無氧的需求）（圖 34.2）。訓練必須符合運動項目的需求。此外，像是訓練的週期包括的變項，有**基準值評量、低強度訓練、高強度訓練、賽前減量與恢復**等。

　　週期化設計上，會整合訓練階段，並用理想的方法與終極的目標，刺激生心理的適應，讓運動員達到比賽的高峰狀態。實際上，規劃會同時包括高訓練量與高強度訓練。最後這些階段會被整合成板塊，有利於最佳的**過渡（恢復）、準備與競賽** [1]。

　　週期化將賽季或日程區分成循環或週期（如大、中、小、每日），因此能力的適應，要爲運動員在關鍵比賽，高峰表現最大化的可能性選擇時機。各種不同的運動模式、強度、量，是爲了使過度訓練的風險最小化，並讓運動員的高峰能力能在最佳時機出現。

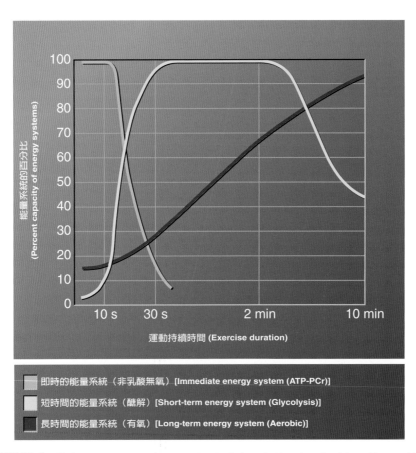

圖 34.2　運動的代謝需求。取自：McArdle WD, Katch FI, Katch VL (2010). Exercise Physiology. Energy, Nutrition and Human Performance 7th ed. Baltimore, Maryland: Lippincott Williams & Wilkins. P. 226

在賽季結束後，於下一賽季展開前的階段稱過渡期，同樣也可稱恢復階段[109]。準備期一般會細分成兩部分－ **GPP 跟 SPP**。處於競賽期時，多數教練會覺得應降低或不需要最大強度訓練[110]。然而，接近競賽期時轉換至非最大訓練，會因不同的教練以及方法，來維持準備競賽的高階狀態。

週期化這方法，會涵蓋一整年。傳統方法無法提供近代運動員們，於一年之間朝向多峰運動表現上的準備。另一問題包括訓練強度不足，以及非競技性的訓練被整合為一。板塊週期化 (block periodization, BP)，成為試圖集中在動作量更少與戰術能力上的訓練[111]。

> 「不同於傳統訓練週期試圖**同時**發展多種能力，板塊的概念主張**連續性**的訓練來妥善地刺激所選擇的體能元素。」Issurin[112]

板塊週期化與當代其他的專項訓練板塊的，是要最大化生物適應。傳統與板塊的方法上的比較顯示於表 34.3[111, 112]。4 種訓練基本的中週期：恢復階段、一般與專項準備期、專項運動發展期、競賽期，則列於表 34.4[113, 114]。設計板塊週期化，所進行運動，以每週（小週期）配合每個階段（中週期）的類似的順序來進行。而這可以做到個人化以及避免缺乏新鮮感。在最多的循環方面，適合進行 3 週，然後 1 週**減量** (deloading)。除了板塊週期化，其他現代週期化的系統也蔚為潮流，如非線性 (nonliner)、波動 (undulating)、片段 (fractal)、結合 (conjugate) 等系統[115-117]。

表 34.3	板塊週期化 vs 傳統訓練	
	板塊週期化	**傳統訓練**
運動能力與技術的發展	連續的	同時進行的
訓練量	高	中（低）
焦點	板塊－中週期	訓練時期
背景	累積保留訓練效果	累積訓練效果

表 34.4	基本的訓練中週期		
中週期	**持續時間**	**核心元素**	**範例**
恢復階段（賽季前）	4-6 週	動態休息	輕－中等強度的活動
一般與專項準備期（季外訓練）	2-3 個月（少數老年人、多數年輕人）	非技戰術運動	低與高神經驅策輪替
專項運動發展期（團體訓練營）	2 個月	技戰術運動	戰術訓練／恢復
競賽期（賽季）	大於 5 個月	維持	降低訓練量，但非必要無須降低強度。

週期化上的挑戰 (Challenges of Periodization)

週期化訓練是具邏輯性的方法，但實證上是否存在？近期文獻回顧的文章，發現週期化訓練，的確優於未有週期化的訓練課表[118, 119]。近期針對自由車間歇有氧的研究發現，儘管訓練量與強度差不多，板塊週期化較傳統結構性訓練的計畫，提供更好的適應[120]。Kiely[121] 提供對比週期化主要成分已證明訓練的變化性，是與整個系統相反。訓練缺少變化[122]會增加過度使用症狀的發生率[123]。相反地，降低一成不變的訓練，跟增加高峰表現有關[124]。

其他更多傳統週期化訓練的限制，在於死板的課程結構，隨後就是獨立出來的產物（如運動員回饋）[125]。當代的週期化訓練計畫，藉由運動員對訓練適應的研究，而加以修改。而訓練計畫有更高的個人化安排。關於何時建立多變的訓練計畫，Kraaijenhof[126] 說道：我從盡可能的低訓練量開始訓練並尋求進步，只有當運動員不再進步或運動表現水平停滯，我才會開始著手改變，但不一定要訓練很多，而首重訓練品質。

> 「在冠軍賽之類最重大的任務，讓高峰狀態能剛好產生在對的時機是很關鍵的。」Jamieson[127]

Jamieson 提出非常批判性的問題，「競技的狀態需要多久時間才能擁有」，以及「一年之中有多少個高峰期可達成」？Tschiene[128] 所採用的現代方法則影響無數教練。他的方法是必須讓運動員的季外期非常短暫，並常年維持準備好的狀態。而這類的方法，常年的循環會更短，訓練強度會更強，以確保運動員能保持幾近準備周全的狀態。

Mujika[129] 發現連續的高強度訓練 (HIT) 是有效的。讓運動員在主要比賽來臨前，透過漸進的賽前減量，能訓練保留的效果，訓練誘發的適應，除了可維持，甚至還能增進。此外，訓練量在對運動表現沒有負面影響之下，可以明顯降低。

多篇研究證實高訓練量搭配低強度訓練（乳酸閾值之下）的週期訓練計畫，結合較低百分比 (>10%) 的高強度訓練（>90% 最大攝氧量），以及少量或沒有中強度訓練，對耐力（如馬拉松）以及間歇性運動員（如足球）來說都是最佳的。根據 Sandbakk[135] 指出，較長時間進行 90% 的 HIT，會比進行短時間 95% 的 HIT 來得好。Guelllich[136] 也指出，最好的效果反應者是利用多數低強度訓練與最少的 HIT，最差的則是相反。在比賽期間，強度的高低是維持固定不變的，但會降低整體訓練量[137]。Seiler 等人[137] 指出，關鍵在於避免乳酸閾值的強度，即他所謂「黑洞」。

新手運動員 vs 進階運動員
(The Novice versus the Advanced Athlete)

週期化基本上應用於優秀運動員身上。然而，這概念也可應用在一般從事運動的大眾，或是運動員在各自發展的階段（表 34.5）。

新手運動員可被定義為，從未接受過結構性訓練計畫的人。一般來說，他們的能力與成績，會低於頻譜末端。而中級運動員，可定義為曾接受過較不完善的訓練計畫，或偶爾進行

訓練。他們在各式訓練的測驗中，數據會落在常模的中位左右。進階的運動員則可定義為具有嚴格訓練的背景，並有高質量的肌力與爆發力水準。他們可能皆擁有良好的動作能力，但卻無法保證。

根據 Vermeil[6] 指出，「新手運動員與進階運動員間的主要差異，在於新手運動員可以長時間保有相同的訓練重點，即功能或肌力，而能獲得運動表現相關的效果」。相對地，進階運動員將需要更多的訓練變化。

> 週期化模式提供訓練－規劃實務上顯著的發展。「然而邏輯上，週期化理論急需讓當今運動員與現代科學的概念模型重新結合⋯雖然即使訓練的一般性非常誘人，按照生物學背景來看，這誘惑是虛幻的。」Kiely[121]

一般性體能的準備
(GENERAL PHYSICAL PREPARATION)

為了運動員的發展，在沒有疲勞與受傷的情況下，建立健全的基礎，是至關重要的。此過程可利用一年來達成。因此，以健全基礎展開多方面訓練的進程，或是 GPP，是讓運動表現最大化的關鍵[1, 11, 29, 72, 138, 139]（圖 34.3）。相同的原則也可應用「假日運動員」上，以預防運動傷害。

> 總體來說，運動員的發展，要達到多方發展與專項訓練間的平衡。「一般來說，早期運動員發展階段重點應放在多方面發展，以發展運動員整體性體能為主⋯雖然，從多方面發展作修正，尤其當年輕運動員一有好的表現時，很快進入到專項化訓練的誘因是很大的。」Bompa and Haff[1]

表 34.5	新手、中階與高等運動員的區別	
背景	**經驗**	**規範**
新手	從未受過訓練	最低強度
中級	已訓練幾年	改善的空間
高等	常年訓練	高端訓練的能力

取自：Vermeil A, Hansen D, Irr M. Periodization: Training to develop force that applies to sports performance. Lecture Notes.

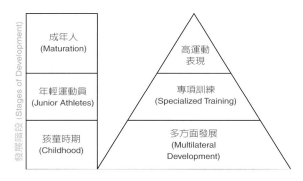

圖 34.3　競技運動長期發展的序列模式。取自：Bompa TO, Haff GG. Periodization: Theory and Methodology of Training. 5th ed. Champaign, IL: Human Kinetics; 2009 (1).

GPP 的目標是建立未來競技運動發展的基礎。對大多數人來說，這應在，像是在進行高神經驅策的爆發性運動，或 SPP 等專項運動之前進行。大約 80% 的年輕運動員，應將訓練擺在 GPP [140]，而優秀運動員多半的訓練時間，則擺在 SPP 中目標能力的最小化 [140]。不幸的是，根據 Simmons 表示，GPP 的訓練在田徑訓練上很容易過度使用，但在美國仍被過度忽略。

GPP 與 SPP 在競技運動長期發展上的重疊

年輕運動員自 GPP 到 SPP 發展的過程，當中有許多雷同之處，年度計畫中準備期期間的週期化訓練，會從 GPP 開始到 SPP。然而，有一點明顯不同之處在於年輕運動員在進入 SPP 前，應先有好的 GPP，成年運動員在年度訓練或週期訓練的準備期也一樣。另一明顯不同，是運動員在 GPP 建立基礎，以及只有進入 SPP 幾年期間，成年運動員應在大中週期的準備期，在其中的小週期內，連續交替進行 GPP（低強度的神經驅策）與 SPP（高強度驅策時）的訓練。

我們多數年輕運動員，或是「假日運動員」，在體能上具有標準的最低值。他們缺乏高質量，以及動作多樣的技術，結果便是過晚／過早專項化。這也導致反覆性的損傷。Ward [142] 認為，「一些人仍卡在「肌肉」與「體能」的概念，這代表我們為了肌力而舉起重物，為了體能而跑⋯」，但其實「肌力」與「體能」實體上是無法分開的，反而可以一起訓練以發展運動員的體能，也為了在專屬運動上的成功，讓體能達到最高水準。

根據 Tsatsouline 指出，GPP 訓練是針對個人在廣泛可用動作上，提升可應用的體能成分 [140]。GPP 應涵蓋廣泛且不同的動作技能、特性或是品質，像是速度、爆發力、肌力、活動度、協調性、耐力以及柔軟度 [139]。技能可以定義為「決定於練習或經驗過的動作，有別於基因決定的」 [143]。多樣化是很重要的，因為並無法保證技能的訓練，會轉換到運動表現上 [144, 145]。舉例來說，最大速度會有限的轉換到敏捷性。多數個人的 GPP，涵蓋的運動都沒有額外的外在阻力 [141]。然而，GPP 是可以漸增重量的，只要不超過 80% 的最大輸出（見下述特殊體能準備階段，所提供的最大肌力測量資訊）

[146]。如果已有廣泛基礎的動作能力訓練，增加了傳統的體能訓練，對競技能力（平衡與垂直跳高度）是可以改善的 [147]。

性別問題同樣需要關切（見第 7 與 31 章）。女孩與女人相較於男性，具有不同程度的體能。青春期間，男孩的垂直跳高度會優於女孩 [148, 149]。同樣的情況髖外展肌力，是必須訓練的部位，以建立這部位可預測的「衰弱連結 (weak link)」 [150, 151]。Ford [152, 153] 指出青春期女性有不正常落地機制的傾向，這會隨時間增加而惡化。女性進行過多的跳躍或增強式運動，皆會增加受傷的機率。在孩童時期與大專運動員在非接觸性的前十字韌帶傷害上，女性會多於男性。在青春期後的各種受傷因子，對女性來說已被確定，而神經肌訓練能補救功能上可預料到的缺陷，也證實可降低受傷發生的機率 [156-159]。

> 「在運動員展現潛能前，5-8 歲的矯正訓練是必須的⋯14-20 歲則是達到高運動表現基礎的年齡。」
> Francis [146]

一般性肌力訓練（較低的需求／強度）
(General Strength Training: Lower Demand/Intensity)

一般性的肌力訓練，對年輕運動員的發展非常重要。根據 Schexnayder，「一般性肌力訓練的運動，會用自身體重成負荷或阻力來發展肌力⋯沒有外在的負重會讓受傷機率最小化」 [160]。其效益如下：

- 無需器材
- 運動傷害的風險較低
- 對大型團體的管理上較為有效，最小的個人化
- 協調性與耐力訓練
- 理想的恢復訓練

核心訓練 (Core training) 是運動員發展的理想方式。是訓練爆發力的基礎。同樣提供自脊椎／軀幹的穩定，讓肢段能產生較低傷害率的爆發力。

預防傷害是首要職責

> 「為了預防訓練過程產生的運動傷害，必須讓風險最小化。這不代表會排除風險，而只是最小化而已。所有你希望進行的訓練內容，都務必經過風險－效益比的評估。」Boyle [108]

在個人活動或運動員發展中－隨著 LTAD 的狀態－菁英反而會使用低強度 GPP，－隨著週期化的狀態－GPP 連結更高強度的肌力訓練。根據 Francis 指出，更多年紀成熟的運動員，會聚焦在發展爆發力的核心訓練，並以高強度來進行。然而針對年輕運動員訓練時，可同時進行循環訓練與核心訓練，目的在於建立肌力或增加肌橫斷面積，並透過高訓練量、中等強度進行（如：3-5 組，5-15 下，65-75% 最大肌力）。[160]

Verkoshansky [116] 指出，爆發性動作的神經系統，可透過非最大負荷的運動進行前置作業。所以使用槓鈴、沙袋、壺鈴與否並不重要。當今已有研究著手探討這些方法上的差異性。舉例來說，已發現在改善最大肌力與爆發力上，壺鈴的擺動的效果等同蹲跳[161]。

有力的 GPP 基礎，也發現可改善投擲速度[161, 162]。腿部增強式的爆發力訓練，特別是額狀面的跳躍爆發力，也發現與大專棒球選手投球速度有相關性[163]。同樣的，過頭藥球投擲（投擲更遠距離），證實對大專棒球與壘球選手的投擲速度，有強而有力的直接關係[164]。坐姿腿部伸直的藥球胸前推擲（4 公斤），已成爲職業冰球聯盟 (NHL) 測試大會的標準測試項目之一[161]。

節奏跑 (Tempo Running)

對已有訓練經驗的選手來說，一般性肌力訓練或是節奏跑，對恢復日或恢復週同樣是理想的使用方式（圖 34.6 與圖 34.7）。Verkoshansky 指出，「因爲以 75% 甚至更低的強度進行，節奏跑不需要過多中樞神經上的需求。與健美的重量訓練，以 65-80% 的負荷進行類似」。節奏跑通常進行的距離，是總訓練量 2,000-3,000 公尺的 100、200、300 公尺來訓練[146]。

過量的跑步耐力訓練，或過度強調的耐力訓練，被認定是有害運動員的。Francis 指出，「耐力訓練必須小心，應限制輕至中等訓練

表 34.6	節奏跑（有氧 / 耐力運動）

- 促進恢復
- 60-80% 最大努力
- 改善恢復
- 增加肌肉血流量
- 改善肌肉收縮速度

取自：Francis C. The Charlie Francis Training System. 2012. http://shop .charliefrancis.com/products/the-charlie-francis-training-system-cfts (146).

表 34.7	節奏跑訓練

- 一週 3 次
- 100-400 公尺
- 強度為 65-75% 的最大速度
- 流暢的跑法
- < 16 歲：< 200 公尺
- 運動的多樣性

取自：Francis C. The Charlie Francis Training System. 2012. http://shop .charliefrancis.com/products/the-charlie-francis-training-system-cfts (146).

量，以預防過渡的或中間性的肌纖維轉變成耐力型肌纖維的紅肌」。當然，我們在世界上的學校並無法見到有改善的趨勢。相對的，跑步類型運動上的交叉訓練，像是足球、籃球，可以被用來發展在年輕運動員過度缺乏的專項成分，耐力以及敏捷性。

> **跑步對高中競技運動的迷思**
>
> 「相同的目的之下，利用一般肌力來發展耐力運動，相較於利用跑步的訓練，可獲得運動傷害最小化的效益。」Schexnayder [160]

專項性體能的準備 (SPECIAL PHYSICAL PREPARATION)

隨著運動員的進入成年階段，代表在相關的運動上便不再是活動，而是已經準備專項化。同時，GPP 基礎已被建立，就可以無虞的開始發展爆發力。訓練強度的調整，是建造爆發力的基石。學會不只是如何進行高強度訓練，還要學會何時進行，藉由準備上的評估，對安全與成功都是非常重要的。

> SPP 是「運動員從 GPP 轉移到運動 / 位置 / 戰術 / 等級 / 理論結構的程度。」Smith [139]

訓練強度 (Training Intensity)

運動員的訓練計畫應區分出較低與較高的強度。低強度訓練基本上，是代表一般肌力訓練或耐力間歇訓練，而高強度訓練大致相當於神經肌訓練或爆發力 / 速度訓練。好的訓練計畫連續地交替進行低強度訓練天與高強度訓練

天，而傳統的週期化，強度低與高都會同時間訓練。近代週期化訓練的方法可以達到更高強度的訓練，能有更高的訓練量，以及訓練效果的保留 [111, 112, 128]。Cardinale [166] 指出，「了解如何應用正確的動作模式、正確的訓練量與強度，以及各種介入的正確時機，其實就是肌力與體能領域的終極目標」。

> 「預防運動傷害的目的，要確保組織適應，能跟上所承受的負荷，以及理想地超過組織累積的損傷。」McGill [167]

Dan Pfaff [168] 就動作能力進行總結，他認為運動員體能上必要的準備如下：

- 心肺功能的效率（間歇、穩定狀態跑）
- 局部肌耐力（即循環訓練）
- 彈性的肌力
  - 60-75% 的最大肌力的耐力性舉重
  - 漸進至 70-85% 最大肌力的爆發性舉重

> 「透過緩慢漸進的方法，可避開受傷，且可獲得未來訓練上承受負荷的基礎。」Pfaff [168]

強度的選擇，基於幾個因素，如年紀、能力水準、比賽期程、準備或恢復的狀況等，而最重要的變項則是能力水準。Schexnayder 指出，運動員本身（盡可能完成設計的課表）決定訓練的強度 [169]。年輕運動員有較低等級的能力，或是在比賽期期間會以較低的強度（見之前一般體能準備階段所述）來訓練。相對的，年紀較大較好的菁英選手，或在季外期，反而會以較高的強度來訓練。

> 「因為神經發展是獲得速度與爆發力的關鍵，而編排課表首要避免神經疲勞⋯規劃訓練時⋯. 考慮他們的神經需求。」Schexnayder [169]

低質量的高強度訓練達不到任何效益。兩種方法要比較時，如已傷害訓練品質為最重要指引時，高強度「神經」訓練應被限制。

> 「任何非最高品質的中樞神經訓練，可能會加強不良的神經肌形態。」Francis [146]

妥善整備 (Readiness)

當心理或生理上出現疲勞，訓練內容就不應再有過度的戰術或高強度訓練。

尤其當遇到突發的疲勞，或是適逢人生劇變與情境的壓力，在這樣的情形下訓練速度與爆發力是無效的。當運動員尚未進入訓練狀況，就從事較少技戰術或低強度訓練，這對恢復是有幫助的。此外，像是心理治療等的內容，應會有幫助的。

> 「診斷中樞神經疲勞的能力，並對高強度的負荷做出調整，是高水準訓練的重點部分。」Francis [146]

如果運動員尚未準備就緒，運動傷害的風險便會提高，且訓練品質會下降。菁英或較資深的運動員，在更高訓練強度下訓練，也因此需要更多的恢復時間。他們同時也是動機最強的一群人。

> 「我有 90% 的時間，都是花在預防運動員的過度訓練，僅有 10% 的時間，用在激勵他們做更多的訓練。」Francis [146]

測量心律變異性 (heart rate variability, HRV)，是建議用來評估整備或恢復狀態的手段。Kraaijenhof 指出，簡易的 HRV 測驗，可對生理與心理在自主神經系統有更多的了解 [170]。Schexnayder 提到，「評估每位運動員的訓練整備狀態，對訓練的管理上來說是很重要的一部分⋯當運動員到了訓練年齡似乎該會出現成績高原，與達到遺傳潛能時，就應該進行的」[169]。

尤其是較年長的運動員，要避免受傷，恢復是非常重要的，但對過於急迫的年輕運動員也同樣重要。訓練很可能過量，但多數運動員的選手生涯，常被表現不佳、過度訓練或受傷所限。訓練不足的受傷很少發生，且很快就會被解決。

Kraaijenhof 指出，「不論你多傑出，訓練多紮實，受傷總會在你產生最佳運動表現時發生，且往往都在不對的時間發生。也許可解釋為這是比賽的一部分，但是這也許只是你比賽的一部分，它絕對不會成為我比賽的一部分。一直維持一致性是值得的」[126]。

睡眠在幫助恢復上是被低估的關鍵。睡眠不足會對訓練的恢復產生負面影響，因而會干擾訓練適應與比賽表現 [171]。改善低落的睡眠品質，可幫助降低過度訓練。

結合復健與運動表現，整合團隊專家，建構復健與運動表現的橋樑，可以預防過度訓練的傾向，進而改善動機運動員的耐受性。

> 「全世界教練犯的主要錯誤就是傾向過度訓練：訓練太頻繁，訓練量太大以及/或者太強。我的主要圭臬：根據需求來進行訓練，而非盡可能來訓練。根據需求代表：成績改善的需求。」Kraaijenhof [126]

高強度訓練 (High-Intensity Training)

當運動員進入成熟階段，爆發力的建立會是重點，因此必須以強度較高配合較低的訓練量進行訓練。Fransic 指出「較高的訓練量永遠無法發展專項的能力，無法在短時間內（爆發力）產生高強度訓練的結果」。

> 「如果你有一台法拉利，那你便不需要用它來犁田。」Francis [146]

Schexnayder 指出，「如果速度與爆發力的發展無法充分地進行，那運動員便注定產生糟糕的運動表現」[169]。一些基礎的特質，包括**加速爆發力、絕對速度、速度耐力、爆發力、彈性或反應性肌力與絕對肌力** [169]。

通常最大肌力代表以標準動作完成 1 RM，見蹲舉（表 34.8）的範例。**爆發力則力除以時間，或是能在最短時間內盡可能產生更多的力。**

最大肌力可影響爆發力。肌力建立起運動員的能力上限（見圖 34.4）（見第 26 章）。

表 34.8	1 RM 最大肌力測驗

- 以 50% 最大肌力（預估值），進行 10 下的熱身
- 70% 最大肌力進行 5 下
- 80% 最大肌力進行 3 下
- 90% 最大肌力進行 1 下
- 3 次試舉，以確定最大肌力

取自：McBride JM, Triplett-McBride T, Davie A, Newton RU. A comparison of strength and power characteristics between power lifters, Olympic lifters, and sprinters. J Strength Cond Res 1999;13(1):58–66 (172).

圖 34.4 肌力與其他屬性的肌力類比圖，杯子的容量如同肌力的多寡，也代表獲得的內容物。

1 RM、加速度、動作速度之間有顯著的相關性 [173]。最大肌肉與爆發力的相關性，可透過跳躍測驗與 30 秒衝刺來評估 [174, 175]。Wisloff 等人 [176] 發現，高階足球選手以半蹲舉進行測試所得的最大肌力，可預估衝刺與跳躍高度的成績。

1 RM 是肌力訓練的「黃金準則」，但實際使用上或許有些限制。最大肌力的直接評估上，對 1 RM 或多 RM 何者安全仍有爭議 [177]。很多肌力與體能教練傾向使用 3 或 5 RM，並認為這才是最大肌力測量的標準 [178]（表 34.9）。另外這種測驗的限制是，由於第一次做肌力運動的典型訓練效果，因為神經肌適應或第一次訓練發生的訓練效果，每一次訓練的 1, 5 或 10 RM 都會改變。

展現爆發力，需要高度仰賴**相對肌力 (relative strength)** 的基礎，而增強肌力，可以 80-95% 1 RM 進行訓練 [140]。這端憑運動員個人與參與之運動項目。然而，Tsatsouline 不斷以「如果訓練上有發現任何功能低下，應立即停止」來保障運動員。Vladimir Dyachkov（在 Verkonshansky 之前的俄羅斯傳奇教練）建議，當有以下情況時應停止訓練：

- 運動員開始感到疲勞
- 速度下降
- 運動員感到喪失柔軟度

不要訓練至筋疲力竭！

運動傷害防護員可以利用 Keiser 訓練器材的計量表，或 Tendo unit 來監控負荷與爆發力的衰退。Tendo unit 是用來評估動作負荷速度的工具，或量測時間 [179]。

Schexnayder 建議，「在努力訓練之間恢復時間必須要夠長，長到足以確保能再繼續進行高質量訓練」。菁英運動員需要較短的反覆與訓練，因為他們一般都以最大努力進行反覆。Francis 指出，「對 CNS 的處方與監控必須非常精確…依運動員的能量狀態調整訓練量…CNS 訓練達到完整的恢復，是非常重要的」[146]。

要謹記訓練之目的不是要成為最佳的舉重選手，而是為了活動中肌力、肌肉量，與單個運動

表 34.9	3 RM 最大肌力測驗

- 一般的熱身後接著靜態伸展
- 4-5 組非最大的組數，每組進行 3-5 下
- 試舉 3 次預估的負荷
- 每 3 次試舉成功後，增加負重 5 公斤，直到測出最大負重。

取自：Cronin JB, Hansen KT. Strength and power predictors of sports speed. J Strength Cond Res 2005;19(2):349–357 (178).

最重要的爆發力而舉重。像是仰臥推舉，安全的進行比能舉起更多的重量來的重要。

> 「鋼鐵般的堅毅是種手段而非目標⋯肌力訓練務必在不耗損運動員能量與時間下，得到足夠的肌力。」[140]

建構肌力的重點是不要過度高估。Vermeil 指出，「如果運動員缺少「爆炸性」的加速度啟動，短缺的肌力將可能用來補償⋯切記你沒有先經過 1 檔，那就不可能換到 3 檔」。肌力與啟動的肌力是絕對必要的，在此之前，則有更多進階的訓練模式」[181]。

Vermeil 建議以下標準[181]。事實上，這也許無法應用在所有運動員上，但仍提供我們一般性的準則：

 a. 男性應能進行體重 150-200% 的背蹲舉
 b. 女性應能進行體重 140-180% 的背蹲舉

Fleck 則建議應以下列運動爲主

- 仰臥推舉
- 半蹲舉
- 上膊
- 背向式腿部推蹬
- 提臀

> 「你可以在缺發爆發力的情況下變得很強壯（因為你無法獲得產生快速動作的肌力），但你無法在缺乏既有的肌力與肌群下變得很有爆發力。」
> **Vertegen and Williams** [183]

發展運動員製造爆發力的能力是至關重要的。一旦透過正確的活動度／穩定性訓練提供完整的動作能力，形成極佳的功能性動作類型，之後便可利用各種負荷增強肌力。一旦負荷可以在沒有影響動作類型品質的情況下增加，那便可開始排入速度訓練來增強爆發力（圖 34.5）。Turner 指出，「發展運動員產生爆發力的能力，是週期化訓練中的主要目標」。他繼續說道「運動員要先增加力量輸出，才能在時間漸進的情況下，產生專項運動動作技巧方面上有應用力量的能力」[184]。各運動項目有不同的爆發性需求，像田徑短跑運動員就是最具爆發性的運動員之一（表 34.10）。

Fleck 指出，「即便發力率的些微改變，都能對衝刺能力產生顯著影響⋯值得注意的是，以速度 (velocity) 的觀點來看，100% 最大肌力降低至 90% 最大肌力，動力 (power) 輸出則會增加」[186]。進行少數高強度、高速度反覆，可以因增

圖 34.5 基本訓練的進程。

表 34.10	爆發力產生的時間
運動項目	**時間**
短跑	0.101
跳高	0.15-0.23
跳台滑雪	0.25-0.30
鉛球	0.22-0.27

取自：Zatsiorsky VM. Biomechanics of strength and strength training. In: Komi PV, ed. Strength and Power in Sport. 2nd ed. Oxford, UK: Blackwell Science; 2003:114–133 (185).

強發力率 (RFD)，提升爆發力（見 28 章）。

跳躍高度 (Jumping)

垂直跳是田徑運動，以及其他運動像是排球、跳水、籃球等不可或缺的一部分。多數運動皆涵蓋了一些跳躍形式，像是奧運舉重。事實上，跑步也是連續的單腳跳躍。基於這些理由，諸如美式足球聯盟的選秀體能測試會，觸摸式的垂直跳測驗，成爲評估運動員能力最常用的檢測方式[187]。

因此，平常的爆發力訓練主要目標就是要增加垂直跳。大量研究證實爆發性跳躍的肌力訓練，1 人重量的 80-95%，或 3-5 RM 是有效果的[188-192]。Sotiropolous 等人[193]發現，進行低至中等強度半蹲舉的動態熱身，除了最大速度外，垂直反向下蹲跳有明顯進步。

多數跳躍會先以反向的方式進行像是先蹲下，可快速屈曲膝蓋，讓身體重心在加速往上前先下降來形容。Enoka[194]發現，有反向形態的跳躍，其跳躍高度會高出 12%。下蹲跳是利用先離心收縮儲存彈性能，隨後向心收縮時於

部分釋放的伸展短縮循環 (SSC)。

　　大量研究發現，跳躍能力與衝刺能力的相關性：

> 蹲跳 (squat jump; SJ) [178, 195-199]
> 落地深跳 (drop jump; DJ) [200-202]
> 反向下蹲跳 (countermovement jump; CMJ) [178, 196-198, 203, 204, 205, 206]

　　自跳躍能力轉換至衝刺，導致產生兩種運動的關鍵因素 SSC [207, 208]。Marquest 等人 [208] 量化垂直跳展現的爆發力，認為可影響衝刺表現約達 36%。

　　Young 等人 [209] 建議，進行蹲跳時肌力品質，像是 RFD 或是 100 毫秒可利用的力，對衝刺時加速度起步階段的重要性，更甚於最大肌力。

　　水平（長或遠）跳躍同樣也與衝刺具有相關性。Nesser 與其團隊 [210] 發現，利用 5 步的水平跳躍，與 40 公尺衝刺的成績有高度相關。Maulder [211] 也發現水平跳躍測驗的成績，與 20 公尺衝刺的相關，高於垂直跳測驗的成績。McGill 等人發現季前期的跳遠，在用來預估籃球運動比賽期間的表現（籃板與阻攻）上，會比垂直跳測驗好 [212]，Maylan 等人 [213] 也發現單腳水平反向下蹲跳 (horizontal single-leg CMJ)，有較佳預估衝刺（10 公尺）的能力，且也比單腳側跳 (single-leg lateral) 與垂直跳來的好。水平跳躍對多數產生水平爆發性運動來說，功能性極佳；然而，水平跳躍落地較強的減速，會限制它的訓練價值。另外，訓練水平爆發力的運動，包括俯臥伸髖與壺鈴甩動。

　　有幾種評估垂直高跳的能力，如蹲跳 (SJ)、反向蹲跳 (CMJ)、雙腳落地深跳 (DJ) 與單腳落地擺臂深跳 (Depth Jump)（表 34.11）[214]。DJ 與 CMJ 的跳法，對受測驗者的說明，對測量成績有影響。進行這種測驗時，受測者應盡量最大用力跳，盡量減少接觸地面的時間。

　　垂直跳的測驗也具有受傷的潛在風險 [216, 217]。當落地或減速時，運動員讓下肢暴露在地面反作用力多至體重的 5-7 倍 [218, 219]。**雙腳落地深跳** (double-leg DJ) 具有評估落地時膝蓋韌帶外翻的價值，且也證實用來訓練也有改善的效果 [220]。研究還發現女性在落地時，不論單腳落地深跳 [221] 或雙腳落地深跳 [222]，都會較男性有更嚴重膝蓋外翻的姿勢。

　　根據 Vermeli，10-30 碼加速度需要的特殊肌力是彈性肌力 [6]。為比較運動專項訓練的個人化（見第 26 章），比較兩種跳法：1. 反向下蹲跳 (CMJ) 2. 垂直跳。「如果兩種跳躍距離大於 4 英吋，那運動員應專注於發展肌力（會更有彈性能）。如果距離小於 4 英吋，運動員建議花更多時間在發展爆發力（肌力－速度，速

表 34.11	跳躍高度測驗

單腳落地擺臂深跳 (depth Jump)－反應性肌力

雙手插腰，出單腳自 75 公分跳箱落下，單腳著地。腿部顯得有彈性的方式落地。爾後隨即盡力跳至最高處，同時手可擺盪至高點。

雙腳落地深跳 (drop jump)－彈性能回彈

測驗全程雙手插腰，自 20-60 公分跳箱落下。以腿部直挺的方式「用力」落地，並讓落地時間越小越好，然後隨即盡力跳至最高處。

蹲跳 (squat jump)－僅向心

蹲低至自己舒適的深度並維持 3-4 秒，隨後在沒有準備動作與反向動作盡力跳至最高處。

反向下蹲跳 (counter movement jump)－離心、功能性肌力

以雙手插腰為站姿，快速蹲下至膝蓋呈 120 度，或是不論深度僅憑感覺臀部可跳到最高點的位置，手仍插腰。然後迅速地盡可能跳至最高處。離地與落地時使膝蓋能完全伸展。

取自：Young W. A simple method for evaluating the strength qualities of the leg extensor muscles and jumping abilities. Strength Cond Coach1995;2(4):5–8; Cronin JB, Hansen KT. Strength and power predictors of sports speed. J Strength Cond Res 2005;19(2):349–357; and Verkoshansky N. Depth Jump vs. Drop Jump. 2013. http://www.cvasps.com/depth-jump-vs-drop-jump-dr-natalia-verkhoshansky/ (178,214,215)

度－肌力的方法）」。肌力－速度的連續圖見第 26 章，所呈現依據運動員個人化（圖 34.6）訓練的重點中，了解訓練關鍵中的細微差別。相對意義上，好比移動到左邊的速度會比較重要，而要移動到右邊，會是肌力更為重要。

　　增強式訓練已被證實有增進垂直跳的效果 [223, 224]。增強式訓練應在絕佳的動作質量下進行，盡量減少觸地的時間，尤其是較重的運動員 [225]。Vermeil 建議訓練彈性肌力要點如下：

- 短時間接觸性的跳躍（跳箱跳上 / 跳下、跳箱地面連續交互跳躍、跳過欄架、原地跳）。
  - 只有在能持續維持較短落下時間，才能增加高度
  - 5-10 下
- 奔跑跨步跳
  - 20-30 碼
- 摸籃板
- 籃球 / 排球運動員較多的垂直跳
- 速度需較多水平訓練 [226]

速度訓練 (Speed Training)

　　速度的發展對多數運動員來說是非常重要的（見 23 章）。衝刺有分 3 階段：加速度、

速度－肌力連續譜

絕對速度	速度－肌力	肌力－速度	絕對肌力
垂直跳／籃球	負重背心（10% 體重）跳躍	蹲跳（30-40% 蹲舉負重）*	1 下最大反覆次數

*Wilson, GJ, Newton, RU., Murphy, AJ., Humphries, BJ. The optimal training load for the development of dynamic athletic performance. Medicine and Science in Sport and Exercise 1993;25:1279–1286. 取自：Zatsiorsky VM. Biomechanics of strength and strength training. In: Komi PV, ed. Strength and Power in Sport. 2nd ed. Oxford, UK: Blackwell Science; 2003:114–133 (185).

圖 34.6 速度－肌力連續譜。最左是絕對速度。最右是絕對肌力。兩者間互相影響並對爆發力產生不同作用。

最大速度、速耐力。競技運動又可多添 2 個部分：減速與變向能力（見第 9 章）。訓練效果的界定，需要嚴謹的測驗方法 [227]。Valle 建議的測驗如下：

加速度－前 10-30 公尺

最大速度－通常是指 100 公尺的一半至 2/3 距離

速耐力－衝刺 150 公尺

用來發展速度的訓練方式有增強式訓練、阻力訓練、負重雪撬、上坡衝刺等（見 23 章；表 34.12）[227]。

很多運動如足球、網球、美式足球、籃球、橄欖球、棒球等，皆需要短時間高強度的衝刺，並在衝刺跑動間，進行時間非常短的恢復 [178, 228]。Bishop 與 Giard 指出「因為團體運動項目中，對一連串衝刺間，恢復與重新產生速度能力的重要性，而稱反覆衝刺的能力 (repeated-sprint ability, RSA)」[229]。RSA 是能同時有效預估職業足球比賽，其高強度跑步的距離與衝刺總距離的替代手段 [230]。

衝刺訓練原則上需要以最大速度的 95-100% 進行 [6]。這種衝刺應只維持最大強度 10 秒內或 10 秒 [231, 232]。如果最大強度的運動的時

表 34.12　速度訓練的類型

類型	重點	目標
增強式訓練	水平與垂直性的跳躍	下肢爆發力腿部與踝關節的勁度
阻力訓練	爆發力與奧運式舉重訓練 單邊訓練	肌肥大與最大肌力 傷害預防穩定度
負重的雪撬	低至中等重量注意速度的衰退	加速度
丘陵斜坡衝刺	坡度較低的上坡	加速度

取自：Valle C. Introduction to Sprints and Hurdles Course Notes. Boston, MA: Spikes Only Workshop; 2013 (227).

表 34.13　間歇性與反覆性的衝刺訓練

項目	休息時間	恢復	運動表現的衰退
間歇性衝刺運動	> 1 分鐘	幾乎完全休息	最小
反覆性衝刺運動 (RSET)	< 1 分鐘	部分	明顯

取自：Bishop D, Girard O. Repeated Sprint Ability (RSA). In: Cardinale M, Newton R, Nosaka K, eds. Strength and Conditioning: Biological Principles and Practical Applications. Oxford, UK: Wiley-Blackwell; 2011 (229).

間過長，那將會產生成績下降的狀況。這則稱作「力竭」性運動 [231, 232]。

當進行反覆衝刺，衝刺間的休息時間，可以允許長至幾近完全恢復（> 1 分鐘）[232, 233]，或部分恢復（< 1 分鐘）則可以較短 [231]（表 34.13）。

RSA 需要反覆地產生爆發力。衝刺訓練是高強度的神經驅策，目的在增加 RFD，以及降低疲勞（見 28 章）。無法完全啟動適當的肌群，將會降低力量的製造與 RSA [234]。RSET 時速度下降，跟以下幾點有關 [235]：

- 有限的能量補給
- 代謝上副產物的堆積
- 肌膜刺激的降低

研究顯示增加 RSA 的選擇如下 [235]：

- 高強度間歇訓練（80-90% 的最大攝氧量）且休息時間比進行時間還短
- 高強度間歇訓練 > 最大攝氧量（反覆 30 秒「力竭」的努力時間，配合組間休息 1.5-3 分鐘）

加速度 (Acceleration)

對運動員來說，除了衝刺以外，還有快速啟動的第一步（5 公尺），在訓練上是最具功能性的手段。籃球進行高強度跑動的時間平均是 1.7 秒，在所有高強度持續跑動中，僅 27% 比 2 秒長 [236]。類似的情況同樣發生在足球比賽 [237, 238]。

> ### 為何運動中要倚賴加速度而非最大速度
>
> 「對許多運動來說，像網球、壁球跟籃球，其選手比賽衝刺時從未到達過最大速度，因此第一步的速度（第一步的敏捷性），以及快速增加速度（加速度）的能力，將是成功運動表現中非常重要部分。」Cronin and Hansen [178]

Holmberg [239] 指出，「直線衝刺理論上無法轉移，因此要增加敏捷性」。速度訓練轉換到敏捷性表現的效果非常有限 [240-242]。Verstegen 是第一位相對較不強調直線衝刺的肌力與體能教練，而是直接進行側向與多向性的動作 [243]。加速、減速、側併步（如閃切）、交叉步、轉身步伐等，都是多數運動（籃球、足球、網球、美式足球）會使用的。功能性技術的訓練，涵蓋敏捷性，而機動性 (maneuverability) 也是專項運動速度的重點能力（參閱第 9 與 23 章）。

> ### 肌力與體能教練發展競技速度的目標
>
> 「訓練男女運動員的肌力與體能教練，知道且發展競技速度是必要的，這提供多種運動所需重要的快速第一步，以及其後的加速度。」Cronin and Hansen [178]

結語 (Summary)

SPP 是增進競技能力的有力方法。它需要以 GPP 做為基礎。專業的肌力與體能相關人士，針對達到最佳適應，以及正面保留效果方面，擬定各種訓練刺激的變項。最重要的就是不要過度訓練，尤其是高動機的運動員，如果發生受傷，那後果就是達成的目標被剝奪。Boyle 指出，「所有出色的肌力與體能教練，應要對受傷保有強烈的敏銳度」。

> 「我訓練上遇到的主要問題，不是訓練成果，而是結果。」Kraaijenhof [126]

相關問題 (RELATED ISSUES)

肌力訓練 vs 耐力訓練
(Strength versus Endurance Training)

Verkoshansky 是第一位質疑最大攝氧量為評估耐力「唯一選擇」與否的教練 [115]。Verkoshansky 取代最大攝氧量的是，肌肉有效使用氧氣的能力，是為局部肌耐力的概念 [115]。

> ### 基本運動能力測驗的王牌
> ### 基本體能測驗
>
> 「生理數值像是 MVO2 或是各項閾值，是生理變項上的測量，而非比賽變項上的測量…基本有氧能力的概念是有瑕疵的，且發展基本有氧能力是適得其反的。」Boyle [108]

Tabata 等人 [224] 比較中等強度耐力 (MIE) 運動與 HIT，對最大攝氧量及無氧能力之效果。MIE 組增加 10% 的最大攝氧量，HIT 組則增加 14% 的最大攝氧量。HIT 組無氧能力增加 28%，MIE 組為 0。

> HIT 同時增加最大攝氧量與有氧能量

Nelson 等人 [245] 認為耐力訓練會不利或干擾肌力的發展。他警告同時進行肌力與耐力訓練，會不利正常的適應，任一訓練方法上應獨自進行。中等程度的訓練，就進行肌力訓練的強度，以及耐力訓練的時間而言，抑制大多數會最小化。但 Nelson 建議較高挑戰的訓練，選擇好達到的目標是最為重要的。批判傳統週期化的本質，因為它同時訓練不同的身體素質。Issurin [111] 的板塊週期化 (BP)，為了有最佳的保留效果，在爆發力訓練上的高強度，與低強度方面，是第一個整合成連續性的週期化訓練，而非同步性的。

所以運動員的目標是什麼呢？如果要發展速度與爆發力，那就要對過度的耐力訓練有所警惕。Schexnayder [246] 表示「長期的慢速動作，會不利快縮肌的收縮」。然而，Francis 指出，「投手應具備非常好的有氧能力…他們需要有氧能力進行恢復」。爆發力很重要，但有氧能力也一樣」[146]。

因此，關鍵是找到訓練方法上的平衡。如果有牢記增加高峰表現與傷害預防的目標，而教練又可以對混合高低強度做出正確判斷。Seiler [247] 指出「成功的耐力訓練，為正確地操弄訓練強度、持續時間與頻率，而最佳的運動表現正是隱含的目標，將訓練上負面的風險最小化，以及讓達到最佳體能與運動表現的時間，可在最重要的賽事時達到」。

體能會驅使耐受度提高，因此會有更寬的安全底線。「耐力訓練」是爲了耐力而訓練。舉例來說，當速度－爆發力型的運動員，也許無法進行耐力訓練，可能得從體能訓練改善一般體能。透過建立最小的有氧基礎，其目的則放在幫助恢復，以及反覆產生爆發力。

作功可用量的兩難 (The Capacity Dilemma)

一旦動作能力被確保，焦點則會放在能量 (capacity)（圖 34.4）。強調高強度與低訓練量增加的作功能量，與低強度高訓練量增加的心輸出量之間，一直保有爭論[10, 248]。即使菁英運動員可用時間也有限，很難就各種競技能力與能量進行全面性的訓練。因此設定訓練目標的先後順序，成爲訓練課表的關鍵步驟。

Boyle 指出，成功的運動員在所主導的運動中，速度與爆發力比耐力有更多的事情要處理[48]。Boyle 支持像是冰球、美式足球，在訓練上應強調高強度，因爲在比賽時的休息時間較長。舉例來說，冰球是 3-1（45 秒換人 / 1 上 2 下），而美式足球是 8-1（比賽中有 5 秒呈活動狀態 / 40 秒休息）。然而，像是武術、拳擊、自行車或足球之類的運動，訓練員或教練則需要強調有氧能力的增加。

穩定狀態的有氧訓練，是耐力訓練主要重點，但教練有限的時間，用這種方式訓練運動員，可能是無效率的使用運動員的時間[5, 248]。因此，體能訓練應有策略性的編排。

能量 (capacity) 是爆發力的基礎。也許這是爲何像是靜態性運動員如棒球選手，可以自跨項訓練如足球、網球或籃球，產生整體體能的效益，因爲不只訓練有氧能力，還有訓練到停與動的能力。Ward 表示，能量是可以長時間進行某件事，像是馬拉松，或是可以在最小或不完整的休息間，反覆高功率輸出的能力。

多數運動同時結合爆發力與**耐力** (endurance)，一些運動很明確的在頻譜的單一端或另一端（表 34.14）。健力或鐵餅選手，會在爆發力端，而長距離選手則會在耐力端。要編排運動員訓練計畫時，要先評估所屬運動位在頻譜何處。Ward 表示，「發展訓練計畫要謹記運動項目在連續圖中的落點，並確認運動員對運動需求上的準備… 一旦知道運動項目在連續圖的位置，然後就可對運動員進行測試，確認目前所擁有的與缺乏的能力。」這才允許策畫訓練[49]。

表 34.14	運動項目中爆發力到耐力的頻譜	
極端爆發力	**中等爆發力**	**耐力**
反覆少 / 休息長 無氧	反覆頻繁 / 休息短 混合（間歇性）	反覆少 / 無休息 有氧
奧運式舉重	混合武術	長距離跑
健力	拳擊	游泳
短跑衝刺	網球	划船
跳躍	棒球的投球	越野滑雪
鉛球	足球運動	自行車（長距離）
標槍	橄欖球、足球	
棒球的打擊	籃球	
投擲	交叉健身 (cross-fit)	
	冰球	
	美式足球	
	長曲棍球	

爆發性運動員像是鉛球或是耐力運動如長距離跑，都需要能量，但能量有各自運動的專屬性，因此可定義爲**作功能量** (work capacity)。能量通常被認爲與長距離作功有關（如耐力），而爆發力就更短，且因時間而異。但作功能量，即使是位在爆發力端，它是反覆努力進行的。

因此，耐力運動員需要些許爆發力，爆發性運動員則需要些許耐力。至於頻譜的每項運動，會在連續圖中介於爆發力與耐力之間，但有許多重疊狀況，是因爲不同生物能量的需求之故（如乳酸、非乳酸等）。

大多數運動（美式足球、足球、籃球等），是在頻譜的中間集團，稱爲間斷性運動。這些運動的需求特性，爲高強度，間斷性運動中間夾著低強度運動。這些運動對心肺與代謝的需求，可透過簡易的生理測量來評估，如心跳率或血乳酸[50]。這類型的運動員，會經歷屬有氧與無氧代謝路徑的高度需求。肌肉肝醣對製造能量非常重要（圖 34.2）。肝醣耗盡理論上扮演疲勞的角色，直到無法訓練或比

賽。然而，新的研究發現，短時間且激烈性間斷運動產生的疲勞，無關乎肌肉 CP、乳酸、酸鹼值或肝醣 [51]。不同的運動有不同的生理需求，即使運動項目一樣，還是會有主要的個人差異，這則與身體能力與戰術角色有關。因此，主導的肌力與體能教練，會整合運動員技戰術與生理需求至所屬之體能訓練。Bangsbo 等人 [250] 指出「菁英運動員的訓練，應聚焦在改善進行激烈運動，與自高強度運動下快速恢復的能力」。這會在定期進行有氧訓練與無氧訓練來完成。

間斷性運動如美式足球、橄欖球、游泳、足球與自行車，皆需要有氧與無氧的能量來源。Laursen [252] 指出，有氧能量供應 75 秒以上非最大努力，主要總體能量需求。因此這些運動訓練的主要目標，在增加有氧代謝能力。Laursen 發現經 2-4 週 6-8 次的 HIT 訓練課（處於或高於最大攝氧量的強度）後，配合低強度運動或休息交替的進行，對訓練有素的運動員可增加激烈運動的表現。

訓練的**極化** (polarized) 方法，總訓練量的 75% 或更多，會以低強度進行，而 10-15% 則以高強度進行，這最佳訓練強度的分配，用來訓練進行激烈運動的精英運動員 [252]。

> **訓練你的運動員避開「黑洞」**
>
> Seiler 等就間斷性或耐力性運動員提出以下 [137]：
> - 輕鬆的訓練日就應維持輕鬆
> - 嚴峻的訓練日則嚴峻但不過度
> - 避免中間區域（黑洞）－剛好就在乳酸閾值上

像足球運動的中場選手，連續譜會在極端爆發性與耐力之間 [253]。足球比賽進行期間，菁英選手會跑超過 8 公里，跑步平均強度則接近乳酸閾值 [238, 254]。頻繁執行高強度的運動像是衝刺，則端賴無氧或乳酸能力。Reilly [238] 指出衝刺特性如下：
- 大約每 90 秒進行 1 次
- 最少 2-4 秒
- 由 < 11% 的比賽距離組成

優秀的青少年團體項目運動員，衝刺的次數大約 6-12 次 [255]。因此訓練上應注意生物能量上的需求。

對運動員所屬運動之耐力，以及間斷爆發性所需進行檢測的「黃金準則」是 Yo-Yo 間斷性跑的恢復測驗 (Yo-Yo Intermittent Recovery test) [256]。這對足球、網球、籃球等運動來說是很好的測量方式。這項測驗是評估運動員，隨時間增加反覆進行間斷運動能力。這在評量運動員進行反覆激烈運動，以及觀察運動員體能長時間過程的變化 [256]。

Yo-Yo IR 顯示出對運動表現改變的觀察上，較檢測最人攝氧量敏銳 [256]。Yo-Yo IR 時，有氧負荷接近最大值，無氧能量系統也同樣高度使用 [256]。改良式的檢測方式稱 Yo-Yo 間歇耐力測驗 2 (Yo-Yo Intermittent Endurance Test 2)，這也可以區分選手在間斷性運動表現的可信度 [257]：
- 菁英選手跟一般選手的狀態
- 比賽期間不同的階段
- 不同的位置

> 要「在不操死野獸的情況下發展有氧能力，以及讓他們轉變成耐力運動員。」Ward [249]

耐力運動員 (The Endurance Athlete)

耐力運動員有特殊的挑戰。耐力項目的跑步能力，如馬拉松與許多因素相關，這些因素，如高心輸出量，高比率的氧輸送到工作肌，高最大攝氧量，移動效率的能力 [258]。移動效率稱為跑步經濟性 (running economy; RE)。跑步經濟性是主要的因素，因為它是傑出運動員中，最大攝氧量相當接近的人，影響成績表現的重要關鍵 [259]。此外，它似乎是相當可變的 [258]。Dumke 等 [260] 指出，這特別是在 800 公尺以上的距離。Dumke 等人 [260] 也發現，在 800 公尺以上或時間持續數分鐘時，最大攝氧量就跟運動成績沒有相關。同樣的，Lucia 等 [259] 發現，最大攝氧量與騎車經濟性成負相關。

跑步經濟性指某一個非最大速度下的能量需要量（氧消耗量）[260, 261]。它由穩定狀態下的氧消耗量 (VO_2) 與呼吸交換率來評估 [260]。增加跑步經濟性的介入，是耐力運動員與他們教練

> **跑步經濟性受生理與生物力學因素的影響**
>
> 生理學因素：肌肉內的代謝適應，如增加的粒線體與氧化酵素。
> 生物力學因素：肌肉能增加勁度 (stiffness)，儲存與釋放彈性能的能力。

們的「聖杯 (holy grail)」。研究顯示，增加跑步經濟性的因素，包括 HIT、增強式訓練、高地訓練、山野訓練與熱曝露等 [258]。

肌力訓練被認為可以增加肌肉彈性能的應用，同時讓減速更有效率。非訓練者與訓練者都可以增加跑步經濟性 [262-264]。短時間的增強式訓練或爆發肌力訓練，也能增加跑步能力與跑步經濟性 [262,265-269]。曾有一個研究顯示 8 週的最大肌力訓練，能在沒增加最大攝氧量的情況下，提升了跑步經濟性 [270]。

Rønnestad 等人 [120] 指出，為自由車選手規劃的耐力訓練計畫對他們的成功相當重要。BP 方法，以連續的而非同時的訓練重要要素，即便是訓練量與強度相當，會有較好的訓練效果。特殊的增強效果，包括最大攝氧量、最大有氧動力與功的輸出量。

一個新奇的發現，顯示訓練有素的跑者，肌肉勁度越大，跑步經濟性越高 [260]。尤其，小腿跟腱勁度與跑步經濟性相關 [271]。研究顯示，肌力訓練與增強式訓練都能影響肌腱勁度特質 [272-274]。

勁度與跑步經濟性的相關

「能量至動作的轉換，包括肌肉與肌腱彈性能的彈回。勁度較高的肌肉與肌腱，更能效率地轉換能量，也不需額外地增加氧消耗量。」Dumke 等人 [260]

功能性訓練 (Functional Training)

功能性訓練（也參閱第 7 章）是針對運動特殊技術目標取向的訓練。可能在日常生活中、作業中或運動中，通常是全身體，包括 3 向度的動作。相反的，傳統的肌力訓練，通常是單獨針對某肌肉，而非整合的形式訓練。

所用的訓練運動，包括收縮形態、動作平面與速度等，更像實際的活動，更像在家、在運動場或工作場所功能的改善。這是熟知的轉換訓練效果，它遵循 SAID（針對訓練的特殊訓練；specific adaptation to imposed demands）原則 [275-277]。配合著 SAID 原則，運動系統將特別適應於對它所進行的要求形態。訓練效果因速度 [275,278]，以及位置（即關節角度）而異 [279,280]。證據顯示訓練的變化，因長度、因工作與因速度而異 [279,281]。

所以，如果訓練計畫沒有針對個人的特殊功能需求，將無法達到訓練目標。不過，企圖並不是要盡量「模仿」運動執行時的動作。以增強式運動訓練減速的能力，是一個很好的例子。根據 Dietz 與 Peterson [282]，「改善運動表現的關鍵是以較少的時間產生更大的力量。如果運動員可以離心地吸收更大的力，結果，將能以較少的時間，應用更高的向心力量。」

目標是訓練動作 (movements)，而非肌肉 [283]。肌力可以單單透過神經適應，改變神經的水平就能增加 [284]。在神經生理學變化發生後，接著發生了形態方面的改變 [277,280]。Enoka [284] 說了著名的一句話，「神經方面的改變，先於形態上的改變」。

訓練大腦

「神經系統對於肌肉一無所知，大腦想到的是動作，而非肌肉。」（通常出自於 Lord Sherrington；Chang 等人）[285]

功能性訓練有它的長處，也有它的缺點。長處之一是訓練了穩定性與平衡。缺點是絕對肌力與爆發力將常被忽略。Verkhoshansky（「增強式訓練之父」）與 Siff 的超級訓練 (supertraining) 提出了平衡的觀點。「研究顯示雙側訓練的肌力轉移（如蹲舉與上膊），提供了雙側項目特殊能力的改善，而單側訓練（如使用啞鈴或弓步上膊）更有效地改善諸如跑步、跳躍或空手道之類單側運動的運動表現」。

Tsatsouline 與 John 強調，最近在功能性訓練圈子裡，經常捨棄雙邊的運動，是不符合 GPP 目標的。「蹲舉、凳上推舉與硬舉給了神經肌系統與內分泌系統很大的刺激，也讓一個人變得更加強壯。」蘇聯的空手道專家，Kocherghin 強調，「肌力是需要的，獲得肌力，最快與最可行的管道是健力 (powerlifting)」[140]。沒有肌力當基礎，功能性訓練變成一個年輕運動員箭袋裡沒效率的箭。

Schexnayder [286] 指出，「我是一個功能性訓練粉絲，但是我並沒有完全地依賴它，我經常地還是保持更老的傳統方法。」他繼續陳述肌力訓練的關鍵，是「在一再反覆的過程中，肌組織活化的數量」。這是功能性訓練最失敗的地方。最主要的例外是奧林匹克舉重，誠如 Schexnayder 所言，「粗大的動作訓練配合功能性訓練，將傳統方法結合新方法，相得益彰。」

矯正運動 (Corrective Exercise)

許多運動傷害防護員做得像物理治療師或復健師，因為他們做了許多矯正運動，做了很少的 GPP 或 SPP。矯正運動對於復健與傷害預防都很重要 [238]（參閱第 6 與第 7 章）。不過，對於運動員的發展、降體重、一般體能等，GPP 首先需要，也最為重要。

有需要在矯正運動策略、GPP 與 SPP 間取得平衡。顯然的，我們應該避免如 Cook 所說的，企圖在「功能障礙上強化肌力」[283]。然而，Lewit 解釋「勿試著去教完美的動作形態。矯正引起問題的主要錯誤所在」[287]。訓練的藝術介在向上培育運動員與將他們分解下來之間的一條線上。如果我們過份著重矯正運動，我們會將運動員往後拉扯，而如果我們走得太快地加強肌力訓練，運動員將會崩解。目標在於適應。矯正運動無法產生適應，因為它們是低於刺激閾值的。

呼應 Lewit's 的理念，Kraaijenhof 經常在找尋違反生物力學原理而可能是最近傷害原因的最為脆弱與習慣性的錯誤。「一些教練耽心干預有天分的運動員，尤其當他們正處於相當高的水準。我想這對運動員是很不公平的。因為主要的冒犯充其量只是讓他們筋疲力盡，或產生慢性代償性的形態，終極導致較差的功能。」關鍵是矯正運動無法取代 GPP 或 SPP。它只是準備的動作或「熱身動作」。

有一些關於 Valle 方法的重要範例：
- 不要急著用外在負荷進行肌力訓練
- 載重的運動有較少的招式動作，協同移動額外身體負荷，因此可以預防身體的不平衡以及錯誤的動作形態之形成。
- 載重的運動也可以改善協調與肌耐力。

測量議題 (Measurement Issues)

有關訓練一位運動員的決定，需要進行能力、能量與需求評估（參閱第 5 與第 6 章）。這是計畫調整與進展追蹤唯一的方法。Kraaijenhof 囑咐我們多學習評估我們運動員的不同方式。「每一次訓練後，我們創造出許多超補償曲線，不只一曲線。因為，我們一直同時刺激中樞神經系統、心肺系統、自律神經系統、神經肌系統、荷爾蒙系統。問題是它們超補償的時間並不相同。不可能控制所有因素，同時，沒有任何單一因素可以給你完整的樣貌：只有心跳率不行，只有乳酸不行，只有睪固酮不行，只有心率變異也不行。不同的運動項目、訓練、運動員與目標，我嘗試從訓練中，捕捉主要挑戰的生理系統，同時追蹤它們。」

可以測量的運動員的發展對於團隊的成功

是很重要的（參閱第 2 章）。不只是團隊的平均跳躍高度（反向跳躍與站立垂直跳）與團隊的成功呈正相關，腿伸展爆發力與身體組成（體脂肪％）也與全隊總傷害請假天數呈負相關[289]。

測驗必需選擇對運動員有意義的（參閱第 7 章）。它必須對教練的個別化訓練計畫、評估傷害危險率或恢復狀態有幫助。測驗必須是有效的、可信的、專屬性的；有常模資料的；省時的；同時經濟的。測驗前需做熱身運動。長時間的靜態伸展必須避免，因為它會降低短期內的肌力與爆發率[290]。

測驗有診斷性的（參閱表 7.2）[291, 292]。有生物力學參數，諸如功能性動作形態測驗（即蹲、弓步與平衡等），或能量測驗（即側棒式耐力、10RM 仰臥推舉、間歇衝刺等）。運動表現為基礎的「NFL 組合」式樣評估，可由垂直跳、60 公尺速度、3 角錐側向敏捷測驗等組合（參閱表 7.23）。還有更細膩的運動能力測驗，如 RSA（參閱前述內容）。同時，更有價值的是季前的運動員的準備程度測驗，可以查核是否達到 FMS 所訂的基本動作能力[77, 293, 294]。

所有能量的測驗都需符合現實心理的。所以，訓練中或訓練後的運動自覺量 (RPE) 測驗很重要。Borg 的 RPE 量表雖然它是對於運動員究竟付出多少努力程度的主觀的評估，是一黃金標準[295, 296]。研究結果顯示，肌力與呼吸的 RPE 與運動測驗時之呼吸困難與腿疲勞程度的無氧閾值 (AT) 相關[297]。無氧閾值是評估有氧能量，以及不同族群處方可以接受的生理學標準[298, 299]。Borg 量表也可以判定運動強度。這一量表的使用相當簡單，而且，較之使用呼吸測力儀器的測量無氧閾值，這種量表價位低廉[300-302]。因此，諸如 Borg 量表，主觀的、容易執行的問卷，是有效的，可以利用於實驗室外之測量，使用於團隊運動。

測量的最重要目的之一是疲勞的鑑定。根據 Newton，「⋯運動員當他們安靜與恢復，取得更強壯、更大與更快時，他們實際上在訓練時並不如此⋯」。Cormack 等[303]指出，每週實施簡單運動能力的測驗，如垂直跳測驗，可以看出與皮質醇 (cortisol) 相關的運動能力的退步。這可以幫助運動發展團隊採取行動，幫助運動員調整重要的訓練要素，如訓練量、強度或訓練模式，或使用附加的措施來促進恢復（即休息、飲食、增補劑、手療等）。

> 「對於任何運動員進行評估的計畫，對於最佳化訓練設計、降低傷害與疾病風險、增加運動生命以及最佳化運動表現是非常重要的。正如諺語所說的，'你無法管理你無法測量的'，同樣地能夠應用在運動員與事業上。」Newton 與 Cardinale [304]

結語 (CONCLUSIONS)

復健、訓練與恢復相輔相成。希望閱讀了這本書的這一章，將可幫助讀者，在茫茫大海中，在復健與運動員發展的兩個島嶼中找出方向。

當運動員的目標、能力與能量放在腦海中，透過多年的努力，逐漸打造運動員的基礎，傷害管理以及保證巔峰表現就可望達成。一些需要避免的坑穴，如早期專業化、過多訓練量、過度強調矯正運動、在沒有強化肌力與爆發力的情況下強調「功能性」訓練或讓運動員運動項目需求上之有氧對作業能量訓練的比率失去平衡等。

運動表現的最佳化是訓練的目標。我們如何訓練運動員改善內在動機、建立 GPP 基礎、以及更精準的，以合適的 SPP 量與正確時機，是運動員發展範例的基本支柱。本章企圖編織革命性的運動訓練防護員與運動科學人員間的「諾亞方舟」，他們的貢獻將可讓我們搭建起從復健到運動員發展的橋樑。

參考文獻 (REFERENCES)

1. Bompa TO, Haff GG. Periodization: Theory and Methodology of Training. 5th ed. Champaign, IL: Human Kinetics; 2009.
2. Lewit K. Lecture Notes. Charles University, Prague; 1993.
3. Kerr NL, Tindale RS. Group performance and decision making. Annu Rev Psychol 2004;55:623–655.
4. McGarry T. Applied and theoretical perspectives of performance analysis in sport: scientific issues and challenges. Int J Perform Anal Sport 2009;9:128–140.
5. Gambetta V. Athletic Development: The Art & Science of Functional Sports Conditioning. Champaign, IL: Human Kinetics; 2007.
6. Vermeil A, Hansen D, Irr M. Periodization: Training to develop force that applies to sports performance. Lect Notes.

7. Bailey R, Hillman C, Arent S, Peitpas A. Physical activity: an underestimated investment in human capital? J Phys Act Health 2013;10:289–308.

8. Lopes L, Santos R, Pereira B, Lopes VP. Associations between sedentary behavior and motor coordination in children. Am J Hum Biol 2012;24:746–752.

9. Syväoja HJ, Kantomaa MT, Ahonen T, Hakonen H, Kankaanpää A, Tammelin TH. Physical activity, sedentary behavior, and academic performance in Finnish children. Med Sci Sports Exercise 2013. Online April 2013.

10. Kwak L, Kremers SP, Bergman P, Ruiz JR, Rizzo NS, Sjostrom M. Associations between physical activity, fitness, and academic achievement. J Pediatrics 2009;155(6):914–918.

11. Carlson SA, Fulton JE, Lee SM, et al. Physical education and academic achievement in elementary school: data from the Early Childhood Longitudinal Study. Am J Public Health 2008;98(4):721–727.

12. Nike, Inc. Designed to Move. http://www.designedtomove.org/en_US/?locale=en_US, 2012.

13. U.S. Department of Health and Human Services. Physical Activity Guidelines Advisory Committee Report, 2008. Washington, DC: USDHHS; 2008.

14. Lee I, Shiroma E, Lobelo P, Puska P, Blair S, Katzmarzyk P, for the Lancet Physical Activity Series Working Group. Effect of physical inactivity on major non-communicable diseases worldwide: an analysis of burden of disease and life expectancy. Lancet 2012;380(9838):219–229.

15. Das P, Horton R. Rethinking our approach to physical activity. Lancet 2012;380(9838):189–190. doi:10.1016/S0140-6736(12)61024–61021.

16. Drabik J. Children and Sports Training: How Your Future Champions Should Exercise. Island Pond, VT: Stadion; 1996.

17. Piaget J. The Psychology of the Child. New York: Basic; 1969.

18. Gallahue DL, Ozmun JC. Understanding Motor Development. Madison, WI: Brown and Benchmark; 1995.

19. McMorris T, Hale T. Coaching Science: Theory into Practice. West Sussex, England: Wiley; 2006.

20. Anderson DI, Magill RA, Thouvarecq Q. Critical periods, sensitive periods, and readiness for motor skill learning. In: Hodges NJ, Williams AM, eds. Skill Acquisition in Sport: Research, Theory and Practice. 2nd ed. London: Routledge; 2012.

21. Johnson JS, Newport EL. Critical period effects in second language learning. Cognit Psychol 1989;21:60–99.

22. Habib M, Besson M. What do music training and musical experience teach us about brain plasticity? Music Perception 2009;26:279–285.

23. Watanabe D, Savion-Lemieux T, Penhune VB. The effect of early musical training on adult motor performance: evidence for a sensitive period in motor learning. Exp Brain Res 2007;176:332–340.

24. Blanksby BA, Parker HE, Bradley S, Ong V. Children's readiness for learning front crawl swimming. Austr J Sci Med Sport 1995;27:34–37.

25. Simonton DK. Emergence and realization of genius: the lives and works of 120 classical composers. J Personality Social Psychol 1991;61:829–840.

26. Hensch TK. Critical period regulation. Annu Rev Neurosci 2004;27:549–579.

27. Knudsen EI. Sensitive periods in the development of brain and behavior. J Cognit Neurosci 2004;16:1412–1425.

28. Singer R. Motor Control and Human Performance. London: Macmillan; 1968.

29. Balyi I, Hamilton A. Long-term athlete development: trainability in childhood and adolescence. Olympic Coach 1993;16:4–9.

30. Higgs C, Balyi I, Way R. Developing Physical Literacy: A Guide for Parents of Children ages 0 to 12: A supplement to Canadian Sport for Life. Vancouver, BC: Canadian Sport Centres; 2008.

31. Way R, Balyi I, Grove J. Canadian Sport for Life: A Sport Parent's Guide. Ottawa, ON: Canadian Sport Centres; 2007.

32. Balyi I, Hamilton A. Long-term athlete development update: trainability in childhood and adolescence. Faster Higher Stronger 2003;20:6–8.

33. Bailey RP, Collins D, Ford P, MacNamara Á, Toms M, Pearce G. Participant Development in Sport: An Academic Review. Leeds: Sports Coach UK; 2010.

34. Bailey R, Collins D. The standard model of talent development and its discontents. Kinesiol Rev 2013;2:248–259.

35. Ericsson KA, Krampe RT, Tesch-Romer C. The role of deliberate practice in the acquisition of expert performance. Psychol Rev 1993;100:363–406.

36. Baker J, Côté J, Abernethy B. Sport-specific practice and the development of expert decision-making in team ball sports. J Appl Sport Psychol 2003;15:12–25.

37. Williams AM, Ford PR. Expertise and expert performance in sport. Int Rev Sport Exerc Psychol 2008;1:4–18.

38. Côté J, Lidor R, Hackfort D. ISSP position stand: to sample or to specialize? Seven postulates about youth sport activities that lead to continued participation and elite performance. J Sport Exerc Psychol 2009;9:7–17.

39. Emrich E, Güllich A. Zur Evaluation des deutschen Fördersystems im Nachwuchsleistungssport [Evaluation of the German support system for young elite athletes]. Leistungssport 2005;35:79–86.

40. Baker J, Deakin J, Côté J. On the utility of deliberate practice: predicting performance in ultra-endurance triathletes from training indices. Int J Sport Psychol 2005;36:225–240.

41. Van Rossum JHA. Giftedness and talent in sport. In: Shavinina LV, ed. International Handbook on Giftedness Dordrecht: Springer; 2009:751–791.

42. Carlson R. The socialization of elite tennis players in Sweden: an analysis of the players' background and development. Social Sport 1988;5:241–256.

43. Barynina II, Vaitsekhovskii SM. The aftermath of early sports specialization for highly qualified swimmers. Fitness Sports Rev Int 1992;27:132–133.

44. Lidor R, Lavyan Z. A retrospective picture of early sport experiences among elite and near-elite Israeli athletes: developmental and psychological perspectives. Int J Sport Psychol 2002;33:269–289.

45. Vaeyens R, Güllich A, Warr CR, Philippaerts R. Talent identification and promotion programmes of Olympic athletes. J Sports Sci 2009;27:1367–1380.

46. Boyd MP, Yin Z. Cognitive–affective sources of sport enjoyment in adolescent sport participants. Adolescence 1996;31:383–395.

47. Martens R. Psychological perspectives. In: Cahill BR, Pearl AJ, eds. Intensive Participation in Children's Sports. Champaign, IL: Human Kinetics; 1993:9–18.

48. Côté J, Baker J, Abernethy B. Practice and play in the development of sport expertise. In: Eklund RC, Tenenbaum G, eds. Handbook of Sport Psychology. 3rd ed. Hoboken, NJ: John Wiley & Sons; 2007.

49. Gould D, Udry E, Tuffey S, Loehr J. Burnout in competitive junior tennis players: Pt. 1. A quantitative psychological assessment. Sport Psychologist 1996;10:322–340.

50. Abbott A, Collins D. Eliminating the dichotomy between theory and practice in talent identification and development: considering the role of psychology. J Sports Sci 2004;22(5):395–408.

51. Hyman M. Until it Hurts: American's Obsession with Youth Sports and How It harms Our Kids. Boston: Beacon Press; 2009.

52. Law MP, Côté J, Ericsson KA. Characteristics of expert development in rhythmic gymnastics: a retrospective study. Int J Sport Exerc Psychol 2007;5:82–103.

53. Baker J. Early specialization in youth sport: a requirement for adult expertise? High Ability Stud 2003;14:85–94.

54. Baker J, Cobley S, Fraser-Thomas J. What do we know about early sport specialization? Not much! High Ability Studies 2009;20(1):77–89.

55. Coakley J. The 'logic' of specialization: using children for adult purposes. J Phys Educ Recreation Dance 2010;81(8):1–58.

56. David P. Human Rights in Youth Sport: A Critical Review of Children's Rights in Competitive Sport. London: Routledge; 2004.

57. Collins D, Bailey R, Ford P, MacNamara A, Toms M, Pearce G. Three worlds: new directions in participant development in sport and physical activity. Sport Educ Soc iFirst article, 2011:1–19.

58. Bailey R, Collins D. The standard model of talent development and its discontents. Kinesiol Rev 2013;2:248–259.

59. Shields DL, Bredemeier BL. True Competition: A Guide to Pursuing Excellence in Sport and Society. Champaign, IL: Human Kinetics; 2009.

60. Ford PR, De Ste Croix M, Lloyd R, et al. The long-term athlete development model: physiological evidence and application. J Sports Sci 2011;29:389–402.

61. Ericsson KA, Nandagopal K, Roring RW. Giftedness viewed from the expert-performance perspective. J Educ Gifted 2005;28:287–311.

62. Epstein D. The Sports Gene: Inside the Science of Extraordinary Athletic Performance. New York: Penguin Books; 2013.

63. Marcus G. Guitar Zero: The Science of Becoming Musical at Any Age. New York: Penguin; 2012.

64. Gladwell M. Outliers: The Story of Success. New York: Little, Brown, and Co.; 2008.

65. Coyle D. The Talent Code. New York: Bantam Dell; 2009.

66. Hambrick DZ, Meinz EJ. Limits of the predictive power of domain-specific experience. Curr Directions Psychol Sci 2011;20:275–279.

67. Campitelli G, Gobet F. Deliberate practice: necessary but not sufficient. Curr Directions Psychol Sci 2011;20:280–285.

68. Hambrick DZ, et al. Deliberate practice: is that all it takes to become an expert? Intelligence (Sched. publication 2014).

69. Moesch K, Elbe A-M, Hauge M-LT, Wikman JM. Late specialization: the key to success in centimetres, grams, or seconds (CGS) sports. Scand J Med Sci Sports 2011;21:6: e282–e290.

70. Janelle CM, Hillman CH. Current perspectives and critical issues in expert performance in sport. In: Sharkes JL, Ericsson KA, eds. Advances in Research on Sport Expertise Champaign, IL: Human Kinetics; 2003.

71. Ekstrand J, Gillquist J, Moller M, et al. Incidence of soccer injuries and their relation to training and team success. Am J Sports Med 1983;11:63–67.

72. Colibaba ED, Bota I. Jocurile Sportive: Teoria si Medodica. Bucuresti: Editura Aldin; 1998.

73. Moran A. Sport and Exercise Psychology Textbook: A Critical Introduction. 2nd ed. East Sussex, England: Routledge; 2012.

74. Kraemer WJ, Fleck SJ, Callister R, et al. Training responses of plasma beta-endorphin, adrenocorticotropin, and cortisol. Med Sci Sports Exerc 1989;21:146–153.

75. Gallahue DL, Ozmun JC. Understanding Motor Development: Infants, Children, Adolescents, Adults. Boston: McGraw Hill; 2006.

76. Lubans DR, Morgan PJ, Cliff DP, et al. Fundamental movement skills in children and adolescents: review of associated health benefits. Sports Med 2010;40:1019–1035.

77. Myer GM, Faigenbaum AD, Ford KR, et al. When to initiate integrative neuromuscular training to reduce sports-related injuries and enhance health in youth? Am College Sp Med 2011;10:157–166.

78. Malina RM, Cumming SP, Morano PJ, et al. Maturity status of youth football players: a noninvasive estimate. Med Sci Sports Exerc 2005;37:1044–1052.

79. Abbott A, Easson B. The mental profile. In: Hale BD, Collins D, eds. Rugby Tough Champaign, IL: Human Kinetics; 2002:17–33.

80. Gallahue DL, Ozmun JC. Understanding Motor Development: Infants, Children, Adolescents and Adults. 5th ed. Dubuque, IA: McGraw-Hill; 2002.

81. Fulton J, Burgeson C, Perry G, et al. Assessment of physical activity and sedentary behavior in preschool-age children: priorities for research. Pediatric Exerc Sci 2001;13:113–126.

82. Okely A, Booth M, Patterson J. Relationship of physical activity to fundamental movement skills among adolescents. Med Sci Sports Exerc 2001;33:1899–1904.

83. Payne V, Isaacs L. Human Motor Development: A Lifespan Approach. Mountain View, CA: Mayfield Publishing Company; 1995.

84. Faigenbaum AD, Kraemer WJ, Blimkie CJ, et al. Youth resistance training: updated position statement paper from the national strength and conditioning association. J Strength Cond Res 2009; 23:S6079.

85. Faigenbaum A, Farrell A, Radler T, et al. Plyo Play: a novel program of short bouts of moderate and high intensity exercise improves physical fitness in elementary school children. Phys Educ 2009;69:37–44.

86. Schmidt RA, Wrisberg CA. Motor Learning and Performance: A Problem Based Learning Approach. Champaign, IL: Human Kinetics; 2000.

87. Deci EL, Ryan RM. Intrinsic Motivation and Self-Determination in Human Behavior. New York: Plenum Press; 2000.

88. Duckworth AL, Kirby TA, Tsukayama E, Berstein H, Ericsson KA. Deliberate practice spells success: why grittier competitors triumph at the National Spelling Bee. Social Psychol Personality Sci 2012;2:174–181.

89. Bonneville-Roussy A, Lavigne GL, Vallerand RJ. When passion leads to excellence: the case of musicians. Psychol Music 2011;39:123–138.

90. Winner E. Gifted Children: Myths and Realities. New York: Basic Books; 1996.

91. Howe MJA. Genius Explained. New York: Cambridge University Press; 1999.

92. Duckworth AL, Peterson C, Matthews MD, Kelly DR. Grit: Perseverance and passion for long-term goals. J Personality Social Psychol 2007;92(6):1087–1101.

93. Bridge MW, Toms MR. The specialising or sampling debate: a retrospective analysis of adolescent sports participation in the UK. J Sports Sci 2013;31(1):87

94. Fitts PM, Posner MI. Human Performance. Oxford, England: Brooks and Cole; 1967.

95. Davids K, Button C, Bennett S. Dynamics of Skill Acquisition: A Constraints-Led Approach. Champaign, IL: Human Kinetics Publishers; 2008.

96. Davids, K. The constraints-based approach to motor learning: Implications for a non-linear pedagogy in sport and physical education. In: Renshaw I, Davids K. Savelsbergh GJP, eds. Motor Learning in Practice: A Constraints-Led Approach. Routledge: New York; 2010:3–16.

97. Renshaw I, Davids K, Savelsberg GJP, eds. Motor Learning in Practice: A Constraints-Led Approach. London: Routledge; 2010:3–17.

98. Brymer E, Renshaw I. An introduction to the constraints-led approach to learning in outdoor education. Austr J Outdoor Educ 2010;14(2):33–41.

99. Magill R. Motor Learning and Control: Concepts and Applications. 9th ed. New York: McGraw Hill; 2011.

100. Jeffries I. Motor learning—applications for agility, part 2. National Strength and Conditioning Association. Strength Cond J 2006;28(6):10–14.

101. Hensch TK. Critical period regulation. Annu Rev Neurosci 2004;27:549–579.

102. Kundsen EI. Sensitive periods in the development of brain and behavior. J Cognit Neurosci 2004;16:1412–1424.

103. Howard RW. Longitudinal effects of different types of practice on the development of chess expertise. Appl Cognit Psychol 2012;26:359–369.

104. Gulbin JP, Croser MJ, Morley EJ, Weissensteiner JR. An integrated framework for the optimisation of sport and athlete development: a practitioner approach. J Sports Sci 2013;31(12):1319–1331.

105. Matveyev L. Periodization of Sports Training. Moscow: Fizkultura I Sport; 1965.

106. Matveyev LP. Fundamentals of Sport Training. Moscow: Progress Publishers; 1981.

107. Schexnayder B. Managing Training Adjustments for Speed and Power. http://sacspeed.com/index.php?option=com_content&task=view&id-40&Itcmid-58

108. Boyle M. Advances in Functional Training. Aptos, CA: On Target Publications; 2010.

109. Galvin B, Ledger P. A Guide to Planning Programmes. London: Sports Coach UK; 2003.

110. Jamieson J. The Ultimate Guide to HRV Training. Seattle, WA: Performance Sports Inc.; 2012:20.

111. Issurin VB. Block Periodization: Breakthrough in Sport Training. 1st ed. Ultimate Athlete Concepts; 2008.

112. Issurin VB. New horizons for the methodology and physiology of training periodization. Sports Med 2010;40(3):189–206.

113. Bondarchuk AP. Transfer of Training in Sports, Vol. II. Ultimate Athlete Concepts; 2007.

114. Bondarchuk AP. Transfer of Training in Sports. Ultimate Athlete Concepts; 2010.

115. Verkoshansky V, Siff M. Supertraining. 6th ed. Denver, CO: Supertraining International; 2009.

116. Verkoshansky V. Organization of the training process. New Stud Athl 1998;13(3)21–31.

117. Verkoshansky Y. The end of 'periodization' in the training of high-performance sport. Mod Athl Coach 1999;37(2):14–18.

118. Stone MH, O'Bryant HS, Schilling BK, et al. Periodization part 2: effects of manipulating volume and intensity. Strength Cond J 1999;21(3):54–60.

119. Graham J. Periodization: research and an example application. Strength Cond J 2002;24(6):62–70.

120. Rønnestad BR, Hansen J, Ellefsen S. Block periodization of high-intensity aerobic intervals provides superior training effects in trained cyclists. Scand J Med Sci Sports 2014;24(1):34-42..

121. Kiely J. Periodization paradigms in the 21st century: evidence-led or tradition-driven? Int J Sports Physiol Perform 2012;7:242–250.

122. Foster C. Monitoring training in athletes with reference to overtraining syndrome. Med Sci Sports Exerc 1998;30:1164–1168.

123. Smith DJ. A framework for understanding process leading to elite performance. Sports Med 2003;33:1103–1126.

124. Kellmann M, ed. Enhancing Recovery: Preventing Underperformance in Athletes. Champaign, IL: Human Kinetics; 2002.

125. Evely D. Past & Present Trends in Periodization. CACC Throws Conference 2013.

126. Kraaijenhof H. Introducing 2013 Seminar Presenter-Henk Kraaijenhof. http://www.cvasps.com/introducing-2013-seminar-presenter-henk-kraaijenhof/

127. Jamieson J. Periodization Models (Podcast) www.athleticscoaching.ca http://www.8weeksout.com/2013/08/07/the-bondarchuck-principles/

128. Tschiene P. A necessary direction in training: the integration of biological adaptation in the training program. Coach Sport Sci J 1995;1(3):2–14.

129. Mujika I. Intense training: the key to optimal performance before and during the taper. Scand J Med Sci Sports 2010;20(Suppl 2):24–31.

130. Seiler KS, Kjerland GØ. Quantifying training distribution in elite endurance athletes: is there evidence of an optimal distribution? Scan J Med Sci Sports 2006;16:49–56.

131. Zapico AG, Calderon FJ, Benito PJ. Evolution of physiological and haematological parameters with training load in elite male road cyclists: a longitudinal study. J Sports Med Phys Fitness 2007;47(2):191–196.

132. Esteve-lanao J, Foster C, Seiler S, Lucia A. Impact of training intensity distribution on performance in endurance athletes. J Strength Cond Res 2007;21(3):943–949.

133. Neal CM. Six weeks of polarized training-intensity distribution leads to greater physiological and performance adaptations than a threshold model in trained cyclists. J Appl Physiol 2013;114:461–471.

134. Munoz I, Seiler S, Bautista J, Espana J, Larume E. Does polarized training improve performance in recreational runners? Int J Sport Physiol Perform. 2014;9:265-272. [Epub ahead of print].

135. Sandbakk O, Sandbakk S, Ettema G, Welde B. Effects of intensity and duration in aerobic high intensity interval training in highly trained junior cross country skiers. J Strength Cond Res 2013;27(7):1974–1980.

136. Guelllich A, Seiler S. Lactate profile changes in relation to training characteristics in junior elite cyclists. Int J Sports Phys Perform 2010;5:316–327.

137. Seiler S, Joranson K, Olesen BV, Hetleiid KJ. Adaptations to interactive effects of exercise intensity and total work duration. Scand J Med Sci Sports 2013;23:74–83.

138. Schmolinsky G. Track and Field: The East German Textbook of Athletics. Toronto, ON, Canada: Sports Book Publisher; 2004.

139. Smith J. Physical Preparation. http://powerdevelopmentinc.com/wp-content/uploads/2011/02/Physical-Preparation.pdf

140. John D, Tsatsouline P. Easy Strength How to Get a Lot Stronger than Your Competition—and Dominate Your Sport. St Paul, MN: Dragon Door; 2011.

141. Simmons L. General Physical Preparation. http://www.westide-barbell.com/index.php/the-westside-barbell-university/articles-by-louie-simmons/the-conjugate-method/340-general-physical-preparedness

142. Ward P. PTC Interview with Patrick Ward. http://resultsperiod.blogspot.com/2013/02/ptc-interview-with-patrick-ward.html

143. Schmidt RA, Wrisberg CA. Motor Learning and Performance. 3rd ed. Champaign, IL: Human Kinetics; 2004: 183–275.

144. Little T, Williams AG. Specificity of acceleration, maximum speed and agility in professional soccer players. J Strength Cond Res 2005;19(1):76–78.

145. Young WB, McDowell MH, Scarlett BJ. Specificity of sprint and agility training methods. J Strength Cond Res 2001;15(3):315–319.

146. Francis C. The Charlie Francis Training System. 2012. http://shop.charliefrancis.com/products/the-charlie-francis-training-system-cfts

147. DiStefano LJ, Padua DA, Blackburn JT, et al. Integrated injury prevention program improves balance and vertical jump height in children. J Strength Cond Res 2010;24: 332–342.

148. Kellis E, Tsitskaris GK, Nikopoulou MD, Moiusikou KC. The evaluation of jumping ability of male and female basketball players according to their chronological age and major leagues. J Strength Cond Res 1999;13:40–46.

149. Quatman CE, Ford KR, Myer GD, Hewett TE. Maturation leads to gender differences in landing force and vertical jump performance: a longitudinal study. Am J Sports Med 2006;34:806–813.

150. Brent JL, Myer GD, Ford KR, Hewett TE. A longitudinal examination of hip abduction strength in adolescent males and females. Med Sci Sport Exerc 2008;40(5):731–740.

151. Lloyd DG, Buchanan TS. Strategies of muscular support of varus and valgus isometric loads at the human knee. J Biomech 2001;34:1257–1267.

152. Ford KR, Myer GD, Hewett TE. Valgus knee motion during landing in high school female and male basketball players. Med Sci Sports Exerc 2003;35:1745–1750.

153. Ford KR, Myer GD, Toms HE, Hewett TE. Gender differences in the kinematics of unanticipated cutting in young athletes. Med Sci Sports Exerc 2005;37(1):124–129.

154. Hewett TE, Myer GD, Ford KR, et al. Biomechanical measures of neuromuscular control and valgus loading of the knee predict anterior cruciate ligament injury risk in female athletes: a prospective study. Am J Sports Med 2005;33(4):492–501.

155. Myer GD, Ford KR, Barber Foss KD, et al. The incidence and potential pathomechanics of patellofemoral pain in female athletes. Clin Biomech 2010;25:700–707.

156. Hewett TE, Stroupe AL, Nance TA, Noyes FR. Plyometric training in female athletes. Decreased impact forces and increased hamstring torques. Am J Sports Med 1996;24:765–773.

157. Myer GD, Ford KR, Palumbo JP, Hewett TE. Neuromuscular training improves performance and lower-extremity biomechanics in female athletes. J Strength Cond Res 2005;19:51–60.

158. Myer GD, Ford KR, McLean SG, Hewett TE. The effects of plyometric versus dynamic stabilization and balance training on lower extremity biomechanics. Am J Sports Med 2006;34:490–498.

159. Myer GD, Ford KR, Brent JL, Hewett TE. Differential neuromuscular training effects on ACL injury risk factors in "high-risk" versus "low- risk" athletes. BMC Musculoskelet Disord 2007;8:1–7.

160. Schexnayder B. Using General Strength in the Training Regimen. http://sacspeed.com/index.php?option=com_content&task=view&id=40&Itemid=58

161. Lake JP, Lauder MA. Kettlebell swing training improves maximal and explosive strength. J Strength Cond Res 2012;26(8):2228–2233.

162. Hoff J, Almasbakk B. The effects of maximum strength training on throwing velocity and muscle strength in female team-handball players. J Strength Cond Res 1995;9:255–258.

163. Lehman G, Drinkwater EJ, Behm DG. Correlations of throwing velocity to the results of lower body field tests in male college baseball players. J Strength Cond Res 2013;27(4):902-908.

164. Green CM. The Relationship between Core Stability and Throwing Velocity in Collegiate Baseball and Softball Players. M.S. Thesis, California University of Pennsylvania; 2005.

165. Jason D, Vescovi JD, Teena M, et al. Office performance and draft status of elite ice hockey players. Int J Sports Physiol Perform 2006;1:207–221.

166. Cardinale M, Newton R, Nosaka K. Preface in Strength and Conditioning: Biological Principles and Practical Applications. Oxford, UK: Wiley-Blackwell; 2011.

167. McGill SM. 2002. Low Back Disorders: The Scientific Foundation for Prevention and Rehabilitation. Champaign, IL: Human Kinetics.

168. Pfaff D. European Sprints & Hurdles Conference. London, England; 13–14 November 2010.

169. Schexnayder B. Managing Training Adjustment for Speed and Power Athletes. http://www.sacspeed.com/pdf/Training%20 Management.pdf

170. Kraaijenhof H. ithlete home page. http://myithlete.com/

171. Halson SL. Nutrition, sleep and recovery. Eur J Sport Sci 2008;8(2):119–126.

172. McBride JM, Triplett-McBride T, Davie A, Newton RU. A comparison of strength and power characteristics between power lifters, Olympic lifters, and sprinters. J Strength Cond Res 1999;13(1):58–66.

173. Buhrle M, Schmidtbleicher D. Der einfluss von maximal-krafttraining auf die bewegungsschnelligkeit (The influence of maximum strength training on movement velocity). Leistungssport 1977;7:3–10.

174. Schmidtbleicher D. Training for power events. In: Komi PV, ed. Strength and Power in Sport. Oxford, UK: Blackwell Scientific Publications; 1992:381–395.

175. Hoff J, Berdahl GO, Bråten S. Jumping height development and body weight considerations in ski jumping. In: Muller E, Schwameder H, Raschner C, et al., eds. Science and Skiing II. Hamburg: Verlag Dr Kovac; 2001:403–412.

176. Wisløff U, Castagna C, Helgerud J, et al. Strong correlation of maximal squat strength with sprint performance and vertical jump height in elite soccer players. Br J Sports Med 2004;38:285–288.

177. Newton in Cardinale M, Newton R, Nosaka K. Preface in Strength and Conditioning: Biological Principles and Practical Applications. Oxford, UK: Wiley-Blackwell; 2011.

178. Cronin JB, Hansen KT. Strength and power predictors of sports speed. J Strength Cond Res 2005;19(2):349–357.

179. Dietz C, Peterson, B. A Systematic Approach to Elite Speed and Explosive Strength Performance. Bye Dietz Sport Enterprise. Hudson, WI. 2012.

180. Schexnayder B. Development of Speed in the Horizontal Jumper. Practical Training Information for High School Coaches. Posted on http://completetrackandfield.com/speed-in-horizontal-jumper/ on September 19, 2011.

181. Vermeil A. Al Vermeil on Speed. http://www.bsmpg.com/Blog/bid/45635/Al-Vermeil-on-Speed

182. Fleck S. Strength training in explosive type sports: sprinting. In: Eliteviden, 5th International Conference on Strength Training. Syddansk Universitet, Denmark; 2006.

183. Verstegen M, Williams, P. Core Performance: The Revolutionary Workout Program to Transform Your Body and Your Life. Emmaeus, PA: Rodale; 2004.

184. Turner AN. Training for power: principles and practice. Prof Strength Cond 2009;14:20–32.

185. Zatsiorsky VM. Biomechanics of strength and strength training. In: Komi PV, ed. Strength and Power in Sport. 2nd ed. Oxford, UK: Blackwell Science; 2003:114–133.

186. Fleck SJ, Kraemer WJ. Designing Resistance Training Programmes. Champaign, IL: Human Kinetics; 2004;209–234.

187. Sierer SP, Battaglini CL, Mihalik JP, Shields EW, Tomasini NT. The National Football League combine: performance differences between drafted and nondrafted players entering the 2004 and 2005 drafts. J Strength Cond Res 2008;22(10):6–12.

188. Clark RA, Bryant AL, Reaburn P. The acute effects of a single set of contrast preloading on a loaded countermovement jump training session. J Strength Cond Res 2006;20:162–166.

189. Comyns TM, Harrison AJ, Hennesey LK, Jensen R. The optimal complex training rest interval for athletes from an-aerobic sports. J Strength Cond Res 2006;20:471–476.

190. Deutsch M, Lloyd R. Effect of order of exercise on performance during a complex training session in rugby players. J Sports Sci 2008;26(8):803–809.

191. Kilduff LP, Bevan HR, Kingsley MIC, et al. Postactivation potentiation in professional rugby players: optimal recovery. J Strength Cond Res 2007;21:1134–1138.

192. Weber KR, Brown LE, Coburn JW, Zinder SM. Acute effects of heavy load squats on consecutive squat jump performance. J Strength Cond Res 2008;22(3):726–730.

193. Sotiropolous K, Smilios I, Christou M, et al. Effect of warm-up on vertical jump performance and muscle electrical activity using half-squats at low and moderate intensity. J Sports Sci Med 2012;9:326–331.

194. Enoka RM. Muscle strength and its development: new perspectives. Sports Med 1988;6:146–168.

195. Chelly MS, Chérif N, Amar MB. Relationships of peak leg power, 1 maximal repetition half back squat, and leg muscle volume to 5-m sprint performance of junior soccer players. J Strength Cond Res 2010;24(1):266–271.

196. Smirniotou A, Katsikas C, Paradisis G. Strength-power parameters as predictors of sprinting performance. J Sports Med Phys Fitness 2008;48(4):447–454.

197. Maulder PS, Bradshaw EJ, Keogh J. Jump kinetic determinants of sprint acceleration performance from starting blocks in male sprinters. J Sports Sci Med. 2006;5(2):359–366.

198. Mero A, Luhtanen P, Komi PV. A biomechanical study of the sprint start. Scand J Sports Sci 1983;5:20–28.

199. Harris NK, Cronin JB, Hopkins WG, Hansen KT. Squat jump training at maximal power loads vs. heavy loads: effect on sprint ability. J Strength Cond Res 2008;22(6):1742–1749.

200. Kale M, Aşçi A, Bayrak C, Açikada C. Relationships among jumping performances and sprint parameters during maximum speed phase in sprinters. J Strength Cond Res 2009;23(8):2272–2279.

201. Barr MJ, Nolte VW. Which measure of drop jump performance best predicts sprinting speed? J Strength Cond Res 2011;25(7):1976–1982.

202. Bissas AI, Havenetidis K. The use of various strength-power tests as predictors of sprint running performance. J Sports Med Phys Fitness 2008;48(1):49–54.

203. Vescovi JD, McGuigan MR. Relationships between sprinting, agility, and jump ability in female athletes. J Sports Sci 2008;26(1):97–107.

204. Young W, Cormack S, Crichton M. Which jump variables should be used to assess explosive leg muscle function? Int J Sports Physiol Perform 2011;6(1):51–57.

205. Markström JL, Olsson CJ. Countermovement jump peak force relative to body weight and jump height as predictors for sprint running performances: (in)homogeneity of track and field athletes? J Strength Cond Res 2013;27(4):944–953.

206. Aerenhouts D, Debaere S, Hagman F, Van Gheluwe B, Delecluse C, Clarys P. Influence of physical development on start and countermovement jump performance in adolescent sprint athletes. J Sports Med Phys Fitness 2013;53(1):1–8.

207. Taube W, Leukel C, Gollhofer A. How neurons make us jump: the neural control of stretch-shortening cycle movements. Exerc Sport Sci Rev 2012;40(2):106–115.

208. Marques MC, Gil H, Ramos RJ, et al. Relationships between vertical jump strength metrics and 5 meters sprint time. J Hum Kinet 2011;29:115–122.

209. Young W, Pryor JF, Wilson G. Effect of instructions on characteristics of countermovement and drop jump performance. J Strength Cond Res 1995;9:232–236.

210. Nesser TW, Latin RW, Berg K, Prentice E. Physiological determinants of 40-meter sprint performance in young male athletes. J Strength Cond Res 1996;10:263–267.

211. Maulder P, Cronin J. Horizontal and vertical jump assessment: reliability, symmetry, discriminative and predictive ability. Phys Ther Sport 2005;6(2):74–82.

212. McGill SM, Andersen J, Horne A. Predicting performance and injury resilience from movement quality and fitness scores in a basketball team over 2 years. J Strength Cond Res 2012;26(7):1731–1739.

213. Meylan C, McMaster T, Cronin J, et al. Single-leg lateral, horizontal, and vertical jump assessment: reliability, inter-relationships, and ability to predict sprint and change-of-direction performance. J Strength Cond Res 2009;23(4): 1140–1147.

214. Young W. A simple method for evaluating the strength qualities of the leg extensor muscles and jumping abilities. Strength Cond Coach 1995;2(4):5–8.

215. Verkoshansky N. Depth Jump vs. Drop Jump. 2013. http://www.cvasps.com/depth-jump-vs-drop-jump-dr-natalia-verkhoshansky/

216. Ferretti A, Papandrea P, Conteduca F, et al. Knee ligament injuries in volleyball players. Am J Sports Med 1992;20: 203–207.

217. Shimokochi Y, Shultz SJ. Mechanisms of noncontact anterior cruciate ligament injury. J Athl Train 2008;43: 396–408.

218. Dufek JS, Bates BT. The evaluation and prediction of impact forces during landings. Med Sci Sports Exerc 1990;22: 370–377.

219. McNitt-Gray JL, Hester DME, Mathiyakom W, Munkasy BA. Mechanical demand on multijoint control during landing depend on orientation of the body segments relative to the reaction force. J Biomech 2001;34:1471–1482.

220. Noyes F, Barber-Westin SD, Fleckenstein C, et al. The drop-jump screening test difference in lower limb control by gender and effect of neuromuscular training in female athletes. Am J Sports Med 2005;33(2):197–207.

221. Hewett TE, Myer GD, Ford KR. Biomechanical measures of neuromuscular control and valgus loading of the knee predict anterior cruciate ligament injury risk in female athletes: a prospective study. Am J Sports Med 2005;33:492–501.

222. Russell KA, Palmier RM, Zinder SM, Ingersoll CD. Sex differences in valgus knee angle during a single-leg drop jump. J Athl Train 2006;41(2):166–171.

223. Wilson GJ, Newton RU, Murphy AJ, Humphries BJ. The optimal training load for the development of dynamic athletic performance. Med Sci Sport Exerc 1993;25: 1279–1286.

224. Markovic G. Does plyometric training improve vertical jump height? A meta-analytical review. Br J Sports Med 2007;41(6):349–355; discussion 355. [Epub 2007 Mar 8].

225. Liebenson C. The ABC's of movement literacy. J Bodywork Movement Ther 2009;13:291–293.

226. Mero A, Komi PV. EMG, force, and power analysis of sprint-specific strength exercises. J Appl Biomech 1994;10:1–13.

227. Valle C. Introduction to Sprints and Hurdles Course Notes. Boston, MA: Spikes Only Workshop; 2013.

228. Spencer M, Bishop D, Dawson B, Goodman C. Physiological and metabolic responses to repeated-sprint activities: specific to field-based team sports. Sports Med 2005;35(12):1025–1044.

229. Bishop D, Girard O. Repeated Sprint Ability (RSA). In: Cardinale M, Newton R, Nosaka K, eds. Strength and Conditioning: Biological Principles and Practical Applications. Oxford, UK: Wiley-Blackwell; 2011.

230. Rampinini E, Bishop D, Marcora SM, et al. Validity of simple field tests as indicators of match-related physical performance in top-level professional soccer players. Int J Sports Med 2007;28:228–235.

231. Bishop D, Edge J, Davis C, Goodman C. Induced metabolic alkalosis affects muscle metabolism and repeated-sprint ability. Med Sci Sports Exerc 2004;36:807–813.

232. Bishop D, Claudius B. Effects of induced metabolic alkolosis on prolonged intermittent-sprint performance. Med Sci Sports Exerc 2005;37:759–767.

233. Balsom PD, Seger JY, Sjodin B, Ekblom B. Physiological responses to maximal intensity intermittent exercise: effect of recovery duration. Int J Sports Med 1992;13(7): 528–533.

234. Ross A, Leveritt M. Long-term metabolic and skeletal muscle adaptations to short-sprint training. Sports Med 2001;31(15):1063–1082.

235. Spencer M, Dawson B, Goodman C, et al. Performance and metabolism in repeated sprint exercise: effect of recovery intensity. Eur J Appl Physiol 2008;103:545–552.

236. McInnes SE, Carlson JS, Jones CJ, et al. The physiological load imposed on basketball players during competition. J Sports Sci 1995;13:387–397.

237. Reilly T, Thomas V. A motion analysis of work-rate in different positional roles in professional football match-play. J Hum Mov Stud 1976;2:87–97.

238. Reilly T. Physiological profile of the player. In: Ekblom B, ed. Football (Soccer). London: Blackwell; 1994:78–95.

239. Holmberg PM. Agility training for experienced athletes: a dynamical systems approach. Strength Cond J 2009;31(5):73–78.

240. Little T, Williams AG. Specificity of acceleration, maximum speed and agility in professional soccer players. J Strength Cond Res 2005;19(1):76–78.

241. Young WB, McDowell MH, Scarlett BJ. Specificity of sprint and agility training methods. J Strength Cond Res 2001;15(3):315–319.

242. Jeffreys I. Motor learning—applications for agility, Part 1. Strength Cond J 2006;28(5):72–76.

243. Versteegan M, Marcello B. Agility and coordination. In: Foran B, ed. High Performance Sports Conditioning. Champaign, IL: Human Kinetics; 2001:139–165.

244. Tabata I, Irishawa K, Kuzaki M, Nishimura K, Ogita F, Miyachi M. Metabolic profile of high-intensity intermittent exercises. Med Sci Sports Exerc 1997;29(3):390–395.

245. Nelson AG, Arnall DA, Loy SF, et al. Consequences of combining strength and endurance training regimens. Phys Ther 1990;70:287–294.

246. Schexnayder B. Developing Speed in the High School Athlete. http://sacspeed.com/index.php?option=com_content&task=view&id=40&Itemid=58

247. Seiler S. What is best practice for training intensity and duration distribution in endurance athletes? Int J Sports Physiol Perform 2010;5:276–291.

248. Boyle M. Understanding (or Misunderstanding) Aerobic Training. http://www.strengthcoach.com

249. Ward P. The Power-Capacity Continuum. http://optimumsportsperformance.com/blog/?p=2556

250. Bangsbo J, Mohr M, Krustrup P. Physical and metabolic demands of training and match-play in the elite football player. J Sports Sci 2006;24(7):665–674.

251. Krustrup P, Mohr M, Amstrup T, et al. The yo-yo intermittent recovery test: physiological response, reliability, and validity. Med Sci Sports Exerc 2003;35(4):697–705.

252. Laursen PB. Training for intense exercise performance: high-intensity or high-volume training? Scand J Med Sci Sports 2010;20(Suppl 2):1–10.

253. Hoff J, Helgerud J. Endurance and strength training for soccer players physiological considerations. Sports Med 2004;34(3):165–180.

254. Bangsbo J. Physiological demands. In: Ekblom B, ed. Football (Soccer). London: Blackwell; 1994:43–59.

255. Helgerud J, Engen LC, Wisløff U, et al. Aerobic endurance training improves soccer performance. Med Sci Sports Exerc 2001;33:1925–1931.

256. Bangsbo J, Iaia FM, Krustrup P. The Yo-Yo intermittent recovery test: a useful tool for evaluation of physical performance in intermittent sports. Sports Med 2008;38(1):37–51.

257. Bradley PS, Mohr M, Bendiksen M, et al. Sub-maximal and maximal Yo-Yo intermittent endurance test level 2: heart rate response, reproducibility and application to elite soccer. Eur J Appl Physiol 2011;111(6):969–978.

258. Foster C, Lucia A. Running economy the forgotten factor in elite performance. Sports Med 2007;37(4–5):316–319.

259. Lucia A, Hoyos J, Perez M, et al. Inverse relationship between VO2max and economy/efficiency in world-class cyclists. Med Sci Sports Exerc 2002;34:2079–2084.

260. Dumke CL, Pfaffenroth CM, McBride JM, Grant O. Relationship between muscle strength, power and stiffness and running economy in trained male runners. Int J Sports Physiol Perform 2010;5:249–261.

261. Saunders PU, Pyne DB, Telford RD, Hawley JA. Factors affecting running economy in trained distance runners. Sports Med 2004;34(7):465–485.

262. Guglielmo LG, Greco CC, Denadai BS. Effects of strength training on running economy. Int J Sports Med 2009;30:27–32.

263. Yamamoto LM, Lopez RM, Klau JF, et al. The effects of resistance training on endurance distance running performance among highly trained runners: a systematic review. J Strength Cond Res 2008;22:2036–2044.

264. Millet GP, Jaouen B, Borrani F, Candau R. Effects of concurrent endurance and strength training on running economy and. VO(2) kinetics. Med Sci Sports Exerc 2002;34:1351–1359.

265. Paavolainen L, Hakkinen K, Hamalainen I, Nummela A, Rusko H. Explosive-strength training improves 5-km running time by improving running economy and muscle power. J Appl Physiol 1999;86:1527–1533.

266. Spurrs RW, Murphy AJ, Watsford ML. The effect of plyometric training on distance running performance. Eur J Appl Physiol 2003;89:1–7.

267. Saunders PU, Pyne DB, Telford RD, Hawley JA. Factors affecting running economy in trained distance runners. Sports Med 2004;34:465–485.

268. Saunders PU, Telford RD, Pyne DB, et al. Short-term plyometric training improves running economy in highly trained middle and long distance runners. J Strength Cond Res 2006;20:947–954.

269. Turner AM, Owings M, Schwane JA. Improvement in running economy after 6 weeks of plyometric training. J Strength Cond Res 2003;17:60–67.

270. Storen O, Helgerud J, Stoa EM, Hoff J. Maximal strength training improves running economy in distance runners. Med Sci Sports Exerc 2008;40:1087–1092.

271. Arampatzis A, De Monte G, Karamanidis K, et al. Influence of the muscle-tendon unit's mechanical and morphological properties on running economy. J Exp Biol 2006;209:3345–3357.

272. Reeves ND, Narici MV, Maganaris CN. Strength training alters the viscoelastic properties of tendons in elderly humans. Muscle Nerve 2003;28:74–81.

273. Burgess KE, Connick MJ, Graham-Smith P, Pearson SJ. Plyometric vs. isometric training influences on tendon properties and muscle output. J Strength Cond Res 2007;21:986–989.

274. Kubo K, Morimoto M, Komuro T, et al. Effects of plyometric and weight training on muscle-tendon complex and jump performance. Med Sci Sports Exerc 2007;39:1801–1810.

275. Moffroid MT, Whipple RH. Specificity of speed exercise. Phys Ther 1970;50:1693.

276. Rutherford OM. Muscular coordination and strength training, implications for injury rehabilitation. Sports Med 1988;5:196.

277. Sale D, MacDougall D. Specificity in strength training: a review for the coach and athlete. Can J Sport Sci 1981;6:87.

278. Caizzo VJ, Perine, JJ, Edgerton VR. Training-induced alterations of the in vivo force-velocity relationship of human muscle. J Appl Physiol 1981;51:750.

279. Bender JA, Kaplan HM. The multiple angle testing method for the evaluation of muscle strength. J Bone Joint Surg [Am] 1963;45A:135.

280. Meyers C. Effects of 2 isometric routines on strength, size and endurance of exercised and non-exercised arms. Res Q 1967;38:430.

281. Boucher JP, Cyr A, King MA, et al. Isometric training overflow: Determination of a non-specificity window. Med Sci Sports Exerc 1993;25:S134.

282. Dietz, C, Peterson, B. Triphasic Training a Systematic Approach to Elite Speed and Explosive Strength Performance. Hudson, WI: Bye Dietz Sports Enterprise; 2012.

283. Cook G. Movement: Functional Movement Systems. Aptos, CA: On Target Publications; 2010.

284. Enoka RM. Neuromechanical Basis of Kinesiology. Champaign, IL: Human Kinetics; 1988.

285. Chang H-T, Ruch TC, Ward Jr AA. Topographical representation of muscles in motor cortex of monkeys. J Neurophysiol 1947;10(1):39–56.

286. Schexnayder B. Interview: 5 Questions. http://speedendurance .com/2012/04/27/boo-schexnayder-interview-5-questions/

287. Lewit K. Manipulative Therapy in Rehabilitation of the Locomotor System. 3rd ed. Oxford, England: Butterworth Heinemann; 1999.

288. Valle C. Self-Organization and Athletic Development. http://elitetrack.com/blogs-details-4122/

289. Arnason A, Sigurdsoon SB, Gudmonnson A, et al. Physical fitness, injuries, and team performance in soccer. Med Sci Sports Exerc 2004;36(2):278–285.

290. Marek SM, Cramer JT, Fincher AL, Massey LL, et al. Acute effects of static and proprioceptive neuromuscular facilitation stretching on muscle strength and power output. J Athl Train 2005;40:94–103.

291. Craton N. In: Liebenson C, ed. Rehabilitation of the Spine: A Practitioner's Manual. 2nd ed. Philadelphia: Lippincott/ Williams & Wilkins; 2007.

292. Liebenson C. In: Liebenson C, ed. Rehabilitation of the Spine: A Practitioner's Manual. 2nd ed. Philadelphia: Lippincott/Williams & Wilkins; 2007.

293. Hewett TE, Myer GD, Ford KR. Anterior cruciate ligament injuries in female athletes: Part 1, mechanisms and risk factors. Am J Sports Med 2006;34:299–311.

294. Faigenbaum AD, Myer GD. Resistance training among young athletes: safety, efficacy and injury prevention effects. Br J Sports Med 2010;44:56–63.

295. Borg G. Borg's Perceived Exertion and Pain Scales. Champaign, IL: Human Kinetics; 1998.

296. Borg E, Kaijser L. A comparison between three rating scales for perceived exertion and two different work tests. Scand J Med Sci Sports 2006;16:57–69.

297. Zamuner AR, Moreno MA, Camargo TM, et al. Assessment of subjective perceived exertion at the anaerobic threshold with the Borg CR-10 scale. J Sports Sci Med 2011;10: 130–136.

298. Svedahl K, Macintosh BR. Anaerobic threshold the concept and methods of measurement. Can J Appl Physiol 2003;28(2):299–323.

299. Sirol FN, Sakabe DI, Catai AM, Milan LA, Martins LEB, Silva E. Comparison of power output and heart rate levels in anaerobic threshold determinations by two indirect methods. Braz J Phys Ther 2005;9(2):1–8.

300. Crescêncio JC, Martins LE, Murta Jr LO, et al. Measurement of anaerobic threshold during dynamic exercise in healthy subjects: comparison among visual analysis and mathematical models. Comput Cardiol 2003;30:801–804.

301. Higa MN, Silva E, Neves VF, Catai AM, Gallo Jr L, Silva de Sá MF. Comparison of anaerobic threshold determined by visual and mathematical methods in healthy women. Braz J Med Biol Res 2007;40:501–508 (in Portuguese: English abstract).

302. Wasserman K, Hansen JE, Sue D, Whipp BJ, Casaburi R. Principles of Exercise Testing and Interpretation. 4th ed. Philadelphia: Williams and Wilkins; 1999.

303. Cormack SJ, Newton RU, McGuigan MR. Neuromuscular and endocrine responses of elite players during an Australian rules football season. Int J Sports Phyisol Perform 2008;3:439–453.

304. Newton R., Cardinale M, Total Athlete Management (TAM) and performance diagnosis. In: Cardinale M, Newton R, Nosaka K. Strength and Conditioning: Biological Principles and Practical Applications. Oxford, UK: Wiley-Blackwell; 2011.

CHAPTER 35

Craig Liebenson
譯者：蔡政霖

執教的基礎－獲取技能的觀點
Coaching Fundamentals–A Skill Acquisition Perspective

前言 (INTRODUCTION)

過去幾十年間，在運動科學的關注上，尤其在運動心理學、運動生理學與運動生物力學，對運動表現的分析，可以從競技運動場上爆炸性的傑出運動表現獲得見證。然而，應用研究與理論對於獲取技能方面，是屬較落後的[1, 2]。所以在教練執教部分，將負責鴻溝上的連結。

本章先前部分已描述當代訓練計畫內容 (what) 的主要成分。而本章的目的則將描述，個人應如何 (how) 透過教練執教達成訓練目標。

> 「如果我們所教導的方式孩童無法學習，或許我們應教導他們學習的方式。」Ignacio Estrada

內在動機與自我調整
(INTRINSIC MOTIVATION AND SELF-REGULATION)

運動員的個性，將會影響自身的可受教性。就教練的觀點來看，運動員有數種不同的類型。最優秀的是有**自我刺激型** (self-motivated)。長跑項目中，少數教練會將運動員逼到極限。這與意志力 (grit)、熱情 (passion)，以及內在動機 (intrinsic motivation) 等因素有關。

教練具備意志力或熱情的個人特質，會更有可能達成目標。在拼單字比賽中，意志力同時適用於練習與比賽的情境[3]。同樣地，在古典音樂家中發現，熱情也與練習，乃至表演的成就相關[4]。天才兒童基本上具有內在動機，在所屬領域中，著迷於追求征服上的快感，並成為熱情[5, 6]。

以探索為基礎的學習方式，可提升主動學習以及**自我調整** (self-regulation)。自我調整的定義為自我意識到錯誤，並能從中學習如何改正[2]。這樣的學習能提升解決問題能力，相較於練習所產生的表現上，有更好的生態學效度[7]。

> 「教練執教的原理，使用的指引不能頻繁，對身體的限制越少越好。」Williams 等[2]

在長期的基礎上，要讓運動發展至菁英水準，須於早年階段，讓自我調整成為內在動機發展上的紮實根基[8-10]。這過程可先透過多樣化或簡單化進行，最後再求專項化[11,12]。

正增強 (positive reinforcement) 可增加內在動機[13]。正面思考（或執教）的力量，可對抗傳統上，多數以「新兵訓練營」方式，所進行的組織演練與訓練課。然而，正面回饋已證實效果良好。參與者得到回饋後，他在最好的學習線索後，終於得到了反饋，學習上更為有效[14]。

> 「著重於成功表現的回饋，忽略不成功的嘗試，對學習是有效益的。」Lewthwaite and Wulf[15]

積極規範的正面回饋，能改善結果與改變動作控制。當運動員或一般個人學習運動技能，其發展上的判定，在特殊動作上為「佳」，或是在改進成效上的「有進步」，皆有利學習的過程[16]。Lewthwaite 與 Wulf[15] 的聲明提到，「透過製造增加學習者有競爭性感覺的狀態，指導者或教練便能藉此加快學習過程與增加進步幅度」。教練、訓練員、臨床復健師的行為，都會影響運動員對於競爭性或自主性上的認知，同時也會對內在動機產生影響[17, 18]。

> 「教練是能給予指正且不會遭惹怨慴的人」。
> Coach John Wooden

最好的教練，會認同最少即是多的理念。過量的回饋，對神經肌肉形態上的長期儲備與保留，會有不利的影響[19]。頻繁的回饋，如同

一支拐杖，持有時是有幫助的，但若沒有時可能會是有礙的 [20]。

> 「練習總會在失去拐杖時才開始」Hodges and Campagnaro [19]

自我調整，是包括讓個人能控制自己的想法、感受與行為的過程。自我調整的過程，不會立即製造高水平的專業技能，但對知識與技能上的獲取，是更有效的輔助。

自我調整

> 「…在學習的過程中，認知上、動機上、行為上積極主動參與的程度。這代表個體知道如何達到讓表現有起色的目標；他們受動機所驅策，並為達標採取行動。」Zimmerman [23]

自我調整的年輕運動員，在發展上能更快速，且更能達到他們最大潛能。Jonker 等人 [24, 25] 指出，他們知道自己的優勢與劣勢，有能力去適應（即轉變）學習策略，與練習或比賽的環境。

練習上的組織 (PRACTICE ORGANIZATION)

區段與隨機的練習
(Blocked versus Random Practice)

在競技運動，或藝術表演（如音樂）的練習上，皆安排多種學習的內容。兩種基本的練習形式，為區段與隨機 (blocked and random) 反覆的練習。**區段練習** (Blocked practice) 在排練上維持一貫不變的訓練形態，不斷練習相同的基本技能，直到能力有所進步。**隨機練習** (Random practice) 則以不同的訓練形態，以隨機的順序進行多種技能的練習，藉此刺激達到比賽能力。矛盾的是，即使隨機練習的訓練，技能無法獲得快速改善，但長期上，相較於區段練習，卻能有更好的技能保留，更好的技能轉移至競賽場合（圖 35.1）。進行多樣或隨機練習期間，會形成快速執行動作的感覺動作計畫，這計畫是執行目標工作所需的 [26]。

區段與隨機練習的爭論

> 「此爭論源於區段練習，因為事實上勢必要同一技能一再重複地訓練，因此就習得技能轉換至競賽間的效果是頗低的，在練習期間評估其各表現的改善上，退步的非常快且成效低。」Bain and McGown [27]

當進行動作計畫時，而非單獨進行矯正運

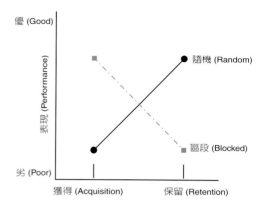

圖 35.1 不同學習方式對效果的影響。取自：Battig WF. The flexibility of human memory. In: Cermak LS, Craik FIM, eds. Levels of Processing and Human Memory. Hillsdale, NJ: Lawrence Erlbaum Associates; 1979:2344.

動時，自我組織之原則 (postural self-organization principle) 有其扮演的角色。Otte 與 Van Zanic [28] 指出，隨機練習這計畫的成功，源自推敲假說 (Elaboration Hypothesis) 以及動作上的反白 (spacing)：遺忘假說 (Forgetting Hypothesis)。推敲假說是當學習者，以隨機方式進行一系列分門別類的技能時，學習者能理解出各個技能獨有的性質。藉由動作是如何獨特的了解與感受，學習者在長期記憶機制中，便能將動作儲存得更有效率。

隨機訓練的優勢已由各種廣泛的運動中獲得證實 [29] －排球 [30, 31]、羽球 [32, 33]、棒球 [34, 35]、籃球 [36]、網球 [37] 與足球 [38]。在神經學上，已經證實動作的記憶痕跡，可藉由這種方式形成 [39]。

保留的測試也已證明，可透過環境的應用產生情境干擾 (contextual interference)（CI：即隨機練習），與多樣化的練習，來增加技能的轉換 [40-43]。學習的初期，區段練習會比較建議使用 [25, 44-47]。這同樣具有心理上的效益，運動員（或教練）會感覺似乎已達成某些目標。

中等技能學習者，可從區段至隨機的訓練期程中，藉由情境干擾漸增獲得效益 [48]。這樣的假說認為如果運動員是孩童，技能水平還很低，或是動作內容含有複雜的高級動作技能時，那訓練應由區段型態來展開 [49-51]。

獲取技能的神經基礎，取決於兩種不同的大腦處理－明確區域（自覺的）與保守區域（潛意識的）[52]。明確的區域較關注於自覺上的目標，保守的區域則由潛意識處理生物力學與神經生理學上的相關類型，如肢段的動作運行軌跡與力量的產生。保守區域可透過練習上的變化來發展，使皮質下的動作類型自動化，而在執行上更顯熟能生巧 [53-55]。至於動作學習的初期，則應重視在明確區域。

有目的的練習－目標為何？

「我們為何要練習？多數人也許會說練習會讓我們更進步。但何時獲得進步？我們練習是在練習時獲得進步？還是在比賽時獲得進步？」Bain and McGown [27]

整體與分段的訓練 (Whole versus Part Training)

　　將技能拆解成幾個部分，應該可簡化學習複雜的內容。分段訓練的方法 (part training approach)，是假定大腦能重新整合各動作模式，最終得到複雜的動作技能。然而，近代神經科學證實了大腦並不以此方式進行學習。

　　大腦將感知輸入 (sensory inputs) 轉換成動作輸出 (motor outputs) 的處理系統 [56]。透過格式化的規劃，控制中樞神經系統 (CNS) 內的神經標記程序，形成控制自主隨意動作 [57, 58]。違反常理的是，技能需要肢體間高水平的協調性，最好透過整體技術的學習過程 [59-62]。而這也已由數種專業領域－競技、音樂、人體工程學得到證實 [63-67]。

最佳訓練環境

最佳訓練需要的環境包括 (Bain and McGown) [27]：
1. 當示範技術時，要有能符合生物力學的範例
2. 練習時的功能性目標要非常明確
3. 彈性多變的產生力量，並以目標取向的功能性動作為連結
4. 早期實施多樣化練習，以及整體技能訓練

　　Jeffries 補充 Bain 與 McGown 所提，補強訓練期間內容上，教練必須對運動員給予合適的回饋 [68]。Jeffries 的重點在強調利用神經語言學所提供的合適線索，幫助運動員獲得動作訓練上的概貌 [69, 70]。Wulf 等 [71] 強調在增加技能表現的預期效果上，外在力量的價值。舉例來說：

- 垂直跳訓練
- 內在線索：自你的臀部開始往上跳
- 選擇性外在線索：試試看能否碰到天花板

　　根據 Schexnayder [72]，對於任何重大事件，「訓練 (drill) 最重要的…是事件本身。即使最佳的訓練轉換至事件的程度相對上較低，實際就事件進行練習是至關重要的，而常見的錯誤，就是在訓練上操之過急」。研究一再指出整體訓練是優於分段訓練的，且大眾應抵拒將事件拆解成多段的誘惑。

「就運動場上傑出表現的例證來說，舉一個活動中不斷進行的整個技巧，譬如作球 (settings)，越早在原地練習整體技能，運動員就越早學會優秀表現該有的正確動作。」Bain and McGown [27]

生態動力學：環境如何影響技能的取得 (ECOLOGICAL DYNAMICS: HOW DOES ENVIRONMENT IMPACT SKILL ACQUISITION?)

　　當我們論及運動員長期發展時，都會對「最佳的學習時期」感到興趣。相對的，生態心理學 (ecological psychology) 較在意專項技能如何獲得，更甚於何時獲得。

　　似乎明確的是，不管整體 vs 分段或隨機 vs 區段的思維模式，動作學習或技能取得的底線，最好是在巢狀環境 (nested environment) 中訓練，包括技能上的預期、漸升與跟進 [73]。而對效果產生上有害的，是皮質下的動作程式對獲取新進技能，會在練習期間進行分解，且拆成更小的片段 [74]。生態動力學建議動作學習上，可利用巢狀工作方式，促進知覺－動作連結的產生 [73]。

知覺－動作連結

「意味著學習設計上，應強調保持訊息與動作的共生，好讓運動員在關鍵訊息來源能連結他們的動作，這對動作與練習的環境來說是有用的。」Davids [73]

　　練習－訓練設備的例子（通常為棒球或網球）上，發球機則不符有效的生態動力學。發球機也許提供了網球或棒球打者，對於來球的訊息，但成了一種限制，因為無法提供投手或對邊網球選手動作上的資訊 [75]。要讓訓練或練習環境達到生態上的有效性，應複製執行環境的特定位置，因而讓個體在知覺的**輸入** (inputs)（視覺、聽覺等）與動作的**輸出** (outputs) 上能產生連結 [73]。

　　有一種簡單的方法讓訓練的生態有效性增加，就是讓動態運動取代靜態運動，直立取代臥姿，三面取代單面。當一天結束時，我們要讓練習對運動表現產生刺激。

增進生態有效性

「不管技能水平或經驗，刺激就是被用來促進每位運動員，出現功能性動作的形態。」Davids [73]

「非線性教學法 (nonlinear pedagogy)」的專有名詞，可用實際動作刺激，讓運動員發現解決自己動作辦法的機會[75-78]。**更傳統的教練方式**，是口語上詳細的指導，以及就「現成」的教材反覆的練習與要求，**而非線性教學法 (nonlinear pedagogy)**，則是運動員就教練所設計特有問題進行解決。

非線性教學法中的探索 (Discovery) 練習與死記 (Rote) 練習

練習可視為「…尋找的過程，尋找由個人互動、受限的工作與環境組成的知覺－運動…而非以高規範的指令試圖改變運動員的行為，這可使得短週期內能發現與探索學習的過程，教練則成為推手…」教練所設計的訓練與學習內容，可帶來行為功能性上的改變。Davids [73]

動作的高效性 (MOVEMENT EFFICIENCY)

利用一般體能與專項體能來準備體能相關的技術是必須的，但對於增強運動表現上則是不夠的。他們必須要進行轉換。當開始整合於所屬運動時，尤其在比賽期時，會產生可承受性與適應性，我們可解釋為這技術，已被皮質下的記憶痕跡程式存於中樞神經。訓練的目的在於產生有效與牢固的神經標記，並能抵擋大量的情緒壓力、認知挑戰，或多變／大量的外在需求[80]。

成功運動員高水平的運動表現，依賴動作上的高效性，且在肌電圖的輸出顯示上確實是呈現閾值以下的 (subthreshold)[81]。換句話說，他們是有保留實力的，或如 McGill 所說的「穩定的犯錯邊緣 (stability margin of error)」[82]。以下範例包括：

- 高爾夫球選手選擇犧牲 5% 的最大擊球距離，以換取準確性。
- 棒球投手的快速球球速能超過 100 英哩，但到了球賽尾聲仍能維持相同的球速（如 Justin Verlander）。
- 舉重選手選用 85% 最大肌力的重量，因此能維持他的速度與控制。

動作的高效性是專項動作的形態產生高度協調性，使其在不穩定、不可預料與開放空間的環境，能完成特有的動作目標——項高水平的變化性／情境干擾[83]。個體隨高水平的動作效能，可在動作輸出反應上就需要改變的類型產生適應[84]。優秀的運動員與音樂家，皆可部分地因為他們的認知能力，以及對相關內容的線索－尤其是對所屬環境的視覺更快更準確地作出反應[85-87]。

「最佳協調性的形態，取決於個人特定限制、環境、工作內容所產生的交互作用。」Newell [88]

很諷刺的是，當目標自動達成，一個學習的高效動作練習形態，會不斷重現。競賽與表演的自動化，是運動員（或音樂家）致力要達到的最高境界。然而實際上，認知與身體的組成能同時作用是理想的狀態，這稱為「刻意練習 (deliberate practice)」[98]。這與 Fitts 與 Posner 所提出動作學習的階段模型並非僅是暫時性的，即便是菁英選手也會透過三大階段（認知、發展、自主性）學習新技能的假說，是一致的[90]。

刻意練習

「只有當認知與身體在訓練上的串聯，才會產生執行技能上的永久取得[35]。這是刻意練習的概念，是傑出運動表現的關鍵因素。」Jeffries [80, 91]

應用於神經科學的系統理論，指出大腦以非線性、非還原 (nonreductionist) 的方式進行學習。認知與身體共同的運作，需要拋棄高度集中的突觸連結，以形成豐富與多樣的神經矩陣，與認知與動作自動化中心進行連結[91-94]。也因此專家能達成某些事物，是因為相關的「微弱連結」被辨識出。然後才會挑戰新的軟體程式以進行連結。

停滯期 (CHOKING)

運動表現的終極破壞者是**停滯 (choking)**，或是運動時的焦慮 (anxiety)。停滯的議題，不只廣受大眾談論，且也獲得很多運動科學家們的重視。停滯的機轉，在於目標取向焦點的喪失。開賽前的例行練習（如籃球的罰球），證實會有幫助的[95]。

Causer 等人[96] 指出，運動技能精湛的運動員，如籃球、高爾夫、棒球打擊、撞球與射擊，與靜眼 (quiet eye, QE) 相關。有技巧的運動員，他們的眼睛動作更有效率，對於目標有較長而較少的定像。Janelle 等[97] 證實較高

的右腦（視覺空間），對左腦（語言分析過程）活動的比率與 QE 相關。退出口語的分析處理 (Quieting the verbal analytic processing) 能夠有放鬆的專注。準備期前的預期、想像與實際執行動作之前，會出現事件關聯電位變化 (event-related potentials, ERPs) [98, 99]。高爾夫低差點的選手，有更長的 QE 期，有更強的右中腦的活化程度，與更少的 ERPs [100]。

Janelle [101] 證實增強的焦慮水準會降低凝視 (gaze) 的效果。這樣的證據還包括了更高出現頻率與更短的 QE 持續時間 [100-104]。Vine [105] 藉由製造焦慮的狀態，利用 QE 來訓練優秀高球選手。QE 持續時間，可以預測 43% 推桿的表現。更令人意外的是，QE 訓練更能讓練習成功轉換到運動表現的獲得。

員警會利用高壓狀態下進行感知－認知的訓練 [106]。其結果發現受訓的員警較未受訓的，會有更長對目標物的凝視的維持時間。訓練內容如下：

- 利用一如往昔的例行常規。
- 以持槍瞄準姿勢，朝向凝視適當的目標
- 眼睛快速瞄準目標物，並維持越久越好

停滯的知識

「焦慮的增加，會對刺激引發的注意力系統產生更大的影響，也會降低目標導向的注意力系統的影響。然而，如果補償策略應用得宜，焦慮通常是不會削弱運動表現的。」Williams 等 [2]

選材 (TALENT IDENTIFICATION)

如雨後春筍般發展的整個運動產業，讓父母親們開始爲子女追尋並爭取稀少且高額的運動獎學金，或是要子女投入職業運動 [107, 108]。早期的運動專業化，隨著開始招募合適的個人運動指導員，運動專項技術教練，甚至運動心理學家，增加孩童被認爲是「天賦異稟」或「萬中選一」的機會 [107, 108]。對多數家庭來說，這夢寐以求的機會，也造成了一些道德上的問題 [109]。諷刺的是，Gould 指出 [110]，運動過早專業化，或是高度系統性的訓練，會降低年輕運動員的**內在動機** (intrinsic motivation)，並造成更多退出或是精疲力竭的狀況。

可喜的是全面的教育開始逐步形成。教練負責任的，不只是運動員的發展，還有就他們的

最大潛能進行選材。傳統上，教練選材的依據，會就他們的更成熟的體能，或是更高水平的身體素質，但卻不重視人際關係、決策能力、比賽解讀等特徵 [107-109, 111-113]。身體素質固然對競技運動來說極度重要，而心理與認知上的能力也同等重要。要達到優秀，是需要發展廣泛能力的，如人際關係 [114]、戰術、策略的理解度 [115] 與膽識 [3]。因此，運動表現爲基礎的方法，固然是年輕運動員發展的一部份，這也不應是在成長過程中，唯一的目標或是主要重點。

像美式足球聯盟透過季前體能測試會的結果，來評斷選秀的順序與未來在球場上的最後成就，預測未來的運動成就有其固有的難度。Kuzmit 等 [116] 發現在統計上顯示，季前體能測試會的結果與職業美式足球成就間的關係並不總是一致的，顯著的例外是跑鋒的衝刺速度上。Robbins [117] 指出季前體能測試會所檢測一系列的項目，不論標準化與否，與選手在選秀會的成功關係甚低。在 8 項檢測評估中，直線衝刺與垂直跳，似乎在球隊選秀的決定上最具分量。這意味著，爲了預估未來的運動成就，心智與戰略技術上的評估，跟運動員的身體素質（季前體能測試會的成績）一樣重要。

Sierer 等 [118] 發現，在優秀級的選手 (skilled players) 中（外接員、角衛、強側安全衛、自由安全衛、跑鋒），選秀與落選球員中的 40 碼衝刺、垂直跳、側向折返敏捷性測驗、3 角錐往返敏捷測驗的項目，統計上具有顯著差異。而「技能精湛」(big skilled players) 選手（全衛、線衛、邊鋒、防守邊衛），選秀與落選球員中，40 碼衝刺與 3 角錐往返敏捷測驗的項目顯著不同。至於鋒線球員 (lineman)（中鋒、哨鋒、進攻截鋒、防守截鋒），落選球員的 40 碼衝刺、225 磅仰臥推舉、3 角錐往返敏捷測驗，顯著優於未參加選秀的球員。

要在運動場成功，技術與屬性上的要求，是不用說的，而某些要素的不足，也可由另一技能來補償 [119, 120]。人格特質也是在運動表現上應該考慮的，但也不能單憑人格特質來預判運動表現 [6]。

- 他們無法準確評估年輕運動員的能力，尤其又有性別、種族、社會經濟等背景的影響。
- 他們會忽略其他能力，跟天分同等重要的其他能力。
- 等到年紀漸長，他們會刻意地對較年長的個體有差別待遇。
- 他們會忽略有潛力，由於缺乏支持，而目前表現差的人。

會有一些因素對選材的重要核心發生影響[121]。例如，相對年齡的影響[112, 113]，童年至成年階段，身體測量值的不可預測性，以及童年至成年階段，表現標準的不可預測性[124]，此外，可能失之武斷，選材評估程序，也不見得都是很有效的[125]。

我們應該懷疑年輕運動員的選材嗎？

學者們提出眾多優秀成年運動員的身體素質，不到青春期晚期都還不會出現，因此，選材對青少年來說是無效的[126-128]。

這些證據顯示需要自選材的標準中徹底做切割。首先，我們須先區分有效選材方法與無效選材方法。包括捨棄用來評估年輕運動員，在發展上不洽當的方法的使用。不要過度重視當前所使用的辨識與選材方法，更應該注意在發展上合適的活動與環境[129]。

結論 (CONCLUSIONS)

訓練與執教是互補性的學科。

Kraaijenhof[130] 指出，教練的科學面，牽涉到生物學、生物力學、生物化學的基本規則，它們是建立在統計數據與平均值上。這部分是可適用在所有人上，這是眾所周知的，也是有智慧的。「教練的藝術在將所有基礎，用來針對有天分的運動員、規範以外的人、不尋常的人以及處於能力標尺另一端的人。這非常的複雜，且又不能透過書本或網路來學習，唯有豐富的經驗與耐心，教練上才會變得更高明與更有智慧」

教練與訓練員如何針對技術學習，創造出「巢式」學習環境，是增加運動表現中的重要基石。動作控制同樣是關鍵要素。訓練動作控制是必須的步驟，但是經常是不夠的，因為它必須能轉移至運動員的活動，以及在壓力與複雜的運動上之恢復。對神經系統如何學習新技巧、保留、以及應用重要神經與行為策略，對發展與維持天分都是很重要的。

希望本書對訓練員、教練、運動科學家們，在復健、提升體能、競技發展、運動表現的工作領域上能做到整合效果。

參考文獻 (REFERENCES)

1. Williams AM, Ford PR. Promoting a skills-based agenda in Olympic sports: the role of skill acquisition specialists. J Sports Sci 2009;27(13):1381–1392.

2. Williams AM, Ford P, Causer J, Logan O, Murray S. Translating theory into practice. In: Hodges NJ, Williams AM, eds. Skill Acquisition in Sport: Research, Theory and Practice 2nd ed. London: Routledge; 2012.

3. Duckworth AL, Kirby TA, Tsukayama E, Berstein H, Ericsson KA. Deliberate practice spells success: why grittier competitors triumph at the National Spelling Bee. Social Psychol Personality Sci 2012;2:174–181.

4. Bonneville-Roussy A, Lavigne GL, Vallerand RJ. When passion leads to excellence: the case of musicians. Psychol Music 2011;39:123–138.

5. Winner E. Gifted Children: Myths and Realities. New York: Basic Books; 1996.

6. Hambrick DZ, Oswald FL, Altmann EM, et al. Deliberate practice: Is that all it takes to become an expert? Intelligence 2013. http://dx.doi.org/10.1016/j.intell.2013.04.001

7. Masters R, Poolton JM, Maxwell JP. Stable implicit motor processes despite aerobic locomotor fatigue. Consciousness Cognit 2008;17(1):335–338.

8. Deci EL, Ryan RM. Intrinsic Motivation and Self-Determination in Human Behavior. New York: Plenum Press; 2000.

9. Côté J, Baker J, Abernethy B. Practice and play in the development of sport expertise. In: Eklund RC, Tenenbaum G, eds. Handbook of Sport Psychology 3rd ed. New Jersey: John Wiley & Sons; 2007.

10. Côté J, Lidor R, Hackfort D. ISSP position stand: to sample or to specialize? Seven postulates about youth sport activities that lead to continued participation and elite performance. J Sport Exerc Psychol 2009;9:7–17.

11. Lidor R, Lavyan Z. A retrospective picture of early sport experiences among elite and near-elite Israeli athletes: developmental and psychological perspectives. Int J Sport Psychol 2002;33:269–289.

12. Barynina II, Vaitsekhovskii SM. The aftermath of early sports specialization for highly qualified swimmers. Fitness Sports Rev Int 1992;27:132–133.

13. Badami R, Vaez Mousavi M, Wulf G, Namazizadeh M. Feedback after good versus poor trials affects intrinsic motivation. Res Q Exerc Sport 2011;82:2.

14. Chiviacowsky S, Wulf G. Feedback after good trials enhances learning. Res Q Exerc Sport 2007;78:40–47.

15. Lewthwaite R, Wulf G. Motor Learning through a motivational lens. In: Hodges N, Williams M, eds. Skill Acquisition in Sport: Research, Theory and Practice. 3rd ed., London, UK: Routledge, 2012;Chapter 10:173–191.

16. Wulf G, Dufek JS, Lozano L, Pettigrew C. Increased jump height and reduced EMG activity with an external focus. Hum Movement Sci 2010;29:440–448.

17. Ryan RM, Deci EL. Self-determination theory and the facilitation of intrinsic motivation, social development, and well-being. Am Psychologist 2000;55:68–78.

18. Ryan RM, Deci EL. Overview of self-determination theory: an organismic dialectical perspective. In: Ryan RM, Deci EL, eds. Handbook of Self-Determination Research. Rochester, NY: The University of Rochester Press; 2002.

19. Hodges N, Campagnaro P. Physical guidance research: assisting principles and supporting evidence. In: Hodges NJ, Williams AM, eds. Skill Acquisition in Sport: Research, Theory and Practice. 2nd ed. London: Routledge, 2012.

20. Salmoni AW, Schmidt RA, Walter CB. Knowledge of results and motor learning: a review and critical reappraisal. Psychol Bull 1984;95:355–386.

21. Baumeister RF, Vohs KD. Self-regulation, ego-depletion, and motivation. Social Personality Psychol Compass 2007;1(1): 115–128.

22. Zimmerman B. Investigating self-regulation and motivation: historical background, methodological developments, and future prospects. Am Educ Res J 2008;45(1):166–183.

23. Zimmerman BJ. Development and adaptation of expertise: the role of self-regulatory processes and beliefs. In: Ericsson KA, Charness N, Feltovich PJ, Hoffman RR, eds. The Cambridge Handbook of Expertise and Expert Performance. New York, NY: Cambridge University Press; 2006:705–722.

24. Jonker L, Elferink-Gemser MT, Visscher C. Differences in self-regulatory skills among talented athletes: the significance of competitive level and type of sport. J Sports Sci 2010;28:901–908.

25. Jonker L, Elferink-Gemser MT, Visscher C. The role of self-regulatory skills in sport and academic performances of elite youth athletes. Talent Dev Exerc 2011;3(2):263–275.

26. Adkins DL, Boychuk J, Remple MS, Kleim JA. Motor training induces experience-specific patterns of plasticity across motor cortex and spinal cord. J Appl Physiol 2006;101(6):1776–1782.

27. Bain S, McGown C. Motor learning principles and the superiority of whole training in volleyball. Coaching Volleyball, AVCA Tech J 2010;28(1):13–15.

28. Otte B, Zanic V. Blocked vs Random Practice with Drills for Hurdlers. http://www.coachr.org/blocked_vs_random _practice_with_drills_for_hurdlers.htm

29. Schmidt RA, Lee TD. Motor Control and Learning: A Behavioral Emphasis. Champaign, IL: Human Kinetics; 2005:555.

30. Bortoli L, Robazza C, Durigon V, Carra C. Effects of contextual interference on learning technical sports skills. Percept Mot Skills 1992;75(2):555–562.

31. Travlos AK. Specificity and variability of practice, and contextual interference in acquisition and transfer of an underhand volleyball serve. Percept Mot Skills 2010;110(1):298–312.

32. Wrisberg CA, Liu Z. The effect of contextual variety on the practice, retention, and transfer of an applied motor skill. Res Q Exerc Sport 1991;62(4):406–412.

33. Goode S, Magill R. Contextual interference effects in learning three badminton serves. Res Q Exerc Sport 1986;53: 308–314.

34. Hall KG, Domingues DA, Cavazos R. Contextual interference effects with skilled baseball players. Percept Mot Skills 1994;78(3 Pt 1):835–841.

35. Vickers JN, Livingston LF, Umeris-Bohnert S, Holden D. Decision training: the effects of complex instruction, variable practice and reduced delayed feedback on the acquisition and transfer of a motor skill. J Sports Sci 1999;17(5):357–367.

36. Landin DK, Hebert EP, Fairweather M. The effects of variable practice on the performance of a basketball skill. Res Q Exerc Sport 1993;64(2):232–237.

37. Reid M, Crespo M, Lay B, Berry J. Skill acquisition in tennis: research and current practice. J Sci Med Sport 2007;10(1):1–10.

38. Williams AM, Davids K. Visual search strategy, selective search strategy, and expertise in soccer. Res Q Exerc Sport 1998;69:111–129.

39. Wymb NF, Grafton ST. Neural substrates of practice structure that support future off-line learning. J N Physiol 2009;102(4):2462–2476.

40. Magill RA, Hall KG. A review of the contextual interference effect in motor skill acquisition. Hum Mov Sci 1990;9: 241–289.

41. Magill R. Motor Learning and Control: Concepts and Applications. 7th ed. New York: Mc Graw Hill; 2004.

42. Wulf G, Shea CH. Understanding the role of augmented feedback: the good, the bad, and the ugly. In: Williams AM, Hodges NJ, eds. Skill Acquisition in Sport: Research, Theory, and Practice. London: Rutledge; 2004:121–144.

43. Battig WF. The flexibility of human memory. In: Cermak LS, Craik FIM, eds. Levels of Processing and Human Memory. Hillsdale, NJ: Lawrence Erlbaum Associates; 1979:2344.

44. Wulf G. The effect of type of practice on motor learning in children. Appl Cognit Psychol 1991:5:123–124.

45. Jeffries I. Motor learning—applications for agility, part 1. National Strength and Conditioning Association. Strength Cond J 2006;28(5):72–76.

46. Shea, CH, DL Wright G, Wulf G, Whitacre C. Physical and observational practice afford unique learning opportunities. J Mot Behav 2000;32:27–36.

47. Wulf G, Schmidt RA. Contextual interference effects in motor learning: evaluating a KR-usefulness hypothesis. In: Nitsch JR, Seiler R, eds. Movement and Sport: Psychological Foundations and Effects. Vol. 2. Motor Control and Learning. Sankt Augustin, Germany: Academia Verlag; 1994: 304–309.

48. Porter JM, Magill RA. Systematically increasing contextual interference is beneficial for learning sport skills. J Sports Sci 2010;28(12):1277–1285.

49. Brady F. A theoretical and empirical review of the contextual interference effect and the learning of motor skills. Quest 1998;50:266–293.

50. Guadagnoli MA, Lee TD. Challenge point: a framework for conceptualizing the effects of various practice conditions in motor learning. J Mot Behav 2004;36:212–224.

51. Hebert EP, Landin D, Solomon MA. Practice schedule effects on the performance and learning of low and high skilled students: an applied study. Res Q Exerc Sport 1996;67:52–58.

52. Gentile AM. Implicit and explicit processes during acquisition of functional skills. Scand J Occup Med 1998;5:7–16.

53. Eversheim U, Bock O. Evidence for processing stages in skill acquisition: a dual-task study. Learn Mem 2001;8(4): 183–189.

54. Mazzoni P, Wexler NS. Parallel explicit and implicit control of reaching. PLoS One 2009;4(10):e7557.

55. Willingham DB. A neuropsychological theory of motor skill learning. Psychol Rev 1998;105(3):558–584.

56. Wolpert DM, Ghahramani Z, Flanagan JR. Perspectives and problems in motor learning. Trends Cogn Sci 2001;5(11):487–494.

57. Alexander GE, DeLong MR, Crutcher MD. Do cortical and basal ganglionic motor areas use "motor programs" to control movement? Behav Brain Sci 1992;15(4).

58. Houk JC. Agents of the mind. Biol Cybern 2005;92(6):427–437.

59. Henry F, Rogers DE. Increased response latency for complicated movements and a "memory-drum" theory of neuromotor reaction. Res Q Am Assoc Health Phys Educ Recreation 1960;31:448–458.

60. Savelsbergh GJ, Van Der Kamp J. Information in learning to coordinate and control movements: is there a need for specificity of practice? Int J Sports Psychol 2000;31:467–484.

61. Savelsbergh GJ, Van Der Kamp J. Adaptation in the timing of catching under changing environmental constraints. Res Q Exerc Sport 2000;71(2):195–200.

62. Yoshida M, Cauraugh JH, Chow JW. Specificity of practice, visual information, and intersegmental dynamics in rapid-aiming limb movements. J Mot Behav 2004;36(3):281–290.

63. Palmer C, Meyer RK. Conceptual and motor learning in music performance. Psychol Sci 2000;11(1):63–68.

64. Simon DA, Bjork RA. Models of performance in learning multisegment movement tasks: consequences for acquisition, retention, and judgments of learning. J Exp Psychol Appl 2002;8(4):222–232.

65. Swinnen SP, Lee TD, Verschueren S, Serrien DJ, Bogaerds H. Interlimb coordination: learning and transfer under different feedback conditions. Hum Movement Sci 1997;16:749–785.

66. Swinnen SP, Carson RG. The control and learning of patterns of interlimb coordination: past and present issues in normal and disordered control. Acta Psychol (Amst) 2002;110(2–3):129–137.

67. Wenderoth N, Puttemans V, Vangheluwe S, Swinnen SP. Bimanual training reduces spatial interference. J Mot Behav 2003;35(3):296–308.

68. Jeffries I. Motor learning—applications for agility, part 2. National Strength and Conditioning Association. Strength Cond J 2006;28(6):10–14.

69. Schmidt RA, Wrisberg CA. Motor Learning and Performance. 3rd ed. Champaign, IL: Human Kinetics; 2004:183–275.

70. Ready R, Burton K. Neuro-Linguistic Programming for Dummies. Chichester, England: Wiley; 2004:88–96.

71. Wulf, G, McNevin N, Shea CH. The automaticity of complex motor skills learning as a function of attentional focus. Q J Exp Psychol A 2001;54:1143–1154.

72. Schexnayder B. More Training Tips. http://speedendurance.com/2012/06/25/training-tips-from-boo-schexnayder/

73. Davids K. Learning design for nonlinear dynamical movement systems. Open Sports Sci J 2012;5(Suppl 1-M2):9–16.

74. Greenwood D, Davids K, Renshaw I. How elite coaches experiential knowledge might enhance empirical understanding of sport performance. Int J Sports Sci Coaching 2012;7(2):411–422.

75. Pinder R, Davids K, Renshaw I, Araújo D. Representative learning design and functionality of research and practice in sport. J Sport Exerc Psychol 2011;33(1):146–155.

76. Davids K, Button C, Bennett S. Dynamics of Skill Acquisition: A Constraints-Led Approach. Champaign, IL: Human Kinetics Publishers; 2008.

77. Chow JY, Davids K, Hristovski R, et al. Nonlinear pedagogy: learning design for self-organizing neurobiological systems. N Ideas Psychol 2011;29:189–200.

78. Dicks M, Button C, Davids K. Examination of gaze behaviors under in situ and video simulation task constraints reveals differences in information pickup for perception and action. Atten Percept Psychophys 2010;72(3):706–720.

79. Seifert L, Davids K. The functional role of intra- and inter-individual variability in the acquisition of expertise in non-linear movement systems. Sports Med 2003;33(4):245–260.

80. Jeffries I. Utilising a range of motor learning methods in the development of physical skills. UK Strength Cond Assoc 2011;23:33–35.

81. Wulf G, Dufek JS, Lozano L, Pettigrew C. Increased jump height and reduced EMG activity with an external focus. Hum Movement Sci 2010;29:440–448.

82. McGill SM. Low Back Disorders: The Scientific Foundation for Prevention and Rehabilitation. Champaign, IL: Human Kinetics; 2002.

83. Goodwin JE. Effect of specific and variable practice and subjective estimation on movement bias, consistency and error detection capabilities. Res Q Exerc Sport 2003;74:A31.

84. Savelsbergh GJP, van der Kamp J, Oudejans RRD, Scott MA. Perceptual learning is mastering perceptual degrees of freedom. In: Williams AM, Hodges NJ, eds. Skill Acquisition in Sport: Research Theory and Practice. London, England: Routledge; 2004:374–389.

85. Savelsbergh GJP, Williams AM, van der Kamp J, Ward P. Visual search, anticipation, and expertise in soccer goalkeepers. J Sports Sci 2002;20:279–287.

86. Williams AM, Davids K. Visual search strategy, selective search strategy, and expertise in soccer. Res Q Exerc Sport 1998;69:111–129.

87. Williams AM, Grant A. Training perceptual skill in sport. Int J Sport Psychol 1999;30:194–220.

88. Newell KM. Constraints on the development of coordination. In: Wade MG, Widing HT, eds. Motor Development in Children: Aspects of Coordination and Control. Dordrecht: Martinus Nijhoff; 1986:341–360.

89. Ericson KA. How the expert performance approach differs from traditional approaches to expertise in sport. In search of a shared theoretical framework for studying expert performance. In: Starkes JL, Ericson KA, eds. Expert Performance in Sports: Advances on Research on Sports Expertise. Champaign, IL: Human Kinetics; 2003:371–402.

90. Fitts PM Posner MI. Human Performance. Oxford, England: Brooks and Cole; 1967.

91. Vickers JN. Perception, Cognition and Decision Training—The Quiet Eye in Action. Champaign, IL: Human Kinetics; 2007:164–184.

92. Brown J, Cooper-Kuhn CM, Kempermann G, Van Praag H, Winkler J, Gage, FH. Enriched environment and physical activity stimulate hippocampal but not olfactory bulb neurogenesis. Eur J Neurosci 2003;17:2042–2046.

93. Posner MI, Raechle ME. Images of Mind. New York: Scientific American Library; 1994.

94. Singer RN. Performance and human factors: considerations about cognition and attention for self- paced and external-paced events. Ergonomics 2000;43(10):1661–1680.

95. Causer J, Holmes PS, Williams AM. Quiet eye training in a visuomotor control task. Med Sci Sports Exerc 2011;43(6):1042–1049.

96. Causer J, Janelle C, Vickers J, Williams A. Perceptual expertise: what can be trained? In: Hodges NJ, Williams AM, eds. Translating Theory into Practice in Skill Acquisition in Sport: Research, Theory and Practice. 2nd ed. London: Routledge; 2012.

97. Janelle CM, Hillman CH, Apparies RJ, et al. Expertise differences in cortical activation and gaze behavior during rifle shooting. J Sport Exerc Psychol 2000;22:167–182.

98. Fabiani M, Gratton G, Coles MGH. Event related brain potentials: methods, theory, and applications. In: Cacioppo JT, Tassinary LG, Berntson GG, eds. Handbook of Psychophysiology. Cambridge: Cambridge University Press; 2000:53–84.

99. Simonton DK. Creativity in Science: Chance, Logic, Genius, and Zeitgeist. Cambridge: Cambridge University Press; 2004.

100. Mann DTY, Coombes SA, Mousseau MB, Janelle CM. Quiet eye and the Bereitschaftspotential: visuomotor mechanisms of expert motor performance. Cognit Process 2011;12(3):223–234.

101. Janelle CM. Anxiety, arousal and visual attention: a mechanistic account of performance variability. J Sports Sci 2002;20:237–251.

102. Williams AM, Davids K, Williams JG. Anxiety, expertise and visual search strategy in karate. J Sport Exerc Psychol 1999;21:362–375.

103. Behan M, Wilson M. State anxiety and visual attention: the role of the quiet eye period in aiming to a far target. J Sports Sci 2008;26(2):207–215.

104. Causer J, Holmes PS, Williams AM. Anxiety, movement kinetics, and visual attention in elite-level performers. Emotion 2011;11(3):595–602.

105. Vine SJ, Moore LJ, Wilson M. Quiet eye training facilitates competitive putting performance in elite golfers. Frontiers Psychol 2011;2:1–9.

106. Nieuwenhuys A, Oudejans RRD. Training with anxiety: short- and long-term effects on polices officers' shooting behavior under pressure. Cognit Process 2011;12(3):277–288.

107. Baker J, Cobley S, Fraser-Thomas J. What do we know about early sport specialization? Not much! High Ability Stud 2009;20(1):77–89.

108. Coakley J. The 'logic' of specialization: using children for adult purposes. J Phys Educ Recreation Dance 2010;81(8):1–58.

109. David P. Human Rights in Youth Sport: A Critical Review of Children's Rights in Competitive Sport. London: Routledge; 2004.

110. Gould D, Udry E, Tuffey S, Loehr J. Burnout in competitive junior tennis players: Pt. 1. A quantitative psychological assessment. Sport Psychologist 1996;10:322–340.

111. Bailey RP, Dismore H, Morley D. Talent development in physical education: a national survey of practices in England. Phys Educ Sport Pedagogy 2009;14(1):59–72.

112. Bailey RP, Tan J, Morley D. Talented pupils in physical education: secondary school teachers' experiences of identifying talent within the 'Excellence in Cities' scheme. Phys Educ Sport Pedagogy 2004;9(2):133–148.

113. Morley D. Viewing Physical Education through the Lens of Talent Development. Unpublished Doctoral Dissertation, Leeds Metropolitan University; 2008.

114. Holt NL. Positive Youth Development through Sport. London: Routledge; 2008.

115. Helsen W, Hodges N, Van Winckel J, Starkes J. The roles of talent, physical precocity and practice in the development of soccer expertise. J Sports Sci 2000;18(9):727–736.

116. Kuzmits FE, Adams AJ. The NFL combine: does it predict performance in the National Football League? J Strength Cond Res 2008;22(6):1721–1727.

117. Robbins DW. The National Football League (NFL) combine: does normalized data better predict performance in the NFL draft? J Strength Cond Res 2010;24(11).

118. Sierer SP, Battaglini CL, Mihalik JP, Shields EW, Tomasini NT. The National Football League Combine: performance differences between drafted and nondrafted players entering the 2004 and 2005 drafts. J Strength Cond Res 2008;22(1):6–12.

119. Williams AM, Ericsson KA. Some considerations when applying the expert performance approach in sport. Hum Movement Sci 2005;24:283–307.

120. Williams AM, Ericsson KA. How do experts learn? J Sport Exerc Psychol 2008;30:653–662.

121. Vaeyens R, Lenoir M, Williams AM, Philippaerts R. Talent identification and development programmes in sport: current models and future directions. Sports Med 2008;38(9):703–714.

122. Helsen W, Hodges N, Van Winckel J, Starkes J. The roles of talent, physical precocity and practice in the development of soccer expertise. J Sports Sci 2000;18(9):727–736.

123. Musch J, Grondin S. Unequal competition as an impediment to personal development: a review of the relative age effect in sport. Dev Rev 2001;21:147–167.

124. Abbott A, Collins D, Martindale R, Sowerby K. Talent Identification and Development: An Academic Review: A Report for Sportscotland by the University of Edinburgh. Edinburgh: Sportscotland; 2002.

125. Burwitz L, Moore PM, Wilkinson DM. Future directions for performance-related sports science research: an interdisciplinary approach. J Sport Sci 1994;12(1):93–109.

126. French KE, McPherson SL. Adaptations in response selection processes used during sport competition with increasing age and expertise. Int J Sport Psychol 1999; 30:173–193.

127. Tenenbaum G, Sar-El T, Bar-Eli M Anticipation of ball location in low and high skill performers: a developmental perspective. Psychol Sport Exerc 2000;1:117–128.

128. Williams AM, Franks A. Talent identification in soccer. Sports Exerc Injury 1998;4:159–165.

129. Martindale RJ, Collins D, Daubney J. Talent development: a guide for practice and research within sport. Quest 2005;57(4):353–375.

130. Kraaijenhof H. Introducing 2013 Seminar Presenter-Henk Kraaijenhof. http://www.cvasps.com/introducing-2013-seminar-presenter-henk-kraaijenhof/

名詞縮寫

A	asymmetric	不對稱
ABC	agility, balance, coordination	敏捷平衡協調
AC	acromioclavicular	肩鎖關節的
ACL	anterior cruciate ligament	前十字韌帶
ACLR	anterior cruciate ligament reconstruction	前十字韌帶重建
ADLs	activities of daily living	日常生活活動
AMC	abnormal motor control	異常的動作控制
APAs	anticipatory postural adjustments	預期性動作調控
ASIS	anterior superior iliac spine	髂骨前上棘
AT	anaerobic threshold	無氧閾值
AT	athletic trainer	運動傷害防護員
BP	block periodization	板塊週期訓練
CAP	clinical audit process	臨床審核過程
CC	cervicocranial junction	顱頸連接處
CI	contextual interference	情境干擾
CKC	closed kinetic chain	閉鎖動力鏈
CMJ	countermovement jump	下蹲跳
CNS	central nervous system	中樞神經系統
COM	center of mass	重心
CP	creatinephosphate	磷酸肌酸
CS	central sensitization	中樞致敏
CT	computed tomography	電腦斷層掃描
CT	Cervicothoracic Junction	頸胸連接處
DC	doctor of chiropractor	整脊醫師
DL	dead lift	硬舉
DSS	deep stabilization system	深層穩定系統
DJD	degenerative joint disease	退化性關節疾病
DNS	dynamic neuromuscular system	動態的神經肌系統
DJ	depth jumps	深跳
DPT	doctor of physical therapy	物理治療醫師
DVJ	drop vertical jump	落地垂直跳
EC	eye closed	閉眼
EDP	elite development program	傑出運動員發展計畫
EO	eye opened	張眼

EMG	electromyography	肌電圖
ER	external rotation	外轉
ERPs	event-related potential	事件相關電位
FF	fast-fatigable	快縮易疲勞肌
FFR	fast, fatigue resistant	快縮抗疲勞肌
FHP	forward head posture	頭前傾姿勢
FMP	faculty movement patterns	錯誤動作形態
FMS	functional movement screen	功能動作篩檢
FMS	fundamental functional movement skill	基本功能動作技巧
FSS	functional sport skill	功能運動技巧
FT	functional training	功能性訓練
FTR	functional training range	功能訓練範圍
G4LP	golf 4 life program	高爾夫終身計畫
GIRD	glenohumeral internal rotation deficit	肩盂肱關節內旋活動度缺損
GRFV	ground reaction force vector	地面反作用力向量
GPP	general physical preparedness	一般身體準備
HITT	high-intensity interval training	高強度間歇訓練
H/Q ratio	hamstrings / quadriceps ratio	大腿後肌 / 股四頭肌肌力比
HRV	heart rate variability	心律變異
IAP	intra-abdominal pressure	腹內壓
IR	internal rotation	內轉
IR	intermittent recovery test	間斷性恢復測驗
ISP	interval sports program	間歇式訓練課程
L/S	lumbo-sacral	腰骶
LBM	low back pain	下背痛
LE	lower extremity	下肢
LMT	licensed massage therapist	有證照按摩師
LTAD	long-term athlete development	長期運動發展計畫
M2P	move 2 perform	為表現的活動軟體
MD	medical doctor	醫師
MIE	moderate intensity endurance	中等強度耐力
MMA	mixed martial arts	綜合格鬥

MP	mechanical pain 力學的疼痛	**S&C**	strength and conditioning 肌力與體能訓練
MRI	magnetic resonance imaging 核磁共振成像	**SAID**	specific adaptation to imposed demands 針對要求特殊適應原則
MS	mechanical sensitivity 力學的敏感性	**SCM**	sternocleidomastoid 胸鎖乳突肌
MSP	musculoskeletal pain 骨骼肌肉疼痛	**SFMS**	selective functional movement screen 選擇功能性動作評估
MVC	maximal voluntary contraction 最大自主收縮	**SJ**	squat jump 蹲跳
NFL	national football league 國家美式足球聯盟	**SLS**	single leg stance 單腳站立
OH	overhead 超過頭	**SPP**	specific physical preparation 特殊身體準備
PHV	peat height velocity 身高成長高峰	**SSC**	stretch shorten cycle 伸展－收縮環
PNF	proprioceptive neuromuscular facilitation 本體感覺神經肌促進術	**T/L junction**	thoracolumbar junction 胸腰連接處
PT	physical therapist 物理治療師	**TFL**	tensor fascia latae 擴筋膜張肌
QE	quiet eye 靜眼	**TPI**	the Titleist Performance Institute Titleist 運動表現研究所
QL	quadratus lumborum 腰方肌	**TROM**	total range of motion 全動作範圍
RE	running economy 跑步經濟性	**TROMD**	total range of motion deficit 全動作範圍缺陷
RFD	rate of force development 發力率	**TRX**	total body resistance exercise 全身阻力運動
RM	repetition maximum 最大反覆	**TT**	time trail 計時測驗
ROM	range of motion 活動範圍	**UE**	upper extremity 上肢
RPE	rate of perceived exertion 自覺疲勞率	**YBT**	Y balance test Y 字平衡測驗
RS	rhythmic stabilization 韻律穩定	**YBT-UQ**	upper quarter Y balance test 上肢 Y 字平衡測驗
RSA	repeated sprint ability 反覆衝刺能力	**YBT-LQ**	lower quarter Y balance test 下肢 Y 字平衡測驗
RSET	repeated sprinting exercise training 反覆衝刺訓練		
S	symmetric 對稱的		

索引
INDEX

頁碼後面 t 為表格；斜體字為圖。